그레타 툰베리 Greta Thunberg

스웨덴의 환경운동가. 2003년에 태어났다. 열다섯 살이던 2018년 8월에 스웨덴 의회 앞에서 기후를 위한 등교 거부 운동을 시작했고, 그 후 이 운동은 전 세계로 확산되었다. 현재 '미래를 위한 금요일Fridays   스 세계경제포럼과 미국 의회,   서 열리는 기후 집회에 참석해   있다. 2019년 〈타임〉의 올해의 인물에 선정되었다.

옮긴이 이순희

서울대학교 영어영문학과를 졸업하고 번역가와 청소년 도서 저술가로 활동하고 있다.《이것이 모든 것을 바꾼다》《미래가 불타고 있다》《불평등의 대가》등 환경, 사회, 경제 분야의 여러 도서를 번역했다. 또 지구와 환경, 기후변화 문제를 다루는 청소년 도서《빌 게이츠의 화장실》《그레타 툰베리와 함께하는 기후 행동》을 썼다.

감수 기후변화행동연구소 Institute for Climate Change Action, ICCA

기후변화에 관련된 정보를 시민들과 나누며, 보다 적극적인 기후변화 정책과 대안을 모색하기 위해 2009년 6월에 설립된 비영리 민간 연구소. 기후변화 완화 및 적응 영역의 정책 연구와 서적 출판, 국내외 기후변화 뉴스를 담은 정기적인 뉴스레터 발간, 기후변화 시민강좌 및 토론회, 세미나 등 다양한 활동을 하고 있다.

산업화 이후
지구 평균 온도가
1.2도
상승했다.*

2022

IPCC(기후변화에 관한 정부 간 협의체)의 2021년 보고서에서, 66개국 234명의 저명한 과학자들은 "인간의 영향 때문에 대기와 해양, 육지가 온난해지고 있는 것은 명백한 사실이다. 대기권, 해양권, 빙권, 생물권에서 광범위하고 급격한 변화가 일어나고 있다"라고 결론 내렸다.

지구 온도 변화

1850

* 전문가들은 지구 온도 상승 폭을 설명할 때 1~1.3도 사이의 서로 다른 수치들을 인용한다. 이런 차이가 발생하는 이유는 산업화 시작 시기를 과학자마다 다르게 설정하고 있고, 일부 과학자는 최근 10년의 평균 온도를 이용해 지구 온도 상승 폭을 계산하는데 해마다 작은 온도 변동이 발생하기 때문이다 / 원주.

인간의 활동으로 인해 배출되는 대기 중 이산화탄소, 메탄(메테인), 아산화질소, 불소화가스 등의 온실가스 농도는 남극에서 나무가 자라고 해수면이 지금보다 20미터 높았던 시기 이후로 수백만 년 사이에 가장 큰 폭으로 증가했다.

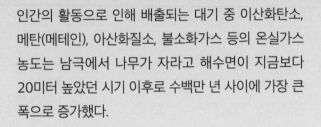

~420 ppm
2023

대기 중 이산화탄소
농도(ppm)

호모 사피엔스
출현

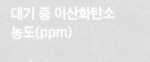

~199 ppm
약 **80만** 년 전

1980년대와 1990년대에 이미 엄중한 경고가 있었음에도 불구하고, 1991년부터 지금까지 배출된 이산화탄소의 양은 인류가 출현한 이후로 1990년까지 배출한 양보다 훨씬 많다.

IPCC의 추정에 따르면, 2020년 초에 67퍼센트의 확률로 온난화를 1.5도로 억제하기 위해 우리에게 허용된 탄소예산은 400기가톤(4000억 톤)이었다.* 현재의 배출 속도를 고려하면 우리는 2030년 이전에 이 탄소예산을 모두 써버리게 될 것이다.

화석연료 연소로 인한
전 세계 연간 이산화탄소 배출량

1750

2021

1990

7850억 톤 **9480**억 톤

일부 국가들은 역사적으로 다른 국가들과는
비교할 수 없을 만큼 막대한 양의 온실가스를
배출했다. 대량 배출 국가들이 1850년과
2021년 사이에 대기로 배출한 이산화탄소의 양은
수천억 톤에 이른다.

4200억 톤	**미국**
2418	**중국**
1173	러시아
931	독일
749	영국
667	일본
571	인도
385	프랑스
342	캐나다
300	우크라이나

2015년에 전 세계 거의 모든 국가(총 195개국)가 파리 협정에 서명했다. 파리 협정의 목표는 산업화 이전 수준과 비교해 지구 온도 상승을 2도 이하로, 가능하면 1.5도 아래로 억제하는 것이다.

현재 세계는 이 목표를 달성할 수 있는 경로에서 완전히 벗어나 있다. 각국 정부가 내놓은 약속과 이들이 실제로 하는 행동 사이에는 큰 괴리가 있다. 국제 운송 및 해운 등에서 나오는 배출량과 군사 부문과 관련된 배출량은 아예 기록되지 않거나 계산에서 제외되고 있다.

IPCC는 현재의 정책이 계속 유지된다면
지구 온도 상승 폭은 2100년 이전에 **3.2도**에
이를 것이라고 추정한다.

＊ 탄소예산이란 지구 온도 상승을 1.5도 또는 2도 이하로 억제할 가능성을 유지하고자 할 때
인류에게 허용되는 이산화탄소 배출 총량을 말한다／원주.

The Climate Book: The Facts and the Solutions
by Greta Thunberg

First published by Allen Lane in 2022. Allen Lane is an imprint of Penguin Press,
part of the Penguin Random House group of companies.
Collection copyright © Greta Thunberg, 2022
Essays copyright © the individual authors, 2022
The moral rights of the authors have been asserted.
Art Direction: Jim Stoddart
Design: Stefanie Posavec
Graph and chart design: Sonja Kuijpers
Cover artwork: Warming Stripes by Ed Hawkins
The credits on pages 557-560 constitute an extension to this copyright page

Korean translation copyright © Gimm-Young Publishers, Inc. 2023
Korean translation rights arranged with PENGUIN BOOKS LTD through EYA Co.,Ltd.

이 책의 한국어판 저작권은 (주)이와이에이를 통한 저작권사와의 독점 계약으로 김영사에 있습니다.
저작권법에 의해 한국 내에서 보호를 받는 저작물이므로 무단전재와 무단복제를 금합니다.

기후 책

THE CLIMATE BOOK

그레타 툰베리가
세계 지성들과 함께 쓴 기후위기 교과서

CREATED BY

GRETA THUNBERG

이순희 옮김, 기후변화행동연구소 감수

김영사

일러두기

• 본문의 각주 중 원주는 설명 뒤에 '원주'로 표시했다. 따로 표시가 없는 주는 모두 옮긴이주다.

• 본문에 등장하는 온도 표기는 모두 섭씨온도다.

• 저자들이 이 책에 쓴 글의 참고문헌과 인용 출처는 수천 개에 이른다. 이 내용은 너무 방대해서 책에는 싣지 못하고 김영사 홈페이지와 theclimatebook.org에 게시해두었다.

기후 책

1판 1쇄 발행 2023. 6. 20.
1판 3쇄 발행 2024. 5. 27.

엮은이 그레타 툰베리
옮긴이 이순희
감수 기후변화행동연구소

발행인 박강휘
편집 김태권   디자인 조명이   마케팅 정희윤   홍보 장예림
발행처 김영사

등록 1979년 5월 17일 (제406-2003-036호)
주소 경기도 파주시 문발로 197(문발동) 우편번호 10881
전화 마케팅부 031)955-3100, 편집부 031)955-3200   팩스 031)955-3111

값은 뒤표지에 있습니다.
ISBN 978-89-349-6410-0 03300

홈페이지 www.gimmyoung.com   블로그 blog.naver.com/gybook
인스타그램 instagram.com/gimmyoung   이메일 bestbook@gimmyoung.com

좋은 독자가 좋은 책을 만듭니다.
김영사는 독자 여러분의 의견에 항상 귀 기울이고 있습니다.

제1부 /

기후는 어떻게 작동하나

제2부 /

지구는 어떻게 변해가나

제3부 /

기후변화는 어떤 영향을 미치는가

제4부 /

우리는 무엇을 하고 있나

제5부 / ▮▮▮ ▮▮ ▮▮ ▮ ▮▮▮ ▮ ▮ ▮ ▮

우리는 당장 무엇을 해야 하나

다음 페이지:
러시아의 바이칼
호수 위에 얼어붙
은 메탄거품.

제1부 /

기후는
어떻게
작동하나

과학에
귀 기울여야 한다,
더 늦기 전에

문제를 해결하려면 먼저 문제를 정확히 이해해야 한다

그레타 툰베리

기후위기와 생태위기는 인류가 이제껏 맞닥뜨린 가장 심각한 위협이다. 이 위기는 앞으로 우리 일상을 변화시키고 결정짓는 중요한 문제가 될 것이다. 안타깝지만 부인할 수 없는 사실이다. 최근 몇 년 사이에 우리가 이 위기를 대하고 논의하는 방식에 변화가 나타나기 시작했다. 그러나 나날이 심각해지는 비상사태를 무시하거나 경시하면서 수십 년을 허비해온 탓에, 우리 사회는 여전히 이 위기를 부인하는 상태에 머물러 있다. 지금은 말이 행동보다 더 크게 부각되기 쉬운 커뮤니케이션의 시대다. 그 탓에 화석연료를 생산하고 온실가스를 대량 배출하는 수많은 주요 국가들이 정작 신뢰할 수 있는 기후변화 완화 정책은 시행하지 않으면서 기후 선도 국가를 자처하고 있다. 즉 지금은 거대한 그린워싱* 기계가 위세를 떨치는 시대다.

인생의 그 어떤 일도 흑과 백으로 가를 수 없고, 딱 떨어지는 해답은 없으며, 모든 문제는 끝없는 논쟁과 타협으로 풀어야 한다. 이것은 이제껏 우리 사회가 견지해온 핵심 원칙이다. 하지만 우리 사회는 지속가능성과 관련해서 답해야 할 수많은 문제를 안고 있다. 앞서 말한 핵심 원칙은 옳지 않다. 흑과 백으로 나뉘는 문제들은 분명히 '존재한다'. 지구와 사회의 위험한계선은 절대로 넘어서면 안 되는 문제다. 예를 들어 우리는 사회의 지속가능성이 약간 높아지거나 약간 낮아져도 된다고 생각한다. 그러나 장기적으로 보면 우리의 지속가능성에는 중간이 있을 수 없다. 지속가능하거나 지속가능하지 않거나 둘 중 하나다. 비유하자면 살얼음판을 걷는 것과 마찬가지다. 살얼음판이 우리의 무게를 견디거나 견디지 못하거나 둘 중 하나다. 무사히 살얼음판에서 벗어나거나

---

* greenwashing. 실제로는 친환경이 아니지만 친환경적인 것처럼 속여 홍보하는 위장환경주의, 또는 친환경 위장술.

깊고 어둡고 차가운 물속에 잠기거나 둘 중 하나다. 우리가 위기에 처했을 때 우리를 구하러 올 다른 행성은 없다. 온전히 우리 자신의 힘으로 헤쳐나가야 한다.

내게는 확고한 믿음이 있다. 점점 심각해지는 이 실존적 위기로 인한 최악의 결과를 막아낼 방법은 변화를 요구하는 사람들의 수를 변화를 일으킬 수 있을 만큼 늘리는 것뿐이다. 이를 이루기 위해서는 하루라도 빨리 이런 인식을 퍼뜨려야 한다. 대중은 우리의 끔찍한 상황을 이해하는 데 필요한 기본 지식을 충분히 가지고 있지 않다. 내 소원은 대중의 인식을 변화시키는 노력에 일조하는 것이다.

나는 내가 가진 기회를 이용해서 현 시점에서 활용할 수 있는 최고의 과학을 기반으로 하는 책을 만들기로 마음먹었다. 이 책은 기후위기와 생태위기, 지속가능성 위기를 통합적으로 다룬다. 기후위기는 훨씬 더 큰 범주인 지속가능성 위기가 빚어내는 한 증상일 뿐이다. 부디 이 책이 서로 밀접하게 연결된 이 여러 가지 위기에 대한 이해를 넓히는 믿음직한 자료가 되었으면 좋겠다.

2021년에 나는 저명한 과학자, 전문가, 활동가, 작가, 강연자들에게 전문 분야별로 글을 써달라고 부탁했다. 이 책은 이들이 기울여온 노력의 결실이다. 이 책은 기후와 생태에 초점을 두고 지속가능성 위기의 다양한 면모를 설명하는 여러 가지 사실과 이야기, 그래프, 사진을 총망라하고 있다.

이 책은 녹아내리는 빙상氷床과 경제학, 패스트패션, 종의 손실, 감염병 팬데믹, 바다에 잠겨가는 섬, 삼림 훼손, 토양 황폐화, 물 부족, 선주민의 권리, 미래의 식량 생산, 탄소예산까지 거의 모든 것을 다룬다. 또한 위기를 빚은 책임이 있는 사람들이 해온 행동과, 전 세계 모든 이에게 이 정보를 알려야 할 책임을 다하지 않은 사람들에 대해서도 이야기한다.

우리에게는 최악의 결과를 막아낼 시간이 남아 있다. 아직은 희망이 있다. 그러나 우리가 지금처럼 계속 살아간다면 희망은 없다. 이 문제를 해결하려면 먼저 문제를 정확히 이해해야 한다. 이 위기가 서로 긴밀하게 연결된 여러 가지 문제들이 얽혀 빚어진 것이라는 사실을 이해해야 한다. 우리는 사실을 질서정연하게 배열하고, 있는 그대로의 사실을 알려야 한다. 과학은 도구다. 우리 모두가 이 도구의 사용법을 알아야 한다.

또 우리는 몇 가지 기본적인 질문에 답해야 한다. 우리가 어떤 문제를 가장 먼저 해결하길 바라는가? 우리의 목표는 무엇인가? 온실가스 배출을 줄이는 것인가, 아니면 지금과 같은 삶을 계속 이어갈 수 있는 여건을 만드는 것인가? 현재와 미래를 위한 삶의 여건을 안전하게 지키는 게 목표인가, 아니면 대량 소비의 생활방식을 계속 이어가는 게 목표인가? 녹색성장이 과연 가능할까? 과연 유한한 지구에서 무한한 경제성장을 누릴 수 있을까?

많은 사람들이 희망의 빛을 갈구하고 있다. 그런데 어떤 희망인가? 누구를 위한 희망인가? 이 문제를 빚어낸 사람들을 위한 희망인가, 아니면 이 문제가 빚어낸 영향 때문에 고통받는 사람들을 위한 희망인가? 혹시 희망을 전파하려는 우리의 열망이 행동에 나서는 데 장애가 되어 득보다 큰 해악을 빚어낼 위험은 없을까?

전 세계 소득 상위 1퍼센트의 부자들은 하위 50퍼센트의 사람들이 배출하는 것보다 두 배 많은 탄소를 배출하고 있다.

만일 당신이 그 상위 1퍼센트에 해당하는 1900만 명의 미국인 또는 400만 명의 중국인 중 하나라면, 혹은 105만 5337달러가 넘는 순자산을 보유한 사람이라면, 희망은 당신이 가장 간절히 바라는 것이 아닐 수 있다. 적어도 객관적

세계 소득분위별 소비와 관련된 온실가스 배출량

세계 소득분위
(10분위 배율)

세계 소득분위별 이산화탄소 배출량 비율

상위 10%	49.0%	상위 10퍼센트가 일상적 소비에 따른 온실가스 배출량의 절반가량을 배출한다.
	19.5%	
	12.5%	
	7.5%	
	4.5%	
	3.0%	
	2.0%	하위 50퍼센트가 일상적 소비에 따른 온실가스 배출량의 약 7퍼센트만을 배출한다.
	1.5%	
	0.7%	
하위 10%	0.3%	

인 관점에서 본다면 말이다.

물론 우리는 조금씩 진전이 이루어지고 있다는 이야기를 듣는다. 일부 국가들과 지역들은 이산화탄소 배출량을 대폭 감축했다고 주장한다. 적어도 세계가 배출량 통계와 관련한 원칙을 놓고 협상을 시작한 뒤 몇 년 동안은 그런 감축을 이루었다고 주장한다. 하지만 신중하게 관리되는 국가별 배출량 통계가 아니라, 우리가 배출한 모든 이산화탄소를 통계에 넣어도 이 모든 감축 보고가 그대로 유효할까? 다시 말해 국제 합의에 따라 제외된 배출량까지 모두 통계에 포함시키면 어떻게 될까? 우리는 세계 각지에 아웃소싱 공장을 운영하고 있고, 국제 항공과 해운산업이 내뿜는 배출량을 통계에서 제외하고 있다. 우리는 아웃소싱을 통해서 제품 생산 과정에서 값싼 임금으로 노동력을 착취할 뿐 아니라 이와 관련해서 꾸준히 늘고 있는 배출량까지 통계에서 제외한다. 이게 과연 진전일까?

국제회의에서 약속한 기후 목표를 달성하려면 우리는 1인당 연간 이산화탄소 배출량을 1톤 남짓으로 줄여야 한다. 수입 소비재 소비에 따른 배출량까지 계산하면, 스웨덴의 1인당 배출량은 약 9톤, 미국은 17.1톤, 캐나다는 15.4톤, 호주는 14.9톤, 중국은 6.6톤이다. 나무와 식물을 태울 때 나오는 배출량 등 생물 기원 배출량까지 포함하면, 1인당 배출량은 훨씬 더 많을 것이다. 특히 숲이 많은 스웨덴과 캐나다 같은 나라에서는 이 수치가 엄청나게 더 높아질 것이다.

1인당 연간 배출량을 1톤 이하로 유지하는 것은 세계 인구 중 대다수에게는 그리 어렵지 않은 일이다. 이들은 배출량을 조금만 줄여도, 혹은 오히려 배출량을 꽤 많이 늘려도 지구위험한계선planetary boundaries을 넘지 않는 삶을 유지할 수 있을 테니 말이다.

그러나 독일, 이탈리아, 스위스, 뉴질랜드, 노르웨이 같은 나라들이 대대적인 구조적 변혁 없이도 20~30년 안에 온실가스를 대량 감축할 수 있을 것이라고 생각한다면 큰 오산이다. 소위 북반구의 지도자들은 여전히 이 일이 가능하다고 주장하고 있다. 제4부에서 우리는 이런 진전이 어떻게 이루어지고 있는지 살펴볼 것이다.

어떤 사람들은 지금 기후운동에 뛰어들어봐야 늦었다고 생각할지 모른다. 결코 그렇지 않다. 지금 당장 마음먹고 행동에 뛰어들어도 당신은 여전히 선두주자가 될 것이다. 이 책의 제5부에서는 개인 차원에서 하는 작은 행동에 서부터 지구 시스템 변화에 이르기까지 중요한 변화를 이루기 위해 실행에 옮 길 수 있는 해법과 활동을 집중적으로 다룬다.

　민주주의는 이 위기를 해결하기 위해 우리가 쓸 수 있는 최선의 도구다. 따라서 이 책은 민주주의를 지향한다. 어렵고 중요한 분야와 관련해서 글을 쓰 는 필자들 사이에 크고 작은 의견 차이가 있을 수 있다. 이 책에 참여한 필자들 은 모두 자신의 의견을 그대로 표현하기 때문에 서로 다른 결론이 나올 수도 있다. 그러나 변화를 만드는 데 필요한 대중의 강력한 힘을 끌어내려면 우리는 집단적 지혜를 총동원해야 한다. 이 책의 취지는 '커뮤니케이션 전문가'나 과 학자 한두 명이 깔끔하게 정리해서 내린 결론을 독자에게 제시하자는 것이 아 니다. 나는 독자 여러분이 이 책을 통해 다양한 분야의 필자들이 알려주는 지 식을 차곡차곡 쌓아가다가, 어느 순간 스스로 여러 점을 연결할 수 있는 시각 을 갖게 되기를 바란다. 가장 중요한 결론은 아직 내려지지 않았다고 나는 생 각한다. 결론을 이끌어내는 일은 독자 여러분에게 맡긴다.

지구에 새겨진 이산화탄소의 역사

피터 브래넌

모든 생명은 이산화탄소 마법의 산물이다. 시원을 여는 마법인 이산화탄소는 생태계를 이루는 모든 만물의 출발점이다. 지표면에서 이산화탄소는 햇빛과 물과 함께 광합성을 거쳐 생물의 조직으로 변환되면서 산소를 남긴다. 식물에 축적된 탄소는 동물의 신체조직과 생태계로 이동하고 다시 이산화탄소로 모습을 바꾸어 바다와 대기로 되돌아간다. 이 탄소 중 일부는 격렬하게 돌아가는 지표면의 순환에서 튕겨 나와 지각 속으로 이동하고, 석회석이나 탄소 함량이 높은 슬러지의 형태로 지각 깊은 곳에서 수억 년 동안 잠을 잔다. 땅에 묻히지 않고 지표면에 남은 식물 조직은 동물, 균류, 박테리아의 물질대사라는 불 속에 끌려 들어가 짧은 시간 안에 연소된다. 이 과정에서 지구상의 생명체는 광합성에 의해 생성된 산소의 99.99퍼센트를 소모한다. 극소량의 식물이 암석으로 변형되는 경로가 존재하지 않는다면 생명체는 광합성에 의해 생성된 산소를 전부 소모할 것이다. 그러나 극소량의 식물이 암석으로 변형된 덕분에 지구는 이처럼 특별한 잉여 산소를 갖게 되었다. 바꿔 말하면 산소가 풍부한 지구의 대기는 지금 살아 있는 숲과 플랑크톤이 제공하는 선물이 아니라, 생명체의 조직에 축적된 이산화탄소가 지구의 오랜 역사에 걸쳐 화석연료의 형태로 지구 지각에 쌓이면서 남긴 선물이다.

지구상의 모든 생명체를 이루는 기본 물질이고 생명을 부양하는 산소의 간접적인 공급원이라는 사실만으로도 이산화탄소는 충분히 흥미로운 물질이다. 그런데 이 점잖은 이산화탄소 분자는 지구 전체의 온도와 바다 전체의 화학적 조성을 조절하는 중요한 역할을 한다. 이산화탄소의 이런 화학적 작용이 깨지면 생태계가 혼란에 휩싸이고 지구 온도가 요동치고 바다가 산성화되고 생물이 사멸한다. 이산화탄소는 지구 시스템의 모든 구성요소에 중요한 영향을 미친다는 점에서 염화불화탄소나 납처럼 규제가 필요한 골치 아픈 산업 오염물질과는 뚜렷한 차이가 있다. 해양학자 로저 르벨이 1985년에 썼듯이, 이산화탄소는 '생물권에서 가장 중요한 물질'이다.

생물권에서 가장 중요한 물질인 이산화탄소는 무심하게 다루어도 되는 물질이 아니다. 이산화탄소는 화산에서 분출되어 대기와 바다로 들어가고 생명의 순환에 개입했다가 다시 암석에 축적되는 이동 과정을 통해 이곳을 '지구'라는 독특한 행성으로 만들었다. 이 과정을 탄소 순환이라고 한다. 지구의 모든 생명체는 섬세하고 역동적인 균형을 유지하는 전 지구적 탄소 순환에 의존하지 않고는 지속될 수 없다. 이산화탄소가 화산에서 끊임없이 방출되고(화산이 1년 동안 방출하는 양은 인간이 배출하는 양의 100분의 1이다) 지표면에서 살아 있는 유기체 사이를 쉴 새 없이 왕복하는 사이에, 지구 시스템은 지표면에서 이산화탄소를 꾸준히 제거해 기후 재앙을 막아낸다. 거대한 산맥의 침식과 탄소를 잔뜩 품은 플랑크톤의 대량 해저 침강 등 이산화탄소를 제거하는 되먹임 과정 덕분에 지구는 평형을 유지한다. 지구는 탄생 이후 거의 대부분의 시기에 이런 평형을 유지해왔다. 우리는 이 세계를 당연하게 여기지만, 우리가 살아가는 지구는 믿기 어려울 만큼 경이로운 세계다.

그러나 지질학 자료에 따르면, 지구 시스템은 때로는 임계점을 넘어설 만큼 심한 충격을 받기도 한다. 지구 시스템은 충격을 받으면 휘어질 수도 있지만 붕괴할 수도 있다. 지구 역사에서 아주 드물게 발생했던 파국적인 사건들에서 그랬듯이, 탄소 순환 역시 때로는 완전히 교란되고 붕괴되어 걷잡을 수 없는 혼란으로 빠져든다. 이로 인해 빚어질 수 있는 결과가 바로 대멸종이다.

대륙 크기의 화산이 활동을 시작해 탄소 함유량이 높은 석회암을 불태우고 지하에 묻힌 막대한 양의 석탄과 천연가스에 불을 붙여 분출하는 분화구를 통해, 또는 증기와 빛을 방출하며 광대한 면적을 뒤덮는 이글거리는 현무암 용암을 통해 수조 톤의 이산화탄소를 뿜어낸다면 어떤 일이 벌어질까? 2억 5190만 년 전, 지구에 살던 불운한 생명체들에게 이런 일이 닥쳤고, 지구 생명체 역사상 최악의 대멸종으로 이어졌다. 페름기 말, 이산화탄소 대량 방출에 따른 탄소 순환의 완전한 '붕괴로 지구 생명체의 90퍼센트가 치명적인 대가를 치렀다.

페름기 말 대멸종기에 시베리아 화산들이 수천 년 동안 이산화탄소를 뿜어내면서 복잡한 구조의 생명체를 거의 절멸시켰다. 지구의 모든 지질시대를 통틀어 최악의 충격을 빚어낸 이 사건으로 탄소 순환을 지탱하는 모든 정상적인 안전장치가 무너졌다. 기온이 10도나 치솟았고, 치명적인 수준으로 뜨거워지고 산성화된 지구 전역의 바다에 점액질의 분홍색 조류가 번성하면서 산소를 고갈시켰다. 산소가 바닥난 바다에는 유독한 황화수소가 가득 찼고 비정상적으로 강력한 열대성 저기압이 바다를 휩쓸었다. 격동의 시대가 끝나고 기온이 떨어진 직후, 지구에는 나무 한 그루 남지 않았고 지구 전역의 바다에는 산호초 대신 끈적거리는 박테리아 점액이 가득 찼다. 이 시대의 지층에는 화석 기록이 없다. 약 1000만 년의 세월이 지난 후에야 생물이 번성하면서 지구는 화석 기록을 다시 남기기 시작했다. 덕분에 우리가 쓰는 화석연료도 만들어졌다.

지구화학자들이 암석 분석을 통해 밝혀낸 바에 따르면, 지구 역사에서 발생한 모든 대멸종은 전 지구적 탄소 순환의 대붕괴와 관련이 있다. 이산화탄소는 생물권에서 중요한 역할을 담당하기 때문에, 탄소 순환 시스템이 지나친 압박을 받아 평형 상태에서 크게 벗어나면 지구 전체가 파국에 휩쓸릴 수 있다는 건 결코 놀라운 일이 아니다.

그런데 영장류의 한 종인 인간이 수억 년 전 대규모 화산 활동이 했던 것과 똑같은 일을 하려고 한다면 어쩔 것인가? 인간이 지구 역사 내내 광합성 생명체가 지각 아래 묻어놓은 막대한 양의 탄소를 끌어낸다면? 탄소를 제멋대로 뿜어냈던 페름기의 거대한 화산과는 달리, 지각 깊은 곳에서 지표면으로 뽑아낸 탄소를 지구 전역의 무수히 많은 내연기관과 용광로에 나눠 넣고 훨씬 더 기품 있게 태우는 방식으로, 페름기 대멸종 시기의 화산보다 열 배 빠른 속도로 탄소를 뿜어낸다면 어쩔 것인가? 우리는 지구에게 이처럼 터무니없는 질문을 들이대며 답을 내놓으라고 조르고 있다.

기후는 정치적 구호에 반응하지 않고 경제 시스템에도 무심하다. 기후는 물리적 법칙만 따른다. 대기 중으로 과다 방출된 이산화탄소가 1억 년에 한 번 일어나는 화산 활동의 결과이건, 생명체 탄생 이후 최초로 일어난 산업 문명의 결과이건, 기후는 개의치 않는다. 어디서 나온 것이든 기후는 똑같이 반응한다. 우리는 암석에서 찾아낸 확실한 경고장, 과거에 일어난 대재앙의 흔적이 아로새겨진 화석 기록을 손에 쥐고 있다. 다행히 우리는 그 옛날 대격변으로 치닫는 경로에서 한참 떨어져 있다. 어쩌면 지구는 참혹했던 과거의 그 시절보다 훨씬 더 강한 회복탄력성으로 탄소 순환의 교란에 대처할지도 모른다. 우리는 지구 역사상 최악의 사건의 희생자라는 불명예스러운 기록을 남길 이유가 없다. 우리가 화석에서 읽어내야 할 경고는, 우리가 지구 시스템의 가장 핵심적인 요소에 충격을 가하고 있다는 사실이다. 게다가 우리는 스스로를 위태롭게 하는 일이라는 걸 잘 알면서도 그런 행동을 하고 있다. /

우리는 이 세계를
당연하게 여기지만,
우리가 살아가는 지구는
믿기 어려울 만큼
경이로운 세계다.

인간이
진화에 미친 충격

베스 샤피로

인간이 진화에 영향을 주는 요인이라는 것을 입증하는 태곳적 흔적은 지구 곳곳의 대륙과 섬의 옛 인간 정착지 터에서 발견된 화석에 새겨져 있다. 5만여 년 전, 인류가 아프리카를 떠나 세계 각지로 퍼져 나가 새로운 정착지를 일구는 과정에서 각 지역의 생명체 군집에 변화가 나타나기 시작했다. 웜뱃, 털코뿔소, 거대 나무늘보 같은 대형동물이 멸종하기 시작한 것이 가장 두드러진 변화였다. 우리 조상들은 인간 특유의 기술을 이용해 효율적인 사냥을 했다. 사냥 성공 확률을 높이는 도구와 의사소통 능력, 그리고 사냥 도구를 빠르게 개선하는 능력이 그들의 무기였다. 대형동물의 멸종 시기와 인간의 정착 시기가 일치한다는 것은 아프리카를 제외한 다른 모든 대륙의 화석 기록에 남아 있다. 물론 시기적 일치가 곧 인과관계를 나타내는 건 아니다. 유럽과 아시아, 아메리카 대륙에서는 기후 격변기에 인간의 정착과 대형동물의 멸종이 일어났는데, 기후 격변과 인간의 정착, 둘 중 어느 쪽이 더 큰 영향을 미쳤는가를 두고 오랫동안 논쟁이 벌어졌다. 그런데 인간이 생물의 멸종에 더 큰 영향을 미쳤다는 증거가 호주를 비롯한 각지의 섬에서 확인되었다. 호주에서는 태곳적에 일어난 멸종이 인간과 관련이 있음을 입증하는 증거가 나왔고, 다른 섬들에서는 비교적 최근에 인간으로 인한 멸종이 일어났다. 불과 수백 년 전에 뉴질랜드 아오테아로아에서는 거대한 새 모아가, 모리셔스에서는 역시 거대한 새 도도가 멸종했다. 호주와 다른 섬들에서 일어난 대형 조류의 멸종은 중요한 기후변화 때문도 아니고, 훨씬 오래전의 기후 격변기에 일어났던 멸종과도 무관하다. 이런 섬들에서의 멸종은 다른 대륙에서 일어난 멸종과 마찬가지로, 인간이 들어와 지역 생태계를 변화시킨 탓에 일어난 것이다. 인간은 야생동물과 관계를 맺기 시작한 태곳적부터 다른 종의 진화와 멸종에 영향을 미쳤다.

1만 5000년 전, 인간과 다른 종의 관계 맺기에 새로운 변화가 나타나기 시작했다. 먹이를 구하려고 인간 거주지에 접근해온 늑대는 인간에게 길들여져 개가 되었고, 점점 강화되는 유대관계는 개와 인간 모두에게 도움이 되었다. 마지막 빙하기가 끝나고 기후가 따뜻해지자 인간 정착지의 인구가 늘어나 의식주의 안정적인 공급원이 필요해졌다. 약 1만 년 전, 인간은 사냥감을 멸종시키는 방식 대신에 사냥감 개체군을 유지하는 전략을 쓰기 시작했다. 일부 사냥꾼은 수컷이나 생식 능력이 없는 암컷만을 식용으로 사냥하다가 나중에는 정착지 인근에 울타리를 치고 식용으로 쓸 동물을 가둬두고 기르기 시작했다. 얼마 후 인간은 번식에 적합한 동물을 골라 기르기 시작했고, 길들일 수 없는 동물만 사냥했다. 이 실험의 대상은 동물에 국한되지 않았다. 인간은 식물의 씨앗도 심었는데 더 많은 결실을 내거나 한꺼번에 수확하기 위해 수확 시기가 비슷한 식물들을 골라 번식시켰다. 또 관개수로를 만들고 동물을 길들여 농사지을 땅을 정비하는 일에 썼다. 우리 조상들은 사냥꾼에서 목축인으로, 채집인에서 농업인으로 변화하는 과정에서 정착지의 땅을 변형시키고 자신에게 쓸모가 있는 생물종을 변형시켰다.

20세기에 접어들면서, 우리 조상들이 목축과 농업에서 이룬 성공이 도리어 사회의 안정을 위협하기 시작했다. 야생의 땅을 농지나 목초지로 바꾸어 쉼 없이 사용한 탓에 토양의 질이 나빠졌다. 공기의 질과 수질도 나빠지기 시작했다. 멸종하는 생물도 늘어났다. 그런데 환경 파괴가 심각해지는 와중에도 사람들은 갈수록 부유해졌고 기술은 날로 발전했다. 번성하던 생물종이 희소해지기 시작하자, 야생생물과 야생 환경을 보호하려는 욕구가 점점 커져갔다. 우리 조상들은 다시 다른 종과의 새로운 관계 맺기에 뛰어들었고, 멸종위기에 처한 생물과 서식지를 자연과 인간 사회에서 비롯한 위험으로부터 지켜주는 보호자로 행동하기 시작했다. 인간은 이런 변화 과정을 거치면서 모든 종의 운명과 모든 종이 살아가는 서식지의 운명을 결정짓는 힘, 즉 진화에 영향을 미치는 요인이 되었다.

인간은 모든 종의 운명과
모든 종이 살아가는
서식지의 운명을 결정짓는 힘,
즉 진화에 영향을 미치는
요인이 되었다.

1.4

문명과
멸종

엘리자베스 콜버트

이 이야기의 출발점은 미스터리에 싸여 있다.

약 20만 년 전, 아프리카에 새로운 종의 인간이 등장했다. 이들의 직계조상이 어디에 살던 어떤 종족이었는지는 아직까지 밝혀지지 않았다. 오늘날 '해부학적 현생인류' 또는 호모 사피엔스라고 불리는 이 종족은 두개골이 둥글고 턱이 뾰족하고 가까운 종족보다 몸집이 작고 이빨 크기도 작았다. 그런데 신체와 외모는 그리 대단치 않아도 지력만큼은 비상하게 뛰어났던 것으로 보인다. 이들은 처음에는 초보적인 도구를 만들어 쓰다가 점점 더 정교한 도구를 만들어 썼다. 또 공간적 거리는 물론이고 시간적 거리를 뛰어넘어 의사소통을 할 수 있었다. 그리고 다양한 기후와 다양한 종류의 먹을거리에 적응하는 능력이 있었다. 사냥감이 풍부한 곳에서는 사냥을 해서 고기를 먹었고, 조개를 구하기 쉬운 곳에서는 조개를 먹었다.

이 시기는 빙하기와 간빙기가 반복되면서 지구의 상당 부분이 거대한 얼음에 덮여 있던 홍적세였다. 현생인류는 약 12만 년 전에(어쩌면 이보다 훨씬 더 전에) 아프리카를 벗어나 북쪽으로 이동하기 시작했다. 10만 년 전에는 중동으로 이동했고, 6만 년 전에는 호주로, 4만 년 전에는 유럽으로, 2만 년 전에는 아메리카 대륙까지 이동했다. 그사이에 어딘가에서(아마도 중동에서) 호모 사피엔스는 네안데르탈인으로 알려진 호모 네안데르탈렌시스와 마주쳤다. 합의에 의한 것인지 강압에 의한 것인지 알 수 없지만, 현생인류와 네안데르탈인 사이에 성관계가 이루어졌고 아이들이 태어났다. 그중 일부가 살아남아 아이를 낳고 이 아이가 자라나 다시 아이를 낳으면서 대를 이었을 것이다. 오늘날 세계 각지의 많은 사람들에서 발견되는 소량의 네안데르탈인 유전자가 그 흔적이다. 그런데 무슨 연유에선지 네안데르탈인이 자취를 감췄다. 현생인류가 의도적으로 제거한 것인지, 단순히 진화 경쟁에서 도태된 것인지는 확실치 않다. 최근에 스탠퍼드대학교의 한 연구진은 추운 기후에 적응해 살아온 네안데르탈인이 현생인류가 옮긴 열대성 질병을 견디지 못했을 것이라는 새로운 이론을 내놓았다. 어쨌든 네안데르탈인에게 일어난 '어떤 연유'가 인간과 관련이 있는 것만은 분명하다. 네안데르탈인의 게놈 해독 연구를 이끈 스웨덴의 유전학자 스반테 페보는 언젠가 내게 "그들에게 닥친 불운은 바로 우리 인간이었다"라고 말했다.

네안데르탈인에게 닥친 일은 그리 특별한 사건이 아니었다. 인간이 처음 도착했을 때 호주에는 엄청난 크기의 대형동물들이 군집을 이루고 있었다. 그 중에는 지금껏 알려진 포유류 가운데 몸 크기를 고려했을 때 이빨로 무는 힘이 가장 강한 유대류 육식 동물 주머니사자도 있었고 세계에서 가장 큰 왕도마뱀으로 알려진 메갈라니아, 그리고 코뿔소 웜뱃이라고도 알려진 디프로토돈도 있었다. 수천 년 사이에 이 대형동물들이 사라졌다. 인간이 처음 도착했을 당시 북아메리카 대륙에도 초대형동물들이 서식하고 있었다. 마스토돈과 매머드가 있었고, 몸길이가 2.4미터, 몸무게가 90킬로그램에 이르는 비버도 있었다. 이 동물들은 모두 사라졌다. 남아메리카 대륙에는 아르마딜로와 닮은 모습의 거대한 나무늘보 글립토돈이 있었고, 코뿔소 크기의 초식동물 톡소돈도 있었는데, 이 대형동물들 역시 같은 운명을 맞았다. 이처럼 짧은 시간에(지질학적인 관점에서) 이처럼 많은 대형동물이 사라진 것은 대단히 특이한 일이었고, 다윈이 살던 시대에도 기록으로 남겨질 정도였다. 1876년에 다윈의 라이벌이던 앨프리드 러셀 월리스는 이렇게 썼다. "우리는 동물학적으로 다양성이 빈약한 세계에 살고 있다. 최근에 거대한 몸집에 매우 사납고 특이한 동물종이 모조리 사라져버렸다."

대형동물의 멸종 원인은 과학계의 논쟁거리다. 그러나 대형동물 멸종이 서로 다른 대륙에서 서로 다른 시기에 일어났으며, 종의 멸종 순서와 인간 정착지가 형성된 순서가 일치한다는 것은 이미 알려진 사실이다. 여기서도 역시 '그들에게 닥친 불운의 원인은 바로 우리였다'. 인간과 대형동물이 조우하는 상황에 대해 모형 연구를 한 사람들은 매머드나 거대한 나무늘보 등의 대형동물들은 워낙 번식 속도가 느리기 때문에 인간의 손에 1년에 한 마리씩만 쓰러진다고 해도 수백 년 만에 멸종할 수 있다는 사실을 확인했다. 호주 매쿼리대학교의 생물학 교수인 존 앨로이John Alroy는 대형동물의 멸종을 "지질학적으로 보면 순식간에 일어난 생태 재앙이지만, 이 재앙의 씨앗을 뿌린 인간의 입장에서는 너무나 느리게 진행되어 결코 알아차릴 수 없었던 재앙"이라고 표현했다.

현생인류의 이동은 계속되었다. 현생인류가 마지막으로 도착한 땅은 뉴질랜드였다. 1300년경에 폴리네시아(소시에테제도로 추정된다)에 살던 인류가 뉴질랜드에 도착했다. 당시 뉴질랜드 북섬과 남섬에는 아홉 종의 모아(이 새는 타조와 닮았는데 다 자라면 몸집이 거의 기린만 했다)가 살고 있었다. 그런데 모든 종의 모아가 몇백 년 사이에 자취를 감췄다. 모아의 멸종 원인은 분명히 밝혀져 있다. 사람들에게 잡아먹힌 것이다. 마오리족 사이에는 "모아처럼 사라졌다 Kua ngaro I te ngaro o te moa"라는 속담이 있다.

유럽인들이 세계 곳곳에 식민지를 세워가던 15세기 후반부터는 멸종 속도가 빨라졌다. 모리셔스섬에 살던 새 도도는 1598년에 처음으로 네덜란드 선원들의 눈에 띈 종인데 1670년대에는 완전히 자취를 감췄다. 인간의 손에 목숨을 잃기도 했지만 외래종 때문에도 큰 타격을 입었을 것이다. 유럽인들이 도착하는 곳마다 배에 숨어들어 따라온 쥐가 퍼져 나갔다. 유럽인들은 고양이, 여우 등의 포식성 동물을 들여오기도 했는데, 많은 종이 이 동물들의 사냥감이 되었다. 1788년, 유럽에서 첫 정착민들이 도착한 이후로 호주에서는 동물 수십 종이 외래종에 밀려 멸종되었다. 큰귀캥거루쥐도 고양이에 의한 대량학살로 멸종되었고, 이스턴해어왈라비도 고양이 때문에 멸종된 것으로 추정된다. 1800년경 영국인의 이주가 시작된 이후로 뉴질랜드에서는 채텀펭귄, 스티븐스섬굴뚝새, 라이알굴뚝새 등 20여 종의 새가 멸종되었다. 최근 학술지 〈커런트 바이올로지〉에 실린 한 논문은 뉴질랜드에서 조류 다양성이 인간 정착 이전 수준으로 복원되려면 5000만 년이 걸릴 것이라고 추정했다.

인간이 쓰는 비교적 단순한 도구(몽둥이와 범선, 머스킷 총 등)와 번식력이 강한 몇몇 외래종이 이 모든 멸종을 일으킨 원인이었다. 그다음에 등장한 것이 기계에 의한 살상이었다. 19세기 말 펀트건(알갱이가 작은 산탄 400그램가량을 한꺼번에 발사할 수 있는 초대형 엽총)으로 무장한 사냥꾼들이 북아메리카에서 한때 수십억 마리에 이르던 나그네비둘기의 씨를 말렸다. 비슷한 시기에 달리는 기차에서 총을 쏘는 사냥꾼들 때문에 "하늘의 별보다 더 많다"라고 묘사되던 아메리카 들소 역시 거의 멸종위기에 몰렸다.

그러나 우리가 가진 가장 위험한 무기는 근대화와 그 충실한 동반자인 후기 자본주의다. 20세기에 인간이 지구에 가하는 충격은 선형이 아니라 기하급수적으로 증가하기 시작했다. 제2차 세계대전 이후 수십 년 동안 인구와 소비가 전례 없는 규모로 늘어났다. 1945년부터 2000년 사이에 세계 인구는 세 배로 늘었고, 물 사용량은 네 배, 해양 어획량은 일곱 배, 비료 소비량은 열 배로 늘었다. 인구 증가는 대부분 남반구에서 일어났고, 소비 증가는 주로 미국과 유럽에서 일어났다.

이 '거대한 가속'은 지구를 완전히 뒤바꿔놓았다. 환경사를 연구하는 J. R. 맥닐의 표현을 빌리면, 사람들이 새로 시작한 어떤 활동이 이런 변화를 몰고 온 게 아니었다. 이는 사람들이 하는 활동의 양이 엄청나게 늘어난 탓이었다. 맥닐은 이렇게 썼다. "때로는 양의 차이가 질의 차이를 낳는다. 20세기에 일어난 환경 변화 역시 마찬가지였다." 인간이 농업을 시작하고 1만여 년이 지난 20세기 초에 전 세계 농경지 면적은 약 800만 제곱킬로미터였다. 당시에는 이미 유럽의 드넓은 숲이 대부분 파괴되고 미국에서도 숲과 초원이 거의 훼손된 상태였다. 20세기 말에는 전 세계 농경지 면적이 1500만 제곱킬로미터를 넘어섰다. 인간이 지난 1만여 년 동안 농경지로 일군 면적만큼의 땅이 단 100년 사이에 추가로 농경지로 바뀐 것이다. 농경지가 확장되면서 '생물다양성 핵심지역' 목록의 상위에 있는 아마존과 인도네시아 열대우림에서 대규모 벌채가 진행되었다. 이 과정에서 얼마나 많은 종이 사라졌는지는 짐작조차 할 수 없다. 우리가 미처 확인하지 못한 수많은 종이 함께 사라졌을 것이다. 열대우림에서 사라졌다고 알려진 동물 중에는 자바호랑이(현재 멸종)와 스픽스마코앵무(야생에서는 멸종)가 있다.

사람들이 20세기에 처음으로 화석연료를 쓰기 시작한 것은 아니다(중국인은 청동기시대에 이미 석탄을 썼다). 그러나 20세기는 기후변화 문제가 시작된 시기다. 1900년에 약 450억 톤이던 누적 이산화탄소 배출량이 2000년에는 1조 톤으로 껑충 뛰었고 지금은 무려 1조 9000억 톤으로 치솟았다. 우리 시대의 중요한 질문 중 하나, 아니 가장 중요한 질문은 이것이다. 점점 뜨거워지는 지구에서 살아남을 동식물이 얼마나 될까?

　현재 지구상에 있는 대부분의 종은 여러 번의 빙하기를 견디고 살아남았다. 지구 온도가 지금보다 낮았던 시기도 버텨냈다는 이야기다. 그런데 지구 온도가 더 높아져도 이 종들이 버텨낼 수 있는지는 알 수 없다. 수백만 년을 거슬러 올라가도 지구가 지금보다 더 뜨거웠던 적은 없었다. 홍적세에는 딱정벌레같이 아주 작은 생물도 기후대를 따라 수백 킬로미터를 이동했다. 그러나 최근 들어 다시 이동을 시작한 수많은 종들 앞에는 빙하기 때에는 없었던 도시나 고속도로, 드넓은 콩 재배 농장이라는 거대한 장벽이 놓여 있다. "생물종이 과거에 보였던 반응에 관한 우리의 지식은 기후변화에 대한 생물종의 미래 반응을 예측하는 데 거의 도움이 되지 않을 것이다. 우리가 [종의] 이동성에 전례 없는 규모의 새로운 제약을 가하고 있기 때문이다." 영국의 고기후학자 러셀 쿠프는 이렇게 썼다. "우리는 골대 위치를 바꾸고 전례를 찾아볼 수 없는 새로운 규칙을 세워 이들을 방해하고 있다."

　당연히 아예 이동하지 못하는 종도 많이 있다. 2014년 호주 연구자들이 토러스 해협에 있는 고리 모양의 작은 산호섬 브램블케이를 세밀히 탐구했다. 이 섬에는 브램블케이멜로미스라는 고유종 설치류가 있었다. 한때 이 동물은 그레이트배리어리프 지역에 사는 유일한 포유류로 꼽혔다. 연구자들이 해수면 상승으로 줄어든 브램블케이섬에서 멜로미스의 생존 여부를 확인한 결과 단 한 마리도 발견되지 않았다. 2019년 호주 정부는 멜로미스의 멸종을 선언했고, 멜로미스의 멸종은 기후변화로 인한 최초의 멸종으로 기록되었다. 그러나 우리가 미처 모르고 있을 뿐이지 멜로미스 멸종 이전에도 숱하게 많은 종이 기후변화로 인해 멸종되었을 것이다.

　산호초 역시 기후변화에 매우 취약하다. 산호초를 이루는 산호는 젤라틴 몸체를 가진 아주 작은 동물이다. 산호가 다채로운 색을 내는 것은 산호의 세포 안에 미세한 조류藻類가 공생하고 있어서다. 수온이 치솟으면 산호와 조류의 공생관계가 깨지고 산호가 조류를 세포 밖으로 밀어내는 탓에 산호는 색을 잃는다. 이것이 산호 백화 현상이다. 공생 조류가 사라지면 산호는 영양을 섭취할 수 없다. 영양 공급 중단이 단기간에 그친다면 그나마 다행이다. 공생 조류가 돌아오면 건강을 되찾을 것이다. 그런데 해수 온도가 점점 빠른 속도로

다음 페이지:
호주 퀸즐랜드주의
하디리프 석호.
그레이트배리어리
프는 지구상에서 가
장 큰 살아 있는 생
명체 구조이며, 해
양생물 약 9000종
의 서식지다.

높아지면서 백화 현상의 발생 빈도가 잦아지고 지속 기간도 늘어나고 있다. 2020년 호주의 한 연구에 따르면, 현재 그레이트배리어리프의 산호 서식지 면적은 1995년 수준의 절반으로 줄었다. 2020년 미국 과학자들은 또 다른 연구에서 최근 50년 사이에 카리브해 산호초가 해조류와 해면동물이 주로 자라는 서식지로 변해가고 있다고 발표했다. 2021년에 한 연구는 인도양 서부의 산호초가 "생태계 붕괴로 훼손될 우려가 있다"라고 경고했다. 학계는 산호초가 훼손되면 수백만 종의 생물이 충격을 받을 것이라고 추정한다.

이 이야기의 결말 역시 미스터리에 싸여 있다. 지구에서는 지난 5억 년 동안 다섯 차례의 대멸종이 일어났고, 그때마다 지구상의 종 가운데 약 4분의 3이 자취를 감췄다. 우리는 지금 여섯 번째 대멸종을 향해가고 있다고 과학자들은 경고한다. 지금 이 상황은 단 하나의 생물종, 다름 아닌 우리 인간 때문에 빚어진 것이라는 뚜렷한 특징을 지닌다. 과연 우리는 더 늦기 전에 행동에 나서서 대멸종을 막아낼 수 있을까?

현재 지구상에 있는 대부분의 종은 여러 번의 빙하기를 견디고 살아남았다. 지구 온도가 지금보다 낮았던 시기도 버텨냈다는 이야기다. 그런데 지구 온도가 더 높아져도 이 종들이 버텨낼 수 있는지는 알 수 없다.

기후과학은 더할 나위 없이 정확하다

그레타 툰베리

호모 사피엔스가 수렵채집인에서 땅을 일구어 농사를 짓는 농업인으로 변모할 수 있었던 것은 홀로세의 안정적인 기후 덕분이었다. 홀로세는 마지막 빙하기가 끝난 약 1만 1700년 전에 시작되었다. 이 비교적 짧은 기간 동안에 인간은 우리 세계를 완전히 변모시켰다. 여기서 '우리 세계'란 인간이라는 단 하나의 종이 소유하는 세계를 말한다.

우리는 농사짓는 법을 개발하고, 집을 짓고, 언어와 문자, 수학, 도구, 화폐, 종교, 무기, 예술, 계층화된 구조를 만들어냈다. 인간 사회는 지질학적 관점에서 볼 때 믿기 어려울 만큼 빠른 속도로 팽창했다. 그 후 시작된 산업혁명은 '거대한 가속'의 시초였다. 우리는 믿을 수 없을 정도로 빠른 발전을 거쳐 완전히 다른 존재, 상상을 뛰어넘는 존재로 탈바꿈했다.

지구의 역사를 1년으로 압축하면, 산업혁명은 12월 31일 자정을 약 1.5초 남겨둔 시점에 일어났다. 인류 문명이 시작된 후로 우리는 지구상에 있는 나무의 절반을 베어내고 야생생물의 3분의 2 이상을 멸종시키고 바다를 플라스틱으로 가득 채우면서 대량멸종과 기후 재앙의 서막을 열어놓았다. 우리는 스스로를 부양하는 생명 유지 체계 자체를 뒤흔들기 시작했다. 자신의 삶을 지탱하는 나뭇가지에 우리 스스로 톱질을 하고 있다.

그러나 대다수 사람들은 아직도 무슨 일이 벌어지고 있는지 제대로 알지 못하며, 전혀 개의치 않는 사람도 많다. 이렇게 된 데는 다양한 요인이 있고, 그중 여러 가지 요인을 이 책에서 살펴볼 것이다. 그중 하나가 '기준선 이동 증후군' 또는 '세대 간 기억상실'이다. 새로운 상황에 익숙해지면서 세상을 보는 관점이 서로 달라지는 것을 이르는 말이다. 8차선 고속도로는 나의 증조할아버지 세대에게는 상상할 수 없는 광경이겠지만 내 또래 세대에게는 익숙한 광경이다. 누군가는 이런 도로를 당연한 것, 안전한 것, 든든한 마음이 들게 하는 것이라고 여긴다. 먼 거리에서도 보이는 대도시의 휘황한 불빛, 어두운 고속도로변에서 반짝반짝 빛나는 정유공장, 밤에도 대낮같이 환한 공항 활주로는 보이지 않으면 오히려 이상한 느낌이 들 정도로 너무나 익숙한 풍경이다.

어떤 사람은 과도한 소비를 할 때에 가장 편안함을 느낀다. 이 역시 옛날 사람들은 상상조차 하지 못했던 일이다. 예전 같으면 상상할 수 없었던 일이 순식간에 우리 일상의 자연스러운 일부, 우리 삶에 없어서는 안 되는 일부가 되기도 한다. 자연을 접하는 기회가 줄어들수록 우리는 자신이 자연의 일부라는 사실을 자주 잊고 지낸다. 그러나 우리는 수많은 동물 가운데 한 종일 뿐이다. 우리는 지구를 이루는 다른 구성요소보다 결코 우월하지 않다. 우리는 다른 구성요소가 없으면 존재할 수 없다. 개구리나 딱정벌레, 사슴이나 코뿔소가 지구의 주인이 아니듯이, 우리 역시 지구의 주인이 아니다. 앞에 실린 피터 브래넌의 글이 일깨워주듯이, 이 세계는 우리가 소유한 세계가 아니다.

갈수록 심해지는 기후위기와 생태위기는 전 지구적인 위기다. 이 위기는 살아 있는 모든 동식물과 생명체에 영향을 미친다. 그러나 이 위기의 책임이 모든 인간에게 있다는 말은 진실과는 완전히 동떨어진 것이다. 대부분의 사람들은 지구위험한계선을 지키며 충실하게 살아간다. 이 위기를 빚어내고 계속 심화하는 것은 극소수의 사람들이다. 흔히들 '지구에 사람이 너무 많은 게 문제'라고 말하는데, 이것은 진실을 가릴 수 있는 주장이다. 물론 인구는 중요한 문제다. 그러나 지나치게 많은 온실가스가 발생하고 지구 자원이 바닥나는 건 인구가 많은 탓이 아니다. 일부 사람들이 하는 행동 탓이다. 이 재앙을 빚어내는 건 우리의 경제 구조와 얽혀 있는 일부 사람들의 습관과 행동이다.

노예제와 식민화를 동력으로 삼아 진행된 산업혁명은 북반구에 엄청난 부를 몰아주었다. 현대 사회는 이런 극심한 불평등의 토대 위에 세워졌다. 이것이 문제의 핵심이다. '소수가 누리는 혜택을 위해서 다수가 고통에 시달리고 있다.' 소수는 부를 쌓기 위해 다수를 희생시켰고, 탄압과 대량학살, 생태계 파괴, 기후위기 등도 개의치 않았다. 이 모든 파괴 행위로 인한 희생의 계산서는 아직 지불되지 않았다. 아니, 아직 합산되지도 않았고, 계산서 작성이 완료되지도 않았다.

누군가는 이렇게 물을지도 모른다. '지금 그게 중요한 게 아니잖아? 지금은 비상 상황이니까 과거는 묻어두고 당장 눈앞에 닥친 문제를 해결하는 데 집중해야 하지 않아? 왜 굳이 인류 역사에서 복잡하기로 손꼽히는 문제들을 끄집어내서 일을 더 어렵게 만드는 거야?' 나는 이렇게 대답하고 싶다. 지금 이 위기는 단순히 지금 이곳에서만 일어나는 위기가 아니다. 기후위기와 생태위기는 식민주의 시대와 그 이전 시기부터 시작되어 누적된 위기다. 이것은 어떤 사람은 다른 사람보다 우월하며, 다른 사람의 땅과 자원, 미래의 생활 조건은 물론이고 목숨까지 빼앗을 권리를 가지고 있다는 생각에서 비롯한 위기다. 이 위기는 여전히 진행 중이다.

우리는 탄소예산의 약 90퍼센트를 이미 써버렸다. 탄소예산은 67퍼센트의 확률로 지구 온도 상승을 1.5도 이하로 묶어두려고 할 때 세계가 쓸 수 있는 최대 이산화탄소 배출량이다. 이미 배출되어 대기나 해양으로 들어간 이산화탄소는 앞으로 수백 년 동안 그곳에 남아 생물권의 섬세한 균형을 깨뜨리고 다양한 티핑 포인트를 넘어 되먹임 고리에 시동을 걸 가능성이 있다. 우리가 합의한 온도 목표를 넘어서지 않으면서 배출할 수 있는 잔여 탄소예산은 거의 바닥이 났다. 그러나 많은 저소득 및 중간 소득 국가들은 고소득 국가들이 누리는 부와 복지의 토대인 기반시설 구축이 미비한 상태다. 이 국가들이 기반시설을 구축하려면 상당한 양의 이산화탄소를 배출할 수밖에 없다. 따라서 대기에 이미 쌓여 있는 이산화탄소의 90퍼센트가 국제 기후 협상의 핵심이 되어야 한다. 하다못해 국제 기후 논의에 얼마간이라도 영향을 미쳐야 한다. 그러나 현실은 그렇지 않다. 북반구 국가들은 우리가 역사적으로 진 빚을 비롯해 수많은 중요한 문제들을 완전히 외면하고 있다.

누군가는 이 모든 게 너무 오래전 일이라고, 에너지 시스템을 구축하고 소비재 대량생산을 시작할 당시의 사회 주도층은 이런 문제를 전혀 예상하지 못했다고 말한다. 그러나 나오미 오레스케스의 글이 밝히고 있듯이, 그들은 분명히 알고 있었다. 셸과 엑슨모빌 등의 대형 석유 기업들은 이미 40년여 전에 자신들의 행동이 어떤 결과를 낳게 될지 알고 있었다. 이를 뒷받침하는 뚜렷한 증거들이 있다. 마이클 오펜하이머가 설명하는 것처럼, 여러 나라들도 역시 알고 있었다. 또 한 가지 분명한 사실은 이제껏 인간 활동으로 인해 배출된 이산화탄소 총량의 50퍼센트 이상이 IPCC가 설립된 이후에, 1992년 리우데자네이루에서 열린 유엔지구정상회의 이후에 배출되었다는 점이다. 몰라서 그런 것이라는 주장은 말이 안 된다. 전 세계가 다 알고 있었다.

여기서 이야기는 다시 흑과 백 문제로 넘어간다. 어떤 사람들은 흑과 백 사이에는 다양한 명도의 회색이 있고 모든 게 복잡하게 얽혀 있으며 간단하게 똑 떨어지는 정답이란 없다고 말한다. 그러나 다시 한번 말하지만 흑과 백으로 갈리는 문제는 수도 없이 많다. 절벽에서 떨어지느냐 마느냐도 흑과 백으로 갈리는 문제이고, 살아남느냐 마느냐도, 만인에게 투표권이 주어지느냐 마느냐도, 여성도 남성과 동등한 권리를 갖느냐 마느냐도 흑과 백으로 갈리는 문제다. 파리 협정에서 약속한 기후 목표를 달성해 인간의 힘으로는 결코 돌이킬 수 없는 변화를 불러올 최악의 상황을 막을 수 있느냐 없느냐도 흑과 백으로 갈리는 문제다.

이 모든 게 흑과 백으로 갈리는 문제다. 기후위기 및 생태위기와 관련해서는 변화의 필요성을 입증하는 확고하고 분명한 과학적 증거가 존재한다. 지금 우리가 이용할 수 있는 최선의 과학은 이 모든 증거에 의지해 지금 우리의 경제 시스템과 북반구에 사는 많은 사람들이 당연한 권리라고 여기는 삶의 방식을 바꾸어야 한다는 것을 보여주고 있다. 제한과 규제는 신자유주의나 현대의 서구 문화와 친한 사이가 아니다. 코로나19 팬데믹 때 규제 조치가 시행되었을 때 세계 일부 지역이 어떤 반응을 보였는지 떠올려보라.

누군가는 과학과 관련한 견해와 의견은 서로 다를 수 있고, 모든 과학자의 의견이 똑같을 수는 없다고 말할지도 모른다. 물론 맞는 말이다. 과학자들은 자신들이 도출한 결과의 상이한 측면에 대해 토론하는 데 많은 시간을 들인다. 이게 바로 과학의 본질이다. 이 주장은 수많은 주제에서는 통할 수 있다. 그러나 기후위기와 관련한 주제에서만큼은 이 주장이 통하지 않는다. 기후과학을 반박할 수 있는 기회는 이미 지나갔다. 기후과학은 더할 나위 없이 정확하다.

이제 남은 건 대부분 전술 문제다. 정보를 어떻게 조합하고 어떻게 구조화하고 어떻게 전달할 것인가? 과학자가 어떻게 감히 소란을 피우느냐고? 정치인들이 부적절한 제안을 내놓을 때, 과학자들은 그 제안이 아예 없는 것보다는 낮다고 생각해서, 혹은 자신의 입지를 다지거나 유지하는 데 유리하다고 생각해서 그 제안을 지지해야 할까? 아니면 쓸데없는 불안감을 조성한다는 비난을 살 위험을 감수하고라도, 또 패배의식과 무관심에 굴복하는 사람들이 크게 늘어나는 일이 생기더라도, 과학자들은 사실을 있는 그대로 말해야 할까? '컵에 물이 반이나 남았네요'라는 식의 긍정적이고 낙관적인 관점을 유지해야 할까, 아니면 효과적인 소통 전술 따위엔 관심을 접고 사실 자체를 전달하는 데만 집중해야 할까? 아니면 동시에 이 두 가지 일을 다 해야 할까?

오늘날 논란의 핵심은 환경위기를 해결하기 위한 조치를 논의할 때 형평성과 역사적 배출량 문제를 포함하느냐 마느냐 하는 것이다. 역사적 배출량에 대한 논의는 국제적 논의의 틀 밖에서 진행되어왔고, 이것까지 포함시키면 안 그래도 암울한 문제가 더욱 암울하게 보일 테니 무시하는 편이 낫겠다는 유혹을 느낄 수밖에 없다. 그래서 총체적인 관점에서 역사적 배출량을 포함시키려고 노력하는 사람들이 그렇지 않은 사람보다 과장이 심한 것으로 비친다. 이것은 심각한 문제다. 예를 들어 형평성과 역사적 배출량 문제를 포함한다면 스페인, 미국, 프랑스 등의 북반구 국가들이 2050년 이전에 넷제로에 도달할 것이라는 전망은 완전히 터무니없어 보인다. 그러나 미국의 한 과학자가 자국 내 수많은 사람들의 귀를 열겠다는 목표를 가지고 있다면, 그 사람은 '2050년 넷제로' 아이디어를 얼토당토않은 이야기라고 일축하는 데 열을 올리진 않을 것이다. 미국에서는 30년 안에 탄소 배출량 제로를 달성한다는 아이디어만 해도 터무니없이 급진적인 내용이라고 여겨지고 있으니, 이런 전술도 분명 일리가 있다. 그러나 문제는 파리 기후변화협정이 정한 국제적 목표를 완수하려면 반드시 형평성과 역사적 배출량을 포함해야 한다는 것이다. 이를 회피하고서는 결코 이 목표를 달성할 수 없다. 게다가 우리에겐 차근차근 논의를 진전시켜갈 시간적 여유가 없다.

지금 우리는 수렵채집 시대의 조상들보다 훨씬 진보한 삶을 살고 있다. 그러나 우리의 본능은 이런 진보를 따라잡지 못하고 있다. 우리의 본능은 여전히 5만 년 전의 세계, 농업도 주택도 넷플릭스도 슈퍼마켓도 없던 세계에 살았던 현생인류의 본능과 거의 비슷하게 움직인다. 우리의 본능은 지금과는 전혀 다른 현실에 맞추어져 있다. 우리의 뇌는 당장 눈에 보이지 않고 서서히 다가

오는 위협에는 잘 대처하지 못한다. 기후위기와 생태위기도 마찬가지다. 너무나 복잡하고, 너무나 느리게 진행되고, 너무 멀리 떨어져 있는 것이라 명확하게 감지할 수 없는 위협이기 때문이다.

지질학적 시야의 폭을 더 넓혀서 보면, 호모 사피엔스의 진화는 빛의 속도로 일어났다. 앞으로 우리에게 닥칠 어떤 일도 빛의 속도로 일어날까? 산업혁명이 시작되기 수만 년 전에, 애초에 우리의 본성 자체가 불안정했던 걸까? 일개 생물종치고는 너무나 재능이 뛰어났다는 게 문제였을까? 자신의 이익을 챙기는 데만 지나치게 우수한 종이었던 걸까? 과연 우리는 변화를 이뤄낼 수 있을까? 우리가 가진 능력과 지식, 과학기술을 사용해서 너무 늦지 않게, 우리 자신을 바꿀 문화적 변화를 이뤄냄으로써 기후 재앙과 환경 재앙을 피할 수 있을까? 단연코 우리는 그 일을 해낼 수 있다. 그 일을 해내느냐 마느냐는 온전히 우리 손에 달렸다.

지구의 역사를 1년으로 압축하면,
산업혁명은 12월 31일 자정을
약 1.5초 남겨둔 시점에 일어났다.

기후변화의 발견

마이클 오펜하이머

처음에는 기후변화가 문제로 여겨지지 않았고, 단순히 과학적 호기심의 대상이었다. 스웨덴의 화학자 스반테 아레니우스는 1896년, 인류가 석탄을 태워 대기 중으로 이산화탄소를 배출하면서 지구 온도가 서서히 올라 몇 도 상승할 거라는 예측(이제는 잘 알려진)을 발표할 때 아무런 우려를 표현하지 않았다. 그의 연구 결과는 1950년대까지는 거의 빛을 보지 못했다. 1950년대에 몇몇 과학자들이 이런 온난화가 치명적인 결과를 가져올 수 있음을 지적했다. 1960년대에는 젊은 기상학자 마나베 슈쿠로가 기후에 대한 최초의 현대적인 컴퓨터 시뮬레이션을 개발했다.* 지구가 뜨거워질 것이라는 마나베의 예측은 아레니우스의 주장이 옳았음을 보여주었다. 마나베의 예측이 공개된 이후로 갈수록 심화되는 기후 충격을 탐구하는 새로운 과학적 흐름이 일어났다. 1970년대 후반에 대기 중 이산화탄소 농도가 두 배가 되면 지구 온도가 얼마나 상승할 것인가에 대한 과학적 논의가 시작되었다. 당시 화학물리학 석사 과정에 있던 나는 1969년에 발행된 〈테크놀로지 리뷰〉에서 처음으로 '온실효과'에 대해 알게 되었다. 인간이 지구 기후에 영향을 미칠 수 있다는 내용을 읽고 굉장히 겁이 났던 기억이 있다. 그러다가 서서히 자신감이 생겨났다. 내가 가진 정치에 대한 관심과 지구 대기에 관한 전문 지식을 결합하면 이 불안감을 건설적인 방향으로 돌려서 문제 해결에 기여할 수 있을 것 같았다. 나는 1980년대 내내 이 문제의 심각성을 알리는 과학자들의 대열에 동참해 활동했다. 당시에는 이 경고에 귀를 기울이는 정책결정자가 극소수였지만, 이제 지구 온난화는 결코 무시할 수 없는 문제로 부상했다.

---

* 마나베는 이 업적을 인정받아 2021년에 노벨 물리학상을 수상했다/원주.

온실효과의 물리학적 원리와 지구 온난화가 발생하는 이유는 100여 년 전보다 훨씬 더 확실하게 밝혀져 있다. 지구 대기를 구성하는 기체들은 대부분 햇빛을 그대로 통과시킨다. 대기의 주요 구성 성분인 질소와 산소 역시 그렇다. 그래서 햇빛은 대부분 대기를 뚫고 들어와 지구 표면을 데운다.

지구는 적외선 복사를 통해 다시 우주로 열을 방출한다. 그런데 대기에 있는 미량의 수증기와 일부 기체(특히 이산화탄소)가 지구 적외선 복사의 상당량을 흡수하거나 가두고, 그중 일부를 지표면으로 돌려보내는 탓에 지구의 온도가 올라간다. 이 기체는 열을 가두는 과정이 온실의 원리와 비슷해서 흔히 온실가스라고 불린다. 추운 날에도 온실 안은 바깥 공기를 차단하는 유리 덕분에 식물의 성장에 적합한 따뜻한 온도를 유지한다. 만일 지구 대기에 온실가스가 없다면 지표면에서 복사되는 열이 그대로 우주 공간으로 빠져나가기 때문에 지구 온도는 지금보다 33도가량 낮을 것이다. 지구 온도가 생명체 존속에 필요한 범위 내로 유지되어 인간을 비롯한 생명체가 진화할 수 있었던 것은 이런 온실효과 덕분이다.

이 과정은 19세기에 광범위한 산업화가 시작되기 전까지 수천 년 동안 안정적으로 유지되었다. 산업 사회에 동력을 공급해온 석탄, 석유, 천연가스 등의 화석연료는 탄소를 품은 식물성 물질이 수백만 년 전에 땅에 묻혀 만들어진 것이다. 채굴과 추출을 거쳐 땅에서 캐낸 화석연료는 공장과 발전소, 자동차, 트랙터, 선박, 비행기의 연료와 가정 및 일터의 난방연료로 쓰이고 있다. 화석연료 연소로 매년 수백억 톤의 이산화탄소가 배출된다.

가축 사육을 포함한 농업 역시 메탄과 아산화질소 등의 온실가스 배출을 늘리는 요인이다. 이 두 기체는 이산화탄소보다 분자 하나당 온난화 효과가 훨씬 크다고 알려져 있다. 천연가스 추출 및 운송 과정에서도 많은 양의 메탄이 방출된다. 점점 늘어나는 삼림 벌채와 다양한 토지 이용 변화 역시 이산화탄소를 비롯한 여러 온실가스를 대량으로 배출한다. 이처럼 다양한 인간 활동이 영향을 미친 결과 현재 대기 중 이산화탄소 농도는 산업화 이전보다 50퍼센트 높아졌다.

만약 지구를 더욱더 따뜻하게 데우는 되먹임 고리의 영향이 없었다면, 이미 대기에 쌓여 있는 수천억 톤의 온실가스가 지구 온도에 미치는 영향이 지금처럼 크지는 않았을 것이다. 그런데 지구가 따뜻해지면 해수면의 수분 증발이 늘어나 대기 중에 수증기가 더 많이 머무는데, 이 수증기가 온실가스의 역할을 해 지구 온도를 더 끌어올린다. 북극 얼음은 지표면으로 다가오는 햇빛을 반사해 우주로 돌려보내는데, 지구가 따뜻해지면 북극 해빙海氷이 녹으면서 반사되는 햇빛의 양이 줄고 해수면에 흡수되는 햇빛의 양이 늘어나 지구 온도가 더 높아진다. 구름은 열을 잡아두기도 하고 햇빛을 반사하기도 하는데, 온난화로 인한 구름양의 변화가 일으키는 순효과 역시 지구 온도를 올리는 또 다른 되먹임이다. 이런 여러 가지 되먹임이 맞물리면서 지구 온도는 되먹임이 없을 경우보다 세 배나 빠르게 오르고 있다.

대기에 쌓이는 이산화탄소가 큰 문제가 되는 것은 이 이산화탄소는 바다가 아주 느리게, 수백 년에 걸쳐 바닷물에 녹이는 과정을 통해서만 영구적으로 제거되기 때문이다. 일부 전문가들은 이산화탄소를 빠른 속도로 제거하는 인위적인 방법을 모색하고 있지만 효율적이고 저렴한 탄소제거 기술은 아직 개발되지 않은 상황이다.

지구 온난화의 물리학적 원리와 지구 온난화 문제를 해결하는 데 필요한 노력의 범위, 그리고 조속한 대응 조치의 필요성은 30여 년 전에 이미 밝혀진 것이다. 그런데 왜 우리는 수십 년 동안 아무런 대응도 하지 않은 걸까? 과학계는 어떤 일이 벌어질지 이미 알고 있었지만, 우리가 얼마나 위험한 상황에 놓여 있는가를 정치인들에게 일깨우는 일이 큰 난관이었다.

1981년에 나는 환경방어기금Environmental Defense Fund 소속 과학자로서 환경보호 활동가와 과학자, 그리고 몇몇 정부와 협력해 이 문제를 대중과 정치인들에게 알리기 위해 활동했다. 그러나 당시 대다수 정부는 온난화로 인한 영향이 아직 확실히 밝혀지지 않았으니 기후 대응 조치를 취할 이유가 없다는 입장이었다. 기후과학의 증거가 점점 확실해지고 무대응의 잠재적인 영향이 점점 분명해지던 때인데도 말이다.

1986년에 나는 미국 상원의 어느 위원회에서 증언할 기회가 있었다. 그때 여러 정부기관의 공무원들이 나보다 앞서서 하는 연설을 들었다. 그런데 이들은 대부분 온실가스 배출을 줄이기 위한 조직적 대응 조치에 대해 전혀 모르고 있었고 관심도 없었다. 나는 정치인들과 대중에게 문제의 심각성을 분명히 알리려고 노력했다. "이 문제를 그대로 방치했다가는 다른 모든 환경 문제가 더욱 악화될 것이다. (…) 다양한 생태계의 지속가능성과 문명의 지속가능성이 위기에 처해 있다." 나는 이산화탄소가 대기 중에 오래 머무른다는 사실을 짚으면서, 이것은 일반적인 대기 오염과는 전혀 다른 차원의 문제이므로 신속히 배출량 저감 정책을 시행해야 하며, 어떤 결과가 나올지 지켜보자고 수수방관하다가는 시기를 놓쳐서 심각한 충격을 피할 수 없게 될 거라고 말했다.

2년 뒤 폭염이 미국 동부를 강타했을 때, 나는 마나베 교수와 미국항공우주국(NASA)의 제임스 핸슨과 함께 상원의 또 다른 위원회에서 증언을 했다. 그날 핸슨은 "온실효과는 이미 나타나고 있고 지금 이 순간에도 우리 기후를 변화시키고 있다"라는 유명한 발언을 했다. 나는 유엔의 후원하에 공동 조직자로 참여했던 국제과학회의의 보고서를 언급하면서 인간이 야기한 기후변화 문제를 해결해야 한다는 결론과 함께 향후 온실가스 배출을 제한하기 위한 구체적인 정책을 권고했다.

내가 그날 강조한 중요한 연구 결과 중에는 온난화를 적정한 속도로 늦추고 대기를 안정적인 상태로 되돌리려면 화석연료로 인한 이산화탄소 배출량을 "현재 수준에서 60퍼센트로 감축하고, 다른 온실가스 배출량도 비슷한 수준으로 줄여야 한다"라는 내용이 있었다. 특히 나는 "'현재 추세 유지' 시나리오를 따른다면 앞으로 40년 후에는 배출량이 두 배로 증가할 것"이며 "이것이 우리가 앞으로 완수해야 할 벅찬 과제다"라고 강조했다.

내가 위 보고서에서 인용한 수치는 지금의 현실과는 동떨어진 것이고, 현재 수준에서 감축해야 할 배출량은 그보다 훨씬 크다. 그때 전 세계가, 특히 북반구 국가들이 조직적인 대응 조치를 시행했다면, 지금쯤 우리는 기후위기를 완화하는 데 훨씬 유리한 위치에 있을 것이고 지금처럼 무수한 재해에 시달리고 있지도 않을 것이다.

같은 해인 1988년에 유엔은 전 세계 수천 명의 과학자들을 조직해 기후 문제를 평가하고 해결책을 제시하기 위해 IPCC를 창립했다. 과학계가 미래 연구를 통해 인간 사회와 생태계가 겪게 될 잠재적인 환경 피해를 예측할 수 있도록 세계 지도자들이 전례 없는 노력을 기울인 끝에 이뤄낸 성과였다. 나는

1990년에 출판된 IPCC 제1차 평가 보고서 작성에 참여한 것을 시작으로 제6차 평가 보고서 작성까지 줄곧 참여했다.

대기 중 이산화탄소의 돌이킬 수 없는 축적 과정과 탄소 배출 없는 경제로 전환하는 정부들의 단속적인 노력 사이에 경주가 시작되었다. 나와 과학계와 환경계의 동료들은 기후변화 때문에 발생하거나 더 악화되는 극한 기상(갈수록 심해지는 가뭄과 허리케인, 폭염 등)이 가까운 미래에 여러 국가들에게 큰 타격을 입히리라는 걸 알았다. 우리의 목표는 과학이 예견한 대로 갈수록 극단으로 치닫게 될 기후의 영향으로 인해 광범위한 생명 손실과 파괴를 겪는 상황이 오기 전에 국가들이 행동에 나서게 하는 것이었다. 그러나 우리는 이 경주에서 지고 말았다.

우리가 시행한 완화 조치는 너무나 굼뜨고 미미한 규모에 그쳤다. 1992년 리우데자네이루 지구정상회의에 모인 국가들은 2000년 이전에 온실가스 배출량을 1990년 수준으로 되돌리자는 유엔기후변화협약에 서명했다. 그러나 이 협약에 따른 배출량 감축 의무는 구속력이 없어서 효과적인 실행을 기대하기 어려웠다. 당시 이산화탄소 배출량 세계 1위였던 미국의 협약 참가는 희망의 빛을 밝히는 중요한 계기였다. 미국 의회가 협약을 비준했고 그해 빌 클린턴의 대통령 당선은 기후 조치 시행에 유리한 기회로 여겨졌다. 클린턴은 대통령 취임 후 온실가스 배출을 규제하기 위한 첫 번째 조치로 에너지세 시행을 준비했지만 의회의 강력한 반대로 무산되었다. 세금은 미국 정치의 '제3 레일'*이며, 오늘날까지도 탄소세는 정치인들이 선택하기 어려운 길이다.

유엔기후변화협약의 목표를 향한 진전이 불충분하다는 공감대가 형성되었고, 1997년 교토 회의에서 선진국들에게 배출량 감축 의무를 부과하자는 내용의 의정서가 채택되었다. 그러나 교토 의정서는 유엔기후변화협약 때와 마찬가지로 개발도상국에게는 배출량 감축 의무를 지우지 않았다. 그런데 이것은 교토 의정서의 효력을 깎아먹는 심각한 한계였다. 곧 중국의 배출량이 폭발적으로 늘고 일부 개발도상국들이 중국의 뒤를 따르기 시작했기 때문이다.

미국은 교토 의정서 비준을 거부했다. 2001년에 조지 W. 부시 대통령은

---

* 정치적으로 건드려서는 안 되는 사안, 즉 정치적 금기를 빗댄 말.

취임 직후에 전임 대통령이 서명한 교토 의정서에서 탈퇴했다. 과학의 패배였다. 화석연료 생산 기업과 화석연료 대량 소비 기업들이 행사하는 정치적 영향력의 공세 탓이었다. 많은 기업들과 다양한 기업연합회들이 소위 싱크탱크를 내세워서 허위정보 유포 활동을 효과적으로 펼쳤고, 화석연료 생산지 출신의 일부 정치인은 과학적 사실을 왜곡하고 노골적인 거짓말을 했다. 사익 추구 세력이 거짓과 기만으로 사람들을 호도하는 상황에서 대중은 온난화를 대수롭지 않게 생각하는 쪽으로 휩쓸려갔다.

유럽은 화석연료 기업들의 허위정보 유포 활동으로 인한 동요와 분열이 크게 나타나지 않았던 덕분에 초기부터 기후 대응 선도국으로 부상했다. 화학을 전공한 영국 총리 마거릿 대처는 과학계의 경고를 존중했고 탄광 노조의 결집력을 허물겠다는 결심도 있었기에 1989년에 유엔기후변화협약 협상을 지지한다는 입장을 밝혔다. 역시 온실가스를 대량으로 배출하는 나라인 독일에서는 1980년대 중반부터 녹색당이 영향력을 키워갔고 결국 주요 정당 두 곳이 환경과 에너지 관련 목표를 채택했다. 2005년 독일 총리에 취임한 앙겔라 메르켈 역시 화학자 출신으로 이 목표를 위한 노력을 계속 이어갔다. 미국이 기후 대응 선도국 역할을 마다한 뒤로, 영국과 독일, 네덜란드, 스칸디나비아 국가들이 주도하는 유럽연합(EU)이 선도적으로 나서서 국제적 차원의 기후 대응 조치 실행을 촉구했다. 더구나 독일 통일과 소련 해체 이후 구동독과 구소련 국가의 배출량이 급감한 덕분에 유럽연합은 교토 의정서에서 약속한 목표를 달성할 수 있었다.

그 외의 다른 선진국들, 특히 화석연료 생산지의 입김이 아주 센 캐나다와 호주는 교토 의정서에서 했던 약속에 대해 번드르르한 말만 늘어놓을 뿐 실제로는 배출량 감축 노력을 전혀, 또는 거의 하지 않았다.

2014년에 중국과 미국이 공동 합의를 거쳐 국가 배출량 목표를 제시했고, 이는 다음 해에 있을 파리 협정의 디딤돌이 되었다. 파리 협정은 어떤 면에서는 획기적인 계기였지만 그 성과는 아직까지 미진한 수준이다. 중국과 인도는 배출량을 빠르게 늘리면서 석탄 의존도가 높은 경제를 여전히 유지하고 있다. 그러나 중국은 여러 가지 이유에서 스스로 내놓은 기후 공약 이행을 계속 추진할 수밖에 없다. 국내 대기 오염 수준이 심각해 화석연료 감축이 절실히 필요할 뿐 아니라, 태양광 전지 모듈, 풍력 발전기, 전기 자동차 등 세계 시장에서 막대한 수익을 올릴 기회를 외면할 수 없는 입장이기 때문이다. 그런데도 중국 지도부는 파리 협정에 제출한 감축 약속에 대한 점검, 보고, 검증 과정을 투명하게 공개하기를 꺼리고 있다. 이런 태도가 달라지지 않는 한, 중국은 책임감 있는 선도 국가라는 신뢰를 확보할 수 없을 것이다.

우리는 심각한 충격을 막기 위한 첫 경주에서 패배했고, 온난화에는 가속이 붙었다. 이제 우리는 기후위기를 완화하고 지구를 거주 가능한 행성으로 유지하기 위한 두 번째 경주의 출발선에 서 있다. 이 경주에서 승리하려면, 새로운 지도자들이 출현해 우리 세대가 했던 것과는 전혀 다른 방식으로 화석연료 산업의 이익 추구와 대중의 근시안적 태도에 맞서 싸워야 한다. 에너지 관련 기술의 발전과 기후위기에 대한 반박의 여지가 없는 이해, 젊은 세대의 놀라운 결단력과 강력한 행동이 있으니 나는 희망이 있다고 믿는다. 물론 쉬운 경주는 아니지만, 이제는 패배가 몰고 올 위험이 너무나 명백하게 알려져 있다. 그런 위험이 기다리고 있는 줄은 꿈에도 몰랐다는 발뺌은 더 이상 통하지 않는다. /

그림 1:
지구 대기 중 이산화탄소 농도의 연도별 추세. 국제기후회의와 배출을 억제하기 위한 국제협정에도 불구하고 대기 중 이산화탄소 농도와 지구 평균 기온은 계속 상승하고 있다.

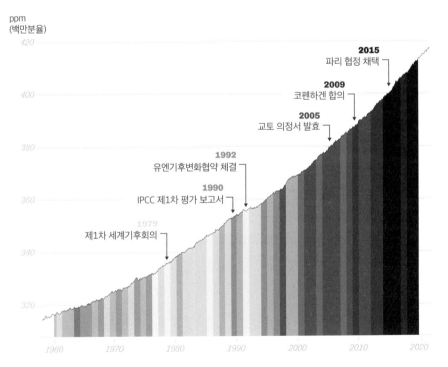

그들은 왜
행동하지 않았는가?

나오미 오레스케스

'수십 년 전에 이미 알았으면서 왜 기후위기를 막으려는 행동을 하지 않았을까?'
라고 훗날 역사가들이 묻는다면 그 대답의 핵심에는 화석연료 산업이 벌인 기
후변화 부정과 은폐 활동의 역사와, 권력과 특권을 가진 사람들이 기후변화가
경제 시스템의 취약성을 드러내는 것임을 부인해온 행태가 놓일 것이다.

　　과학자, 언론인, 활동가들은 화석연료 산업이 기후변화 대응 행동을 방
해하기 위해 여러 가지 방법으로 기후변화와 관련한 허위정보를 퍼뜨리고 있
음을 조사해 기록하고 있다. 이 작업의 상당 부분이 화석연료 산업의 골리앗
엑슨모빌에 집중되어 있다. 1970년대와 1980년대에 엑슨모빌 소속 과학자들
은 자사 제품이 일으키는 기후변화의 위협에 대해 회사에 보고했다. 그러나
1990년대 이후로 엑슨모빌은 기후변화의 과학적 근거가 대단히 불확실하다는
여론을 조장하는 한편, 정책적 개입이 시의적절하지 않고 불필요하다는 주장
을 펼쳤다. 엑슨모빌은 석탄회사, 자동차 제조업체, 알루미늄 생산업체를 비롯
해 값싼 화석연료 에너지 덕분에 수익을 얻는 업체들로 구성된 '탄소연소복합
체' 네트워크의 구심점이었다.

　　탄소연소복합체는 광고와 홍보 캠페인, 그리고 '고용된 전문가'에게 의뢰
해 작성한 보고서 등을 통해 조직적으로 기후위기에 대한 의구심을 조성했다.
여기에는 담배 산업에서 베껴온 전략과 전술이 동원되었다. 나열하면 이런 것
들이다. 불리한 자료는 숨기고 유리한 자료만 골라 제시하기, 과학적 증거 왜
곡하기, 다른 분야의 과학자를 부추겨 논쟁의 여지가 없는 분야에서 과학적 논
쟁을 일으키기, 기후변화의 주요 원인에 관심이 쏠리지 않게 할 목적의 연구에
자금 대기, 기후과학자들의 신망에 흠집 내기, 자신들의 이익을 지키려는 화석
연료 산업의 면모는 감추고 '건전한 과학'을 지원하는 산업으로 위장하기 등

등. 이들은 또한 국민 개개인이 '탄소발자국' 줄이기에 앞장서는 등 '개인적 책임'을 다해야 한다고 주장하면서 자신들의 책임에 쏠리는 여론의 관심을 흩트려놓았다.

화석연료 산업은 기후과학에 대한 의혹의 메시지를 전파하고 증폭시키는 보수주의, 자유주의, 신자유주의 정치 성향의 싱크탱크들의 네트워크와 협업했다. 이 대열의 한편에는 미국의 케이토 연구소CATO Institute, 영국의 경제문제 연구소Institute for Economic Affairs 등 정부 주도 조치에 반발하며 자유방임적 경제 정책을 지지하는 독립적인 싱크탱크들이 있었다(이들은 담배 산업의 전략을 모방해 기후위기에 대응하는 조치가 시행되면 자유가 흔들릴 것이라고 주장하는 작전을 자주 폈다). 대열의 다른 한편에는 모빌코퍼레이션이 앞장서서 이끄는 지구기후연합Global Climate Coalition과 미국 석탄회사들이 만든 '환경에 관한 정보에 밝은 시민들Informed Citizens for the Environment' 등의 간판 단체들이 있었다. 2006년에 세계에서 가장 오래되고 가장 유명한 과학학술단체인 영국왕립학회는 기후과학의 주장을 부정하거나 왜곡하는 서른아홉 개 조직이 엑슨모빌로부터 자금을 지원받고 있다고 밝혔다.

화석연료 산업과 그 협력자들은 공적 논의의 우물에 독약을 풀어 기후 대응 조치를 막으려는 간접적인 행동을 하는 한편, 정부의 조치가 임박해지면 직접 행동에 나섰다. 널리 알려진 사례 중 하나가 2009년 탄소 배출권 거래제 도입 등이 포함된 미국 청정에너지안보법과 관련한 것이다. 이 법은 무사히 통과될 것으로 예상되었지만 미국 상공회의소를 비롯해서 전력회사, 석유회사, 가스회사, 기업연합회, 싱크탱크들이 맹렬한 저지 활동에 나서면서 결국 무산되었다. 2000년에서 2016년 사이에 미국의 화석연료 산업은 기후 대응 조치를 막기 위해 무려 20억 달러를 지출한 것으로 추정된다.

일부 사람들은 천연가스를 '징검다리 연료'라고 포장하는 산업계의 주장을 곧이곧대로 받아들이고 부정행위를 눈감으며 '주주의 기업 활동 참여'의 힘을 주장하는 등 자의적인 판단으로 산업계의 허위 조작과 오도, 로비 활동을 부추기는 데 한몫을 보탰다. 이와 관련해서 널리 알려진 하버드대학교의 사례가 있다. 2021년에 하버드대학교는 화석연료 산업에 투자했던 보유금을 회수하겠다고 발표했다. 그러나 하버드대학교의 결정권자들은 그 결정을 내리기 전까지 아주 오랫동안 "가능성 있는 파트너를 적대시하고 악마로 몰아붙이는 위험"을 감수할 수 없다면서 화석연료 산업을 비판하길 꺼려왔다. 이 '파트너'들 중 많은 수가 기후과학자와 기후활동가들을 악마로 몰아세우면서 전 세계 수십억 명에게 피해를 입힌 장본인인데도 말이다.

지금은 대부분의 경제학자들이 기후변화가 시장 실패의 결과임을 인정하고 있다. 그러나 기후변화가 훨씬 더 거대한 환경 파괴, 즉 과학자들이 흔히 말하는 '거대한 가속'의 일부라는 것을 이해하는 경제학자는 소수에 불과하다. 자본주의는 수십억 인구의 건강과 복지뿐만 아니라 수백만 생물종의 생존에 위해를 끼쳐왔고, 그 자신이 이루려고 의도했던 경제적 번영까지 저해하고 있다. 기후위기는 규제를 받지 않는 사익 추구가 공동의 이익에 도움이 되지 않음을 드러내면서 250년 동안 지배적인 지위를 유지해온 경제 이념에 도전장을 내밀고 있다. 애덤 스미스는 자유시장이 마치 누군가의 손에 의식적으로 인도되는 것처럼 효율적으로 움직인다는 생각에서 '보이지 않는 손'이란 표현을 썼는데, 기후위기는 경제학자 조지프 스티글리츠의 말대로 시장을 움직이는 보이지 않는 손이 보이지 않는 이유가 '실제로 존재하지 않기 때문'이라는 사실을 입증한다. 또한 기후위기는 프란치스코 교황의 "기술 상품은 중립이 아니다. 상품은 특정 권력 집단의 이익에 부합하는 방향으로 우리의 생활방식에 영향을 미치고 사회적 가능성을 재단하는 구조를 만든다"라는 말이 지적한 위험을 입증한다.

이런 이야기는 많은 이들이 선뜻 받아들이기에는 너무 버거운 결론이다. 자신이 허위정보에 속아넘어가거나 어떤 신화에 현혹되었다는 것을 선뜻 받아들일 사람은 아무도 없고, 특권을 누리는 사람들은 그 특권이 어디서 온 건지 따져보는 법이 거의 없다. 이 결론을 받아들이지 못하는 가장 핵심적인 이유는 기후위기가 성장의 약속에 균열을 내기 때문일 것이다. 그래서 지금도 많은 사람들이 기후변화를 부정하진 않으면서도 필요한 조치의 실행에 반발하고 우리 경제 시스템이 실패했음을 인정하지 않으며 산업계의 허위 조작 정보가 큰 피해를 끼쳤다는 사실을 받아들이지 않는다. /

1.8
티핑 포인트와
되먹임 고리

요한 록스트룀

지구가 새로운 지질시대인 인류세에 들어섰다는 것은 과학적으로 확립된 사실이다. 인류세에 지구를 변화시킨 가장 큰 원동력은 우리의 상호연결된 세계다. 우리가 화석연료 연소로 지금까지 배출한 대량의 이산화탄소와 우리가 일으킨 환경 파괴는 향후 50만 년 동안 지구의 미래에 영향을 미칠 수 있는 규모다. 우리는 우리의 집인 지구 행성의 미래를 좌우할 수 있는 위치에 있다. 우리가 인류세에 시동을 건 것은 70여 년 전이다. 화석연료를 동력으로 삼아 산업화를 이룬 세계 경제는 이때부터 전 지구적인 규모로 확장되었고, 인간이 지구에 가하는 압박 역시 수많은 '하키스틱' 모양의 그래프를 나타내며 지속적으로 증가했다. '거대한 가속'은 현실이다. 온실가스 배출량, 비료 소비량, 물 사용량, 해양 어획량, 육지 생물권 파괴 등의 가속적 증가에서 '거대한 가속'이 뚜렷이 나타나고 있다(그림 1).

그러나 이 드라마는 그렇게 파악한 엄청난 수준마저도 뛰어넘는 규모로 진행되고 있다. 우리는 완전히 새로운 지질시대를 열었을 뿐 아니라 인류세의 정점에 도달했고, 지구는 인류의 자원 남용과 환경 파괴를 더 이상 흡수할 수 없다는 첫 신호를 보내고 있다. 우리는 인류세가 시작된 지 불과 70년 만에 지구 시스템이 회복탄력성을 잃고 있으며, 우리가 가하는 압박과 스트레스, 오염을 완충하고 완화하는 생물물리학적 능력을 잃어가고 있다는 결론을 내릴 수밖에 없는 처지에 놓였다.

이제 과학계의 과제는 우리가 전체 지구 시스템을 불안정하게 만들고 있는지, 즉 생물물리학적 시스템과 과정(빙상, 숲, 해양 열 순환 등)을 티핑 포인트를 넘어설 만큼 몰아붙이고 있는지 탐구하는 것이다. 티핑 포인트를 넘는 순간, 이제껏 유지되어온 지구 냉각과 충격 완화의 되먹임이 온난화와 자기강화의 되먹임으로 바뀌고, 전체 지구 시스템은 1만여 년 전 인류 문명 출현 이후로 우리가 혜택받아왔고 여전히 전적으로 의존하고 있는 안정적인 간빙기, 즉 홀로세에서 완전히 벗어나는 돌이킬 수 없는 경로에 들어설 수 있다.

우리는 지금 생존의 갈림길에 서 있다. 우리는 이미 인류세에 들어섰고, 돌이킬 수 없는 티핑 포인트가 다가오고 있다는 조짐이 보이기는 하지만, 아직은 홀로세 간빙기 상태에 있다. 이상하게 들릴 수 있지만, 바로 이런 점 때문에 우리는 여전히 희망을 이야기할 수 있다. 홀로세는 지구의 특정한 상태(북극과 남극에 두 개의 영구 빙상이 있는 간빙기)인 반면에, 인류세는 지금으로선 하나의 궤적일 '뿐'이다. 다시 말해 지구는 지금 홀로세 상태에서 멀어지고 있을 뿐, 아직은 새로운 상태에 도달한 게 아니다.

그러나 문제는 제한된 희망이 있을 뿐이라는 것이다. 2021년 현재, 지구 온도는 이미 1.1도 상승했고 전 지구 평균 표면 온도(GMST)는 마지막 빙하기 이후 최고치를 훌쩍 뛰어넘었다. 우리는 지구 온도 변화 폭이 1도 이내로 유지되는 '생명의 회랑'을 벗어난 적이 없는 편안한 간빙기의 최고점에 도달했다. 우리의 중대한 과제는 현재의 궤적을 이어가는 걸 멈추고 인류세가 자기강화적인 고온 상태로 넘어가지 않게 하는 것이다. 이 인류의 과제를 달성할 방법은 오직 하나, 기후와 생물권의 상태를 조절하는 지구 시스템이 티핑 포인트를 넘어서지 않게 하는 것이다. 이를 이루기 위해서 우리가 해야 할 일은 과학계가 확인한 지구 행성에서의 안전한 작동 공간을 제공하는 지구위험한계선을 벗어나지 않도록 전 지구적 공유재(지구의 상태를 조절하는 모든 생물물리학적 시스템)를 조절하고 관리하는 것이다.

우리가 구축한 경제와 사회, 문명은 자연과 관련한 두 가지 가정 위에 서 있다. 첫 번째 가정은 자연의 변화가 점진적이고 선형적으로 진행된다(따라서 우리가 실수를 뉘우치고 바로잡을 수 있다)는 것이다. 두 번째 가정은 생물권이 본질적으로 인간이 가하는 충격(우리의 폐기물)을 흡수하고 인간의 자원 추출(우리의 소비)을 감당할 수 있는 무한한 공간과 능력을 가지고 있다는 것이다.

회복탄력성과 복잡계를 다루는 과학은 이 두 가지 가정의 오류를 짚어낸다. 지구의 생물물리학적 시스템(빙상, 삼림 등)은 궁극적으로 지구에서의 생명의 거주 가능성 수준을 결정한다. 이 시스템은 우리 인간에게 즉각적인 서비스

'거대한 가속'

1750년 이후 지구 시스템의 추세

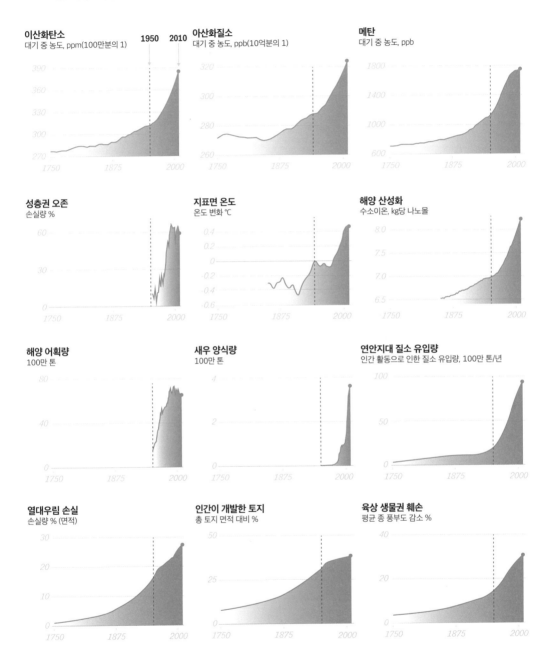

이산화탄소
대기 중 농도, ppm(100만분의 1)

1950 2010

아산화질소
대기 중 농도, ppb(10억분의 1)

메탄
대기 중 농도, ppb

성층권 오존
손실량 %

지표면 온도
온도 변화 ℃

해양 산성화
수소이온, kg당 나노몰

해양 어획량
100만 톤

새우 양식량
100만 톤

연안지대 질소 유입량
인간 활동으로 인한 질소 유입량, 100만 톤/년

열대우림 손실
손실량 % (면적)

인간이 개발한 토지
총 토지 면적 대비 %

육상 생물권 훼손
평균 종 풍부도 감소 %

그림 1

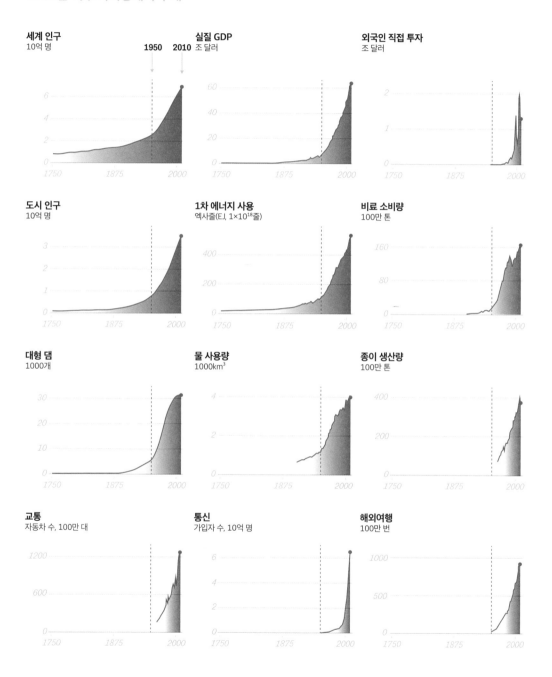

세계 인구
10억 명

1950　2010

실질 GDP
조 달러

외국인 직접 투자
조 달러

도시 인구
10억 명

1차 에너지 사용
엑사줄(EJ, 1×10^{18}줄)

비료 소비량
100만 톤

대형 댐
1000개

물 사용량
1000km^3

종이 생산량
100만 톤

교통
자동차 수, 100만 대

통신
가입자 수, 10억 명

해외여행
100만 번

(음식, 깨끗한 물 등)를 제공할 뿐 아니라, 충격과 스트레스(온실가스 배출, 삼림 벌채로 인한 온난화 등)를 흡수해 지구를 식히고 지구 온도 변화 폭이 커지지 않게 유지하는 자생적 회복탄력성을 가지고 있다. 그러나 이것은 특정한 한계 내에서만 가능하다. 이 한계를 넘어서면, 이 시스템(산호초, 영구동토, 온대림 등)은 돌이킬 수 없는 변화를 일으켜 질적으로 완전히 다른 상태로 넘어간다.

여기서 중요한 것은 티핑 포인트에 도달하면 작은 변화(이를테면 화석연료 연소에 따른 지구 온도 소폭 상승)만으로도 돌이킬 수 없는 커다란 변화(이를테면 열대우림이 건조한 사바나가 되는 커다란 변화)가 일어난다는 점이다. 이런 변화는 자기영속적 되먹임 고리에 의해 추동되므로, 압박(지구 온난화)이 멈춘다고 해도 변화는 계속 이어질 수 있다. 따라서 기후가 임계점 아래로 다시 떨어지더라도 시스템은 이미 새로운 평형상태로의 변화를 시작했기 때문에 어떤 방향으로든 조정에는 시간이 걸린다. 시스템이 새로운 안정 상태를 찾아가는 일은 보통 하룻밤 사이에 일어나지는 않으며 수십 년 또는 수백 년이 걸릴 수 있다. 하지만 여기서 핵심은 티핑 포인트를 넘어선다는 것은 '작동' 버튼을 누르는 것과 같다는 것이다. 티핑 포인트를 넘는 순간 새로운 생물물리학적 시스템이 작동을 시작하고 불안정을 초래하는 되먹임이 강화되어 시스템이 점진적으로, 그러나 불가피하게 새로운 상태로 이동하면서(그림 2) 그 과정에서 많은 사람의 환경과 생계에 심각한 충격을 가한다.

티핑 포인트를 넘어서는 게 갑자기 일어나는 일은 아니라는 것 역시 우리가 직면한 중대한 도전 중 하나다. 우리가 지금 또는 앞으로 수십 년 안에 티핑 포인트를 넘는다고 해도, 그로 인한 전면적인 충격은 수백 년이나 수천 년 뒤에야 분명하고 막을 수 없는 수준으로 발생할 수 있다. 육지를 덮은 빙상의 융해에 따른 해수면 상승이 대표적인 예다. 해수면은 수백 수천 년 동안 꾸준히 상승하다가 다시 수천 년 동안은 계속해서 높은 수준을 유지할 것이다. IPCC에 따르면, 설사 온난화를 1.5도 이하로 억제한다고 해도 우리는 모든 미래 세대에게 최소 2미터의 해수면 상승이라는 짐을 지우게 될 것이다. 물론 해수면이 이 정도까지 상승하는 데는 2000년이 걸릴지도 모른다. 바로 여기서 시간 차원과 관련한 새로운 윤리적 문제가 빚어진다. 우리 자식들과 손주들에게 거주 여건이 점점 더 나빠지는 상태로 떠밀려가는 지구를 넘겨주느냐 마느냐는

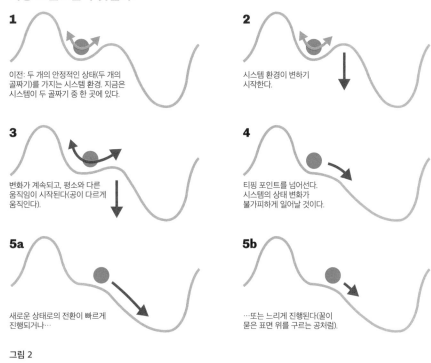

티핑 포인트란 무엇일까?

1
이전: 두 개의 안정적인 상태(두 개의 골짜기)를 가지는 시스템 환경. 지금은 시스템이 두 골짜기 중 한 곳에 있다.

2
시스템 환경이 변하기 시작한다.

3
변화가 계속되고, 평소와 다른 움직임이 시작된다(공이 다르게 움직인다).

4
티핑 포인트를 넘어선다. 시스템의 상태 변화가 불가피하게 일어날 것이다.

5a
새로운 상태로의 전환이 빠르게 진행되거나…

5b
…또는 느리게 진행된다(꿀이 묻은 표면 위를 구르는 공처럼).

그림 2

'지금' 우리의 행동에 달려 있다. 수백 년 수천 년이 걸릴지도 모르지만, 우리의 현재 결정은 불가피하게 미래 세대에게 영향을 미칠 것이다.

　　티핑 포인트를 넘어설 정도로 지구를 몰아붙일 위험의 수준을 평가하고자 할 때 가장 중요한 것은 지구의 여러 시스템들과 지구 시스템 되먹임 사이의 상호작용을 이해하는 것이다. 상호작용은 변화를 증폭시킨다. 예를 들어 바다가 따뜻해지면 얼음이 녹는 속도가 빨라지고, 얼음이 녹으면서 액체 상태의 물이 생성되면 얼음 표면의 색이 짙어진다. 하얀 얼음 표면은 평소에는 우주에서 들어오는 태양열의 80~90퍼센트를 다시 우주로 반사하지만, 얼음이 빠르게 녹아 얼음 표면이 알베도(반사도) 임계점을 넘는 순간 되먹임 전환이 일어난다. 임계점을 넘으면 시스템 되먹임이 음(순냉각)에서 양(순가열)으로 전환되고, 되먹임 전환의 결과로 전체 시스템이 얼음이 없는 새로운 평형 상태를 향해 움직인다.

　　우리가 아는 한에서는, 지구에서 진행되는 모든 생물물리학적 시스템이 반드시 급변 행동을 야기할 수 있는 임계점으로 구분되는 다양한 안정 상태를 가지는 것은 아니다. 그런 시스템도 있고 그렇지 않은 시스템도 있다. 그러나 모든 생물학적, 물리적, 화학적 시스템과 과정(예: 탄소, 질소, 인의 전 지구적 순환)은 서로 연결되어 있다. 생물권과 수권, 빙권은 서로 긴밀하게 연결되어 있고, 서로의 작동 방식(서로의 상태)에 영향을 주는 되먹임을 일으키며, 중요한 되먹임이 음(약화하는 힘)에서 양(강화하는 힘)으로 전환되기도 한다.

흔히 티핑 요소라고 불리는 지구 시스템의 주요 구성 요소들은 특징적인 임계 행동을 가지고 있으며(즉 티핑 포인트를 촉발할 수 있다) 또한 지구의 상태를 조절하는 역할을 한다. 우리는 안정성과 회복탄성력을 유지하는 티핑 요소들에 의존하고 있다. 이 티핑 요소들은 인류세의 여러 가지 위험에 직면해 있는 우리가 반드시 관리하고 통제해야 하는 전 지구적 공유재이다.

2008년에 기후와 관련한 다양한 티핑 요소가 확인되었다(그림 3, 위쪽). 그 이후로 과학은 눈부시게 발전했고, 이제 우리는 티핑 포인트에 영향을 미치는 행동과 티핑 요소 시스템들 간의 상호작용에 대해 훨씬 더 많이 알게 되었다. 또 우리는 200개가 넘는 레짐 전환 사례를 발견하여 약 25가지 범주로 구분할 수 있었다. 2019년에 기후 티핑 포인트 위험에 관한 10년간의 연구를 반영한 논문이 발표되었는데, 그 결론이 매우 충격적이었다. 이 논문에 따르면 기후 관련 티핑 요소 중 아홉 개가 티핑 포인트에 가까워지고 있다는 징후를 보이고 있다(그림 3, 아래). IPCC 6차 평가 보고서는 이 연구의 내용을 상당 부분 확인하면서, 그중 여섯 가지, 즉 남극 빙상, 그린란드 빙상, 북극 해빙, 영구동토, 대서양 자오면 순환(AMOC), 아마존 열대우림 등에 대한 우려를 표명했다.

무엇보다도 가장 우려스러운 것은 티핑 요소 시스템 간의 상호작용이다. 티핑 요소들은 서로 영향을 미쳐 도미노처럼 연쇄반응을 일으킬 수 있다. 이런 '티핑의 연쇄 발생tipping cascade'은 지구 시스템을 새로운 열실 지구hothouse 경로로 밀어낼 수 있다. 지구 기온이 1.1도 상승하면 북극 기온은 두세 배 더 빠르게 오르고 그린란드 빙상(그리고 북극 해빙)의 융해가 점점 더 빨리 진행된다. 이는 다시 해양 열 순환과 대서양 자오면 순환의 속도를 늦추고, 이는 남아메리카 대륙의 몬순 시스템에 영향을 미친다. 이런 몬순 시스템의 변화는 아마존 열대우림에서 갈수록 잦아지는 가뭄과 그로 인해 갈수록 심각해지는 화재, 그

2008년에 처음 확인된 기후변화 티핑 요소

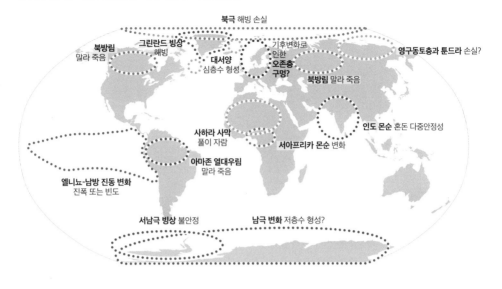

불안정 징후를 보이는 티핑 요소와 여러 요소 간 연관성에 관한 2019년 평가

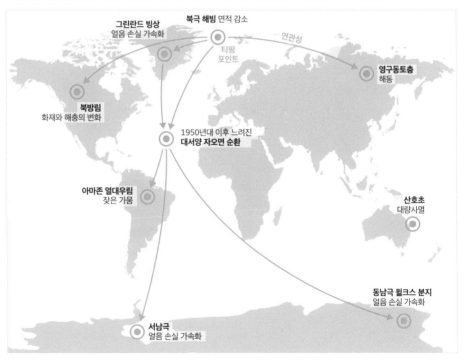

그림 3

리고 이산화탄소 대량 방출을 일으키는 부분적인 원인이 되고, 이는 다시 온난화를 강화한다. 또 대서양 열 순환이 느려짐에 따라 남극해에 따뜻한 표층수가 더 많이 갇히는데, 이것이 서남극 빙상 융해가 점점 빠르게 진행되는 이유일 수 있다.

물론 이러한 복잡한 역학은 여전히 과학계의 논란거리이며 아직 그 작동 방식이 완전히 밝혀지지 않았다. 그러나 과학계 내에서 이와 관련해서 우려가 깊어지고, 기후위기 극복을 위한 예방 조치와 신속한 행동이 필요하다는 목소리가 점점 더 커지고 있다.

우리는 위험이 점점 커져가는 상황에 직면해 있다. 우리는 다양한 티핑 포인트를 넘어서서 무슨 수로도 막을 수 없는 변화가 시작될 위험을 더는 무시할 수 없고, 과학계가 20년 넘게 진척시켜온 위험 평가에서 밝혀진 전반적인 추세를 더는 무시할 수 없다. '타오르는 잉걸불' 그래프(그림 4)에서 볼 수 있듯이, 기후 시스템의 작동 방식에 관한 지식이 넓어질수록 우리의 걱정은 점점 커져간다. IPCC 제3차 평가 보고서(TAR)가 발간된 2001년까지만 해도, 우리는 대규모 충격을 빚어내는 돌이킬 수 없는 변화가 발생할 가능성은 아주 낮고, 5~6도 온난화에서만 그럴 가능성이 대단히 커진다고 생각했다. 한마디로 그런 위험이 발생할 가능성이 전혀 없다는 판단이었다. 어느 누구도 지구 평균 온도가 그처럼 파국적인 수준까지 상승하리라고 생각하지 않았다. 그러나 IPCC 평가 보고서가 새로 나올 때마다 인간 활동에 따른 온실가스 배출이 빚

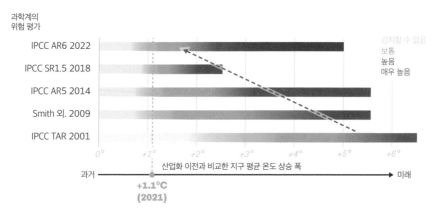

그림 4: 2001년 IPCC 제3차 평가 보고서에서 처음 사용된 이 시각화 자료는 각 보고서별로 평가한 특정 온도별 위험 수준을 나타낸 것으로, '타오르는 잉걸불'이라고도 불린다.

어낸 지구 평균 온도 상승 폭은 점점 더 커졌고, 심각한 위험을 안고 있는 임계 온도에 대한 과학적 이해는 점점 더 깊어졌다. 지금 우리가 도달한 최고의 과학적 이해에 따르면, 1.5~2도 온난화는 물론이고 1.5도 온난화에서도 우리는 엄청난 위험을 감당해야 할 것이다. /

우리 자식들과 손주들에게
거주 여건이 점점 더 나빠지는 상태로
떠밀려가는 지구를 넘겨주느냐 마느냐는
지금 우리의 행동에 달려 있다.

1.9

세상에서
가장 큰 이야기

그레타 툰베리

드넓은 우주의 한구석, 작디작은 태양 주위를 평화롭게 돌고 있는 이 아름답고 푸른 행성에는 현재 약 79억 명의 인구가 살고 있다. 우리는 모두 연결되어 있다. 다른 모든 생명체와 마찬가지로, 인간의 기원은 결국 장구한 시간 너머 생명의 원천에서 비롯되었다. 자연과 아무리 거리를 둔다고 해도 우리는 자연에서 결코 분리될 수 없는 존재다.

이 책에 실린 이야기들은 하나같이 마음이 불편해지는 내용이다. 그런데 우리 모두가 연결되어 있듯이 이 이야기들 역시 서로 긴밀하게 연결되어 있다. 이 모든 이야기가 서로 연결되어 있고 그물처럼 긴밀하게 연결된 사건들을 구성하고 있다는 것을 깨닫는 순간, 이 이야기들은 또 다른 의미, 훨씬 더 놀라운 의미로 전환된다. 이 이야기들을 더 크고 통합적인 이야기로 합치는 일은 누가 맡아야 하나? 통합적인 해결책을 찾는 일을 우리는 누구에게 맡겨야 하나? 대학들 중에서도 특히 우수한 대학? 정부? 세계 지도자들? 기업인들? 유엔? 어느 것도 답이 아니다. 그 일은 우리 모두가 맡아야 한다.

우리는 지금 기후위기와 생태위기가 빠른 속도로 가속화되는 시작점, 지속가능성 위기의 시작점에 서 있다. 기술만으로는 위기에서 벗어날 수 없다. 그 어떤 법률도 그 어떤 구속력 있는 결의안도 지구의 생명체에게 안전한 미래로 가는 길을 닦아줄 수는 없다.

안전한 미래를 확고히 다지기 위해 우리가 이뤄야 할 전환이 갑자기 땅에서 솟아나는 일은 없을 것이다. 전환을 이루기 위해선 먼저 여론이 바뀌어야 한다. 우리는 가능한 모든 효과적인 수단을 동원해 여론의 변화를 이뤄내야 한다. 여기서 핵심은 이 이야기를 전달하기 위해 어떤 방법을 선택하느냐 하는 것이다. 물론 모든 사람에게 통하는 만능 메시지가 있을 수는 없다. 수천 수백만 개의 다양한 접근방식이 필요하겠지만, 당장 우리가 가진 자원은 매우 제한되어 있다. 스웨덴어로 표현하면, 우리는 'koka soppa på en spik'해야 한다. 즉 우리가 가진 것만을 이용해 이뤄내야 한다. 우리가 가진 것은 도덕성과 공감, 과학, 미디어, 그리고 (운 좋은 일부 지역의 경우에는 하나 더 추가해서) 민주주의다. 이것들이 지금 우리의 손에 쥐어진 최선의 도구다. 우리는 반드시 이 도구들을 활용해야 한다.

어떤 사람들은 도덕성을 거론하면 죄책감을 유발할 수 있으며 죄책감은 변화를 일구는 이상적인 방법이 아니므로 도덕성 문제를 연계시켜서는 안 된다고 말한다. 과연 다른 방법이 있을까? 누군가의 마음에 파문을 일으키는 일 없이 이 불편한 주제를 다룰 수 있을까? 불평등, 노동자와 자연에 대한 착취, 토지 강탈, 인종 학살, 과소비로 인해 빚어진 인간 실존의 위기를 도덕성을 거론하지 않고 이야기할 수 있을까? 우리는 언제까지 인류가 마주한 최악의 위기를 놓고 어느 누구에게도 큰 변화를 떠안기지 않고 만인을 위한 '새로운 녹색 일자리'와 더 나은 미래를 만들어낼 수 있는 좋은 기회인 척해야 할까?

아주 소수이긴 하지만 어떤 사람들은 이렇게 거대한 전 지구적 위기를 해결하는 데는 독재가 더 적합하다고 생각한다. 그러나 좋은 독재란 없다. 중국이나 푸틴 집권하의 러시아를 보라. 비민주적인 통치로 국민에게 최대의 혜택을 돌려준다는 생각 자체가 터무니없는 것이다. 형평성과 평등한 권리가 이 위기를 해결하는 데 필요한 핵심 열쇠다. 당연히 그 어떤 형태의 독재도 허용될 수 없다.

민주주의는 우리가 가진 가장 중요한 자산이다. 그러나 우리가 숱한 사례에서 확인했듯이, 민주주의는 무너지기 쉬운 시스템이다. 국민이 자신의 삶에 중요한 영향을 미치는 문제들에 대한 충분한 지식과 폭넓은 이해를 가지고 있지 않으면 민주주의는 쉽게 조작된다.

결국 이 책에서 다루는 과학과 지식과 이야기는 생존과 관련된 문제다. 우리 인간만이 아니라 미래에 태어날 모든 세대와 모든 생명체의 생사와 관련된 문제다. 세상에는 우리가 깊은 관심을 가져야 하는 문제가 숱하게 많다. 그중에는 조금 미루어도 되는 문제도 있지만, 기후위기와 생태위기는 나중에 가서는 결코 되돌릴 수 없다. 그리고 다른 모든 위기의 해결책은 우리가 이 위기를 해결하는 데서 나온다. 기후위기와 생태위기는 나중에 가서 고칠 수도 없고, 다른 사람에게 해답을 찾으라고 떠넘길 수도 없는 일이다. 그것은 바로 우리가 지금 당장 해야 하는 일이다.

우리는 이제부터라도 배워야 한다. 기본적인 사실을 이해해야 하고 행간을 읽는 법을 배워야 한다. 있는 그대로의 사실을 말하도록 서로 가르치고 배워야 한다. 과장은 필요하지 않다. 안 그래도 이미 나쁜 이야기이니까. 사탕발림도 필요하지 않다. 우리는 진실을 직시할 수 있을 만큼 성숙하게 행동해야 한다. 절망하고 있을 시간이 없다. 가능한 한 많은 생명을 구하는 일은 너무 늦었다고 포기할 일이 아니다. 이것은 세상에서 가장 중요한 이야기, 우리 목소리가 닿을 수 있는 가장 먼 곳에까지, 그리고 그 너머까지 울려 퍼져야 하는 이야기다. 이 이야기는 책과 신문에서, 영화와 노래에서, 아침 식탁과 점심 모임, 가족 모임에서, 승강기 안에서, 버스 정류장에서, 시골 상점에서 들려야 한다. 학교에서, 회의실에서, 시장에서, 공항에서, 체육관에서, 카페에서, 농장에서, 창고에서, 공장에서, 노조 회의에서, 정치 회합에서, 축구 경기장에서 들려야 한다. 유치원에서, 양로원에서, 병원에서, 자동차 정비소에서, SNS에서, 저녁 뉴스에서, 먼지 날리는 시골길에서, 도시의 골목골목에서 들려야 한다. 언제나, 어디서나 들려야 한다.

지금 지구상에 살아 있는 인간은 이제껏 지구상에 존재했던 모든 호모 사피엔스의 7퍼센트에 불과하다고 한다. 오늘을 살아가는 우리는 시간적으로도 공간적으로도 서로 관계를 맺고 있다. 우리는 오랜 과거의 역사를 공유하고 앞으로 다가올 미래를 공유한다. 우리는 관찰하고, 연구하고, 기억하고, 진화하고, 적응하고, 배우고, 변화하고, 이야기하는 능력 덕분에 생존에 필요한 조건과 안녕을 지키는 데 필요한 정보와 지식을 얻을 수 있었다. 이런 능력은 공정하고 풍요로운 세상을 만들 수 있는 전례 없는 가능성을 우리 손에 쥐여주었다. 그런데 지금 우리가 이뤄낸 막대한 집단적 성취가, 전 우주에서 유일무이한 것일지도 모르는 집단적 성취가 우리 손가락 사이로 빠져나가고 있다. 적어도 지금까지는, 우리는 잘못된 길을 걷고 있다. 우리는 탐욕과 이기심, 다시 말해 상상조차 할 수 없을 만큼 큰돈을 벌 기회를 잡으려는 극소수 사람들의 탐욕과 이기심이 우리 공동의 안녕을 방해하도록 놓아두었다.

그러나 이제 여러분과 나에게는 상황을 바로잡을 역사적인 책무가 있다. 우리는 인류 역사상 가장 중요한 시기에 살아가는 엄청난 기회를 손에 쥐고 있다. 이제는 우리가 이 이야기를 시작해야 할 때, 아니 결말까지 바꿔야 할 때다. 우리가 힘을 합친다면 최악의 결과만큼은 피할 수 있다. 우리는 파국을 막고 우리가 새겨놓은 상처를 치유하는 일을 시작할 수 있다. 힘을 합친다면 우리는 불가능해 보이는 일도 해낼 수 있다. 그러나 분명히 말하지만, 우리를 위해 그 일을 할 사람은 다른 어느 누구도 아닌 우리 자신뿐이다. 그것은 우리가 지금 당장 여기에서 해야 할 일이다. 여러분과 내가 해야 할 일이다.

이 책에 실린 이야기들은 하나같이
마음이 불편해지는 내용이다.
그런데 우리 모두가 연결되어 있듯이
이 이야기들 역시
서로 긴밀하게 연결되어 있다.

제2부 /

지구는 어떻게 변해가나

과학은 거짓말을 하지 않는다

2.1

스테로이드를 맞은 날씨

그레타 툰베리

'이게 새로운 일상이다.' 산불, 허리케인, 폭염, 홍수, 폭풍, 가뭄 등 우리가 일상적으로 겪는 기상 패턴의 급격한 변화를 이야기할 때 흔히 쓰는 표현이다. 이런 기상 현상은 단순히 발생 빈도만 늘어나는 게 아니라 그 강도 역시 점점 세지고 있다. 날씨가 마치 스테로이드 주사를 맞은 듯 괴력을 뿜어내고, 자연재해는 갈수록 자연적인 면모를 잃어간다. 그러나 이건 결코 '새로운 일상'이 아니다. 지금 우리가 보고 있는 것은 인간의 온실가스 배출이 야기한 기후변화의 시작 단계에 불과하다. 지금까지는 지구의 자연 시스템이 마치 충격 흡수 장치처럼, 지구에서 일어나는 급격한 변화의 충격을 완화해왔다. 그러나 우리의 생존에 필수적인 지구의 회복력이 영원히 지속된다는 보장은 없으며, 훨씬 더 급격한 변화가 일어나는 새로운 시대가 열리고 있음을 입증하는 증거들이 드러나고 있다.

기후변화는 예상보다 빨리 위기로 바뀌었다. 나는 수많은 연구자들과 이야기를 나누면서, 그들한테서 기후변화가 예상보다 빠르게 심화되는 것을 직접 목격하고 있고 큰 충격을 받고 있다는 말을 들을 수 있었다. 과학은 미래의 일을 예측할 때 매우 신중한 태도를 취한다. 그러니 연구자들의 예상을 넘어서는 일은 다반사로 일어난다. 그런데 문제는 과학자들이 이처럼 신중한 태도를 고수한 탓에 기후변화의 징후가 점점 뚜렷해지던 최근까지도 기후변화에 어떻게 대응해야 할지 아는 사람은 극소수에 불과했다는 것이다. 무슨 일이 벌어지고 있는 건지 소통하고 논의할 방법을 구상했던 사람도 극히 드물었다. 대다수의 사람들은 훨씬 덜 급박한 시나리오를 예상했다. 위기는 수십 년 뒤에야 닥칠 것이라고 생각했다.

그러나 우리는 바로 지금 위기를 맞고 있다. 기후위기와 생태위기는 머나

먼 미래에 일어날 일이 아니다. 그것은 바로 지금 여기에서 일어나고 있다. 제2부에서는 기후가, 그리고 지구 전체가 불안정해지기 시작할 때 일어나는 중요한 변화 몇 가지를 살펴볼 것이다. 변화 하나하나가 그 자체만으로도 충분히 심각한 데다가 서로 연결되어 있기 때문에, 다른 문제들에는 손대지 않고 어떤 한 가지 문제만 바로잡는 것은 불가능하다. 통합적으로 얽힌 문제들을 풀려면 통합적인 해법을 써야 한다. 그런데 지금 우리에게 닥친 가장 큰 난관은 이 모든 일들이 동시에, 더더구나 엄청난 속도로 일어나고 있다는 것이다.

이 장을 읽으면서 마음이 심란해지는 사람들이 있을 것이다. 하지만 지금 벌어지고 있는 일은 전혀 놀라운 일이 아니다. 수십 년 수백 년 동안 자연과 지속가능성을 관심 밖으로 밀어놓았으니, 우리는 의당 이런 일이 일어날 것을 예상했어야 한다. 지구는 한계를 가지고 있다. 우리가 쓸 수 있는 자원은 무한하지 않다.

어떤 사람들은 우리가 이 위기를 멈추고 해결하기 위한 노력을 충분히 하지 않고 있다고 말한다. 그건 거짓말이다. '충분히 하지 않는다'는 것은 무언가를 하고 있긴 하다는 뜻인데, 불편한 진실을 말하자면 우리는 아예 아무것도 하지 않고 있다. 아니 듣기 좋게 고쳐 말하면, 우리는 아주 찔끔, 필요한 수준에 전혀 못 미치는 수준으로 아주 찔끔 행동하고 있다. 더 중요한 점을 짚자면, 우리는 문제를 개선하기 위한 활동을 전혀 하지 못하고 기껏해야 방어만 하고 있다. 탐욕과 이익을 좇아 지구를 파괴하는 세력의 힘이 너무나 강력하기 때문에, 자연을 지키기 위한 우리의 싸움은 자연의 극단적인 파괴를 막으려는 안간힘에 멈춰 있다. 우리는 자연을 위해 싸워야 하는데, 그 일은 하지 못하고 작정을 하고 자연을 파괴하는 사람들에게 간신히 맞서 싸우고 있을 뿐이다.

환경운동가, 활동가, 과학자, 토지를 지키는 선주민 활동가들의 노력이 없었다면 지금쯤 우리는 어떤 상황에 놓여 있을까? 이들은 우리를 위해 싸워왔다. 이들은 목숨과 자유를 빼앗길 위험을 무릅쓰고 수많은 싸움을 해왔다. 상상해보자. 지구를 위한 여건을 개선하려고 노력하는 이들 수백만 명이 계속되는 자연 파괴 행위나 송유관과 유전, 탄광, 삼림 벌채 부지의 끊임없는 확장을 중단시키기 위한 활동에 굳이 매달릴 필요가 없다면, 그래서 이들에게 실질적인 개선 활동을 시작할 기회가 주어진다면 어떤 일이 일어날까? 만일 그렇게 되면, 여러 가지 개선이 이루어지고 양의 되먹임 고리가 작동하기 시작하고 긍정적인 방향의 티핑 포인트가 형성될 것이다. 그러나 현실은 그렇지 않다. 우리는 부정적인 사건의 소용돌이에 빠져 허우적거리고 있다. 게다가 우리의 대응이 늦어질수록 이 소용돌이는 갈수록 빨라져서 멈추기가 점점 더 어려워진다. 이 위기는 단연코 '새로운 일상'이 아니다. 우리 생명을 부양하는 자연을 끊임없이 파괴하는 행위를 막아내지 않는 한, 탐욕과 이익보다 사람과 지구가 우선시되는 사회를 이루어내지 않는 한, 이 위기는 점점 더 악화될 것이다. /

훨씬 더 급격한 변화가 일어나는 새로운 시대가 열리고 있다.

2.2

열

캐서린 헤이호

산업혁명이 시작된 이래로 인간은 이산화탄소와 같이 강력하게 열을 가두는 성질을 띤 여러 가지 기체를 갈수록 많이 배출해왔다. 이런 기체들은 마치 지구를 감싼 담요처럼 지구의 열이 우주로 방출되지 못하게 가두었고, 그 탓에 지구에는 점점 더 많은 열이 쌓였다. 지구 평균 기온이 계속 오르고 있는 이유이고, 우리가 기후변화를 가리켜 흔히 지구 온난화라고 부르는 이유이다.

그런데 대부분의 사람들이 일상에서 경험하는 것은 지구 온난화라기보다는 글로벌 위어딩*이다. 날씨를 주사위 게임에 비유해보자. 주사위 두 개가모두 6이 나오는 것은 전혀 이상한 일이 아니다. 우리에게 폭염이나 홍수, 폭풍, 가뭄 등 특정한 극한 기상 현상이 나타나는 것도 마찬가지다. 그런데 10년, 20년, 해를 거듭할수록 기온이 줄곧 상승하면서 주사위 두 개가 모두 6이 나오는 일이 점점 더 잦아지고 있다. 급기야는 주사위 두 개가 모두 7이 나오기도한다. 어째서 이런 일이 벌어질까? 지구가 괴이해지고 있기 때문이다.

기후변화가 던지는 날씨 주사위는 종종 우리에게 충격을 안긴다. 우리가유난히 심각하게 느끼는 충격이 바로 폭염이다. 요즘에는 극심한 더위가 예년보다 일찍 찾아와서 더 늦게까지 이어진다. 폭염이 더욱더 뜨거워지고 강력해지고 있다. 과학자들이 기후변화가 폭염을 얼마나 악화시키고 있는지를 수치로 표현할 수 있을 정도다. 2003년에는 평년보다 10도 이상 높은 기록적인 폭염이 서유럽을 뜨겁게 달구었다. 이 폭염은 스위스의 빙하를 녹여 돌발 홍수를 일으키고, 숲에 화재를 일으켜 포르투갈 숲의 10퍼센트를 잿더미로 만들고7만여 명의 목숨을 앗아갔다. 과학자들은 기후변화로 폭염 발생 확률이 두 배높아졌다는 사실을 확인했다.

20년이 지난 지금은 훨씬 더 심각한 상황이다. 2021년 여름, 맹렬한 폭염

---

*   global weirding(지구 괴이화). 지구 온난화로 인해 비정상적이고 극한 기상이 자주 발생하는 현상을 가리키는 신조어.

이 캐나다 서부와 미국을 달구었다. 브리티시컬럼비아주 리튼 마을은 사흘 연속 캐나다 최고 기온을 기록했고, 사흘째 되는 날은 기온이 49.6도까지 치솟았다. 그다음 날 발생한 산불은 기록적인 더위와 건조한 날씨 탓에 위력을 키워 온 마을을 거의 잿더미로 만들었다. 과학자들은 기후변화로 인해 이런 폭염이 발생할 확률이 150배 이상 높아졌다고 추정한다.

폭염이 점점 심해지는 이유는 무엇일까? 간단한 답은 지구 평균 기온이 상승함에 따라 극단적인 고온 현상이 점점 더 흔히 발생한다는 것이다. 그런데 기온 상승은 기상 패턴에도 영향을 미친다. 날씨가 따뜻할 때는 돔 형태의 고기압이 한 지역에 며칠 또는 몇 주 동안 머무르는 일이 흔하다. 열돔이라고도 불리는 이 고기압 현상은 하늘에 머무는 '따뜻한 공기 산'과도 같다. 열돔 아래의 하늘은 대개 화창하고, 따라서 날마다 온종일 햇빛이 쨍쨍 내리쬔다. 또 열돔은 상대적으로 차가운 기단과 폭풍의 접근을 막고 구름과 비의 주된 형성 원인인 대류를 억제한다. 따라서 열돔이 머무르는 기간이 길어질수록 그 지역은 점점 더 건조해지고 더워진다. 기후변화는 이 현상에 어떤 영향을 줄까? 기온이 평균보다 높으면 그렇지 않을 때보다 열돔 현상이 훨씬 강하게 나타난다. 바로 이것이 기온 상승으로 인한 글로벌 위어딩이다. 지구가 점점 더 따뜻해지면 여러 가지 극한 기상 현상이 더 자주 발생하고, 더 강력해지고, 더 오래 이어지고, 더 위험하게 진행된다.

극단적인 고온 현상은 이미 더 잦아졌고, 우리가 온실가스를 대기로 더 많이 뿜어낼수록 훨씬 심해질 것이다. 연구에 따르면, 1960년에 태어난 사람은 심각한 폭염을 평균적으로 일생에 네 번 겪게 될 것이라고 한다. 그런데 설사 우리가 파리 협정에서 정한 1.5도 목표를 달성한다고 해도, 2020년에 태어난 아이는 심각한 폭염을 무려 열여덟 번이나 겪게 될 것이다. 지구 온도가 0.5도씩 상승할 때마다 심각한 폭염의 발생 빈도는 갑절로 늘어난다.

폭염이 잦아지고 더 심각해지면 무엇이 타격을 입을까? 지구 자체는 타격을 입지 않지만 지구에 거주하는 수많은 생명체가 타격을 입는다. 해양에서는 기록상 가장 심각한 해양 폭염 열 건 중 여덟 건이 2010년 이후에 발생했다. 해양 폭염은 다양한 바다 생물의 서식지인 산호초의 백화 현상을 일으키고 조개류와 해양 생물 수십억 마리를 죽이고 북극 해빙海氷을 녹여 북극곰의 먹이 사냥을 어렵게 한다. 육지에서 극단적인 고온은 식물과 동물에게 스트레스를 주고 생명을 빼앗는다. 때로는 대량사멸을 부른다. 제대로 날지 못하는 어린 새들이 체온을 낮추려고 둥지에서 뛰어내리기도 한다. 또 극단적인 고온은 산불 발생의 원인이 된다. 2020년 호주를 휩쓴 산불로 약 30억 마리의 동물이 죽거나 서식지를 잃었다. 인간이 야기한 기후변화를 통제하지 않고 내버려둔다면, 2050년 이전에 지구 동식물종의 3분의 1이 멸종할 수도 있다.

우리 인간 역시 이 행성을 터전으로 삼아 살아가는 생명체다. 우리 역시 위험에 처해 있다. 극단적인 고온은 열 관련 질병 발생과 사망 위험을 높여 우리 신체에 영향을 미칠 뿐 아니라 정신 건강에도 해로운 영향을 미쳐 폭력 발생 위험을 높이며 다른 기후 충격과 결합해 정치적 불안정의 위험을 높인다. 화석연료 사용으로 인한 대기 오염으로 이미 전 세계적으로 연간 약 1000만 명의 조기 사망자가 발생하고 있다. 대기 온도가 상승하면 배기가스를 위험한 오염물질로 전환시키는 화학반응의 속도가 빨라져서 대기 오염 문제가 더욱 심해진다. 폭염은 또한 농작물을 시들게 하고 수원을 고갈시키고 전력 공급 중단을 야기하고 기간시설을 망가뜨린다.

폭염은 모든 사람에게 영향을 주지만, 그중에서도 가장 큰 타격을 입는 것은 가난하고 소외된 이들이다. 오염 피해가 심각한 지역에 살고 있거나 극단적인 고온에도 야외에서 일해야 하는 사람들이 큰 타격을 입는다. 가난 때문에 음식과 물을 충분히 구할 수 없거나, 가족이 먹을 작물을 직접 길러야 하는 이들에게 폭염은 더 큰 위협이다. 이들은 대개 기본적인 의료 서비스나 에어컨을 이용하지 못하고, 설사 에어컨이 있어도 전기 요금이 무서워 충분히 가동하지 못한다. 글로벌 위어딩은 기후변화를 일으킬 만한 행동을 거의 한 적이 없는 사람들에게 주로 타격을 입힌다. 그것은 공정하지 못하다.

과연 우리는 무엇을 할 수 있을까? IPCC가 밝혔듯이, 지구 온난화와 관련해서는 아주 작은 폭의 기온 상승도 중요하고, 그 어떤 행동도 중요하다. 우리 각자가 할 수 있는 첫걸음은 아주 간단하다. 행동을 촉진하기 위해 목소리를 내는 것이다. 기후변화가 우리에게 어떤 영향을 미치는지를, 그리고 변화를 이루기 위해 우리가 함께 할 수 있는 일이 무엇인지를 주변의 모든 사람에게 알리는 것이다.

1960년에 태어난 사람은
심각한 폭염을 평균적으로 일생에 네 번,
2020년에 태어난 아이는 심각한 폭염을
무려 열여덟 번이나 겪게 될 것이다.
지구 온도가 0.5도씩 상승할 때마다
심각한 폭염의 발생 빈도는
갑절로 늘어난다.

2.3

메탄과
다른 기체들

지크 하우스파더

기후변화에 관한 논의는 대부분 이산화탄소에 초점을 맞춘다. 물론 그럴 만한 이유가 있다. 이산화탄소는 아주 오랫동안 대기 중에 머무른다. 또 지금까지 일어난 지구 온도 상승의 절반가량이 대기 중 이산화탄소 농도 증가 때문이었고, 기후 모형 연구 역시 미래 지구 온도 상승의 대부분이 대기 중 이산화탄소 농도 증가 때문에 일어날 것이라고 예측한다.

그러나 이산화탄소 이외에도 여러 가지 온실가스가 지구 온난화에 상당한 영향을 미친다. 인간 활동으로 일어난 지구 온난화의 약 3분의 1은 메탄(CH_4)이 일으킨 것이고, 나머지는 아산화질소(N_2O), 할로카본, 염화불화탄소, 수소염화불화탄소, 기타 산업 화학물질, 휘발성 유기화합물, 일산화탄소, 블랙카본과 같은 물질들이 복합적으로 일으킨 것이다. 비(非)이산화탄소 온실가스의 주요 배출원은 농업과 폐기물(아산화질소, 메탄), 화석연료 생산 및 사용(메탄, 휘발성 유기화합물, 일산화탄소, 블랙카본), 산업 공정 및 가정용 기기(할로카본)다. 이들 중 일부(메탄, 일부 할로카본, 블랙카본)는 대기에 머무르는 시간이 상대적으로 짧아서 흔히 단기 체류 기후변화 유발물질이라고 불린다.

메탄은 비이산화탄소 온실가스 중에서 가장 많은 관심을 끄는 기체다. 메탄은 강력한 온난화 효과를 일으킨다. 배출 후 20년 동안은 이산화탄소보다 약 83배 강력하고 100년 동안은 30배 더 강력한 온난화 효과를 낸다. 그러나 메탄은 대기 중에서 이산화탄소와 매우 다르게 행동한다. 한마디로 메탄은 대기 중에 일시적으로 머무르지만, 이산화탄소는 영원히 머무른다.

우리가 메탄을 방출하면, 그중 80퍼센트 이상이 20년 이내에 수산화 라디칼과의 화학반응을 통해 대기에서 제거된다. 반면에 이산화탄소는 화학반응을 통해서는 제거되지 않고, 육지와 해양의 흡수원에 의해서만 제거된다. 배출된

지 40년이 지나면 메탄은 거의 사라지지만, 이산화탄소는 거의 절반이 대기 중에 그대로 남아 있다. 지금 우리가 배출하는 이산화탄소 중 일부(약 20퍼센트)는 1만 년 후에도 대기 중에 남는다고 한다.

바꿔 말하면, 대기 중에 장기 체류하는 이산화탄소의 농도는 누적 배출량을 반영하는 함수인 반면, 대기 중 메탄 농도는 배출 속도를 반영한다. 따라서 메탄 배출량이 늘어나지 않으면 대기 중 메탄 농도 역시 늘지 않는다. 반면 우리가 이산화탄소 배출량을 0에 가깝게 줄이지 않는 한, 이산화탄소 배출이 계속되면 대기 중 이산화탄소 농도는 계속 높아진다. 여기서 우리는 기후 대응과 관련해 몇 가지 중요한 사실을 확인할 수 있다.

- **첫째,** 이산화탄소는 장기간에 걸친 온난화를 일으키는 핵심 요인이다. 미래 기준선 배출 시나리오(예를 들어 우리가 배출량을 줄이지 않는 경우)에서는 21세기에 진행될 추가 온난화의 약 90퍼센트가 이산화탄소 때문에 일어날 것으로 예상된다.
- **둘째,** 온도 상승 억제 효과만을 따지면, 메탄 배출을 줄이는 편이 이산화탄소 배출을 줄이는 것보다 훨씬 효과적이다. 메탄 배출을 줄이면 기온 하강이 즉시 일어나지만, 우리가 이산화탄소 배출 영점화(넷제로)를 달성하기 전까지는 이산화탄소 배출을 줄인다고 해도 기온 상승 속도를 늦출 수 있을 뿐이다.
- **셋째,** 메탄은 언제라도 배출을 줄여 온도에 큰 영향을 줄 수 있다. 반면 이산화탄소는 대기 중에 축적된다. 따라서 메탄과는 달리 이산화탄소 배출량 감축을 미루면 향후에 일어날 기온 상승을 막을 길이 없다.
- **마지막으로,** 이산화탄소 감축과 메탄 감축에 각각 얼마나 집중할 것인가는 우선순위를 단기적 효과에 두느냐 장기적 효과에 두느냐에 따라 달라진다. 기후 티핑 포인트가 임박했다고 생각한다면 메탄 감축이 기온 상승을 빠르게 억제할 수 있는 방법이다. 반면에 2050년이나 2070년의 기온에 초점을 둔다면 당장 이산화탄소 감축을 시행하는 게 더 중요하다. 물론 가능하면 메탄 배출량과 이산화탄소 배출량을 동시에 줄이기 위해 노력해야 한다.

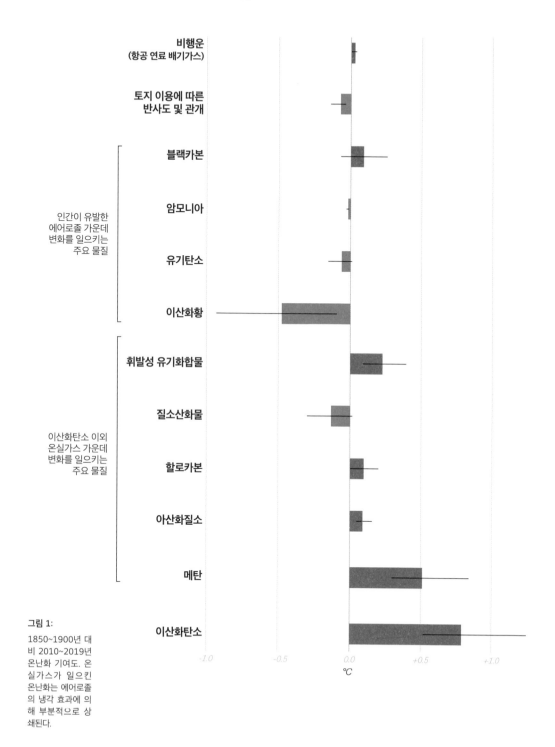

비행운
(항공 연료 배기가스)

토지 이용에 따른
반사도 및 관개

블랙카본

인간이 유발한
에어로졸 가운데
변화를 일으키는
주요 물질

암모니아

유기탄소

이산화황

휘발성 유기화합물

질소산화물

이산화탄소 이외
온실가스 가운데
변화를 일으키는
주요 물질

할로카본

아산화질소

메탄

이산화탄소

-1.0   -0.5   0.0   +0.5   +1.0
℃

그림 1:
1850~1900년 대
비 2010~2019년
온난화 기여도. 온
실가스가 일으킨
온난화는 에어로졸
의 냉각 효과에 의
해 부분적으로 상
쇄된다.

이산화탄소와 메탄의 차이를 이해하는 데 도움이 될 듯해서, 소를 키우는 목장과 가동을 중단한 발전소 이야기를 하려고 한다. 제인은 소 1000마리 규모의 목장을 30년째 운영하고 있다. 이 소들은 날마다 기분 좋게 풀을 뜯어먹은 뒤 트림을 하면서 대기 중으로 메탄을 내뿜는다.

그러나 대기 중의 메탄은 지속적인 산화 과정을 거쳐 분해된다. 소들이 배출하는 메탄의 평균 수명은 약 10년이다. 제인이 키우는 소들이 1년에 약 100톤의 메탄(한 마리당 0.1톤)을 배출한다고 하면, 같은 기간에 예전에 그 목장에서 배출되어 대기 중에 들어간 메탄 중 비슷한 양이 분해된다. 따라서 제인이 목장 규모를 1000마리로 변함없이 유지하는 한, 대기 중 메탄 농도 역시 변함없이 유지된다(단, 메탄 분해 과정에서 대기 중에 소량의 이산화탄소가 추가된다).

그런데 제인의 마을에는 500여 가구에 전력을 공급해온 작은 석탄발전소가 있다. 이 석탄발전소는 이산화탄소를 매년 약 1만 톤씩 배출한다. 대기 중에 머무르는 이산화탄소 1만 톤과 메탄 100톤은 동일한 온난화 효과를 낸다고 알려져 있다. 그렇다면 제인이 기르는 소들은 작은 석탄발전소만큼 지구 기후에 나쁜 영향을 줄까? 그렇지 않다.

제인이 소의 수를 늘리지 않는 한, 목장에서 배출되는 메탄의 양은 예전에 제인의 목장에서 배출되어 대기 중에서 분해되는 메탄의 양과 같다. 그렇다면 석탄발전소에서 나오는 이산화탄소는 어떻게 될까? 해마다 석탄발전소에서 배출되는 이산화탄소 중 절반가량은 대기에 남고 나머지 절반가량은 육지와 바다의 흡수원에 들어간다. 제인의 목장은 대기 중 메탄의 총량을 늘리지 않지만, 석탄발전소는 이산화탄소를 매년 5000톤씩 대기에 추가한다. 다시 말하면 이 석탄발전소는 제인의 목장에 매년 500마리씩 소가 늘어날 때와 똑같은 온난화 효과를 낸다.

이듬해에 이 마을은 태양광 전지와 배터리 저장 장치를 이용해 전기를 생산하기로 하고 석탄발전소의 가동을 중단한다. 그러나 대기에는 예전에 석탄발전소에서 배출한 탄소가 여전히 남아 있고, 이 탄소의 양은 수백 년에 걸쳐서 서서히 줄어들 것이다. 이 석탄발전소는 폐쇄되어 더 이상 이산화탄소를 배출하지 않는데도 당분간은 제인이 키우는 소들과 마찬가지로 지구 온도를 높이게 될 것이다.

반면에 제인이 목장 사업을 접는 순간 메탄 배출량은 0이 되고 소들이 이미 배출한 메탄은 대부분 10년에서 20년 안에 대기에서 사라진다.

이 이야기의 핵심은 이산화탄소와 메탄의 차이점이다. 일단 이산화탄소를 배출하는 순간, 우리는 그 영향에서 벗어날 수 없다(적극적으로 대기에서 이산화탄소를 제거한다면 몰라도 말이다). 반면에 메탄은 대기 중에 오래 머무르지 않는다. 대기 중 메탄 농도는 이제껏 배출한 누적량이 아니라 배출 속도에 의해 결정된다. 이산화탄소와 메탄은 둘 다 중요한 온실가스이지만 전혀 다른 특성을 가지고 있으므로 각각의 배출량 감축 방안을 구상할 때는 이 점을 반드시 고려해야 한다. /

메탄은
대기 중에 일시적으로 머무르지만,
이산화탄소는
영원히 머무른다.

2.4
대기 오염과
에어로졸

비에른 H. 삼셋

야외에서 **모닥불을 피우고** 하늘을 보면 연기가 뭉게뭉게 솟구쳐 오른다. 연기는 빙그르르 돌면서 위로, 사방으로 퍼져가다가 점점 옅어져서 마침내 시야에서 사라진다. 그러나 실제로 사라진 것은 아니다. 에어로졸의 일종인 연기 입자는 공기를 타고 떠돌면서 며칠 만에 먼 곳까지, 그리고 대기 상층까지 이동할 수 있다. 대기 상층으로 올라간 연기 입자는 날씨와 기후에 강한 영향을 미친다. 현재 우리의 산업활동에서 배출되는 에어로졸은 이산화탄소를 비롯한 온실가스의 농도가 증가한 탓에 일어나는 가열 효과의 상당 부분을 효과적으로 상쇄한다. 만약 우리가 공기와 하늘을 깨끗이 정화해 에어로졸이 사라진다면 어떻게 될까?

우리가 대기로 뿜어내는 건 비단 온실가스만이 아니다. 에어로졸(연기 입자처럼 대기 중에 떠다니는 미세 입자)은 불을 사용하고 산업을 유지하는 인간 활동에서 나오는 부산물이다. 오늘날 모든 종류의 연소 과정에서, 도로 교통과 산업에서, 석탄화력발전소에서, 선박과 비행기에서, 그리고 그 밖의 많은 활동에서 에어로졸이 생성된다. 대기 중에 배출된 이산화황 등의 기체가 산화할 때도 에어로졸이 생성된다.

에어로졸은 인간과 동물에게 해를 입힌다. 에어로졸은 대기 오염의 주요 구성요소이며 세계 전역에서 조기 사망을 야기하는 주요한 원인이다. 기후변화와 관련해서도 중요한 역할을 담당하는데, 에어로졸이 온실가스에 미치는 영향은 아주 특이하다. 공기 중에 떠 있는 에어로졸은 엷고 성긴 구름과 비슷한 역할을 한다. 즉 우주에서 들어오는 햇빛의 일부를 우주로 반사해 지구 온도를 낮추는 효과를 낸다. 또 공기 중에 에어로졸이 있으면 구름이 만들어질 때 구름 입자가 더 작은 크기로 더 많이 생성되기 때문에 구름이 더 희어지고 빛을 더 많이 반사해 지구 온도를 낮춘다. 이처럼 에어로졸은 이중으로 지구 표면 온도를 낮추는 효과를 낸다.

우리는 해마다 많은 양의 에어로졸을 배출하고 있고, 이 에어로졸은 지구를 식히는 데 크게 기여한다. 과학자들은 지구 평균 기온이 1850~1900년 평균 기온보다 약 1.1도 상승했다고 추정한다. 그러나 IPCC의 최신 보고서는, 인간이 대기 중으로 배출한 물질이 온실가스뿐이었다면 1.1도가 아니라 최소 1.5도 이상 기온이 상승했을 것이라고 추정한다. 이 차이는 주로 우리가 배출하는 에어로졸 때문에 나타난다. 우리가 배출하는 에어로졸은 지구 평균 기온을 0.5도 가량 식히고 있고 또 비의 지리적 패턴, 몬순 시스템, 극한 기상 등에 영향을 미친다.

따라서 지구 온난화 문제를 해결하려고 노력할 때는 에어로졸과 이것이 기후에 미치는 영향을 이해하는 게 필수적이다. 그러나 에어로졸의 작동 방식을 정확히 파악하기는 어렵다. 우리는 에어로졸이 어떤 원천에서 얼마만큼 생성되는지는 잘 알고 있지만, 에어로졸이 어디서 이동해오는지는 잘 알지 못한다. 또 대기에서 어떤 화학반응을 거치는지, 구름 및 강우와 어떻게 상호작용을 하는지, 최종적으로 어디로 가는지도 잘 모른다. 또 일부 에어로졸은 우리의 예상과는 다르게 움직여 기후를 냉각시키는 대신에 가열한다. 모닥불에서 나오는 연기처럼 짙은 색을 띠는 에어로졸은 햇빛을 반사하지 않고 햇빛을 잡아두어 주변 공기를 가열한다. 이 과정은 비의 형성을 방해하고 구름과 바람 패턴에까지 영향을 미칠 수 있다. 또 짙은 색의 에어로졸이 눈 위에 달라붙으면 표면 온도가 따뜻해져서 눈의 반사도가 줄어들고 눈이 더 빨리 녹는다.

이런 모든 세부 사항은 우리가 배출하는 물질이 현재와 미래의 기후에 미치는 전체적인 영향을 파악하려 할 때 고려해야 할 중요한 요소다. 따라서 에어로졸에 대한 심도 깊은 연구가 진행 중이고, 새롭고 흥미로운 사실이 자주 확인되고 있다. 그러나 인간 활동 때문에 생성된 대기 중 에어로졸의 양이 변하면 날씨가 어떤 영향을 받는지는 아직까지 밝혀지지 않았다. 날씨에 영향을 미치는 게 틀림없다는 것이 과학계의 예상이지만 아직 인과관계를 밝혀내지 못하고 있으니 문제가 아닐 수 없다.

대부분의 과학자들은 지구 대기 중 에어로졸의 양이 향후 몇 년간은 줄어들 것이라고 예측한다. 지구 온난화가 주요한 환경 문제로 부상하고 있는데, 에어로졸이 냉각 효과를 낸다니 에어로졸의 양을 현재 수준으로 유지하거나, 더 늘리자는 제안에 귀가 솔깃해질 수도 있다. 그러나 이것은 적절한 대책이 아니다. 대기 오염은 건강에 해를 끼치는 위험한 요인일 뿐만 아니라, 석탄화력발전소, 구형 디젤 자동차와 화물선 등 온실가스를 배출하는 원천에서 에어로졸이 함께 배출되는 경우가 많다. 따라서 이산화탄소 배출 영점화를 달성하기 위한 경로를 걷는 것 자체로도 우리는 더 깨끗한 하늘을 볼 수 있을 것이다.

전 세계 여러 지역에서 이미 에어로졸 배출 감축 활동이 진행되고 있다. 이산화황을 대량 배출해온 중국은 최근 들어 유럽과 미국이 수십 년 전에 걸었던 경로를 따라 이산화황 배출량을 대대적으로 감축하는 노력을 기울이고 있다. 환경을 지키고 더 나아가 기후를 지켜야 하는 상황을 고려하면 반가운 소식이지만, 이렇게 대기 질 개선이 이루어지면 특정 지역에서는 일시적으로 기후변화가 훨씬 더 빠르게 진행될지도 모른다. 인간 활동으로 발생한 에어로졸의 냉각 효과가 사라지면 지구 전역에서, 그리고 배출원 인근 지역에서 표면 온도가 가파르게 상승해 더 강력하고 더 빈번한 폭염이 발생할 수 있고, 극단적인 집중호우가 더 자주 발생할 수도 있다. 그런가 하면 세계의 일부 지역에서는 정반대의 상황이 펼쳐질 수 있다. 급속한 산업화를 진행하는 일부 국가에서는 더 효율적인 오염 제거 기술을 도입하지 않는 한, 에어로졸 배출량과 대기 오염 농도가 올라갈 가능성이 높다.

과학자들이 기후변화의 진행 양상을 연구할 때 사용하는 시나리오에는 전 세계가 배출하는 에어로졸 양의 가능한 변화 범위가 포함된다. 하지만 우리가 앞으로 수십 년 내에 이산화탄소, 메탄 등 온실가스를 얼마나 배출할지 정확히 알 수 없듯이, 에어로졸을 얼마나 배출할지도 정확히 알 수 없다. 에어로졸은 미래 기후에 대한 불확실성을 낳는 주요 요인 중 하나다.

우리 인간은 여러 방면에서 복잡한 방식으로 기후에 영향을 미친다. 그중 가장 중요한 것이 온실가스 배출로 인한 지구 온난화이지만, 세계의 여러 지역에서는 에어로졸이 온실가스에 못지않게 중요한 문제다. 에어로졸은 지금까지는 지구 온난화를 어느 정도 억제하는 효과를 내왔지만, 우리가 기후 중립 사회로 전환해감에 따라 에어로졸의 영향력은 크게 줄어들 것이다. 우리는 이런 변화가 기온과 강우, 극한 기상 등과 관련해서 어떤 영향을 미칠지 적극적으로 연구하고 있다. 그러나 기후위기가 인간과 자연에 미치는 모든 영향을 빠짐없이 대비하려 할 때 에어로졸을 반드시 고려해야 한다는 것만큼은 의문의 여지가 없다. /

에어로졸은 지금까지는
지구 온난화를 어느 정도 억제하는
효과를 내왔지만,
우리가 기후 중립 사회로 전환해감에 따라
에어로졸의 영향력은 크게 줄어들 것이다.

2.5
구름
파울로 세피

기후과학의 핵심 목표 중 하나는 가스 배출량 수준에 따른 미래의 지구 온난화 정도를 예측하는 것이다. 온실가스 농도가 증가하면 지구 온도가 상승한다는 것은 이미 오래전에 밝혀진 사실이다. 구름은 온도가 정확히 얼마나 상승하는지를 결정하는 중요한 요인이다.

구름이 기후변화에 중요한 영향을 미치는 이유는 무엇일까? 이를 이해하려면 먼저 구름이 현재의 기후에 어떤 영향을 미치는지를 살펴보아야 한다. 구름은 두 가지 경로로 기후에 영향을 미친다. 한편으로 구름은 햇빛을 반사해 우주로 돌려보낸다. 즉 태양 에너지가 지구 표면에 닿는 것을 막아주는 파라솔 역할을 한다. 다른 한편으로 구름은 마치 단열 담요처럼 지구 표면에서 나오는 복사열을 잡아두어 우주로 열이 빠져나가는 것을 제한한다.

냉각 파라솔 효과와 단열 담요 효과, 이 둘 중 어느 효과가 더 우세한가는 구름의 유형에 따라 결정된다. 예를 들어 구름은 높은 곳에 있을수록 담요 효과를 더 강하게 낸다. 그러나 전 세계 평균적으로 모든 구름 유형을 고려하면, 냉각 파라솔 효과가 단열 담요 효과보다 두 배가량 크다. 만약 구름이 모두 사라지면 지구는 훨씬 더 뜨거워질 것이다.

구름이 모두 사라질 때 기후가 받게 될 충격은 대기 중 이산화탄소 농도가 두 배로 올라갈 때의 충격보다 다섯 배가량 크다. 구름양의 미세한 변화만으로도 미래의 지구 온난화가 상당히 강해지거나 약해질 수 있다는 뜻이다. 기후가 따뜻해지면 구름의 여러 가지 특징(양, 두께, 고도)이 변화하고 따라서 구름의 파라솔 효과와 담요 효과에도 변화가 일어난다. 이런 연쇄적인 변화가 지구 온난화에 미치는 영향을 구름 되먹임이라고 부른다.

구름 되먹임은 이미 오래전부터 기후변화 예측의 불확실성을 야기한 핵심 요인이다. 전 지구적 기후 모형 연구는 구름 되먹임을 충분히 반영하지 못하고 있다. 이 모형 연구는 구름을 이루는 물방울과 얼음 결정의 생성 및 소멸에 관여하는 미세한 과정을 정확히 시뮬레이션할 수 없다. 또 구름 되먹임을 직접 관찰하는 것은 결코 간단하지 않다. 구름은 온도, 습도, 바람, 공기 중의 입자(에어로졸) 등 다양한 기상학적 요인에 반응한다. 이 모든 요인은 시간의 흐름에 따라 자연스럽게 변화하기 때문에 관찰된 구름의 변화 중에서 지구 온난화와 관련된 요소를 정량화하기가 몹시 어렵다.

그럼에도 불구하고 기후과학자들은 최근의 과학적 진전에 힘입어 구름이 지구 온난화를 증폭시키고 있다는 결론을 내렸다. 관찰과 모형 연구 결과에 따르면, 이런 증폭은 두 가지 주요 경로를 통해 일어난다. 한편으로는 열대 바다에 낮은 구름의 양이 줄어 파라솔 효과가 약해지고, 다른 한편으로는 해수면의 햇빛 흡수량이 늘고 전 지구적으로 상층운의 고도가 상승해 담요 효과가 강해지고 있다.

반드시 짚어두어야 할 점은 이처럼 구름 되먹임이 지구 온난화를 증폭시키고 있다고 해서 기후변화가 예상보다 악화되리라는 의미는 아니라는 것이다. 구름이 지구 온난화를 증폭시킬 가능성은 오래전부터 기후변화 예측에 반영되어왔다. 그럼에도 불구하고 최신의 과학적 증거는 지구 온난화를 완화하기 위해 구름에 의지할 수는 없음을 확인해주고 있다. 게다가 기후가 따뜻해지면서 구름의 증폭 효과가 더 강해질 수도 있고, 이산화탄소 농도가 일정 수준을 넘어설 때 구름이 티핑 포인트로 작용하는 더 심각한 상황이 벌어질 수도 있다. 가능성은 낮지만 큰 위험을 안고 있는 이런 결과를 피하기 위해 선택할 수 있는 가장 안전한 길은 지금 당장 탄소 배출량을 빠르게 줄이는 것이다. /

기후가 따뜻해지면서 구름의 증폭 효과가
더 강해지거나, 최악의 경우
구름이 티핑 포인트로 작용할 가능성도 있다.

북극 온난화와 제트기류

제니퍼 프랜시스

최근 들어 어머니 자연이 진노하고 있다. 거의 모든 종류의 극한 기상이 북반구 전역을 파국으로 몰아넣고 있다. 2021년 한 해만 따져도, 엄청난 한파가 미국 중남부 지역을 덮쳤고, 대규모 홍수가 독일과 중국, 미국 테네시주를 휩쓸었다. 장기간의 가뭄이 미국 서부와 중동 국가들을 혼란으로 몰아넣었고, 전례 없는 폭염이 태평양 북서부와 튀르키예, 일본, 중동을 뜨겁게 달구었으며, 초강력 허리케인이 멕시코만과 미국 북동부를 강타했다. 이외에도 여러 지역에서 갖가지 극한 기상 현상이 발생했다. 기후변화는 때론 간단한 경로를 통해서 때론 복잡한 경로를 통해서 다양한 유형의 극단적인 현상을 악화시키고 있으며, 특히 북극의 기온 상승이 이런 현상을 일으킨다는 사실이 점점 분명해지고 있다.

북극이 빠른 속도로 따뜻해지면서 예전에는 안정적으로 유지되던 세 유형의 얼음, 즉 바다 얼음(북극해에 떠 있는 해빙. 바닷물이 얼어서 생긴다)과 육상 얼음(빙하와 빙상), 그리고 영구동토(1년 내내 얼어 있는 땅)가 빠르게 줄어들고 있다. 고위도 지역의 봄철 적설량 역시 빠른 감소세를 보인다. 해빙海氷과 눈 등의 밝고 흰 표면이 줄어들면 우주로 반사되는 태양 에너지량이 줄어든다. 우주로 빠져나가지 못한 태양 에너지는 기후 시스템에 흡수되어 얼음과 눈을 더 많이 녹인다. 흔히 얼음-알베도 되먹임이라고 불리는 이런 악순환은 1990년대 중반 이후로 북극의 기온 상승이 전 지구 평균 기온 상승 속도보다 세 배 이상 빠르게 진행되는 결정적인 원인으로 꼽힌다(그림 1). 지구 시스템의 핵심 구성요소인 북극에서 일어나는 이런 엄청난 변화는 인근 지역은 물론이고 먼 곳의 날씨에도 큰 영향을 미친다.

인근 지역에 끼치는 영향은 상대적으로 직접적이다. 북극 지역의 온도가

그림 1:

현재 북극은 전 지구 평균보다 세 배 이상 빠르게 기온이 오르고 있다. 북극은 10년마다 0.99도씩 오르고 있고, 지구 전체는 10년마다 0.24도씩 오르고 있다.

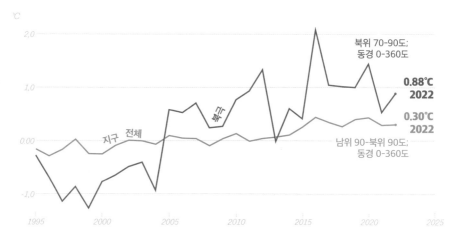

오르면 여름에는 더 뜨겁고 건조해져서 툰드라 습지 지역에서까지 산불이 발생할 수 있는 여건이 조성된다. 그런데 아주 멀리 떨어진 남쪽, 수십억 명이 살고 있는 지역의 날씨 패턴과의 연관성은 훨씬 더 복잡하다. 많은 연구자들이 그 답을 찾기 위해 매진하고 있다. 연구의 핵심은 북극의 급격한 온난화가 제트기류에 어떤 영향을 미치느냐 하는 것이다. 제트기류란 북반구를 둘러싼 대기 상층(제트기가 비행하는 고도)에서 서쪽에서 동쪽으로 부는 강한 바람의 흐름을 말한다(제트기류는 남반구에도 존재한다)(그림 2).

그림 2:

제트기류: 북반구 상공에서 서쪽에서 동쪽으로 부는 강한 바람(빨간색, 노란색 부분).

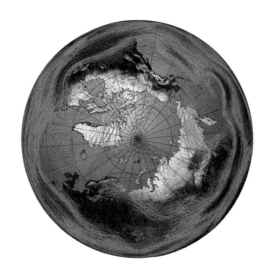

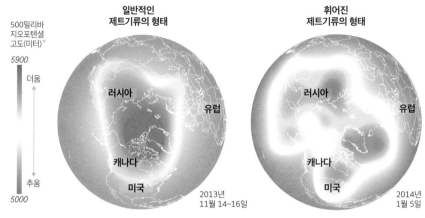

북극이 더울 때와 추울 때의 제트기류 비교

500밀리바 지오포텐셜 고도(미터)*

5900

더움

추움

5000

일반적인
제트기류의 형태

러시아

유럽

캐나다

미국

2013년
11월 14~16일

휘어진
제트기류의 형태

러시아

유럽

캐나다

미국

2014년
1월 5일

제트기류는 중위도 온대 지역(북극과 열대 사이의 중간지대)에서 작동하는 대부분의 기상 시스템을 생성하고 조정한다. 따라서 제트기류의 강도나 경로에 영향을 미치는 모든 요인은 결국 온대 지역의 날씨에 영향을 미친다. 제트기류는 차가운 북극 공기가 남쪽의 따뜻한 공기와 충돌할 때 발생하는 대기 온도 차이 때문에 생성된다. 이 온도 차이가 크면 제트기류가 강해져서 비교적 곧게 흐른다. 온도 차이가 상대적으로 작으면 제트기류가 약해져서 남북으로 크게 휘어지면서 파동을 치며 흐르기 쉽다. 이런 파동을 흔히 로스비파Rossby waves라고 부른다. 북극은 온도 상승이 다른 곳보다 훨씬 빠르게 진행되고 있어서 남쪽과 북쪽의 온도 차이가 점점 작아지고 이 때문에 제트기류의 서풍이 약화되어 파동 모양을 이룰 가능성이 점점 높아진다(그림 3). 북극이 비정상적으로 따뜻할 때는 찬 공기 덩어리가 남쪽으로 이동해 대륙을 덮기 때문에 흔히 말하는 '따뜻한 북극/찬 대륙' 현상이 나타난다. 또 제트기류의 파동이 커지면 서쪽에서 동쪽으로 진행하는 속도가 더 느려지고, 제트기류에 따라 생성되는 기상 패턴 역시 더 느리게 이동하는 경향이 있다. 그래서 더위나 추위, 건조함, 습함 또는 이슬비 등 우리가 겪는 기상 조건이 점점 더 오래 지속된다.

하지만 이것은 이론일 뿐이고, 이 이론을 입증하기는 쉽지 않다. 대기는

---

* 대기압 500mbar에서 지구의 중력 가속도 변화를 고려한 높이.

복잡하게 움직이는 구성요소이며, 기후 시스템 안에서는 대기 변화뿐 아니라 다양한 변화가 일어나고 있기 때문이다. 예를 들어 해수 온도 변화와 강력해진 열대성 뇌우 역시 제트기류의 움직임에 영향을 미칠 수 있다. 최근 연구는 북반구 제트기류의 파동이 점점 더 커지고 있음을 밝혀냈다. 그러나 어떤 요인 때문에 이런 현상이 나타나는지를 밝혀내기란 쉽지 않다. 지역과 계절, 자연적인 기후 현상(열대 태평양에 엘니뇨나 라니냐 현상이 있는지 등)에 따라 다양한 진단이 나올 수 있다.

2012년에 나는 동료인 스티브 바브루스 박사와 함께 북극의 급속한 온난화와 온대 지역에서 자주 발생하는 극한 기상 현상 사이의 연관성을 처음으로 주장하고 문서화했다. 그 이후로 이 주제를 파헤치는 새로운 연구들이 봇물처럼 쏟아지고 있다. 아직까지 명확한 결론은 내려지지 않았지만, 이 수수께끼와 관련된 몇몇 사항이 점점 더 명확해지고 있다. 예를 들어 겨울 날씨에 초점을 맞춘 다양한 연구들이 '따뜻한 북극/찬 대륙' 현상을 일으킬 수 있는 원인들을 밝혀내고 있다. 늦가을에 러시아 북서부의 바렌츠해와 카라해의 해빙이 크게 줄어들면 늦겨울에 중앙아시아와 북아메리카에 강력한 한파가 닥칠 수 있다. 북극의 온난화가 시베리아 상공의 북풍을 강화하는 탓에 시베리아에는 강설과 한파가 예년보다 일찍 찾아온다. 이렇게 시베리아 북부에서 따뜻한 바다와 찬 공기가 만나면 그 지역 상공의 로스비파를 증폭시켜서, 늘 북극 대기 상층에 머무는 강력한 찬 공기 덩어리(성층권 극소용돌이)의 붕괴를 일으킬 수 있다. 이 제트기류의 파동이 강력한 힘을 가진 채 오래 지속되면, 뭉쳐 있던 찬 공기 덩어리가 흩어지면서 북반구 여러 대륙에 겨울철 극한 기상 현상을 일으킬 수 있다. 예를 들어 2021년 2월 미국 중남부 여러 주에서는 성층권 극소용돌이가 무너진 탓에 더 강해진 한파가 더 오래 지속되면서 큰 혼란이 발생했다. 극심한 한파가 이례적으로 남쪽 멀리까지 내려가서 장기간의 혹한을 경험한 적이 없는 무방비 상태의 지역들을 뒤덮어 약 1000만 명이 전력 공급 중단 사태를, 1200만 명이 수도관 동파 사태를 겪었다. 텍사스주 댈러스의 기온은 2월 평균 최저기온보다 24도 낮은 영하 19도까지 떨어져 역대 최저를 기록했다.

최근 들어 여름철에 자주 발생하는 극심한 폭염과 산불, 가뭄, 폭우를 일으키는 요인과 그 연관성을 밝히는 새로운 연구도 진행되고 있다. 이런 극한 기상은 제트기류가 둘로 갈라져 한 줄기는 대륙 중앙을 가로지르고 다른 한 줄기는 북극 해안을 끼고 흐를 때 발생할 가능성이 높다. 제트기류의 이런 분기는 봄철 고위도 지역에 쌓인 눈이 예년보다 일찍 녹을 때 흔히 발생하는데, 이는 최근 수십 년 동안 관찰을 통해 확인된 강력한 추세다. 고위도 지역에서 눈이 일찍 사라지면 토양이 드러나 더 빨리 건조해지고 따뜻해져서 온도가 비정상적으로 높은 띠 모양의 지대가 형성된다. 이 고온지대는 제트기류가 분기하기에 유리한 조건을 만든다. 로스비파가 제트기류의 갈라진 두 줄기 사이에 갇히면, 기상 조건이 정체되어 폭염과 건기, 우기가 장기화되는 등 여름철 극한 기상이 이어질 수 있다. 수천 명의 목숨을 앗아간 2003년과 2018년 유럽 폭염, 2010년 러시아 폭염, 2011년 미국 중남부 폭염, 2018년 동아시아 폭염 등 최근에 발생한 다양한 여름철 극한 기상 사건은 제트기류의 분기 때문에 일어난 것일 수 있다. 2010년 파키스탄 대홍수, 2018년 일본 대홍수 등 장기간의 홍수로 심각한 피해를 낳은 사건들 역시 제트기류 분기와 관련이 있다. 지구 온도가 계속 상승하면 이런 기상 조건의 발생 빈도가 잦아질 것임을 시사하는 여러 가지 증거들이 나오고 있다.

기후 시스템의 다양한 영역에서 급격한 변화가 일고 있기 때문에, 북극과 중위도 지역이 이처럼 밀접하게 연결되는 현상이 해마다 거르지 않고 발생하거나 같은 지역에서 또는 같은 계절에 발생하지는 않는다. 그러나 이런 파국적인 기상 사건은 앞으로 더 자주, 더 큰 규모로 발생해 기반시설과 생태계를, 그리고 일상성에 대한 우리의 인식을 한계 너머로 몰아붙일 것이다. 이 곤경에서 빠져나갈 탈출구가 어디에 있는지는 너무나 분명하다. 우리가 당장 열을 가둬두는 온실가스의 배출량과 농도를 낮추기 위해 노력을 기울인다면, 그리고 그 노력의 효과가 신속하고 광범위하게 나타난다면, 극한 기상이 최악의 파국으로 치닫는 것을 막을 수 있다. 또한 우리는 가까운 미래에 기후가 안정될 때까지, 또 안정된 다음에도 갈수록 심해져갈 극한 기상의 충격에 대한 대비책을 갖추어야 한다. 1분 1초도 지체하지 말고 서둘러야 한다. /

위험한 날씨

프리데리케 오토

기후변화는 이곳이 아닌 다른 어딘가에서 미래의 어느 시점에 일어날 일이 아니고, '지구 평균 온도' 등의 전문 용어로만 존재하는 추상적인 개념도 아니다. 기후변화는 바로 지금, 여기서 사람들의 목숨을 앗아가는 현상이다. 이것은 완전히 망상에 빠진 사람이 아니라면 누구나 알고 있는 사실이다. 이를 뒷받침하는 증거가 더는 외면할 수 없는 수준에 이르렀다. 전 세계 모든 지역이 계절이 달라지고 빙상이 녹아내리고 해수면이 높아지는 등 기후변화로 인한 영향을 똑똑히 목격하고 있고, 대다수 사람들은 극한 기상 현상을 겪으면서 기후변화를 직접 체험하고 있다.

우리는 이제야 기후변화가 날씨에 미치는 영향을 일상적으로 목격하게 되었지만, 기후과학자들과 기본 물리학 지식을 가진 사람들은 기후가 따뜻해지면 폭염 발생 빈도가 높아지고 한파 발생 확률이 낮아진다는 것을 이미 오래전에 알고 있었다. 대기 온도가 상승할수록 대기가 수증기를 더 많이 품기 때문에 폭우가 더 강해진다는 것은 충분히 예상할 수 있었고, 기후가 따뜻해지면 폭염이 더 심각해진다는 것도 알았다. 우리가 지구 온도를 더 빠르게 끌어올리면 극한 기상 현상이 더 빠르게 강화된다는 것도 알았다.

대기의 구성을 변화시키는 우리의 행동은 지구를 더 따뜻하게 만들었을 뿐만 아니라 대기 순환까지 바꿔놓고 있다. 다시 말해 우리는 기상 시스템이 형성되는 장소와 방식, 작용 방식을 바꿔놓고 있다. 이런 변화는 온난화로 인한 영향을 증폭시키거나 일부 지역에서는 극한 기상의 발생 확률을 낮추는 정반대의 효과를 빚어낼 수도 있다. 기후변화의 두 가지 양상, 즉 온도 상승과 대기 순환은 복잡한 방식으로 서로 영향을 미칠 수 있기 때문에, 이 두 가지 양상이 서로 어떤 영향을 미쳐 폭풍과 열대성 저기압 등의 극한 기상을 빚어내는

지 이해하기란 쉽지 않다.

우리 능력으로는 이처럼 복잡한 사건들이 어떻게 변해가는지 밝혀낼 수 없다는 뜻이 아니다. 최근에 부상한 극한 기상 원인 규명 과학이 바로 이런 일을 진행하고 있다. 원인 규명 과학attribution science이 하는 일은 이론적으로는 간단하다. 기후변화가 진행되는 세계에서 어떤 기상 현상이 발생할 수 있는지 추정하고, 이 기상 현상을 인간 활동에 의한 기후변화가 존재하지 않는 세계에서 일어날 수 있는 기상 현상과 비교하는 것이다. 그러나 실제로 이 방법을 시행하려면 기상 관측 자료와 특정한 극한 기상 현상에 대한 신뢰도 높은 시뮬레이션을 보장하는 기후 모형을 확보해야 한다. 폭염 및 폭우와 관련해서는 대부분 이런 조건의 확보가 가능하고 가뭄과 관련해서도 어느 정도는 가능하지만, 바람의 요인을 고려해야 하는 기상 현상과 관련해서는 이런 조건을 확보하기 어렵다. 지난 10년 사이에 원인 규명 과학은 상당한 진전을 이뤄냈고, 많은 개별 기상 현상에서 기후변화가 미친 영향을 밝혀내면서 최근 IPCC 보고서가 다룬 중요한 연구 결과, 즉 "인간이 일으킨 기후변화가 이미 전 세계 모든 지역에서 기상 및 기후와 관련된 수많은 극단적인 현상에 영향을 미치고 있다"는 주장을 뒷받침하고 있다.

원인 규명 과학 덕분에 폭풍이 발생할 때 동반하는 강우량이 기후변화가 없을 때의 강우량보다 훨씬 더 많다는 것도 알게 되었다. 2017년에 발생한 허리케인 하비는 텍사스주 휴스턴을 물바다로 만들었는데, 만일 인간이 일으킨 기후변화가 없었다면 하비가 동반한 강우량은 현실의 강우량보다 15퍼센트 적었을 것이다. 15퍼센트라는 비율이 대단찮게 느껴질지도 모르지만, 피해액으로 환산하면 인간 활동에 의한 기후변화가 한 차례의 폭풍에서도 파국적인 결과를 낳는다는 게 더 분명해진다. 하비가 동반한 강우로 인한 추정 피해 금액은 총 900억 달러인데, 이 중 670억 달러가 기후변화 때문에 추가된 강우 때문인 것으로 추정된다. 물론 이것은 경제적 피해만을 따진 것이고, 사망과 생업 파괴 등 개인의 삶에 미치는 영향을 수량화하기는 훨씬 더 어렵다. 그런데 이런 재해는 개개인에게, 특히 사회 취약 계층에게 상당히 큰 타격을 준다.

기후변화로 인한 해수면 상승 역시 폭풍의 파괴력을 증폭시키는 요인이다. 대부분의 폭풍은 바다에서 세력을 키운 뒤 육지로 상륙할 때 폭풍해일을 동반하는데, 해수면이 상승함에 따라 폭풍해일의 위력은 더욱 커지고 있다. 온난화로 인해 해수면 상승은 앞으로 수백 년 동안 이어질 것으로 예상된다. 2012년 허리케인 샌디가 뉴욕을 강타했을 때 폭풍해일로 인한 추정 피해액이 무려 600억 달러였는데, 이 중 80억 달러가 인간 활동에 의한 기후변화가 일으킨 해수면 상승 때문에 빚어진 피해액으로 추정된다. 우리가 화석연료를 태우지 않았다면, 샌디가 동반한 폭풍해일로 인한 이재민의 수는 현실의 이재민 수보다 7만 명 적었을 것이다. 당장 온실가스 배출을 중단하더라도 해수면은 계속 상승할 것이다. 그러나 우리가 온실가스 배출 중단을 서두를수록, 해수면 상승 속도는 느려질 것이고 도달하는 최종 해수면 수위도 낮아질 것이다.

지구 온난화는 폭풍 시스템이 해양과 대륙을 건너 이동하는 속도에도 변화를 일으키고 있다. 자료 확보가 가능한 모든 해양에서 폭풍의 이동 속도가 느려진 것으로 나타났다. 폭풍의 이동 속도가 느려지면 어느 한곳에 퍼붓는 비의 양이 더 많아질 수 있다. 물리학과 통계, 관측을 통해 얻은 모든 정보를 종합하면, 지금 우리가 목격하고 있는 폭풍은 기후변화의 영향이 없을 때보다 훨씬 큰 파괴력을 발휘한다.

각각의 극한 기상 현상에 기후변화가 미치는 영향을 정확히 파악할 수 있다면, 정책결정자는 재해 발생 이후 재건을 추진하고 미래에 닥칠 극한 기상의 영향에 대비하려고 할 때 이 귀중한 정보를 이용할 수 있을 것이다. 그러나 이 정보를 이용할 권한이 누구에게나 똑같이 보장되는 건 아니다. 2019년 모잠비크를 황폐화시킨 사이클론 이다이, 2020년 방글라데시와 인도를 강타한 사이클론 암판 등의 원인 규명과 관련해서, 기존의 기후 관련 모형은 부적합하거나 남반구 과학자들이 이용하기에 적절치 않거나 아예 이용조차 하기 어렵다. 날씨가 어떻게 변하고 있는지, 그리고 우리 사회가 무엇에 가장 취약한지 등과 관련한 지식은 대부분 북반구의 연구와 경험에서 나온 것이다. 지구가 빠른 속도로 온난화되고 있는 현실을 감안하면 이런 지식과 정보의 불평등은 반드시 해결되어야 한다. 폭풍이 재앙이 되느냐 마느냐는 폭풍이 지나는 경로에 누가 있고, 무엇이 있느냐에 달려 있다. 기후 시스템의 변화는 대부분 선형적으로 일어나지만, 그 영향과 피해는 결코 선형적으로 일어나지 않는다. 기후의 작은 변화가 파국적인 결과를 낳을 수 있다. /

다음 페이지:
2008년 5월, 이라와디평원. 사이클론 나르기스가 동반한 폭풍해일로 미얀마 이라와디강이 범람해 10만 명이 넘는 인명을 앗아간 지 4주 만에 큰 폭풍우가 형성되어 있다.

구르기 시작한
눈덩이

그레타 툰베리

어쩌면 이름이 문제일 수도 있다. '기후변화'는 그리 나쁜 느낌을 주지 않는 이름이다. 끊임없이 변화하는 세상에서 '변화'라는 단어는 꽤 유쾌한 느낌을 준다. 대단한 행운을 거머쥔 사람에게도 더 좋은 변화를 이룰 멋진 가능성이 항상 열려 있으니 말이다. '기후'라는 단어 역시 그리 나쁜 느낌을 주지 않는다. 온실가스를 대량으로 배출하는 북반구에 사는 사람이라면 '변화하는 기후'라는 개념을 무섭고 위험한 것과는 거리가 먼 기후라고 해석하기 쉽다. 변화하는 세상. 따뜻해지는 지구. 대체 뭐가 문제지?

그래서인지 아직도 기후변화를 느리고 선형적인, 심지어 전혀 해롭지 않은 과정으로 여기는 사람이 많다. 그러나 기후는 그저 변화하고 있는 게 아니라, 안정을 잃어가고 망가지고 있다. 섬세한 조화와 균형을 이루는 자연적인 패턴과 순환은 지구상의 생명체를 부양하는 시스템의 핵심적인 부분인데, 이것이 무너지고 있으며 이로 인해 파국적인 결과가 빚어질 수 있다. 지구 시스템에는 한번 넘어서면 결코 되돌릴 수 없는 부정적인 티핑 포인트들이 있다. 게다가 우리는 언제 티핑 포인트를 넘게 될지 정확히 알지 못한다. 그러나 우리는 티핑 포인트가, 그것도 아주 중요한 티핑 포인트가 아주 가까이 다가오고 있다는 것을 분명히 알고 있다. 거대한 변화는 종종 천천히 시작되지만, 결국엔 가속이 붙어 빠르게 진행된다.

슈테판 람스토르프는 이런 글을 썼다. "지구상에는 해수면을 65미터(대략 20층 건물 높이) 상승시킬 수 있을 만큼 많은 얼음이 있다. 마지막 빙하기 말에는 지구 기온이 약 5도 상승한 결과 해수면이 120미터 상승했다." 이 수치는 우리가 직면한 문제의 심각성을 가늠할 수 있게 해준다. 해수면 상승이 언제까지나 밀리미터나 센티미터 단위로만 진행되지는 않을 것이다. 변화가 아주 서서히 진행된다고 해도 이 변화는 우리가 결코 '적응'할 수 있는 변화가 아니라는 걸 분명히 알아야 한다.

그린란드 빙상이 녹고 있고, 서남극에 있는 '종말의 빙하'*도 녹고 있다. 최근 발표된 논문들은 이 두 사건이 티핑 포인트를 이미 넘어섰다고 말한다. 또 어떤 논문들은 곧 티핑 포인트를 넘을 거라고 말한다. 다시 말하면 우리가 이미 일으킨 온난화 때문에 두 빙상의 융해 과정이 이미 멈출 수 없는 지점에 들어섰거나 그 지점에 근접해 있다는 뜻이다. 둘 중 어느 쪽이든, 우리는 빙상 융해 과정을 멈추기 위해 할 수 있는 모든 노력을 기울여야 한다. 이 보이지 않는 선은 한 번 넘으면 다시는 되돌아올 수 없는 선이다. 우리는 눈덩이가 구르는 속도를 늦출 수 있다. 하지만 이미 구르기 시작한 눈덩이는 멈추지 않고 계속해서 굴러갈 것이다.

전 세계적으로 빙하에 의지해 식수와 농업용수를 얻는 등 빙권에 의지해 살아가는 인구가 수십억에 이른다. 이런 빙하 역시 빠른 속도로 녹고 있다. 우리는 이미 돌이킬 수 없는 티핑 포인트를 여러 개 넘어섰으며, 이로 인해 향후 수십 년 동안 심각한 어려움에 직면할 것이다. '제3의 극'으로도 불리는 히말라야 빙하는 아시아 전역의 20억 명이 의존하는 중요한 수원이다. 그런데 이 빙하가 전례 없이 빠른 속도로 녹고 있다. 이 지역에 있는 8개국의 요청에 따라 과학자 200명이 참여한 획기적인 연구는 온난화를 1.5도 이하로 억제하더라도 히말라야 빙하의 3분의 1이 사라질 것이라고 예측한다.

이 중요한 자원이 사라지고 있는 것도 문제지만, 그 속도가 점점 빨라지고 있다는 게 더 큰 문제다. 빙하가 녹는 속도가 점점 빨라져서 강의 수위가 부자연스럽게 높아졌는데도 우리는 이 높은 수위에 쉽게 익숙해진다. 히말라야 빙하에서 발원하는 모든 강물이 말라붙기 시작하면 우리는 더 심각한 위기를 맞게 될 것이다. 우리의 사회와 기반시설은 과거의 지질시대가 되어가고 있는 홀로세에 맞추어 세워진 것이다. 우리가 안전하게 살아온 세계는 더 이상 존재하지 않는다.

---

* 스웨이츠 빙하의 별칭. 이 거대 빙하가 완전히 녹으면 지구에 재앙적인 위기가 닥칠 수 있다고 해서 붙여진 이름이다.

2.9
가뭄과
홍수

케이트 마블

지구는 스스로 물을 만들지 않는다. 그럴 필요가 없다. 지구가 형성될 때 우주에서 많은 양의 물이 왔고, 그 후 지금까지 지구에서 물의 양은 변함이 없다. 수십억 년 후에 태양이 저장하고 있던 연료를 다 태우고 소멸하게 되면, 지구의 수분은 우주로 빠져나가 언젠가는 멀리 떨어진 어느 행성의 표면에 물로 고일 것이다.

지금 우리가 마시는 물은 공룡들의 갈증을 채워준 물이고, 탄생한 지 얼마 안 된 지구에 나타나 처음으로 활동을 시작한 생명체의 성장을 도와준 물이다. 물은 얼음으로, 액체로, 수증기로 계속해서 형태를 바꾸고, 습기가 가득한 숲에서 하늘로 올라갔다가 차가운 바다의 심연으로 가라앉고, 열대지방에서 극지방으로 흘러갔다가 다시 되돌아온다. 때때로 지구 공전 궤도에 약간의 요동이 있으면 일부 물은 빙하 얼음이 되어 수억 년의 세월을 견딘다. 빙하기가 끝나면 얼음에 갇혔던 물은 맑은 급류를 이루어 바다로 쏟아져 들어가 바다를 불린다. 더 짧은 시간 단위(한나절, 한 달, 한 인간의 생애)에서도 물은 바다 또는 육지에서 하늘로 올라가거나 반대로 내려오는 순환을 계속하며 끊임없이 모습을 바꿀 뿐, 새로 만들어지지도 않고 파괴되지도 않는다.

모습을 바꾸는 건 힘을 쓰는 일이다. 물이 액체에서 수증기로 상태를 바꾸려면 에너지가 필요하다. 더운 날 우리 몸이 땀을 흘리는 이유도 이런 원리로 땀을 증발시켜 피부 표면의 열을 식히기 위함이다. 물은 증발하며 표면의 에너지를 흡수해 하늘로 이동시킨다. 수증기는 응결하며 대기 상층에 열을 방출하고, 데워진 대기는 찬 공간으로 열을 방출한다. 수증기 형태의 물은 눈에 보이지 않지만, 아주 작은 물방울과 얼음 결정으로 이루어진 덩어리인 구름 덕분에 하늘은 흰빛과 잿빛으로 채색되어 있다. 지구도 더워지면 땀을 흘리고 차

가운 대기 상층은 구름 이불을 덮는다. 모든 것이 균형을 이룬다. 이 균형이 흔들리면 모든 것이 혼란으로 빠져든다.

기온이 오를수록 지구는 땀을 더 많이 흘린다. 공기는 표면에 물을 달라고 조르고, 표면은 목마른 하늘에 수분을 양보한다. 공기가 수분을 더 많이 달라고 조르면 바다는 쉽게 내어줄 수 있다. 반면 육지에서는 물이 스펀지처럼 빈 공간이 많은 흙에 저장되어 있다. 평균 수준의 강수가 있는 해에도, 건조한 공기는 지표면에서 물을 빨아들여 지표면을 건조하고 생명이 없는 곳으로 만들 수 있다. 최근 북아메리카 남서부는 기록이 시작된 이래 최악의 대가뭄을 겪고 있는데, 이곳의 가뭄은 더욱더 심해질 전망이다. 유럽 남부, 지중해 동부 연안, 호주 남서부 역시 기온이 오를 때 예상했던 대로 점점 더 건조해지고 있다. 가뭄은 제 몸의 열을 식히려는 지구의 필사적인 노력의 결과다.

물은 증발을 거쳐 수증기로 변하는데, 수증기는 색도 없고 냄새도 없지만 무게가 없는 건 아니다. 대기 중에는 1000만 곱하기 10억 킬로그램의 수증기가 위, 아래, 좌우 사방팔방으로 압력을 가하고 있다. 더 이상 버틸 수 없을 정도로 압력이 높아지면 수증기의 일부가 공기에서 빠져나와 응결하여 다시 액체가 된다. 응결이 시작되는 온도는 기온이 오를수록 높아진다. 즉 뜨거운 공기는 더 많은 수증기를 품을 수 있다. 하늘은 일종의 물 은행이다. 이 물 은행은 입금을 받을 때는 수증기로 받고, 출금 요청이 있으면 비로 내주고, 약간의 수증기를 예비금으로 비축해둔다. 온도가 오를수록 예비금이 늘어난다. 더 따뜻한 하늘은 수분을 더 많이 품는다. 하늘이 품는 수분은 1도가 오를 때마다 7퍼센트씩 늘어난다. 지구가 뜨거워질수록 한번 비가 내리기 시작하면 많은 양이 쏟아진다. 더 더워진 세계에서는 가뭄도 심해지고, 물 순환의 가혹한 논리 때문에 홍수도 심해진다.

점점 심해지는 가뭄과 파국적인 홍수는 인간의 개입이 남긴 특징적인 지문이며, 우리의 탈산업화 사회가 지구의 물 순환 흐름에 새겨 넣은 기록이다. 이제 원인 규명 과학은 상당한 진전을 이루었고 우리는 특정한 폭우와 가뭄 사건에 끼친 인간의 영향이 얼마나 되는지 계산할 수 있다. 그러나 우리가 하늘과 바다, 육지에 남긴 지문은 그보다 훨씬 큰 규모에서도 확인된다. 우리는 위성 관측을 통해 바다에서의 강우 패턴의 장기적인 변화를 확인할 수 있다.

남극해와 북대서양에서는 강우량이 늘어나 바닷물의 염도가 낮아졌고, 지중해와 아열대 바다는 상층 대기가 건조한 탓에 염도가 높아졌다. 육지의 오래된 나무들에도 오랜 세월에 걸쳐 축적된 정보가 새겨져 있다. 나이테를 보면 나무가 물을 빨아들였던 토양 속 수분의 변화, 즉 강수량이 많았던 해와 가물었던 해를 알 수 있다.

세계 곳곳의 나무들에 아로새겨진 나이테 자료를 종합하면 하나의 패턴이 나온다. 여기에는 수백 년 사이에 습윤한 시기와 건조한 시기가 교차한 것이 기록되어 있다. 이런 교차가 자연스러운 것이다. 그런데 최근 들어 부자연스러운 조짐이 나타나고 있다. 지난 100년간 생성된 나이테에서는 수분 공급이 부족해서 얇게 생성된 테가 관찰된다. 미국 남서부에 가뭄이 들거나 지중해 연안에 가뭄이 들거나 호주에 가뭄이 드는 건 이상한 일이 아니다. 인간이 사라진 세계에도 가뭄은 찾아올 것이다. 그러나 이 모든 곳에 동시에 가뭄이 드는 것은 예삿일이 아니다. 자연은 이런 일을 할 수 없다. 그러나 인간은 할 수 있다.

우리는 지금 대체로 우리 자신이 빚어낸 세계에 살고 있다. 앞으로 우리는 무얼 하게 될까? 재앙이 오기만을 기다리며 앉아 있지는 않을 것이다. 우리는 스스로 만들어낸 세계를 바로잡을 것이다. 우리는 태양과 바람에서 에너지를 얻을 것이고, 지표면에서 대기로, 다시 대기에서 지표면으로 물을 춤추게 만들 것이다. 우리가 꼭 필요로 하는 물처럼, 우리는 꿋꿋이 참아내고 변할 것이다. 그래야만 한다. /

2.10

빙상, 빙붕, 빙하

리카르다 빙켈만

2010년 12월. 영하 32도. 우리 탐사선이 남위 71도 7분, 서경 11도 40분에 도착했다. 남극 대륙이다. 새벽 4시, 낮처럼 밝다. 해수면 위 30여 미터 높이로 튀어나온 빙붕氷棚이 눈앞에 보인다. 그 아름다움도 놀랍고 얼음의 복잡한 구조도 놀랍다. 어마어마한 규모에 정신이 아득해진다. 넓이가 약 1400만 제곱킬로미터에 두께가 4000미터가 넘는 것도 있다. 이 얼음이 모두 녹으면 전 세계 해수면이 60미터가량 상승한다. 빙붕을 올려다보며 생각에 잠긴다. 이 얼음은 대부분 수십만 년 전에 생겨났고 인간이 남극 얼음에 첫발을 디딘 것은 고작해야 200년 전이다. 어떻게 우리는 이처럼 짧은 시간에 이 웅장한 거대 자연물의 미래 진화를 결정짓는 지배적인 힘이 되었을까?

첫 남극 과학 탐사 때 마주한 이 순간의 경험을 나는 영원히 잊지 못할 것이다. 인류세에 진입했다는 것을, 인류가 지구의 지질학적 활동에 중대한 영향을 미치는 힘이 되었음을 비로소 실감하는 순간이었다.

　　인간 활동은 지구 시스템의 모든 부분에 영향을 미치고 있다. 그린란드 빙상과 남극 빙상도 예외가 아니다. 최근 수십 년 사이에 빙상과 빙상을 둘러싼 빙붕(빙상에서 바다로 길게 혀를 내밀듯이 뻗어나와 떠 있는 얼음)의 질량이 빠르게 줄어들고 있고, 그 속도가 점점 빨라지고 있다. 1994년에서 2017년 사이에 총 12조 8000억 톤의 얼음이 사라졌다. 얼음 1조 톤의 규모를 가늠하려면, 한 변이 10킬로미터인 거대한 정육면체 얼음 덩어리, 즉 에베레스트보다 더 높은 얼음 덩어리를 떠올리면 된다.

　　빙상은 향후 일어날 해수면 상승의 가장 큰 원인이 될 것이다. 빙상은 워낙 거대한 크기라서 일부만 녹아도 연안 지역이 침수되어 사회, 경제, 환경에 심각한 타격을 입힐 수 있다.

　　극지에서는 이미 급격한 변화가 일어나기 시작했다. 2020년 남극과 북극의 기온이 각각 영상 18.3도, 38도로 최고 기록을 찍었다. 2021년 그린란드 빙상에서 대규모 용융이 두 차례 발생했는데, 2010년, 2015년, 2019년에도 대규모 용융이 있었다. 지구 반대편 남극에서는 웨델해 론 빙붕 서쪽 편에서 세계 최대 규모의 빙산이 떨어져 나갔다. 위성사진 분석 결과, 파인섬 빙하 바로 옆 빙붕에서도 거대한 빙산들이 떨어져 나가면서 남극에서 가장 빠르게 줄어드는 빙하로 알려진 파인섬 빙하의 용융을 더욱 가속화하고 있음을 볼 수 있다.

이런 사건들은 특정 시점에 일어난 개별 사건일 뿐이지만, 현재 남극 빙상 내부와 주변에서 진행되는 급격하고 강력한 변화를 반영하고 있다. 극지는 기후변화 진행 정도를 알려주는 지구상에서 가장 효율적인 조기경보 시스템이다. 이 조기경보 시스템이 지금 경보를 울리고 있다.

우리는 이 경보에 귀를 기울여야 한다. 기후변화를 완화하지 않으면 빙상은 균형에서 점점 더 벗어날 것이고, 효과적으로 억제할 방법이 없는 자기 영속적 과정으로 빠져들 위험이 있다.

그린란드 빙상 표면의 용융과 관련해서도 자기 영속적 과정(양의 되먹임)이 일어날 수 있다. 빙상이 녹을수록 표면 높이가 서서히 낮아진다. 고도가 낮은 곳은 대체로 공기가 더 따뜻하기 때문에 얼음이 더 많이 녹고, 빙상 표면이 더 낮게 내려앉아 훨씬 더 따뜻한 공기층과 만나면서 얼음이 훨씬 더 많이 녹는 순환이 이어진다. 임계 온도를 넘어서는 순간, 얼음 용융-고도 하강의 되먹임이 지속적인 얼음 손실을 일으켜 그린란드에서 얼음이 거의 사라지는 날이 올 수도 있다.

남극 대륙은 그린란드보다 기온이 낮다. 남극 빙상의 안정에 균열을 내는 요인은 표면에서 진행되는 용융이 아니라 얼음 아래에서 진행되는 용융이다. 남극 대륙의 얼음 감소는 대부분 대륙 기슭의 빙붕이 녹아서 발생한다. 빙붕이 따뜻한 바닷물과 만나면 두께가 점점 얇아지고 내륙 안쪽의 얼음이 바다로 흘러내리는 속도가 빨라져 자기 영속적인 얼음 손실이 시작될 수 있다.

이런 양의 되먹임 때문에 그린란드 빙상과 남극 빙상은 지구 시스템의 티핑 요소로 꼽히고 있다. 두 빙상이 티핑 포인트에 가까워지면 아주 작은 변화만으로도 갑작스럽고 광범위하며 멈출 수 없는 얼음 손실이 시작될 수 있다.

지구 온난화가 1.5~2도를 넘으면 두 빙상이 티핑 포인트를 넘어설 가능성이 급격히 높아진다. 기온이 이 온도를 넘어서면, 그린란드와 남극 빙상의 상당 부분이 사라질 것이고, 해수면이 오랜 기간에 걸쳐 계속 상승하면서 수 미터 높아질 것이다. 언젠가 기온이 다시 떨어진다고 해도 지금보다 훨씬 낮게 떨어지지 않는 한, 빙상이 지금의 크기로 다시 자라나는 일은 일어나지 않을 것이다. 다시 말해, 한번 소실된 빙상의 일부는 영원히 복구되지 않을지도 모른다. /

극지는
기후변화 진행 정도를 알려주는
지구상에서 가장 효율적인
조기경보 시스템이다.

2.11
해양 온난화와 해수면 상승

슈테판 람스토르프

1987년, 어느 위대한 해양학자가 저명한 과학 저널 〈네이처〉에서 이런 경고음을 울렸다.

> 지구 행성의 거주자들은 지금 거대한 규모의 환경 실험을 소리 없이 진행하고 있다. 너무나 방대하고 광범위한 영향력을 미칠 수 있는 실험이라서, 만일 책임감 있는 기관의 승인을 거쳐야 한다면 당연히 거부되었을 것이다. 이런 실험이 어떤 국가, 어떤 관할 주체의 간섭도 받지 않고 진행되고 있다. 바로 이산화탄소를 비롯한 온실가스를 대기로 배출하는 실험이다.

이 글은 쓴 사람은 '급격한 기후변화에 관한 패널'에서 오랫동안 나와 함께 일하다가 2019년에 세상을 떠난 월러스 브로커다. 여기서 나는 이 '거대한 실험'이 해양의 물리적 측면(여기서 '물리적'은 물리학을 뜻하며, 해양생물학이나 화학은 이 책의 다른 곳에서 다뤄질 것이다)에 끼치는 영향을 이야기할 것이다.

해수온 상승

바다는 온실가스 농도가 상승하면서 지구에 갇힌 과도한 열의 90퍼센트 이상을 흡수한다. 바다가 공기보다 쉽게 뜨거워져서 그런 거라고 착각하기 쉽지만 그렇지 않다. 물을 데우려면 공기를 데울 때보다 더 많은 에너지가 필요하다(다시 말해 물은 공기보다 열용량이 훨씬 크다). 바다는 공기와 접촉하는 지점에서 열을 흡수하기 때문에 해수 표면에서 가장 큰 폭의 온도 상승이 나타난다. 표면의 열은 느린 속도로 퍼져 나가 바다 깊은 곳까지 들어간다. 해양 열함량은 연간 11제타줄(ZJ)씩 증가하고 있는데, 이 수치는 인간이 사용하는 에

온도 변화(℃)

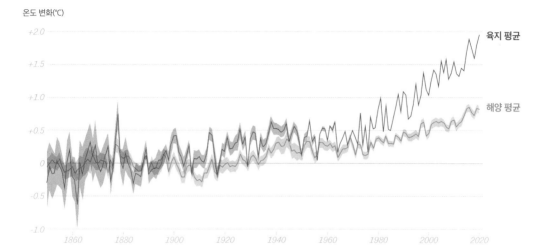

너지 양의 스무 배에 해당한다.

해양이 과도한 열의 90퍼센트를 흡수하는데도, 해수면 온도 상승 폭은 대기 온도 상승 폭의 약 절반 수준에 그친다. 19세기 후반 이후로 해수면 온도는 0.9도 상승했고, 육지 온도는 1.9도 상승했다(그림 1). 지구 표면의 71퍼센트가 바다로 덮여 있으니, 지구 평균 기온은 1.2도 오른 셈이다.

지구 평균 온도가 1.5도에 도달했을 때 육지 온도는 약 2.4도 상승한 상태일 것이다. 따라서 '지구 평균 온도'만을 고려하면 기온 상승이 육지에 거주하는 생명체에게 미치는 충격이 실제보다 훨씬 더 축소되어 보인다. 그러나 열용량이 상대적으로 큰 해양 덕분에 지구 온난화는 더 느리게 진행되고 있고, 평형 상태의 온난화에 도달하기 전까지의 유예 기간이 길어지고 있다.

많은 사람이 우리가 과거에 배출한 온실가스로 인해 추가적인 기온 상승이 확정되어 있고, 그 탓에 파리 협정이 약속한 대로 온난화를 1.5도 이하로 억제하는 것은 불가능하다고 생각한다. 그렇지 않다. 우리가 온실가스 배출을 완전히 중단하면 그 뒤로 대기 중 온실가스 농도가 줄어들기 시작해 열관성*의 효과를 상쇄할 것이므로, 온난화를 1.5도 이하로 억제하는 것은 충분히 가능하

---

* 어떤 물체가 일정 온도를 가지고 있는 경우 현재의 온도를 유지하려고 하는 성질.

다. 단, 이를 이루기 위해서는 충분히 빠른 시간 내에 온실가스 배출량을 0에 가깝게 줄여야 한다.

해양 온난화는 여러 가지 놀라운 문제를 낳는다. 첫째, 뜨거워진 해양이 더 많은 에너지를 공급하기 때문에 열대성 저기압이 발생하여 발달하는 속도가 더 빨라지고 위력도 더 강해진다. 둘째, 뜨거워진 해양에서는 물의 증발이 빨라지기 때문에 전 세계 강우량이 증가한다. 그런데 안타깝게도 가뭄 완화 대신에 홍수 유발 가능성이 높은 극심한 폭우가 더 자주 발생한다. 셋째, 일반적으로 온도가 상승하면 해양의 이산화탄소 흡수 능력이 감소한다. 지금 바다는 우리가 배출하는 이산화탄소 가운데 무려 4분의 1가량을 흡수하지만, 더 따뜻한 물은 이산화탄소를 잘 흡수하지 못한다(궁금하면 석회수가 섞인 광천수를 끓여 보라). 넷째, 해양 온난화는 산호초 백화 현상을 일으키는 등 해양 생물에 큰 피해를 준다. 다섯째, 물은 열을 받으면 팽창하는 성질이 있다. 이는 다음에 살펴볼 해수면 상승 문제로 이어진다.

해수면 상승

지구 기후가 따뜻해지면 필연적으로 해수면이 상승한다. 이유는 두 가지다. 첫째, 바닷물은 따뜻해지면 팽창하는데, 바다 깊이가 수천 미터에 이르기 때문에 아주 작은 비율로 팽창하는 것만으로도 몇 미터씩 해수면 상승이 일어날 수 있다. 둘째, 육지의 빙하가 녹으면서 바다로 유입되는 물의 양이 늘어난다. 지구상에는 해수면을 65미터(대략 20층 건물 높이) 상승시킬 수 있을 만큼 많은 얼음이 있다. 마지막 빙하기 말에는 지구 기온이 약 5도 상승한 결과 해수면이 120미터 상승했다.

빙하기 말과 비교하면 최근의 해수면 상승은 상대적으로 작은 규모이며, 19세기 이후로 지구 평균 해수면은 약 20센티미터 상승했다(그림 2). 아직까지 상승 폭이 크지 않은 것은 열이 바다 깊이까지 퍼져가는 데에도, 그리고 거대한 얼음이 녹는 데에도 시간이 오래 걸리기 때문이다. 그러나 지금은 대규모 해수면 상승으로 이어지는 초기 단계에 불과하다. 대규모 해수면 상승은 이미 확정된 것이며 더 이상 온난화가 진행되지 않는다고 해도 앞으로 수백 년에서 수천 년에 걸쳐 진행될 것이다.

해수면 높이(cm)

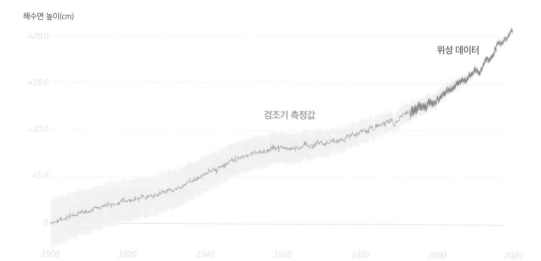

그림 2   지금까지 우리가 관측한 해수면 상승은 여러 기여 요인에 관한 독립적인 자료와 꼭 들어맞는다. 해수면 위성 모니터링이 시작된 1993년 이후로 각 요인의 기여도는 다음과 같다.

- 해양 열팽창   42퍼센트
- 빙하   21퍼센트
- 그린란드 빙상   15퍼센트
- 남극 빙상   8퍼센트

(이외의 나머지 비율은 농업용 지하수 사용과 일부 부정확한 자료에서 기인한다.)

IPCC 제6차 평가 보고서는 우리가 온실가스를 얼마나 배출하느냐에 따라 2100년 무렵에 해수면이 0.5미터에서 1미터까지 상승할 것이라고 예측한다. 지금까지 일어난 작은 규모의 해수면 상승만으로도 심각한 홍수가 발생하는데, 1미터가 상승하면 수많은 해안 지역이 재앙에 가까운 충격을 받게 될 것이다. 게다가 일방적인 불확실성이 크다. IPCC는 해수면이 2100년 무렵에 2미터 이상 상승하거나 2150년 무렵에 5미터 이상 상승할 가능성을 배제할 수 없다고 말한다. 거대한 빙상이 불안정해져서 빠른 속도로 바다로 유입되기 시작하면 이런 일이 충분히 일어날 수 있지만, 지금의 과학 모형 연구로는 이 과정을 신뢰도 높은 시뮬레이션에 반영할 수 없다. 지구의 역사는 빙하기-간빙기의 주기적인 반복 때마다 이런 종류의 빙상 불안정이 발생했음을 엄중히 경고하고 있다.

지구상에 있는 여러 해양은 서로 연결되어 하나의 거대한 해양을 이루고 있지만 해양 표면은 평평하지 않으며, 모든 해양의 해수면 수위가 균일하게 상승하지도 않을 것이다. 베네치아, 뉴올리언스 등지에서는 해안의 땅이 가라앉고 있다. 반면 마지막 빙하기에 육중한 빙상에 짓눌려 가라앉아 있던 스칸디나비아 해안의 땅은 위로 솟고 있다. 그러나 해수면 자체도 지역에 따라 다를 수 있다. 예를 들어 육지 빙상의 질량 감소에 따른 인력引力 감소나 탁월풍의 변화, 해류의 변화가 해수면에 영향을 줄 수 있다.

해류의 변화

해양 대순환은 열을 운반해 기후에 영향을 미치는 중요한 역할을 한다. 해양 대순환은 바람에 의한 순환과 물의 밀도 차이로 인한 순환(열염 순환)에 의해 일어나는데, 물의 밀도는 온도와 염도에 따라 달라진다.

지구가 따뜻해지면 바람의 패턴이 달라져서 바람의 영향을 받는 해류에 미세한 변화를 일으킬 수 있다. 그러나 훨씬 더 충격적인 해양 대순환의 붕괴가 일어나 대서양의 열염분 순환이 무너질 위험이 커지고 있다. 대서양 자오면 순환(AMOC)이라고 불리는 대서양의 해류 시스템('해양 컨베이어벨트'라는 별칭도 있다)은 열대지방의 따뜻한 해수를 북대서양으로 운반하고 북대서양의 차가운 해수를 남반구를 거쳐 남극 대륙으로 운반하는 중요한 열 수송 시스템이다(그림 3).

북반구가 남반구보다 따뜻한 것은 AMOC 덕분이다. 이 순환이 엄청난 양의 열을 대서양으로 끌어와 방출하기 때문에 북대서양과 그 주변 육지(유럽의 여러 지역)의 기온은 이 열이 없었을 때 예상되는 수준보다 몇 도 더 높다.

여러 기후 모형 연구들은 지구가 온난화됨에 따라 AMOC가 약해지기 때문에 북대서양에서도 그린란드 바로 남쪽 지역은 온도 상승이 더디게 진행되거나 어쩌면 온도가 내려갈 수도 있다고 오래전부터 예측해왔다. 데워진 바닷물이 강수량 증가와 그린란드 빙상에서 녹은 물과 결합되면 표층 해수의 밀도를 낮추고, 이 물은 예전만큼 깊이 가라앉지 않는다. 불안하게도 이런 일이 현실에서 벌어지고 있다. 북대서양은 19세기 후반 이후로 지구에서 유일하게 온도가 내려간 지역이다(그림 3에서 그린란드 남쪽 바다의 차가운 부분을 눈여겨보라).

이러한 변화가 대단히 우려스러운 이유는 AMOC에도 티핑 포인트가 있어서 이것을 넘어서면 대순환이 유지되지 못하고 붕괴할 가능성이 높다고 알려져 있기 때문이다. AMOC 붕괴는 지구 역사에서 이미 여러 차례 발생해 지구 전역의 날씨 패턴을 교란했다.

AMOC의 작동 방식을 살펴보자. AMOC는 아열대 지역의 염도가 높은 해수를 북대서양으로 가져와서 북대서양 해수의 밀도를 높여 가라앉도록 돕는다. 그런데 이 흐름이 약해지면 북쪽으로 이동하는 해수의 염도가 낮아지고 북대서양 해수의 밀도가 크게 낮아져서 AMOC의 움직임이 훨씬 더 느려진다. 특정 지점을 넘어서면 이 악순환이 계속되다가 AMOC가 완전히 중단된다.

대서양 자오면 순환의 해수면 온도 변화

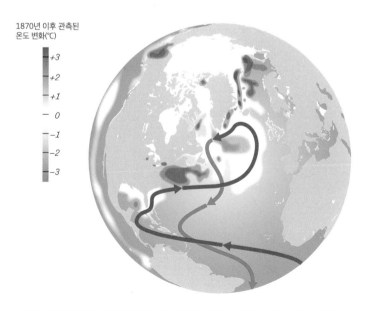

1870년 이후 관측된
온도 변화(℃)

+3
+2
+1
0
−1
−2
−3

그림 3: 대서양 자오면 순환(AMOC)은 표층 난류가 북쪽으로 흐르며 대기로 열을 방출한 뒤 2000~4000미터 해저로 가라앉아 심층 한류가 되어 남쪽으로 돌아가는 순환이다. 이 순환은 초당 2000만 세제곱미터가량의 해수를 이동시키며, 이는 아마존강의 흐름보다 100배가량 더 크다.

1987년에 월러스 브로커가 '온실에서 느낀 불쾌한 놀라움'(그가 쓴 논문 제목이기도 하다)에 대해 경고한 이후로, 온실가스 배출이 AMOC를 티핑 포인트 너머로 밀어낼 수 있다는 우려가 커지고 있다. 실제로 이것은 지구 온난화가 품은 초대형 위험요소 중 하나다. 우리가 이 티핑 포인트에 얼마나 다가서 있는지는 아직 알려진 바가 없다. 기후 모형 연구들은 한편으로 이번 세기 내에 티핑 포인트를 넘어설 가능성이 낮다고 추정하면서도, 다른 한편으로는 AMOC의 안정성을 정확히 반영하기 위해 노력하고 있다. 실제로 티핑 포인트가 위험할 만큼 가까워졌다는 신뢰할 만한 경고 신호가 관측 자료에서 확인되고 있다.

이 티핑 포인트를 넘으면 유럽 북서부의 기온이 낮아질 뿐만 아니라, 미국 동부 해안의 해수면이 급격히 상승하고 해양 생태계가 파괴되며 해양의 이산화탄소 흡수 능력이 떨어지고 남반구의 온도 상승이 가속화될 것이다. 또 열대 강우대가 이동하고 아시아 몬순에 혼란이 나타날 수 있다. 우리가 지구 역사를 통해서 알고 있듯이, 붕괴된 AMOC가 복원되기까지는 약 1000년 이상 걸린다. /

지구상에는
해수면을 65미터
상승시킬 수 있을 만큼
많은 얼음이 있다.

해양 산성화와
해양 생태계

한스오토 푀르트너

현재 대기 중 이산화탄소 농도는 마지막 빙하기 말기보다 약 100배 빠른 속도로 증가하고 있다. 마지막 빙하기 말기에는 대기 중 이산화탄소 농도가 6000년 사이에 약 80ppm(parts per million; 백만분율) 증가했는데, 지금 대기 중 이산화탄소 농도는 약 416ppm으로, 지난 200만 년을 통틀어 최고 수준이다.

인간 활동에 의해 생성된 이산화탄소는 해양 표층으로 들어오고, 해양 생물과 해류의 활동에 의지해 더 깊은 층에까지 도달한다. 육지에서와 마찬가지로 광합성은 해양에서도 이산화탄소 저장에 관여하는 근원적인 생물학적 과정이다. 바다는 인간이 배출한 이산화탄소의 20~30퍼센트를 흡수하여 용해와 완충을 거쳐 심해로 이동시킨다. 그러나 해양(및 육지)의 이산화탄소 흡수 능력은 대기 중 이산화탄소 농도가 증가함에 따라 감소한다. 동시에 이산화탄소는 물에 녹을 때 약산을 형성하고, 해양 유기체의 체액, 예를 들어 어류의 혈액에도 들어가 약산을 형성한다. 해수 내 이산화탄소의 양이 증가하고 그에 따라 해수의 pH가 낮아지는 현상을 해양 산성화라고 한다.

대기 중 이산화탄소 농도 증가와 그에 따른 해양 산성화는 해양 유기체와 생태계를 위험에 빠뜨리고 해수 온도 상승과 산소 고갈의 위험을 높인다. 바닷물의 산성도는 이미 약 30퍼센트 상승했다. 이산화탄소 배출 감축 및 중단을 위한 현재의 노력이 완전히 성공하더라도, 어느 정도의 해양 산성화와 그로 인한 해양 유기체 및 생태계의 피해는 오래도록 지속될 것이다.

지금까지 관찰한 바에 따르면, 해양 산성화는 종종 석회 형성을 감소시켜서 바다 생물의 껍데기가 얇아지거나 부서지게 한다. 또한 산호초 등 탄산염을 기반으로 형성된 생태계를 불안정하게 한다. 게다가 해양 식물성 플랑크톤과 유공충, 홍합, 성게 등 탄산염 껍데기를 가진 동물과 산호의 탄산염 형성 과정에 부정적인 영향을 미친다. 해양 산성화는 극피동물(예: 불가사리, 성게)과 복족류(예: 달팽이, 쇠고둥) 같은 생물체의 성장률 및 생존율 감소와도 관련이 있다. 산호, 연체동물, 극피동물은 특히 취약하다. 일부 물고기는 해수 이산화탄소 농도 증가에 대한 반응으로 심각한 행동 장애를 보인다. 그러나 이런 행동 장애가 얼마나 오래 지속되고 생태계에 얼마나 장기적인 영향을 미치는지는 알려진 바 없다. 현재로서는 유기체가 적응을 통해 기능 장애를 극복할 수 있다는 증거는 극히 제한적이다. 확실한 것은 모든 해양 유기체는 해양의 화학적 변화에 직접적인 영향을 받고, 해양 유기체를 먹고 사는 동물들 역시 먹이사슬 변화를 통해 간접적인 영향을 받는다는 것이다.

이처럼 해양에서는 온난화와 산성화가 동시에 진행되고 있다. 해양의 산소 고갈과 산성화의 영향이 따뜻해진 바다가 빚어내는 충격을 얼마나 악화시키는지는 아직 분명히 밝혀지지 않았다. 동식물 등의 복잡한 유기체는 비교적 좁은 온도 범위 안에서 번성하며 온도 상승에 민감하게 반응한다. 온도 상승은 현재 진행 중인 생물지리학적 변화의 핵심 동인이며, 종이 버틸 수 있는 한계를 넘어서는 극단적인 온도가 발생하면 사멸이 일어난다. 남극권이나 북극권에 사는 냉혈 수생동물(예: 남극 빙어, 북극 대구)은 아주 좁은 온도 범위 안에서 사는데 바다가 뜨거워지면 피해갈 수 있는 곳이 없기 때문에 극지의 급격한 온난화 추세에 특히 취약하다. 열대 해양에서는 기온 상승으로 인해 개별 종뿐만 아니라 산호초지대에서 확인되는 바와 같은 생태계의 점진적인 사멸이 일어나고 있다. 해수 이산화탄소 농도 증가와 용존산소 농도 감소는 종이 견딜수 있는 온도에 영향을 미치고, 이 온도는 다시 지리적 생물 분포와 종과 개체군의 생존에 영향을 미친다는 인식이 점차 확산되고 있다. 생태계의 상태와 종의 구성이 변하고 있고, 생태계와 종의 미래가 불투명해지고 있다. 기후변화가 유일한 원인이 되어 멸종한 종은 드물지만, 인간에 의한 서식지 파괴와 환경 악화 때문에 야기된 종의 손실을 기후변화가 더욱 부채질할 것으로 예측된다.

우리는 해양 생물권을 강화하고 이산화탄소를 흡수, 변환, 저장하는 해양의 능력을 향상시킬 조치를 실행에 옮겨야 한다. 가장 중요한 조치는 생태계의 건강을 회복하고, 해양의 30~50퍼센트를 보호구역으로 지정해 보호하는 일이다. 이런 조치가 시행되면 생물다양성을 효과적으로 보존할 수 있을 뿐 아니라, 탄소 순환 과정과 해양 산성화 완화에 크게 기여하는 맹그로브림과 해초지대, 염습지가 강화되고 바닷말과 고래, 물고기의 개체 수가 늘어날 것이다. 무엇보다 우리는 파리 협정에서 약속한 1.5도 목표를 넘기지 않도록 우리 세계를 바꾸어야 한다. 기후변화를 완화하고 인류에게 식량과 해안 보호 등의 혜택을 제공하는 해양 생물이 더욱 번성할 수 있도록 우리는 이 약속을 반드시 지켜야 한다. /

모든 해양 유기체는
해양의 화학적 변화에 직접적인 영향을 받고,
해양 유기체를 먹고 사는 동물들 역시
먹이사슬 변화를 통해 간접적인 영향을 받는다.

2.13
미세플라스틱

카린 크발레

미세플라스틱은 인간이 배출하는 이산화탄소와 아주 닮았다. 탄소로 이루어진 연료에서 나온다는 점, 쉽게 없어지지 않고 오래도록 잔류하는 오염물질이라는 점, 거의 모든 인간 활동에서 발생한다는 점도 닮았고, 인간의 개인 활동(예: 이산화탄소는 자동차 배기관에서 배기가스로 배출되고, 미세플라스틱은 자동차 타이어와 브레이크 패드가 마모될 때 배출된다)과 집단 활동(예: 농업과 산업)을 통해 배출되어 대기와 바다에 축적된다는 점도 닮았다.

바다는 지구 표면의 70퍼센트를 덮고 있으며 전 세계 거의 모든 강물이 흘러드는 곳이다. 인간의 통제를 벗어나서 떠도는 탓에 정확한 양조차 알 수 없는 대량의 플라스틱이 도달하는 최종 안식처는 바다가 될 것이다. 한 연구에 따르면, 연안 국가들에서 부실하게 관리되는 플라스틱 폐기물의 15~40퍼센트가 바다로 흘러든다. 해변과 육지에서 멀리 떨어진 바다에서 표본 추출 연구를 반복 시행한 결과 해양 플라스틱 양이 늘어나고 있는 것으로 나타났다(증가량이 균일하지는 않다). 그러나 어림으로 계산해보아도 플라스틱이 해양 표면에만 떠다니는 게 아님을 알 수 있다. 길이 0.5센티미터 미만의 아주 작은 플라스틱 조각은 해양 표면 조사 대상에서 제외된다. 최근 몇 년 사이에 이처럼 작은 플라스틱이 빛이 닿지 않는 심해 바닥과 대륙붕 퇴적층, 그리고 표층 바로 아래에 대단히 높은 농도로 존재한다는 사실이 확인되고 있다. 인간의 거주지에서 멀리 떨어진 북극해 주변에서도 미세플라스틱 입자가 고농도로 발견된다. 북태평양 아열대 환류, 지중해, 동해, 북해 등 널리 알려진 대규모 집중 지역뿐 아니라, 표본 수집 조사가 실시된 거의 모든 곳에서 미세플라스틱 조각이 확인되었다. 이제는 미세플라스틱을 바닷물의 새로운 구성요소로 추가해야 할 지경이다.

바닷물이 플라스틱으로 오염되면 여러 가지 심각한 위험이 발생할 수 있다. 해양 생물에게 닥칠 수 있는 위험은 이미 잘 알려져 있다. 비닐봉지나 어업용 그물 등의 큰 플라스틱은 고래, 바다거북, 새를 비롯한 다양한 동물의 몸을 칭칭 감아 질식시키거나 굶주려 죽게 만든다.

미세플라스틱도 비슷한 일을 한다. 헤엄치는 아주 작은 포식자인 물벼룩이 미세플라스틱 섬유에 다리가 얽히거나 내장에 마이크로비즈*가 가득 찬 모습으로 발견되고 있다. 침입종으로 전환될 수 있는 정착성 생물이 제 몸보다 큰 플라스틱 부유물을 이동수단으로 이용하기도 한다. 해양 표층에서는 병원성 박테리아와 독성 물질이 달라붙은 미세플라스틱이 발견된다. 껍데기로 몸을 감싸는 굴 등의 생물이 이런 미세플라스틱을 먹으면, 독성 물질과 박테리아가 그 생물의 조직에 축적되었다가 포식자(인간)에게 전달될 수 있다. 뿐만 아니라 미세플라스틱 섭취는 해저 생물에게 스트레스를 주고 번식력을 떨어뜨려 전체 생태계의 기능을 망가뜨릴 수 있다.

바다의 플라스틱은 전 지구적 차원에서도 영향을 미치지 않을까? 최근 연구는 대기에 떠도는 미세플라스틱 입자가 복사열을 산란시키기도 하고 흡수하기도 한다는 것을 확인했다. 그러나 그 순효과가 지구 온도 상승에 어떤 영향을 미치는지는 아직 밝혀지지 않았다. 바다는 대기에 떠도는 미세플라스틱의 중요한 배출원이다. 바닷물이 물보라 치는 순간에 바닷물 속에 있던 미세플라스틱 입자가 대기로 튀어나오기 때문이다. 앞으로도 계속 바다를 플라스틱 쓰레기로 오염시킨다면 우리는 1.5도 기후 목표를 이루지 못할 가능성이 크다. 그러나 모형 연구 결과에 따르면, 미세플라스틱은 지구 온난화를 가속화할 뿐 아니라, 해수의 용존산소 농도에도 심각한 영향을 미칠 수 있다. 먹이사슬 최하층에서는 아주 작은 포식자들이 미세플라스틱을 그들의 주식인 식물성 플랑크톤(아주 작은 식물)으로 착각해 섭취하곤 하는데, 이 포식자들이 대량으로 사멸하면 용존산소 농도가 낮아져 생태계의 전반적인 기능에 큰 영향을 미칠 수 있다. 자연 환경에 잔류하는 플라스틱의 절대량은 현재로선 이산화탄소 문제와 비교하면 아주 적은 수준이지만, 플라스틱은 지금 이 순간에도 지구 시스템의 기능에 치명적인 영향을 미치고 있을지 모른다.

플라스틱 오염 문제는 점점 심각해질 것으로 보인다. 석유화학 기업들이

---

* 최대 직경이 5밀리미터 이하인 고체 가공 플라스틱 입자.

플라스틱을 미래의 주력 성장 분야로 키우려 하고 있기 때문이다. 요즘 우리 일상 속 어디에서나 쓰이는 값싸고 편리한 포장재에는 '재활용 가능' 또는 '퇴비화 가능' 표시가 붙어 있다. 그 덕에 우리는 플라스틱을 더 많이 써도 괜찮을 거라고 마음을 놓는다. 그러나 세계적인 차원에서 보면 우리의 폐기물 관리 시스템은 구멍 난 곳이 많을 뿐 아니라, 유통되는 막대한 양의 플라스틱 제품을 처리하기엔 역부족이다. 포장재 라벨 표시에 대한 규제가 부실한 탓에 '희망 재활용'* 현상이 심해지고 있다. 이런 관행은 폐기물 흐름에 혼선을 일으켜서 만약 제대로 분류되었다면 재활용될 수 있었을 플라스틱이 매립지나 더 나쁜 곳으로 유입되는 결과를 낳는다. 또한 다국적 폐기물 수출 시스템의 책임성이 확보되지 않은 탓에, 폐기물의 환경 유입 방지를 위한 규제와 법 집행이 부실한 국가들로 재활용 가능한 플라스틱이 몰려드는 세계적인 흐름이 형성된다. 각국은 독자적으로 자국 내 폐기물 관리 문제의 해법을 찾거나 플라스틱 생산을 규제할 수 있을지 모른다. 그러나 바다와 대기에서는 '공유지의 비극'** 이 점점 심해지고 있다. 이 문제를 해결하려면 하루라도 빨리 초국적 협력 체제를 꾸려야 한다. /

---

* 재활용이 될 것이라는 추측이나 기대를 품고 재활용이 안 되는 물건을 재활용으로 분류하는 행동.

** 누구나 자유롭게 사용할 수 있는 공공재는 사람들의 남용으로 쉽게 고갈될 수 있다는 이론.

2.14

담수

피터 H. 글릭

물은 지구상의 모든 것과 우리를 연결한다. 우리의 음식과 건강도, 우리 주변 환경의 지속가능성도, 상품과 서비스의 생산도, 우리의 공동체의식도 물과 연결되어 있다. 물은 기후와 관련해서도 핵심적인 역할을 한다. 세계 전역에서 이루어지는 증발과 강수, 지표 유출, 물의 저장과 흐름을 포함하는 물 순환 과정은 기후 시스템의 핵심을 이룬다. 따라서 우리의 물 사용 방식은 기후위기에 영향을 미친다. 화석연료 에너지를 주요 동력으로 이용하는 한 우리의 물 사용은 바로 온실가스 배출과 연결된다. 예를 들면 캘리포니아에서는 총 전력의 20퍼센트와 전력 외 분야에 사용되는 천연가스의 3분의 1이 가정용수와 산업용수를 가열하는 용도 등으로 물 시스템에 투입된다. 전력 부문과 가정 부문이 화석연료에서 벗어나면 에너지와 물과 기후의 이런 부정적 사슬을 깨는 데 도움이 될 수 있다.

인간은 이미 기후를 변화시키고, 이를 통해 물 시스템까지 변화시키고 있다. 기온이 상승하면서 토양과 식물에서의 증발이 늘어 대기로 유입되는 수분이 많아지는 탓에 어떤 곳에는 더 심한 폭우가, 다른 곳에는 더 심한 가뭄이 찾아온다. 산에 쌓인 눈은 수십억 인구의 주요 급수원인데, 눈 대신 비가 내리거나 산에 쌓인 눈이 예년보다 빨리 녹으면서 홍수가 심해지고 따뜻한 계절의 물 가용성이 감소하고 있다. 또 해수면이 상승하면서 연안의 담수 대수층에 짠물이 밀려들어 식수를 구할 수 없는 곳이 늘고, 강물의 수온이 상승하고 수량이 고갈되면서 어업과 수생 생태계를 위협하고 있다.

기후과학자들은 이미 오래전부터 이런 충격을 예측해왔다. 세계가 망설이고 미루고 논쟁하는 사이에 이 충격이 현실화되고 있다. 기후변화의 도전이 닥치기 전에도 우리의 물 문제는 이미 심각한 상황이었기 때문에 충격은 더 가중된다. 아직도 수십억 인구가 안전하고 저렴한 식수와 위생시설을 이용하지 못하고 있다. 우리가 버린 산업 폐기물과 생활 폐기물이 강과 바다를 오염시키고, 과도한 취수 활동이 전 세계 수생 생태계에 해를 끼치고 있다. 최근 들어 물을 둘러싼 폭력적인 충돌이 점점 잦아지고 격렬해지고 있다. 인도와 이란에서는 가뭄과 물 부족 때문에 폭동이 이어지고, 사하라 이남 아프리카에서는 토지와 물의 이용을 놓고 농민과 목축민 사이에 분쟁이 발생하고, 물을 무기나 분쟁의 도구로 사용하는 사례가 늘어나고 있다. 많은 지역이 물리적, 경제적 또는 환경적인 이유에서 더 이상 환경에서 물을 얻을 수 없는 한계, 즉 '피크워터peak water'에 이미 이르렀거나 그에 가까워지고 있다. 일부 강들은 인간의 과도한 사용으로 거의 고갈된 상태다. 미국의 일곱 개 주와 멕시코가 수원으로 이용하는 콜로라도강이 대표적이다. 중국과 인도, 중동, 미국에서는 많은 지하대수층이 과도한 취수로 고갈되어 지반 침하와 양수 비용 상승, 농업 생산 붕괴가 빚어지고 있다. 피크워터 한계와 갈수록 심해지는 기후변화의 충격에 대처하기 위해서 우리는 물과의 관계를 새롭게 정립해야 한다.

다행히도 우리에게는 이용할 수 있는 새로운 접근법이 있다. 세계적인 물 문제를 해결하고 기후변화로 인한 충격을 줄일 수 있는 '연성 물 경로soft path for water'다. 연성 물 경로란 댐, 수로, 대규모 수처리 시설 등 중앙집중화된 물리적 기반시설에만 의존하는 방식에서 벗어나 통합적인 수처리와 재사용, 빗물 수집 및 사용 방식의 개선, 소규모 분산형 물 관리 시스템, 그리고 (경제적, 환경적으로 타당한 경우) 해수 담수화 기술을 이용하는 것이다. 또한 물 이용 방식을 재구상하고 최소의 물과 에너지를 사용해서 물의 혜택을 최대로 끌어내는 것이다. 연성 물 경로는 건강한 생태계와 건강한 인간 공동체의 중요성을 인정하고 형평성을 강화하는 경로다. 우리는 물 및 에너지 시스템과 관련한 심각한 불평등을 해소하고 기후변화가 소외된 취약계층에게 안기는 극단적인 충격을 완화할 방안을 마련해야 한다. 모든 사람에게 안전한 물과 위생시설을 제공하고 손상된 생태계를 보호·복원하며, 피할 길이 없는 기후 충격으로부터의 회복탄력성을 강화하는 것이야말로 불평등을 해소하고 물과 관련해 지속가능한 미래를 일굴 수 있는 길이다.

2.15

위기는 생각보다 훨씬
우리의 일상 가까이에 있다

그레타 툰베리

오늘 저녁, 200여 국가의 환경 장관들이 공룡 멸종 이후 지구상 최악의 대멸종을 방지하기 위해 새로운 유엔 전략을 채택하기로 합의했다. 유엔 생물다양성 회의가 열리는 나고야 회의장, 밖에서는 태풍이 다가오고 안에서는 환호성이 터지는 가운데, 일본 의장은 2020년까지 자연 서식지 손실을 최소한 절반으로 줄이고 세계 육지 면적의 10퍼센트 미만인 자연보호구역을 17퍼센트로 확장하자는 아이치Aichi 생물다양성 목표의 채택을 선언했다.

이 글은 2010년 〈가디언〉에 실린 조너선 와츠의 기사 중 일부다. 이 기사의 말미에는 당시 국제자연보전연맹의 보전정책 책임자 제인 스마트의 글이 인용되어 있다. "우리는 지금 결코 놓쳐서는 안 되는 중요한 순간에 서 있다. 멸종위기를 조금이라도 늦출 수 있다면 그 어떤 기회도 소홀히 해서는 안 된다."

늦가을이던 그날 저녁에 일본에서 합의된 구속력 없는 약속들 가운데는 '2020년까지 삼림 손실률을 절반으로 줄이겠다'라는 내용도 있었다. 그러나 목표의 이행 기한인 2020년까지 세계는 여러 아이치 목표 중 단 하나도 달성하지 못했다. 목표 달성 실패라니 특이한 일처럼 들리겠지만, 유엔이 정한 목표가 물거품이 된 것은 그때가 처음은 아니었다. 1992년 유엔환경계획은 어젠다 21에서 삼림 파괴를 방지한다는 목표를 명시했다. 2014년에 공표된 뉴욕 삼림 선언은 2030년까지 삼림 파괴를 중단하고 삼림을 복원하겠다고 약속했다. 2015년에 유엔은 지속가능발전목표 중 하나로 '육상 생태계의 지속가능한 보호 및 복원, 지속가능한 삼림 관리, 사막화 방지, 토지 황폐화 중단과 회복, 생물다양성 손실 중단'을 약속했다. 이 모든 계획이 이미 실패로 끝났거나 실패가 거의 확실시되는 경로를 걷고 있다.

우리는 여기서 한 가지 패턴을 확인할 수 있다. 관료들은 가끔씩 몇 가지 공식적인 약속을 내놓고 모호하고 구속력이 없으며 멀리 떨어진 여러 가지 목표를 제시한다. 그러고는 목표 달성에 실패하면 곧바로 새 목표를 제시하고, 또 실패하면 다시 새 목표를 제시하는 일을 반복한다. 왜 그렇게 비합리적인 방법을 쓰느냐고 생각하는 사람도 있을 것이다. 그러나 현 상태를 그대로 유지하면서 경제성장을 지속해 높은 지지도를 확보하려고 하는 사람의 입장에서는 가장 효과적인 방법이다. 이처럼 기후와 생물다양성 관련 목표를 이루지 못해도 대중은 거의 관심이 없거나 알지 못한다. 언론은 긍정적인 면과 부정적인 면을 균형 있게 보도한다는 방침(모든 게 암울하고 우울할 수만은 없다!)에 따라 긍정적인 내용을 선호하기 때문에 주로 어떤 조치가 시행되고 있다는 사실에 주안점을 두어 보도한다. 늘 좋은 성과를 내는 건 아니지만, 공직자들이 열심히 노력하고 있고 이미 많은 진전이 이뤄졌으니 괜스레 비관주의에 빠지지 말자면서 말이다!

부유한 나라들의 언론은 기후 문제를 다룰 때 문제의 원인에 대한 이해를 돕는 내용을 보도하지 않는다. 독일의 스포츠 유틸리티 자동차(SUV) 공장도 다루지 않고, 덴마크의 낙농 시설도, 시애틀의 쇼핑몰도, 플라스틱 장난감과 운동화와 스마트폰을 잔뜩 싣고 로테르담 항구에 도착하는 화물선도 다루지 않는다. 언론에 보도되는 것은 초췌한 모습의 북극곰이나 녹아내리는 남극 빙하, 무너지는 그린란드 빙상, 아마존의 불법 벌목꾼들, 머나먼 시베리아 북부의 영구동토의 사진뿐이다. 우리의 일상과는 무관해 보이는 장면들이다. 그런 탓에 우리는 기후위기와 생태위기가 지금 이 순간, 지구상의 모든 곳에서 진행되고 있다는 것을 잊고 지낸다. 그러나 위기는 생각보다 우리의 일상 훨씬 가까이에 있다.

예를 들어 녹아내리는 영구동토는 북극해 연안에만 있는 게 아니다. 이탈리아와 오스트리아를 비롯해 높은 산지가 있는 여러 나라의 영구동토가 이미 녹아내리고 있다. 2017년에는 스위스 고산지대의 영구동토가 녹아내린 탓에 대규모 산사태가 일어나 본도 마을을 덮쳤다.

파괴적이고 무분별하기로 악명 높은 삼림 파괴는 아마존에서만이 아니라 북부 아한대 삼림에서도 진행되고 있다. 아직 삼림이 보전된 나라들에서도 최후의 천연림이 베어진 뒤 생물다양성 대붕괴나 다름없는 플랜테이션 농장이 들어서는 등 전례 없는 규모의 지리적 변화가 일어나고 있다.

전 세계 지표와 토양은 갈수록 회복탄력성과 영양분을 잃어가면서 그 질이 꾸준히 저하되고 있다. 이런 토양 황폐화의 주요 원인은 따뜻해지는 기후, 삼림 파괴, 단일경작, 농지 및 임지와 관련한 일상적인 정책이다. 이런 정책은 식량 공급 등 우리의 필요를 충족하는 것보다는 최대한 큰 수익을 내는 데 주안점을 두고 진행된다.

자연과 생물다양성의 지속적인 파괴 행위를 부채질하는 것은 비단 돈만이 아니다. 공교롭게도 이산화탄소 배출을 줄이려는 노력이 오히려 생태위기를 가속화하고 있다. 우리는 온실가스를 줄이는 아주 효과적인 방법으로 실제로 내뿜은 온실가스 배출량을 관할 경계 내 공식 배출량 통계에서 제외해버리는 수법을 쓰고 있다. 에너지를 얻기 위한 바이오매스 연소 역시 배출량을 줄이는 효과적인 방법이다. 물론 통계상으로만 줄어드는 것뿐이다. 우리는 나무를 베어낸 뒤 배에 실어 지구 반대편까지 옮겨가서 연료로 태우는 일을 재생 가능한 자원을 사용하는 활동으로 분류하기로 결정했다. 나무가 다시 자란다는 점을 구실로 삼은 결정이었다. 그러나 2018년 한 연구는 목재 연소 시에 배출된 탄소를 숲이 다시 흡수하기까지는 '짧게는 44년, 길게는 104년'이 걸리며, 토양 유실과 극한 기온, 화재와 질병에 점점 더 자주 노출되는 탓에 숲이 탄소 흡수 능력을 회복하지 못할 수도 있다고 추정한다.

연료용 바이오매스를 '재생 가능' 자원으로 분류하자는 결정은 파리 협정이 시행되기 한참 전인 1997년 교토 의정서 채택 당시에 내려졌고, 이것은 교토 의정서의 허점으로 널리 알려져 있다. 이 허점 때문에, 우리는 탄소 집약적인 바이오매스 에너지(나무를 태우면 석탄을 태울 때보다 에너지 단위당 훨씬 더 많은 이산화탄소가 배출된다)를 대량생산해 쓰면서도, 온실가스 배출이 줄고 있고 과감한 조치가 시행되고 있다고 주장한다. 마치 마법처럼 말이다.

모든 국가가 기후정책을 수립할 때 이 허점을 이용한다. 예를 들어 영국 셸비에 있는 드랙스 발전소는 단일 기업으로는 가장 많은 이산화탄소를 배출하지만, 이 발전소에서 연료로 쓰이는 바이오매스의 이산화탄소 배출량은 영국의 온실가스 통계에 포함되지 않는다. 이처럼 영리하고 창의적인 집계 방식을 다방면으로 사용하지 않는 한, 유럽연합 역시 스스로 약속한 기후 목표를 달성할 가능성이 전혀 없다. 2019년에 유럽연합이 사용한 재생 가능한 에너지의 59퍼센트가 바이오매스에서 얻은 것이다. 2021년 말 유럽연합 집행위원회 부위원장은 기자들에게 이렇게 말했다. "솔직히 말해서 화석연료 의존도를 낮추려면 우리는 바이오매스를 에너지 공급원에 포함시킬 수밖에 없다."

에너지 공급용으로 바이오매스를 태우려면 당연히 엄청나게 많은 목재를 확보해야 한다. 발전소에서 연료로 사용되는 목재 펠릿의 재료는 임업 부산물과 톱밥, 그리고 가구나 주택 등 사용 기간이 긴 목재 제품을 만들 때 나오는 부산물로 알려져 있다. 그러나 실제로는 그렇지 않은 경우가 많다. 캐나다, 핀란드, 스웨덴, 미국, 발트해 연안 국가에서 확인된 바에 따르면, 연소용으로 쓰기 위해 나무가 통째로 베어지고, 오래된 숲과 원시림(한 번도 벌목이 이루어지지 않은 숲)에서까지 나무가 베어지고 있다. 이런 일을 벌이는 이유는 짐작하기 어렵지 않다. 돈이 되기 때문이고, 기후 목표를 충족해야 하기 때문이다. 이런 행위는 완벽하게 합법이며, 법률과 권위를 가진 모든 국제기구의 지침에 부합한다. 나는 드랙스 발전소를 방문했을 때 관계자들에게서 매주 화물선 네 척 분량과 매일 열차 일곱 대 분량의 펠릿이 발전소에 들어온다는 말을 들었다. 톱밥과 목재 부산물을 얼마나 많이 모아야 이 정도 양의 펠릿을 만들 수 있을까?

각국의 지도자들이 지난 30년 동안 아무런 기후 대응 조치도 취하지 않았다고 흔히 말하는데, 이건 틀린 말이다. 이들은 아주 바빴다. 그렇지만 흔히 사람들이 생각하거나 바라는 일을 하느라 바빴던 건 아니다. 이들은 그 긴 세월을 기후행동을 적극적으로 지연시키는 데에, 즉 자국의 단기적인 경제정책과 자신의 평판에 도움이 될 허점투성이 제도를 만드는 데에 허비했다. 대중의 인식이 개선되지 않는 한, 이들은 앞으로도 버젓이 그런 일을 계속할 것이다.

2021년 글래스고에서 기후변화협약 제26차 당사국 총회가 열렸을 때는 2010년에 정한 아이치 목표가 완전히 실패했음이 드러난 상황이었다(물론 언론은 이를 보도하지 않았다). 회의에 모인 지도자들은 삼림 벌채를 중단하겠다는 약속을, 이번에는 이행 기한을 2030년으로 정하고 재차 내놓았다. 당사국 총회는 글래스고 최종 합의문에서 처음으로 문제의 단어(화석연료)를 언급했고, 국

다음 페이지:

시베리아 북동부의 바타가이카 크레이터. 영구동토층을 구성하는 얼음이 녹은 탓에 땅이 꺼져 만들어진 이 구덩이는 폭이 무려 800미터로(계속 넓어지고 있다), 북극 전역에 형성된 수많은 호수와 크레이터 중 최대 규모다.

가 온실가스 감축 목표의 상향 조정 주기를 5년에서 1년으로 단축하기로 결정했다. 물론 많은 언론이 이번에도 역시 이 모호하고 구속력이 없는 선언에 대해 낙관적인 기사를 썼다.

그러나 그 후 불과 몇 주 만에 브라질은 아마존 열대우림에서 전례 없는 규모의 삼림 벌채가 이루어졌음을 보고했고, 유럽연합은 파리 협정에 따라 스스로 결정한 온실가스 감축 목표와 충돌할 수밖에 없는 새로운 '공동농업정책(CAP)'을 승인했다. 중국은 석탄발전소를 대폭 확충했다. 미국 행정부는 멕시코만 해상 약 36만 제곱킬로미터에서의 석유 및 가스 시추에 대한 임대 계약을 승인해, 최대 11억 배럴(1700억 리터)의 원유와 1200억 세제곱미터의 화석가스 생산의 길을 열어주었다. 게다가 어이없게도 유럽연합은 글래스고에서 합의한 내용임에도 불구하고 이집트에서 열리는 제27차 당사국 총회 이전에 유럽연합의 온실가스 감축 목표를 상향 조정하지 않겠다고 밝혔다.

이런 사건들은 대부분 언론의 단호한 침묵 속에 묻혀버렸다. 책임을 지는 사람은 아무도 없었다. 주요 뉴스로도, 신문 1면 기사로도 뜨지 않았다. 초점은 흐려졌다. 대중의 관심도 사라졌다. 이런 일이 되풀이된다. 바로 이것이 우리가 재앙을 만들어내는 방식이다. /

파괴적이고 무분별하기로
악명 높은 삼림 파괴는
아마존에서만이 아니라
북부 아한대 삼림에서도
진행되고 있다.

2.16

산불

조엘 게르기스

화석연료 연소 말고도 인간이 수백 년 동안 해온 일이 바로 땅을 개간하는 일이다. 개간 활동은 이산화탄소와 메탄 등 자연적으로 발생하는 온실가스 농도에 엄청난 변화를 일으켜, 지구 역사 내내 지구 온도를 조절해온 자연적인 과정에 혼란을 일으키고 있다. 숲이나 습지 등 자연 생태계의 공간이던 땅을 농경지와 콘크리트 도시로 바꾸는 과정에서 광범위한 삼림이 벌채되면서 탄소를 흡수하는 지구의 능력을 약화시키고 있다. 오늘날 숲이 덮고 있는 면적은 전 세계 육지 표면의 약 3분의 1에 불과하고, 그중 절반 이상이 브라질, 캐나다, 중국, 러시아, 미국에 있다.

장기적인 기후 추세와 지역별 기상 조건, 그리고 인간이 토지를 이용하고 관리하는 관행 때문에, 전 세계적으로 산불의 동태에 변화가 일고 있다. 대형 산불이 발생하면 식물이 타면서 막대한 양의 탄소가 대기로 방출된다. 산불의 움직임은 그 자체로 기후와 날씨, 공간적 특성, 생태학적 과정의 복잡한 상호작용이기 때문에 산불의 관측과 감시, 예측 자체가 어렵다. 따라서 산불은 예상치 못한 비선형적 경로로 기후변화에 영향을 미칠 수 있다. 그런데 이런 비선형적 경로는 현재 기후 모델로는 잘 포착되지 않는다. 산불은 온실가스 배출에 영향을 미치고, 인간의 건강을 위협하는 대기 오염을 일으키고, 화재 발생 지역의 수질을 오염시키며, 야생동식물을 죽게 하고 서식지를 없애 지구의 생물다양성을 파괴한다. 이처럼 복잡한 상호작용이 남아메리카 대륙의 아마존 지역에서도 진행되고 있다. 거대한 탄소 흡수원인 아마존은 현재 기후변화로 인해 심각한 건조 현상을 겪고 있으며, 산업형 농업용지를 조성하는 과정에서 베어지고 불태워지고 있다. 아마존의 파괴는 지구 탄소 순환의 안정을 깨뜨리는 위협일 뿐 아니라 지구상에 얼마 남지 않은 생물다양성의 보고를 파괴하는 결과를 낳을 수 있다.

자연적으로 발생하는 산불은 늘 있었다. 하지만 이젠 기후변화 때문에 지구 기온이 높아지고 지역별 날씨와 기후 조건에 영향을 미치는 지구 순환 패턴이 변화하고 있다. 지금은 모든 산불이 더 높은 기온에서, 계절적 강우 특성을 벗어난 불규칙한 강우 상황에서 발생한다는 뜻이다. 폭염과 가뭄이 오래 지속되면 기온 상승과 평균 이하의 강수량, 낮은 습도, 토양 수분 감소, 바람의 변화가 나타나 산불 발생 확률이 높아진다. 온도가 상승하면 포화수증기압(지구 표면과 식생에서 대기로 방출되는 수분의 양을 결정하는 증발력)이 증가한다. 덥고 건조하며 바람이 많이 부는 조건이 계속 유지되면, 포화수증기압이 높아져 토양과 식생이 건조해지고, 정상적인 상황에서라면 습윤했을 숲이 가연성 연료로 변한다. 숲이 자연 발화원(예: 번개)을 만나거나 인간의 우발적 활동(예: 끊어진 전선)이나 고의적인 활동에 노출되면 산불이 일어날 수 있다.

특히 1970년대 이후로 세계 각지에서 산불이 일어나기 쉬운 기상 조건이 자주 만들어지고 더욱 강해지고 있다. 특히 산불의 위력이 강해진 곳이 유럽 남부, 유라시아 북부, 미국 서부, 호주. IPCC에 따르면, 산불이 발생하기 쉬운 위험한 기상 조건은 인간 활동에 의한 기후변화와 연관이 있다는 강력한 증거가 공식적인 원인 규명 연구가 진행되고 있는 미국 서부 및 호주 남동부 등지에서 확인되고 있다. 최근 연구에 따르면, 산불이 일어나기 쉬운 기상 조건에 미치는 인간의 영향력이 자연 변동성이 미치는 영향력보다 커진 지역이 이미 전 세계 육지의 약 4분의 1(지중해 연안, 아마존 같은 지역도 포함된다)을 넘어섰다고 한다. 기후 모형 연구에 따르면, 온난화 수준이 높을수록 산불 위험이 큰 지역의 면적이 늘어나며, 산업화 이전보다 온도가 3도 오르면 2도 오를 때보다 이 면적이 두 배로 늘어난다고 한다.

지구 온난화로 인한 영향 탓에 산불 기간*은 이미 더 치명적이고 더 길어졌으며, 산불이 난 적이 없던 지역에서도 산불이 발생하고 있다. 산불은 기온이 높은 여름철에 자주 발생하지만, 온난화가 뚜렷하게 진행된 일부 지역에서는 산불 기간이 길어져서 특히 가뭄이 심할 때는 산불 기간이 1년 365일이 되기도 한다. 예를 들어 호주에서는 기록이 시작된 이래 가장 덥고 건조했던 2019년 겨울에, 보통 때는 습윤한 기후였던 아열대우림에서 산불이 났고, 아

---

* 연중 산불의 발생 및 확산 가능성이 매우 높은 기간.

주 오래된 곤드와 우림의 절반 이상이 단 한 번의 산불 기간에 잿더미가 되었다. 호주 동부의 유칼립투스 숲은 산불 발생 위험이 아주 높은 곳으로, 산불이 심한 기간에는 일반적으로 숲의 2퍼센트가량이 산불 피해를 입는다. 그런데 2019~2020년에는 단 한 건의 산불이 호주 온대림의 무려 21퍼센트를 불태워, 세계 최악의 산불 피해로 기록되었다. 극심한 산불로 인한 피해 면적이 이처럼 크게 늘어나면서, 한꺼번에 100만 헥타르 이상의 면적을 불태우는 하나 또는 둘 이상의 산불을 가리키는 '초대형 산불'이라는 개념이 출현했다. 호주에서는 여러 건의 초대형 산불이 일어나 무려 24만 제곱킬로미터를 태웠고, 단 한 번의 산불 기간에 7억 1500만 톤 이상의 이산화탄소(호주가 1년 동안 배출하는 총 배출량보다 많다)가 배출되었으며, 엄청난 규모의 서식지가 파괴되어 동물 30억 마리가 죽거나 서식지를 잃었다.

최근 들어 북반구에서는 산불 피해 규모가 갈수록 커지고 있다. 2021년, 미국 태평양 북서부 지역과 캐나다 남서부 지역은 역대 최고 기온으로 기록된 극심한 폭염을 겪었다. 2021년 6월 29일, 캐나다 브리티시컬럼비아주 리턴시에서는 기온이 49.6도까지 치솟았고, 그 후 산불이 발생해 도시 건물의 약 90퍼센트가 파괴되었다. 지구 북반구에서 이처럼 사막의 기온이나 다름없는 극단적인 고온 현상이 나타난 것은 처음이었다. 캘리포니아에서는 3개월 동안 4000제곱킬로미터 이상을 태운 딕시 산불이 발생해 주 역사상 가장 큰 산불로 기록되었다. 북극권의 숲과 시베리아와 러시아 동부의 이탄지대에서도 기록적인 폭염과 가뭄 탓에 산불이 일어나 연기 기둥이 북극까지 도달하는 전례 없는 일이 발생했다. 유럽연합의 코페르니쿠스 대기 모니터링 서비스는 2021년에 발생한 산불로 그해 유럽연합의 이산화탄소 총 배출량의 두 배가 넘는 64억 5000만 톤의 이산화탄소가 배출되었다고 추정한다.

지구가 따뜻해질수록 산불은 더 자주, 더 극단적인 양상으로 일어날 것이다. 예전에는 기온이 낮았던 지역과 계절에도 산불 기간이 확장되는 탓에 더 많은 숲이 불타면서 엄청난 양의 탄소를 대기로 내뿜고 이는 다시 온난화를 증폭시킬 것이다. 이 양의 되먹임 고리는 마치 자동차 가속 페달을 밟는 것처럼 가속 효과를 낸다. 산불의 동태(낙뢰를 포함한)와 같은 복잡한 비선형적 과정은 관련 정보 수집 자체가 어렵고, 최신 기후 모형을 이용해서 수학적으로 설명하고 모의실험을 진행하기도 어렵다. 지금으로선 최신 세대의 기후 모형 연구도 온난화를 증폭시키는 탄소 순환 되먹임(산불에 의한 되먹임 포함)을 전혀 또는 정확히 반영하지 못한다. 따라서 과학자들은 되먹임 고리가 미래 온난화 궤적에 어떤 영향을 미칠지 정확히 예측하지 못한다. 그럼에도 한 가지 분명한 사실이 있다. 기온이 오르면 오를수록 기후를 불안정하게 만드는 자기강화의 되먹임이 일어날 위험이 커진다는 것이다. 세계가 온난화를 2도 이하로 억제한다면, 치명적인 산불의 발생 가능성을 줄여서 육지 생태계가 지구 탄소 순환의 불안정을 바로잡고 지구상의 생명을 복원해낼 여지를 넓힐 수 있다.

산불 기간은 이미
더 위험해지고 더 길어졌으며,
산불이 난 적이 없던 지역에서도
산불이 발생하고 있다.

아마존

카를루스 노브르, 줄리아 아리에이라, 나탈리아 나시멘투

아마존강 유역은 세계에서 가장 큰 열대우림 지역(약 600만 제곱킬로미터)이다. 지구 기후 시스템의 중요한 요소인 아마존 숲은 지구의 물 순환과 기후 변동성을 조절하는 데 중요한 역할을 한다. 광합성을 통해 매년 대기에서 제거되는 이산화탄소의 약 16퍼센트가 아마존 숲의 광합성에 의해 제거되며, 아마존의 토양과 식생은 1500억~2000억 톤의 탄소를 저장하고 있다. 아마존 숲은 또한 증발산(식물이 물을 빨아들여 대기로 방출하는 작용)을 통해 지표 온도를 낮추고 강수를 일으키는 거대한 에어컨 역할을 한다. 이런 냉각 작용(삼림 지역에서는 최대 5도까지 냉각)은 아마존 지역의 계절적 가뭄과 폭염의 영향을 최소화하는 데 필수적이다.

그러나 최근 수십 년 사이에 아마존 열대우림의 구조와 구성, 기능이 변화하기 시작했다. 이 지역의 기온은 1979년에서 2018년 사이에 평균 1.02도 상승했으며, 2019~2020년에는 1.1도 상승해 1960년 이후 두 번째로 높은 기온을 보였다. 지난 20년 동안 아마존 남동부 열대우림에서는 특히 건조한 기간(6월에서 10월 사이)에 대기 중 수분의 양이 감소했다. 대기 온도 상승과 건조화는 인간이 일으킨 기후변화의 결과인데, 토지 이용 변화, 특히 삼림 지역으로의 농업 확장과 농업 폐기물 연소, 빈번해지는 산불(아마존에서는 인간이 관리하는 목초지에서 발생한 불이 발화의 원인이 된다) 때문에 더 심화되고 있다. 바이오매스가 불에 탈 때 배출하는 블랙카본 에어로졸은 삼림 상공의 구름양을 감소시키고 지표 온도 상승을 가속화하며 결과적으로 아마존 상공의 대기를 건조하게 만든다. 증발산량*을 감소시키는 삼림 벌채 역시 대기 건조화의 큰 원인이다. 기후 변동성 역시 극한 기상, 특히 가뭄과 폭염의 발생 빈도를 증가시켜 아마존에 악영향을 끼친다. 앞으로 아마존 지역에서는 기온이 점점 오르고 가

---

* 지면에서 대기로 증발한 수증기의 양과 식물의 잎 표면에서 대기로 증산된 수분의 양을 합한 것.

뭄이 더 잦아질 것으로 예상된다. 현재 전 지구 평균 대기 중 온실가스 농도는 414ppm인데, 온실가스 농도가 대단히 높은 수준($1000ppm$ CO_2 환산량을 넘어서는 수준)으로 치솟으면, 21세기 말에 아마존에서는 기온이 35도를 넘어서는 고온 발생일수가 최근 20년간 연평균 발생일수 70일의 두 배가 넘는 150일에 이를 것이다.

요컨대 현재 아마존의 상황은 몹시 암울하다. 아마존 삼림의 약 17퍼센트가 인간이 사용할 용도로 벌채되었다. 이런 상황은 도로 건설과 밀접한 관계가 있다. 삼림 벌채의 95퍼센트가 도로 양쪽 5.5킬로미터 이내에서 일어난다. 벌채로 인한 피해 외에도 아마존 삼림의 최소 17퍼센트가 간벌間伐과 연료용 땔감 수집, 산불과 바람에 의한 손실로 훼손된다. 브라질에서는 대개 목초지와 경작지의 확장 과정에서 삼림 벌채와 훼손이 일어나지만, 아마존 지역에 있는 다른 나라들에서는 광산과 유전 개발 과정에서 삼림이 파괴된다. 삼림이 파괴되면 기후 영향이 증폭되는 탓에, 아마존 지역의 기온은 3도 이상 상승할 수 있고 아마존 동부에서는 7월과 11월 사이 강수량이 40퍼센트 감소할 수 있다. 고온화와 건조화, 그리고 삼림이 작은 조각으로 나누어지는 삼림 파편화가 빠르게 진행된 결과, 아마존 삼림의 여러 지역이 더 많은 직사광선에 노출되어 토양 온도가 상승하고, 바람에 노출되는 면적이 늘어나 산불 발생 가능성이 점점 커지고 있다. 산불이 잦아지면 나무 고사율이 높아지고 탄소 배출량이 증가하는 되먹임 고리가 작동하기 시작하는데, 극한 기상 현상하에서 이런 되먹임 고리는 더욱 빠르게 작동한다. 예를 들어 2015~2016년에 강력한 엘니뇨 탓에 극심한 가뭄이 발생해 아마존에서 25억 그루의 나무가 죽고 약 4억 9500만 톤의 이산화탄소(호주, 프랑스, 영국 등 선진공업국의 연간 이산화탄소 배출량과 맞먹는 양)가 배출되었다.

아마존 열대우림 중 상당히 넓은 면적이 위기에 처해 있다. 아마존은 더 길어지는 건기에 (새싹을 틔우는 시기를 조정해) 적응하고 더 잦아지는 산불에 (산불이 지나간 지역에서 새싹을 틔워서) 적응하는 과정에서 초본식물과 관목식물이 많이 늘어나는 등 볼품없는 사바나의 특성을 가진 식생으로 바뀌어갈지도 모른다. 아마존 중부, 남부, 동부 삼림에서는 기온이 4도 가까이 높아지거나 강수량이 감소하고 건기가 더 길고 혹독해지거나, 아마존 삼림 전체 면적의 40퍼센트에서 삼림 파괴가 일어나면 사바나화가 진행될 가능성이 높다. 삼림 파괴, 산불 증가, 지구 온난화, 이산화탄소 농도 증가 등 인간이 끼치고 있는 모든 영향을 고려하면, 2050년 무렵에는 아마존 삼림의 최대 60퍼센트가 사라질 것이라는 추정도 가능하다. 이런 대규모 삼림 손실은 돌이킬 수 없는 결과를 낳을 것이고, 다양한 경로로 인간의 안녕에까지 영향을 미칠 것이다. 예를 들어 아마존 삼림 생태계가 제공해온 중요한 생태계 서비스가 부실해지면 우리는 식량 확보에 곤란을 겪게 되고, 감염병 확산을 막아주는 삼림의 '녹색 장벽' 혜택을 받지 못하게 될지도 모른다. 삼림 손실은 또한 생물 서식지 파괴를 낳고, 꽃가루받이와 종자 확산 등 생물종 사이의 상호작용을 붕괴시켜 생물다양성에 파국적인 영향을 미칠 것이다.

아마존 숲이 이 티핑 포인트에 위험할 정도로 가까워지고 있다는 징후는 갈수록 늘어나고 있다. 아마존 남부의 벌채된 지역에서는 대부분 건기가 1980년대보다 3~4주 길어지고, 강우량이 20~30퍼센트 감소하고, 기온이 2~3도 높아졌다. 숲의 증발산량과 수질 정화 능력은 크게 위축되었고, 일부 지역의 숲은 저장했던 양보다 많은 탄소를 배출하기 시작했다. 아마존 우림 전체가 탄소 흡수원이 아니라 탄소 배출원이 되는 지점에 다가서고 있다.

아마존은 2050년에서 2070년 사이에 나무종 수가 줄고 나무로 덮이지 않은 면적이 늘어나 볼품없는 사바나 또는 메마른 이차림*으로 바뀔 수 있으며, 아마존 우림의 60~70퍼센트가 이런 변화를 겪을 것으로 예상된다. 아마존 숲이 이런 티핑 포인트에 도달하면 2000억 톤이 넘는 이산화탄소가 대기로 방출될 수 있고, 이렇게 되면 지구 온난화를 1.5도 이하로 억제하자는 파리 협정의 목표를 결코 달성할 수 없다. 또한 생물다양성 손실이 심각한 수준으로 진행되어 검은어깨주머니쥐, 얼룩무늬타마린, 카포리카푸친을 포함해 수천 종의 토착 식물과 동물이 멸종할 것이다. 아마존이 사바나로 변하고 온실가스 배출량이 급증하면, 이곳에 거주하는 사람들은 인체가 견딜 수 있는 생리적 열 스트레스의 한계를 넘어서는 사상 최악의 1일 최고 기온과 높은 습도에 1년 중 절반 가까이 노출되어 직접적인 생명의 위협에 시달리게 될 것이다.

---

* 천연림인 일차림과 달리, 여러 가지 파괴 요인에 의해 이차적으로 발달한 삼림.

2.18

북방림과
온대림

베벌리 로

세계의 삼림은 위도와 기후 특성에 따라 크게 북방림, 온대림, 열대림으로 분류된다(그림 1). 북방림과 온대림은 전 세계 삼림 면적의 약 43퍼센트, 열대림과 거의 비슷한 면적을 덮고 있다. 서식하는 동물과 새의 종류가 더 다양한 곳은 열대림이지만, 위도가 더 높고 더 혹독한 환경일수록 아종의 수가 늘어난다. 북방림은 북극을 띠 모양으로 둘러싼 지역, 즉 러시아(73퍼센트), 캐나다와 알래스카(22퍼센트), 북유럽 국가(5퍼센트) 등에 분포하는데, 몹시 추운 기후 조건이라 생육기간이 짧은 환경에서 형성된 숲이다. 북방림에서는 전나무, 소나무, 가문비나무 등의 상록침엽수와 추위에 강한 낙엽송이 자란다. 온대림은 북반구와 남반구의 위도 25도에서 50도 사이에 분포하는데, 온화하고 습윤한 기후에 형성되는 우림(예: 캐나다 브리티시컬럼비아 연안의 상록침엽수림)과 겨울철 기온이 영하로 떨어지는 지역에 형성되는 낙엽활엽수림도 온대림에 속한다.

기후변화가 삼림에 미치는 영향은 경관과 지역에 따라 다른데, 특히 기온과 강수량의 상대적인 변화, 삼림 생태계의 회복탄력성, 개별 생물종의 취약성에 따라 그 영향이 달라진다. 북방림은 그 방대한 규모 때문에 기후변화 완화와 생물다양성 보호에서 중요한 역할을 담당한다. 이곳에는 계절에 따라 장거리 이동을 하는 동물과 어류, 다양한 대형 포식동물의 개체군, 그리고 번식을 위해 이동하는 10억에서 30억 마리의 새가 서식한다. 북방림은 3670억~1조 7160억 톤의 탄소를 저장하는데 그 대부분이 토양에 저장되어 있다. 북방림 가운데 실제로 보호되고 있는 면적은 약 8~13퍼센트에 불과하고, 절반 가까이가 목재 수확용으로 관리되는데 이런 곳은 대부분 러시아에 속해 있다. 목재 수확을 위한 벌목으로 오래된 숲의 면적이 크게 줄고 서식지와 생물다양성, 생태계 회복력이 훼손되고 있는 데다, 최근 30년 사이에 크게 늘어난 산불

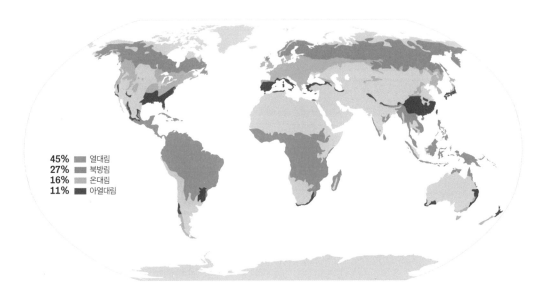

45% ■ 열대림
27% ■ 북방림
16% ■ 온대림
11% ■ 아열대림

그림 1:
2020년 기준으로 전 세계 삼림 면적은 육지 면적의 31퍼센트인 40억 6000만 헥타르로 추정된다.

의 영향까지 겹쳐 탄소 축적량이 감소하고 있다. 기후가 계속 따뜻해지고 산불 피해 면적이 늘어나면서 탄소를 저장하고 축적하는 북방림의 능력은 더욱 더 줄어들고 있다. 그러나 북방림지대가 서서히 북쪽으로 이동하면서 녹지 면적이 늘어나는데, 이 늘어난 면적은 기온이 가장 많이 상승한 곳에서의 생물군계 사멸로 인한 식생 상실 면적의 세 배에 달한다(산불로 인한 탄소 손실량을 상쇄할 수 있는 수준이다). 기후변화와 벌목, 생물종의 균일화, 그리고 토지 이용 변화(예: 오일샌드 채굴을 위한 삼림 벌채)가 상호작용해 빚어낸 충격 역시 북방림지대의 생물다양성 손실을 가속화하고 있다. 예를 들어 북아메리카 북방림은 해마다 500~1500킬로미터의 계절 이동을 하는 카리부(캐나다 순록) 떼와 이주성 늑대와 비이주성 늑대의 서식지다. 적절한 기후와 서식지를 찾기 위해 이용하는 이동 통로가 사라지면 이 동물들은 생존에 큰 타격을 입는다. 안타깝게도 캐나다의 모든 카리부 개체군은 지금 멸종위기종 또는 멸종위기근접종 목록에 올라 있다.

온대림은 북방림과는 달리 아주 다양한 생태형*을 보유하고 있다. 습윤한

---

* ecotypes. 어느 종에 속하면서도 특별한 환경 조건에 적응해 독특한 습성을 보이는 하위 집단.

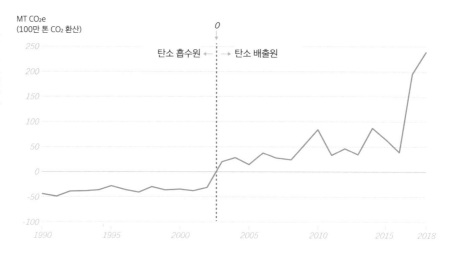

브리티시컬럼비아에서 관리되는 삼림 중
2002년에 탄소 흡수원에서 탄소 배출원으로 전환된 양

그림 2:
삼림 성장에 따른 탄소 흡수량에서 삼림의 부패와 임업 폐기물의 소각, 산불, 벌목된 목재 제품의 부패와 관련한 탄소 배출량을 뺀 값으로 계산.

MT CO₂e
(100만 톤 CO₂ 환산)

온대우림은 북아메리카 서부 해안(이곳에서는 침엽수가 우위종이다)과 습윤한 남아메리카의 남단(이곳에는 너도밤나무 수종이 우세를 보이는 낙엽활엽수림이 있다)에 분포한다. 애팔래치아산맥과 미국 북동부의 온대림은 미국 남동부와 중부 유럽의 온대림과 마찬가지로 활엽수(참나무, 물푸레나무, 너도밤나무, 느릅나무, 단풍나무)와 상록침엽수(소나무, 가문비나무, 전나무)로 구성되어 있다. 온대림은 탄소 저장 밀도가 높기로 손꼽히는 곳이다. 80년 이상 된 온대림은 높은 탄소 저장 밀도와 다층의 캐노피**를 보유하고 있고, 수많은 멸종위기근접종 또는 멸종위기종이 서식하는 보금자리로 풍부한 생물다양성을 자랑한다. 그러나 온대림 역시 북방림과 마찬가지로 목재용으로 대량으로 베어지고 있다. 이곳에서는 목재 수확과 관련해서 배출되는 온실가스의 양이 자연적 원인(화재, 곤충, 바람에 의한 피해)에 의한 총 배출량의 일곱 배가 넘는다.

지구 북반구에 있는 삼림들은 대개 탄소 저장량이 상대적으로 많아서, 삼림 생태계에서 연간 약 14억 4000만 톤의 순 탄소 교환이 이루어진다. 연구에 따르면, 북방림과 온대림에 대해 직절한 자연 삼림 관리 해법을 시행하면, 2100년 무렵까지 전 세계적으로 약 83억 톤(연간 1억 1000만 톤)의 탄소를 저감

** 나뭇가지와 잎이 삼림 상단부까지 뻗어 덮개 모양을 이룬 층.

할 수 있다고 추정한다. 외딴 북방림 지역은 자료 수집에 제한이 있는 탓에 이 수치는 대략적인 추정치다. 따라서 이 수치는 대부분 온대림과 관련된 것이다. 미국 서부에서 탄소 저장 밀도가 중간에서 높은 수준이면서 미래 기후 조건에서의 가뭄 또는 화재 취약성이 낮음에서 중간 수준으로 확인된 온대림은 미국 서부 지역에서 화석 연료 연소로 배출되는 연간 탄소 배출량의 약 여덟 배에 해당하는 탄소를 저장할 수 있다. 이 양은 북방림과 온대림에 대한 천연림 관리 해법을 시행할 경우 2100년 무렵까지 저감할 수 있는 탄소량의 18~20퍼센트에 해당한다.

문제는 탄소를 대량으로 품고 있는 세계 전역의 삼림이 이미 티핑 포인트를 넘어서서 탄소 흡수원에서 탄소 배출원으로 전환되었다는 점이다. 브리티시컬럼비아의 삼림은 화재, 벌목, 곤충(특히 소나무좀과 가문비나무 잎말이나방) 대량 번식의 영향이 중첩되어 2002년에 탄소 배출원으로 전환되었다(그림 2). 소나무좀은 나무껍질을 뚫어 알을 낳는데, 깨어난 애벌레가 수액을 빨아먹고 수액의 흐름을 막아 나무를 죽인다. 브리티시컬럼비아 내륙 산지에서는 겨울 기온이 세계 평균보다 더 빠르게 상승해 이 곤충의 번식에 유리한 환경이 되었다. 기온이 따뜻해지니 겨울에도 죽지 않고 살아남아 번식하면서 더 많은 나무를 죽이고, 대륙을 가르는 분수령을 넘어 캐나다와 미국의 동부 숲까지 위협하고 있다. 더 따뜻하고 건조해진 기후 조건과 설괴빙원(눈이 켜켜이 쌓여 단단해진 적설지대로 건조한 여름에 천천히 녹아 나무에 물을 공급한다)의 축소, 소나무좀의 확산으로 대량 발생한 고사목 때문에 산불도 잦아지고 있다. '브리티시컬럼비아주 온실가스 배출량 보고서 2021'에 따르면, 브리티시컬럼비아 삼림은 그 주의 에너지 부문 배출량보다 더 많은 탄소를 배출하고 있다.

북방림과 온대림 지역의 천연림은 기후변화와 생물다양성 손실을 완화하는 데 크게 기여할 수 있다. 물론 이것이 가능하려면 천연림이 더 오래 성장할 수 있는 조건이 마련되어야 한다. 반면에 이 지역들에서 흔히 시행되는 '지속가능한 임업'은 지속가능한 생태계의 부양보다는 지속가능한 목재 공급에 중점을 두는 탓에 기후변화와 생물다양성 손실을 완화하는 효과가 훨씬 미약하다. 산업형 임업은 바이오매스에 탄소를 축적할 잠재력을 발휘하기도 전에 어린 나무를 베어낸다. 산업형 벌목이 반복되는 숲은 노숙림보다 탄소 저장량이

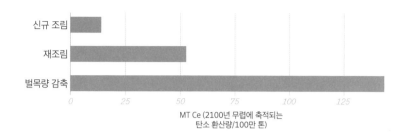

그림 3:
공유지에서 벌목량을 절반으로 줄이고 사유지에서 벌목 시행 주기를 두 배로 늘려 성숙한 삼림과 오래된 삼림이 탄소를 축적하도록 하면 2100년 무렵에는 순생태계탄소수지(NECB) 또는 탄소 축적량을 최대로 늘릴 수 있다.

훨씬 적고 탄소 배출량은 훨씬 많다. 이런 식으로 삼림의 탄소 저장을 방해해서는 지속가능한 기후를 이뤄낼 수 없다.

이런 관리 방식 대신에 성숙림과 노숙림이 유지될 수 있게 놓아두고 기존 임지에서 벌목을 시행하는 주기를 크게 늘려야 한다. 그래야만 숲의 탄소 저장량과 축적량을 최대로 늘릴 수 있다. 재조림과 신규 조림도 도움이 되긴 하지만, 탄소 저장 효과가 그리 크지 않다(그림 3). 습윤한 온대림의 사례에서 보았듯이, 삼림이 보전되면 탄소 저장량을 유지하며 탄소 배출을 막을 수 있고, 생물다양성과 수원까지 보호할 수 있다. 기후변화를 완화하고 생물다양성을 보호하기 위해서 대량의 탄소와 풍부한 생물종을 품은 삼림 생태계의 훼손을 멈추고 복원해야 한다. /

육지
생물다양성

앤디 퍼비스, 아드리아나 드 팔마

생물다양성은 지구 생명체의 다양성을 뜻하며, 이는 인간 생존에도 필수적인 요소다. 생물다양성은 우리에게 깨끗한 공기와 신선한 물, 해충과 질병의 자연적인 조절, 건강한 토양, 음식, 연료, 의약품 등의 혜택을 제공하고 정신 건강에도 도움을 준다. 생물다양성은 생태계가 기후변화를 완화하고(대기 중 이산화탄소를 제거하는 방식으로) 기후변화에 대처할 수 있도록(생태계에 기후 적응 방법을 더 많이 제공하는 방식으로) 돕는다. 또한 우리가 온난화를 더 잘 견딜 수 있도록 도와준다. 예를 들어 나무와 다양한 식물은 도시의 온도를 낮추어 폭염으로부터 지켜준다.

국지적 규모 면에서 보면 햇빛과 강우, 토양이 풍부해 복잡한 구조를 가진 숲이 당연히 생물다양성이 가장 높다. 이런 숲에는 다양한 서식 환경과 풍부한 바이오매스 덕분에 다양한 종이 번성한다. 경관 차원에서 보면 수백만 년 동안 기후가 거의 변하지 않은 습윤한 열대 산지가 당연히 생물다양성이 가장 높다. 이런 지역에서는 여러 가지 상이한 기후 조건이 인접하여 나타날 수 있고, 각 지역의 안정적인 기후 조건과 종간 상호관계에 완벽하게 적응한 고유한 생물종이 서식한다. 이런 생태계에는 지구상 다른 어디에서도 찾을 수 없는 여러 생물종이 분포한다. 멀리 외떨어진 열대 섬 생태계도 마찬가지다. 지구의 장구한 역사 동안 극소수의 종만이 이런 섬에 도달한 덕에 경쟁자가 많지 않은 공간에서 충분히 긴 시간을 보내며 여러 종류의 독특한 생명체로 진화할 수 있었다. 이에 비해 더 평탄한 지형에서는 일반적으로 똑같은 기후, 즉 똑같은 생태계가 수백 수천 킬로미터에 걸쳐 형성되어 있어 서식하는 종의 수가 훨씬 적다. 또 기온이 낮은 곳일수록 식물 생육 속도가 느리기 때문에 풍부한 먹이그물을 구성할 수 없어 서식하는 종의 수가 적다. 또 대부분의 유기체가 극한의 추위나 더위, 건조함, 자연적으로 발화한 산불에 잘 적응하지 못하기 때문에 혹독한 환경에서도 종의 다양성이 낮다.

이런 육지 생물다양성의 자연스러운 패턴은 수백만 년의 진화 과정에서 형성된 것이다. 그러나 오늘날 대부분의 사람이 살아가는 공간은 인간이 일으킨 세 가지 변화의 물결 때문에 생물다양성이 크게 훼손된 상태다.

인간이 일으킨 첫 번째 변화의 물결은 세계 각지의 수많은 종과 처음으로 마주친 선사시대로 거슬러 올라간다. 우리는 사냥을 통해 수많은 종의 대형 포유류와 조류를 멸종시켰고(대형동물 멸종), 수많은 섬에 쥐와 고양이를 퍼뜨려서 천적이 없는 환경에서 진화한 탓에 날 수 없게 된 많은 종류의 새들을 멸종시켰다.

두 번째 변화의 물결은 1만여 년 전에 인류가 떠돌이 수렵채집 생활을 접고 시작한 정착 농업이었다. 우리는 필요한 식량과 재료를 더 편하게 얻기 위해 의도적으로 생태계를 변조하면서 세계를 우리가 더 편하게 살 수 있는 곳으로 바꾸어갔다. 그 결과 농사를 짓는 인간 정착지의 경관은 여러 가지 작물 경작지(해마다 작물 종류를 바꾸기도 했다)와 휴경지, 목초지, 그리고 더 넓은 자연지대가 복잡하게 뒤섞인 형태가 되었다. 이런 이질성이 유지되는 한편으로 해당 경관 내 바이오매스 중 극히 적은 부분만이 인간에 의해 수확되었기 때문에, 많은 종이 인간과 함께 공존할 수 있었다. 세계 각지의 많은 선주민은 지금도 이런 방식으로 땅을 관리하고 있으며, 자연친화적인 농업을 지향하는 운동도 대개 이런 여러 가지 방식을 농업에 적용하고 있다.

18세기 중반부터 농업과 제조업 분야에서 긴밀히 연관된 혁명적 변화가 일어나면서 인간이 일으킨 세 번째 변화의 물결이 시작되었고, 인간의 활동의 본질은 생태계 관리에서 생태계 지배로 바뀌어갔다. 혁명적 변화로 인구가 빠르게 늘었고, 농경지 수요와 건축용, 연료용 목재 수요가 늘어나면서 삼림 파괴가 가속화되었다. 지금까지도 우리는 거의 모든 경제 부문에서 화석연료 에너지를 사용하면서 생태계가 흡수하는 양보다 훨씬 많은 이산화탄소를 내뿜고 있다. 우리는 육지의 약 75퍼센트에 우주에서도 볼 수 있는 자국을 새겨 넣었고, 많은 지역이 여러 가지 심각한 위협에 직면해 있다(그림 1). 가장 확실한 사실은 우리가 육지의 30퍼센트 이상의 땅에서 점점 집약적인 방식으로 농사

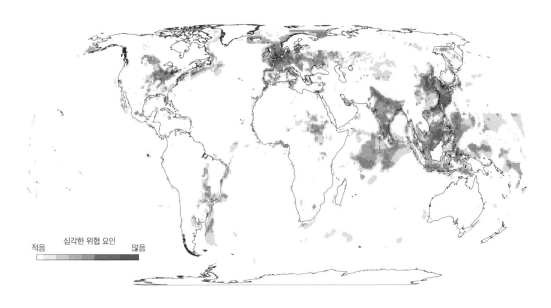

심각한 위협 요인
적음   많음

그림 1:
2020년, 전 세계
육지와 바다의 생물
다양성 변화를 초래
하는 열여섯 가지
변수(기후변화, 인
간의 이용, 인구, 오
염 등)의 수와 강도
를 표현한 지도.

를 짓고 있으며, 북아메리카와 남아메리카 대륙을 합친 것과 맞먹는 면적의 땅을 오직 가축 사육용으로만 쓰고 있다는 것이다.

　이런 위협이 자연에 끼치는 충격의 강도는 지역에 따라 아주 다르게 나타난다. 정착 농업의 역사가 없는 일부 지역에서는 여전히 사냥이 생물다양성을 감소시키는 주요 원인이라서 이곳 생태계는 첫 번째 물결에 의한 대형동물 멸종과 흡사한 충격에 시달리고 있다. 예를 들어 많은 열대우림 지역에서는 식용을 위한 사냥 때문에 대형 포유류가 거의 또는 완전히 사라졌고, 보호구역으로 지정된 많은 지역에서도 밀렵이 성행하면서 대형 포유류를 멸종위기로 몰고 있다. 생계형 농업이 널리 시행되는 지역에서는 두 번째 물결 때와 흡사한 충격이 발생한다. 자연 생태계가 비교적 단순한 농업 생태계로 전환되면 그 지역에서는 생물다양성 손실 압박이 발생하긴 하지만, 농업용 화학제품을 사용하지 않은 덕분에 복합적이고 변화하는 환경이 유지되어 생물다양성 손실이 심각하지 않은 수준에 그칠 수 있다.

　세 번째 물결이 꾸준히 진행되고 있는 지역(그림 1에서 짙은 색으로 표시된 지역)에서는 생태계가 지나치게 취약해져 심각한 붕괴로 이어질 수 있다. 집약형 농업이 이루어지는 토지는 지나치게 단순한 구조이기 때문에 야생생물종

146

이 생장할 만한 공간이 거의 남아 있지 않다. 또 인간이 대부분의 바이오매스를 수확하기 때문에 이 생태계에서는 복잡한 먹이그물이 형성되지 않는다. 전 세계 식물 바이오매스와 삼림 캐노피의 양은 자연 상태였다면 존재했을 양의 절반 수준이고, 세계 전역에서 사육되는 소들의 총 무게는 5000종 이상의 야생 포유류를 합친 무게를 훌쩍 뛰어넘는다. 게다가 농약 살포로 인해 대부분의 농지(그리고 농지에 연결된 수많은 수로)가 생물종이 거의 생존할 수 없는 열악한 환경으로 바뀌었다. 역설적이게도 해충은 살충제에 가장 잘 적응해가고, 자연적인 해충 억제와 꽃가루받이와 토양 비옥도에 도움을 주는 수천 종의 곤충은 타격을 입는다. 유충기에 해충을 잡아먹는 여러 종의 말벌, 여러 작물의 꽃가루받이에 필수적인 벌과 파리, 딱정벌레, 나방, 나비, 그리고 죽은 식물의 양분을 재활용해 토양을 비옥하게 하는 톡토기 등의 많은 곤충과 지렁이가 농약 때문에 사라진다. 집약적인 농업은 농업 생산량을 크게 늘렸지만, 지난 50년 사이 전 세계적으로 자연이 인간에게 베풀어온 거의 모든 혜택이 급격히 줄어들고 있다.

자연을 위협하는 요인 중 가장 최근에 발생한 것이 바로 인간이 일으킨 기후변화다. 아직은 기후변화가 생물다양성에 미치는 충격이 상대적으로 작은 편인데도, 고온을 피해서 이동하는 생물종이 이미 관찰되고 있다. 고위도 지역의 종이 극지에 더 가까운 곳에서 발견되고 있고, 북방림은 예전에 툰드라였던 곳까지 확장되고, 산지에 사는 종이 점점 더 높은 고도에서 발견되고 있다. 인간이 일으킨 기후변화 때문에 최근 15년 사이에 멸종된 첫 번째 희생자는 브램블케이 모자이크꼬리쥐다. 호주 그레이트배리어리프 북단에 있는 어느 작은 저지대 섬에서만 발견되던 이 설치 동물은 2009년에 마지막으로 목격되었는데, 높아지는 해수면과 잦아지는 폭풍 때문에 범람이 반복되는 환경에서 더 이상 버티지 못한 것으로 추정된다.

인류의 토지 이용이 생물다양성에 미치는 충격과 비교하면, 기후변화가 생물다양성에 미치는 충격은 아직까지는 적은 편이지만 대단히 큰 우려를 불러일으키고 있다. 높은 생물다양성은 기후가 안정적인 곳에서만 나타난다. 빠른 시일 안에 지구 온난화를 완화하지 못하면, 틀림없이 더 많은 종이 사라질 것이다. 고산지대 종들은 서식지가 사라지면 대처할 방법이 전혀 없다. 평탄한 지대의 종들은 급속한 온난화가 진행되면 살던 곳을 떠나 생존에 적합한 기후를 따라 서식지를 옮겨야 하는데, 모든 종이 이동에 성공하지는 못할 것이다. 인간이 기르는 농작물 역시 성장에 적합한 온화한 지역으로 이동해야 해서, 아직 인간의 손이 닿지 않았던 곳의 야생생물 서식지가 상실되는 새로운 파장이 일어나고, 현재 농업 생산성이 높은 지역들 역시 몹시 건조해져서 농사에 적합하지 않은 환경이 될 것이다. 이렇게 되면 자연도 빠르게 이동해야 하고, 수백만 인구 역시 빠르게 이동해야 한다. 생물다양성 손실은 기후변화로 인해 악순환에 빠져들 수 있다. 생물다양성을 잃은 생태계는 탄소 저장 능력이 줄어들 뿐 아니라, 극한 기상 현상과 기후변화에 대처하는 능력도 줄어든다.

자연을 보호하는 공간을 늘리고 자연 자원을 덜 쓴다면 우리는 충분히 지속가능한 미래를 이룰 수 있다. 가까운 미래에 멸종의 진행을 최대한 막고(완전히 막을 길은 없다) 온난화로 인한 최악의 충격을 피하려 한다면, 독특한 생물종이 번성하는 지역을 소중히 돌보고 이들이 서식하는 생태계를 복원하고 보호해야 한다. 우리는 탄소와 생물다양성을 풍부하게 지닌 생태계를 복원하는 진정한 자연 기반 기후 해법을 하루빨리 시행해야 한다. /

2.20

곤충

데이브 굴슨

나는 평생 곤충에 푹 빠져 살았다. 대여섯 살 때 초등학교 운동장 언저리의 잡초를 뒤져 노랑과 검정 줄무늬가 있는 애벌레를 도시락에 모았고 그걸 집으로 가져와 먹이를 주면서 붉은색과 검은색 무늬가 화려한 나방(진홍나방)으로 변신하는 과정을 관찰했다. 나는 곤충에 푹 빠졌고, 어린 시절 열정의 대상이었던 곤충과 관련된 일을 생업으로 삼는 행운을 누려왔다. 나는 봄과 여름에 초원과 정원에 핀 꽃들 사이에서 조심성 없게 윙윙거리는, 줄무늬가 있는 커다란 털북숭이 호박벌의 생태를 30년 동안 연구해왔다. 덤벙거리는 듯한 모습 때문에 오해하기 쉽지만, 호박벌은 사실 길 찾기 능력과 학습 능력이 뛰어난 곤충계의 영리한 거물이며, 때때로 폭력적 행동이 수반되는 복잡한 군집생활을 한다.

나는 어릴 적부터 곤충의 매력과 아름다움에 끌려 관심을 갖게 되었지만, 곤충이 대단히 중요한 존재라는 것은 나중에야 알았다. 곤충은 지구상의 생물종 가운데 상당히 많은 비율을 차지한다. 학계에 알려진 150만 종 가운데 무려 3분의 2 이상이 곤충이다. 곤충은 대부분의 새, 박쥐, 도마뱀, 양서류, 민물고기 등 수많은 동물의 식량원이다. 곤충은 농작물 해충을 억제하는 중요한 생물 방제제이고, 사체와 배설물, 잎, 나무줄기 등 모든 종류의 유기물을 재활용하는 일꾼이며, 토양의 건강을 지켜주는 도우미다. 전 세계 야생 식물종의 대부분이 곤충에 의지해 수분을 하며, 우리가 기르는 농작물의 4분의 3 역시 곤충 매개 수분을 한다. 곤충이 사라지면 우리 세계도 서서히 멈출 것이다. 곤충이 없으면 이 세계는 돌아가지 않는다.

이처럼 중요한 역할을 숱하게 담당하는 다양한 종의 곤충이 급감하고 있는 것은 대단히 우려스럽다. 영국에서는 1976년 이후로 나비 개체 수가 50퍼센트가량 감소했다. 독일 자연보호구역에서는 1989년부터 2016년 사이에 날 수 있는 곤충의 생물량이 76퍼센트나 감소했다. 네덜란드에서는 2006년부터 2017년 사이에 날도래류가 60퍼센트 감소했고, 1997년부터 2017년 사이에 나방의 생물량이 61퍼센트 감소했다. 북아메리카에서는 매년 멕시코와 캐나다 사이를 이동하는 것으로 유명한 제왕나비의 수가 1990년대 이후 약 80퍼센트 줄었다. 이런 추세를 거스르는 소수의 종이 있긴 하지만, 대부분의 종이 위기에 처한 것으로 보인다. 곤충의 평균 감소율을 추정하는 한 연구에 따르면, 곤충의 연간 감소율이 1~2퍼센트에 이를 것이라고 한다. 별로 큰 감소율이 아니라고 생각할 수 있지만, 인간에 비해 수명이 짧은 곤충의 입장에서는 대재앙이다. 문제는 1970년대 이전 자료가 없어 이런 감소가 언제부터 시작되었는지 알수 없다는 점이다. 지금 우리가 확인하고 있는 것은 훨씬 오래전에 시작된 개체군 감소 과정의 마지막 구간일 가능성도 있다. 또 우리는 곤충 생물다양성이 가장 풍부한 열대지방의 곤충들이 어떤 상황에 처해 있는지 알지 못한다. 일부 지역에 대해서만 개체 수 감소 연구가 진행되고 있는 것도 큰 문제다. 곤충 개체군에 대한 장기 연구는 거의 유럽과 북아메리카에 국한되어 있다.

그런데 이런 감소의 원인은 무엇일까? 내가 태어나기 3년 전인 1962년에, 레이첼 카슨은 《침묵의 봄》에서 우리가 지구를 심하게 훼손하고 있다고 경고했다. 카슨이 만일 지금의 심각한 상황을 알게 된다면 목 놓아 울 것이다. 엄청난 양의 곤충이 사는 야생생물 서식지(초원, 습지, 황야지대, 열대우림 등)가 중장비에 의해 파헤쳐지거나, 불에 태워지거나, 농경지로 갈아엎어지면서 엄청난 규모로 파괴되었다. 토양은 황폐화하고 강은 쓸려 내려온 토사로 메워지고 산업용 및 농업용 화학물질에 오염되거나 과도한 취수로 바닥을 드러내고 있다. 카슨이 집중적으로 다루었던 살충제와 비료 문제는 훨씬 더 심각해져서, 매년 지구 환경으로 유입되는 살충제가 약 300만 톤에 이른다. 미국에서는 《침묵의 봄》이 출간된 이후 지금까지 토지에 살포되는 살충제의 양이 150퍼센트 늘었고, 카슨이 살던 시대에 쓰이던 것보다 독성이 훨씬 강한 새 살충제가 도입되었다. 예를 들어 꿀벌에 대한 유해성 때문에 2018년부터 유럽연합 전역에서 사용이 금지된 네오니코티노이드계 살충제인 이미다클로프리드는 아직도 세계에서 가장 널리 사용되는 살충제다. 이미다클로프리드는 1960년대와 1970년대에 널리 사용되던 DDT 살충제보다 꿀벌에게 미치는 독성이 약 7000배 더 강하다.

이제 야생 곤충은 앞서 말한 모든 위협 외에도, 카슨의 시대에는 알려지지 않았던 기후변화에도 대처해야 한다. 더 높아진 기온과 늘어난 강수량은 모기 같은 일부 곤충에게는 도움이 되겠지만, 대부분의 곤충에게는 오히려 위험하다. 내가 연구 중인 호박벌은 몸에 털이 빽빽하게 나 있어 더워진 기후를 견디지 못해 예전 활동 지역의 남단부에서 서서히 자취를 감추고 있다. 과거에는 일반적으로 기후가 변하면 곤충도 서서히 변해갔고, 야생생물은 인간의 손길이 닿지 않은 드넓은 서식지에서 지금보다 훨씬 더 큰 규모의 개체군을 이루고 살았다. 생물 개체군은 기온이 오르면 극지 방향으로 큰 어려움 없이 이동했다가 기온이 내려가면 다시 돌아올 수 있었다. 그러나 지금은 대부분의 곤충이 개체군 규모가 크게 줄어든 채로 잘게 조각난 좁은 서식지에서 간신히 버티고 있다. 극지 방향으로 이동하려면 농지와 도시 지역을 지나는 위험을 무릅써야 하는데 그곳을 무사히 넘어간다고 해서 서식지로 적합한 땅을 만나리라는 보장도 없다. 기후변화 때문에 더 잦아진 폭풍과 가뭄, 홍수, 산불은 이미 위기에 처한 개체군에게 더욱 심각한 타격을 입히고 있다. 일부 개체군에게는 이 타격이 최후의 결정타가 될 수 있다.

미국의 생물학자 폴 에얼릭은 생태 공동체에서 종들이 사라지는 것을 비행기 동체에 박아둔 조립용 리벳을 무턱대고 뽑아내는 것에 비유했다. 리벳이 한두 개쯤 사라져도 비행기 운행에는 지장이 없을 수 있다. 하지만 열 개, 스무 개, 쉰 개… 이렇게 자꾸 뽑아내다 보면 비행기는 어느 시점엔가 치명적인 작동 불능 상태가 되어 하늘을 날지 못하고 추락할 것이다. 곤충은 생태계의 지속가능성을 뒷받침하는 일종의 리벳이다.

곤충의 수가 줄어드는 것을 되돌리려면 당장 행동에 나서야 한다. 우리를 위해서 또 생태계를 위해서 일하는 곤충을 소중히 여기는 사회를 만들어야 한다. 아이들에게 어릴 때부터 환경의식을 심어주는 일부터 시작하자. 도시를 녹색으로 덮자. 정원과 공원, 주말농장, 묘지, 도로변, 철로변뿐 아니라 절개지, 원형 교차로 등 활용 가능한 모든 공간에 나무와 텃밭, 연못, 야생화가 가득하고 살충제를 뿌리지 않아 붕붕거리는 생명의 소리가 가득 찬 녹색 도시를 만들자. 다른 한편으로 우리 식품 시스템에도 변화를 일으켜야 한다. 우리의 삶과 환경에 지대한 영향을 미치는 식품 재배 및 운송 방식의 개선에 투자하는 것은 대단히 가치 있는 일이다. 지금의 식품 시스템은 대량의 온실가스를 배출하고,

생명을 키우는 토양의 오염과 침식을 가속화하고, 식량 생산에 중요한 역할을 하는 생물다양성을 파괴하는 등 여러 가지 한계를 가지고 있다. 식량 시스템의 개선은 시급히 서둘러야 할 과제다. 포식성 곤충과 꽃가루 매개 곤충을 통제하고 죽이는 일을 중단하고 이들의 번성을 지원하는 등 자연과 협력해야 한다. 유기농업, 생물역동 농업, 영속농업, 혼농임업 등의 대안농업 시스템은 모두 유망한 가능성과 변화의 열망을 품고 있다. 더 많은 사람을 고용하는 소규모 농장이 더 많이 늘어나야 한다. 이런 농장들이 토양을 돌보고 생물다양성 육성에 기여하며 육류 생산보다는 과일과 채소 중심으로 건강한 식품의 지속가능한 생산을 핵심 목표로 삼는다면 우리는 역동적이고 자연친화적인 농업 부문을 꾸려낼 수 있다. 물론 이를 위해선 정책결정자들과 소비자들의 지지가 필수적이다.

아직 늦지 않았다. 대부분의 곤충 종은 아직까지 멸종위기에 있지 않다. 그러나 많은 종이 예전의 엄청난 규모에 비해 극히 미미한 개체 수를 보이며 멸종의 경계선에 아슬아슬하게 서 있다. 내가 어릴 적 채집했던 줄무늬가 있는 진홍나방은 그 후로 개체 수가 83퍼센트나 감소했다. 그러나 아직은 꽤 남아 있으니 우리가 당장 행동에 나선다면 어렵지 않게 멸종위기에서 구해낼 수 있다. 우리 생태계의 회복탄력성이 얼마만큼 남아 있는지, 넘어서는 순간 연쇄 붕괴를 피할 길이 없는 티핑 포인트에 우리가 얼마나 가까이 다가서고 있는지 우리는 알지 못하며, 그것을 예측할 능력도 없다. 폴 에얼릭이 말한 '비행기 동체의 리벳'에 비유하자면, 우리는 지금 비행기 날개가 떨어져나가기 직전의 상태에 다가서고 있는 것인지도 모른다.

2.21
자연의
달력

키스 W. 라슨

많은 종이 1년 내내 변함없이 지리적으로 동일한 영역에서 활동한다. 반면 특정한 종류의 나비와 고래, 새와 그 밖의 많은 종이 계절에 따라 활동하는 지역을 옮긴다. 이런 계절적 이동 패턴에 영향을 주는 것은 일반적으로 날씨와 서식지 조건, 먹이 가용성의 변화다. 많은 식물종과 동물종 역시 계절에 따라 큰 변화를 겪는다. 이를 일컬어 계절에 따른 생물학적 변화 현상, 즉 생물계절학 현상이라고 한다. 동식물의 삶에서 반복적으로 발생하는 이런 중요한 사건들은 종의 지리적 활동 영역의 변화와 마찬가지로 온도, 강수량, 낮 길이의 변화 등 환경이 보내는 신호에 반응해 일어난다.

우리는 많은 식물에서 확인되는 생물계절학 현상에 친숙하다. 봄에는 새 잎이 나서 꽃을 피우고, 늦여름에는 열매가 열리고, 가을에는 잎의 색깔이 변하면서 땅에 떨어진다. 포유류의 생물계절학적 변화는 다양하게 나타난다. 예를 들어 추운 계절이 오면 겨울잠을 자는 종이 있는가 하면, 주변 환경의 변화에 따라 털갈이를 하는 종도 있다. 이처럼 계절에 따라 진행되는 규칙적인 특성 때문에 생물계절학은 종종 '자연의 달력'으로 표현된다. 종에게는 적절한 시기에 맞추어 행동하는 것이 중요하다. 적기를 맞추어야만 번식 활동 시기를 맞출 수 있고, 개체의 수명 주기 중 중요한 단계가 개체의 활동에 불리한 극한 기상 사건들과 시기적으로 겹치는 것(예를 들어 먹이를 구하기 힘든 겨울에 새끼를 기르는 것)을 방지할 수 있기 때문이다.

기후가 비교적 안정적인 열대 환경에서도, 우기의 뚜렷한 구분은 식물의 개화와 결실 시기를 예측할 수 있게 해 다양한 곤충, 포유류, 조류의 번식 패턴에 영향을 미친다. 이러한 계절적 변화는 위도가 높은 지역일수록 더 뚜렷하게 나타난다. 스웨덴에서 이런 변화가 가장 두드러지는 시기는 봄이다. 월동지인 열대를 출발해 먼 길을 날아 도착하는 연노랑솔새와 알락딱새 등 철새들의 모습을 기록하기 위해 탐조가들이 모여들고, 도시 정원에서는 바이올렛퀸이 첫 꽃을 피우고, 너도밤나무 숲 바닥에서는 유럽바람꽃이 깨어난다. 다람쥐와 곰은 따뜻한 봄기운과 먹이가 풍부해지는 시기에 맞춰 동면에서 깨어나고, 고산 토끼와 사할린뇌조는 신록의 환경에 맞춰 순백의 털을 벗는다.

종의 지리적 활동 범위와 계절에 따른 생물학적 변화, 이 두 가지는 기후 변화의 영향을 크게 받는 아주 민감한 지표다. 연구자들은 이 두 가지 지표를 기준으로 기후변화가 전 세계 생태계에 남긴 초기의 지문을 분석하기 시작했다. 지구가 따뜻해지면 동식물종은 생존을 위한 선택의 폭이 매우 좁아진다. 이들은 생존에 필수적인 환경 조건을 찾아 주로 더 높은 위도 또는 더 높은 고도로 이동하거나, 식물이 봄철 잎과 꽃을 내는 시기를 앞당기는 것처럼 계절에 따른 생물학적 변화 사건의 시기를 조절하는 선택을 해야만 한다. 그러나 급격한 기후변화나 환경 변화가 일어날 때 서식지를 옮길 수 없거나 계절에 따른 생물학적 변화의 시계를 조절할 수 없는 종은 특정 장소, 특정 지역 또는 지구 전역에서 멸종하게 된다. 여기서 결정적인 것은 변화 속도다. 온난화가 너무 빠르게 진행되면 그 변화 속도를 따라잡지 못하는 종이 나타날 수 있다.

지구가 따뜻해지면서 많은 종이 서늘한 기후 조건을 찾아 지리적 활동 범위를 변경하거나 계절에 따른 생물학적 변화 사건의 시기를 조절하는 다양한 사례가 이미 확인되고 있다. 유럽에서는 여름에 박새가 알을 까는 시기가 예전보다 2주 이상 빨라졌다. 북아메리카 온대 지역에서는 동식물종의 절반 이상이 고도가 높은 곳이나 북쪽으로 활동 영역을 옮겼다. 특히 북극곰과 펭귄 등 북극과 남극에서만 서식하는 많은 종의 보금자리인 빙권(연중 대부분이 겨울인 지역)은 해마다 8만 7000제곱킬로미터씩 줄어들고 있다.

흥미롭게도 일부 종은 서식지를 옮기는 게 아니라 몸 크기를 줄이는 방식으로 온난화된 세계에 적응하기도 한다. 모든 유기체는 체온 조절 능력에 한계가 있다. 즉 열 균형을 유지하는 데 쓸 수 있는 에너지에 제약이 있다. 고도와 위도가 높은 지역일수록(추운 곳일수록) 그곳에 서식하는 개체군과 종은 체온 손실을 최소화하기 위해 더 큰 몸집(체중 대비 체표면적이 작다)을 유지하는데, 이 현상을 '베르크만 법칙'이라고 한다. 최근 연구에 따르면, 온난화가 진행되면서 북아메리카에 서식하는 조류의 크기가 점점 작아지고 있다고 한다. 여기서도 역시 온난화 속도가 중요하다. 온난화 속도가 빨라질수록 종들이 시기를 놓치지 않고 적응하거나 이동해서 살아남을 가능성이 줄어든다.

다른 한편으로 우리는 다양한 종들이 온난화에 대해 보이는 반응이 다른 종들과의 복잡한 상호작용에 어떤 영향을 미치는가를 충분히 이해해야 한다. 예를 들어 식물은 꽃가루 매개자가 있어야 하고 철새는 곤충과 과일이 있어야 한다. 식물 개화 시기나 곤충 출현 시기가 어긋나서 식물과 꽃가루 매개자의 만남이 성사되지 않는다면 어떤 일이 벌어질까? 예를 들어 철새들은 번식 등의 연례행사를 다른 종의 활동 시기와 겹치지 않게 조절하는 방식으로 먹이와 서식지 경쟁을 줄인다. 그런데 유럽에서는 알락딱새가 열대 지역에서 겨울을 보낸 뒤 번식을 위해 이동해오는 시기가 예전보다 앞당겨진 탓에 텃새인 박새와의 경쟁에서 밀려나고 있다. 북극에 가까운 스칸디나비아 산지에서는 겨울 기온이 올라가면서 자작나무 숲이 더 높은 산지로 이동하고 있다. 수목한계선이 고산지대로 이동하는 것은 분명히 기온 상승의 영향이 크지만, 초식성 포유류(예를 들어 선주민인 사미족이 키우는 순록)의 먹이활동 변화 역시 큰 영향을 미칠 것이다.

이처럼 복잡한 상호작용 때문에, 우리는 급격한 기후변화가 일으키는 충격을 온전히 이해하기 어렵다. 온대, 아한대, 북극 기후에서는 겨울철의 극단적인 온도 상승 때문에 만들어진 가짜 봄이 따뜻한 기온에 신호를 받고 활동을 개시하는 식물과 꽃가루 매개자에게 치명타를 입힐 수 있다. 서리는 나무의 움틔우기 활동에 중요한 영향을 미칠 수 있고, 따라서 봄이 예년보다 일찍 온다고 해서 새잎이 더 일찍 나오는 것은 아니다. 동면하던 동물이 날이 따뜻해진 탓에 너무 일찍 깨어나면 눈과 얼음이 채 걷히지 않은 환경에서 먹이와 물을 구하는 데 어려움을 겪는다. 곤충은 서식지 환경 조건이 보내는 신호에 반응해 특정한 계절에만 번성한다. 그런데 제비와 같은 철새들은 오랜 기간에 걸친 자연선택의 결과에서 비롯한 이주 신호에 충실하게 반응하기 때문에 먹잇감이 풍성한 시기가 지난 뒤에야 이주지에 도착하는 곤경에 처할 수도 있다. 이런 생물계절학적 엇갈림은 꽃가루 매개자에 의존하는 농업 시스템을 곤경에 빠뜨리고, 인간이 일으킨 변화 때문에 이미 시련을 겪고 있는 수많은 종의 생존을 더욱 위태롭게 만들 수 있다.

기후변화와 환경 변화가 너무나 빠르게 진행되고 있기 때문에 생물종과 생태계의 회복력을 예측하는 데도 어려움이 있다. 많은 생물종이 활동 영역을 옮겨가고 있을 뿐 아니라 생물군계 전체가 이동하고 있다. 그러나 툰드라나 북극 생물군계는 더 북쪽으로 이동할 수 없다. 우리는 미지의 영역으로 빠른 속도로 빨려들고 있다. 종의 활동 영역 변경과 생물계절학적 변화는 지역 생태계를 변화시킬 것이다. 지구적 차원에서 이 변화는 탄소 순환 및 양분 순환을 변화시키는 되먹임을 일으킬 수 있고, 이는 다시 기후 시스템에 영향을 미쳐 온난화를 촉진하고 지구 생명체의 서식 조건을 더욱 악화시킬 수 있다.

종의 지리적 활동 범위와
계절에 따른 생물학적 변화,
이 두 가지는
기후변화의 영향을 크게 받는
아주 민감한 지표다.

2.22
토양

제니퍼 L. 쑹

전 세계 토양은 3조 톤이 넘는 탄소를 품고 있다. 대기의 탄소와 전 세계 식물이 품은 탄소를 모두 합친 양의 네 배가량 된다. 이 거대한 지하 탄소 저장고는 지구 탄소 순환을 조절하고, 식량 생산과 생물다양성 유지, 가뭄 및 홍수에 대한 회복탄력성, 생태계 기능 등의 혜택을 우리에게 제공한다. 이 중요한 탄소 저장고는 대기 중 이산화탄소의 충실한 순흡수원으로서 인류가 배출한 이산화탄소의 영향을 줄이는 기능을 하는데, 기후변화 탓에 토양의 이런 잠재력이 위협받고 있다.

지금 토양에 저장된 탄소는 대부분 대기에서 온 것이다. 식물이 토양 속 영양분을 빨아들이고 대기 중 이산화탄소를 흡수해 광합성을 통해 조직을 만드는 과정에서 토양 유기탄소가 생성된다. 식물이 자라는 과정에서, 또 죽은 후에 식물 조직은 박테리아와 곰팡이 등 탄소와 영양분을 먹고 재활용하는 토양 미생물에 의해 분해된다. 영양분은 분해 과정에서 토양으로 다시 방출된 후 더 많은 식물의 성장을 돕고, 탄소는 대부분 미생물에 의해 완전히 분해된 뒤 호흡을 통해 이산화탄소 상태로 배출되어 대기로 들어간다. 그러나 모든 토양 탄소가 똑같은 경로를 밟는 것은 아니다. 그중 일부는 지하의 끈적끈적한 광물 표면에 갇히거나 분해되지 않고 토양 입단粒團이라고 하는 덩어리에 갇힌 채로 땅속에 머무른다. 식물이 분해될 때 토양 안에 집어넣은 탄소 중 일부는 이렇게 광물 표면이나 토양 입단의 보호를 받거나, 아주 깊은 지하에 묻혀 수십 년 또는 수백 수천 년 동안 땅속에 격리된 상태로 남게 된다.

수많은 세월이 흘러, 식물이 분해되는 과정에서 토양 밖으로 빠져나간 탄소의 양보다 훨씬 많은 탄소가 토양에 쌓이게 되었다. 이렇게 만들어진 거대한 토양 탄소 저장고는 지구 온실가스 균형을 유지하는 중요한 역할을 한다. 지표면에서는 식물이 탄소를 빨아들이는 과정과 식물 및 토양 미생물이 약간의 탄소를 지하에 저장해둔 뒤 나머지 탄소를 내뿜는 호흡 과정이 반복된다. 이런 호흡 과정을 통해 이제껏 인간이 배출해온 것보다 열 배나 많은 이산화탄소가 대기와 육지 사이에서 자연적으로 순환한다. 대기와 육지 사이의 자연적인 탄소 순환은 지구 기후를 조절하는 중요한 요소다. 토양 탄소의 작은 변화만으로도 기후에 큰 충격을 주어 지구 탄소 순환의 균형을 깨뜨릴 수 있다.

온도가 상승하면 미생물이 활발히 활동하는 탓에 토양은 대기 중으로 더 많은 이산화탄소를 배출한다. 토양에서 배출되는 탄소의 양이 늘어나면 자연적인 탄소 순환에 영향을 주어 양의 되먹임이 일어날 수 있다. 즉 온난화 때문에 토양의 이산화탄소 배출이 늘어나고, 이 때문에 지구 온난화가 증폭되고 토양의 이산화탄소 배출이 더욱더 늘어난다. 이런 양의 되먹임은 온난화가 가장 빠른 속도로 진행되고 있는 북극 지역 생태계에 특히 큰 타격을 입힐 수 있다. 이 지역은 추운 기후 조건 때문에 토양 탄소의 거대한 저장고(영구동토)가 영구 동결된 상태로 존재하는 곳이다. 영구동토는 일반적으로 온도가 아주 낮아 토양 내에서 분해가 진행되지 않지만, 기온 상승으로 해빙이 진행됨에 따라 미생물의 분해와 대기로의 탄소 배출이 쉽게 일어날 수 있는 조건이 형성되고 있다.

토양 탄소와 온난화가 티핑 포인트를 자극해 과도한 온난화를 향해 치닫는 양의 되먹임 고리에 시동을 걸지 않게 하려면, 우리는 당장 행동에 돌입해야 한다. 무엇보다 온실가스 배출을 즉시 줄여야 하는데 그것도 엄청나게 많이 줄여야 한다. 동시에 토양 깊은 곳까지 뿌리를 내리는 식물과 나무를 더 많이 심고, 기르고, 보호해야 한다. 또한 자연 생태계를 보전하고 지속가능한 농업 방식을 택해야 한다. 토양 탄소 저장고를 늘리고 대기 중 이산화탄소를 줄이기 위해 전력을 다해야 한다. 우리 세계의 운명은 여기에 달려 있다. /

토양 탄소의 작은 변화만으로도
기후에 큰 충격을 주어
지구 탄소 순환의 균형을 깨뜨릴 수 있다.

2.23

영구동토

외르얀 구스타프손

수십 년 내에 육지 또는 바다에서 대기로의 대규모 탄소 순이동을 일으켜 기후위기를 가속화할 수 있는 자연적인 과정은 손에 꼽을 정도로 적다. 그중 최악의 후보로 꼽히는 것이 북극에서 진행되는 영구동토 해빙과 해저 메탄수화물 붕괴다.

영구동토는 토양과 퇴적물, 오래된 이탄, 암석, 얼음, 유기물질이 섞여 1년 내내 얼어 있는 곳인데, 이런 곳은 육지에도 있고 해저에도 있다. 북극권의 거대한 지표면 상부 수 미터를 이루고 있는 영구동토에 전 세계 토양 탄소의 절반이 묻혀 있다. 이는 대기 중에 이산화탄소 상태로 있는 탄소의 약 두 배, 메탄의 200배에 이르는 양이다. 러시아연방의 광대한 영토 중 무려 60퍼센트가 영구동토다. 얼마 전까지만 해도 영구동토는 비활성 상태로 고립된 채 '잠자고 있는' 탄소 저장고, 즉 지구 탄소 순환에서 다른 탄소 저장고와 탄소 교환을 하지 않는 곳으로 여겨졌다. 하지만 북극 온도가 지구 평균 온도보다 두세 배 빠른 속도로 상승하면서 영구동토의 탄소 저장고가 동면에서 깨어나 활동을 시작하고 있다.

메탄수화물(또는 클래스레이트 화합물)은 여러 지질시대를 거쳐 해저 또는 지하 깊은 곳의 저온 고압 조건에서 형성된 결빙 상태의 메탄이다. 메탄수화물 층은 북극 해저의 두꺼운 퇴적층에서 수백만 년에 걸쳐 생성되었는데, 대개 해저면 아래 300~400미터 이상의 깊이에 분포한다. 일부 메탄수화물은 유라시아 극지권의 얕은 바다 밑에도 있다. 메탄수화물 층이 형성되려면 몹시 추운 조건이 필요했을 것이다. 메탄수화물 층은 처음에는 빙하기에 얼어붙은 시베리아 북동부 툰드라에서 형성되었다가 빙하 용융에 따른 해수면 상승으로 물속에 잠기면서 오늘날의 광대한 동시베리아해 해저에 위치하게 되었다. 접근하기가 어려워 연구가 거의 되지 않은 이 메탄수화물 층은 독일, 폴란드, 영국, 프랑스, 스페인을 합친 크기로, 전 세계 해저 영구동토의 약 80퍼센트를 차지하며, 지구상에 있는 천해(얕은 바다) 메탄수화물의 약 75퍼센트가 이곳에 있는 것으로 추정된다.

북극권 육지와 해저에 걸쳐 있는 오래된 탄소와 메탄의 이 방대한 저장고는 '잠자는 거인'이다. 최근 들어 이 거인이 깨어나고 있다는 조짐이 점점 뚜렷해지고 있다. 20년 전부터 유라시아 대륙 북단과 북극권의 절반, 그리고 세계 각지 해양의 얕은 연안해에서 탐사 연구가 진행되어왔는데, 수만 년 동안 저장되어 있던 탄소가 영구동토가 녹으면서 방출되고, 얕은 해저에서 메탄이 기체가 되어 거품처럼 올라오는 모습을 수백 곳에서 관측하고 있다. 이 메탄은 녹고 있는 해저 영구동토와 분해되는 메탄수화물에서 나온 것으로 추정된다.

유라시아와 북아메리카 북극 지역의 일부 영구동토는 매년 해빙되었다가 다시 얼기를 되풀이한다. 그러나 기온이 상승하면서 영구동토가 더 깊은 곳까지 녹아내리고 영구동토 지역이 북쪽으로 이동하고 있다. 과학자들은 지구 온도 상승이 1.5도 이하로 억제되더라도 21세기 말까지 영구동토 지역의 3분의 1에서 2분의 1가량이 사라질 것이라고 예상한다. 또한 기온이 더 오르고 강수가 더 늘어남에 따라 영구동토 지표의 붕괴와 심층 유기탄소 퇴적물의 분해가 더욱 빠르게 진행될 수 있다.

시베리아 북쪽 끝 해안 수천 킬로미터에는 마지막 빙하기에 생성되어 상대적으로 얼음 비율이 높은 영구동토 퇴적물('예도마yedoma' 즉 얼음 복합 퇴적물)이 분포해 있다. 이 퇴적물은 온난화와 해수면 상승, 폭풍에 의한 침식의 가속화 때문에 붕괴할 위험이 특히 높다.

북극권은 아니지만, '제3의 극'이라고도 알려진 히말라야-티베트고원의 영구동토 역시 위험하다. 이 영구동토는 북극권 육지 영구동토의 약 10분의 1 규모다. 과학자들은 티베트고원 영구동토가 특히 가파른 지형이며 낮은 위도에 있고 인구 밀집 지역과 근접해 있어 방목, 건설, 온난화의 원인인 블랙카본 에어로졸(예: 검댕)의 배출 등 인간 활동의 직접적인 영향을 받는 탓에 붕괴 위험이 커질 수 있다고 추정한다. 최근 수십 년 사이에 북극권의 영구동토 붕괴는 두 배로 늘었는데, 티베트고원에서는 영구동토 붕괴와 이와 관련된 온실가스 배출이 열 배나 빠른 속도로 늘고 있다고 과학자들은 보고한다.

북극의 메탄 및 이산화탄소 방출 연구는 대부분 내륙 영구동토를 대상으

북반구의 내륙 및 해저 영구동토, 2020

북극권

우트키아비크   체르스키   야쿠츠크

톡토약툭   틱시

이칼루이트

쿠주아크   살레하르트

나인   누크

트롬쇠

2020년 빙하와 그린란드 빙상

해저 영구동토 두께(미터)
- 0~100
- 100~300
- 300~500   육지 영구동토
- 500~700   산발적 영구동토(해당 지역의 10~15퍼센트)
- 700~900   불연속 영구동토(해당 지역의 50~90퍼센트)
- >900   연속 영구동토(해당 지역의 90퍼센트 이상)

그림 1

로 진행되어왔지만, 요즘에는 해저 영구동토와 메탄수화물에 대한 관심이 높아지고 있다. 해저 영구동토는 내륙 영구동토보다 붕괴할 위험이 훨씬 더 크다. 둘의 기원은 같지만, 해저 영구동토 지역은 빙하기 말기에 해수면 상승으로 물에 잠긴 뒤 지난 1만 년간 자연적 기후변화에 따른 온도 상승과 그 지역을 덮고 있는 바닷물의 영향으로 10도가량 온도가 상승했다. 인간 활동에 의한 온난화는 이 해저 영구동토의 해빙을 더욱 가속화할 수 있다.

　유라시아 북극 지역의 대륙 사면 상부 약 300~400미터 깊이에 있는 방대한 면적의 메탄수화물 역시 위태롭다. 북극에서는 대서양의 따뜻한 바닷물이 점점 더 많이 밀려드는 대서양화가 진행되고 있는데, 이 따뜻한 바닷물이 흘러드는 바로 그 깊이에 메탄수화물이 있다는 점이 문제다. 지난 10년간의 관찰 결과에 따르면, 드넓게 펼쳐진 얕은 동시베리아해에서는 메탄 농도가 북극해의 일반적인 농도보다 열 배에서 백 배가량 높게 나타나고, 수백 곳에서 메탄 거품 기둥이 솟구쳐 오르는 것이 관측되었다. 이 지역의 해저 영구동토 시스템의 붕괴가 진행되면서 세계 다른 모든 해저 영구동토에서 방출되는 양보다 더 많은 메탄이 뿜어져 나오고 있다. 이 정도의 메탄 배출량은 아직은 자연적, 인위적 메탄 배출 총량의 몇 퍼센트에 지나지 않는다. 그러나 거대한 해저 저장고인 영구동토와 메탄수화물에서 메탄 방출이 진행되고 있다는 것만큼은 분명한 사실이다.

잠자는 거인이 깨어나고 있는데도, 우리는 탄소예산에 이 점을 반영하지 않고 있다. 지금 우리가 약속한 기후 목표(지금으로선 도달할 가능성이 거의 없는)를 지킨다고 가정해도, 21세기 말 무렵에는 북극권 내륙 영구동토의 해동 과정에서 유럽연합 내 모든 국가가 배출하는 양에 맞먹는 메탄과 이산화탄소가 배출될 것이라고 과학자들은 추정한다. 해저 영구동토와 메탄수화물의 용융 문제는 논외로 하더라도, 내륙 영구동토에서 이처럼 막대한 양의 온실가스가 배출된다면 온난화를 1.5도 또는 2도 이하로 억제한다는 목표가 달성될 가능성은 크게 줄어든다.

우리는 당장 북극의 탄소 저장고에서 화석연료를 뽑아내는 것을 멈추고, 더 나아가 블랙카본 에어로졸 등의 단기 체류 오염물질을 배출해 대기를 더럽히는 일을 중단해야 한다. 블랙카본 에어로졸은 대기 온도를 상승시킬 뿐 아니라 육지 표면의 눈과 얼음 위에 내려앉아 얼음-알베도 되먹임을 강화하는 등의 문제를 낳는다. 블랙카본 배출 저감은 북극의 유전과 가스전에서의 가스 플레어링*을 최소화하고, 스칸디나비아, 러시아, 캐나다 등 북방림 지역의 난방용 목재 연료 연소를 규제하면 쉽게 달성할 수 있다. 이런 저감 조치들을 즉시 시행해 인위적 온실가스 배출을 줄이는 것이 시급한 과제다. 북극의 영구동토와 메탄수화물이라는 잠자는 거인이 깨어나는 걸 알았으니, 이제 우리가 할 일은 국제사회가 깨어나게 하는 것이다.

---

* 원유 추출 과정에서 새어 나오는 가스를 경제적, 안전상의 이유로 태워버리는 일. 가스를 그대로 방출하면 메탄이 배출되고, 연소시키면 이산화탄소가 만들어진다.

1.5도, 2도, 4도가 오르면
어떤 일이?

탬진 에드워즈

이제야 우리는 알아채기 시작했다. 지구 온도가 1도 넘게 올라갔고 폭염 기록이 계속 경신되고 있다. 홍수로 방재선진국들조차 극심한 피해를 입고 맹렬한 산불이 숲과 마을, 극지의 동토까지 태우고 있다.

기후가 변했다. 이건 그저 우리의 상상이 아니고 언론의 과장 보도가 아니다. 인간이 기후에 영향을 미치기 전까지는 10년에 한 번꼴로 발생하던 극심한 폭염의 발생 확률이 세 배나 높아졌다. 극심한 폭우의 발생 확률도 1.3배 높아졌고, 강우량이 줄고 땅이 건조해지는 가뭄 발생 확률도 1.7배 높아졌다. 과학자들은 이제 역사에 남을 최악의 기상 사건들에서 인간의 지문을 찾아내고 있다. 인간의 영향 탓에 극한 기상 사건이 발생할 확률이 세 배, 열 배, 백 배 높아지고, 심지어 인간의 영향이 없었다면 절대로 일어날 수 없었던 극한 기상 사건까지 발생하고 있다.

파리 협정이 제시한 최소 목표와 최대 목표인 1.5도 또는 2도 온난화가 되면 우리 세계는 얼마나 달라질까?(그림 1) 만일 우리가 국제적으로 합의한 이 약속을 무시하고 지금과 같은 속도로 온실가스를 계속 늘려가서 21세기 말에는 지금보다 배출량이 두 배가 되고 기온이 무려 4도나 오른다면 세상은 어떻게 변할까? 기온이 3~4도 오르는 것쯤은 대단한 일이 아니라고 생각할 수 있다. 하지만 산업화 이전보다 2.5도 이상 높은 기온이 장기간 지속되었던 마지막 시기는 300만 년 전이었다. 우리 조상들이 돌도끼를 만들어 쓰기 시작했을 때쯤이다.

0.5도 상승만으로도 지구가 겪는 변화의 폭은 더 커질 것이다. 육지와 극지방에서는 온난화가 더 빠르게 진행될 것이다. 지구의 물 순환이 증폭되어 이미 강수량이 많은 지역에는 더 많은 폭우가 내리고 이미 건조한 지역에는 더

어떤 미래를 선택할 것인가?

1.5°C　　　　2°C　　　　4°C

온도

강우

그림 1

인간의 영향이 미치기 전에 10년에 한 번씩이던 극한 기상 현상의 발생 확률은 다음과 같이 증가한다.

	1.5°C	2°C	4°C
폭염	4배 증가	6배 증가	9배 증가
폭우	1.5배 증가	1.7배 증가	3배 증가
가뭄	2배 증가	2배 증가	4배 증가

그림 2

많은 가뭄이 찾아올 것이다. 몬순도 달라질 것이다.

여러 종류의 극한 기상이 점점 강도를 더해갈 것이다(그림 2). 1.5도 온난화가 되면, 이전에는 10년에 한 번꼴이던 폭염의 발생 확률이 네 배 높아져 21세기 중반 무렵에 치명적인 폭염에 노출되는 사람이 수억 명 더 늘어날 것이다. 2도 온난화가 되면 10년 빈도 폭염의 발생 확률이 여섯 배가량 높아지고, 4도 온난화가 되면 예전에 우리가 극한이라고 생각했던 폭염이 해마다 거의 거르지 않고 발생할 것이다. 폭우와 가뭄도 더 잦아지고 더 극심해질 것이다.

우주에서 보는 지구의 모습은 시간이 지날수록 달라질 것이다. 1.5도 온난화에 도달하면 2050년 무렵에 북극해 해빙이 여름에 최소한 한 번 이상 거의 녹아 검은 바다가 드러날 것이다. 한 번 해빙이 사라지면 다음 겨울에는 예전보다 더 얇아서 더 부서지기 쉬운 해빙이 생성될 것이다. 3~4도 온난화가 되면 북극해 해빙이 여름철 대부분의 기간 혹은 여름 내내 완전히 사라질 것이다.

하지만 4도가 우리가 예상할 수 있는 온도 상승 최고치가 아니다. 더 먼 미래까지 예측을 넓히면, 우리가 어떤 선택을 하느냐에 따라 가능한 미래 온도의 범위는 훨씬 더 넓어진다. 그림 3의 왼쪽 그래프에는 지난 2000년간 유지되었던 안정적인 기온과 2300년까지의 미래 온난화 시나리오가 표시되어 있다.

우리가 적극적인 대응을 한다면 가능한 미래의 범위 중에서 가장 아래쪽에 있는 1.5~2도 사이로 온도 상승을 억제할 수 있을 것이다. 물론 이 범위를 넘지 않도록 온도 상승을 억제하더라도 많은 빙하(또는 대부분의 빙하)가 사라지고 해수 온도가 오르고 빙상이 줄어들 것이다. 그러나 2300년 무렵에 일어날 해수면 상승(그림 3에서 오른쪽 그래프의 파란색 막대)은 어느 정도 억제될 것이다. 다행히 0.5미터 상승에 그칠 수도 있지만, 최악의 경우에는 무려 3미터나 상승해서 전 세계 해안선이 완전히 바뀔 수도 있다.

만일 우리가 앞으로도 수십 년 수백 년 동안 지구 대기에 점점 더 많은 온실가스를 배출한다면, 2300년 무렵에 지구는 지금과는 완전히 딴판인 행성, 무려 10도나 뜨거워진 행성이 될 것이다. 지구 어디에도 빙하는 남아 있지 않을 것이며, 남극 빙상이 안정을 잃을 위험이 점점 커질 것이다. 남극 빙상이 안정을 잃으면 수 세기에 걸쳐서 급격한 해수면 상승이 일어나서, 그림 3의 오른쪽 그래프에서 붉은색 막대로 표시된 최대 7미터까지 상승할 수 있다. 혹여 남

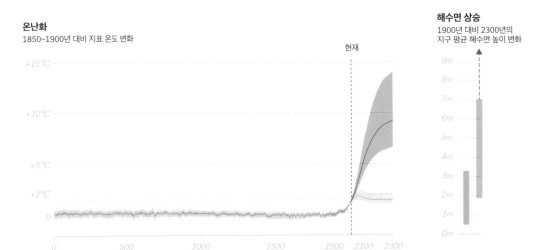

온난화
1850~1900년 대비 지표 온도 변화

해수면 상승
1900년 대비 2300년의
지구 평균 해수면 높이 변화

현재

그림 3:
지난 2000년간 지구의 온도 변화와 2300년까지의 미래 온난화 시나리오. 하늘색 점선은 1.5도를 나타낸다. 오른쪽 그래프는 동일한 시나리오에서의 2300년 해수면 상승 높이를 나타낸다.

극 대륙이 기후변화에 민감하게 반응한다면 해수면은 이보다 훨씬 더 높아질 수 있다.

우리가 온실가스 배출을 즉시 중단한다면 어떻게 될까? 그렇다고 해도 우리가 이미 배출한 온실가스가 지구의 일부 구성요소에 미치는 영향은 계속 이어질 것이다. 세계 전역의 빙하는 앞으로도 수십 년 또는 수백 년 동안 꾸준히 줄어들 것이고, 해수 온도도 꾸준히 상승할 것이다. 다시 말해 지금 우리가 무슨 수를 쓰더라도 해수면 상승이 계속되고 침수되는 해안지대가 점점 늘어나는 것을 막을 수는 없다.

아주 먼 미래에 우리가 대기에 쌓인 과도한 이산화탄소를 제거해 기온을 이전 수준으로 되돌릴 수 있게 된다면, 기후변화로 빚어진 변화 중 일부를 원상으로 되돌릴 수 있을지도 모른다. 날씨가 다시 정상을 되찾고 북극에는 여름이 와도 녹지 않고 버티는 해빙海氷이 다시 돌아올지도 모른다. 아주 오랜 세월이 지나면 산악 빙하가 다시 불어날지도 모른다. 그러나 지구에서 이미 일어난 변화 중에는 인간에게 의미 있는 시간 척도 내에서는 원점으로 되돌리는 게 아예 불가능한 변화도 많이 있다. 바다 온도 상승과 빙상 축소, 해수면 상승은 수백, 수천 년 뒤까지 이어질 것이다.

그렇다면 우리가 해야 할 일은 무엇일까? 간단하다. IPCC는 "온실가스 배

다음 페이지:
러시아연방 추코트 카자치구 콜류친섬에서 북극곰들이 버려진 기상관측소에 살고 있다.

출량을 즉각적이고 신속하게 대규모로 감축하지 못하는 한, 온난화를 2도 이하로, 되도록 1.5도에 가깝게 억제하는 것은 불가능하다"라고 말했다.

그렇다면 우리는 지금 어떻게 행동하고 있을까? 세계가 화석연료 연소를 계속 늘려간다면 지구 온도는 2100년 무렵에 4~5도까지 상승할 것이다. 다행히 우리는 그런 미래가 찾아올 가능성을 크게 낮출 몇 가지 정책을 시행하고 있다. 우리의 기술과 생활양식에서도 유익한 변화가 일어나고 있다. 이 정책들이 성공적으로 시행된다면, 21세기에 지구 온도 상승이 3도를 넘지 않을 것으로 전망되고 있다.

우리는 앞으로의 행로에 대해서도 약속을 내놓았다. 파리 협정에 따라 국가별 2030년 온실가스 감축 목표를 정했고 온실가스 배출을 완전히 중단할 시점에 대한 계획을 밝혔다. 이 약속이 지켜진다면 온도 상승은 2도를 약간 넘거나, 어쩌면 2도를 넘지 않을 것이다. 적극적인 정책이나 약속이 새로 추가될 때마다 가능한 미래의 예상 온도는 점점 낮아진다.

우리가 새로운 정책을 하나씩 추가할 때마다, 이산화탄소 배출을 1톤씩 줄일 때마다, 향후 지구 온도 상승 폭은 우리 목표인 1.5~2도에 점점 가까워질 것이다. 앞서 말했듯이, 온난화를 1.5~2도 이하로 억제한다고 해도 심각한 충격은 여전히 발생할 것이고, 2도 온난화를 피하기는 거의 불가능에 가까울 것이다. 그러나 기후변화는 달성할 수 없으면 아예 포기해야 하는 문제가 아니다. 기후변화는 더 나은 세계를 만들기 위해 우리 모두가 꾸준히 대응해나갈 때 줄여나갈 수 있는 문제다. 미래는 우리가 상상했던 것보다는 더 좋아질 수 있지만, 그렇다고 대단히 낙관적인 상황이 아니다. 앞으로 어떤 일이 일어날지는 우리 손에 달렸다.

미래 세대는 우리가 어떻게 행동했는지 알게 될 것이다.

제3부 /

기후변화는 어떤 영향을 미치는가

우리는 점들을 연결하지 못하고 있다

세계가 열병을 앓고 있다

그레타 툰베리

세계가 열병을 앓고 있다. 열은 일반적으로 감염, 질병 또는 바이러스 등 더 근본적인 다른 요인에서 비롯하는 증상이다. 기후위기 역시 훨씬 더 근본적인 지속가능성 위기로 인해 빚어진 증상 또는 결과다. 다시 말해 문제의 근본 원인은 평균 기온 상승이 아니다. 근본 원인은 우리가 다른 사람들을 착취하고 지구를 착취하면서, 자신의 몫보다 훨씬 더 많은 자원을 쓰며 살아온 데서 비롯한다. 아니 더 정확하게 말하면, 그런 식으로 살아가는 소수의 사람들 탓이다. 심각한 불평등이 세계를 가르고 있다. 소득 상위 10퍼센트에 속하는 사람들이 전 세계 온실가스 배출량의 절반을 뿜어낸다. 옥스팜과 스톡홀름 환경연구소의 2020년 보고서에 따르면, 최상위 1퍼센트의 부유층이 배출하는 이산화탄소의 양은 소득 하위 50퍼센트에 해당하는 모든 사람이 배출하는 양의 두 배 가까이 된다.

이 위기를 만들어낸 건 인류 전체가 아니다. 이 위기는 힘 있는 사람들이 만든 것이다. 게다가 이들은 자신이 얼마나 귀중한 가치를 짓밟고 있는지를 분명히 알면서도 상상하기 어려울 만큼 많은 돈을 벌고 자신에게 유리한 시스템을 유지하는 데만 심혈을 기울이고 있다. 이 위기를 불러온 핵심은 이들이 만든 사회경제적 구조다. 심각한 불평등을 낳고 생태계를 파탄으로 몰아넣는 사회경제적 구조다. 유한한 행성에서 무한한 성장을 이루려는 생각이다.

물이 든 주전자를 가열하면 100도에서 물이 끓는다는 것은 상식이다. 그러나 우리는 첫 번째 기포가 어디에서 올라오고 두 번째, 세 번째, 네 번째 기포가 어디에서 올라올지는 정확히 예측하지 못한다. 우리가 아는 것은 결국엔 물이 끓을 거라는 사실뿐이다. 이것은 몇몇 과학자들이 기후위기의 과정을 설명할 때 간혹 사용하는 비유다. 이 비유는 더 큰 범주인 지속가능성 위기에도

이전 페이지:
2020년 9월 캘리포니아 중부 크릭 화재 때 연기를 뿜고 있는 주유소의 모습. 이해에 캘리포니아주에서는 기록적인 규모의 산불이 발생해 주 전체 면적의 4퍼센트가 넘는 1만 7400제곱킬로미터가 불탔다.

적용할 수 있다.

현대 세계를 일시에 멈추게 할 첫 번째 재난이 과연 무엇일지 많은 사람이 궁금증을 품어왔다. 자원 문제와 관련된 충돌이나 에너지 위기, 혹은 금융 위기가 대표적인 후보로 꼽혔다. 그런데 느닷없이 나타난 전염병 팬데믹이 하룻밤 사이에 우리 삶을 완전히 바꿔놓았다.

이 책을 쓰고 있는 2022년 겨울을 기준으로 이야기하자면, 우리는 코로나19가 다른 동물(박쥐)로부터 인간에게 전파된 것이라고 단언할 수 없다. 아직 근거가 확실하지 않아 그렇게 추정할 뿐이다. 그러나 대부분의 전염병이 동물에서 기원한다는 것은 상식이다. 대부분의 전염병이 동물 매개 감염 질병이다. 실제로 새롭게 출현하는 전염병의 75퍼센트가 야생동물에서 기원한다. 자연 서식지는 보호막 역할을 하는데, 이 천연의 보호막을 지나치게 많이 제거하면 인간이 전염병에 노출될 가능성이 커진다. 코로나바이러스가 동물에서 인간으로 전파된 것인지 아닌지는 확실하지 않다. 어찌 되었든 자연을 파괴하는 인간의 활동은 (훨씬 더 치명적인 결과를 낳을 수 있는) 새로운 팬데믹이 탄생하기에 딱 좋은 완벽한 토대를 제공하고 있다. 2020년 2월 코로나19 팬데믹이 시작된 후로 과학계는 이런 입장을 분명히 밝히고 있다. 그러나 이 연관성을 이해하는 사람은 아주 드문 것 같다. 분명히 말하지만, 우리 앞에는 모든 중요한 사실이 제시되어 있었다. 세계보건기구 비상대책위원장이 2021년 2월에 연설한 내용을 인용한다.

우리는 전염병이 창궐하기에 딱 좋은 조건을 만들고 있다. 또 우리는 기후변화로 인한 압박 때문에 많은 사람들이 집을 떠나야 하는 상황을 만들어내고 있다. 우리는 그런 일을 수도 없이 하고 있다. 세계화라는 명분하에, 경제성장이라는 훌륭한 목표를 이루기 위해서라는 명분을 내세우면서 말이다. 그런데 내가 보기엔 그 일의 결실은 성장이 아니라 악성 종양이다. 공동체의 유지와 발전, 번영을 이루는 방법과 관련해서 지속가능하지 않은 관행들을 조장하고 있으니 말이다. 우리는 훗날 우리 문명이 결코 감당할 수 없는 수표를 발행하고 있다. 결국 그 수표는 돌아올 것이다. 그 대가를 우리 아이들이 치르게 될까봐 두렵다. 우리가 이곳에 없을 미래의 어느 날에 잠에서 깨어난 우리 아이들 앞에 치명률이 훨씬 높고 인류 문명을 파탄 낼 위력을 가진 전염병이 세계적으로 유행하는 세상이 펼쳐질지도 모른다. 우리는 지속가능한 세계를 만들어야 한다. 이윤이 공동체보다 우선시되지 않는 세계를 만들어야 한다. 이윤이 핵심 목표가 아닌 세계, 다른 모든 가치를 희생해서라도 경제성장을 이루어야 한다는 태도가 결코 용인되지 않는 세계를 만들어야 한다.

몇 년 뒤 혹은 수십 년 뒤에 이 책을 읽는 사람이라면, 이 말이 사람들 마음에 당연히 큰 자극을 주었을 것이라고 생각할지도 모른다. 라디오나 텔레비전 뉴스에서 다루어졌을 것이라고 상상할 수도 있다. 그러나 분명히 말해두지만, 이 말에 반응하는 사람은 아무도 없었다. 아나 마리아 비체도카브레라는 현재 우리의 보건 상황을 가리켜 "스스로 제 무덤을 파고 있다"라고 요약한다. 오늘날 온열 관련 사망의 37퍼센트가 기후변화에서 기인한 것이고 매년 1000만 명에 가까운 사람들이 대기 오염 때문에 사망한다. 지구가 계속해서 더워지는 탓에 21세기 말에는 말라리아와 뎅기열로 10억 명 이상이 위험에 처할 수 있다. 이 위기는 근시안적인 경제성장을 추구한 탓에 치러야 하는 대가이며, 탐욕과 이기심과 불평등이 모든 것의 안정과 균형을 흔들어대는 세계가 빚어낸 결과라는 게 가장 적절한 설명일 것이다. 다시 말해 수많은 점들을 연결해야만 이해할 수 있는 것이 바로 지속가능성 위기다.

3.2

건강과
기후

테워드로스 아드하놈 거브러여수스

우리의 화석연료 중독이 빚어낸 기후위기가 우리를 압박하고 있다. 기후위기는 우리 건강에 현실적인 영향을 미치고 있고, 때로는 파국적인 결과를 빚어낸다. 지금 그 영향이 우리 눈앞에서 본격적으로 펼쳐지고 있다.

기후변화는 모든 국가, 모든 사람에게 영향을 미치지만, 건강과 경제, 환경 문제로 이미 어려움을 겪고 있는 중저소득 국가의 사람들이 가장 큰 타격을 입고 있다. 물 부족이 심해지고 해수면이 상승하면서 매개체 전파 감염병과 대규모 기아 위기가 발생할 가능성이 나날이 높아진다.

기후변화는 그 자체로는 질병을 일으키지 않지만, 질병 확산 방식에 영향을 미치고 질병 예방 활동의 효과를 약화시킨다. 말라리아를 예로 들어보자. 온도, 강우량, 습도가 증가하면서 말라리아를 옮기는 모기가 대량 번식하고 예전에는 말라리아 발병 사례가 보고되지 않던 지역에까지 활동 범위를 넓혀가는 탓에 전파력이 커지고 있다. 세계보건기구에서 내놓은 한 연구의 보수적인 추정치에 따르면, 다양한 말라리아 확산 예방 조치의 영향을 감안하더라도 2030년에서 2050년 사이에 기후변화로 인해 말라리아 사망자 6만 명이 추가로 발생할 수 있다고 한다. 또 이 연구는 2030년에는 기후변화에서 기인한 말라리아 발병 건수가 전체 말라리아 발병 건수의 최소 5퍼센트(2100만 건)에 이를 것이라고 전망했다.

이것은 한 가지 예일 뿐이고, 그 외에도 수백 가지 '기후변화로 인한 건강 위험'이 있다. 이를테면 2100년 무렵에 3도 온난화에 도달하는 시나리오에서는 2014년 이후에 태어난 어린이(2022년 기준 8세 이하)는 1960년에 태어난 사람(2022년 기준 62세)보다 서른여섯 배나 높은 빈도로 폭염을 겪을 것이다. 2020년에는 지구 표면의 5분의 1 가까이(19퍼센트)에서 극심한 가뭄이 발생해 심각한 식량 및 물 부족이 나타났다. 이 밖에도 수많은 위험이 확인되고 있다.

사람들이 이런 위협에 얼마나 타격을 입는가는 대개 사회적 요인에 의해 좌우된다. 가장 심한 타격을 입는 사람은 사회적으로 가장 불리한 위치에 있는 사람, 이를테면 여성, 어린이, 소수인종, 빈곤층, 이민자 또는 실향민, 노인, 기저질환이 있는 사람이다.

기후변화로 인한 건강 위험이 악화되는 것을 제때에 막지 못하면 가장 불리한 위치에 있는 세계 전역의 사람들이 극심한 타격을 입게 된다. 가난한 사람들은 대개 보험 혜택을 받지 못하기 때문에 매년 건강과 관련한 충격과 곤경 속에서 빈곤으로 내몰리는 사람들이 약 1억 명에 이른다. 그런데 기후변화의 영향으로 이런 상황이 더욱 악화되고 있다. 이런 절박한 위기에 제대로 대처하려면 이 난제의 근원인 불평등 문제를 해결해야 한다.

그러나 장기적으로는 그 누구도 기후위기의 영향으로부터 완전히 자유로울 수 없다. 앞으로 우리에게 닥칠 위험의 규모와 발생 가능성은 온실가스 배출을 줄이고 위험한 임계 온도와 돌이킬 수 없는 티핑 포인트를 넘지 않기 위한 변혁적인 조치가 지금 당장 얼마나 강력하고 대대적으로 시행되느냐에 의해 결정될 것이다.

갈수록 많은 정부들이 점점 심해지는 기후 충격으로부터 국민을 보호하기 위한 신속한 조치의 필요성을 절감하고 있다. 세계보건기구가 실시한 최근 설문조사에서 회원국 중 4분의 3 이상이 국가 차원의 보건 및 기후변화 대응 계획 또는 전략을 개발했거나 현재 개발 중이라고 밝혔다.

그러나 중저소득 국가들은 대체로 이런 계획의 이행에 필요한 자원과 기술 지원을 확보하지 못한 상황이며, 3분의 1만이 국제사회의 지원을 받고 있다. 국제적인 연대와 역량 구축, 기술 및 비결 공유야말로 이런 장벽을 극복하는 열쇠다.

희망의 빛이 보이는 것은 기후위기의 진전을 막고 기후위기를 완화하기 위한 신속하고 야심찬 조치가 시행되면 건강 관련 혜택을 비롯한 많은 이득이 따라온다는 인식이 확산되고 있다는 점이다.

이를테면 온실가스 배출 감축 정책 중에는 배출량 감축에 기여하면서 동시에 대기 오염을 개선하고 유엔의 지속가능발전목표에 기여하는 것들이 많다. 일부 정책들(예: 걷기와 자전거 타기 장려책)은 신체 활동을 늘려 건강을 개선하고, 호흡기 질환, 심혈관 질환, 일부 암, 당뇨병, 비만 위험을 완화한다.

또 다른 예는 도시의 녹지 공간을 늘리는 정책이다. 이 정책은 기후위기 완화 및 적응에 기여할 뿐 아니라, 대기 오염에 대한 노출을 줄이고, 인근 지역의 기온을 낮추며, 스트레스 해소와 사회적 교류 및 신체 활동에 적합한 야외 활동 공간이 확대되는 등 건강과 관련된 여러 가지 혜택을 제공한다.

또한 영양학적으로 우수한 식물성 기반 식단으로 전환하면, 세계 온실가스 배출량을 크게 줄이고 식품 시스템의 회복탄력성을 키울 수 있을 뿐 아니라 2050년 무렵에는 식습관 요인 관련 사망자가 연간 510만 명까지 줄어들 것으로 전망된다.

대대적인 온실가스 배출 감축 조치 덕분에 발생하는 공중보건 관련 혜택은 그 조치에 소요되는 비용을 훨씬 능가할 것이다. 공중보건 관련 혜택은 변혁적 변화의 필요성을 뒷받침하는 강력한 근거일 뿐 아니라, 다양한 분야에서 효과를 나타낼 수 있다. 연구 결과에 따르면, 파리 협정 목표에 부합하는 기후정책은 대기 질과 식사의 질, 신체 활동의 개선 등 수많은 혜택을 통해 수백만 명의 생명을 구할 수 있다.

그런데도 여전히 기후정책 결정 과정에 이런 건강 관련 공편익co-benefit이 반영되지 않는 경우가 많다. 여러 가지 숫자를 조정하면서 먼 훗날을 겨냥하는 기후 목표를 정하다보면, 그 숫자와 목표에 눈길을 빼앗겨 당장의 과감한 조치가 수많은 사람들의 건강과 안전한 미래를 보장하는 길이라는 것을 간과하기 쉽다.

늦장은 엄청난 비용을 부른다. 지구 온도가 조금씩 오를 때마다 우리와 우리 아이들이 건강 때문에 치러야 할 비용이 점점 늘어난다. '1.5도는 생존이다'라는 말이 있다. 기후위기의 충격에 가장 취약한 국가들이 더 강력한 기후 행동을 요구할 때 자주 쓰는 구호인데, 이 말은 건강 문제와 관련해서도 딱 들어맞는다.

세계 전역의 보건 분야 지도자들이 기후변화로 인한 건강 위험을 경고하면서, 보건 분야에서 온실가스 배출을 줄이고 갈수록 심화되는 기후 영향으로부터 사람들을 보호하기 위한 조치를 실행하려고 힘쓰고 있다. 유엔기후변화협약 26차 당사국 총회를 몇 주 앞둔 2021년 10월, 세계 보건 전문가 3분의 2 이상이 서명한 공개서한이 각국 지도자들에게 전달되었다. 다음은 그 서한의 일부 내용이다. "우리 의료인들은 세계 전역의 병원과 의원, 공동체 등지에서 이미 기후변화로 인해 발생한 건강 피해에 대응해나가고 있다."

세계보건기구는 같은 시기에 발표한 '기후변화와 건강에 관한 특별 보고서'에서, 기후행동에 대한 세계 보건 전문가들의 제안을 자세히 설명하고 기후위기 대처와 생물다양성 회복, 건강 보호를 위해 정부 차원에서 우선 시행해야 할 정책들을 짚었다.

건강한 미래를 만들기 위한 이런 권고 사항들(코로나19 비상 상황으로부터의 정상 회복 과정은 건강 보호와 환경, 형평성을 고려하여 진행할 것, 기후와 건강을 보호하고 개선하는 데 기여하는 에너지 시스템을 만들 것, 건강에 유익하고 지속가능하며 회복탄력성이 높은 식품 시스템을 장려할 것 등)을 실행에 옮기는 것은 곧 더 건강하고 더 공정하고 더 회복탄력성이 있는 세계를 만들기 위한 투자다. 선진경제들의 입장에서는 이런 활동이 명실상부한 국제적 연대의 실천에 앞장서는 더없이 좋은 기회일 수 있다.

유엔기후변화협약 제26차 당사국 총회를 통해 우리는 이 목표에 한걸음 더 다가섰다. 이 총회에서는 국가별 온실가스 감축 목표의 상향 조정과 어려움에 처한 국가들을 위한 기후 대응 기금 확대, 그리고 각국 정부의 탈탄소화 및 보건 시스템의 회복탄력성 강화와 관련한 수십 가지 약속이 나왔다.

그러나 보건 문제를 해결하려면 에너지, 운송, 자연, 식품 시스템, 금융 등 다양한 부문에서의 조치가 필요하다. 안타깝게도 여전히 대부분의 부문이 반드시 필요한 변화를 이룰 준비가 전혀 되어 있지 않고, 해로운 화석연료 산업에는 여전히 1분에 1100만 달러씩 보조금이 지급되고 있다.

우리 자신의 건강과 아이들의 건강한 미래를 보호하기 위해서 우리가 가야 할 길은 결코 녹록하지 않다. 그러나 우리는 무엇을 해야 하는지 분명히 알고 있다. 건강을 위해서 신속한 기후행동이 필요하다는 사실에는 더 이상 의문의 여지가 없다. 이제는 실천이 필요한 때다. /

더위와
질병

아나 M. 비체도카브레라

폭염은 우리에게 닥친 중요한 환경적 위협 중 하나다. 2003년 유럽 폭염과 2010년 러시아 폭염 등 기록적인 폭염 사례들은 더위가 얼마나 치명적인 영향을 미칠 수 있는가를 엄청난 희생과 함께 충격적으로 보여주었다. 이 기간 동안 발생한 추가 사망자가 수천 명에 이르는 것으로 추정된다. 최근 전 세계 사망자의 1퍼센트가량이 더위와 관련한 사망자이며, 해마다 10만 명 중 약 일곱 명의 사망이 더위와 관련이 있다고 추정되는데, 이는 말라리아 사망률과 거의 비슷한 비율이다(그림 1).

더위 이야기를 할 때 빼놓을 수 없는 것이 기후변화와의 연관성이다. 인간이 일으킨 기후변화는 최근에 더위로 인해 사망한 세 명 중 한 명(즉 1991년부터 2018년 사이에 더위와 관련한 사망 건수 중 37퍼센트)의 죽음에 책임이 있다. 지구 온도가 0.5~1도 상승한 상태에서도 이처럼 높은 사망률이 나오는데, 수십 년 뒤 지구의 온도가 2도, 3도, 4도를 넘어서면 사망률이 훨씬 치솟을 것이다. 최근 여러 연구 가운데 가장 비관적인 시나리오(배출량이 줄지 않고 폭염에 대한 적응 조치도 시행되지 않는 경우)에 따르면, 21세기 말 무렵 유럽 남부, 동남아시아, 남아메리카 등지에서는 기후변화로 인한 더위 관련 사망자 수가 지금 수준의 열 배로 늘어날 것이라고 한다. 중요한 문제는 인구 고령화와 도시화 증가 등의 사회적 추세 때문에 더위 관련 사망률이 폭증할 것이라는 점이다. 현재 더위와 관련한 위험 상황은 대개 도시화된 지역(도시의 열섬 효과도 관련 요인 중 하나다)에서, 그리고 생리학적으로 더위에 특히 취약한 노인들 사이에서 가장 많이 관측되고 있다.

인간의 몸은 주위 기온이 높아져도 체온이 37도 내외의 안전한(또한 좁은) 범위를 벗어나지 않게 조절하는 다양한 시스템을 갖고 있다. 그러나 어떤 사람

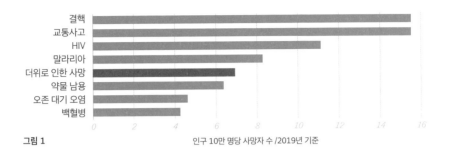

그림 1   인구 10만 명당 사망자 수 /2019년 기준

들의 경우엔 체온 조절 메커니즘이 제대로 작동하지 않을 수 있고, 극단적인 고온(대개 높은 습도를 동반하는 고온) 상황에서는 체온 조절 메커니즘이 효율적으로 기능하지 않을 수 있다.

인체에서 열을 내보내려면 주위 공기가 서늘해야 한다. 그런데 우리가 사는 환경에서는 기온이 인체의 체온보다 높아질 때가 종종 있다. 이럴 때 인체가 땀을 흘려 몸을 식히고 몸에서 열을 내보내려면 습도가 충분히 낮아야 한다. 그러나 대기의 상대 습도가 100퍼센트가 되면 땀이 효율적으로 증발하지 않아 피부에서 열을 내보낼 수 없다. 상대 습도 100퍼센트일 때의 온도를 습구온도라고 한다. 습구온도가 35도 부근만 찍어도 인체가 버틸 수 없고 그 온도에 도달하기 전에 이미 심각한 문제가 발생한다.

극단적인 고온에 노출되면 인체가 버틸 수 없고, 결국엔 여러 측면에서 건강에 해로운 결과를 빚어내는 일련의 메커니즘이 작동하기 시작한다. 그런데 일반적인 통념과 달리 열사병 때문에 사망하는 경우는 더위로 인한 사망의 극히 일부일 뿐이다. 더위는 심장마비 등 여러 가지 급성질환을 일으키는 원인이 되거나 만성 폐쇄성 질환 같은 기저질환을 악화시킬 수 있다. 더위가 인류의 건강에 미치는 수많은 충격에 비하면 더위로 인한 사망은 빙산의 일각일 뿐이다. 더위는 심혈관 또는 호흡기 질환, 조산 등으로 인한 입원 증가와도 관련이 있다.

더위는 전 세계 모든 사람에게 영향을 미치지만, 특히 노인, 임산부, 어린이, 기저질환이 있는 사람이 생리학적으로 취약한 것으로 알려져 있다. 충격의 강도도 지역과 나라에 따라 다르고, 한 나라 안에서도 도시마다 다르다. 이를테면 유럽에서는 북부 도시보다 지중해 지역이 더 큰 위험을 안고 있다. 더위가 특정 지역의 인구에 미치는 충격의 강도는 더위의 극심한 정도, 지역 인구 중 취약한 사람들의 비율, 사람들이 더위를 피하기 위해 보유한 자원에 따라 다르다. 최근의 연구에 따르면, 도시화가 크게 진전되고 불평등 문제가 심각한 지역의 사람들이 가장 큰 타격을 입는다고 한다.

최근 들어 더 높아진 여름철 기온과 극단적인 폭염이 일상이 되고 있다. 우선 시급한 것은 우리의 취약점을 어떻게 개선할 수 있을지, 어떻게 해야 더위에 효율적으로 적응할 수 있을지를 이해하는 일이다. 우리는 지난 수십 년 사이에 고온에 대비한 적응력을 어느 정도 키워오기는 했지만, 미래에 어떤 적응 수단이 가장 효과적일지는 여전히 불확실하다. 예를 들어 효과적인 더위 대비책으로 여겨지는 에어컨은 우리가 쓸 수 있는 유일한 해법이 아니다. 특히 에너지 비용과 불평등 문제를 감안할 때 기온이 훨씬 더 높아진 세계에서도 에어컨이 효율적일지는 입증된 바가 없다. 에어컨은 지구의 대다수 사람들에게 있어 현실적인 해법이 못 된다. 폭염 경보 체계 등의 공중보건 개입 방식은 유용한 도구로 확인된 바 있지만 이와 관련해서도 주의를 기울여야 한다. 지금 효과가 있는 도구라도 미래에는 기대했던 것만큼 효과를 내지 못할 수 있으니 말이다.

불평등 심화와 급속한 도시화, 천연자원 고갈은 기후변화와 밀접한 연관이 있으며 우리의 건강에 직간접적으로 영향을 미친다. 따라서 우리는 총체적이고 광범위하며 대규모 개입 방식을 구상해야 한다. 이것은 공중보건 체계의 심각한 결함이 드러난 첫 계기였던 코로나19 팬데믹 이후로 과학자들이 애써서 강조해온 중요한 사항 중 하나다.

전문가들은 이미 오래전부터 신종 전염병의 출현 위험을 경고해왔는데도, 코로나19의 갑작스러운 유행은 거의 모든 사람을 충격으로 몰아넣었고 정부와 공중보건 기구의 무방비 상태를 드러냈다. 기후변화와 관련해서도 마찬가지지만, 쏟아지는 잘못된 정보와 연구에 대한 불신, 지역 내 리더십 부재, 정책결정자와 과학계, 일반 대중 간의 소통 단절이 효과적인 위기관리를 가로막는 추가적인 부담으로 작용했다.

세계적인 보건 비상사태를 겪으면서 우리는 효과적이고 시기적절한 예방, 그리고 대비와 대응이야말로 향후 발생할 보건위기를 완화할 수 있는 핵심 요소라는 것을 깨달았다. 과거의 실수를 거울로 삼자. 우리에게는 다음 세대를 위해 더 회복탄력성이 있고 더 지속가능하며 더 공정한 세계를 건설할 시간이 아직 남아 있다. /

더위로 인한 사망은
빙산의 일각일 뿐이다.

3.4
대기
오염

드루 신델

기후변화와 대기 오염은 둘 다 눈에 보이지 않게 사람의 목숨을 앗아간다. 우리는 열대성 폭풍으로 피해자 몇 명이 발생했다는 보도를 자주 접하지만, 열사병으로 인해 해마다 수십만의 사망자가 발생한다는 사실은 잘 모른다. 심장 질환 및 호흡기 질환으로 매년 약 1000만 명이 사망한다는 사실도 잘 알려져 있지 않다. 고농도의 미세먼지와 오존(스모그를 생성하는 물질 중 하나)에 노출되면 이런 질병의 발생 위험이 높아진다. 기후변화를 일으키는 온실가스와 대기 오염을 일으키는 물질은 대개 같은 원천에서 나온다. 따라서 온실가스 배출 감축은 대부분의 사람들이 생각하는 것보다 훨씬 더 많은 혜택을 제공한다. 대기 오염과 기후변화가 저소득층과 취약계층에게 가장 극심한 피해를 안기고 있으므로 기후변화 완화를 통해 얻는 건강 관련 혜택은 더 공정하고 더 평등한 세계를 만드는 데도 기여한다.

대기 오염과 기후위기를 완화하기 위해 우리가 할 수 있는 가장 중요한 행동은 무언가 태우는 일을 멈추는 것이다. 에너지를 얻기 위한 화석연료 연소를 중단하는 것은 획기적이고 즉각적인 대기 질 개선 효과를 낼 수 있는 중요한 조치다. 전 세계 조기 사망자 중 화석연료에서 비롯한 대기 오염으로 인한 사망자가 약 20퍼센트에 이른다. 세계 각지의 아주 가난한 사람들은 일상적인 취사(때로는 난방)에 생물연료biofuel를 쓰는데, 이들에게 생물연료 대신에 현대적이며 효율이 높은 에너지를 이용할 기회를 제공하면 실외 대기 질과 실내 대기 질이 동시에 개선되어 상당히 큰 건강 관련 혜택을 얻을 수 있다. 실내 대기 오염은 매년 약 320만 명의 조기 사망자를 낳는데, 부엌에서 발생하는 연기를 자주 접하는 여성과 어린이의 사망 비율이 특히 높은 것으로 추정된다. 또한 작물을 수확하고 남은 작물 잔사 등의 농작물 폐기물을 태우지 않고 땅속

미국에서의 고배출 시나리오 대비 파리 협정 목표에 따른 배출량 감축의 편익-비용 비율

그림 1:
이 비율이 높을수록 온난화를 억제하는 데 드는 비용보다 온실가스 배출 감축에 따른 재정적 편익이 늘어난다. 점선은 범위, 실선은 평균을 나타낸다.

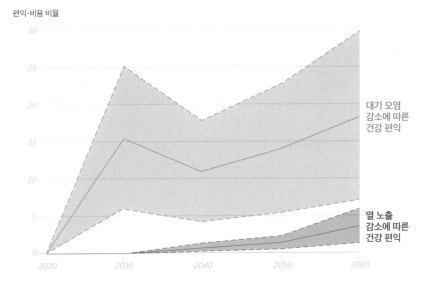

편익-비용 비율

대기 오염 감소에 따른 건강 편익

열 노출 감소에 따른 건강 편익

에 묻어 거름으로 쓰면 대기 오염이 줄어들고 필수 영양소가 토양으로 되돌아 간다. 이런 모든 행동은 장기적으로 기후변화를 완화하는 데 도움이 된다.

우리가 호흡하는 대기를 더 안전하고 깨끗하게 만들기 위해서는 그 밖에 도 여러 가지 중요한 행동을 실천해야 한다. 한 예로 매립지와 가축 분뇨에서 비롯하는 온실가스 배출을 줄여야 한다. 이를 통해 오존의 전구물질前驅物質인 메탄과 지역 환경을 더럽히는 유해한 오염물질을 줄일 수 있다. 또 우리는 가 축 기반 식품의 소비를 줄여야 한다. 우리가 식용으로 사육하는 엄청나게 많은 가축은 대량의 메탄을 배출하는 원천이며(소의 트림과 배설물에서 주로 발생한다), 인간 활동으로 인한 세계 메탄 배출량의 무려 30퍼센트가량이 여기서 나온다. 이것이 중요한 문제인 이유는 온실가스 배출로 인한 온난화 영향의 3분의 1가 량이 메탄 배출 때문이고, 오존으로 인한 연간 50여만 명의 조기 사망자 역시 메탄 배출에서 기인하기 때문이다.

특히 중요한 것은 대기 질 개선 혜택과 기후변화 완화 혜택은 상호보완 효과가 아주 크기 때문에 이 두 가지 혜택을 동시에 극대화하는 방향으로 정 책을 시행해야 한다는 점이다. 온실가스 배출량을 줄이면 그 효과가 대기 질에 즉각 반영되기 때문에 대기 질 개선의 혜택이 빠른 시일 안에 나타난다. 뉴델

186

리, 광저우, 카이로 등 평상시에 스모그 문제가 심각했던 도시들에서 코로나19 봉쇄 이후로 하늘이 맑아진 것이 대표적인 사례다. 반면에 기후 시스템은 온실가스 배출량 변화에 아주 느리게 반응하기 때문에 기후변화 완화 혜택이 나타나기까지는 오랜 시간이 걸린다. 그러나 기후변화 완화는 장기적으로 매우 중요한 혜택을 제공한다. 또한 이 두 가지 혜택에서 비롯하는 환경적 변화는 공간적 측면에서 상호보완적인 효과를 낳는다. 대기 오염은 대개 국가 수준 또는 지역 수준에서 발생하기 때문에, 배출량을 감축하는 나라는 대기 질 개선 혜택을 상당히 많이 받게 된다. 반면에 온실가스 감축은 전 세계의 협력이 전제되어야 하며, 전 세계가 그 혜택을 누릴 수 있는 국제적인 문제다. 대기 질 개선 혜택에 대한 관심이 커지면서 다른 나라가 먼저 앞장서야 한다거나 모든 나라가 합의하기 전까지는 어떤 나라도 행동을 개시해서는 안 된다는 주장이 설 자리를 잃고 있다. 이를테면 2021년에 발표된 한 연구는, 미국이 파리 협정 목표에 따른 온실가스 배출 감축 행동에 나선다면 행동 개시 후 10년 만에 사회적 전환에 투입한 비용을 크게 앞지르는 대기 질 개선 혜택을 누리게 될 것이라고 전망한다. 기후변화 완화와 관련해서도 행동에 투입된 비용을 뛰어넘는 혜택을 얻게 될 것이다. 그러나 기후변화 완화 혜택은 21세기 후반에 들어서야만, 그리고 다른 모든 나라가 파리 협정 목표 달성을 위한 노력을 기울일 때에만 실현될 수 있다(그림 1). 전 세계가 향후 50년 동안 온실가스 배출을 줄여 온난화를 2도 이하로 억제한다는 파리 협정 목표를 달성한다면 미국 한 나라에서의 혜택만 따져도 450만 명의 조기 사망과 140만 명의 의료시설 및 응급실 이용, 170만 명의 치매 발병이 줄어들 것이다. 미국 한 나라만 파리 협정에 따른 자국의 배출량 감축 목표를 달성하는 경우에도 미국에서는 앞서 말한 혜택의 60~65퍼센트가 실현된다.

따라서 미래에 닥칠 기후 재앙에 대해서 실감하지 못하는 사람들이 많다는 점을 고려해, 당장의 기후행동에 대한 투자가 미래의 기후 재앙을 예방하는 혜택뿐 아니라 가까운 시일 내에 주변 지역에서의 건강 관련 혜택을 가져올 수 있다는 점을 널리 알려야 한다. /

3.5
매개체 전파
감염병

펠리페 J. 콜론곤살레스

매개체 전파 감염병은 모기, 나방파리, 그 외 절지동물 등 다양한 유기체를 통해 인간 사이에 또는 동물에서 인간으로 전파되는 질병을 말한다. 매개체 전파 감염병은 전 세계에서 발생하는 모든 사망과 질병, 장애의 약 17퍼센트의 원인이며, 매년 70만 명 이상의 죽음을 초래한다. 인간을 괴롭히는 대표적인 매개체 전파 감염병은 말라리아, 뎅기열, 치쿤구니야열, 지카바이러스, 황열병, 일본뇌염, 림프사상충증, 주혈흡충증, 샤가스병, 리슈만편모충증이다.

세계 인구의 80퍼센트 이상이 하나 이상의 매개체 전파 감염병에 걸릴 위험이 있는 지역에 살고 있고, 세계 인구의 50퍼센트 이상이 두 가지 이상의 매개체 전파 감염병에 걸릴 위험이 있다. 이런 질병들은 만성 증상을 유발하고 각종 장애를 일으키며 환자에게 사회적 낙인도 찍는다. 이 때문에 가난 및 불평등과 깊은 연관성을 지니며 사회와 경제의 발전을 가로막는 중요한 요인이다.

기후변화는 다양한 경로를 통해 매개체 전파 감염병의 생태계와 전파에 영향을 미친다. 발병률의 잠재적인 증가를 예측하고 대응하기 위해서는 반드시 기후변화의 영향을 이해해야 한다. 전 세계적으로 기온이 상승하면서 매개체 전파 감염병은 예전에는 발병 사례가 나타나지 않았던 지역으로 점점 퍼져 나가고, 수십 년 전에 자취를 감췄던 지역에서 다시 등장하고 있다. 이를테면 아프리카와 남아메리카에서는 말라리아 전파에 유리한 기후 조건이 조성된 탓에 더 고도가 높은 지역으로까지 말라리아가 확산되고 있다. 예전에는 뎅기열이 전혀 발견되지 않던 이탈리아, 크로아티아, 아프가니스탄에서도 최근 뎅기열 발병 사례가 보고되고 있다.

매개체 전파 감염병의 전파 및 확산은 기후와 환경, 그리고 면역 수준 및

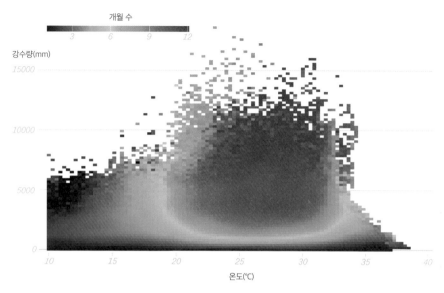

그림 1:
기후가 따뜻해지고 강수량이 증가하면 말라리아 전염 기간이 길어질 수 있고 때로는 연중 발병할 수도 있다.

이동성 등 인구 특성 간의 복잡한 상호작용과 관련이 있다. 기후변화로 인해서 매개체 전파 감염병의 출현(그리고 재출현)이 계속해서 이어질 것이라는 근거 있는 우려가 제기되고 있다. 기온 변화가 매개체 개체군의 크기와 사람을 공격하는 비율, 생존율, 수명 등 여러 변수에 영향을 미쳐 병원체의 전염성을 높일 수 있음이 실험실 연구와 실증적 모형 연구, 현장 연구를 통해 확인되었다.

일반적으로 매개체 전파 감염병은 온도가 높을수록 전파가 잘된다. 전파율은 25도 내외의 중간 온도에서 가장 높고, 너무 덥거나 너무 추우면 낮아진다. 매개체와 병원체의 종류에 따라 온도의 영향이 다르게 나타나는데, 기후변화로 인해 중간 온도(질병 확산에 이상적인 온도의 골디락스 존)가 나타나는 지역이 늘어나면서, 병원체와 매개체가 번성할 기회가 점점 많아지고 있다.

강수량 역시 중요한 요인이다. 물속에서 발달 단계를 거치는 모기 같은 곤충에겐 특히 결정적인 요인이다. 수생 단계를 거치지 않는 질병 매개종(진드기, 나방파리 등)도 습도 변화에 반응하므로 간접적으로 강수량의 영향을 받는다. 강수량이 증가하면 물웅덩이가 생기거나 커져서 매개 곤충이 번식하기에 좋은 환경이 조성된다. 또 가뭄이 들면 사람들이 물 부족에 대비해 물을 모아 저장하는 일이 늘어나므로 가뭄 역시 매개 곤충이 번식하기에 적합한 환경을

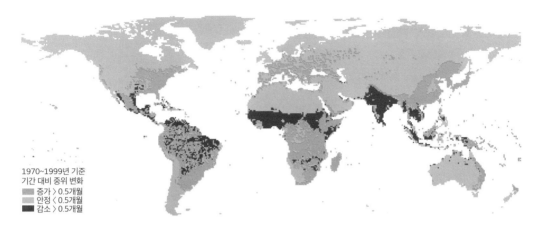

1970~1999년 기준
기간 대비 중위 변화
▨ 증가 > 0.5개월
▧ 안정 < 0.5개월
■ 감소 > 0.5개월

그림 2

조성할 수 있는 간접 요인이다.

말라리아와 뎅기열은 세계적으로 건강을 위협하는 중요한 질병으로 꼽히는데, 최근 들어 기후변화가 말라리아와 뎅기열에 미치는 영향에 초점을 맞춘 다양한 연구들이 진행되고 있다. 연구 결과에 따르면, 기후변화 때문에 이 두 질병의 전염 기간이 상당히 길어지고 1년 중 질병 전파에 적합한 조건이 조성되는 개월 수가 크게 늘어날 수 있다고 한다.

아프리카, 동부 지중해, 남아메리카의 고지대에서는 2080년 무렵에는 말라리아 전염 기간이 최대 1.6개월 더 길어질 수 있다. 이 지역은 지금 말라리아 전파율이 낮아 사람들이 면역학적으로 취약하고 새로운 질병 유입에 대처할 수 있을 만큼 공중보건 체계가 갖추어져 있지 않다. 해발 1500미터 미만에 위치한 서태평양 지역에서는 전염 기간이 최대 4개월까지 늘어날 수 있다.

온난화로 인해 바뀐 기후는 어떤 질병 매개체에게는 더 유리한 조건으로, 다른 매개체에게는 불리한 조건으로 작용할 것이다. 이를테면 아프리카에서는 지금까지 말라리아 주요 매개체였던 모기종이 밀려나고 사하라 이남 아프리카에 서식하는 열 적응력이 높은 모기종이 그 자리를 채울 수도 있다. 어쩌면 바뀐 기후가 말라리아의 전파율을 낮추는 대신에, 뎅기열, 치쿤구니야, 지카 등 기온이 더 높은 환경을 좋아하는 모기가 옮기는 다른 질병의 전파율을 높일 수도 있다.

기후변화의 영향은 매개체 전파 감염병의 발병 범위와 확산 속도에도 변화를 일으킬 수 있다. 말라리아와 뎅기열은 프랑스, 불가리아, 헝가리, 독일, 미국 동부 애틀랜타 남쪽에서 보스턴 북쪽에 이르는 해안 등 온대 지역으로까지 퍼질 수 있다(그림 2). 공중보건 시스템이 효과적으로 감염병을 파악하고 억제한다면 기후변화의 영향이 감염률 증가로 이어지지 않을 수 있다. 그러나 우리는 코로나19를 겪으면서 심지어 부유한 국가에서도 공중보건 체계가 얼마나 취약한지를 확인한 바 있다. 이처럼 감염병 발병 위험이 높은 지역에는 역학 감시와 추적 관찰, 조기경보 체계를 구축해 대비할 필요가 있다.

매개체 전파 감염병이 새로운 지역으로 진출하고 있기 때문에, 말라리아와 뎅기열의 위험에 노출되는 인구는 2070년 무렵에 1970년부터 1999년 사이에 같은 위험에 노출되었던 인구보다 무려 36억 명이 더 늘어날 수 있다. 온실가스 배출이 크게 줄면 이 숫자는 24억으로 감소할 수 있지만 배출이 큰 폭으로 늘면 무려 47억 명이 위험에 처할 것이다.

지구 온난화를 2도 이하로 억제하는 것은 우리에게 아주 중요한 문제다. 이를 이뤄내면 앞으로 매개체 전파 감염병 때문에 공동체와 경제가 겪게 될 고통을 크게 줄일 수 있다. 이 질병의 예방과 관련해서 상당한 진전이 이루어지고 있지만, 기후변화의 영향이 도시화와 이주, 해외여행 증가 등 감염 위험을 높이는 여러 요인과 결합하면서 이 질병을 예방하고 근절하려는 우리의 노력을 더욱 복잡하게 만들 것이다. /

말라리아와 뎅기열은
프랑스, 불가리아, 헝가리, 독일,
미국 동부 해안 등
온대 지역으로까지 퍼질 수 있다.

항생제
내성

존 브라운스틴, 데릭 맥패든, 세라 매고프, 마우리시오 산티야나

인체의 박테리아 감염을 효과적으로 치료할 수 있는 항생제의 발명은 지난 100년 사이에 인류가 이룬 위대한 의학적 성취 중 하나다. 항생제 사용은 수많은 생명을 구했고 현대 의학 치료에서 필수적인 방법이 되었다. 그러나 안타깝게도 항생제는 차츰 그 가치를 잃어가고 있는 것 같다. 항생제를 많이 사용할수록 항생제의 효과는 줄어든다. 항생제를 반복해서 사용하면 일반적으로 박테리아가 내성을 가지게 되기 때문이다. '적자생존' 원리의 전형적인 사례다. 자연선택이 항생제 내성을 가진 유전자와 박테리아(내성이 아주 강한 '슈퍼버그'도 그중 하나다)의 증식을 돕고 있는 것이다.

전 세계적으로 항생제 내성 박테리아에 의한 감염이 증가하고 있다. 이로 인해 매년 수만에서 수십만 명이 사망하고 수십억 달러의 경제적 손실이 발생하는 것으로 추정된다. 항생제 내성은 우리 시대의 공중보건상 매우 거대한 난관이며 그 위력은 점점 커지고 있다. 이 난관이 또 다른 거대한 공중보건상의 난관, 즉 인간 활동에 의한 기후변화와 정확히 어떻게 연관되어 있는가를 파악하는 것이 우리가 직면한 시급한 문제다.

최근 5년 사이에 박테리아성 병원균의 항생제 내성 증가와 주변 기온을 비롯한 기후와의 연관성을 입증하는 여러 가지 증거가 나타나고 있다. 여러 연구들이 인체 감염을 일으키는 박테리아의 내성 증가와 주변 기온 상승 사이에 상관관계가 있음을 밝히고 있다. 실제로 최근 수십 년 사이에 따뜻한 중위도 지역에서 강한 내성을 가진 박테리아 감염 사례가 나타나고 있다. 연구에 따르면, 감염을 일으키는 내성 박테리아 또는 그 유전자가 기원지로 추정되는 지역을 벗어나 전 세계로 퍼져 나가 대량 증식되고 있다. 정확히 어떤 경로로 확산되는지는 아직 확인되지 않았지만, 확산은 다양한 경로를 통해 일어날 수 있다. 대표적인 확산 경로는 인간이나 동물의 내장과 피부, 식품 또는 수로 등의 환경이다.

더 큰 난관은 항생제 내성 증가 속도 또한 기후와 관련이 있는 것으로 추정되며, 기온이 높은 곳일수록 내성 증가 속도가 더 빨라진다는 것이다. 기후 요인의 영향과 지역적 특성의 영향을 엄밀히 구분하기가 어렵긴 하지만, 점점 따뜻해지는 기후가 항생제 내성 증가에 중요한 역할을 한다는 것을 시사하는 증거가 갈수록 늘고 있다.

박테리아의 생명 주기와 인간 및 동물 활동 전반에 기온이 미치는 영향을 감안하면 이런 연구 결과는 일견 타당성이 있다. 박테리아의 생존과 성장 속도가 온도에 의해 크게 좌우된다는 것은 정설이므로, 인간과 동물에서의 박테리아 군집 형성과 박테리아 생존 기간이 주변 기온의 영향을 받을 가능성이 높다는 예측은 설득력이 있다. 인간의 세균총*에서 흔히 발견되는 박테리아에 의한 감염률이 계절에 따라 확연히 달라지며, 따뜻한 계절에는 피부와 요로, 혈류 감염이 증가한다는 것을 보여주는 연구 결과 역시 이 예측을 뒷받침한다. 기온은 박테리아 사이에 항생제 내성 유전자군이 전달되는 추세에도 영향을 미친다. 특히 우려되는 내성 유전자 중 하나인 NDM-1이 도시 거리의 물웅덩이와 뉴델리에서 채취한 음용수에서 발견되고 있다. NDM-1은 흔히 사용되는 매우 강력한 항생제 중 일부에 내성을 지니고 있다. NDM-1은 일반적으로 박테리아 사이를 이동할 수 있는 유전자군에 상주하는데, 뉴델리 음용수에 대한 위의 연구에서는 뉴델리의 낮 평균 기온에 해당하는 온도에서 이런 이동이 가장 빈번히 발생한다는 사실이 확인되었다. 따뜻한 기온은 내성 유기체와 그 유전자의 확산을 도와 내성의 효과적인 진화적 선택 및 증식을 촉진할 수 있다.

항생제 내성 증가로 인한 현재 비용은 물론이고 미래 비용을 추정하는 데는 큰 어려움이 있다. 일부 학자들은 21세기 중반 무렵에 연간 수백만 명의 사망과 수조 달러의 경제적 손실이 발생할 수 있다고 예측한다. 그러나 이런 비용 예측은 불완전한 추적 관찰과 경제성장을 전제한다는 근본적인 한계와, 항

---

* 인간을 비롯한 동식물의 특정 부위에 모여 서식하는 세균의 집합체.

생제 내성 박테리아 및 내성 유전자의 전파를 가속화할 수 있는 지구 온난화 등의 요인을 반영하지 않는다는 결정적인 한계를 안고 있다. 현재의 기후변화 패턴은 향후 수십 년에 걸쳐서 전 세계적으로 항생제 내성 문제를 크게 증폭시키는 연쇄 효과를 낳을 수 있고, 박테리아 감염에 맞서는 우리의 최선의 도구를 빠른 속도로 약화시킬 수 있다.

점점 따뜻해지는 기후가
항생제 내성 증가에
중요한 역할을 한다는 것을
시사하는 증거가
갈수록 늘고 있다.

3.7

식품과
영양

새뮤얼 S. 마이어스

2020년 2월, 케냐에서 농사를 짓는 메리 오티에노는 무려 2400제곱킬로미터의 땅을 뒤덮은 사막메뚜기 떼가 왕성한 식욕으로 옥수수 밭을 초토화시키는 광경을 목격했다. 사막메뚜기 떼의 창궐 사건이 있기 전에도 기온 상승과 극단으로 치닫는 강수 패턴 때문에 작물 수확이 줄어들어 메리는 이미 큰 타격을 입은 터였다. 그런데 최근 진행되고 있는 해양과 대기 순환의 변화로 인해 이 기록적인 메뚜기 떼의 창궐 사태까지 덮친 것이다. 한 달 뒤에는 코로나19 팬데믹이 케냐에 상륙했다. 야생동물 개체군이 지닌 병원균이 인간에게 옮아온 이 '이종 간 전염'은 메리 가족의 건강을 위협했을 뿐 아니라 노동력 부족과 공급망 붕괴를 불러왔고, 메리는 농장에 필요한 물자와 장비를 확보하는 데 어려움을 겪었다. 그사이에도 메리가 알아채지 못하는 또 다른 사건이 전개되고 있었다. 대기 중 이산화탄소 농도가 높아지면서 메리가 키운 작물의 영양 가치가 서서히 줄어들고 있었던 것이다.

메리에게 닥친 중첩된 재난 중 어떤 것은 갑작스럽게 발생한 것이고 어떤 것은 서서히 진행되어온 것이지만, 이 모든 재난에는 한 가지 공통점이 있다. 인간이 지구의 자연 시스템과 주기적인 변화 패턴을 교란시킨 탓에 일어난 결과라는 것이다. 갈수록 심해지는 이런 교란이 인간의 건강과 안녕에 어떤 영향을 미치는지 이해하는 것이 지구보건* 연구 분야의 주된 관심사다. 지구보건 연구의 시각은 모든 것이 연결되어 있음을, 자연을 변화시키고 훼손하는 인간의 행동이 우리에게 되돌아와 때로는 전혀 예상할 수 없는 방식으로 영향을 끼친다는 것을 깨닫게 해준다. 우리가 한 행동이 되돌아와 우리를 괴롭히

---

* planetary health. 지구의 건강과 인간의 건강 및 안전을 통합적으로 바라보는 관점.

는 충격적인 문제 중 하나가 영양과 관련해서 발생한다.

　　내가 꾸린 연구팀은 세 개 대륙에 실험지를 정해 몇 가지 실험을 수행한 결과 쌀, 밀, 옥수수, 콩 등의 주식용 작물에서 인간의 건강 유지에 필요한 주요 영양소가 줄어들고 있음을 확인했다. 우리는 21세기 중반에 도달할 것으로 예상되는 대기 중 이산화탄소 농도 550ppm의 실험 환경을 만들어 그 환경에서 작물을 길렀다. 이 작물을 현재의 이산화탄소 농도 환경에서 기른 동일한 품종의 작물과 영양 성분을 비교했더니 철, 아연, 단백질 함량이 상당히 낮게 나타났다. 다시 말해 지구 대기에 이산화탄소를 계속 추가하는 우리 행동이 우리가 먹는 음식의 영양가를 떨어뜨리고 있다는 이야기다. 후속 연구에서는 높은 이산화탄소 농도에서 자란 몇몇 품종의 쌀 역시 엽산과 티아민 등 중요한 비타민 B군의 함량이 크게 감소한 것으로 확인되었다.

　　그렇다면 아연, 단백질, 비타민 B군, 철분의 함량 감소는 인류 건강에 어떤 영향을 미칠까? 우리는 모형 연구를 통해서 작물 영양 성분의 이런 변화로 인해 1억 5000만~2억 명의 사람들이 아연과 단백질 결핍을 겪을 수 있고, 이미 영양 부족에 시달리는 약 10억 명의 건강이 더욱 악화될 수 있음을 확인했다. 아연 결핍은 감염병으로 인한 어린이 사망률을 높이고, 단백질 결핍 역시 어린이 사망률을 높인다. 쌀에 든 비타민 B군 감소의 영향을 분석한 결과, 다른 작물에서 함량 감소가 없다고 가정해도 쌀의 비타민 B군 감소만으로도 엽산 결핍을 겪는 사람이 1억 3200만 명 더 늘어날 수 있는데, 엽산 결핍은 빈혈과 유아의 신경관 결손을 일으키는 원인이다. 또 신경, 심장 및 뇌 손상을 일으키는 원인인 티아민 결핍을 겪는 사람이 6700만 명 더 늘어날 수 있다. 빈혈 발생률이 20퍼센트 이상인 나라에서는 가장 취약한 그룹인 여성과 5세 미만 어린이 14억 명의 음식을 통한 철분 섭취량이 4퍼센트 이상 감소할 수 있는데, 이는 이산화탄소가 작물에 끼치는 영향 때문이다. 철분 결핍은 빈혈, 임산부 사망, 영유아 사망률 증가, 작업 능력 감소를 낳는다.

　　대기 중 온실가스 농도의 대폭 증가 외에도 인간이 일으킨 다양한 변화가 우리 건강과 영양을 위협하고 있다. 현재의 멸종률은 기준멸종률*의 1000배에

---

*　인간의 영향이 없던 시기에 형성된 화석 기록상의 멸종률.

이르며, 1970년 이후로 조류, 어류, 파충류, 양서류, 포유류의 개체 수가 3분의 1로 줄어들었다. 특히 큰 타격을 입은 것은 곤충이다. 한 연구에 따르면, 독일의 여러 생태보호구역에는 날 수 있는 곤충이 불과 27년 만에 75퍼센트 넘게 감소한 것으로 나타났다. 일부 곤충은 인류가 섭취하는 영양 식품의 생산에 핵심적인 역할을 한다. 인간이 섭취하는 총 칼로리의 상당한 비율과 총 영양소의 훨씬 더 많은 비율이 꽃가루 매개자에 의존하는 농작물을 통해 충당된다. 우리는 연구를 통해서 꽃가루 매개곤충이 완전히 사라지면 매년 최대 140만 명의 추가 사망자가 발생할 수 있음을 확인했다. 이 추가 사망자는 대부분 심장병과 뇌졸중, 그리고 특정한 암 때문에 발생하는데, 이런 질환을 예방하는 데 필수적인 식품인 과일, 채소, 견과류는 대부분 곤충의 꽃가루받이에 의존한다. 검토 중인 한 연구는 현재 야생 환경에 꽃가루 매개자가 부족한 탓에 매년 약 50만 명의 사망자가 나온다고 추정한다.

빠르게 변화하는 환경 조건은 농업뿐 아니라 다른 분야의 식량 생산에도 영향을 미친다. 현재 전 세계 어업은 지구 어업자원의 약 90퍼센트를 최대 지속가능 한계선에서, 또는 그 한계선 이상으로 이용하고 있으며, 그 결과 1996년 이후로 전 세계 어획량이 꾸준히 감소하고 있다. 해양 온난화 때문에 어류가 열대에서 극지 쪽으로 옮겨가고 어류의 크기와 개체 수가 줄어드는 것도 식량 자원 감소 추세를 악화시킬 수 있다. 이런 추세는 인간의 영양 섭취와 관련해서도 큰 우려를 낳는다. 10억 명 넘는 사람들이 오메가3 지방산, 비타민 B12, 철, 아연 등 주요 영양소를 자연산 어류에서 얻고 있기 때문이다.

인간이 일으킨 지구 환경의 여러 가지 변화와 그 상호작용 때문에 메리 오티에노의 가족을 포함한 수많은 가족이 영양 결핍의 절벽으로 내몰리고 있다. 영양 결핍 외에도 인간 건강의 여러 가지 측면(감염성 질병, 비감염성 질병, 정신 건강)이 지구 자연 시스템에 일어난 여러 가지 혼란 때문에 위험에 처해 있다. 우리 지구를 보호하는 것은 환경 분야의 중요한 과제일 뿐만 아니라 향후 인류의 안녕을 보장하는 핵심적인 과제로 부상하고 있다.

다음 페이지:
인도 남동부 안드라프라데시에 있는 한 어촌 마을이 맹그로브 숲으로 영역을 넓혀가면서 중요한 해안 생태계의 건강을 해치고 있다.

3.8

모두가 한배를 타고 있는 건 아니다

그레타 툰베리

탄소예산이 빠른 속도로 줄어들고 있다는 게 무슨 뜻인지 정확히 이해할 필요가 있다. 탄소예산은 모든 생물과 존재가 대등하게 공유하는 한정된 천연자원이다. 여기서 놓치지 말아야 할 사실은 67퍼센트의 확률로 지구 온도 상승을 1.5도 이하로 억제하려고 할 때 쓸 수 있는 탄소예산의 90퍼센트가 북반구의 압도적인 소비로 이미 소진되었다는 점이다. 남은 10퍼센트의 탄소예산 역시 스웨덴을 비롯한 부유한 나라들이 엄청나게 빠른 속도로 써대고 있다는 점 역시 놓쳐서는 안 된다. 이들이 이제껏 착취해온 나라들과는 비교할 수 없을 만큼 빠른 속도로 말이다.

만일 전 세계 모든 사람이 스웨덴 사람들처럼 산다면 지구가 4.2개가 있어야 한다. 그렇게 되면 파리 협정에서 정한 기후 목표는 아주 흐릿한 기억이 되어 있을 것이다. 지구 온도는 이미 오래전에 1.5도를 훌쩍 넘어섰을 테니 말이다. 지금 지구에는 미국인이 흔히 쓰는 표준형 냉장고의 연간 에너지 사용량보다도 적은 에너지(연간 1인당 에너지 사용량)를 쓰며 사는 사람이 무려 30억 명에 이른다는 사실만 보아도 우리의 현 상황이 형평성과 기후정의의 측면에서 얼마나 심각한 문제를 안고 있는지 알 수 있다.

기후위기를 만들어낸 건 '우리 모두'가 아니다. 스톡홀름, 베를린, 런던, 마드리드, 뉴욕, 토론토, 로스앤젤레스, 시드니, 오클랜드에 사는 대부분의 사람들의 생각을 지배하는 세계관은 뭄바이, 옹게룰무드, 마닐라, 나이로비, 라고스, 리마, 산티아고에서는 그리 흔히 퍼져 있지 않다. 기후위기의 책임이 특별히 큰 나라에 사는 사람들은 이 세상에는 자신과는 다른 관점을 가진 사람들이 있다는 것을 깨닫고 그 관점에 귀를 기울여야 한다. 아직도 부유한 나라에 사는 사람들 중에는 기후위기와 생태위기 문제에 대해서(그리고 다른 대부분의

주요국의 누적 배출량을 현재 인구로 나눈 값 비교(1850~2021)

국가	이산화탄소(톤)
캐나다	1751
미국	1547
호주	1388
러시아	1181
영국	1100
독일	1059
벨기에	1053
핀란드	1052
뉴질랜드	962
스웨덴	776
중국	197
인도	61

문제에 대해서도) 마치 자신이 세상의 지배자인 것처럼 행동하는 사람이 많다. 식민 지배를 일삼던 국가들은 지금은 여러 나라들에 자치권을 돌려주었지만 그 대신에 대기를 식민지로 삼아 착취하고, 기후위기의 책임이 거의 없는데도 가장 큰 피해를 겪는 사람들을 혹독하게 쥐어짜고 있다.

얼마 남지 않은 탄소예산을 탕진하는 북반구 사람들의 행동은 자기 아이들의 현재와 미래를 빼앗을 뿐 아니라, 기후위기 때문에 가장 큰 피해를 입고 있으며 북반구 사람들이 당연하게 여기는 기본적인 현대적 기반시설(도로와 병원, 전기, 학교, 깨끗한 식수, 폐기물 관리 등)조차 누리지 못하는 사람들의 현재와 미래까지 빼앗고 있다. 그런데도 이처럼 극악한 비윤리적 강도 행위는 이른바 '선진' 세계에서는 진지한 논의거리로 등장하는 법이 없다.

우리가 기쁘게 반길 수 있는, 또 당연히 반겨야 하는 많은 일들이 있다. 재생에너지가 놀라운 발전을 이루고 있고, 우리가 처한 상황에 눈을 뜨는 사람이 점점 늘어나고 있으며, 언론이 이제 첫걸음이긴 하지만 이 위기를 보도하면서 마땅히 책임을 져야 하는 사람들에게 책임을 묻기 시작했다. 또 우리는 정보, 사실, 연대 및 아이디어를 몇 분 만에, 몇 시간 만에 전 세계에 전파할 수 있게 되었다. 게다가 이 위기의 책임이 거의 없는데도 가장 큰 피해를 겪고 있는 사람들(이 책의 필자로 참여한 살리물 후크와 재클린 패터슨, 힌두 우마루 이브라힘, 엘린 안나 라바, 소니아 과자자라가 각자의 글에서 소개하는 공동체들)이 훌륭한 리더십을 발휘하며 자신이 깨우친 것을 다른 이들에게 열심히 가르쳐주고 있다. 또 하나, 우리에게는 이 위기가 부른 최악의 결과를 피해갈 시간도 남아 있다.

그러나 대부분의 사회에서는 이것을 희망의 주요 원천으로 여기지 않는다. 우리가 현재 수준에서 이용할 수 있는 최선의 과학을 전파할 때 자주 듣게 되는 말이 가능성과 기회에 주목하라는 것이다. 이를테면 '녹색 산업혁명'(그게 무슨 뜻인지는 논외로 하고)과 긍정적인 측면에 주목하라는 말이다. 우리는 해결책에 중점을 둔 보고와 희망을 원한다. 그러나 분명히 해둬야 할 것이 있다. 누구를 위한 희망인가? 빠르게 온난화되는 세계에 일찌감치 적응할 수 있는 소수의 사람들을 위한 희망인가, 아니면 그런 행운을 누릴 수 없는 대다수 사람들을 위한 희망인가? 대체 여기서 말하는 희망은 무엇인가? 이미 무너지고 있는 체계를 계속 유지할 수 있다는 희망, 이 체계를 바꾸지 않아도 된다는 희망인가? 앞으로도 지금과 거의 비슷한 방식으로 계속 살아갈 수 있다는 희망인가? 대다수 사람들에게 아무런 혜택도 주지 못하는 체계를 유지할 수 있다는 희망인가? 애초에 이 위기를 불러온 행동과 관점을 바꾸지 않아도 이 위기를 충분히 '해결'할 수 있다는 희망인가?

누군가는 진전이 이루어지고 있다고, 긍정적인 발전을 기쁘게 반겨야 한다고 말한다. 그런데 이 진전이라는 게 정확히 무얼까? 경제성장을 위축시키지 않고도 온실가스 배출량을 크게 줄이고 있다는 것일까? 아, 그거라고? 그런데 그게 과연 사실일까? 두 가지 예를 살펴보자.

먼저 영국을 보자. 영국 정부는 1990년에서 2018년 사이에 국가 배출량을 43퍼센트 줄였다는 이야기를 끊임없이 반복하고 있다. 그러나 수입품 소비와 국제 항공 및 해운에 따른 배출량을 포함하면 감소 폭은 23퍼센트에 그친다. 소비 기반 배출량이 줄어든 것은 국내 전력 부문에서 이루어진 감축 조치의 결과일 뿐, 수입품의 탄소집약도를 줄여서 나온 결과는 아니다. 실제로 영국 거주자가 소비하는 수입품과 관련된 내재 배출량의 감소량은 19퍼센트에 불과하다. 영국 국가 배출량에는 현재 제외되고 있는 드랙스 발전소에서 목재를 태울 때 나오는 연간 1320만 톤의 이산화탄소 배출량도 포함되어야 하고, 심각한 축소 보고 문제를 안고 있는 군대 관련 배출량도 포함되어야 한다. 게다가 영국은 매년 약 5억 7000만 배럴의 석유와 가스를 생산하고 있으며, 대륙붕 밑에 묻힌 44억 배럴분의 석유와 가스를 추가 개발할 계획을 가지고 있다.

이런데도 기후행동 선도국가라고 자처할 수 있을까? 반드시 짚어야 할 또 한 가지는 다른 여러 국가들도 마찬가지지만, 영국은 기후에 미치는 위험이 석탄보다 아주 약간 덜한 화석가스로 석탄연료를 대체하는 안이한 방법으로 줄인 감축분까지 국가 배출량 감축분에 포함시키고 있다는 점이다.

다음으로 내가 살고 있는 나라, 국가 배출량을 1990년을 기준으로 약 30퍼센트 줄였노라고 자랑스럽게 이야기하는 스웨덴을 살펴보자. 국제 항공 및 선박의 배출량과 교토 의정서의 허점 때문에 제외되어온 생물 기원 배출량을 포함시키면, 스웨덴의 탄소 배출량은 전혀 줄지 않았다. 사용 가능한 자료들을 전부 반영하면 스웨덴의 배출량은 1990년 이후로 오히려 늘어나는 추세다.

우리가 기쁘게 반기라고 말을 듣고 있는 건 실제로는 아웃소싱과 특정한 배출량의 제외, 꾀바른 회계 방식, 그리고 이 모든 일에 완벽한 합법성을 부여하는 국제 배출량 산정 지침에 관한 협상이다. 요컨대 우리가 듣고 있는 것은 속임수를 쓰고 있으니 안심하라는 이야기다. 그러는 사이에도 세계 각지의 사람들은 가뭄과 흉작, 메뚜기 떼의 대량 발생, 기아 확산에 시달리고 있다. 일부 나라들은 해수면 상승으로 온 국토가 바다 밑으로 가라앉을 위기에 있다. 모두 지구 평균 온도가 약 1.2도 오른 탓에 벌어지고 있는 일이다.

1988년 IPCC가 설립된 뒤에도 전 세계 이산화탄소 배출량은 두 배 넘게 늘었다. 이제껏 인간 활동에서 나온 이산화탄소 총 배출량의 3분의 1이 2005년 이후에 배출된 것이다. 〈워싱턴 포스트〉의 최근 조사에 따르면, 우리가 기후정책을 만들 때 의존하는 자료들은 축소 보고 등 오류가 있는 수치에 기반하고 있다. 세계가 내뿜은 이산화탄소 총 배출량 가운데 최대 23퍼센트가 집계에서 누락될 정도로 보고된 배출량과 실제 배출량은 크게 차이가 난다. 이것이 지난 30년 동안 힘 있는 사람들이 이뤄낸 진전이다. 그들이 이러쿵저러쿵* 말로만 떠들었다고 핀잔을 들어서는 안 된다고 주장하는 진전이다.

"사람 목숨에는 값을 매길 수 없다." 우리 지도자들이 코로나19 확산을 막기 위한 조치로 전면봉쇄를 선언하면서 했던 말이다. 역사에 길이 남을 이 비극 때문에 이 책을 쓰고 있는 현재 546만 7835명이 목숨을 잃었다. 그러나 드

---

* 그레타 툰베리는 유엔기후변화협약 제26차 당사국 총회를 앞두고 했던 연설에서 '이러쿵저러쿵blah blah blah'이라는 말로 행동은 하지 않고 말로만 생색을 내는 정치인들을 비꼬았다.

루 신델이 쓴 글에서 설명하고 있듯이, 매년 1000만 명이 대기 오염으로 목숨을 잃는다. 내가 보기에 일부 사람들의 목숨은 덜 소중하게 여겨지는 것 같다. 만약 당신이 별 볼일 없는 지역에 살고 있거나, 별 볼일 없는 나라의 국민이거나, 또는 별 볼일 없는 지역에서 죽음을 맞는다면, 당신의 죽음은 아무런 관심도 끌지 못하거나 기껏해야 대수롭지 않은 문제로 여겨질 공산이 크다. 당신의 안전을 지켜줄 전면봉쇄 조치도, 언론의 일일 현황 보도도 없을 것이다.

기후위기와 관련해서도 똑같은 상황이다. 지금 시행하고 있는 정책을 계속 유지한다면 21세기가 끝나기 전에 지구 온도는 3.2도나 오를 것이다. 한마디로 재앙이다. 그러나 우리는 여전히 꿈쩍도 하지 않고 오히려 엉뚱한 방향으로 속도를 높이고 있다. 힘 있는 사람들에겐 그쯤이야 충분히 적응할 수 있다는 믿음이 있는지도 모르겠다. 경제적으로 풍요로운 지역에 사는 사람들도 같은 생각을 할 수 있다. 그래서 과학적 사실을 이야기하는 걸 두고도 '비관주의'라고 무시하는 사람들이 그렇게 많은 건지도 모른다. '당황할 것도 없고 걱정할 것도 없어. 독일이나 호주, 미국에 사는 사람이라면 모두 안전할 거야. 에어컨이나 스프링클러를 더 세게 틀면 괜찮다니까.'

세계 전역에서 미래를 위한 금요일 운동과 기후를 위한 학교 파업 시위운동이 펼쳐지고 있다. 그런데도 스웨덴 같은 나라의 국민들이 듣는 이야기는 이런 식이다. '걱정하지 마. 네 친구와 동료들은 버텨낼 수 없을지 몰라도 너만은 안전할 거야.' 이게 에코파시즘이나 인종주의가 아니면 무엇인지 모르겠다. 우리는 모두 같은 폭풍 속에 있지만 한배를 타고 있는 건 아니다.

이 위기를 위기로 다루지 않고도 해결할 능력이 있는 것처럼 허세를 부리는 사이에 귀중한 시간은 속절없이 흘러갈 것이다. 여러 가지 요인이 긴밀하게 얽혀 빚어진 재앙에 충분히 적응할 능력이 있는 것처럼 허풍을 떨며 시간을 허비할수록 우리는 더 많은 귀중한 생명을 잃게 될 것이다. 희망은 우리가 진실을 말할 때만 찾아온다. 과학이 우리에게 행동해야 할 근거로 알려준 모든 지식이 곧 희망이다. 이 책의 필자들처럼, 당당하게 목소리를 높이는 용감한 사람들의 이야기가 곧 희망이다.

1.1도에서
살아가는 법

살리물 후크

기후변화 문제는 시간이 지날수록 진화해가고 있다. 이 문제는 어느 지점에 머물러 있지 않으며, 이제는 30년 전에 우리가 생각했던 것과는 완전히 차원이 다른, 훨씬 심각한 문제가 되었다. 2021년 8월 9일은 기후변화 문제가 아주 중요한 진전을 이룬 날이다. 이날, 기후변화가 공식적으로 우리를 찾아왔다. 바로 세계 각국의 과학자들이 꾸린 조직인 IPCC 제1실무그룹의 제6차 평가 보고서가 공개된 날이다. 이 과학자들은 매우 유능하며, 또 매우 보수적이어서 자신의 평판을 해칠 만한 일은 하지 않는다. 그런데 이번에는 이제껏 한 번도 해본 적이 없는 말을 했다. 이들은 처음으로 "인간의 영향이 대기, 해양, 육지의 온도를 끌어올리고 있는 것은 명백하다"라면서 인간이 일으킨 기후변화로 이미 지구 온도가 1.1도 상승했다고 밝혔다. 이제는 더 이상 기후변화가 올 것이라고 예측하고 대비하는 단계에 머물러 있을 수 없다. 기후변화는 이미 우리 곁에 와 있다. 기후변화의 지문은 이미 지구 구석구석에 새겨져 있다.

전 세계적으로 폭염, 폭풍, 폭우 등 극한 기상 기록이 해마다 경신되고 있다. 지금 이 순간에도 지구 어딘가에서 새로운 기록이 만들어지고 있다. 앞으로도 해마다 새로운 기록이 나올 것이고, 시간이 지날수록 상황은 점점 더 나빠질 것이다. 지구 온도 상승을 1.5도 이하로 억제하기 위한 국제적 노력은 장기 전략, 즉 먼 미래를 위한 전략이다. 그러나 지구 온도 상승 폭은 이미 1.1도를 넘어섰고 그 1.1도 때문에 피해가 발생하고 있다. 따라서 나는 1.5도 온난화를 어떻게 막느냐보다 1.1도 온난화에 어떻게 대처하느냐가 훨씬 더 중요한 문제라고 생각한다. 1.5도 온난화는 아직 닥친 일이 아니지 않은가.

2021년 11월 영국 글래스고에서 열린 유엔기후변화협약 제26차 당사국총회에 참석했던 지도자들에게는 이런 인식이 없었다. 이들은 기후변화의 충격쯤은 거뜬히 막아낼 수 있는 일이라는 듯 태연하게 살아간다. 그러나 그 충격을 막아낼 수 있는 단계는 이미 지났다. 우리는 지금 '손실과 피해'의 시대에 살고 있다. '손실'은 인간이 생명을 잃는 것처럼 완전히 잃어버린 것을 말한다. 한번 잃어버린 것은 결코 돌아오지 않는다. 아무리 돈이 많아도 잃어버린 것을 되찾을 수는 없다. 종의 손실이나 생태계의 손실도 되돌릴 수 없다. 한번 사라진 것은 돌아오지 않는다. 해수면 상승으로 바닷물에 잠겨버린 섬처럼 일단 사라지면 끝이다. 반면에 '피해'는 돈과 자원을 가지고 있으면 충분히 되돌릴 수 있는 것을 말한다. 돈과 자원이 들긴 하지만 되돌려놓을 수 있다. 한번 농작물 피해가 발생했어도 다시 농작물을 키우면 결실을 거둘 수 있다. 폭풍에 집이 무너졌어도 다시 지을 수 있다.

'손실과 피해'는 외교 협상에서 금기시되는 표현을 에둘러 하는 말이다. 그 금기어는 바로 책임과 보상이다. 미국 외교관이나 부유한 나라의 외교관이라면 특히 조심해야 하는 금기어다. 오염을 일으킨 사람은 그 오염에 대해 당연히 책임을 져야 하고, 피해를 입은 사람은 당연히 보상을 원한다는 것은 누구나 이해할 수 있는 이야기다. 그런데 오염을 일으킨 당사자인 부유한 나라들이 파리 협정 회담 중에 이 단어를 쓰지 말 것을 요구했다. 이런 현실은 지금 우리가 살아가는 이 불평등한 세계가 만들어낸 또 다른 결과이며, 오늘날의 국제회의장에서도 이런 현실은 여전하다. 정부들은 전 세계를 고려해 행동하는 능력을 발휘하지 못하고 각자도생으로 행동하고 있다. 코로나19 팬데믹과 뒤이은 백신 공급 과정에서 뚜렷이 드러났듯이, 이 상황에서도 많은 나라들은 혼자 힘으로 위기를 헤쳐갈 수 있고 그렇게 함으로써 상황이 더욱 악화되는 것을 막을 수 있다고 생각한다. 그러나 그런 생각은 도덕적으로도, 과학적으로도 옳지 않다. 그런데도 이런 사고방식이 아주 깊게 뿌리박혀 있다.

이제 우리는 세계적인 불의에 대해 생각해야 한다. 오염을 일으킨 건 주로 세계 각지의 부유한 사람들인데 그 오염 때문에 가난한 사람들이 피해를 입는 현실은 명백한 불의다. 환경 훼손과 기후변화의 충격에 시달리는 것은 거의 대부분 가난한 유색인들이다. 미국 같은 부유한 나라에서도 상황은 마찬가지다. 2005년 허리케인 카트리나가 덮쳤을 때 뉴올리언스 흑인 사회에서 일어난 참사를 전 세계인이 똑똑히 목격했다. 이런 기후 불평등은 세계적인 현상이다. 나의 고국 방글라데시는 아주 느리게 다가오는 재앙에 직면해 있다. 해수면 상승으로 해안 지역이 물에 잠길 위험이 갈수록 커지고 있어 앞으로 수백만 명이 집을 버리고 떠나야 할 것이다.

그러나 방글라데시 이야기는 피해자들의 이야기가 아니다. 그것은 영웅들의 이야기, 지구의 미래 이야기다. 우리가 오늘 겪는 문제를 내일이면 다른 지역도 겪을 것이고, 이 문제에 어떻게 대처했는지를 배우기 위해 우리를 찾을 것이다. 물론 우리는 모든 해답을 쥐고 있지도, 모든 해결책을 가지고 있지도 않다. 그러나 우리의 학습곡선은 매우 빠르게 상승하고 있다. 우리가 터득한 교훈 두어 가지를 여기에 공유하고자 한다. 첫째, 세상의 모든 돈과 기술로도 뉴욕시에 죽음과 파괴가 닥치는 것을 막을 수는 없다. 2021년에 발생한 허리케인 아이다는 뉴욕시 지하철을 물바다로 만들었고, 지하층에 살던 가난한 사람들은 제때 대피하지 못해 목숨을 잃었다. 런던에서처럼 한 도시를 범람에서 지켜줄 장벽을 만들 수는 있어도, 나라 전체를 범람에서 지켜줄 장벽을 세울 수는 없다. 영국은 기후변화의 충격에 매우 취약하다. 돈과 기술이 할 수 있는 일도 있지만, 그것만 가지고는 제대로 대응할 수 없다.

위기의 시기에 진정으로 중요한 것은 사회적 결속력, 즉 사람들 간의 협력 관계다. 우리는 극한 기상이 발생할 때면 집 밖으로 나가 서로 협력한다. 우리 사회에서는 아무도 무관심 속에 방치되지 않는다. 우리 학생들은 충분히 연습을 한 덕분에 비상사태가 발생하면 어디로 대피해야 하는지, 누구를 도와야 하는지 잘 알고 있다. 혼자 사는 노인의 집에는 비상시에 이동을 도와줄 고등학생 두 명이 배정되어 있다. 허리케인은 여전히 우리를 찾아오고 여전히 많은 피해를 입히고 있지만, 예전처럼 많은 사람들의 목숨을 앗아가지는 못할 것이다. 서로 협력하고 도우면서 모두가 함께 대응하고 있으니 말이다. 선진국에서는 이런 움직임을 찾아보기 어렵다. 부유한 사람들은 고립된 삶을 살기에 이웃에 누가 사는지도 모른다. 그러나 우리 방글라데시 사람들이 실천하고 있는 것처럼, 공동체 차원에서의 협력 활동은 위기 상황이 닥쳤을 때 회복력과 대처 능력을 키우는 데 도움을 준다.

두 번째 교훈은 젊은이들이 핵심이라는 것이다. 젊은이들은 조직을 이루고 지원과 지도가 제공되면 아주 강력한 힘을 발휘할 수 있다. 기후변화를 막기 위해 싸우려면 관점의 전환이 필요한데 나이 든 사람들은 이런 변화에 부담을 느낄 수 있다. 그래서인지 지도자들은 패러다임의 전환이 반드시 필요하다는 것을 이해하지 못한다. 이들은 변화에 뒤처져 있을 뿐 아니라 방해하고 저항한다. 젊은이들은 이들을 변화시킬 수 있다. 방글라데시에서도, 미국에서도, 독일에서도, 스웨덴에서도 마찬가지다. 지금 우리에게 필요한 패러다임의 전환은 이 젊은이들이 세계적인 주역이 되는 것이다. 방글라데시의 기후 대응은 이런 면에서 앞서가고 있다. 우리 아이들은 매주 금요일 하루만 기후시위를 하는 게 아니라 한 주 내내 나가서 사람들을 도우면서 기후변화의 충격에 대비할 수 있도록 우리 공동체를 준비시킨다.

1.1도 온난화와 함께 사는 법을 배울 때, 우리는 우리에게 힘을 주고 행동을 취할 수 있는 능력을 부여하는 기후변화 대응 방안을 찾아내야 한다. 우리 자신도 이 문제의 일부임을 인정해야 한다. 뭔가를 먹어야 하고 뭔가를 해야 살 수 있는 인간은 필연적으로 오염을 일으킨다. 따라서 우리는 이 문제의 해결에 기여할 수 있다. 우리는 가능한 모든 분야에서 배출량을 줄여야 한다. 하지만 한 개인이 할 수 있는 일에는 한계가 있다. 당신 혼자서는 자신의 온실가스 배출량을 0으로 줄일 수 없고, 우리도 당신이 그러기를 기대하지 않는다. 그러나 당신은 자신의 배출량을 조금 줄이는 것에만 만족해서도, 자신의 생활방식을 바꾸는 것에만 만족해서도 안 된다. 다른 사람들과 함께 협력하며 행동하고 그들과 힘을 합쳐 세력을 이루어야 한다. 젊은이들이 지금 바로 그런 일을 하고 있다. 직장에서건, 학교에서건, 마을에서건, 아파트에서건, 어디에서건 같은 생각을 가진 사람들과 힘을 합쳐라. 든든한 동맹을 꾸리고 행동에 나서라. 당신은 정치적 세력이 되어야 한다. 실제로 정치를 바꿀 수 있을 만큼 큰 규모로 조직을 꾸려야 한다. 당신은 정치 지도자들에게 영향을 미칠 수 있다. 민주주의 수준이나 정부 형태가 어떻든 간에 변화를 이뤄내고 정치 지도자들을 압박할 기회는 늘 어느 정도는 열려 있다. 힘들기는 하지만 불가능한 일은 아니다. 전 지구적인 차원에서 변화를 이뤄낼 수 있는 주역은 바로 당신이다. 시작은 지역에서 하되, 목표는 세계를 겨냥하자. /

3.10

환경적
인종차별

재클린 패터슨

나는 1990년대 초 자메이카에서 평화봉사단 활동을 하면서 세계적 불의의 참담한 현실에 눈뜨게 되었다. 나는 자메이카 수도 킹스턴 외곽의 하버뷰에 머물렀는데, 그곳은 대규모 다국적 석유 기업이 식수원 오염 사고를 내고도 손해배상을 거의 하지 않은 곳이었다. 나의 자원봉사 업무는 백신을 접종했다면 예방할 수 있었을 풍진 바이러스에 감염되어 청각 장애를 갖게 된 유아들을 돌보는 일이었다. 관광산업의 막대한 부는 소수 특권층의 손으로 들어가고 그 지역 곳곳에는 극빈층의 상징인 무허가 판자촌이 자리잡고 있었다. 그 마을들은 무자비한 인간 착취와 천연자원 추출을 기반으로 수백 년간 유지되어온 세계 자본주의 체제, 즉 지배자와 피지배자를 나누고 인종과 성과 국적을 구분하는 백인 우월주의 경제를 압축적으로 요약한 상징물이었다.

자메이카는 내가 살고 일하는 나라(지금은 미국이라고 불리는 나라)와 동일한 역사적 토대를 가지고 있다. 두 나라의 건국신화는 듣기 좋은 말로만 이루어진 환상을 핵심으로 한다. 둘 다 유럽인 탐험가들이 위험을 무릅쓰고 바다를 항해한 끝에 새로운 땅을 발견하고 화물칸에 비단과 향신료를 가득 채워 돌아오는 이야기다. 당연히 이 신화에는 살인, 절도, 질병, 추방의 실상이 빠져 있다. 백인 탐험가들은 아메리카 대륙의 땅을 훔친 뒤 그곳에 원래 살고 있던 선주민들을 열등한 존재, 일회용품으로 취급했다. 이들은 마주치는 족족 선주민을 살해하고 노예로 부리고 땅을 빼앗았다. 또 이들은 사하라 이남 아프리카에 살던 사람들을 납치해 짐짝처럼 배에 싣고 아메리카 대륙으로 데려가 기반시설 건설과 농사에 쓸 노예노동자로 부리면서 산업혁명과 현대 자본주의 경제의 밑거름으로 삼았다. 이들 식민지 개척자들은 사람을 자기 소유물처럼 부렸을 뿐 아니라 땅과 그 땅이 품은 풍부한 자원과의 관계에서도 무분별한 추출을 근간으로 삼았다.

역사의 페이지를 빠르게 넘겨 오늘날의 상황으로 돌아와도, 백인 우월주의는 추출경제의 부양을 받으며 여전히 강탈 행위를 이어가고 있다. 인종을 빌미로 한 인권유린과 착취는 변함없이 사용되고 있는 범죄수법이다. 미국의 흑인들은 경찰과 교도소 산업의 잔혹한 처우 때문에 큰 고통을 겪고 있고, 흑인·선주민·유색인종(BIPOC) 사회는 돈 많은 이권 집단이 마음대로 쓰고 버려도 되는 일회용품 취급을 받고 있다. 희생지대(환경적 위협이나 위험한 오염물질에 노출된 지역)에는 저소득 가정과 유색인이 압도적으로 많이 산다. 이처럼 위험한 지역은 아칸소주 크로셋, 인디애나주 이스트시카고, 델라웨어주 윌밍턴 등지에도 생겨나고 있다. 아프리카계 미국인들이 많이 거주하는 루이지애나주 리저브 역시 희생지대다. 이곳은 '암마을'로도 불리는데, 클로로프렌(발암 추정 물질) 농도가 미국 환경보호청이 정한 기준치의 755배에 이르고 암 발병률이 전국 평균의 50배로 미국에서 가장 높다. 이곳의 공기를 미국 최악의 유독한 공기로 만드는 주역인 화학공장은 과거 유색인을 노예로 부리던 플랜테이션 부지에 세워져 있다. 그런가 하면 앨라배마주, 뉴욕주, 루이지애나주, 플로리다주의 BIPOC 사회는 극심한 폭풍과 홍수 때마다 반복해서 거의 완파 수준의 피해를 입는다. 도시에 자리잡은 BIPOC 사회는 기온 상승으로 폭염이 더 잦아지고 더 강력해지면서 한층 심해진 열섬 효과 때문에 큰 고통을 겪고 있다.

플로리다주 인디언타운에 사는 아이, 촌시 이야기는 추출경제의 심각한 영향을 보여주는 사례다. 촌시는 환경적 인종차별과 기후 불평등이라는 이중의 고통에 시달리고 있다. 아이의 집이 있는 카운티는 석탄화력발전소에서 3킬로미터 거리에 있고 대기 오염이 연방 기준치를 초과하는 곳이다. 아프리카계 미국인의 71퍼센트가 이런 카운티에 산다. 촌시는 약을 한 줌씩 꾸준히 먹어야 한다. 호흡을 할 수 있도록 폐 기능을 돕는 약이다. 아이는 천식도 앓고 있다. 미국에서는 천식 발작으로 인한 흑인 어린이의 병원이용률이 백인 어린이보다 3~5배 더 높고, 천식으로 인한 흑인 어린이 사망률 역시 백인 어린이보다 2~3배 더 높다. 촌시는 대기 질이 좋지 않은 날에는 학교에 가지 못한다. 이런 날에는 아무리 약을 먹어도 천식 발작을 막을 수 없기 때문이다. 촌시가 사는 마을은 대기 오염도 심각하지만 허리케인이 덮칠 위험도 '매우 높은' 곳이다. 1930년 이후로 꽤 강력한 허리케인이 일흔일곱 차례나 이 마을을 휩쓸고 지나갔는데, 기후변화 때문에 허리케인 발생 위험이 점점 더 높아지고 있다.

미국 국경 밖으로 시야를 넓혀보자. 미국 인구는 세계 인구의 4퍼센트에 불과하지만, 전 세계적인 기후변화의 원인이 되는 온실가스 누적 배출량의 25퍼센트를 배출해왔다. 미국인의 활동은 남반구가 겪고 있는 파국적인 가뭄과 홍수, 그 밖의 여러 가지 재해와 밀접한 상관관계가 있다. 그러나 미국인의 과도한 온실가스 배출 때문에 살던 땅을 떠나야 하는 이웃나라 사람들이 러레이도와 델리오 같은 텍사스주 접경지대에 도착할 때 이들을 맞이하는 건, 말고삐를 채찍처럼 휘두르는 기마 순찰대원과 어린아이들을 빼앗아 철창 안에 가두는 국경 공무원이다.

반가운 소식도 있다. 추출주의와 인종차별에 근거한 이 체계를 대체할 활기차고 고무적인 여러 가지 활동이 BIPOC 사회의 주도 아래 전개되고 있다. 이들의 활동은 쓰레기 소각장과 석탄발전소의 폐쇄, 다코타 액세스와 애틀랜틱 코스트 송유관 사업의 승인 철회라는 성과를 이루어냈다. 만일 건설된다면 앨버타 타르샌드에서 위스콘신 북부로 운송되는 석유의 양을 두 배로 늘리게 될 라인3 송유관 건설에 반대하는 투쟁이 격렬하게 진행 중이다. 뉴욕주 브루클린에서도, 아이다호주 보이시에서도, 텍사스주 러레이도에서도, 가장 심한 위험에 직면한 공동체들이 희망의 불꽃을 지피는 활동을 하고 있다. 현지 생산 식품 장려 운동, 재활용 촉진, 청정에너지 개발 등 활동 영역도 다양하다. 특히 돋보이는 사례가 로스앤젤레스의 제니스센터다. 이 센터는 불평등 개선과 지속가능성을 진전시키기 위한 상호 교차적 접근방식을 통해 추출경제에서 벗어나 지속가능한 경제로 나아갈 수 있는 해법을 제시하고 있다.

가정폭력 예방 및 개입을 위해 활동하는 제니스센터는 주로 가정폭력을 겪은 아프리카계 미국인들을 돕는다. 가정폭력 피해자 임시 거주 주택에서 쓰는 전기 요금이 수년 동안 센터 운영비 중 가장 큰 지출 항목이었기 때문에, 센터는 이 주택에 태양광 에너지 시설을 설치하기로 결정했다. 그리고 이곳에 거주하는 일곱 명에게 태양광 설비 설치에 관한 교육에 참여하게 하고 태양광 설비를 설치하는 일을 맡겼다. 그로부터 3년이 지난 지금, 이들은 태양광 에너지와 관련된 일자리를 얻었고 독립적인 공간을 구해 자녀들과 함께 생활하고 있다. 이들은 새로 쌓은 경력 덕분에 일자리와 안정된 주거를 얻을 수 있었고, 가해자 곁으로 다시 돌아가야 하는 위태로운 상황에서 벗어날 수 있었다. 많은 학대 피해자들이 위험한 가해자 곁을 떠나지 못하는 주된 이유는 경제적 문제다. 센터는 이 사업을 통해 온실가스 배출량을 줄이고, 가정폭력 예방 활동에 투입할 재정적 자원을 늘려 많은 가족에게 좀 더 안전한 삶을 살아갈 기회를 열어줄 수 있었다.

이처럼 지속가능한 경제가 이미 자리를 잡아가고 점점 강화되고 있다. 이런 경제를 세계적 규모로 확장해 다양한 사회가 지구 자원을 공유하며 조화롭게 살아갈 수 있게 하려면, 강력한 민주주의를 기반으로 회복탄력성과 협력을 키워가는 체계에 참여할 기회를 만인에게 열어주어야 한다. 어머니 지구는 우리에게 이야기한다. 리저브와 인디언타운, 로스앤젤레스, 러레이도의 여러 공동체들 역시 이야기한다. 전 지구적인 추출경제를 전 지구적인 지속가능한 경제로 전환하는 것이 우리의 중요한 과제라고. /

3.11
기후
난민
아브람 러스트가튼

엘살바도르가 바싹 말라붙었을 때 카를로스 게바라는 그게 단순히 가뭄이 아니라는 것을 알아챘다. 그건 가뭄이 아니라 다른 세상의 시작이었다.

가뭄이 든 첫해에, 태평양으로 흘러드는 렘페강 지류 인근 1만 6000제곱미터의 땅에 게바라가 심은 옥수수는 겨우 엉덩이 높이에서 성장을 멈추더니 끝내 열기를 못 이기고 말라붙었다. 평소 마흔 자루였던 수확량이 다섯 자루로 줄었다. 이듬해인 2015년 봄에는 가뭄이 더 심해졌다. 예전에는 밀림처럼 나무가 울창했던 곳인데 5월에도, 6월에도, 7월에도, 8월에도 비가 내리지 않았다.

게바라는 제2차 세계대전 때 부모를 따라 팔레스타인에서 엘살바도르로 이주한 뒤 혹독한 시련을 겪었다. 그가 사는 마을은 1969년에 엘살바도르 군대가 온두라스를 침공한 날을 기리는 뜻에서 카토르세 데 훌리오(7월 14일)라고 불렸다. 이 침공을 계기로 20여 년간 폭력과 내전이 이어졌고, 마을 주민의 80퍼센트(약 7000명)가 죽임을 당하거나 나라를 떠났다. 게바라는 이 모든 시련을 견디고 살아남아 1990년대에 다시 이 마을로 돌아온 초기 귀향민 중 하나다. 그는 이 마을이 물이 풍부한 곳이기 때문에 열심히 일하면 옥수수, 오이, 고추 등을 키울 수 있을 것이라고 믿었다.

그러나 이제는 그 믿음이 사라졌다.

게바라는 "농사를 망쳤을 때는 하늘이 무너진 것만 같았어요"라고 말했다. 그는 마흔두 살이지만 근육질의 체격과 짧게 깎은 헤어스타일 때문에 나이보다 젊어 보이고, 말을 할 때는 보이지 않는 공으로 저글링을 하듯이 열정적으로 손을 놀린다. "자식에게는 항상 더 좋은 것을 주고 싶은 게 부모의 마음이죠. 적어도 내 자식이 끼니만큼은 거르지 않길 바라잖아요."

2016년에 종자를 사기 위해 땅을 담보로 은행에서 돈을 빌릴 때, 게바라는 은행으로부터 가뭄 때문에 다음 농사도 흉작이 될 거라는 경고를 들었다. 예전에는 직접 키워 먹던 작물 농사까지 망쳐 그는 저축했던 돈을 털어 사온 먹거리로 가족들을 먹여야 했다. 범죄조직이 그의 아이들을 꼬여내기도 했고, 그의 가족에게 '자릿세'를 뜯어가기도 했다. 아내 마리아는 아들 우윳값이라도 벌기 위해 도로 앞 가게의 창구 하나를 빌려 먹거리 장사를 시작했다.

2014년부터 몇 년째 이어진 가뭄 탓에 중앙아메리카에서는 350만 명이 넘는 사람들의 삶이 망가졌다. 엘살바도르, 과테말라, 온두라스에서는 농작물 생산이 어려워져 50만 명이 심각한 영양 부족 또는 기아에 직면했고, 쌀 배급이 필요한 상황이 되었다. 엎친 데 덮친 격으로 극단적인 가뭄을 일으킬 수 있는 라니냐의 발생 주기가 점점 짧아지고 있었다. 화석연료 연소로 인한 온실가스 배출과 인간의 산업활동이 계속 지구 온도를 끌어올리는 한 이런 추세가 이어질 터였다. 게바라가 사는 마을에서도 이웃마을에서도 사람들이 집을 떠나기 시작했다. 게바라가 의지했던 땅이, 아니 더 정확하게 말하면 자연의 모든 시스템이 그의 믿음을 저버리고 더 나아가 그를 쫓아내려고 기를 쓰는 것 같았다.

마지막 농사를 망친 뒤 어느 찌는 듯한 봄날 저녁, 게바라는 아내에게 이제 살길은 딱 하나, 자신이 일자리를 찾아 북쪽으로 떠나는 것이라고 말했다.

다음 날 새벽, 그는 옷가지를 챙기고 신발 밑창에 50달러를 찔러 넣은 뒤 몇 킬로미터를 걸어 산마르코스 렘파 인근 마을까지 가서 버스를 타고 산살바도르로 갔고, 거기서 버스를 갈아타고 과테말라를 거쳐 멕시코 국경 근처 타파출라로 갔다. 검문을 피하기 위해 택시를 타고 아리아가 마을에 도착한 뒤 그곳에서 라베스티아('야수'라는 뜻)에 기어올랐다. 그 화물열차는 이민자들이 북쪽으로 가기 위해 몰래 숨어드는 고통스러운 이동수단이었다.

게바라는 원통형 곡물 탱크 끝에 있는 비좁은 철제 구조물 안에 몸을 욱여넣고 이틀을 버텼다. 그곳은 열차에서 떨어질 염려 없이 쉴 수 있는 유일한 공간이었다. 열차가 베라크루스를 지나면서 기온이 내려가자 그는 곡물 탱크 안으로 기어들어가 옥수수 더미를 헤쳐 공간을 만든 뒤 몸을 숨겼다. 체온을 유지하기 위해, 그리고 이주민들을 등쳐먹는 폭력조직의 눈을 피하기 위해서였다. 몇 주간의 여행 끝에 게바라는 리오그란데강의 물살을 헤치고 드디어 황량한 미국의 사막으로 걸어 들어갔다. 이렇게 해서 그는 그해 중앙아메리카 국가에서 미국 국경을 넘는 데 성공한 50여만 명의 이민자 중 하나가 되었다.

세계 전역에서 기온 상승과 기후 재해 때문에 집을 떠나 떠도는 사람들이 점점 늘고 있다. 가뭄과 홍수, 폭풍, 폭염이 심해져 농사를 짓고 일을 하고 아이 기르기가 점점 어려워지자, 많은 사람들이 온화한 기후와 안전, 그리고 경제적 기회를 찾아 다른 지역으로 이동하고 있다. 특히 식량 불안이 인간을 위협하는 지구상 최대 요인으로 급부상하면서 세계를 대규모 기후 이주의 벼랑으로 몰아가고 있다.

6000년 동안 인간은 상대적으로 좁은 범위의 환경 조건에서 거주해왔다. 인간은 중간 수준의 강수량과 기온의 조합을 추구하는데, 그 기후 조건의 한쪽 끝에는 자카르타나 싱가포르와 비슷한 기후 조건이, 다른 쪽 끝에는 런던이나 뉴욕과 비슷한 기후 조건이 있다. 지금의 기후 조건에서는 인간 문명이 자리잡을 수 없을 만큼 지나치게 덥거나 지나치게 건조한 땅은 육지 표면의 1퍼센트뿐이라고 한다. 그런데 연구자들이 내린 결론에 따르면, 2070년 무렵에는 현재 약 30억 명이 거주하는 육지 표면의 19퍼센트가 인간이 살 수 없는 땅이 될 것이라고 한다. 다시 말하면 역사 기록이 시작된 이후로 가장 빠르고 가장 파국적인 변화가 노도와 같이 밀어닥쳐 수억 명이 살던 곳을 떠나야 하고, 또 수십억 명이 고통을 겪는 신세가 될 것이라는 이야기다.

이 정도의 대규모 이주가 진행되면 전 세계가 들썩일 것이다. 이런 변화가 좋은 결실로 이어질 수도 있지만(미국은 대규모 이민의 산물이다), 대규모 이주는 경쟁과 충돌로 이어질 가능성이 훨씬 높다. 갈수록 희소해지는 자원을 차지하려고 다투는 사람의 수가 점점 많아지고, 지정학적으로 유리한 입지에 있는 나라들은 이주민을 막기 위해 장벽과 울타리, 경계선을 세울 것이다. 안보 및 국방 분야의 세계적인 기구들은 기후 이주가 모든 나라에 혼란을 안기면서 힘과 우위의 균형추를 다른 나라(즉 러시아와 중국)로 옮겨놓을 수 있으며, 이 나라들은 이 힘을 활용할 기회를 잡으려 할 것이라고 경고한다.

이런 변화가 가장 극심할 것으로 예상되는 곳은 바로 적도 지역이다. 이곳은 기후변화가 있기 전부터 최고 기온을 자랑하던 곳인 데다가 인구 밀도뿐만 아니라 인구 증가율도 가장 높은 곳이다. 사하라 이남 아프리카의 인구는 지금은 약 10억 명인데, 수십 년 뒤에는 지금의 두 배가 될 것으로 전망된다. 특히 사헬 지역*은 21세기 중반이면 인구가 2억 4000만 명에 달할 것으로 예상되는데, 이곳은 이미 세계에서 가장 심각한 물 위기를 겪고 있으며 가장 많은 수의 실향민이 발생하고 있다. 세계은행은 사헬 지역 국가들에서는 2050년 무렵에 기후 충격 요인으로 자국 내 실향민이 8600만 명을 넘어설 것이라고 추정한다.

남아시아와 동아시아는 엄청난 규모의 인구에다 견딜 수 없는 더위와 습도가 중첩되고 있는 또 다른 진원지다. 세계은행은 이 지역에서 약 8900만 명의 자국 내 실향민이 발생할 것이라고 추정한다.

중앙아메리카는 그런 변화가 일어날 수 있는 또 다른 핵심 지점이다. 기후 모형 연구는 이 지역에서 세계적으로 손에 꼽힐 만큼 빠른 온도 상승이 일어나서 가뭄이 더 길어지고 식물 생육 기간이 짧아지고 파괴적인 폭풍이 더 잦아지고 강력해질 것이라고 예측한다. 세계은행의 예측에 따르면, 중앙아메리카 국가들에서는 2050년 무렵에 기후 충격 요인으로 자국 내 실향민이 무려 1700만 명이나 발생할 것이라고 한다. 이것은 게바라처럼 북쪽으로 이동해 미국으로 들어가는 이주민의 수를 포함하지 않은 수치인데, 이를 포함하면 실향민의 수는 훨씬 더 많을 수 있다.

나는 미래 이주민들의 이동 경로를 예측하기 위해 뉴욕시립대학교의 인구학 교수 브라이언 존스와 함께 세계은행에서 사용한 것과 같은 컴퓨터 모의 실험을 진행했다. 가뭄의 위험과 국경을 넘는 이주 등의 복잡한 요인을 추가한 모형 연구 결과, 21세기 중반 무렵에 중앙아메리카에서는 기후 요인에 직간접적인 영향을 받아 미국 남부 국경 지역으로 이주하는 인구가 약 3000만 명에 이를 것으로 예측된다.

한편 이 모형 연구는 기후변화와 이주 문제에 대한 정책적 접근방식이 달라지면 그 결과도 확연히 달라질 것이라고 예측했다. 정책결정자들이 오늘 내리는 선택에 따라 미래가 달라진다는 이야기다. 기후 온난화가 극단으로 치닫고, 거기에 강경한 반이민정책 및 엄격한 국경 통제까지 겹치는 가혹한 세상,

---
* 아프리카 사하라 사막 남쪽 가장자리에서 동서로 띠처럼 펼쳐진 지역.

개발도상국에 대한 경제원조 액수가 점점 줄어드는 세상에서는, 결국 이주민이 점점 더 늘어나고 이주민의 고통은 점점 더 커질 것이다. 반면에 지구 온도 상승 속도가 더뎌지고 빈곤 지역에 대한 외국의 원조가 지속되는 세상에서는, 이주민이 줄어 세계는 훨씬 더 안정될 것이다.

카를로스 게바라는 미국에 도착한 직후 경찰에 체포되어 본국으로 추방되었다. 사막에서 자동차를 얻어 탔다가 운전자가 과속을 하는 바람에 경찰의 눈에 띈 것이다. 엘살바도르로 돌아와 보니 마을이 완전히 달라져 있었다. 가뭄을 피해 미국이나 인근 도시로 빠져나간 사람들이 많아 마을이 텅 빈 것 같았다. 그런데 그즈음에 유엔세계식량계획(WFP)의 지원사업이 확정되면서 마을에 농장 및 농업용수 지원이 시작되었고, 게바라와 이웃들은 이곳에서 버틸 가능성이 엄청나게 높아졌다는 희망을 품게 되었다.

무덥고 햇살이 쨍쨍 내리쬐는 어느 날 아침, 나는 게바라를 만나러 그의 밭에 갔다. 밭에는 말라붙은 작물이 지지대에 엉긴 채 늘어서 있었고, 밭고랑을 따라 걷는 게바라의 찢어진 장화 밑창 아래서는 마른 잎이 바스락거리며 부서졌다. 그는 가끔씩 손을 뻗어 탄력을 잃고 툭툭 부러지는 덩굴줄기를 더듬었다. 밭은 푸른 기운이 전혀 보이지 않고 완전히 누렇게 변해 있었다. 게바라의 아들이 작은 샘 안으로 돌을 던졌는데 잠시 후 첨벙 소리 대신 딱 소리가 울렸다.

밭을 지나서 계속 걷다보니 새로운 구조물이 눈에 들어왔다. 금속으로 뼈대를 세우고 플라스틱으로 벽을 두른 온실이었다. 엘살바도르 전역에 공동농장을 건설하기 위한 세계식량계획 사업의 일환으로 세워진 온실이었다. 안에는 충분한 습도를 머금은 공간에 관수선이 가지런히 뻗어 있고, 건강한 고추작물과 통통한 토마토가 싱싱한 잎을 뽐내며 자라고 있었다. 게바라 가족이 먹고도 남아 내다팔 수 있을 만큼 양도 충분했다. 게바라는 농장을 확장하고 젖소를 사기 위해 첫 번째 수확으로 얻은 이익을 재투자했고, 그의 가족은 5년 만에 다시 넉넉한 생활을 되찾았다.

하지만 그의 미래는 여전히 위태롭다. 세계식량계획 지원사업이 계속될지 여부는 외국 원조국들의 지원이 이어지느냐 마느냐에 달려 있다. 게다가 게바라는 5년 안에 기후가 더 나빠질 것이라고 예상한다. 하지만 온실 덕분에 당분간은 북쪽으로 떠날 생각은 없다고 말한다. 그럼에도 미래가 어떻게 될지 확신할 수 없다는 것만큼은 확실히 알고 있다.

"어떤 상황에서도 희망의 끈을 놓지 말아야죠." 그는 말한다. "그렇지만 기후변화가 멈추지 않는 한, 먹을 게 떨어질 일은 없다는 확신은 버려야 해요." /

세계 전역에서
기온 상승과 기후 재해 때문에
집을 떠나 떠도는 사람들이
점점 늘고 있다.

3.12
해수면 상승과 작은 섬들

마이클 테일러

나는 카리브해의 작은 섬에서 나고 자랐다. 이런 작은 섬들에 기후변화 충격 가운데서도 가장 심각한 위협은 해수면 상승이다. 매체에서 해수면 상승 문제를 다룰 때는 종종 섬이 곧 바닷물에 잠길 것 같은 모습으로 등장한다. 이건 과장된 영상이 아니다. 온실가스 배출이 지금과 같은 속도로 계속된다면 21세기 말 무렵에 해수면이 1미터 넘게 상승할 것이라고 학자들은 전망한다. 지구 온난화를 억제하려는 우리의 노력이 어느 정도 성공한다 해도, 얼마간의 해수면 상승은 피할 수 없으며 해발고도가 낮은 수많은 섬들이 바다에 잠겨 사라질 것이다. 해수면 상승의 실존적 위협은 결코 과장이 아니며, 곧 바다에 잠기게 될 섬들의 모습은 전 세계적인 기후행동의 필요성을 입증하는 충분한 근거다. 그러나 작은 섬들을 위협하는 것은 바다에 잠기는 파국적인 미래만이 아니다. 지금 이 순간에도 작은 섬들은 해수면 상승 때문에 심각한 피해를 입고 있다. 우리는 날마다 그 피해를 직접 목격하고 있다.

'작은 섬에 사는 사람들'은 예전에는 뭍이었다가 지금은 바다가 된 지점을 쉽게 알아본다. 해변과 해안선은 직간접적으로 섬사람들의 생계를 부양하는데, 바닷물이 차오르면서 해변과 해안선이 침식되어 사라지고 있다. 카리브해 관광업은 대부분 해변과 관련이 있고, GDP의 70~90퍼센트, 평균 직간접 고용의 30퍼센트가 해변 관광업에서 나온다. 최근 몇 년 사이에 카리브해 곳곳의 유명한 해변들에서는 해수면 상승과 연안 개발의 이중 압박 때문에 해변의 폭이 점점 좁아지고 있다. 해변의 축소는 관광객 감소로 이어져 관광업에 생계를 의지하는 많은 사람들에게 큰 타격을 주고 있다. 카리브해 국가들은 해변을 보호하고 해변 관련 일자리를 보호하겠다며 값비싼 기반시설(제방이나 방파제 등)을 설치하고 있지만, 그 효과에 대해서는 아직까지 알려진 바가 없다.

해안 침식의 영향은 관광업에 국한되지 않는다. 작은 어촌 마을들이 해안 자원에 생계를 의지하고 있다. 어촌 마을은 해변을 중심으로 형성되어 있고, 해변이 곧 주거지이자 정박지이자 비공식적인 장터다. 해변의 폭이 줄어들기 시작하면 어촌 마을은 달리 뾰족한 수를 낼 수가 없다. 해산물 가게와 잡화점은 문을 닫고 주민들은 다른 생계수단을 찾아 섬 안쪽으로 옮겨간다. 어업이 더 이상 유지될 수 없으므로 결국에는 마을 전체가 터전을 옮겨야 한다. 해수면 상승과 관련해서 카리브해의 작은 섬들에 사는 주민들이 머릿속에 떠올리는 그림은 그저 바닷물에 잠기는 미래의 모습이 아니다. 해변과 생업과 마을이 점점 사라져가는 눈앞의 현실이다.

눈앞에서 펼쳐지는 해수면 상승의 피해는 점점 더 심각해지고 있다. 온난화로 인해 폭풍과 허리케인이 더 강력해진 탓에 해일로 인한 범람 피해가 커지면서 일부 지역에서는 해수면 상승 때문에 국가의 발전이 지연되거나 심지어 후퇴하는 일까지 벌어지고 있다. 2019년, 초강력 허리케인 도리안에 강타당한 바하마제도에서는 심한 범람이 발생해 70명이 넘는 사망자가 발생했고, 해발고도가 낮은 아바코섬과 그랜드바하마섬도 막대한 피해를 입어 각각 GDP의 25퍼센트에 달하는 추정 피해액이 발생했다. 문제는 이런 극한 기상 현상이 어쩌다 일어나는 일이 아니라는 점이다. 2017년에는 초강력 5등급 허리케인 세 개가 카리브해를 지나갔다. 당시 대서양에서 발생한 최강의 폭풍이라는 기록을 남긴 허리케인 어마와 2주 뒤에 따라온 허리케인 마리아도 여기에 포함된다. 이때 피해를 입은 바부다와 앵귈라, 브리티시버진아일랜드 등의 작은 섬나라들은 경제 위축, 생활수준 저하, 발전 지연의 피해를 입어 정상 회복까지 여러 해가 걸릴 것으로 추정된다. 허리케인 어마 때 바부다는 가옥의 95퍼센트가 파괴되고 국토의 3분의 1이 사람이 살 수 없을 정도로 파괴되었다. 강력한 허리케인의 기습이 없을 때에도 이 섬나라들에서는 해수면 상승으로 인한 피해가 몇 년 전보다 내륙 안쪽까지 퍼져 나가서 주민들과 기반시설을 직접 위협하고 있다. 카리브해 국가들에서는 도심지가 대부분 해안에 접해 있고, 인구의 절반 이상이 해안에서 1.5킬로미터 이내의 지역에 살고 있다. 이곳 해수면의 높이가 1미터 상승하면 항구에 인접한 땅의 최대 80퍼센트가 침수될 것으로 추정된다.

해수면 상승의 충격은 또한 세대 간 유산의 전승마저도 어렵게 만들 가능성이 있다. 해수면 상승은 야생생물 서식지 축소, 연안 생물의 서식지 이동, 생물다양성 감소, 생태계 서비스 축소 등을 야기한다. 주민들이 의존하는 유일한 식수원인 해안 대수층의 염도도 높아지고 있다. 해안 지역의 수많은 문화유산과 전통적 의식이 치러지는 장소는 옮길 도리가 없으므로 범람 때에는 자칫 침수될 위험이 있다. 해변을 휴식과 즐거움을 누릴 수 있는 공공재로 이용할 가능성 또한 줄어들고 있다. 깨끗한 물과 생명력이 넘치는 생태계, 문화유산, 여가 활동 공간을 이용할 수 있는 기회는 다음 세대가 당연히 물려받을 것으로 기대하는 유산이고, 우리가 다음 세대에게 물려주어야 마땅한 최소한의 유산이다.

작은 섬들은 대개 기후변화의 원인에 대한 책임이 아주 적다. 그런데도 이 섬들은 기후변화로 인한 충격의 최전선에 있다. 나중에 섬이 바닷물에 잠기는 것만이 문제가 아니다. 주민들의 생업이 위태로워지고, 발전이 지연되고, 문화유산과 자연유산을 물려받을 다음 세대의 권리가 부인되고 있는 지금의 현실 또한 중요한 문제다. /

3.13

사헬의
비

힌두 우마루 이브라힘

사헬 지역에서는 비가 모든 것을 결정한다. 차드 호숫가에서 유목생활을 하는 우리 공동체는 여러 가지 단어로 비를 표현한다. 우기가 시작되었으니 가축을 몰고 이동을 시작할 때라는 것을 알려주는 단어도 있고, 건기가 임박했으니 호숫가에 정착할 때라는 것을 알려주는 단어도 있다. 농작물을 적셔주는 고마운 비를 표현하는 단어도 있고, 농사를 망치는 폭풍우를 몰고 오는 비를 표현하는 단어도 있다.

우리는 이처럼 혹독한 환경 탓에 자연의 흐름에 순응하며 사는 법을 터득했다. 우리는 주변 생태계와 협력하며 살아간다. 우리가 데리고 이동하는 소들은 가는 곳마다 풀을 뜯어 먹고 그 대가로 땅에 값진 거름을 준다. 우리는 소를 데리고 사나흘 간격으로 이동하면서 자연이 스스로 회복할 시간을 준다. 우리는 이웃과도 조화로운 관계를 맺으며 살아간다. 대부분의 인구가 농업이나 어업에 종사하는 이 지역에서는 우리가 키우는 소가 땅을 비옥하게 하는 유일한 원천이고 우리가 머물다 떠나는 땅에서는 농사가 잘된다.

30년 전, 내가 태어났을 때 차드호는 엄청나게 큰 호수였다. 60년 전, 내 어머니가 어릴 적에는 훨씬 더 커서 사막 한가운데 있는 작은 바다 같았다고 한다. 그러나 지금은 아프리카 지도 한가운데 떨어진 물방울처럼 보인다. 차드호 물의 90퍼센트가 사라졌다. 사헬 지역의 평균 기온은 줄곧 오르고 있다. 이곳의 기온 상승 폭은 이미 1.5도를 훌쩍 넘었고, 우리는 파리 협정이 넘지 말자고 약속한 온도 너머의 기온에서 살고 있다. 그러나 이 정도는 앞으로 닥칠 일에 비하면 시작에 불과하다. IPCC의 최근 보고서에 따르면, 지금 우리는 기후 지옥의 문에 다가가고 있다. 사헬 지역의 평균 기온 상승 폭은 2030년 무렵에 2도로 올라가고, 21세기 중반 무렵에 3~4도를 찍을 수도 있다고 한다. 내가 사는 동안에도 사헬의 모습은 계속해서 바뀌어갈 것이다.

강수량은 이미 바닥을 찍고 있다. 걸핏하면 땅이 건조해져 맨살을 드러낸다. 전에는 젖소 한 마리에서 하루 4리터씩 우유를 얻었지만, 지금은 풀이 없기 때문에 고작 2리터, 심지어 1리터에 그칠 때도 많다. 비마저도 우리를 도와주는 동맹이 아니라 적으로 둔갑하는 일이 갈수록 잦아지고 있다. 최근 5년 사이에, 폭우가 우리가 의지하는 땅과 집, 이곳 문화를 만신창이로 만드는 일이 반복되고 있다.

게다가 우리는 기후전쟁의 문턱에서 살고 있다. 사람들은 얼마 남지 않은 자원을 놓고 싸움을 벌이고 있다. 주민의 70퍼센트가 자연에 의지해서 농사를 짓는 곳에서 자연이 병들면 사람들은 평정심을 잃는다. 자연 자원을 차지하기 위한 치열한 경쟁이 이어지면서 농민과 유목민 사이의 오랜 동맹관계도 무너지고 있다. 말리와 부르키나파소 북부, 나이지리아에서는 예전에 우호관계를 맺었던 사람들의 땅을 빼앗으려는 이들이 놓은 불에 잿더미가 된 마을이 여럿 있다.

그러나 나는 여전히 사헬이 희망의 땅이라고 생각한다. 이곳에는 물러서지 않고 맞서 싸우는 기후 전사들이 많다. 내가 속한 공동체에서는 여성들이 기후변화에 대처하기 위한 해법을 실행에 옮기고 있다. 이곳 선주민들은 회복력이 강한 농사를 짓기 위해 전통 지식을 활용해 가뭄과 폭염에 견딜 수 있는 작물을 찾아내고 있다. 또한 우리는 할머니와 할아버지 세대의 기억에 새겨진 지식을 활용해 만든, 유구한 역사를 가진 천연자원 지도와 최악의 건기에도 물을 얻을 수 있는 물 지도를 가지고 있다.

선주민이 보유한 전통 지식은 우리에게 비를 표현하는 수많은 단어들뿐 아니라 기후변화에 맞서 싸울 수 있는 수많은 도구에 대한 정보까지 알려준다. 구름과 철새의 이동, 풍향, 곤충의 행동, 소의 행동을 관찰하는 등 수백 년간 자연의 흐름에 순응해 살면서 얻은 지혜 덕분에 우리는 이 곤경에 맞서 싸울 무기를 가지고 있다. 할머니 할아버지 세대는 학교에서 공부할 기회는 없었을지 모르나 자연보호 분야의 석사, 박사급의 지식을 가지고 있고, 이제는 기후 적응 분야의 전문가로 변신하고 있다.

우리는 기후변화의 희생자로만 살고 싶지 않다. 우리는 할 수 있는 최선의 몫을 다할 것이다. 우리는 이미 그 일을 하고 있다. 우리의 생활방식은 기후 중립적이다. 우리는 식량을 생산하면서도 숲과 사바나를 유지하고 자연의 탄소 저장량을 늘리는 게 충분히 가능하다는 것을 입증하는 살아 있는 증거다. 대부분의 공업국에서는 농업이 중요한 온실가스 배출원이지만 우리 공동체에서는 농업이 탄소 흡수원이다.

오래전부터 우리는 우리 자신뿐 아니라 앞으로 태어날 일곱 세대를 위해 자연을 돌보아왔다. 우리 공동체에서는 모든 일을 이런 관점에서 결정한다. 중요한 결정을 내려야 할 때는 우리 이전의 일곱 세대라면 어떤 결정을 내렸을지, 지금 우리가 내리는 이 결정이 나중에 태어날 일곱 세대에게 어떤 영향을 미칠지를 신중히 생각해야 한다. 우리는 이런 식으로 세대 간 형평성을 모든 중요한 결정의 핵심 가치로 삼아야 한다.

이제는 국제사회가 우리 공동체 사람들의 의견을 귀 기울여 듣고 이들을 도와야 할 때다. 선주민들은 기나긴 세월 동안 우리 지구의 역사를 대변하는 존재로 대우받아왔다. 그러나 우리는 과거의 대변자가 아니라, 미래의 대변자다.

세계 전역의 선주민 공동체가 모두 그렇다. 생물다양성은 우리의 가장 좋은 동맹이다. 우리는 자연을 소유하고 사용하고 파괴할 수 있는 도구로 여기지 않는다. 자연은 우리의 슈퍼마켓이고, 약국이고, 병원이고, 학교다. 그리고 많은 선주민 공동체에게 자연은 그 이상의 것이다. 자연은 우리의 영적 삶과 우리 문화의 정수이며 우리 언어의 원천이다. 자연은 우리의 정체성이다. /

3.14

사프미의
겨울

엘린 안나 라바

이 계절의 사프미는 너무나 아름답다. 서리로 뒤덮인 숲이 구름과 어우러져 순백으로 빛난다. 순록은 습지대에서도 눈에 잘 띈다. 새끼 순록 한 마리가 눈 속에 누워 있다. 머리를 땅에 박고 등골뼈를 하늘로 곧추세운 채 웅크린 모습이 마치 돌멩이 같다. 겨울 날씨에 맞추어 무성하게 자란 털에 손을 얹으면 희미한 심장 박동이 느껴진다. 새근새근 잠을 자는 젖먹이처럼 편안한 모습이다.

하지만 어릴 때부터 순록을 따라다닌 사람은 안다. 이렇게 웅크리고 있는 새끼 순록은 오래 버티지 못한다. 이미 때를 놓쳤다. 이 새끼 순록은 여름에 어미를 따라 산에서 내려왔지만 이제는 더 이상 움직일 수 없다. 사람들이 먹이를 입에 넣어주어도 기력이 없어 먹지 못한다. 너무 오래 굶주린 탓이다.

사프미는 4개국에 걸쳐 있는 지역이다. 스웨덴, 노르웨이, 핀란드, 러시아 콜라반도의 북부에 걸쳐 있다. 유럽에 있는 유일한 선주민인 사미족은 순록을 기르는 오랜 전통과 동물을 보호하는 철저한 전통을 유지하고 있다. 우리가 기억할 수 있는 아주 먼 옛날부터 사미족 사람들은 순록의 생태에 순응하며 살아왔다. 북극 지역의 여름은 찰나에 지나가는 찬란한 기억에 불과하고, 이들의 삶은 눈을 중심으로 펼쳐진다. 1년 중 대부분을 눈 속에서 살다보면 자연히 땅을 덮은 눈의 형태에 순응해 살아가는 법을 터득하게 된다. 생존을 위한 필수적인 지혜다. 기후변화가 현실화되기 전부터 북극 선주민의 세계에서는 불안감이 속삭임처럼 퍼져 나가기 시작했다. 눈이 달라지고 있다. 눈이 너무 일찍 오고 그다음에는 비가 내린다. 그러고는 다시 모든 것이 얼어붙는다. 왜 이제는 겨울이 이렇게 일찍 오는 걸까? 죽어가는 새끼 순록의 발굽이 때 이른 눈에 묻혀 있다.

우리 가족이 사는 곳은 사미어로 달바디스(겨울 정착지)라고 한다. 이 작은 마을은 스웨덴어로 요크모크라고 불린다. 산지에서 가까운 스웨덴의 숲지대에 있는 마을이다. 몇 해 전만 해도 겨울이면 수많은 순록 떼가 숲에서 풀을 뜯었다. 순록은 자유롭게 돌아다니면서 두껍게 쌓였어도 얼지 않아 보송보송한 눈을 파헤쳐 풀을 뜯어 먹었다. 겨울이 깊어지면서 눈이 두껍게 쌓여 단단해지면 순록은 나무에 낀 이끼를 뜯어 먹었고, 봄이 되면 다시 산으로 올라갔다. 그러나 올해 요크모크의 모습은 목장과 다름없다. 순록이 뜯을 풀을 마련하기 위해 마을 주변 사방팔방에 목초지가 조성되어 있다. 바싹 여윈 순록은 체온 회복을 위해 차고로 보내진다. 차고 문을 열 때마다 냄새가 코를 찌르고 온몸 구석구석으로 파고든다. 야생동물을 폐쇄된 공간에 두면 바로 병이 난다. 눈에 염증이 생겨 고름이 흐르고 위장도 기능을 멈춘다.

병든 순록이 느끼는 공포감은 우리 몸속으로도 스며든다. 우리는 순록이 숲에서 죽을 자유를 빼앗았지만, 순록을 보호할 능력까지는 가지고 있지 않다. 우리는 지금 무엇을 바꾸어놓고 있는 걸까? 기근과 절망이 기승을 부리던 시기는 언제나 있었고, 사미어로는 이런 해를 '고아비goavvi'라고 부른다. 고아비는 순록이 풀을 뜯기 어려운 상황이 발생한 해를 말하는데, 이 단어는 '가혹하다', '잔인하다'라는 뜻으로도 쓰인다. 이 단어는 공포감을 옮기는 신화 속의 단어다. 노인들 사이에서는 특히 더 그렇다. 100여 년 전 고아비가 찾아왔을 때 숲에는 난데없이 처음 보는 덤불이 들어찼다. 가까이 가서 보니 그 덤불은 눈밭 위로 솟아 있는 죽은 순록들의 뿔이었다.

혹독한 겨울이 찾아오면, 순록을 치는 사람들은 땅에 박힌 풀뿌리를 뜯어내고 이끼를 걷어다 순록에게 주었다. 위기의 해가 곧 끝나고 좋은 시절이 오리라는 믿음이 있으면 그렇게 힘든 겨울도 거뜬히 버틸 수 있다.

노인들은 10년 넘게 이어지고 있는, 끝을 알 수 없는 위기의 해에 대해 이야기한다. 기후변화는 미래에 닥칠 공포가 아니라 뼈와 피부에 새겨진 공포다. "세상이 달라졌어. 우리는 그게 사실이라는 걸 알면서도 사실이 아니라고 믿고 싶어 하지." 순록을 치는 어느 노인의 말이다. 그분이 젊었을 적에 그곳은 원시림이었다. 그런데 순록이 풀을 뜯던 산에 지금은 나무가 모조리 베여나가 텅 빈 숲과 풍력 발전소가 있을 뿐이다. 순록 떼가 풀을 찾아 이동하던 마지막 이동 경로 끝에는 광산이 들어설지도 모른다. 수력 발전을 위해 만든 저수지는 언제 깨질지 모르는 얇은 얼음으로 덮여 있다. 땅도 지력이 쇠해 병든 순록의 심장처럼 빈약한 박동 소리를 내는 듯한 느낌이 들 때도 있다. 그런데도 스웨덴은 여전히 북극 지역에서 더 많은 돈벌이를 찾아낼 수 있다고 생각한다. 북유럽 국가들은 사프미를 테라 눌리우스(주인 없는 땅)로 여긴다. 이곳은 비어 있는 땅이니 청정에너지를 쓰는 산업은 물론 화석연료를 쓰는 산업에도 적합한 곳이라고 생각한다. 과거에 과오를 저지르고도 그것을 인정하지 않는 나라에 사는 사람들은 그 과거가 어떻게 반복되는지, 그 낡은 식민주의가 어떻게 껍데기만 바꾸어 새로운 주장과 새로운 형식을 찾아내는지 알지 못한다. 기후변화 때문에 이미 가장 큰 타격을 입고 있는 세계 각지의 사람들은 자신의 운명을 결정할 권한이 없다. 슬픈 이야기이지만 땅과 언어, 가족, 가치관을 빼앗겼던 과거의 경험 때문에 선주민들은 이런 상황에 익숙하다. 과거와 현재는 항상 팔짱을 끼고 걷는다.

태양의 자식들 이야기가 담긴 사미족의 전통 시에서 태양의 딸은 근심이 많다. 과연 인간들은 어찌 될까? 이 시에서는, 해는 저물어가고 늑대들이 어둠 속에 몸을 숨긴 채 다가오고 있다. 해가 완전히 넘어가고 순록의 수는 점점 줄어간다. 그러나 그녀는 태양의 딸이기에 희망도 품고 있다. 당연히 희망을 품어야 한다. 이 땅을 지킬 능력이 스스로에게 있다는 믿음이 없다면 우리는 땅을 지킬 수 없다. 태양의 딸은 '아침은 반드시 올 거야'라고 희망을 북돋우며 스스로를 다독인다.

아침이 오기를 기다리며 힘을 합쳐 일어서는 젊은이들이 바로 태양의 딸이라고 생각한다. 적어도 이곳 북극에서만큼은 틀림없는 사실이다. 지난 10여 년 사이에 우리는 북극 동물들을 겉옷으로 감싸주고 이끼에 설탕물을 섞어주는 방법을 터득했다. 심지어 어린아이들도 아픈 동물을 돌보는 법을 배운다. 무엇보다도 우리는 마지막 숲과 마지막 산을 지키듯 숲과 산을 지키기 위해 싸우는 법을 배운다. 죽어가는 새끼 순록 곁을 지킬 때 그 꺼져가는 생명이 그렇게 하라고 일러주기 때문이다. 우리는 마지막 하나 남은 것을 지키겠다는 심정으로 모든 것을 지키기 위해 싸워야 한다. 실제로 그것은 마지막 남은 하나다. 사람은 태양의 자식으로서 땅을 지켜야 한다. 땅을 지키지 않으면 우리는 이곳에 있을 수 없을 테니까. /

3.15
숲을 위한
싸움

소니아 과자자라

기후 대파멸을 막기 위한 싸움은 세계적인 투쟁이다. 이 투쟁의 성패는 우리 모두가 우리 터전을 지켜내느냐 마느냐에 달렸다. 세계 어디에 있든지 우리는 우리 생태계의 보전을 위해 싸우고, 숲은 보지 않고 이익이 될 것만 찾아내는 과도한 탐욕이 빚어낸 피해로부터 생태계가 회복할 수 있도록 도와야 한다.

나는 아마존에서 나고 자란 선주민 여성이다. 나는 어릴 때부터 우리 영토를 보호하는 것이 아주 중요하다는 걸 알았다. 아마존 사람들의 삶과 육체와 정신은 땅과 맺는 관계와 깊이 연결되어 있기 때문이다.

우리가 걸어온 길은 늘 생명을 지키는 길이었다. 이 땅(당시 이곳은 브라질이라고 불리지 않았다)에 최초의 침략자들이 발을 디딘 이후로, 우리는 끊임없이 반복되는 공격에 늘 경계 태세로 살아왔다. 식민지화 계획은 우리 영토를 빼앗고 우리 몸에 질병과 죽음을 떠안겼고 아마존의 생물군계에 불을 지르고 파괴를 일삼았다. 우리가 지금까지 살아남을 수 있었던 것은 우리가 지칠 줄 모르는 투사이고, 우리에게는 어머니 지구를 지키기 위해 싸울 때 의지할 수 있는 선조들의 투지가 있기 때문이다.

2021년 9월 브라질리아에서 열린 제2차 선주민 여성행진 기간 동안, 우리는 리플로레스타르멘테스Reflorestarmentes(재조림) 플랫폼을 설립했다. 지역 사회에 기반을 둔 혁신적인 환경보호 프로젝트들을 연결하고 선주민 여성의 지식과 지혜를 세계와 공유하는 것이 이 플랫폼의 목적이다. 지금 인류와 어머니 지구는 여러 가지 세계적 위기 때문에 극심한 타격을 입고 있다. 기후위기와 환경 파괴 위기, 배타적이고 불평등한 경제 체제로 인한 위기, 기아와 실업의 위기, 증오와 절망의 위기 등이 중첩된 결과, 생물군계와의 상호작용에 의존하며 살아가는 세계 각지의 선주민들이 가장 극심한 충격에 시달리고 있다.

다음 페이지:
지리학자이자 환경
운동가인 선주민
여성 힌두 우마루
이브라힘이 차드의
한 유목민 그룹과
함께 조상 대대로
이어져온 농생태학
전통을 실천하고
있다.

다시 말해 지구와 숲과 신선한 물의 원천을 가장 아끼며 살아온 사람들이 이것들을 파괴하는 활동 때문에 가장 큰 충격을 받고 있다. 이것은 수많은 과학 연구를 통해 확인된 부인할 수 없는 사실이다. 선주민은 숲과 지구의 진정한 수호자다. 선주민 인구는 세계 인구의 약 5퍼센트이며, 이들이 사는 땅의 면적은 전 세계 육지의 28퍼센트에 불과하다. 그러나 이들은 어머니 지구에 의지해 살아가는 생물다양성의 80퍼센트를 보호하고 보존하는 일을 해내고 있다.

이런 통계는 우리가 수 세기 동안 반복해온 사실을 뒷받침한다. 우리 선주민을 배제하는 한 인류에게 미래는 없다. 하나 덧붙이자면, 선주민 여성들은 인류의 미래를 지키기 위한 투쟁의 중심에 서 있다. 많은 선주민 공동체에서는 여성들이 생태계를 관리하고 보존하는 일과 기억과 관습을 통해 지식을 보존하는 일을 맡고 있다. 우리는 수천 년 동안 숲의 생태에 순응하며 살아왔고, 우리와 숲의 생존에 더 적합한 환경이 되도록 숲을 가꾸어왔다. 우리 세계 밖의 사람들은 흔히 숲이 사람의 손길이 닿지 않은 곳이라고 생각하지만, 그 생각은 옳지 않다. 숲은 우리가 가꾼 것이다.

우리는 인류에게 미래를 일궈가는 광범위한 활동에 기여할 기회 즉, 공정하고 지속가능한 삶을 영위할 기회를 주기 위해 1000년의 연륜을 지닌 선조의 지식을 조직하고 공유할 것이다. 우리가 모든 진리를 알고 있는 것은 아니지만, 지금은 인류가 이 행성에 거주한 이후로 우리와 우리 선조가 발전시켜온 지식과 기술이 그 어느 때보다 필요하다.

우리는 완전하고 강력한 연속성을 지닌 생물군계와 인간 존재가 조화를 이루는 생활방식을 발전시켜야 한다. 선주민 여성들은 이 방법을 알고 있다. 우리는 이 행성의 생명을 다루는 선조 과학자다. 우리는 인류가 현재에도 그리고 미래에도 존속할 수 있도록 우리가 지닌 지식을 기꺼이 공유할 것이다. /

우리 선주민을 배제하는 한 인류에게 미래는 없다.

3.16
우리가 마주치게 될 엄청난 곤경

그레타 툰베리

"온난화가 지금과 같은 추세로 진행된다면, 2050년 이전에 12억 명의 실향민이 발생할 수 있다." 오키 다이칸이 이 책에 쓴 글이다. 이것은 기후위기와 생태위기에 관한 글을 읽을 때 마주치는 여러 가지 숫자 중 하나다. 이 모든 숫자는 이제껏 걸어온 길을 계속 걸어갈 경우 우리가 마주치게 될 엄청난 곤경을 나타내는바, 그 의미를 제대로 헤아리고 해석하는 것은 불가능에 가깝다. 이 12억 명 중 대부분은 자국 내 실향민일 것이다. 그러나 수십 년간 전 세계가 보여준 난민에 대한 처우를 떠올려보면, 이처럼 실향민이 대량 발생할 경우 광범위한 지역에서 상상할 수 없는 고통과 인적 재해가 빚어지고 문명 전체가 위태로워질 것이다.

살던 집을 두고 떠나는 사람 중에 스스로 원해서 떠나는 사람은 극소수에 불과하다. 위험을 피해 달아나는 것은 인간의 자연스러운 본능이다. 그들과 똑같은 처지에 놓인다면 우리 역시 거의 대부분 그들과 똑같이 행동할 것이다. 하지만 우리가 기후 난민이라고 규정하는 사람들은 스스로를 기후 난민이라고 여기지 않을 것이다. 이들을 떠나게 만든 최종 결정 요인은 홍수나 가뭄이나 분쟁이나 기후와 관련된 기근 때문이었겠지만, 가난이나 질병, 폭력, 테러, 억압 등 다른 여러 가지 요인도 복합적인 영향을 미쳤을 것이다. 아미타브 고시가 《육두구의 저주》라는 책에서 설명했듯이, 모든 것은 연결되어 있다.

장벽이나 철조망을 세우는 것만으로는 장기적인 안전을 확보할 수 없다. 지중해나 영국 해협에서 익사하는 사람들을 모른 체하고 항구 접근을 봉쇄하는 것으로는 이 문제를 해결할 수 없다. 세계가 불화를 치유하고 자원을 합리적이고 지속가능한 방식으로 나누어 쓰려는 노력을 시작하지 않는 한, 이 문제는 계속 되돌아와 끈질기게 인류를 괴롭힐 것이다.

민주주의는 우리가 가진 가장 소중한 도구다. 민주주의 없이는 우리가 직면한 문제를 해결할 기회조차 얻을 수 없음을 잊지 말아야 한다. 독재정권의 치하에서 사회적 동요를 낳을 수 있는 과학적 결과를 널리 알리거나 권력자에게 진실을 말한다면 어떤 일이 벌어질지 상상해보라. 불안정한 기후는 세계를 불안정하게 만들고, 민주주의를 비롯해서 우리 사회의 모든 것을 위험에 빠뜨릴 것이다. 기후위기는 각종 갈등과 사회 문제를 증폭시킬 것이다. 마셜 버크가 이 책에서 밝히고 있듯이, "세계 각지에서 일어나는 조직적 무력 충돌의 발생 건수 역시 증가하는 추세이며 지금은 100여 년 사이에 최고 수준에 도달했고 그 탓에 기록적인 숫자의 자국 내 실향민과 충격적인 수준의 세계적 기아가 발생하고 있다". 이런 지속가능성 위기를 빚어내는 여러 가지 근본 문제를 해결하지 못한다면, 이 위기는 틀림없이 민주주의의 심각한 훼손으로 이어질 것이다. 또한 화석연료에 대한 지나친 의존은 현대사의 굽이굽이에서 무력분쟁을 야기하는 핵심 요인으로 작용해왔다. 그런데도 우리는 화석연료 의존에서 벗어나기 위해 노력하기는커녕 의존도를 더욱 높이면서 인권을 짓밟는 지정학적 패권국가의 든든한 자금줄 노릇을 하고 있다. 우리는 푸틴의 러시아나 페르시아만 주변 국가 등 권위주의 정권이 생산하는 석유와 석탄, 화석가스에 점점 더 심하게 의존하고 있다.

상황은 갈수록 나빠질 것이고, 점점 복잡하게 꼬여가는 문제들에 대해 손쉬운 해결책과 책임 떠넘기기를 적극적으로 제안하는 권위주의 정치인이 점점 더 늘어날 것이다. 파시즘의 출현과 득세는 흔히 이런 환경에서 일어난다. 세계 각지에서 이미 이런 징후가 나타나고 있다. 이것은 우리가 수백 년 동안 방치한 탓에 모든 영역의 불평등이 심각한 수준으로 쌓여 만들어진 결과다. 다양한 문제의 근본 원인을 해결하기 위한 노력과 사회의 모든 영역에서 강력하고 민주적인 풀뿌리운동(우리가 방금 만난 운동들과 같이 차별과 불평등 해소를 위해 노력하는 운동들)을 일구어내는 노력을 시작하지 않으면, 인류는 이제껏 이뤄낸 아름답고 의미 있는 모든 것을 잃어버리고(비유가 아니라 실제로) 다시는 되돌리지 못할 것이다.

여러 가지 운동이 이미 전개되고 있고, 우리의 노력에 따라 또 다른 운동들이 시작될 것이다. 모든 운동은 일체의 폭력을 배제하고 사회적 소요 사태가 발생하지 않게 해야 할 막중한 책임이 있다. 사회적 소요는 의도적인 기물 파손 행위와 파괴로 이어져 운동의 성과보다 훨씬 큰 손실을 낳을 수 있기 때문이다. 우리에겐 수십억 명의 기후활동가가 필요하다. 어느 누구의 안전도 위협하지 않는 비폭력적이고 평화로운 시위와 파업, 불매운동, 행진 등 시민불복종 운동이 필요하다. 인류는 이미 여러 번 사회 변혁을 이루어냈다. 우리는 틀림없이 또 한번 변혁을 이뤄낼 수 있다.

기후위기가 모든 사람의 협력이 만들어낸 결과이듯, 사회 변혁 역시 모든 사람의 협력 없이는 이룰 수 없다. 지속가능성 위기, 불평등 위기, 민주주의 위기는 한 사람의 노력이나 한 국가의 힘만으로 해결할 수 없다. 모두가 협력해야 하고 연대하여 활동해야 한다. 우리가 공동의 대의를 위해 힘을 합치면 정의롭고 지속가능하며 평등한 사회를 만들 수 있다. 물론 우리는 이기적이고 지속가능하지 않으며 불평등한 사회도 만들 수 있다.

3.17

온난화와 불평등

솔로몬 시앙

우리 세계는 불평등이 심각하다. 부유한 공동체는 수백 년 전에는 상상조차 할 수 없었던 놀라운 혜택과 높은 생활수준을 누리며 살아가는 반면에, 가난한 공동체는 수백 년 전 상황과 거의 다름없이 자원과 의료 혜택, 기술을 이용할 기회를 차단당한 채 살아간다.

미래에는 우리가 배출한 온실가스로 인해 빚어진 기후변화가 세계적인 불평등 상황에 큰 영향을 미치게 될 것이다. 환경 조건이 바뀌어가면서 각 사회가 이용할 수 있는 기회와 자원에도 변화가 생기고, 그에 따라 어떤 사회의 형편은 개선되고 다른 사회의 형편은 나빠질 수 있다. 예를 들어 기후가 변하면 농업이 주 소득원인 공동체의 생업이 영향을 받게 될 것이다. 농업의 종류와 이 공동체가 어떤 농업을 하는지, 해당 지역의 기후가 어떻게 변하는지에 따라 이 영향은 긍정적일 수도 있고 부정적일 수도 있다. 덥고 건조한 지역에서는 강수량이 증가하면 농사를 짓는 데 도움이 된다. 반대로 극심한 기온 상승이 나타나는 경우에는 농사짓기가 더 어려워질 수도 있다. 지구 온난화가 특정한 공동체에 미치는 전반적인 영향은 여러 가지 요인(그 공동체의 생활방식, 그 지역의 현재 기후 조건과 미래에 예상되는 기후 조건 등)에 따라 달라진다.

이처럼 여러 가지 요인이 복잡하게 얽혀 있기 때문에, 기후변화가 불평등에 '어떤' 영향을 미칠지는 확실치 않다. 만일 온난화 때문에 부유한 사회의 형편이 상대적으로 나빠지고 가난한 사회의 형편이 상대적으로 좋아진다면 기후변화는 세계적 불평등을 '개선'하는 데 기여할 수 있다. 그러나 온난화 때문에 부유한 사회가 대체로 혜택을 보고 가난한 사회가 대체로 피해를 입는 경향이 있다면 기후변화가 불평등을 '심화'할 것이라고 예상할 수 있다. 심화와 개선 중 어느 쪽이 더 가능성이 높은지 알아보기 위해서, 나를 비롯한 많은 연

기온과 피해

그림 1:
온난화 영향은 비선형적이어서 지역에 따라 혜택을 줄 수도, 피해를 줄 수도 있다.

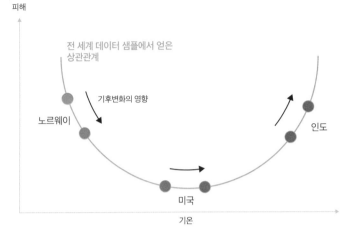

구자들이 다양한 자료를 분석해 다양한 사회가 다양한 기후 조건에서 어떤 영향을 받는지 연구하고 있다.

자료 분석 결과, 우리는 기후변화가 불평등을 심화할 가능성이 높다는 것을 확인했다. 부유한 사람들은 복지의 어떤 측면(예: 건강, 교육, 소득)을 기준으로 하느냐에 따라 온난화 때문에 혜택을 보기도 하고 피해를 보기도 한다. 그러나 우리가 분석한 거의 모든 측면에서 가난한 사람들은 대개 부유한 사람들보다 훨씬 더 심각한 피해를 입는다.

연구에 따르면, 가난한 사람들이 부유한 사람들보다 기후변화 때문에 더 큰 피해를 입는 까닭은 크게 두 가지다. 첫째, 가난한 공동체는 기후변화의 영향으로부터 스스로를 지키려고 할 때 이용할 수 있는 자원이 훨씬 제한되어 있다. 에어컨과 파도를 막기 위한 방파제와 관개시설을 갖추고 있다면 기온 상승과 극한 기상 현상의 충격을 줄일 수 있지만, 이를 마련하려면 상당히 많은 돈과 자원을 투자해야만 한다.

두 번째 이유는 널리 알려지지는 않았지만 훨씬 더 중요한 함의를 가질 수 있다. 바로 기온과 여러 가지 중요한 인간 활동이 '비선형 관계'에 있다는 점이다. 그림 1에서 볼 수 있듯이, 온난화의 영향은 해당 지역의 현재 기온에 따라 달라진다. 연구에 따르면, 추운 지역(예: 노르웨이)에서는 기온이 오르면 일반적으로 난방비와 겨울철 호흡기 질환 발생 건수가 줄고 노동 생산성이 증

2019년 1인당 GDP

US$ x 1000

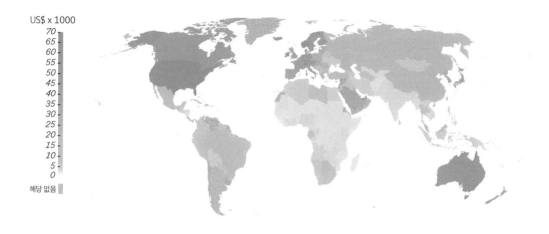

2100년 기후변화가 사망률에 미치는 영향

4도 온난화 시나리오

10만 명당 사망자 수

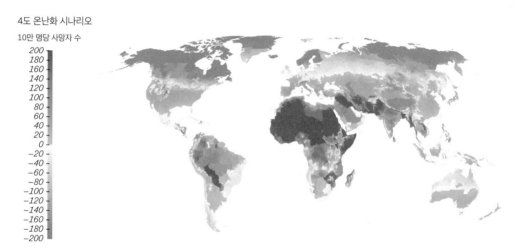

2100년 기후변화가 1인당 GDP에 미치는 영향

4도 온난화 시나리오

백분율 변화

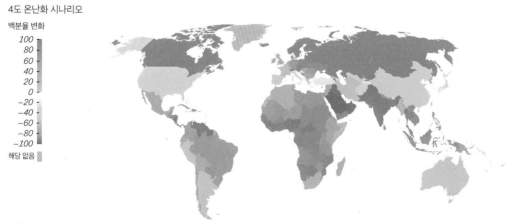

그림 2

가하는 등 긍정적인 영향이 나타난다. 온대 지역(예: 미국 아이오와)에서는 온난화가 삶의 질에 거의 영향을 미치지 않는다. 많은 연구들은 '이상적인' 평균 기온이 13~20도 구간이라고 본다. 따라서 이미 기온이 높은 지역(예: 인도)에서는 기온이 오르면 작물 수확량이 감소하고 매개체 전파 감염병이 기승을 부리고 경제성장이 둔화되는 등의 심각한 피해가 발생한다. 기온이 1도 더 오를 때 받는 영향은 지역마다 차이가 있으며, 이것은 세계적 불평등 문제와 관련해서 중요한 함의를 지닌다.

기온의 비선형적인 영향이 중요한 이유는 현재 가난한 사람들이 거주하는 곳이 대체로 더운 지역이기 때문이다. 그림 2의 첫 번째 지도에는 현재 세계 각 지역의 1인당 GDP가 표시되어 있다. 흔히 알고 있듯이, 기후가 춥거나 온화한 지역의 나라들은 평균 소득이 상대적으로 더 높고, 적도에 가까운 열대와 아열대 지역의 나라들은 대체로 소득이 상대적으로 훨씬 더 낮다. 기후변화와 관련해서 가난한 사회는 더 불리한 출발점에 있다. 이들은 애초에 더운 곳에 살고 있기 때문에 온난화로 더 큰 피해를 입는다. 반면에 부유한 사회는 기온이 비교적 낮은 지역에 있어서 온난화로 입는 피해가 덜하고 때로는 혜택을 보기도 한다.

그림 2의 두 번째와 세 번째 지도는 21세기 말 상황을 예측하는 내용이다. 두 번째 지도는 고배출 시나리오(2100년에 4도 상승)에서 세계 각지의 사망률 추정치를 나타낸다. 세 번째 지도는 고배출 시나리오에서 1인당 GDP 변화의 추정치를 나타낸다. 두 예측 모두 부유한 국가가 스스로를 보호할 수 있는 자원을 더 많이 가지고 있다는 사실을 반영한다. 여기서도 기온이 사망률과 국민소득에 미치는 비선형적 영향이 눈에 띈다. 상대적으로 기온이 높은 열대와 아열대 지역은 연간 사망률이 10만 명당 100명 넘게 늘어나고 GDP가 약 50퍼센트 넘게 감소해 건강 및 경제적 기회와 관련해서 더 큰 피해를 입는다. 온대 지역은 그다지 큰 피해를 입지 않는다. 추운 지역은 온난화로 건강이 개선되고 생산성이 개선되는 등의 혜택을 본다.

그림 2의 첫 번째 지도와 아래의 두 지도를 비교해보면 알 수 있듯이, 기후변화는 세계 각지 빈곤층의 형편을 개선하는 데 도움을 주기보다는 개선을 가로막아 빈부 격차를 더욱더 심화할 것이다. /

3.18

물 부족

오키 다이칸

2019년 8월, 나는 스톡홀름 세계 물 주간 행사 때 요한 록스트룀에게 21세기 안에 스톡홀름의 평균 기온이 7도에서 15도로 오르고 연평균 강수량이 500밀리미터에서 1500밀리미터로 증가하면 스톡홀름이 과연 선진적인 사회를 유지할수 있겠느냐고 물었다. 내 예상대로 그는 불가능할 거라고 대답했다.

아마 그럴 것이다. 스톡홀름의 기후가 그렇게 단기간에 급변한다면 사람들은 그 기후에 적응하는 데 큰 어려움을 겪을 것이다. 하지만 적응이 완전히 불가능하다고 단언할 수는 없다. 도쿄의 평균 기온은 15도, 연평균 강수량은 1500밀리미터다. 하지만 도쿄 사람들은 적어도 지금까지는 현대적이고 안전하고 평온한 삶을 살고 있다(물론 만약 지구 온난화가 심각하게 진행되어 스톡홀름 기후가 지금의 도쿄 기후처럼 변한다면, 도쿄의 여름 기온은 지금보다 훨씬 높아져서 버틸 수 없을 정도로 더울 것이고 나는 아마 도쿄를 떠나 스톡홀름으로 이주하고 싶어 할것이다). 다시 말해 우리 사회가 몇 도의 온도와 몇 밀리미터의 강수량에 적응할 수 있느냐 하는 절대적인 수치가 중요한 게 아니라, 기후가 얼마나 많이 변할 것인지, 또 우리가 이런 변화에 적응할 시간이 얼마나 남아 있는지가 중요하다. 세계 각지의 취약한 공동체들은 앞으로 기후변화의 충격 때문에 가장 큰 피해를 입게 될 것이다. 설사 지구상의 다른 모든 공동체가 미래의 기후 조건에 충분히 적응해 번영을 이룬다고 해도, 이들 취약한 공동체는 심각한 어려움에, 어쩌면 극단적인 곤경에 처하게 될 것이다.

물은 기후변화의 영향을 사회로 전달하는 메커니즘이다. 10여 년 전에 내가 동료 학자와 함께 쓴 전 지구 수문학적 순환 및 세계 수자원에 대한 보고서에는 "기후변화가 물 순환을 가속화할 것으로 예상되며", 따라서 지속적으로 이용할 수 있는 담수 자원이 '증가'하는 양상이 나타날 수 있다는 내용이 있다. 만일 그렇다면 물 부족을 겪는 인구의 증가율은 감소할 것이다. 그러나 우리는 이 보고서에서 계절적 패턴이 변화하고 극한 기상 현상의 발생 확률이 높아지면 이 영향이 상쇄되어 강수 현상이 더 간헐적으로 발생할 수 있다고도 밝혔다. 우리의 경고는 계속 이어진다. "해당 사회가 이런 변화에 대비되어 있지 않고 수문학적 순환의 다양한 변동 요인을 제대로 추적 관찰하지 못할 경우, 많은 사람이 물 부족을 겪거나 홍수 등의 위험 요인 때문에 생활 터전이 파괴되는 타격을 입을 가능성이 있다."

유감스럽게도 우리가 이 보고서를 쓴 뒤로 자연재해 발생 건수가 늘어났다. 유엔재난위험경감사무국(UNDDR)이 집계한 보고서에 따르면, 2001년부터 2020년 사이에 일어난 기후 재해 발생 건수는 1991년부터 2000년 사이의 발생 건수에 비해 가뭄이 1.29배, 폭풍이 1.4배, 홍수가 2.34배, 폭염이 3.32배 증가했다. 이런 재해는 기후변화가 진행됨에 따라 더욱 심각해질 것으로 예상되는데, 재해가 취약한 공동체만 골라서 공격하지는 않을 것이다. 경제평화연구소(IEP)가 발간한 생태위협보고서에 따르면, 선진국들은 자원 고갈과 자연재해에 대처할 능력이 있다 해도 이런 재해 때문에 고국을 등져야 했던 절박한 이주민들의 대량 유입 사태의 영향을 피할 수는 없을 것이다. 예를 들어 2015년 이주 사태 때는 유럽으로 밀려드는 이주민 수가 유럽 인구의 0.5퍼센트에 이를 정도로 대규모 이주가 이어져 정치적 긴장과 사회적 소요가 발생했다. 온난화가 지금과 같은 추세로 진행되면, 2050년 무렵에 12억 명의 실향민이 발생할 수 있다. 유엔난민고등판무관(UNHCR)은 이 중 약 20퍼센트가 자신이 살던 나라나 지역을 완전히 벗어나 이주할 것이라고 추정한다. 향후 예상되는 이주민의 수는 자료에 따라 다르지만 대단히 많을 것이라는 게 공통된 평가다. 세계은행의 그라운드스웰 보고서 제2부에서는 2050년 무렵에 2억 1600만 명의 자국 내 실향민이 발생할 수 있다고 추정한다.

이런 기후위기와 환경위기는 어느 한 정치인이나 정부 또는 기업이 일으킨 것이 아니라, 우리가 일상에서 매 순간 내리는 선택이 차곡차곡 쌓여 빚어낸 것이다. 우리는 이제야 비로소 이 사실에 서서히 눈을 뜨고 있다. 물론 이런 인식은 이기적이고 실용적인 관점에서 비롯한 것이다. 이제는 많은 기업이 기후위기와 생태위기를 피하기 위한 조치를 취하는 것이 장기적으로는 자신들에게도 유리한 최선의 선택이라는 것을 알고 있다. 많은 정치인과 정부가 갈수록 높아지는 기후정의 여론에 민감하게 반응하고 있다. 자신의 행동을 바꾸길

거부하면서 기후를 변화시키는 사람들보다 자신의 행동을 바꾸어 기후를 안정적으로 유지하려고 노력하는 사람들이 훨씬 많았다면, 정의로운 전환을 이루기 위한 단호한 기후행동은 이미 오래전에 시작되었을 것이다.

이제 우리는 기후변화가 진행되는 걸 멈출 수 없다. 다만 세계는 산업화 이전 대비 지구 온도 상승 폭을 1.5도 이하로 억제하기 위해 노력하기로 합의했을 뿐이다. 따라서 가까운 미래에 세계의 일부 지역에서 담수 자원이 늘어날 수 있지만, 가뭄과 홍수가 잦아지는 탓에 많은 사람이 타격을 입게 될 것이다. 이미 심각한 물 부족 국가에 살고 있는 약 7억 3300만 명이 특히 위험하다. /

기후
분쟁

마셜 버크

여러 가지 측면에서 볼 때, 인류는 비교적 짧은 지구 거주 기간 동안 인간 상호 간의 평화를 진척시켜왔다. 큰 국가들 사이의 전쟁 발생 빈도가 줄었고, 전쟁터에서 목숨을 잃는 사람이 줄었고, 많은 지역 사회에서 폭행이나 살인 등 다양한 유형의 개인 간 충돌이 줄어들고 있다.

그럼에도 우리 세계에는 여전히 폭력이 난무한다. 매년 타인의 손에 목숨을 잃는 사람이 수십만 명에 달하고, 많은 나라에서 살인 범죄 발생률이 증가하는 추세다. 세계 각지에서 일어나는 조직적 무력충돌의 발생 건수 역시 증가하는 추세이며 지금은 100여 년 사이에 최고 수준에 도달했고(그림 1), 그 탓에 기록적인 숫자의 자국 내 실향민과 충격적인 수준의 세계적 기아가 발생하고 있다. 여기에 더해 기후변화가 폭력과 관련한 이런 추세를 악화시킬 수 있음을 드러내는 증거들이 점점 늘어나고 있다.

1946년 이후 국가가 관여한 무력충돌의 연간 발생 건수

그림 1:
적어도 한쪽이 특정 국가의 정부인 무력충돌.

학자들과 저술가들은 이미 오래전부터 기후가 인간 사이의 행동방식에 영향을 끼칠 수 있다고 주장해왔다. 셰익스피어의 희곡《로미오와 줄리엣》에서 벤볼리오는 친구 머큐시오에게 한낮의 열기 때문에 싸움이 날 수 있으니 집으로 돌아가자고 말한다. 결국 그들은 집으로 돌아가지 못하고 비극이 시작된다. 카뮈의 소설《이방인》에서 주인공 뫼르소는 알제 해변에서 지독한 더위에 이성을 잃고 한 남자에게 총을 쏜다. 100여 년 전 주류 경제지 기사들은 그리스도 탄생 전후 수백 년간의 기후 변동이 로마제국의 갑작스럽고 폭력적인 붕괴를 낳았다고 주장했다. 최근 10여 년 사이에 많은 연구자들이 세계 각지에서 일어난 분쟁의 발생 시기 및 장소와 관련해 훨씬 개선된 자료를 근거로 기후변화가 특정한 상황에서 분쟁 발생 확률을 높일 수 있음을 밝혀내고 있다.

어째서 변화하는 기후가 분쟁에 영향을 미치는 걸까? 분쟁은 여러 가지 요인이 복잡하게 얽혀 일어나는 사건이다. 두 사람 간에 일어나는 격렬한 언쟁도 그렇고, 정부에 맞선 게릴라 집단의 무력 공격도 마찬가지다. 기후 요인 하나만으로 분쟁이 일어나지는 않는다. 그러나 여러 분야의 수많은 연구에 따르면, 기후 요인은 개인 또는 집단이 상대와 싸우려는 의지나 능력, 또는 유인을 강화하는 '저울에 올린 손가락'이 될 수 있다고 한다. 이런 이유에서 미국 국방부는 오래전부터 기후변화를 사람들 사이에 분쟁을 일으키는 무수한 요인들을 더욱 악화시킬 수 있는 '위험 강화 요인'으로 여겨왔다.

수십 년 전부터 심리학자들은 실험을 통해서 방의 온도를 높일수록 피실험자들의 짜증이 심해지고 공격성이 높아진다는 것을 확인했다. 이 같은 생리학적 반응은 실험실 밖에서도 쉽게 확인할 수 있다. 세계 각지에서 시행된 연구에 따르면 기온이 높을수록 운전자의 공격성이 증가하고, 프로 스포츠 경기 중 폭력이 늘어나며, 가정폭력 및 폭행, 살인 등의 강력범죄가 늘어나는 것으로 나타났다.

기온 상승과 강수량의 극단적인 변화는 또한 범죄조직의 폭력, 폭동, 내전 등 집단 분쟁 발생 확률을 높이는 것으로 나타났다. 기온이 높을수록 멕시코에서는 범죄조직의 폭력이 극성을 부린다. 아프리카에서 가뭄과 높은 기온은 민간인 간 충돌을 증가시킨다. 엘니뇨 현상이 있을 때는 세계 각지에서 더 많은 민간인 간 충돌이 발생한다. 이 연구 결과는 단순한 상관관계를 반영한 것이

폭력적인 개인 범죄(미국)
폭력 범죄 건수(평균 대비 변화 %)

정치적 폭력 및 집단 간 폭력(동아프리카)
분쟁 발생 확률(평균 대비 변화 %)

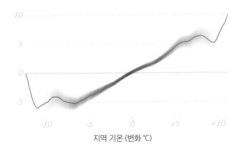

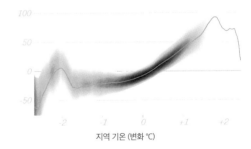

지역 기온 (변화 ℃)

지역 기온 (변화 ℃)

그림 2:
기온이 상승하면 개인의 폭력(왼쪽 위)과 사회집단 간 폭력(오른쪽 위) 등 다양한 유형의 분쟁 발생 확률이 높아진다. 엘니뇨 현상은 전 세계적으로 분쟁에 영향을 미친다(아래).

내전 발생(전 세계 열대지방)
연간 발생 확률(평균 대비 변화 %)

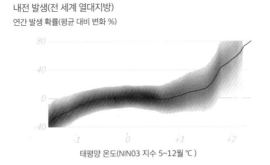

태평양 온도(NINO3 지수 5~12월 ℃)

아니다. 이 결과는 분쟁을 빚어낼 수 있는 무수한 다른 요인들로부터 기후 요인의 역할을 신중하게 분리해 분석하도록 설계된 연구에서 나온 것이다.

이처럼 높은 품질의 연구들이 충분히 존재하기 때문에 우리는 이 연구들을 이용해 논문 수십 편의 결론을 통합해 요약하는 '메타분석'(연구에 대한 연구)을 수행할 수 있다. 이런 연구를 통해서 우리는 기온 상승이 특히 다양한 유형의 분쟁 위험을 강화할 수 있고 기온이 1도 상승할 때마다 집단 분쟁이 악화될 위험이 10~20퍼센트나 높아진다는 일관된 증거를 다시 한번 확인할 수 있다. 이 정도면 상당한 영향이 있다는 말이며, 최근 100년 사이에 기온이 계속 상승하면서 폭력 발생 확률이 상당히 높아졌다는 것을 시사한다.

우리는 뻔히 알면서도 이런 미래의 위험을 외면하고 있다. 그러나 기후는 정해진 운명이 아니다. 인간 사회는 어느 정도의 온난화를 견뎌낼 것인지 선택할 수 있고, 당장의 온난화에 어떻게 대처할지도 선택할 수 있다. 한때는 세계 각지에서 내전이 흔히 일어났지만, 이제는 많은 나라들에서 내전이 사라졌다.

이런 곳에서는 추가적인 기온 상승이 대규모 분쟁을 야기할 가능성이 낮다. 다른 연구에서도 확인되듯이, 분쟁이 발생하기 쉬운 사회나 지역에서도 사회안전망을 강화하면 극한 기상 현상 속에서도 안정적인 생활을 유지하는 데 도움이 될 수 있고, 극한 기상 현상이 분쟁으로 이어지는 것을 효과적으로 차단할 수 있다. 새로운 기후에서도 적응하고 번영할 수 있도록 취약한 공동체에 투자하는 것은 기후변화로 인한 최악의 결과를 막아내는 결정적 열쇠가 될 것이다.

기온 상승과 강수량의 극단적인 변화는
범죄조직의 폭력, 폭동, 내전 등
집단 분쟁 발생 확률을
높이는 것으로 나타났다.

3.20
기후변화의
진짜 비용

유진 린든

우리는 기후변화로 인해서 얼마나 많은 사회경제적 비용을 치러야 할까? 우리가 현재 경로를 계속 유지해서 지구 온도가 산업화 이전보다 3도 더 높아지면 문명 자체가 붕괴할 위험이 있다. 금융 붕괴와 대량 기아, 대량 이주가 발생하고 많은 나라가 사회적 소요에 휩싸일 것이다. 1990년대 초에 여러 나라 정부들이 이런 위험의 심각성을 깨달았다면, 온실가스 배출을 억제하고 잠재적인 재앙을 예방하기 위한 행동에 적극적으로 나섰을 것이다. 그러나 기후변화로 인한 사회경제적 피해 비용의 초기 예측값은 터무니없이 낮았고, 기후 대응 조치를 미루려는 사람들은 이것을 이론적인 방패로 삼았다(나중에 노벨상을 받은 어느 경제학자는 1993년에 한 유명한 논문에서 2100년 이전에 지구 온도가 3도 더 올라도 미국 경제가 입는 피해는 고작해야 GDP의 0.25퍼센트에 불과하다고 추정했다). 이제야 경제학자들은 현실에 눈을 뜨고, 미래의 번영을 위협하는 가장 큰 위험 요인은 기후변화를 막기 위한 조치가 아니라, 기후변화라는 사실을 깨닫고 있다.

그러나 우리가 온난화를 3도 이하로 억제하더라도 기후변화는 우리에게 막대한 피해를 입힐 것이다. 기후변화의 '임계점'의 속성과 피해 규모를 기하급수적으로 키울 수 있는 '티핑 포인트' 때문에 그 피해 규모가 얼마나 될지 예측하기는 어렵다. 허리케인 샌디는 임계점의 중요성을 알려준 생생한 사례였다. 샌디의 상륙으로 뉴욕시 지하철은 125년 역사상 처음으로 침수되어 50억 달러의 피해를 입었다. 만일 폭풍해일과 만조, 해수면 상승의 복합 효과가 15퍼센트만 적었더라면 피해는 아주 미미했을 것이다.

티핑 포인트의 문제는 훨씬 더 심각해서, 미래의 피해를 합리적으로 예측하려는 시도를 난관으로 몰아넣는 요인이다. 예를 들어 북극 영구동토의 해동이 가속화되면 막대한 양의 온실가스가 방출되는 탓에, 멈출 수 없는 온난화의 되먹임 고리가 작동해 기후 모형 연구가 내놓은 가장 비관적인 예측을 훨씬 뛰어넘는 급격한 온도 상승이 나타날 수 있다. 다른 한편으로 육지 빙하의 융해가 가속화되면 대량의 담수가 북대서양으로 유입되어 유럽 여러 지역의 기온을 따뜻하게 유지해온 전 지구적 해류 순환이 멈출 수 있다. 우리는 이런 티핑 포인트를 언제 넘어서게 될지 알 수 없다. 하지만 일단 티핑 포인트를 넘어서면 인류에게 의미 있는 시간 내에 이 상황을 되돌릴 수 없다는 것만큼은 알고 있다.

다음으로 더 뜨거워지는 기후의 간접적인 영향에 대해 생각해보자. 미국 서부에서는 기온 상승으로 나무좀이 폭발적으로 증가해 상록수 대량 고사가 일어나고 있다. 산불의 빠른 확산을 돕는 불쏘시개 역할을 하는 죽은 나무들과, 따뜻하고 건조한 환경에서 쉽게 발생하는 극도로 낮은 습도와 높은 기온, 더 건조한 강풍의 영향이 겹치면서 미국 서부 전역에서 산불이 맹렬히 번져가고 있다. 이런 직간접적 영향이 중첩된 파급효과가 인간 사회로 쏟아져 들어와 예기치 않은 결과를 낳고 있다.

예를 들어 극한 기온은 이란, 시리아, 이라크 등 중동 여러 국가에서 상당한 면적의 땅을 사람이 살기 어려운 곳으로 만들어 중동 난민 문제를 악화시키고 있다. 이런 난민 문제는 각국 내의 갈등과 국가 간 갈등의 불씨를 계속해서 키워간다. 최근에 우리가 목격한 것처럼, 유럽으로의 난민 유입은 국민적 저항과 외국인 혐오증, 포퓰리즘 독재정권의 부상을 낳고 있다.

상상하기 힘든 일들이 일어날 수도 있다. 세계 전역의 수십억 인구가 몇몇 곡창지대에서 생산되는 곡물에 의존한다. 이런 곡창지대들은 수천 년 동안 비교적 안정적으로 유지되어온 기온과 강수 패턴에 완전히 적응한 곳이다. IPCC는 기온이 2도 상승하면 세계 옥수수 생산량이 5퍼센트 감소할 것으로 추정한다. 기온이 더 따뜻해지면서 강수 패턴이 변하고 토양 건조가 가속화되는데, 어느 지점을 넘어서면 주요 작물의 성장이 멈추기 때문이다. 그래서 열대지방에는 곡창지대가 없다.

이 모든 영향은 예측할 수 없는 방식으로 상호작용하기 때문에, 온난화 정도에 따른 경제적 피해 규모를 정확히 예측하기란 몹시 어렵다.

그래도 사람들은 예측을 시도하고 있다.

2021년, 무디스 애널리틱스는 2도 온난화에 도달하면 세계 경제의 피해액이 69조 달러에 이를 것이라고 추정했다. 스위스리의 연구는 2050년 무렵에 2.6도 온난화에 도달하면 코로나19 팬데믹 때보다 세 배나 큰 경제적 피해가 발생할 것이라고 추정했다. 그러나 코로나 팬데믹과는 다르게, 온난화로 인한 피해는 시간이 지날수록 더 커질 것이다. 3도 온난화가 되면 인류가 출현한 이후로 존재한 적 없는 세상이 올 것이다. 아득히 먼 옛날, 온도가 3도 더 높았던 지구에는 많은 생명체가 있었지만 인간은 존재하지 않았다. 이렇게 뜨거워진 세계는 결코 78억 인구를 부양할 수 없을 것이다.

세계는 3도는커녕 2도 온난화에 도달하기 한참 전에 이미 기후 문제로 국제 금융위기를 겪게 될 것이다. 지금도 기후변화로 인한 경제적 피해가 이미 수조 달러에 이를지도 모른다. 거대 보험사 에이온에 따르면, 2000년부터 2009년 사이에 기상 관련 손실로 세계가 입은 피해액은 1조 8000억 달러이고, 2010년부터 2019년 사이의 피해액은 3조 달러로 늘었다. 최근 미국 서부의 산불과 동부 해안을 휩쓴 홍수와 폭풍은 부유한 나라에서도 기후 금융위기가 어떻게 전개될지 전 세계가 체감하게 만든 계기였다.

기후 금융위기는 이렇게 진행된다. 홍수와 화재가 급증하고 폭풍이 더 강해지고 더 잦아지고 기온이 상승함에 따라, 주택 소유자와 사업자에게 자연재해 피해를 보장해주는 보험료가 오른다. 보험사는 할 수만 있다면 재해 발생 확률이 아주 높은 지역에서는 손을 뗄 것이다. 보험에 들지 못하면 대부분의 주택 매수자는 주택담보대출을 받지 못할 것이고, 화재와 홍수가 잦아 보험료가 치솟는 지역에서는 많은 주택 소유자가 집을 팔려고 할 것이다. 하지만 과연 누가 그 집을 사려 할 것이며, 어느 은행이 그 주택의 구입 자금을 빌려주려 하겠는가? 이렇게 되면 2008년 금융위기 때보다 훨씬 심각한 공포 투매와 주택 시장 붕괴가 일어날 것이다. 기후 재해는 일회성이 아니라 반복적으로 찾아올 테니 말이다. 2008년 금융위기 때 보았듯이, 주택 및 상업용 부동산 가치의 대부분, 즉 위험의 대부분을 은행이 보유하고 있기 때문에 주택 위기는 순식간에 금융 전반의 위기로 번질 수 있다.

세계 경제는 서로 뗄 수 없는 완벽히 연결된 시스템이다. 이것은 2008년 금융위기와 코로나 팬데믹으로 인한 공급망 붕괴 위기 때도 여실히 입증된 사

다음 페이지:
2017년 8월 허리케인 하비가 강타한 미국 텍사스주 휴스턴에서 대규모 범람 사태가 발생해 45번 인터스테이트 하이웨이가 침수되었다.

실이다. 이런 시스템에서는 아주 작은 위기가 파국적인 파급력을 발휘할 수 있다. 기후변화로 발생하는 위기는 결코 사소하지 않으며 갈수록 심각해질 것이다. 정책결정자와 정치인, 그리고 대중은 기후변화의 궁극적인 비용은 상상도 계산도 할 수 없는 것이니 어떤 대가를 치르더라도 기후변화를 막아내야 한다는 점을 명심해야 한다. /

정책결정자와 정치인, 그리고 대중은
기후변화의 궁극적인 비용은
상상도 계산도 할 수 없는 것이니
어떤 대가를 치르더라도
기후변화를 막아내야 한다는 점을
명심해야 한다.

제4부 /

우리는
무엇을
하고 있나

우리는 지구 행성과
같은 언어를
쓰지 않는다

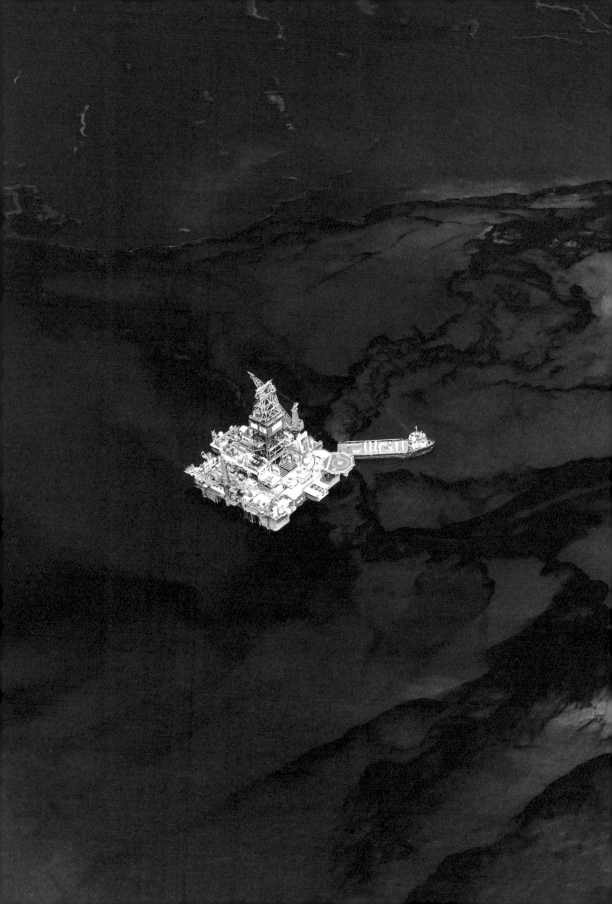

4.1
실패를 바로잡으려면
먼저 실패를 인정해야 한다

그레타 툰베리

세상을 구하는 일은 개인의 자발적인 선택 사항이다. 이 말이 도덕적 관점에서 옳지 않다고 반박하는 사람도 있을 수 있다. 그러나 현실이 그렇다. 인류가 생존할 수 있는 지구 환경을 보호하는 데 꼭 필요한 행동을 하라고 개인에게 강제하는 법이나 규제는 존재하지 않는다. 이런 법이나 규제가 없다는 점 때문에 여러 가지 문제가 빚어진다. 인정하고 싶진 않지만, 비욘세의 주장*은 사실이 아니다. 세상을 움직이는 건 여성들이 아니다. 세상을 움직이는 건 정치인들과 기업들, 재계의 이해관계자들이며, 이들은 대부분 중년의 특권층에 이성애자인 백인 남성이다. 그러나 이들 대부분은 이 임무를 맡기에 적합하지 않다. 하기야 그걸 기대한다는 것 자체가 무리다. 기업의 존립 목적은 세상을 구하는 것이 아니라 이윤을 내는 데 있다. 아니, 더 정확히 말하면 주주와 시장의 이해관계자를 만족시킬 수 있도록 이윤을 극대화하는 것이다. 재계의 이해관계자들 역시 더 많은 이윤을 내고 더 높은 성장을 달성하는 것을 목표로 경제를 움직인다.

정치 지도자들에게는 기대해도 좋을까? 이들은 세상을 변화시킬 막중한 기회를 쥐고 있지만, 이들 역시 지금으로선 세상을 구하는 것을 최우선순위에 놓지 않는다. 충분히 많은 사람들이 목소리를 높여 요구한다면 정치 지도자들을 일으켜 세워 이 일에 앞장서게 할 수 있다. 그러나 지금의 현실은 결코 그렇지 않다. 결과적으로 이들은 권력을 유지하고 차기 선거에서 다시 당선되고 여론을 거스르지 않는 것만을 최우선순위에 두는 것처럼 보인다. 많은 사람들이 정치인들은 차기 선거일까지만 계획을 세우고 생각할 뿐 그 후의 미래는 안중

이전 페이지:
세계 최대의 피해를 낳은 해상 기름 유출 사고. 2010년 4월, BP가 운영하는 딥워터 호라이즌 석유 시추 시설에 화재가 나서 열한 명이 사망했다. 1억 3000만 갤런이 넘는 원유가 멕시코만으로 쏟아져 들어가 생물다양성이 풍부한 광대한 면적의 해양 생태계를 파괴했다.

---

* 비욘세의 〈런 더 월드 Run the World〉에서 '누가 세상을 이끌지? 우리 여자들이지!'라는 노랫말을 가리킨다.

에 없다고 말한다. 그러나 내가 보기엔 그조차도 잘못된 진단이다. 내 경험에 따르면 이들이 장기 정책을 시행할 때 고려하는 미래는 아무리 길어야 다음 여론조사 때까지이고, 대개는 그조차도 너무 먼 미래라고 여겨 크게 고려하지 않는다. 심지어는 내일 조간이나 저녁 뉴스까지가 이들이 고려하는 최대 한계인 경우도 많다.

기후위기와 생태위기 문제를 다루다보면 불편한 질문들을 피해가기 어렵다. 어떤 정치인도 인기가 떨어질 위험을 무릅쓰고 불쾌한 진실을 말하는 역할을 맡으려 하지 않는다. 오히려 그 주제에 휘말려들지 않으려고 노력하고, 더 이상 빠져나갈 수 없는 순간이 오면 실제로는 아무런 대응도 하지 않으면서 여론전술과 홍보전술에 의지해서 현실적인 조치를 시행하고 있는 듯 시늉만 한다.

지도자라고 불리는 사람들의 행태를 들춰내는 일은 결코 즐겁지 않다. 나는 사람이 선하다고 믿고 싶다. 그러나 정치인의 진정성을 의심케 하는 일들은 좀처럼 끝날 것 같지 않다. 진심으로 기후위기에 대응하겠다는 목표를 가진 정치인이라면 가장 먼저 해야 할 일은 문제를 정확히 이해하고 이것을 근거로 실질적인 해결책을 찾기 위해 실제 온실가스 배출량에 대한 정확한 정보를 수집하는 것이 아닐까? 정확한 정보를 얻어야만 어떤 변화를, 어느 정도의 규모로, 얼마나 빨리 시행해야 하는지 종합적인 판단을 내릴 수 있다. 하지만 아직까지 이런 일이 실제로 시행되거나 시행하자는 제안조차 나온 적이 없다. 내가 아는 한 어떤 세계적인 지도자도, 어떤 정치인도 이 일에 나서지 않았다. 이런 상황이니 나로서는 위기를 '해결'하겠다는 지도자들의 야심찬 선언에 진정성이 부족하다고 느낄 수밖에 없다.

언론인 알렉산드라 우리스만 오토는 스웨덴의 기후정책을 조사하기 시작했다가 실제 온실가스 배출량의 3분의 1만이 스웨덴의 기후 목표와 공식적인 국가 배출량 통계에 잡혀 있다는 것을 확인했다. 나머지 3분의 2는 국제적인 기후 관련 정산 방식의 허점 때문에 다른 나라의 배출량으로 떠넘겨지거나 숨겨져 있다는 것을 확인했다. '진보적인' 나의 나라 스웨덴조차 기후위기와 관련한 모든 논의의 장에서 실제 배출량의 3분의 2를 생략하는 편리한 방법을 택한다. 2021년 11월 〈워싱턴 포스트〉가 진행했던 중요한 조사에 따르면, 비단 스웨덴만 그러는 것이 아니다. 나라나 지역에 따라 수치는 다르지만, 자신의 허물을 감추고 남에게 뒤집어씌우는 방식과 전반적인 태도는 국제사회의 관행이다.

따라서 정치인들이 '기후위기를 해결해야 한다'는 말을 늘어놓을 때마다 우리는 그들에게 무슨 기후위기를 말하는 건지 물어야 한다. 우리가 배출한 모든 온실가스를 포함하는 위기인지, 그중 일부만을 포함하는 위기인지 물어야 한다. 정치인들이 한술 더 떠서 '문제의 해결책을 제시'하지 못한다고 기후운동을 비난할 때, 우리는 그 문제가 무엇인지 물어야 한다. 그 문제가 우리가 배출한 모든 온실가스 때문에 발생하는 문제인지, 아니면 다른 나라의 책임으로 떠넘기지 못했거나 고의적으로 통계에서 누락하지 못한 배출량 때문에 발생하는 문제인지 물어야 한다. 둘 중 어느 쪽이냐에 따라 이야기가 전혀 달라지기 때문이다.

이 비상사태에 정면으로 대응하기 위해 필요한 것은 여러 가지가 있겠지만, 그중에서 가장 중요한 것은 정직함과 도덕성과 용기다. 국제사회가 정한 목표를 이루는 데 필요한 조치를 시행하는 일을 미루면 미룰수록 목표 달성은 점점 더 어려워지고 치러야 할 비용은 점점 더 커질 것이다. 어제와 오늘의 무대응은 미래에 치러야 할 대가로 반드시 돌아온다.

인간의 힘으로는 결코 통제할 수 없는, 비가역적인 연쇄반응의 전개를 막아낼 가능성이 아무리 낮다고 해도, 그 작은 기회라도 놓치지 않으려면 다양한 단계에서 배출되는 온실가스를 발생 단계에서부터 곧바로 대규모로 감축해야 한다. 예를 들어 욕조에 물이 넘쳐흐르기 직전인데 양동이를 찾으러 가거나 바닥에 수건을 까는 일부터 하는 사람은 없다. 누구라도 가장 먼저 달려들어 수도꼭지부터 잠글 것이다. 만일 누군가 수도꼭지를 잠그지 않고 그냥 놔둔다면, 그 사람은 사태의 심각성을 무시하거나 부정하고 있으며, 문제를 해결하기 위해 즉시 해야 할 일을 미룰 때 벌어질 결과를 과소평가하고 있다는 이야기다. 기후위기와 관련해서 부정과 대응 지연이 심각한 지금 이 상황은 어느 한 사람이나 한 집단, 한 국가 때문에 빚어진 것이 아니다. 사회 구성원 전체 또는 사회 구성원 대부분이 함께 협력해 빚어낸 결과다. 또한 강력한 문화 규범과 공동의 이익, 이를테면 세계를 현재의 모습으로 빚어낸 강력한 단기 경제정책

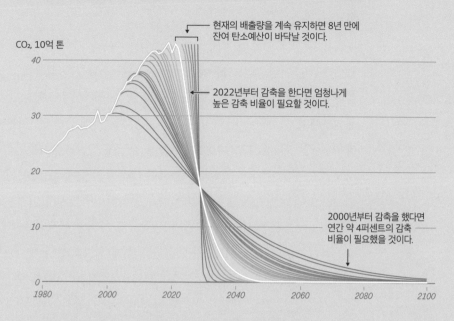

67퍼센트의 확률로 온난화를 1.5도 이내로 억제하기 위한 CO₂ 감축

CO₂, 10억 톤

현재의 배출량을 계속 유지하면 8년 만에 잔여 탄소예산이 바닥날 것이다.

2022년부터 감축을 한다면 엄청나게 높은 감축 비율이 필요할 것이다.

2000년부터 감축을 했다면 연간 약 4퍼센트의 감축 비율이 필요했을 것이다.

등의 경제적 이익이나 이념적 이익이 불러온 결과다.

훗날 오늘을 돌아보면, 자본주의적 소비주의와 시장경제가 우주에서 유일하다고 알려진 문명의 중요한 토대로 기능하도록 놔둔 것이 큰 실책이었다는 평가가 나올 가능성이 높다. 그러나 지속가능성과 관련해서는 과거의 모든 체제가 성과를 내지 못했고, 지금 존재하는 모든 정치 이념(흔히 사회주의, 자유주의, 공산주의, 보수주의, 중도주의라고 불리는 이념들) 역시 마찬가지다. 모두 예외 없이 실패했다. 물론 실패의 경중에는 차이가 있다.

오늘날 우리가 직면한 한 가지 문제는 정치라는 공적 봉사에 일생을 바친 거의 모든 사람들이 앞에 말한 이념들을 굳게 신봉하고 있다는 점과 깊은 관련이 있다. 아마도 이런 믿음 때문에 이들은 정치에 첫발을 내디뎠을 것이다. 끝없는 만남과 선거운동과 회의를 견딜 수 있었던 것 역시 사회주의, 보수주의 또는 무슨 무슨 주의가 우리 일상 속의 여러 문제들에 대한 해답을 내놓을 수 있다는 믿음 때문이었을 것이다. 수만 쪽 분량의 정치 보고서를 읽게 만든 것도 현대 정당정치의 일익을 담당하는 자신의 정당이 모든 사회 문제를 해결하는 데 필요한 열쇠를 가지고 있다는 믿음이었을 것이다. 믿음을 포기하는 것은 쉬운 일이 아니다. 하지만 자신의 실수에서 배우지 못한다면 과연 그 실수를 바로잡을 수 있을까? 자신의 실패를 인정하지 못한다면 과연 그 실패를 회복할 수 있을까?

내 경험에 따르면, 대부분의 정치인이 기후위기의 심각성을 대강은 알고 있으면서도 여러 가지 이유에서 여전히 다른 문제들에 집중하고 있다. 정치인들이 행동에 나서게 만드는 것이 언론의 역할이라는 것도 타당한 지적이다. 자유세계에서 사회적 사안의 우선순위를 정하는 주역은 바로 여론이다. 충분히 많은 사람들이 생태위기와 지속가능성 위기에 충분히 많은 관심을 쏟는다면 정치 지도자들은 이런 문제들에 충실히 대응할 수밖에 없다. 여론이 서서히 바뀌어가고 있기는 하지만 본격적인 힘을 발휘하기에는 턱없이 부족하다.

정치인들은 다른 사람이 먼저 나서기를 기다릴 필요가 없다. 정치인들이 실질적인 기후행동에 나서는 데는 굳이 회의나 조약이나 국제협약이나 외부 압력이 필요하지 않다. 정치인들은 당장 기후행동을 시작할 수 있다. 이미 오래전부터 정치인들 앞에는 사회를 근본적으로 변화시켜야 한다는 사실과 관련해 분명한 입장을 밝힐 기회가 항상 열려 있었다. 그런데도 그들은 극소수를 제외하고는 거의 대부분 적극적으로 무대응을 선택한다. 이것은 훗날 정치인들에게 큰 대가를 치르게 하고 지구 생태계 전체를 벼랑 끝으로 몰아갈 비도덕적인 결정이다.

욕조에 물이 넘쳐흐르기 직전인데
양동이를 찾으러 가거나 바닥에
수건을 까는 일부터 하는 사람은 없다.
누구라도 가장 먼저 달려들어
수도꼭지부터 잠글 것이다.

4.2
새로운
부정론

케빈 앤더슨

유엔기후변화협약 제26차 당사국 총회가 열리는 회의장 위쪽에 앉아 파워포인트 슬라이드를 준비하고 있을 때였다. 갑자기 행사장 안 공기를 가득 채운 웅성거리는 말소리가 점점 고조되는 게 느껴졌다. 가설벽 너머를 내다보니 많은 참석자들이 강단으로 향하는 유명인사들을 보려고 아래층 통로를 가득 채우고 있었다. 버락 오바마나 제프 베이조스 같은 유명인사나 왕가의 일원이 지혜의 진주를 나눠주려 그곳에 도착했는데, 정작 모여든 군중은 지혜에는 아랑곳없이 사진 한 장 같이 찍자고 졸라대는 듯한 모습이었다. 기자들도 그 주변에 몰려 있었다.

한편 불과 몇 미터 옆의 다른 회의장들은 아주 한산했다. 어떤 곳에서는 선주민 몇 명이 삶의 터전을 짓밟힌 이야기를 하고 있었고, 다른 곳에서는 한 과학자가 전례 없는 규모로 녹고 있는 그린란드 빙상에 대해 설명하고 있었고, 또 다른 곳에서는 한 시위자가 시위 허가를 받지 않았다는 이유로 보안 요원에게 '출입증을 빼앗긴' 뒤 공식 회의장인 '블루존'에서 쫓겨나고 있었다. 이런 상황은 사회적 거리 두기 때문에 개인 공간을 사용하던 몇 사람만이 지켜보았을 뿐, 거의 보도되지 않은 채 묻혀버렸다.

기후변화를 다룬 최초의 IPCC 보고서가 나오고 31년 뒤에 열린 당사국 총회의 블루존은 30년간 지속되어온 실패의 압축판이었다. 출입 제한이 있는 공식 회의장인 그곳은 각국 정부들이 협상을 진행하고 자국의 '기후행동'을 뽐내는 공간이었다. 그사이에 온실가스 배출량은 빠르게 늘어갔고, 기후변화 부정론과 편리한 기술적 낙관주의와 '탄소 역배출'* 구상이 등장했고, 요즘엔

---

* negative emissions. 대기 중의 탄소를 저장하거나 제거해서 탄소의 양을 줄이는 방법.

'넷제로를 하겠다. 단 내 임기에는 말고' 공약이 등장했다. 기후 충격에 시달리는 취약한 사회에 대한 관심, 종의 멸종에 대한 관심, 단일 작물 재배로 황폐화된 땅을 생물다양성이 살아 있는 비옥한 땅으로 바꾸자는 관심은 대체 어디로 갔을까? 우리 아이들의 미래에 대한 관심은 대체 어디에 있는 걸까?

어쩌다 이 지경이 되었을까? 1992년 리우데자네이루에서 열린 유엔지구정상회의 때는 낙관적인 희망이 넘쳐흘렀다. 선량한 사람들은 저탄소의 진보적이고 지속가능한 미래를 상상할 수 있었다.

그런데 그때부터 금융 전문가들이 온실가스 배출권 거래제와 자연의 금융화, 재난 채권 발행 등 돈벌이 사기술의 초석을 놓기 시작했고, 이런 사기술들은 오늘날 의미 있는 기후행동의 진전을 가로막고 있다. 그런데 화석연료 기업들은 우리보다 10년 이상 먼저 행동을 시작했다. 이들은 어떤 위험과 난관이 닥칠지 알면서도 오랫동안 거짓말을 했고, 완벽한 채비를 갖추었다. 어떤 기업은 대놓고 부정론을 펼쳤고, 또 어떤 기업은 기술이 우리를 구할 것이라며 무마 작전을 폈다. 그 후 수십 년 동안 거대 금융 기업과 거대 석유 기업의 부도덕한 경영자들은 '탈탄소화'라는 미명 뒤에 숨은 채 현 상태를 유지하면서 수익을 올렸다. 몇몇 경영자들은 '상쇄배출권'이라는 정교한 금융상품을 이용하면 공존 불가능한 것들을 공존하게 만들 수 있다고 스스로를 속였고, 그 덕에 실질적 타격 없이 계속 온실가스를 배출할 수 있었다.

IPCC 제1차 보고서가 나온 1990년 이후로 지금까지 우리는 인류가 지구상에 출현한 뒤로 1990년 이전까지 배출한 양보다 훨씬 더 많은 온실가스를 배출했다. 이렇게 된 데는 이 유명한 악당들의 책임이 크다. 그러나 기후변화는 총체적인 문제다. 수많은 실패가 중첩되어 나타난 결과다. 부끄러울 게 없다고 고개를 꼿꼿이 들 자격이 있는 사람은 극소수에 불과하다. 기후 문제에 적극적인 사람들도 예외는 아니다. 학자들은 왜 가면 뒤에 숨은 거대 석유 기업과 거대 금융 기업의 정체를 폭로하는 집단 활동을 전개하지 않을까? 유명한 환경단체의 대표와 정책결정자와 탐사 보도 기자는 어디서 무엇을 하고 있는 걸까? 우리는 운전석에 앉아 졸고 있는 게 아니다. 오히려 적극적으로 운전대를 꺾어 이 사회를 절벽 쪽으로 몰아가고 있다. 이유가 뭐냐고? 잔잔한 호수에 파문을 일으켰다가 밥줄이 끊어질까봐 두렵기 때문이다. 명사들과 어울리는 사람이라는 명성을 얻고 기득권층으로부터 인정을 받고 싶어서다. 무엇보다 자신이 내린 결론이 두렵기 때문이다. 자신은 높은 보수와 탄소를 많이 배출하는 생활을 누릴 자격이 있다고 생각한다. 조명을 받는 위치에 서면 뿌듯한 기분이 든다.

분명히 밝혀두지만, 지금 나는 기후과학 자체를 비판하는 게 아니다. 기후과학 분야에 몸담은 많은 과학자들이 표준적인 학문 도구와 수학 및 통계를 함께 사용해 기후와 기후변화에 대한 과학적 이해를 발전시키는 훌륭한 성과를 냈다. 더욱더 대단한 것은 많은 과학자들이 풍부한 재원과 조직력, 권력을 이용해 필사적으로 그들의 신망을 훼손하려고 드는 세력(이들의 이런 대응은 학문적인 의견 차이에서 비롯한 게 아니라 기후과학의 정책적 함의에 대한 두려움에서 비롯한 것이다)에 맞서 싸워야 하는 상황에서도 이런 성과를 올렸다는 점이다.

결국 기후과학자들이 승리를 거뒀다. 더 정확히 말하면, 기후과학이 승리를 거뒀다. 아직도 소수의 반대 세력이 남아 있긴 하지만, 과거에 기후과학을 비난했던 대부분의 사람들이 이제는 겉으로나마 기후과학을 인정한다. 그런데 이들은 실제로는 부정의 두 번째 단계인 '감축 부정론'으로 넘어가서 당장 배출량을 대폭 감축할 필요성을 부정하고 미래의 저탄소 기술이라는 공허한 약속을 내놓는다. 그래서 나는 여기서 책임의 그물을 더 넓게 던졌고, 그 탓에 많은 기후과학자들이 그 그물에 걸리는 아픔을 겪을지도 모른다.

기후변화는 누적 효과가 나타나는 문제다. 화석연료를 태우는 우리의 활동에서 배출되는 이산화탄소는 대기 중에 올라가 하루, 이틀, 10년, 20년 계속 쌓여서 수백 수천 년 동안 지구 온도를 높인다. 어느 해에 목표 감축량을 달성하지 못하면 이듬해에 감축해야 할 배출량이 더 늘어난다. 만일 탄소예산을 유지하기 위해서 올해 달성해야 할 감축량이 10퍼센트인데 5퍼센트만 달성했다면 이듬해에는 15퍼센트 넘게 줄여야만 목표 달성이 가능한 경로로 되돌아갈 수 있다. 가감 없이 말하자면, 감축을 했어도 목표 감축량을 채우지 못한다면 그것은 올바른 방향으로의 진전이 결코 아니다. 진전은커녕 후퇴다. 감축을 전혀 하지 못했을 때만큼 큰 후퇴는 아니겠지만 말이다.

이런 지속적인 후퇴는 결국 더욱 정교한 형태의 '감축 부정론'을 낳았다.

지금 우리는 훨씬 더 투기에 가까운 형태의 '탄소 역배출'에 의지하고 있다. 여기에는 아직 완성되지 않은 탄소 흡수 기술과 일견 단순해 보이는 '자연 기반 기후 해법', 그리고 우리를 대신해서 배출량을 더 줄이는 대가로 가난한 국가에 비용을 지불하는 방식까지 포함된다. 이 모든 사기술은 지금 당장 배출량을 크게 줄여야 하는 책임을 '상쇄'하기 위한 목적으로 설계된 것이다. 부끄럽게도 많은 기후변화 연구자들이 이런 수학적 속임수를 수용했고, 일부 연구자들은 한술 더 떠서 그 사기술을 열성적으로 전파하고 있다.

이런 사기술과는 다르게, 기후과학은 특정한 확률로 특정한 온도(예: 1.5도) 아래에 머물기 위해서는 이산화탄소 배출량이 특정한 양(탄소예산)을 넘어서지 않게 해야 한다고 분명히 말한다. 탄소예산의 정확한 양과 관련해서는 아직까지 어느 정도 불확실성이 남아 있지만, 탄소예산의 대략적인 범위는 분명히 제시되어 있다.

우리의 탄소예산은 얼마 남지 않았고 그마저도 빠르게 줄어들고 있다. 탄소예산은 1.5도를 넘기지 않을 '높은 확률의' 기회를 잡으려고 할 때 우리에게 허용된 탄소 배출량을 말한다. 그런데 현재 추세로 계속 배출하면 8년 안에 남은 탄소예산이 바닥난다. 이 약속을 '2도 이하'로 느슨하게 하면(그래서 더 파국적인 충격을 수용하겠다고 하면) 모래시계가 떨어지는 속도가 조금 더뎌지긴 해도 현재 추세의 배출을 유지할 경우 20년 뒤에는 남은 탄소예산이 바닥난다.

세계 지도자들이 2022년 기후회의(제27차 당사국 총회) 때 1.5도 목표에 부합하도록 배출량을 줄이는 정책을 시행하기로 합의했다고 상상해보자. 이를 이루려면 전 세계가 2035년까지는 화석연료 사용을 중단하고 삼림 벌채를 완전히 멈추고 그 외 모든 온실가스 배출을 신속하게 대대적인 규모로 줄여야 한다. 그러나 이건 세계 평균을 낸 결과다. 국제사회는 1992년 리우데자네이루 지구정상회의 이후로 개발도상국에게 국가 발전을 부당하게 저해할 정도의 배출량 감축 의무를 부과하지 않는다는 합의를 유지해왔다. 따라서 기후변화에 역사적 책임이 훨씬 큰 부자 나라들은 발전 초기 또는 과도기적 발전 단계에 있는 나라들보다 더 일찍, 더 빨리, 배출량 감축을 시행해야 한다. 숫자로 표현하면 1.5도 목표를 이루기 위해서는 부자 나라들이 2030년까지 화석연료 사용을 중단해야 하고, 2도 목표를 이루기 위해서는 2035년에서 2040년 사이에

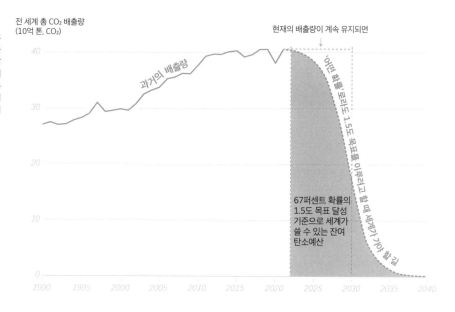

그림 1:

2035년경까지 우리는 화석연료를 일절 사용하지 않고 모든 삼림 벌채를 중단하고 다른 모든 온실가스 배출량도 빠르게 대폭 줄여야 한다.

전 세계 총 CO_2 배출량
(10억 톤, CO_2)

현재의 배출량이 계속 유지되면

과거의 배출량

어떤 확률로라도 1.5도 목표를 이루려고 할 때 세계가 가야 할 길

67퍼센트 확률의 1.5도 목표 달성 기준으로 세계가 쓸 수 있는 잔여 탄소예산

화석연료 사용을 중단해야 한다.

하지만 이것 역시 불공평하다. 이렇게 까다로운 조건을 둔다고 해도, 지금부터 세계 배출량이 0이 되는 시점까지 연간 1인당 평균 배출량을 비교하면 부유한 고배출 국가에 사는 사람이 가난한 저배출 국가에 사는 사람보다 더 높게 나올 것이다. 기후변화 대응을 계속해서 미룬 결과, 우리는 배출량과 관련해서 실질적인 형평성을 이룰 수 있는 시점을 벌써 오래전에 놓쳐버렸다. 지금으로선 '가장 덜 불공평한' 해법이 우리가 선택할 수 있는 최선의 해법이다. 이런 불공평한 상황은 그들이 대응을 미룬 탓에 발생한 기후 충격에 시달리는 가난한 나라들에게 부유한 고배출 국가들이 상당한 액수의 배상을 해야 한다는 주장에 근거를 제공한다.

이 모든 것을 이해하는 게 쉽지는 않을 것이다. 그러나 우리가 지금 이 지경이 된 것은 30년 동안 실질적인 감축보다는 속임수를 쓰는 것을 선호한 결과다. 우리가 뿌린 씨앗이, 아니 더 정확하게 말하면 씨앗을 뿌리지 않은 우리의 선택이 빚어낸 결과가 지금 우리 앞에 펼쳐지고 있다.

고배출 국가에 사는 사람들은 몰랐다는 핑계 뒤에 숨을 수 없다. 수십 년 동안 과학은 우리가 지구 환경의 지속가능한 관리보다 향락주의를 선호할 때

어떤 치명적인 결과가 빚어질지 알려주었다. 우리는 과학자들의 수사적 표현 뒤에 숨겨진 우려를 이해하고, 빈번한 항공 여행과 스포츠 유틸리티 자동차(SUV) 운행, 다주택 소유, 여행 거리와 빈도의 증가, 자원 소비 증가가 기후에 어떤 영향을 미칠지 충분히 알고 있다. 그러나 소비를 계속 더 늘려가는 우리의 일상 탓에 대가를 치르는 사람은 우리 자신이 아니라, 어딘가 다른 지역의, 우리보다 훨씬 더 가난하고 기후 충격에 훨씬 더 취약한 공동체들이다. 이 공동체는 대개 온실가스를 적게 배출하며 살아가는 유색인으로 구성되어 있다. 그런데 이 취약한 공동체의 범주에는 우리 아이들도 들어간다. 우리는 아이들에게 온갖 선물을 사주고 자가용으로 등하교를 시키고 해외여행에 데려가는데, 모두 아이들이 살게 될 미래 가치를 크게 할인하는 행동이다. 온실가스를 대량 배출하며 살던 부모 세대가 세상을 떠나면, 우리 자식들과 손주들은 우리가 공공연히 선택한 결과와 맞서서 싸워야 할 것이고, 그 결과 때문에 죽음을 맞기도 할 것이다. 우리가 쉬운 길을 고르고 기술 유토피아를 믿고 남에게 책임을 전가하기로 선택한 탓에 말이다.

최근 들어 온실가스 배출 책임의 심각한 비대칭성을 입증하는 연구들이 쏟아져 나오고 있다. 세계 인구 중 배출량 상위 1퍼센트가 하위 50퍼센트보다 온실가스를 두 배나 많이 뿜어내는 생활방식을 영위하고 있다는 충격적인 연구 결과도 있다. '우리'는 균일한 존재가 아니다. 책임도 균일하지 않다. 감축과 관련해서도 영향과 관련해서도, 우리의 책임은 균일하지 않다. 거의 모든 측면에서 기후변화의 책임은 부와 소득 구간별로 나뉜다. 이 차이는 결코 작지 않다. 아니, 이 차이는 너무나 일상화된 탓에, (기후변화와 마찬가지로) 아예 눈에 띄지 않거나 외면하고 싶지만 눈에 들어오는 거대한 지각 균열이다.

배출의 비대칭성이 어느 정도인지 이해하기 쉽게 예를 들면, 세계 인구 중 배출량 상위 10퍼센트가 유럽연합의 시민 평균 수준으로 탄소발자국을 줄이면 나머지 90퍼센트가 배출을 전혀 줄이지 않아도 세계 탄소 배출량이 3분의 1가량 줄어든다. 이 가설은 1.5도 목표 또는 2도 목표를 달성하기엔 충분하지 않지만, 감축과 관련한 지배적인 논의에서 의도적으로 배제되어온 신속하고 공평한 변화의 필요성을 입증하는 중요한 계기가 될 수 있다.

그렇다면 기후 논의에서 형평성이 여전히 금기시되는 까닭은 무엇일까? 과연 누가 기후 논의를 좌지우지하고 한계를 정하고 형평성 문제를 배제한 채 감축 계획을 짜고 정책을 제안하는 것일까? 그 주체는 교수, 정책결정자, 언론인, 법조인, 기업가, 고위 공무원 등 세계 배출량 상위 1퍼센트에 들거나 이에 근접하는 사람들이다. 모든 지구인이 공평하게 분배된 탄소 배출량 한도를 벗어나지 않고 살아가려면, '우리'는 완전히 달라진 삶을 살아야 할 것이다. 보유 주택 수와 규모도, 비행기 이용 빈도와 비행기 좌석 등급도, 자동차 수와 크기 및 주행거리도 달라질 것이고, 사무실 크기와 해외 출장 및 국제회의 참석 횟수, 현장 답사 빈도도 달라질 것이다.

온실가스 배출도 많이 하고 소비도 많이 하면서 배타적인 특권을 누리는 '우리'는 기후변화에 함께 맞서 싸워야 하는 보편적인 '우리'라는 신화를 만들고 우리 자신의 실체를 그 신화 속에 숨겨왔다. 이 가짜 신화의 매듭을 푸는 순간, 감축과 관련한 지배적인 논의는 무너지고 만다.

1.5~2도 온난화 억제 목표에 부합하는 감축을 이루려면 대대적인 구조적 변화가 필요하다. 예를 들어 주택 구조를 개선하고 대중교통을 신속히 확충하고 대대적인 전기화 계획을 개발하고 도시 설계를 변경하고 도시에는 전기 자전거를, 농촌에는 공유 전기차를 보급해야 한다. 이 모든 변화는 각국의 대다수 사람들에게 편익을 제공할 수 있다. 도시와 도시 환경은 2톤짜리 금속 상자 중심의 공간에서 사람 중심의 공간으로 탈바꿈할 것이고, 안정적이고 질 좋은 일자리가 생겨날 것이다. 아이들은 안전하게 자전거를 탈 수 있고 아이들이 마시는 공기는 더 깨끗해질 것이다.

이런 다양한 편익을 얻으려면 상당한 비용이 소요될 것이고, 그 대부분을 선택받은 '우리'가 감당하게 될 것이다. 이제껏 기후 논의를 투기에 가까운 기술과 전기 SUV, '우리'가 받아들일 수 있는 탄소 배출권, 별장용 히트 펌프, 탄소 배출 상쇄 항공권 중심으로 이끌어온 것도 '우리'다. 온난화를 완화하는 데 실패한 것도 '우리'다. 우리는 방탕한 소비에 대해서도, 무한한 경제성장의 유혹에 대해서도, 사회의 생산 능력을 아주 불공평하게 배분해 소수의 운 좋은 사람들에게 상대적인 사치를 제공해온 방식에 대해서도 기껏해야 마지못해 의문을 제기했을 뿐이다.

그러나 선택받은 '우리'의 주도권이 흔들리고 있다. 4년 전에 우리는 크게 한 방을 맞았다. 그 일격을 날린 것은 세계적인 지도자나 영예의 훈장을 받은 유명인사가 아니라, 열다섯 살짜리 학생이었다. 그 후로 청소년과 노인, 전문가, 기후를 걱정하는 정치인과 젊은 연구자들이 목소리를 내며 기후 논의를 새로운 방향으로 이끌기 시작했다. 기후변화는 특권을 쥔 사람들의 품에서 벗어나 일상으로 들어왔다. 수많은 사람들이 여러 가지 의견을 나누고 실험하고 정교하게 다듬고 있다. 물론 이런 의견은 공식적인 실험을 거친 의견도 아니고, 탄소 분자나 탄소 가격, 탄소예산 등 추상적인 세계와 직접 연관된 의견도 아니다. 하지만 기후에 대한 인식이 집단정신에 스며든 덕에, 대중은 문제점을 정확히 짚어내진 못해도 정치적 수사를 꿰뚫어보고 낙관적인 탄소제거 기술에 숨은 의혹을 찾아낼 수 있게 되었다.

　　최악의 기후위기를 막기 위해 적절한 시기에 기득권자들을 제압하려면, 배타성을 넘어선 '우리'가 확고한 단합력을 갖추어야 한다. 온실가스 배출량은 계속 늘어가고 결단력 없는 정책결정자들은 여전히 거대 석유 기업과 거대 금융 기업의 손아귀에 잡혀 있긴 하지만, 자신의 저력을 깨달아 자신감으로 충만해진 다양한 계층의 의지와 관심이 미래를 조금씩 바꾸어가고 있다.

정부 기후
목표의 진실

알렉산드라 우리스만 오토

그레타 툰베리에 관한 첫 번째 기사를 썼을 때, 나는 기후변화에 관해 아는 게 전혀 없었다. 나는 2018년 가을에 주말판 신문에 실을 장문의 인터뷰 기사를 썼다. 인터뷰 당시에 나는 툰베리가 말하는 내용을 거의 다 이해하는 체하며 장단을 맞추었다.

나는 형사사건 담당 기자였다. 살인 범죄를 취재할 때의 조마조마한 느낌과 법정에서의 쫄깃한 긴장감이 좋았다. 기후변화 이야기는 따분하기만 하고 전혀 흥미롭지 않았다. 무미건조하고 이해하기 어려운 사실들과 해석하기 어려운 그래프투성이였다. 물론 기후변화 때문에 재해가 발생할 가능성이 있긴 했다. 그러나 그 문제가 어떻게든 관리되고 있다고, 당연히 담당자들이 여러 가지 계획을 짜서 실행에 옮기고 있을 것이라고 생각했기 때문에 전혀 신경 쓰지 않았다. 무엇보다 나는 그 문제가 다른 사람의 책상 위에 있어서, 내 담당 분야가 아니어서 다행이라고 생각했다.

그런데 그레타 툰베리의 활동이 점점 속도를 높여갔고, 나는 동료인 로저 투레손과 함께 그레타 툰베리의 활동을 계속 취재하게 되었다. 언론인이라면 누구라도 그처럼 예사롭지 않은 인물의 활동을 취재하는 것을 마다할 수 없었을 것이다. 나로서는 관련된 사실에 대해 정확한 지식을 갖추는 게 가장 시급했다. 툰베리의 말이 사실인지 아닌지 확인하려면 어쩔 도리가 없었다. 나는 관련 자료들을 찾아 읽기 시작했다.

나는 이 위기를 정확히 이해하고 싶어서 새로운 트위터 피드를 만들고 기후과학자와 환경 기자, 활동가가 올리는 게시물을 읽기 시작했다. 뉴스레터도 읽고 기후 서적도 읽고 국제 언론매체에 실린 심층 기사도 읽었다. 2019년 여름, 나는 시각의 전환점을 맞았고 무지와 무관심에서 곧바로 절망의 나락으로 떨어졌다.

　파리 협정 목표에 부합하는 탄소예산이 불과 몇 년 안에 동이 난다는 걸 알고 나니, 이제껏 형사사건 기사를 쓰며 세월을 보내온 나 자신이 너무 한심했다. 나도, 대부분의 동료 기자들도 마땅히 해야 할 본분을 다하지 못했다. 신문, 라디오, TV의 '평범한' 일간 뉴스가 묘사하는 세상은 '기후와 관련된' 사건이 가끔씩 끼어들 뿐 모든 게 정상이었다. 뉴스 속에 위기는 없었다. 언론인들은 수십 년 동안 독자, 청취자, 시청자로부터 신임을 받아왔다. 그런데 우리는 인류 최대의 위기가 진행 중인 상황에서 현상유지가 가능하다는 가정에 근거한 '뉴스'만을 제공했다. 너무나 심각한 임무 방기였다.

　그러나 본분을 다하지 못한 것은 언론인만이 아니었다. 관련 자료를 읽으면 읽을수록 나는 진짜 위기가 무엇인지 똑똑히 알게 되었다. 이 위기에 대한 정치권의 대응이 형편없이 부족하다는 게 진짜 위기였다.

　2021년 봄에 나는 기후 담당 업무를 시작했다. 나는 스웨덴과 유럽의 바이오 연료 산업 관련 기사를 쓰기 위해 에스토니아의 숲을 헤매고 다녔고, 기본적으로 동일하고 암울한 이야기를 반복해서 들려주는 기후과학 연구에 관한 기사를 썼다. 나는 거의 날마다 과학자들과 이야기를 나눴다. 그러는 사이에 이 위기에 대한 정치적 대응이 내가 생각했던 것처럼 문제가 있는 정도가 아니라 훨씬 더 심각한 상황인지도 모른다는 생각이 들었다.

　이 가설을 검증하기 위해 나는 스웨덴 기후정책의 핵심으로 기후 분야의 '선두주자'라는 명성을 스웨덴에 안겨준 2045년 넷제로 달성 목표를 파헤쳐보기로 했다. 나는 국가기록보관소의 조용한 방에 앉아 존경받는 의회 위원회가 넷제로 목표와 관련한 협상 및 합의 과정에서 생산한 문서 상자들을 차례차례 열었다. 그리고 그 문서 속 배출량 통계에서 확인한 내용과 과학자들이 파리 협정 목표 달성을 위해 반드시 실행해야 한다고 권고한 내용을 비교했다.

　몇 달 동안 공을 들인 끝에 나는 관계 당국이 내놓은 통계를 이해하고, 그 통계를 이해하기 쉽게 풀어낼 수 있었다. 정책 토론과 공식 통계에서는 항상 스웨덴이 연간 약 5000만 톤의 온실가스를 배출한다고 언급된다. 그러나 나는 인포그래픽 전문가인 나의 동료 마리아 웨스트홀름과의 협업을 통해, 스웨덴의 실제 배출량은 그보다 훨씬 더 많다는 것을 알릴 수 있었다. 소비와 바이오

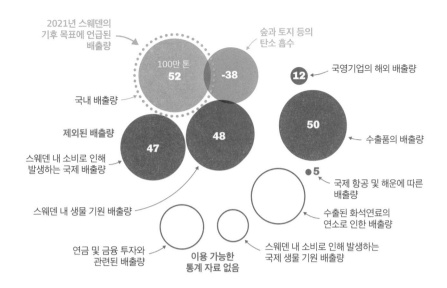

그림 1:
스웨덴의 기후 목표에 언급된 배출량은 스웨덴이 실제로 배출하는 총 배출량의 3분의 1 미만이다. 이 자료에 표시된 수치는 2018년 배출량이다.

2021년 스웨덴의 기후 목표에 언급된 배출량

숲과 토지 등의 탄소 흡수

100만 톤
52

-38

12 ← 국영기업의 해외 배출량

국내 배출량

50

← 수출품의 배출량

제외된 배출량

47

48

스웨덴 내 소비로 인해 발생하는 국제 배출량

●5

← 국제 항공 및 해운에 따른 배출량

스웨덴 내 생물 기원 배출량 →

수출된 화석연료의 연소로 인한 배출량

연금 및 금융 투자와 관련된 배출량 →

이용 가능한 통계 자료 없음

스웨덴 내 소비로 인해 발생하는 국제 생물 기원 배출량

매스 연소로 인한 배출량을 더하면 실제 배출량은 약 1억 5000만 톤이고, 이는 공식 발표 수치의 세 배에 이른다. 게다가 이 수치는 화석산업에 투자한 연금 기금의 배출량이나 국영 에너지 기업의 해외 석탄사업의 배출량 등을 제외한 것이다.

나는 과학자 및 전문가와 세계 정의와 기후 전환의 연관성에 대해 이야기를 나눴다. 스웨덴이 기후 전환에서 공정한 몫의 책임을 다하려면 매년 두 자릿수 비율로 배출량을 감축해야 한다고 과학자와 전문가들은 말했다. 스웨덴이 부정확한 배출량 통계를 기초로 감축 목표를 세운 것처럼 다른 모든 국가역시 감축 목표를 정확히 세우지 못한다면 세계가 얼마나 뜨거워지겠느냐고 물었더니, 2.5도에서 3도 사이라는 대답이 돌아왔다. 게다가 이것은 모든 국가가 약속한 감축 목표를 달성한다고 가정했을 때 예상되는 온도인데, 실제로 모든 국가가 목표를 달성할 가능성은 극히 희박하다. 스웨덴 환경보호국이 정부의 기후정책을 평가한 보고서를 보면, 현재 시행되고 있는 정책으로는 안 그래도 몹시 불충분한 목표의 절반 정도만 달성하게 된다고 지적한다.

물론 이것 말고도 곳곳에 빠져나갈 구멍이 많다. '2045년까지 순배출 영점화(넷제로) 달성'의 '순純'이라는 말 덕분에 2045년 '이후'에도 매년 최대 1000만 톤의 온실가스를 배출할 길이 열렸다. 정부는 비판적인 여론에 직면하고 있는 해외기후투자(흔히 탄소 상쇄라 불리는 사업)나 BECCS(바이오에너지 탄소

포집 및 저장)와 같은 기술적 '방안'을 이용해 이만큼의 온실가스 배출을 상쇄하겠다고 한다. 그러나 BECCS는 대규모 활용이 가능할 만큼 발전된 상태가 아닐 뿐 아니라, 생물다양성 손실 등 여러 문제점을 안고 있다.

내가 여름에 이런 내용으로 쓴 탐사 보도는 거의 주목을 받지 못했다. 불과 몇 년 전에 내가 그랬던 것처럼, 대부분의 언론인과 대중은 기후 문제에 관심이 없었다. 〈아프톤블라데트Aftonbladet〉 신문이 이 기사를 '올해 최고의 기후 보도'로 선정했는데도 사람들의 무관심은 여전했다. 내가 이 상을 받은 바로 그 주에, 내가 일하는 신문사를 비롯한 몇몇 언론매체가 선거에 대비한 스웨덴 정당들의 기후공약을 파헤친 중요한 보도를 내보냈다. 그런데 어떤 매체도 내가 조사해서 쓴 기사의 수치를 기준으로 사용하지 않았고, 하나같이 2045년 넷제로 목표를 기준으로 각 정당의 정책을 평가했다. 감축 목표 자체가 충분하지 않다는 것을 알린 매체는 단 한 군데도 없었다.

거의 비슷한 시기인 2021년 11월, 글래스고에서 유엔기후변화협약 제26차 당사국 총회가 진행 중일 때 〈워싱턴 포스트〉는 기후위기 극복을 위해 각국이 내놓은 감축 계획으로는 국제적 목표를 달성하기에 턱없이 부족하다는 기사를 냈다. 이 보도는 세계 각국이 유엔에 보고한 온실가스 배출량과 실제 배출량 사이에 엄청난 차이가 있다고 밝혔다. 이 차이는 매년 85억~133억 톤으로, 실제 배출량의 16~23퍼센트가 적게 보고되고 있다. 그중 높은 값은 중국의 연간 총 배출량과 맞먹는 양이다.

"결국엔 모든 것이 환상이 된다." 과학자 필리프 시아이스는 〈워싱턴 포스트〉 기사에서 이렇게 말했다. "보고서 속의 세계와 온실가스가 배출되는 실제 세계가 전혀 딴판이 되기 때문이다."

이 기사의 공동 집필자인 아누 나라얀스와미는 다음과 같이 결론지었다. "현재 배출량을 엉터리로 계산한다면, 이 부정확한 수치를 기반으로 앞으로 50년 동안 추진해야 하는 정책이 마련될 것이다. 만일 그렇게 되면 50년 뒤에 세계는 현재의 기후 모형이나 예측이 내다보는 것보다 훨씬 더 심각한 상황에 처하게 될 것이다."

언론인의 가장 중요한 임무는 대중이 필요로 하는 정보를 제공하는 것이다. 그래야만 대중은 확실한 근거를 기반으로 민주적 결정을 내릴 수 있다. 우리의 '기후 논의'는 수십 년 뒤처져 있고, 아직도 기후위기와 생태위기에 대해 알리는 것을 '자신'의 본분으로 여기는 언론인은 아주 적다. 적절한 감축 이행 계획을 만드는 일은 이제야 시작이다. /

'2045년까지 순배출 영점화(넷제로) 달성'의 '순 純'이라는 말 덕분에 2045년 '이후'에도 매년 최대 1000만 톤의 온실가스를 배출할 길이 열렸다.

다음 페이지:
러시아 중부에서 운영 중인 마그니토고르스크 철강 공장. 마그니토고르스크 주민 42만 명 가운데 7분의 1 이상이 이 공장에서 일한다. 2019년 이 공장의 철강 생산량은 1130만 톤으로, 영국 내 철강 생산량의 두 배에 이른다.

우리는 무엇을 하고 있나

우리는 완전히 엉뚱한 방향으로 가고 있다

그레타 툰베리

2021년 가을, 대기 중 탄소를 직접 제거하는 세계 최대 규모의 시설이 아이슬 란드에 세워졌다. 계획대로 차질 없이 운영되면, 클라임웍스 오르카 시설은 한 해 동안에 전 세계가 3초 동안 배출하는 이산화탄소를 제거할 것이다. 이는 기 후과학자 피터 칼무스가 추정한 결과다. 탄소 포집 및 저장은 우리가 지구상의 모든 생태계의 미래 생존조건을 무턱대고 의탁하고 있는 중요한 전략 중 하나 다. 또 하나의 중요한 전략은 나무, 숲, 농작물 등의 생물 유기체를 베어내 세계 각지로 운송한 뒤 연소시설에서 태워 에너지를 얻으면서 동시에 그 연소시설 의 거대한 굴뚝에서 포집한 이산화탄소를 운송해 땅속이나 심해저의 빈 공간 에 저장하는 방법이다. 바이오에너지 탄소 포집 및 저장이라고 불리는 이 과정 은 당연히 정책결정자에게 아주 고마운 구원자다. 이 과정을 이용하면 나무를 태울 때 나오는 막대한 배출량이 국가 통계에서 완전히 제외되기 때문이다.

아이슬란드에서의 단 3초 분량의 탄소 포집량은 향후 수십 년 안에 상당 히 더 긴 시간 분량으로 전환되어야 한다. 여기서 '상당히'란 아주, 대단히, 훨 씬 더 긴 시간 분량을 뜻한다. 최소한 21세기 중반까지는 전 세계 연간 배출량 중 단 몇 초 분량의 탄소 포집량을 몇 분이나 몇 시간, 며칠 분량이 아니라, 몇 주 분량으로 늘려야 한다는 이야기다. 우리 지도자들이 '우리는 충분히 해낼 수 있다'라고 장담할 때, 그 말은 몇 초 분량의 탄소 포집량을 몇 주 분량으로 늘릴 수 있다는 함의를 품고 있다. 탄소제거와 관련된 공약은 농담이 아닌가 싶을 만큼 탄소제거의 현실과 동떨어져 있다. 이들이 이런 허튼 공약을 태연히 내놓을 수 있는 것은 대중의 관심과 인식 수준이 몹시 낮은 탓이다.

이런 전략이 지구 온도 상승을 1.5도 또는 2도 이하로 억제하는 데 기여할 것이라는 확신이 조금이라도 있다면, 지도자들은 이미 아이슬란드의 탄소 포집 시설과 같은 종류의 시설을 짓는 데 돈을 쏟아붓고 있을 것이고, 세계 모든 나라, 모든 주, 모든 행정 단위에 이와 비슷한 시설이 숱하게 생겨나고 있을 것이다. 거의 모든 나라가 탄소 감축 이행 계획과 공약에 이 기술을 활용하는 방안을 포함시키고 있다. 마치 이것이 갓 부상한 기술이 아니라 오래전에 출현해 활용되어온 기술인 것처럼 말이다. 그러나 아직도 전 세계에는 고작 20여 개의 소규모 탄소 포집 및 저장 시설이 가동되고 있으며, 그중 일부 시설은 포집량보다 훨씬 많은 이산화탄소를 배출하고 있다.

구매나 투자, 건설만으로는 기후위기와 환경위기에서 벗어날 수 없다. 그럼에도 돈은 여전히 이 문제에서 핵심적인 역할을 한다. 투자는 아주 중요하다. 최대한 많은 재원을 찾아내 이용할 수 있는 최상의 해법과 적응, 복원에 투입해야 한다. 그런데 지금은 돈이 엉뚱한 곳으로 흘러가고 있다.

우리 지도자들은 '재원이 충분하지 않다'는 말을 자주 하지만, 이 주장이 사실과 다르다는 것은 이미 여러 차례 입증되었다. 국제통화기금에 따르면, 2020년에만 석탄과 석유, 화석가스의 생산과 연소에 무려 5조 9000억 달러의 보조금이 지급되었다. 지구 파괴용 자금으로 1분마다 1100만 달러의 거금이 지출되고 있다. 코로나19 팬데믹 기간에 정부들은 유례없이 대대적인 재정을 투입해 경제 회복 정책을 펼쳤다. 코로나 위기에 대응한 재정정책은 인류를 지속가능한 경제를 지향하는 새로운 행보로 이끌 수 있는 대단히 중요한 기회였다. 그런가 하면 막대한 재정이 투입되기 때문에 이 재원이 조금만 잘못된 용도에 투입되어도 향후 기후에 미칠 부정적인 영향을 되돌릴 방법이 없다는 뜻에서 '기후 재앙을 피할 수 있는 마지막 기회'이기도 했다.

그러나 2021년 6월, 국제에너지기구는 이 세계적으로 중요한 회복 정책에 투입된 재정 지출 가운데 녹색 에너지에 투자된 것은 고작 2퍼센트라고 결론지었다. 그런데 여기서 '녹색'이 어떻게 분류되느냐도 문제다. 유럽연합을 예로 들면, 이 2퍼센트가 푸틴 집권하의 러시아에서 수입해오는 화석가스나 숲에서 벌채해오는 연료용 바이오매스 구입비로 지출된 건지도 모른다. 유럽연합의 새로운 분류법은 이런 활동을 비롯한 여러 가지 활동을 녹색으로 분류하고 있다.

이처럼 우리 지도자들은 '조금만' 잘못을 한 게 아니라 완전히 실패했다.

그리고 여전히 실패를 이어가고 있다. 온갖 미사여구와 약속을 늘어놓으면서도 완전히 '엉뚱한 방향으로 가고 있다'. 세계적으로 화석연료 기반시설의 확충이 계속되고 있을 뿐 아니라, 많은 나라들이 확충 속도를 더욱 높여가고 있다. 중국은 이미 가동 중인 1000개의 석탄발전소 외에 마흔세 개를 추가 건설할 계획이다. 미국에서는 기업에 대한 석유 및 화석 기원 메탄가스 시추 승인이 조지 W. 부시 대통령 집권기 이후 최고 수준에 도달할 것으로 예상된다. 세계 석유 생산량이 급증하고 있다. 새로운 유전과 송유관이 여전히 건설되고, 새로운 유전 개발권이 여전히 거래되고, 더 많은 원유 매장지를 찾는 작업이 여전히 진행 중이다. 석탄 사용량도 크게 늘고 있다. 2021년에 세계 발전량 중 석탄화력발전의 비중이 사상 최고치를 기록했다. 2022년에는 전 세계 이산화탄소 배출량이 증가하리라는 것이 일반적인 전망이다.

우리가 흔히 말하는 '결정적인 10년' 중에서 이미 2년이 지났다. 아주 작은 확률로라도 1.5도 목표를 달성하려면 전례 없이 큰 폭으로 배출량을 줄여야 한다. 그런데 2021년에는 배출량 증가 폭이 기록 이래 두 번째로 높았고, 배출량은 꾸준히 늘어나고 있다. 2021년 9월에 나온 유엔 보고서는 2030년에 세계 배출량이 2010년 배출량보다 16퍼센트 늘어날 것으로 전망한다. 이미 1.2도 온난화가 일어났고 과학적으로는 완전한 설명이 불가능한 되먹임 현상이 나타나고 있다. 유럽연합의 코페르니쿠스 대기 모니터링 서비스에 따르면, 2021년에 전 세계에서 일어난 산불로 이산화탄소가 무려 64억 5000만 톤이나 배출되었는데, 이는 2020년에 유럽연합이 화석연료를 태워 배출한 양보다 148퍼센트 많은 양이다.

이 모든 상황을 고려하면 아이슬란드의 탄소 포집 시설은 대규모 확장이 이루어져야 한다. 이제껏 인류가 이루어온 다른 모든 활동이 눈곱만큼 작아 보일 정도로 말이다. 그런데 이상하게도 이런 일은 전혀 진행되고 있지 않다. 당장 필요한 즉각적이고 대대적인 감축 활동 대신에 이 미완성 기술에 의지할 수 있다는 생각을 퍼뜨리는 까닭은 무엇일까? 왜 그 기술의 대규모 활용을 시행하기 위한 최소한의 노력도 기울이지 않으면서 그 기술에 우리 문명 전체의 미래를 거는 걸까? 모든 감축 계획안에 예외 없이 포함시킬 만큼 전 세계가 이 잠재적인 해법 하나에 큰 기대를 품게 된 까닭은 무엇일까? 그러면서도 정작 투자는 하지 않으니 말이다. 이 기술을 대규모로 활용하려는 생각이 애초부터 없었던 건 아닐까? 이 기술 역시 화석연료 기업들이 현 상황을 그대로 유지하면서 막대한 수익을 올릴 시간을 조금이라도 더 늘리기 위해 사람들의 긴박한 관심을 흩뜨리고 과감한 기후행동을 지연시키려고 동원한 수단 아닐까?

어쨌거나 기술만으로 위기에서 벗어날 수 없다는 것만은 분명하다. 지금 이 순간에도 많은 로비스트들이 우리 사회를 주도하는 위치에 있으면서도 눈앞의 경제적 이익만을 좇는 사람들을 위해 열심히 활동하고 있으니 말이다.

이어지는 글들에서는 여러 과학자와 전문가가 우리가 이제껏 해온 행동이 실질적인 해법과 얼마나 동떨어져 있는지 보여준다. 지속가능한 소비주의라는 그린워싱에 대해서도, 재생에너지원에 적응하지 못하고 화석연료를 포기하지 못하는 상황에 대해서도, 공평성과 정의의 문제를 외면하려는 우리의 욕구에 대해서도 다룬다. 이 글들을 읽으면 상황이 얼마나 나빠지고 있는지, 또 우리가 명백한 해법에서 얼마나 동떨어져 있는지 알게 된다. 기업들과 정치인들은 현 상태를 유지하기 위해 가짜 해법을 동원하는 데 큰 공을 들여왔다. 진짜 해법이 우리 눈앞에 버젓이 놓여 있는데도 말이다.

4.5
화석연료의
여전한 우세

빌 매키번

에너지 문제는 기후위기의 가장 뜨거운 핵심이다. 화석연료를 태우는 우리의 현재 시스템은 지구 온도를 갈수록 끌어올리고 있으며, 석탄과 석유와 가스를 다른 것으로 대체하는 것이야말로 인류 역사상 최대의 과제다. 만일 기후변화를 숫자로 요약한다면, 가장 중요한 숫자는 우리가 쓰는 에너지원과 관련된 숫자이며, 이 숫자를 바로잡는 것만이 우리의 유일한 희망이다.

18세기가 되기 전까지 인간은 화석연료를 소량만 태웠고, 나무가 에너지 경제의 중심이었다. 그러나 영국에서 처음으로 석탄을 이용한 엔진 작동법을 발명했고 곧이어 산업혁명이 일어났다. 석탄이나 나무를 태울 때 나오는 오염물질은 사람들이 알아채기 쉬운 것이었다. 연료 연소 시 발생하는 연기 때문에 많은 도시가 고통을 겪었다. 지금도 대기 오염 때문에 매년 870만 명이 사망한다. 에이즈, 말라리아, 결핵으로 인한 사망자를 모두 합친 것보다 많은 규모다. 그러나 사람들은 눈에 보이지 않는 물질 때문에 더 큰 문제가 빚어지고 있다는 사실을 알아채지 못했다. 예를 들어 휘발유 1갤런(무게로는 약 3.6킬로그램)을 태우면 약 2.4킬로그램의 탄소가 배출되고, 탄소 원자 하나가 공기 중의 산소 원자 두 개와 결합해 약 10킬로그램의 이산화탄소가 생성된다. 이산화탄소는 눈에 보이지도 않고 냄새도 없으며 인체에 직접적인 해를 끼치지도 않는다. 하지만 지구의 열을 잡아두는 특성이 있는 이산화탄소 분자가 늘어난 탓에 우주로 방출되지 못한 열이 쌓여 지구가 더워지기 시작했다.

이런 화석연료를 대량으로 태운 탓에 산업혁명 이전에 275ppm이었던 대기 중 이산화탄소 농도가 요즘엔 약 420ppm으로 올라갔다. 히로시마에 떨어진 원자폭탄 50만 개가 동시에 터질 때 발생하는 열이 날마다 지구에 쌓이고 있다는 뜻이다. 이러니 빙상이 녹아내리고 해수면이 상승하고 허리케인이 점점 강력해지는 건 전혀 이상한 일이 아니다.

기후변화를 늦추거나 중단시키려면 화석연료 연소를 멈춰야 한다. 그러나 쉽지 않은 일이다. 그 이유는 크게 세 가지다.

첫째, 화석연료는 기적의 물질이다. 본질을 따져보면, 화석연료는 농축된 햇빛이다. 수억 년 동안 태양은 지구상에 광대한 숲을 만들고 바다를 가득 채운 플랑크톤과 동물 수천억 마리를 먹여 살리는 식물을 만들어냈다. 이 유기체들이 죽은 뒤 그 잔해가 땅속에 묻혀 압력을 받아 석탄, 가스, 석유로 변했다. 우리는 이렇게 어렵게 탄생한 물질을 단 200년 사이에 캐내어 연료로 태웠다. 지금 우리는 태양의 에너지가 넘쳐나는 행성에 살고 있는 셈이다. 석유 1배럴(약 42갤런)만 있으면 한 사람이 2만 5000시간 동안 하는 일을 해낼 수 있다. 서구 세계에 사는 우리는 화석연료 사용법을 알아낸 덕에 하인 수십 명을 부리는 것과 같은 에너지를 쓸 수 있었다. 덕분에 인류는 사상 최초로 사람과 물건을 먼 곳으로 쉽게 옮기고, 해가 진 뒤에도 대낮처럼 밝은 빛을 얻고, 스위치를 달각 누르는 것만으로도 냉기와 온기를 얻을 수 있었다. 화석연료는 지금 우리가 누리는 이 세상을 만들어낸 원천이자, 이 세상을 망가뜨리는 주역이다.

다행스럽게도 과학자와 기술자들이 적절한 시기에 화석연료 대체물을 내놓았다. 20세기 중반, 연구자들이 최초의 태양광 전지를 발명했다. 우주 궤도에서는 석탄을 태울 수 없기 때문에 우주선에서 사용할 용도로 설계된 태양광 전지였다. 최초의 태양광 전지 디자인은 화석연료와는 경쟁이 되지 않을 만큼 엄청나게 비쌌다. 그러나 시간이 흐르면서 가격이 꾸준히 하락했고, 최근 10년 사이에 태양광 발전 비용은 크게 낮아졌다. 초대형 풍력 터빈이 개발되고 바다에 풍력 터빈을 띄우는 방법까지 개발되면서 풍력 발전 비용 역시 크게 낮아지고 있다. 해가 없을 때나 바람이 약해질 때에 대비해 에너지를 저장하는 배터리 분야의 생산 비용 역시 아주 빠른 속도로 하락하고 있다. 전 세계적으로 태양광 발전량이 두 배로 늘 때마다 발전 비용이 30퍼센트씩 줄고 있다고 경제학자들은 말한다.

화석연료의 상황은 정반대다. 석유, 가스, 석탄의 가격은 시간이 지나도 떨어지지 않는다. 캐내기 쉬운 매장지에 묻힌 화석연료는 거의 동이 났기 때문이다. 과거에 텍사스 팬핸들에서는 원유업자들이 거셔(대량의 원유가 세차게 흐르는 유전)를 건드리기만 해도 원유가 하늘로 솟구쳐 올랐지만, 요즘 원유업자들은 해저 수 킬로미터 깊이까지 굴착을 하거나 타르샌드(샌드오일)에 열을 가해 송유관으로 운송하기 쉬운 형태로 만들어야 한다. 지구 가열화에 따른 막대한 경제적 손실을 반영하지 않더라도, 재생에너지는 현재 지구상에서 가장 값싼 에너지원이다.

그렇다면 우리는 당연히 재생에너지로 신속하게 전환해야 한다. 실제로 이런 전환이 시작되고 있다. 그러나 재생에너지로의 전환 속도가 너무 느려서 지구 온난화의 피해가 불어나는 속도를 따라잡기에 역부족이다.

재생에너지로의 전환을 빠르게 진행하지 못하는 두 번째 이유는 바로 단순한 타성이다. 우리 사회는 화석연료 사용을 근간으로 삼고 있다. 전 세계 도로에는 약 14억 4600만 대의 차량이 있고, 내가 사는 나라 미국에만도 2억 8200만 대의 자동차가 있다. 거의 휘발유 또는 경유를 연료로 쓰는 차량이다. 이 차량들이 쉬지 않고 달릴 수 있도록 정유소, 송유관, 주유소가 촘촘하게 배치된 네트워크가 구축되어 있다. 이런 상황에서 전기차의 발명이라는 반가운 소식이 찾아왔다. 전기차는 내연기관 자동차보다 조용하고 움직이는 부품 수가 적을 뿐 아니라 대부분의 측면에서 우수하다. 그래도 화석연료 자동차가 완전히 퇴출되려면 수십 년이 걸릴 것이다. 우리가 기후변화에 대응할 수 있는 시간은 수십 년밖에 남지 않았는데 말이다. 그나마 화석연료 자동차는 평균 수명이 10~12년이라서 단계적 퇴출이 비교적 '용이'하다. 각국 정부가 전기차 구매를 장려하며 보조금 지급을 시작했고 자동차 회사들은 전기차 판매 촉진에 공격적으로 매달리기 시작했다. 이렇게 되면 타성을 이겨낸 신속한 전환이 가능할 것도 같다. 하지만 전 세계 가정에 설치된 보일러 문제도 따져봐야 한다. 수명이 무려 30~40년인 보일러도 적지 않다는 점이 문제다. 전환 과정의 속도를 높이기 위해서는 훨씬 더 치밀한 정부 조치가 필요하다.

그러나 타성보다 더 큰 문제가 있다. 우리가 전환 속도를 높이지 못하는 세 번째 이유는 바로 기득권이다. 재생에너지는 분명히 화석연료보다 합리적인 선택이다. 값도 싸고 더 깨끗하고 어디서나 사용 가능하다는 장점이 있다. 그러나 이 주장은 어떤 사람들에게는 통하지 않는다. 유전이나 탄광을 소유한 사람들에게 재생에너지의 출현은 곧 재앙이다. 재생에너지가 너무 빠른 속도로 보급되면 이들은 탄화수소 매장지에 남은 것을 파내어 팔 길이 막힌다.

화석연료를 손에 쥔 사람들은 정치권에서 막강한 영향력을 행사한다. 최근까지 엑슨모빌은 세계 최대의 매출을 자랑하는 회사였다. 러시아나 사우디아라비아는 대부분의 수익과 권력이 탄화수소에서 나오는 석유 부국이다. 미국 역사상 최대의 정치 자금 제공자였던 코크 형제는 미국 최대의 석유 및 가스 기업을 경영하는 부호였다. 미국 상원의원 조 맨친은 워싱턴 정계에서 화석연료 산업의 정치 후원금을 가장 많이 챙겼을 뿐 아니라 석탄에 수백만 달러를 투자했으며 2021년에 단독으로 기후법안 개정을 추진하는 저력을 과시했다. 소득과 교육수준이 높은 캐나다나 호주 같은 나라들에서도 석탄, 석유 기업의 입김이 아주 센 앨버타나 퀸즐랜드 같은 지역들이 정치적으로 막강한 영향력을 행사한다.

화석연료 산업은 기후행동을 지연시키기 위해 안간힘을 써왔다. 제1부에서 나오미 오레스케스가 밝혔듯이, 최근에 발표된 탁월한 조사 보고서에 따르면 석유 기업들은 1970년대에 이미 지구 온난화와 관련한 모든 사실을 알고 있었다. 엑슨모빌 소속 과학자들은 2020년까지 기온이 얼마나 상승할지 아주 정확하게 예측했다. 경영진은 이들의 예측을 믿었다. 한 가지 예로 이들은 해수면 상승 예측을 기반으로 해상 유전 시설을 더 높여 짓기 시작했다. 그러면서도 화석연료 산업은 이 위험을 세상에 알리기는커녕 정반대의 길을 택했다. 대중의 마음에 기후과학에 대한 불신을 심기 위해 담배 산업에서 활약했던 이들까지 끌어모아 여론 대응 전문가 정예 군단을 꾸렸다. 이 전술은 적중했다. 세계는 지구 온난화가 '사실'인가를 따지는 무익한 논쟁에 30년 가까이 갇혀 있었다. 지구 온난화가 분명한 사실임은 논쟁을 벌이는 양쪽 모두가 알고 있었다. 한쪽이 열심히 거짓말을 늘어놓은 것뿐이다. 그 거짓말 때문에 우리는 귀중한 것을 잃어버렸다. 바로 시간이다.

화석연료 산업은 여전히 로비에 매진하고 그린워싱을 하고 지연작전을 펴고 있다. 그러나 이제는 대규모 시민운동이 이들의 앞길을 막아서고 있다. 한 가지 예로, 여러 기관이 대량 보유하던 주식을 매각하도록 설득하는 운동이 펼쳐지면서 화석연료 산업이 재원 조달에 어려움을 겪고 있다. 송유관과 석탄 비축 기지를 봉쇄하는 활동도 이어지고 있다. 변화는 시작되었다. 이제는 그

변화를 얼마나 빨리 이루어내는가가 관건이다.

그 변화는 완벽하지 않을 것이다. 인간과 환경에 해를 입히지 않고 에너지를 생산하는 방법은 없다. 태양광 전지 및 배터리 제조와 관련해서도 원료 광물 채굴 과정에서 인권 침해를 방지하려는 노력이 중요하다. 한편 어떤 사람은 지평선에 풍력 발전기가 우뚝 선 모습이 보기 싫다고 하고, 어떤 사람은 바람의 움직임을 볼 수 있고 더 가까운 곳에서 생산된 에너지를 사용하려는 노력을 상징하기 때문에 풍력 발전기가 아름답다고 생각한다. 재생에너지는 그 외에도 여러 가지 잠재적 이점을 가지고 있다. 화석연료는 일부 지역에 집중된 탓에 그 지역에 대한 통제권을 쥔 사람들이 과도하게 큰 권력을 행사한다(사우디아라비아 국왕이 대표적이다). 반면에 태양과 바람은 어디에서나 얻을 수 있어 권력 배분의 불공평성이 다소라도 개선된다. 또 아직도 약 10억 명(대부분이 아프리카 주민들)이 현대적인 에너지를 전혀 이용하지 못하고 있는데, 유엔은 이들 중 90퍼센트가 처음으로 사용하게 될 전력이 재생에너지원에서 생산되는 전력일 것이라고 추정한다. 접근이 어려운 외딴 마을에는 전통적인 전력망을 설치하는 것보다 태양광 전지를 설치하는 편이 비용이 훨씬 적게 들고 훨씬 쉽다.

이제는 해가 비추는 곳에 유리판을 놓으면 전기를 쉽게 얻을 수 있으니 마법 같은 일이다. 나는 태양광 전지 덕분에 백신을(아이스크림도) 보관할 수 있는 작은 냉장고와 저녁에 아이들이 공부할 때 쓸 전등을 처음으로 가지게 된 마을을 방문한 적이 있다. 그야말로 호그와트 마법사 수준의 마법이다. 우리가 지혜롭고 친절하다면, 앞으로 10년 동안 이 새로운 기술을 세계 전역에 보급하는 활동에 집중할 것이다. 물론 그것만으로는 지구 온난화를 멈출 수 없다. 이미 시기를 놓쳐버렸기 때문이다. 그러나 우리는 지구 온난화 속도를 늦추고 인류 문명을 지속할 수 있는 최선의 방법인 이 활동에 매진해야 한다.

우리가 쓰는 에너지가 어디에서 나오는지 알게 된 이상 에너지를 헤프게 쓰지 말아야 한다. 전기차는 전기로 움직이는 적절한 대중교통 체계를 구축하기 전에 잠시 거쳐가는 징검다리일 뿐이다. 값싼 재생에너지를 이용해서 더 큰 집을 짓고 그 집 안에 더 많은 물건을 채워 넣는다면, 우리는 전 세계 농장과 숲을 고갈시키고 전 세계 동물을 멸종시키는 경로에서 벗어날 수 없다. 에너지 문제는 우리가 대처해야 할 가장 시급한 위기이지만, 우리는 다른 여러 가지 위험도 안고 있다.

그럼에도 지금 이 순간의 잠재력을 과소평가해서는 안 된다. 우리는 지표면에서 무언가 태우는 일을 기필코 멈춰야 하는 시점에 도달했다. 땅을 파헤쳐 석탄, 가스, 석유를 찾아내 태우는 일을 멈춰야 한다. 더럽고 위험하고 미래를 위협하는 화석연료 대신에 지구에서 1억 5000만 킬로미터 떨어진 까마득히 먼 저 하늘에서 불을 뿜는 태양에 의존해야 한다. 지옥의 에너지 대신에 하늘의 에너지를 쓰자!

재생에너지로의
전환 속도가 너무 느려서
지구 온난화의 피해가
불어나는 속도를
따라잡기에 역부족이다.

재생에너지의 부상

글렌 피터스

우리의 에너지 시스템의 주요 원천은 1800년 이전까지는 인간의 힘과 동물의 힘이었고, 그 후로는 나무의 연소였다. 나무 다음으로 화석연료가 주요 원천으로 등극하면서 전 세계 이산화탄소 배출량이 꾸준히 증가하고 있다. 이산화탄소 배출량 증가와 부의 증가는 상관관계를 가진다. 200년 사이에 세계 이산화탄소 배출량은 매년 1.6퍼센트씩 꾸준히 증가했다. 최근 들어 비화석 에너지원(바이오매스와 수력, 원자력, 태양열, 풍력)이 빠르게 보급되고 있지만, 늘어나는 에너지 수요를 충당하기에는 역부족이다. 비화석 에너지원의 비중은 수십 년 동안 약 22퍼센트를 유지해오다가, 최근 몇 년 사이에 풍력 및 태양광 발전의 성장 덕분에 서서히 증가하기 시작해 지금은 1950년대 이후 최고 수준에 도달했다(그림 1).

이건 세계 평균 수치이고, 그 이면의 상황은 훨씬 더 복잡하다. 고소득 국가들에서는 이산화탄소 배출량이 감소하고 있다(최근 10년 사이에 미국은 연간 0.7퍼센트, 유럽연합은 연간 1.4퍼센트 감소했다). 그러나 이것은 기후정책의 성과가 아니라 경제 발전의 결과일 뿐이다. 고소득 국가들은 전반적으로 안락한 생활수준을 누리고 있다. 에너지 사용량이 일정한 수준으로 유지되거나 일부 나라에서는 줄어들고 있다. 에너지 기반시설은 지어진 지 오래되었고, 에너지 및 기후정책에 힘입어 태양열 및 풍력 발전이 비용 경쟁력을 갖고 있다. 석탄발전소들의 수명 만료 시한이 임박했지만, 에너지 사용량이 안정적으로 유지되기 때문에 노후한 에너지 기반시설이 주로 태양광 및 풍력 발전으로 대체되고 있다. 한편 고소득 국가들은 세계적인 공급망의 혜택을 톡톡히 보고 있다. 이 나라들은 수입 소비재를 많이 쓰기 때문에 에너지 사용량 및 온실가스 배출량과 관련한 부담이 크게 줄어든다.

1차 에너지

엑사줄

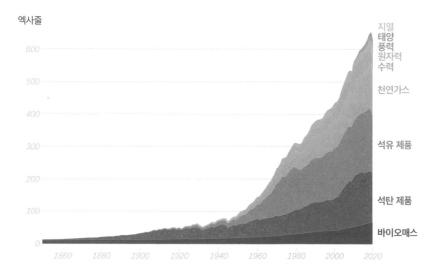

연간 세계 배출량

CO₂, 10억 톤

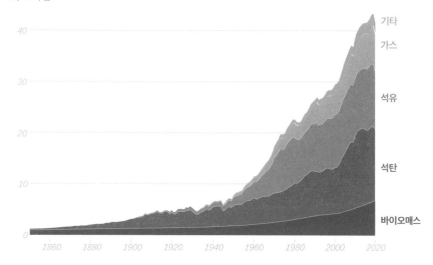

그림 1: 1850년 이후 세계 에너지 시스템(위)은 화석연료의 우세와 최근 비화석 자원의 약진을 보여준다. 이산화탄소 배출량 (아래)은 주로 화석연료 배출원에서 발생하고 바이오매스 및 토지 이용 변화(표시되지 않음)에서도 발생한다. 바이오매스는 배출량 통계에서 종종 탄소중립으로 간주되고, 바이오매스의 배출량은 종종 삼림 탄소 저장량 변화로 분류된다. 그러나 에너지 시스템의 장기적인 변화를 분석할 때는 바이오에너지를 무시할 수 없다. 화석연료가 널리 쓰이기 전에는 나무 연소가 지배적인 에너지원이었다. 1850년 이전에 쓰인 에너지원으로는 인간과 동물의 힘을 반드시 고려해야 한다.

중간 소득 국가와 저소득 국가의 현실은 전혀 다르다. 전반적으로 생활수준이 유럽이나 미국보다 상당히 낮고 이를 개선하기 위해 에너지 사용량이 빠른 속도로 늘고 있다. 에너지 기반시설은 건설된 지 얼마 되지 않았고, 태양광 및 풍력 발전이 빠르게 성장하고 있지만 에너지 수요 증가 속도를 따라잡지 못해 화석연료 사용량과 이산화탄소 배출량이 꾸준히 늘고 있다. 그렇다고 온실가스 배출량 증가 추세를 멈추고 배출량을 감축하는 과제에서 크게 뒤처져 있는 것도 아니다. 이 나라들은 여러 분야에서 청정기술의 보급 면에서 세계 최대의 성과를 올리고 있다. 고소득 국가와는 전혀 다른 상황에 있을 뿐이다.

최근 10년 사이에 세계 이산화탄소 배출량이 정점에 도달할 조짐을 보이고 있다(그림 1). 이 정점은 고소득 국가들의 감소하는 배출량과 중간 및 저소득 국가들의 늘어나는 배출량이 줄다리기 끝에 균형을 이룰 때 나타난다. 세계는 이 두 가지 상반된 힘이 균형을 이루는 지점에 다가서고 있다. 이런 상황은 어찌 보면 진전이라고 할 수 있지만, 이 정도의 진전으로는 원대한 기후 목표를 달성하기에는 충분하지 않다.

화석연료의 쇠퇴와 태양광 및 풍력 등 비화석 에너지원의 약진 사이에서도 이런 줄다리기가 벌어지고 있다(그림 1). 국민소득의 높고 낮음을 떠나서 많은 나라에서 태양광과 풍력이 빠르게 성장하고 있다. 전기 자동차 및 전기버스 같은 일부 청정기술 역시 빠르게 성장하고 있다. 세계 에너지 시스템에서 비화석 에너지원이 차지하는 비중은 수십 년 만에 처음으로 증가세에 접어들었고, 바이오매스(나무를 태워 얻는 에너지)의 사용이 일반적이던 1950년대에 마지막으로 나타났던 비중에 도달했다. 아주 긍정적인 진전이지만, 여전히 한참 부족한 수준이다.

기후위기가 점점 심각해지고 있으니, 우리는 세계가 화석연료에서 서서히 벗어나는 것을 지켜볼 시간적 여유가 없다. '탄소예산'의 측면에서 보면 기후 시스템의 산술 문제는 간단하다. 세계는 2050년경까지, 즉 앞으로 30년 안에 화석연료에서 완전히 벗어나야 한다. 만일 화석연료를 사용할 때 발생하는 이산화탄소를 제거하는 기술(탄소 포집 및 저장)이나 대기 중의 이산화탄소를 다시 빨아들이는 기술(이산화탄소 제거)이 충분히 개발된다면 상황이 달라질 것이다. 그러나 이 두 기술은 아직까지 유망한 성과를 내지 못하고 있다. 또 화석연료 발전소나 산업시설은 수명이 50년 이상인 경우가 많기 때문에, 중간 및 저소득 국가에서 지금 짓고 있는(혹은 최근에 지어진) 새로운 화석연료 에너지 기반시설은 수명 만료 시점 이전에 가동을 중단해야 한다.

지금까지는 에너지 전환이 느리게 진행되었지만, 이 추세는 바꿀 수 있다. 정책과 사회운동이 기술 개발과 결합한다면 긴급한 에너지 전환의 속도를 높일 수 있다. 신속한 전환에 필요한 도구는 이미 준비되어 있다. 세계는 태양광 및 풍력 발전 방법, 배터리나 수소로 에너지를 저장하는 방법, 운송 수단을 탈탄소화하는 방법을 알고 있다. 그러나 에너지 시스템의 탈탄소화는 단순히 기술적인 문제가 아니라는 점을 유의해야 한다. 다시 말해 화석연료 사용을 중단하고 재생에너지원을 사용하는 것으로 모든 문제가 해결되지 않는다. 간단한 의사소통에서 필수적인 식량 및 주거 확보에 이르기까지, 우리 삶을 부양하는 생산 시스템의 모든 측면은 에너지 및 이산화탄소 배출량과 관련이 있으며 대체에너지원 역시 환경과 배출량에 영향을 미친다. 한 예로 우리는 전기, 수소, 바이오 연료를 차량 동력원으로 사용할 수 있다. 그런데 이 셋 모두 생산 또는 공급 과정에서 상당한 양의 온실가스를 배출할 수 있다. 태양광 및 풍력 발전 설비는 사용할 때는 배출량이 0이지만, 설비를 제조할 때는 에너지를 소모한다. 따라서 기후 문제를 해결하려면 지구 시스템 전체를 바라보는 관점을 가져야 한다. 기후 문제는 우리 삶의 모든 측면에 영향을 미친다. 기후 문제를 해결하려면 무엇보다 먼저 지구 시스템에 가해지는 부담을 줄여야 한다. 즉 물질 소비에 덜 의존하는 생활방식으로 바꾸어야 한다.

문제의 원인이 밝혀졌으니 다음 단계는 그 문제를 어떻게 해결하느냐 하는 것이다. 우리는 지나치게 오랫동안 탄소 가격 제도나 배출권 거래제 등 기후 목표를 효율적으로 달성할 수 있는 완벽한 정책 조합을 찾으려는 유혹에 휘둘려왔다. 현실은 훨씬 더 복잡하다. 나라마다 출발점이 다르고 정치체제와 상황이 다르다. 비록 완벽하진 않아도 목표 달성에 도움이 되는 정책과 유인책을 모두 시행해야 한다. 어떤 경제학자에게는 여러 정책과 유인책의 병행이 악몽일 수 있지만, 기후 시스템을 생각하면 모두가 반길 수 있는 완벽한 정책 조합을 찾느라 시간을 허비할 여유가 없다.

에너지 전환은 누군가에게는 혜택을, 누군가에게는 고통을 줄 것이다. 피할 수 없는 결과다. 이 세상에는 이렇게 진행된 변혁적 전환의 사례가 무수히 많다. 말에서 자동차로, 타자기에서 컴퓨터로, 유선전화에서 휴대폰으로, 휘발유 자동차에서 전기 자동차로, 화석 에너지에서 재생에너지로의 전환이 모두 그렇다. 이런 전환을 일으키는 힘은 대부분 정책이 아니라 기술과 사회에서 나온다. 전환의 혜택을 챙기는 나라와 기업은 남보다 앞서나가 전환을 일구어가 겠지만, 저물어가는 과거를 고수하려는 나라와 기업은 그렇지 못할 것이다. 예를 들어 정부는 에너지 전환 과정에서 피해를 입은 이들(일례로 석탄 광산 노동자)을 보호하고 돕되, 이를 의도적으로 방해하는 이들(일부 거대 기업)을 도와서는 안 된다.

에너지 전환의 달성에 쓸 수 있는 시간이 얼마 남지 않았다. 에너지 전환을 달성하려면 모든 수단을 총동원해야 한다. 기술만으로는 문제를 해결할 수 없다. 기술 역시 다양한 위험과 난제를 안고 있다. 개인의 행동 변화만으로는 문제 해결이 불가능하지만, 개인 행동의 영향력을 무시하면 문제는 훨씬 더 어려워진다. 기후를 의식한 행동 변화는 건강 개선, 일과 삶의 균형, 행복 등 상당한 혜택을 동반할 수 있다. 정책만 가지고는 충분하지 않다. 정부는 유권자의 목표와 로비스트의 목표, 최선의 공공 이익 등 상충하는 여러 목표에 제약을 받기 때문이다. 진전은 기술 변화와 행동 변화, 정치 변화, 이 모두가 충족될 때 이루어진다. 이 세 가지가 조화롭게 어우러질 때에만, 기후위기가 빚어내는 최악의 위험을 피해가기 위한 사회 변혁을 이룰 수 있다.

무탄소
에너지원

태양광 발전

태양광 발전의 잠재력은 무궁무진하다. 발전 비용이 저렴하고 설치 소요 시간이 짧으며 규모를 키우면 우리가 오랫동안 사용해온 기존 발전소만큼 많은 전기를 생산할 수 있다. 한 예로 독일 전체 전력의 10퍼센트가 태양광 발전에서 나온다. 단점은? 햇빛이 충분해야 많은 양의 에너지를 생산할 수 있다. 날이 아주 흐려도 안 된다. 태양광 발전을 제대로 활용하려면 배터리 같은 전력저장장치로 보완해야 한다. 이를 이용하면 발전량이 적거나 아예 없을 때에 대비해 에너지를 저장할 수 있다. 또 대규모 태양광 발전을 하려면 많은 공간이 필요하고, 따라서 주변 환경에 미칠 잠재적인 피해를 고려해 부지를 선정해야 한다. 한 예로 생물다양성을 훼손할 우려가 없는 기존 건물에 태양광 전지판을 설치하는 것이다. 지붕이나 주차 공간이 있는 곳은 어디나 잠재적인 태양광 에너지 공급원이 될 수 있다. /

풍력 발전

풍력 발전은 이용 가능한 공간적 범위가 넓고 설치 소요 시간이 상대적으로 짧으며 깨끗하고 발전 비용이 저렴하다. 게다가 발전 비용이 빠르게 하락하고 있다. 풍력 발전의 단점으로 바람이 항상 불지 않는다는 게 자주 언급된다. 이는 소규모 설비에만 해당되는 이야기다. 국가 또는 지역 수준의 대규모 풍력 발전 설비에서는 바람 양에 차이가 있긴 해도 항상 바람이 분다. 풍력발전 보급 확대와 관련해서는 인근 야생생물의 서식지를 훼손하고 인근 지역 주민들에게 피해를 입힐 수 있다는 중요한 문제가 있다. 따라서 태양광 발전과 마찬가지로 부지 선정이 중요하다. 풍력단지의 적절한 후보지는 고속도로와 산업시설 인근이나 피해를 받는 사람이 거의 없고 야생생물에 미치는 영향이 극히 적은 장소(예를 들면 연안 해상)다. 기술이 발전해 부유식 해상 풍력의 설치 가능성 또한 점점 높아지고 있으므로 혐오시설 기피 민원도 줄어들 것이다. /

청정수소

수소는 에너지의 원천이며, 수소연료 전지로 전기를 생산하면 오염물질이 남지 않고 물만 배출된다. 그러나 수소는 대개 자연 상태에서는 단독으로 존재하지 않기 때문에 메탄이나 물 등 다른 물질에서 뽑아내야 한다. 이 과정에서, 생산된 수소를 연료로 쓸 때 얻을 수 있는 에너지보다 더 많은 에너지가 소비된다. 반면 에너지 손실 없이 장기 저장이 가능하다는 장점이 있다.

　과학기술지 〈뉴 사이언티스트〉에 따르면, 현재는 수소의 96퍼센트가 화석연료에서 생산되고 있으며, 이런 수소는 재생에너지 또는 무탄소 대안 에너지로 볼 수 없다고 한다. 그런데 수소는 풍력, 태양광 같은 재생에너지를 이용해서 물을 전기분해하는 방법으로도 생산할 수 있다. 이렇게 만들어진 수소를 청정수소라고 부르는데, 전기 에너지를 이용할 수 없거나 배터리보다 장기 저장이 가능한 에너지가 필요한 상황에서 화석연료를 대체하는 에너지로 쓸 수 있다.

　문제는 청정수소를 만들려면 값싼 재생에너지를 대량으로 이용할 수 있어야 하는데, 가까운 미래에 이것을 기대하기는 힘들다는 점이다. 수소는 원자력으로 만든 전기를 이용해 전기분해 방식으로 만들 수도 있고(핑크수소), 화석연료를 이용해 만들되 탄소 포집 및 저장 기술을 적용하는 방식으로 만들 수도 있다(블루수소). 그러나 이 기술 역시 대규모 활용이 가능한 수준으로 발전하지 않았기 때문에, 수소는 전반적으로 상당한 한계가 있는 해법으로 평가된다. 2022년에 〈글로벌 위트니스〉가 공개한 보고서는 캐나다의 '최초' 블루수소 설비의 경우 포집하는 양보다 많은 온실가스를 배출하고 있음을 지적했다.

수력 발전

수력 발전 설비는 높은 곳에서 떨어지거나 빠르게 흐르는 물을 이용해 전기를 만든다. 국제에너지기구에 따르면, 2020년 전 세계 전력의 17퍼센트를 수력 발전이 공급했다.

　수력 발전은 깨끗하지만 지역 환경에 상당한 영향을 미친다. 야생생물과 생태계에 해를 입힐 뿐 아니라 발전소 인근 주민이나 물의 흐름을 조절하기 위해 만든 저수지 인근 주민들에게 영향을 미친다.

원자력 발전

전기는 원자로 안에서 우라늄, 플루토늄 같은 원소의 원자를 분열시키는 원자력 기술을 이용해서도 생산할 수 있다. 원자력 발전은 안정적인 전력을 공급하면서도 탄소 배출이 아주 적으며, 현재 전 세계 전력의 약 10퍼센트를 공급하고 있다.

　그러나 원자력 기술 자체가 아주 복잡한 탓에 많은 단점이 있다. 발전소 건설에 비용이 많이 들고 기간도 오래 걸린다. 최근 핀란드에 세워진 올킬루오토 3호기와 영국의 힝클리포인트 원전은 둘 다 완공이 오랫동안 늦춰졌다. 올킬루오토의 원자로는 착공 후 16년 만인 2022년 겨울에 가동을 시작했다. 전 세계에는 노후한 원전이 많이 있다. 설사 신규 원전의 건설 소요 기간이 크게 단축된다 하더라도, 전 세계의 노후한 원자력 발전소를 기후 목표를 달성하는 데 필요한 기간 내에 전부 교체하는 것은 큰 난제다.

2011년 후쿠시마와 1986년 체르노빌 원전 참사에서 알 수 있듯이, 원자력 발전은 안전의 측면에서 가공할 단점이 있다. 또 원자력 발전소는 분쟁이나 테러 공격의 표적이 될 수 있어 안보정책과 관련해서도 민감한 문제다. 원자력 발전소의 건설과 가동은 지정학적 안정이 전제되어야 한다.

방사성 폐기물의 안전한 보관도 문제다. 세계는 이 문제를 70년이 넘도록 해결하지 못하고 있다. 원자력 발전은 여전히 기술적으로 복잡한 요소가 많은 탓에 세계적인 보급에는 한계가 있는 에너지원으로 평가된다.

바이오매스 에너지

바이오매스 에너지는 나무, 농작물, 이탄, 해초, 쓰레기, 도축장 폐기물 등 식물성 및 동물성 물질을 태워 얻을 수 있는 전기나 열 등의 에너지를 가리킨다. 바이오매스는 재생에너지원으로 분류되고 있지만, 실제로 재생 가능한 원천이 되려면 지속가능한 농업 및 임업이 전제되어야 한다. 그러나 지금은 이런 산업의 규모가 충분히 크지 않다.

본질적으로 바이오매스가 재생되려면 아주 긴 시간이 필요하다. 나무 한 그루가 자라는 데 100년이 걸리기도 하고, 완전히 훼손된 숲이 복원되는 데는 수백 년이 걸리거나 영원히 복원이 안 될 수도 있다. 또 숲을 단일 수종 조림지로 바꾸면 귀중한 생물다양성과 회복탄력성을 잃게 된다. 이런 조림지는 탄소 격리 능력이 상대적으로 떨어지고 화재와 질병에도 훨씬 더 취약하다는 단점이 있다.

바이오매스가 재생에너지원으로 분류된 탓에 이 에너지원에 대한 대규모 채취 활동이 진행되면서 삼림 훼손과 생물다양성 손실이 점점 더 심해지고 있다. 인간에 의한 이러한 음의 되먹임 고리가 여러 지역에서 걷잡을 수 없는 속도로 진행되고 있다. 바이오매스를 지속가능하고 재생 가능한 에너지원으로 사용하려면 이용량을 획기적으로 줄여야 한다.

에너지를 얻기 위해 나무를 태우면 석탄을 태울 때보다 더 많은 이산화탄소가 대기로 배출된다. 그런데도 바이오매스가 재생 가능한 것으로 분류되어 이 배출량이 각국의 통계에 포함되지 않는 현실이야말로 재앙을 낳을 수 있는 중요한 허점이다.

지열 에너지

지열 에너지는 지구의 지각 내부에서 나온다. 이를 이용하면 열을 얻거나 전기를 만들 수 있다. 지열 발전은 지하 고온층까지 굴착한 뒤 그곳에 있는 증기와 뜨거운 물을 끌어올려 발전기 터빈을 돌리는 방식이다.

지열은 탄소 배출이 많지 않은 에너지원이다. 탄소 배출량이 화석가스에 비해 약 17퍼센트 수준이지만, 황화수소와 이산화황 등 환경에 상당히 큰 피해를 입히는 여러 기체를 배출한다. 또 지열 발전은 지각 단층에 매우 가까운 곳에 지어야 하므로, 지리적으로 한정된 곳에서만 활용이 가능하다. 이런 까닭에 지열 발전의 최적지는 아이슬란드, 캘리포니아, 뉴질랜드, 인도네시아, 엘살바도르, 필리핀 등지에서 발견된다.

우리에게도 변화를 시작할 수 있는 엄청난 잠재력이 있다.

- 우리는 에너지 사용을 줄이고 아껴 쓸 수 있다.
- 제품과 건물의 에너지 효율을 높일 수 있다.
- 전기는 수요가 있는 현지에서 생산해, 생산하는 즉시 이용할 수 있다.

숲의 잠재력

카를하인츠 에르프, 시몬 킹그리치

숲은 기후위기를 완화하는 데 크게 기여한다. 숲은 탄소를 격리해 대기 중에 있는 탄소량의 약 두 배를 저장하며, 숲이 제공하는 목재는 온실가스 집약도가 높은 상품과 서비스를 대체할 수 있다. 북반구 국가들은 숲이 미래에 훨씬 더 많은 양의 에너지와 상품을 공급하면서 동시에 대기에서 더 많은 양의 탄소를 격리할 것이라고 예상한다. 그러나 이것은 득보다 실이 많은 위험한 접근법일 수 있다.

잘 알려져 있듯이, 전 세계적으로 삼림 벌채는 온실가스를 배출하는 중요한 요인이다. 삼림 벌채로 인해 연간 온실가스 약 132억 톤(이산화탄소 환산량 기준)이 생성된다. 반면 온대와 아한대의 많은 숲은 탄소 순흡수원 역할을 하고 있다. 전반적으로 면적이 확장되고 탄소 밀도가 늘어나고 있기 때문이다. 이 지역에서의 숲 확장은 종종 원시림 확장이 아니라 산업용으로 벌채 목적의 속성수 위주의 단일 수종 조림지 확장에 의해 이루어진다. 때로는 숲의 탄소 흡수량과 나무 수확량이 동시에 증가하는 특이한 현상이 나타나기도 한다. 기후변화 완화 전략에서 숲이 하는 역할을 정확히 평가하려면 이런 일이 어떻게 일어나고 왜 일어나는지를 이해할 필요가 있다.

이 수수께끼를 풀기 위해서는 숲의 탄소 흡수 능력이 당장의 관리 방식은 물론이고 과거의 관리 방식에도 큰 영향을 받는다는 점을 고려해야 한다. 숲이 탄소를 얼마나 많이 저장하는지, 또 잠재적인 탄소 저장 능력에 얼마나 미달하는지를 결정하는 것은 현재와 과거의 관리 관행이다. 19세기 초까지는 장기간의 집약적 토지 사용 탓에 많은 지역의 숲이 심하게 황폐해졌다. 산업화 이후로는 화석 에너지를 이용하게 되고 장거리 무역 기회가 확대된 데다 농업의 집약화가 일어난 덕분에 숲에 대한 압력이 완화되었다. 설사 나무 수확량이 늘어나도 수확량을 앞지르는 재성장이 진행되기만 한다면 숲은 충분히 회복될 수 있다.

여기서 분명히 해둘 점은 나무 수확량이 늘어나서 숲의 탄소 저장량이 증가한 것이 아니라 나무 수확량이 늘어났음에도 불구하고 숲의 탄소 저장량이 늘었다는 것이다. 나무를 수확하면 토양의 탄소 배출이 일어나고 나무에 저장된 탄소가 숲에서 빠져나간다. 전 세계적으로 목재 제품 생산을 위한 토지 사용으로 연간 24억 톤(이산화탄소 환산량 기준)의 온실가스가 배출되는 것으로 추정된다. 인간이 관리하는 숲의 탄소 저장량은 인간이 개입하지 않은 원시림보다 훨씬 적다. 평균적으로 원시림에 비해 온대림에서는 33퍼센트, 아한대림에서는 23퍼센트, 열대림에서는 약 30퍼센트 수준이다.

나무를 수확할 때는 숲을 자연 상태 그대로 놔두었을 때 격리되었을 탄소의 양을 고려해야 한다. 목재 사용이 기후에 미치는 영향은 목재 제품의 평균 사용 기간에 따라 달라진다. 오래 사용되는 목재 제품의 평균 '수명'이 일반적으로 약 50년인데, 베어지지 않은 나무는 수십 년에서 수백 년을 더 살 수 있으므로 더 오래 탄소를 격리한다. 또 바이오에너지를 얻기 위해 나무를 태우면 연소 과정에서 에너지 단위당 화석연료보다 더 많은 온실가스가 배출된다. 이렇게 배출된 온실가스는 벌채된 숲이 원래대로 복원되어야만 다시 흡수될 수 있다. 따라서 기후변화 완화는 숲이 복원되어 애초에 벌목이 없었을 때 격리되어 있던 양만큼의 탄소를 흡수한 뒤에야 실현된다. 온대림과 북방림에서는 이 균형점에 도달하는 데 수십 년에서 수백 년이 걸릴 수 있다.

그렇다면 숲과 관련한 기후변화 완화 전략을 짤 때 우리는 어떤 점을 고려해야 할까?

숲에서 단 한 그루의 나무도 베지 말아야 한다는 것은 옳지 않은 주장이다. 목재는 온실가스 집약도가 높은 여러 가지 제품을 대체할 수 있고 플라스틱 등의 폐기물 문제를 줄이는 데도 도움이 된다. 그렇지만 목재는 지속가능한 한도 내에서, 오래가는 제품에 주로 사용해야 한다. 삼림 훼손이나 황폐화를 방지하려면 특정한 숲에서 벌목하는 나무의 양이 그 숲에 다시 식재된 나무의 양을 넘어서지 못하도록 제한해야 한다. 또한 생물다양성 보호를 위한 제한도 시행되어야 한다. 지구상에는 인간이 만든 인공물의 총량이 살아 있는 바이오매스의 총량을 앞지르고 있는 현실이므로, 완화 전략의 초점은 산업화된 국가들에서 자원 사용을 줄이는 쪽에 집중되어야 한다.

더구나 기후위기의 긴급성을 감안할 때 우리는 삼림 바이오에너지를 이용한 뒤 삼림이 복원될 때까지 기다릴 여유가 없다. 유럽연합에서는 현재 수확된 목재의 약 24~33퍼센트가 곧바로 에너지 연료로 투입되고 있으며, 유럽연합 법률은 목재 수확량이 재식재량보다 적게 유지되는 숲의 바이오에너지를 지속가능한 탄소중립 에너지로 분류하고 있다. 그러나 다른 용도로는 사용할 수 없는 제조 과정에서의 목재 잔류물을 태우는 경우에만 지속가능한 바이오매스 에너지로 간주해야 한다. 또 산업용 목재를 가공할 때 나오는 잔류물은 종이 및 판지 제조업의 원료로 쓰이기 때문에 바이오에너지는 제지 및 판지용 바이오매스와 경쟁관계에 있다.

북반구에서 조림 면적을 확대하는 방법은 탄소 격리의 잠재력이 크지 않다. 긴급한 기후위기 상황에서 이 방법은 지나치게 많은 시간이 소요될 뿐 아니라 토지 경합 문제가 나타날 수 있다. 따라서 최적의 전략은 나무 수확을 줄여 탄소를 저장하는 숲을 보호하는 것이다. 숲은 현재 연간 온실가스 106억 톤(이산화탄소 환산량 기준)을 격리하는데, 이는 전 세계 연간 배출량의 약 30퍼센트에 해당한다. 현재로서는 삼림에 의한 탄소 격리가 대기 중 탄소를 대량으로 격리할 수 있는 유일한 전략이다.

숲의 탄소 저장 능력은 몇 년 안에는 아니라도 대략 50~150년이 지나면 포화 상태에 도달한다. 자연적인 교란은 숲의 탄소 저장량에 영향을 미쳐 저장량을 줄이는데, 산업적인 단일 수종 조림지가 특히 자연 교란에 취약하다. 따라서 우리는 동시다발적인 전략을 시행해야 한다. 나무 수확은 이런 단일 수종 조림지에 국한해서 시행하고, 숲의 회복탄력성을 증진시켜 종의 다양성이 개선되고 일부 나무들이 오랜 기간 성장할 수 있도록 해야 한다. 생물다양성이 높고 회복탄력성이 큰 숲은 훼손하지 않은 채 보전해야 하고, 그것을 생물다양성의 혜택을 극대화하고 다른 부문이 화석연료에서 벗어날 때까지 탄소를 격리해 시간을 벌어주는 '지름길'로 간주해야 한다.

숲의 기후변화 완화 역할을 극대화하면 목재 제품의 이용에 제한이 생길 수 있다. 목재 공급량 감소를 상쇄할 용도로 화석연료 수요가 늘어나는 것을 방지하려면, 원료 사용을 줄이면서 동시에 인간 복지를 지켜내고 자원에 대한 공평한 접근을 보장하는 방향으로 수요 측면의 전략을 모색해야 한다.

생물다양성이 높고 회복탄력성이 있는 숲은
훼손하지 않은 채 보전해야 하고,
그것을 다른 부문이 화석연료에서 벗어날 때까지
탄소를 격리해 시간을 벌어주는
'지름길'로 간주해야 한다.

지구공학의 현실

니클라스 헬스트룀, 제니 C. 스티븐스, 이삭 스토더드

'지구공학'은 지구 기후 시스템을 변경하기 위해 지구 대기와 생태계에 의도적이고 대규모로 기술적인 조작을 하는 것을 말한다. 대부분의 지구공학 기술은 추측에 기반해 설계된 구상에 불과한데도 큰 논쟁거리가 되고 있다.

지구 온난화의 근본 원인인 화석연료 생산이나 온실가스 배출을 줄이는 것은 지구공학의 목표가 아니다. 지구공학 지지자들의 목표는 지구를 데우는 태양의 영향을 줄이는 데 있다. 이들은 태양 복사의 일부를 반사시켜 우주로 다시 돌려보내거나 대기에서 이산화탄소를 제거해 저장하는 방법 등을 제시한다. 태양지구공학 지지자들은 햇빛을 반사할 목적으로 지구 성층권에 수많은 비행기를 띄워 에어로졸을 지속적으로 대량 분사하거나 방대한 면적의 북극 빙상에 유리구슬을 덮는 방식 등 큰 논란을 부르는 제안을 내놓고 있다. 지구공학 규모의 이산화탄소 제거 방식에는 해양 여러 지역에 영양물질을 투입해 조류藻類의 대량 번식을 유도하거나 나무를 연료로 쓰면서 이산화탄소 흡수원을 늘리기 위해 방대한 면적의 땅을 거대한 조림지로 바꾸는 방식이 포함된다.

지구공학의 모든 접근방식은 대단히 큰 위험을 안고 있으며, 일부 방식은 생태계 파괴와 사회 붕괴를 야기할 가능성도 있다. 지구공학 기술은 돌이킬 수도 없고 예측할 수도 없는 여러 가지 충격을 빚어내 기존의 불공평을 더욱 악화할 것이다. 특히 문제가 되는 것이 성층권에 에어로졸을 투입하는 태양 복사 관리로, 이를 시행할 경우 몬순이 약화되고 가뭄이 심해져 수십억 명의 삶이 위태로워질 수 있다. 게다가 에어로졸 투입을 시작했다가 한참 뒤에 투입을 중단하면, 에어로졸의 햇빛 차단 효과가 갑자기 사라져 대기 중에 쌓여 있던 이산화탄소가 아무 제한 없이 가열 효과를 내면서 온도가 순식간에 급상승할 것이고, 인류와 생태계는 적응할 기회조차 갖지 못한 채 파국적인 충격을 맞을 수 있다.

많은 학자, 전문가, 활동가들이 이런 기술은 공평하고 안전하게 관리될 수 없다는 결론을 내렸다. 태양지구공학의 개발은 수백 수천 년 동안 실패 없이 안정적으로 유지될 수 있는 국제적인 의사결정 체계의 존재를 전제하는데, 그것은 불가능한 전제조건이다. 이런 기술의 개발을 허용한다면 힘센 국가나 조직 또는 돈 많은 누군가가 그 기술을 일방적으로 통제할 권한을 장악하게 되어, 권력과 재원의 불공평한 분배가 심화되고 지구 기후 시스템의 통제 시도를 둘러싸고 전쟁 위험이 고조되는 등 끔찍한 상황이 빚어질 수 있다. 세계 각지에서 태양지구공학 기술의 개발을 금지하는 국제적 조치를 시행하라는 요구가 거세지고(www.solargeoeng.org 참조), 많은 사람들이 유엔생물다양성협약에 따른 기존의 지구공학 시행 중단 선언을 강화하기 위해 노력하고 있다.

태양지구공학을 현실에 적용하려는 연구 및 실험 시도가 있을 때마다, 선주민과 과학자, 시민단체는 격렬한 저항으로 맞서며 인류가 지구공학 시도가 일상화되는 나락으로 빠져들어서는 안 된다고 경고하고 있다(www. stopsolargeo.org, www.geoengineeringmonitor.org). 논란이 거세지자 '지구공학'이란 용어를 '기후 개입', '기후 개선', '기후 보호 기술' 같은 새 용어로 재포장하려는 움직임이 일고 있는데, 이는 지구공학 지지자들이 큰 논란거리가 되고 있는 이 기술과 관련한 논의에 혼선을 주려는 저의에서 나온 것이다.

모든 지구공학 계획은 지구를 조작하려는 시도라는 점에서 애초에 기후 위기를 빚어낸 것과 똑같은 관점, 즉 인간이 지구의 지배자라는 태도를 기반으로 하고 있다. 지구공학 계획을 실제로 실행에 옮길 수 있는 방법인 것처럼 포장해 일상적인 개념으로 정착시키려는 기득권 집단의 의도는 지구공학이 실제 시행될 때 빚어지는 충격에 못지않게 위험한 영향을 미칠 수 있다. 화석연료 산업과 정보기술 산업계의 갑부, 그 외 지구공학 지지자들은 지구공학이 '차선책'일 뿐이라고 주장하지만, 이들은 시급히 이뤄야 할 근본적인 사회적 변화를 저지하고 방해하려는 의도에서 이 주장을 편리한 변명으로 써먹고 있다. 지구공학은 아예 고려할 가치가 없는 것이다. 심화되는 기후 혼란과 불공평한 현실을 개선하려면 전혀 다른 해법에 의지해야 한다. 우리는 형평성과 인간의 생존조건 보호와 생태계 보전 원칙을 최우선에 놓고, 충분한 삶의 질과 복지, 그리고 발생 단계에서부터 온실가스 배출량을 줄이는 활동과 화석연료 생산의 단계적인 중단을 신속하게 진행하는 활동에 초점을 맞춰야 한다. /

지구공학의 모든 접근방식은
대단히 큰 위험을 안고 있으며,
일부 방식은 생태계 파괴와
사회 붕괴를 야기할 가능성도 있다.

4.9

탄소제거
기술

롭 잭슨

일단 배출된 '후'에 대기에 쌓인 이산화탄소와 메탄, 그 외 온실가스를 제거하는 것을 '드로다운drawdown'이라고 한다. 우리가 이런 기술을 필요로 하는 것은 실패를 되돌리기 위해서다. 우리는 이제껏 2조 톤의 이산화탄소를 대기로 뿜어냈다. 그중 대부분이 최근 50년 사이에, 즉 이산화탄소 배출이 생명을 위협할 수 있다는 사실을 알게 된 후에 뿜어낸 것이다. 실제로 1990년 IPCC 제1차 보고서가 발표된 이후, 전 세계 연간 화석연료의 이산화탄소 배출량이 60퍼센트 증가했다. 이 정도면 단순한 실패가 아니라 엄청난 실패다.

이처럼 우리가 행동하지 않은 탓에, 그레타 툰베리의 세대가 지구 온도 상승이 1.5도 또는 2도를 넘어서지 않게 하려 할 때 선택할 수 있는 건 마법 지팡이를 이용해서 우리가 이미 배출한 온실가스를 대기에서 뽑아내는 방법뿐이다. 게다가 이 방법을 쓰려면 훨씬 많은 돈이 들어갈 것이다.

탄소제거 기술(드로다운 기술)이 실제로 작동할 수 있을까? 나중에 보겠지만, 이 기술은 결코 마법이 아니며, 엄청나게 비싸다.

거의 모든 탄소 감축 시나리오에는 1.5도 목표를 달성하려면 과거에 배출한 대기 중 이산화탄소를 제거하는 활동이 반드시 필요하다는 내용이 들어 있다. 최근 한 분석에서는 세계가 2019년부터 2100년까지 누적 배출량을 7500억 톤(현재 배출량으로 치면 약 20년 분량) 미만으로 유지한다고 해도 2100년 지구 온도 상승을 1.5도 이하로 억제하려면 약 4000억 톤의 이산화탄소를 대기에서 제거해야 한다는 결론을 내놓았다.

이산화탄소 1톤을 제거하는 데 100달러가 든다고 낙관적으로 가정하면, 대기에서 이산화탄소 4000억 톤을 제거하는 데 40조 달러가 든다(물론 여러 분석들이 이 비용을 매우 줄여 잡은 추정치라고 본다). 젊은 세대는 당연히 '그 비용을

302

왜 우리가 떠안아야 하나?'라고 따져 물을 자격이 있다.

오늘 온실가스가 대기로 들어가지 않게 하는 비용은 내일 대기에서 온실가스를 제거하는 비용보다 당연히 적게 든다. 대기에는 다른 기체 분자 2500개당 약 한 개꼴로 이산화탄소 분자가 분포해 있는데, 이 이산화탄소를 찾아 '제거'하는 것은 건초 더미를 뒤져 바늘을 골라내는 것만큼이나 어려운 일이다. 일반적인 화석연료 발전소 굴뚝에서 배출되는 분자 열 개 중 약 한 개가 이산화탄소인데, 발전소 굴뚝에서 고농도 이산화탄소가 배출되는 것은 통제하지 않으면서 공기 중에 희석된 이산화탄소를 제거하는 데 드는 비용을 우리에게 부담시킨다는 건 말도 안 되는 일이다. 화석연료를 사용하는 곳에서는 반드시 굴뚝에서 곧바로 이산화탄소를 포집해 대기로 들어가지 못하게 해야 한다.

현재 전 세계에는 수천 개의 화석연료 발전소가 있지만, 탄소 포집 및 저장(CCS) 시설을 갖춘 발전소는 30여 개에 불과하다. 만일 모든 화석연료 발전소가 탄소 포집 및 저장 시설을 갖추지 않고 수명이 다할 때까지 운영된다면, '수명 주기 배출'로 인해 수천억 톤의 이산화탄소 오염이 발생해 지구 온도를 1.5도는 물론이고 2도 문턱 너머로 끌어올릴 것이다.

만일 온실가스 배출 억제에 실패하고 또 탄소 오염의 포집 및 저장에도 실패하면, 우리는 탄소제거 기술에 의지해야 한다. 토지는 가장 확실하게 탄소를 제거할 수 있는 해법이다. 특히 삼림과 토양을 적절히 관리하면 삼림 훼손과 농업 활동 때문에 대기 중으로 빠져나간 탄소를 다시 흡수할 수 있다.

20세기에 지구상에서는 10억 헥타르의 숲이 사라졌고, 그 대부분의 땅이 작물 재배지와 소 방목장으로 사용되고 있다. 또한 경운(쟁기질) 등의 농업 활동 때문에 전 세계의 토양에서 대기로 5억 톤의 이산화탄소가 배출된다. 토양과 삼림에서 이처럼 탄소가 빠져나간다는 사실은 자연 기반 기후 해법의 타당성을 뒷받침한다. 즉 세계는 토지의 탄소 유출을 막고 토지 보전과 복원, 개선된 토지 관리를 통해 탄소를 토지로 되돌려야 한다. 비교적 낙관적인 평가는 자연 기반 기후 해법으로 지구 온도 상승을 2도 이하로 억제하기 위해 2030년까지 달성해야 하는 탄소 감축의 3분의 1을 담당할 수 있다고 한다. 이산화탄소 1톤을 토지에 저장하는 데 드는 추정 비용은 약 10달러로, 현재로선 이 해법이 화석연료 때문에 배출된 이산화탄소를 제거하는 가장 저렴한 방법이다.

숲과 습지 복원, 나무 심기, 무경운 농업, 그 외 여러 활동 등 자연 기반 기후 해법을 이용하면 탄소 수십억 톤을 땅으로 되돌릴 수 있다. 식물성 식품 위주의 식습관, 특히 붉은색 육류를 덜 먹는 식습관이 뿌리내리고 세계 인구가 감소하면, 삼림 훼손이 줄고 소 사육 두수가 줄어(메탄 배출량도 감소한다) 남는 땅을 다른 용도로 쓰거나 다른 생태계에 돌려줄 수 있다.

그런데 자연 기반 기후 해법에 의지하면 온실가스를 충분히 감축할 수 있을까? 그렇지 않다. 이 해법으로는 연간 약 350억~400억 톤의 화석연료로 인한 탄소 배출량을 상쇄할 수 있을 뿐이다.

급격한 탄소 배출 감축을 이루지 않고도 지구 온도 상승을 1.5도 또는 2도 이하로 억제하려면 산업형 온실가스 제거 방법에 의존하는 수밖에 없다. 과학자들은 10년 넘게 대기 중 이산화탄소 제거 방법을 연구하고 있다. 이 과정은 공기 중의 이산화탄소를 포집하는 단계와 그것을 안전하게 저장하는 단계로 이루어진다. 식물과 암석, 산업용 화학물질을 사용해 공기 중의 이산화탄소를 제거할 수 있다. 식물(나무, 풀, 해초, 식물성 플랑크톤 등)과 일부 미생물은 광합성을 통해 이산화탄소를 흡수한다. 앞에서 살펴본 자연 기반 기후 해법 외에도, 바이오에너지 탄소 포집 및 저장(BECCS)이라는 식물 기반 접근법이 있다. BECCS에서는 식물 바이오매스를 수집하거나 수확한 뒤 이것을 태워 전기를 생산하고(또는 바이오연료로 변환하고) 이때 발생하는 이산화탄소 오염물을 자체 생산한 전기를 이용해 지하로 옮겨 저장함으로써 대기로 배출되는 것을 막는다. BECCS는 탄소제거 기술 가운데 유일하게 에너지를 생산해 에너지의 투입을 필요로 하지 않는다(그리고 신중하게 시행하면 탄소를 전혀 배출하지 않고 에너지를 생산할 수 있다). 그러나 수십억 톤 규모의 기후 완화 해법이 모두 그렇듯이, BECCS 역시 단점이 있다. 이 기술은 대량의 토지와 물을 필요로 하고, 이산화탄소 지하 저장고의 상황을 수십 년 동안 추적 관찰해야 한다. 그러나 BECCS는 탄소제거 표준 비용(이산화탄소 1톤 저장 비용은 약 50~200달러)보다 비용이 적게 들고, 이미 상업적인 시설이 운영되고 있다. 2019년 한 해 동안 BECCS 시설에 의해 제거된 이산화탄소는 약 150만 톤이다. 현재 가장 큰 시설은 일리노이주 디케이터에 있는 옥수수-에탄올 정제시설이다. 미국 국립과학아카데

미의 한 연구는 BECCS가 큰 악영향을 끼치지 않고 연간 약 35억~52억 톤의 이산화탄소를 제거할 수 있는 잠재력을 가지고 있다고 평가했다.

또 다른 탄소제거 기술은 풍화작용 증진법이다. 이것은 규산염 등의 암석이 대기 중의 이산화탄소와 자연적으로 반응하는 속도를 더 빠르게 하는 방법이다. 화성 현무암은 지구에서 가장 흔한 암석 중의 하나이며 모든 지표면의 10분의 1과 대부분의 해저 바닥을 덮고 있다. 현무암은 칼슘, 마그네슘, 철 함량이 높은 규산염 광물을 함유하고 있는데, 이 광물은 이산화탄소와 반응해 탄산염이나 그 외 탄소 함량이 높은 암석을 형성한다. 한 예로, 흔히 석회암이라고 불리는 탄산칼슘은 칼슘 원자 하나가 이산화탄소와 또 다른 산소 원자 하나와 결합한 구조($CaCO_3$)다. 석회암은 엠파이어스테이트 빌딩과 기자의 피라미드 건축 재료로 쓰였다.

현무암을 캐내서 분쇄한 다음 공기 중에 노출시켜 이산화탄소와 반응시킨다고 생각해보라. 분쇄한 현무암을 농사용 비료로 쓰면 암석에서 칼슘과 마그네슘, 영양성분이 빠져나와 식물 성장을 돕는다. 또는 분쇄한 현무암을 공기 중에 두었다가 대기 중의 이산화탄소와 반응이 완료되고 나면 다시 땅속에 묻는 방법도 있다. 풍화작용 증진법으로 이산화탄소 1톤을 제거하는 데 드는 비용은 75~250달러라고 한다. 신생기업들이 진입 시도를 하고 있긴 하지만, 풍화작용 증진법은 아직까지 상업적인 규모로 확장되지 못했다. 자연적인 조건에서는 수천 년에 걸쳐서 진행되는 풍화작용을 정책적으로 유의미한 수십 년 안에 완료되도록 속도를 높이는 것이 이 기술의 핵심 과제다.

마지막으로, 수십 개의 회사가 특정 화학물질을 사용해 공기 중의 이산화탄소를 직접 포집하고 있다. 정유업체와 석유화학업체가 수십 년 전부터 배기가스에서 이산화탄소를 걸러낼 때 질소 기반의 아민을 사용해왔다. 현재 상업용 직접 공기 포집 작업에 사용되고 있는 두 번째 화학물질은 수산화물이다. 이산화탄소를 걸러낸 아민이나 수산화물에 열을 가하거나 용액의 산도를 조절하면 원래의 성분이 재생되는데, 이 화학적 재생 과정을 거치면 고농도의 이산화탄소를 얻을 수 있다.

대부분의 직접 공기 포집 작업은 생성된 이산화탄소를 압축해 지하에 저장해야 한다. 이 점은 BECCS(BECCS의 '탄소 포집' 단계와 '저장' 단계)와 동일하다. 현재 이산화탄소 1톤의 직접 공기 포집 비용은 약 250~600달러인데, 자연 기반 기후 해법에 드는 비용과는 비교할 수도 없이 높다. 현재 기업들이 산업 시설을 이용해 대기에서 제거하는 이산화탄소의 양은 매년 수백만 톤에 불과하다. 첫걸음이긴 하지만, 우리가 매년 줄여야 하는 수십억 톤에 비하면 터무니없이 적은 규모다.

우리는 대기 중에서 이산화탄소 말고도 다른 온실가스도 제거해야 한다. 메탄(CH_4)은 두 번째로 중요한 온실가스다. 메탄은 대기 중에 배출된 직후부터 20년까지는 같은 질량의 이산화탄소보다 80~90배가량 큰 온실효과를 낸다. 전 세계 메탄 배출량의 절반 이상이 화석연료 사용과 농업 등의 인간 활동에서 나온다. 현재 전 세계 대기 중 메탄 농도는 200년 전보다 2.6배 높다.

메탄 '제거'(정확히는 '산화')는 어렵다. 메탄은 대기 중 농도가 이산화탄소 농도보다 200배나 낮기 때문에 대기에서 분리하기가 훨씬 어렵다. 또 메탄은 피라미드 형태의 분자 구조를 가지고 있어서 고열을 가하지 않는 한 이산화탄소 분자보다 분해하기가 훨씬 어렵다.

그러나 메탄 제거는 몇 가지 이점이 있다. 우선 굳이 포집해 지하에 저장할 필요가 없다. 촉매나 천연 산화제(수산화물과 염소 등 대기 중 라디칼)를 사용해 산화시켜 이산화탄소로 전환되면 공기로 다시 배출할 수 있다.

대기 중에 배출되는 메탄은 언젠가는 산화되어 이산화탄소로 전환되므로, 메탄 제거는 자연적인 반응 속도를 높이는 방법일 뿐이다. 메탄은 이산화탄소보다 훨씬 강력한 온난화 효과를 내기 때문에 메탄을 이산화탄소로 전환하면 기후변화 완화에 도움이 된다. 또 다른 이점은 메탄은 이산화탄소보다 훨씬 적은 양만 줄여도 기후변화 완화에 큰 도움이 된다는 점이다. 수십억 톤이 아니라 수천만 톤 또는 수억 톤'만' 줄여도 기후변화 완화에 기여할 수 있다.

메탄 제거를 대규모로 실행할 수 있다면 기온 상승을 완화해 특정한 온도 문턱을 넘어서는 시점을 지연시킬 가능성도 있다. 또한 지금 메탄 제거를 준비해두면 많은 과학자들이 21세기에 일어날 가능성이 높다고 예측하는 재앙적인 수준의 북극 메탄 배출에 대한 대비책으로 쓸 수 있다.

나는 메탄 제거가 중요하다고 생각하고, 따라서 상업화할 수 있도록 훨씬 더 많은 연구와 투자가 이루어져야 한다고 생각한다. 내 생각으로는 각각 별도의 설비로 제거할 필요 없이 하나의 산업형 시설에서 송풍기와 공기 처리 시스템을 이용해 이산화탄소와 메탄을 동시에 제거하는 방법이 특히 유망해 보인다.

마지막으로, 모든 종류의 탄소제거 해법에 해당되는 이야기지만 탄소제거 활동을 촉진하기 위해서는 국제적인 탄소 가격제가 실시되어야 한다. 사업의 생산 과정에서 발생하는 탄소에 가격을 매기면 화석연료가 추출될 때 수수료가 매겨지기 때문에 화석 에너지로 생산된 제품의 가격에 비용으로 추가되어 소비자에게 전가된다. 따라서 탄소 가격제를 통해 조성된 재원을 이용하는 방안과 가난한 사람들에게 에너지 부담을 가중시키지 않을 방안에 대해 신중한 논의가 이루어져야 한다. 어쨌든 탄소 가격제는 탄소를 배출한 사람들에게 탄소 배출에 대한 재정적 부담을 지우는 효과적인 방법일 뿐 아니라 화석연료 사용으로 인한 오염의 실제 비용을 (더 정확하게) 반영할 수 있는 방법이다. 내가 앞에서 논의한 방법들은 모두 탄소 가격제가 전제되지 않는 한 대규모 실행이 불가능하다.

탄소를 제거하는 데 드는 비용이 아주 높지만, 무대응으로 인한 비용은 엄청나다. 그 비용과 위험을 누구보다 잘 아는 게 보험회사들이다. 최근 스위스리(세계에서 두 번째로 큰 재보험회사로 보험사들을 위한 보험을 운용하는 회사)는 기후변화 완화 조치가 취해지지 않을 경우 2050년 이전에 세계 경제가 18퍼센트 축소되어 매년 최대 23조 달러의 손실이 발생할 수 있다고 추정했다. 이 보고서는 다음과 같이 결론지었다. "우리는 분석 결과 넷제로 경제에 투자했을 때 발생하는 편익을 확인했다. 예를 들어 연간 6조 3000억 달러 규모의 전 세계 기반시설 투자를 10퍼센트만 증액하면 평균 기온 상승을 2도 이하로 억제할 수 있다. 이 추가 비용은 적절히 대응하지 않을 때 우리가 겪게 될 세계 GDP 손실에 비하면 극히 적은 금액이다."

탄소제거에 드는 비용을 줄이려면 애초에 온실가스 배출을 줄여야 한다. 줄이고 또 더 줄여야 한다. 자연 기반 기후 해법을 실행에 옮겨야 하고 가능한 모든 곳에서 숲과 토양을 복원해야 한다. 탄소제거 기술의 비용을 낮추어 사람들이 수용할 수 있게 해야 한다. 인구, 식습관, 에너지 사용 및 불평등 같은 개인적 측면의 문제에 대해서도 논의해야 한다.

솔직히 나는 굳이 필요하지 않은 탄소제거 기술에 대한 글을 쓰려니 가슴이 답답했다. 나는 여러 해 동안 기후위기 무대응이 축하 퍼레이드에서 선두를 이끄는 장식 수레처럼 느릿느릿 굴러가는 것을 지켜봐야 했다. 승리 축하 퍼레이드는 언제 시작될까? /

오늘 온실가스가
대기로 들어가지 않게 하는 비용은
내일 대기에서
온실 가스를 제거하는 비용보다
당연히 적게 든다

사고의 근본적인 전환이 필요하다

그레타 툰베리

"미국인의 생활방식은 협상 대상이 아니다."

1992년 리우데자네이루에서 열린 유엔지구정상회의에 앞서 미국 대통령 조지 H. W. 부시가 한 말이다. 이제 보니, 그는 북반구 전체를 대변해 이 말을 한 것 같다. 우리는 여전히 이런 입장을 유지하고 있다. 이 위기의 해법은 결코 어려운 게 아니다. 위기의 해법은 온실가스 배출을 멈추는 것이고, 이건 이론상으로 아주 쉬운 일이다. 아니 정확히 말하면 아주 쉬운 일이었는데, 그동안 방치해온 탓에 위기가 걷잡을 수 없이 악화되고 있다. 기후위기를 해결하면서 동시에 경제성장을 극대화하는 것은 몹시 어려운 일이다. 거의 불가능에 가깝다.

부시 대통령이 이 말을 한 후로, 연간 전 세계 이산화탄소 배출량은 60퍼센트 넘게 증가했고 그 탓에 당시에는 '큰 난제'였던 것이 실존을 위협하는 비상사태가 되었다. 우리는 대단히 창의적인 회계 방식과 허점 이용하기, 배출량 떠넘기기, 그린워싱의 홍보전략을 개발해 실제로는 아무 대응도 하지 않으면서 실질적인 대응을 하고 있는 것처럼 생색을 낼 수 있었다. 반면에 지속적인 경제성장은 대단히 큰 성과를 거두었다. 물론 이것은 한 마을이 배출하는 만큼의 탄소를 혼자서 배출하는 소수의 사람들에게나 해당되는 이야기다. 그러나 1992년 지구정상회의 이후의 경제성장은 우리에게 한 가지 중요한 사실을 일깨워주었다. 이제껏 지속되어온 경제성장은, 우리가 간절히 지키려 했던 것이 기후가 아니라 우리의 생활방식이었음을 입증하는 반박할 수 없는 증거라는 것이다.

얼마 전까지만 해도 우리의 행동방식을 굳이 바꾸지 않고도 충분히 기후를 지킬 수 있다는 주장이 통했다. 그러나 이제는 더 이상 그런 주장이 통하지 않는다. 과학적 증거가 너무나 확실하기 때문이다. 지도자들의 무대응 때문에 우리는 생활양식과 시스템의 대대적인 변화를 피해갈 기회를 놓쳐버렸다. 이제는 자원이 충분히 남아 있지 않다. 지금이야말로 돌이킬 수 없는 수준의 피해를 최소화할 수 있는 마지막 기회다. 이제 우리는 선택해야 한다. 미래 세대 모두를 위해 안전한 생존조건을 지켜낼 것인지, 아니면 소수의 운 좋은 사람들이 당장의 이익을 극대화하기 위해 끊임없이 진행해온 파괴적인 탐색을 계속하도록 내버려둘 것인지 선택해야 한다. 문명을 지속하는 쪽을 선택한다면, 우리는 먼저 우선순위부터 정해야 한다. 우리는 앞으로 몇 년, 그리고 몇십 년에서 몇백 년 동안 사회 전반의 모든 분야에서 수많은 변혁을 이루어야 하겠지만, 우리가 가진 자원은 한정되어 있으므로 우선순위를 적절하게 정하는 일부터 시작해야 한다.

기본적인 사항은 접어두고 우리가 최우선순위에 두어야 하는 것은 전 세계가 잔여 탄소예산을 공평하고 총체적인 방식으로 분배하고 우리가 과거에 진 막대한 빚을 갚는 것이다. 이것은 이 위기를 빚어낸 책임이 가장 큰 사람들이 온실가스 배출을 지금 당장 대폭 줄여야 한다는 것을 뜻한다. 세상은 아주 복잡하고 중요한 변수가 셀 수 없이 많으니 우리는 최대한 빨리 행동을 시작해야 한다. 특히 북반구 세계의 부유한 사람들은 사회를 바라보는 관점을 완전히 전환해야 한다.

기후 활동가들은 '기후를 지키기 위해 무슨 일을 해야 하느냐'는 질문을 자주 받는다. 그러나 질문 자체가 틀린 건지도 모른다. 어쩌면 우리는 '무슨 일부터 그만두어야 하느냐'라고 물어야 하는지도 모른다. 기후위기를 해결할 모든 해법이 이미 우리 손안에 있으며, 우리가 해야 할 일은 그 해법을 실행하는 것뿐이라고 말하는 사람들도 있다. 그러나 나는 '어떤 일을 하지 않는 것'이 실효성 있는 해법이라고 보는 경우에만 이 말이 타당하다고 생각한다. 우리가 이 생각을 수용할 때에만 이 위기에서 벗어날 가능성이 열린다.

기후위기를 막기 위해 필요한 변화 때문에 우리의 행복이나 만족이 덜해질 거라는 생각은 큰 오산이다. 변화를 제대로 이뤄낸다면, 우리 삶은 이기적이고 무의미한 과소비를 통해 얻을 수 있는 것보다 훨씬 더 중요한 것으로 채워질 것이다. 우리는 과소비 대신에 공동체와 연대와 사랑을 위해서 시간과 장소를 내어줄 수 있다. 이런 변화를 발전과 멀어지는 후퇴라고 여겨서는 안 된

다음 페이지:
중국 간쑤성 린쩌
현 바단지린 사막
기슭에서 진행되고
있는 자발적 조림
활동.

다. 이것은 후퇴가 아니라 인간의 진화, 즉 인간 혁명이다.

안정된 기후와 온전하게 작동하는 생물권은 지구상의 생명이 필요로 하는 기본 조건이다. 이 조건을 충족하려면 대기 중 온실가스 농도가 적절해야 한다. 흔히 기후 안정을 유지할 수 있는 안전한 이산화탄소 농도를 약 350ppm으로 추정하는데, 우리는 1987년경에 이미 이 농도를 넘어섰고 2022년 2월에는 421ppm을 넘어섰다. 지금과 같은 추세로 온실가스를 계속 배출한다면, 기온 상승을 1.5도 이하로 억제할 확률을 높이고 인간의 힘으로는 돌이킬 수 없는 연쇄반응이 시작될 위험을 최소화하고자 할 때 우리가 쓸 수 있는 잔여 탄소예산은 2030년이 되기 전에 바닥날 것이다. 그런데도 효과적인 정책은 시행되지 않고 있다. 이 문제를 한 방에 해결할 방법이나 기적적인 기술적 해법은 존재하지 않는다. 어느 누구도 물리 법칙과 협상을 벌일 수 없다. 조지 H. W. 부시 대통령이 나선다 해도 마찬가지다.

4.11
땅에 새긴
인간의 지문

알렉산더 포프

땅은 우리가 살아가는 공간일 뿐 아니라 우리 생명을 지탱하는 원천이다. 우리는 생존에 필수적인 음식과 섬유, 목재, 바이오에너지를 땅에서 얻는다. 우리의 생명 유지 시스템인 땅이 제공하는 일상의 혜택을 우리는 당연하게 받아들인다. 땅은 인간 복지의 중요한 토대이며, 인류는 태곳적부터 땅을 이용해왔다. 무분별한 토지 이용은 다음 세대에 치명적인 타격을 입힐 수 있다. 모든 인간 활동은 생태계 과정과 생태계 기능의 여건과 제약 속에서 이루어지며, 인류는 지구상에 등장한 이후로 토지와 토지가 품은 천연자원을 통제하고 변형해왔다. 그러나 최근 들어 인간의 과도한 토지 이용으로 생태계 과정과 생태계 기능이 훼손되어 인간과 지구가 심한 해악을 입고 있다.

인류 문명이 지구에 새긴 지문이라고 하면, 우리는 흔히 도로와 전력망, 기반시설의 조밀한 네트워크가 긴밀하게 얽힌 대도시와 거대 도시를 떠올린다. 이런 대도시와 거대 도시에서 나타나는 다양한 토지 이용 활동이 생태계와 경제, 사회에 미치는 영향은 농업이 미치는 영향에 비하면 무시해도 될 정도로 미미하다. 오늘날 농업은 전 세계에서 지배적으로 나타나는 토지 이용 형태일 뿐 아니라 지구의 외관과 기능에 변화를 불러오고 있다. 최근 수십 년 사이에 농업 생산량 증가율은 인구 증가율을 크게 앞지르고 있다. 농업 생산량 증가를 이끈 주요 요인은 식품 수요 증가다. 1인당 열량 소비량이 크게 늘어나고 식단 구성에서도 큰 변화가 나타나는 등 식품 수요 증가는 경제 발전과 생활양식의 심대한 변화와 밀접한 관련이 있다. 식물성 위주의 미가공 신선 식품으로 구성된 빈약한 식사에서 설탕, 지방, 동물성 식품과 고도로 가공된 식품 위주의 풍족한 식사로 식습관이 바뀌어가고, 그에 따라 가정에서 배출하는 음식물 쓰레기도 늘어나고 있다. 현재 인간과 가축은 지구상 포유류 생물량의 거의 대부분을 차지하며, 가금류 생물량은 야생조류 생물량의 약 세 배에 달한다. 이는 지구 역사상 전례를 찾아볼 수 없는 규모다. 1961년 이후로 농작물 생산량은 약 3.5배, 축산물 생산량은 약 2.5배, 임업 생산량은 약 1.5배 증가했다.

역사적으로 인류는 인구 증가로 농산물 수요가 늘어나면 주로 농업용지의 면적을 확대하는 방법으로 대처해왔다. 그 결과 현재 인류는 얼음에 덮이지 않은 토지의 약 4분의 3을 이용하고 있고, 생산성이 높은 토지의 대부분을 이용하고 있다. 단일 토지 이용 범주 가운데 가장 넓은 면적을 차지하는 것이 가축 방목지이며, 그다음이 임업지, 세 번째가 경작지다. 가축을 키우는 데 사용되는 토지 총면적은 실로 어마어마하다. 여기에는 방목지뿐 아니라 경작지 중 사료 생산에 이용되는 상당히 높은 비율의 토지도 포함되는데, 총면적이 무려 약 3700만 제곱킬로미터로 브라질 국토 면적의 약 네 배에 달한다. 다양한 인간 활동에 쓰이는 임업지 역시 전 세계 총 삼림 면적 중 상당히 높은 비율을 차지한다. 나이 든 나무들이 있는 곳은 총 삼림 면적의 절반 이하이며, 대규모 원시림은 열대 지역과 북방림지대에만 남아 있다. 지구의 '자연' 형상물 중에 인간에 의해 사용되는 곳은 숲만이 아니다. 자연 초원과 사바나 등 숲이 조성되지 않은 자연 생태계의 대부분이 인간에 의해 사용되고 있다. 자연 상태로 남아 있는 '자연'은 극히 드물다.

농업 생산량이 증가하는 것과 더불어 국제적인 농산물 교역량 역시 크게 늘어나고 있다. 이 양은 지난 50년 사이에 무려 아홉 배나 증가했다. 이에 따라 농산물 생산지와 소비지의 분리가 심화되고 열대지방에서의 대규모 농업용지 확장이 진행되고 있다. 방목지 확장은 대개 자연 초원을 잠식하고, 경작지 확장은 대개 숲을 잠식하고 있다. 토지 이용 전환이 가장 급격히 진행되고 있는 곳은 열대의 건조 삼림지대와 사바나다. 대표적인 예로 브라질 세라도 지역에서는 토지의 절반가량이 농업용지로 바뀌었고, 아프리카 사바나도 농업용지로 전환될 위험을 맞고 있다. 자연 온대 초원은 세계에서 가장 심각한 훼손 위협에 처해 있으며, 전 세계 습지의 대부분이 농업용지 확장으로 사라지고 있다. 사하라 이남 아프리카와 라틴아메리카 등 특정 지역에서는 농업용지가 계속 확장되고 있지만, 세계 대부분의 지역에서는 역사적인 추세와는 달리 농업용지 확장이 농업 생산량 증가에 기여하는 역할이 크게 위축되고 농지 확장이

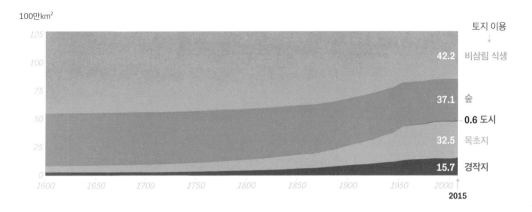

1600~2015년 전 세계 토지 이용 현황

100만km²

토지 이용

42.2 비삼림 식생

37.1 숲

0.6 도시

32.5 목초지

15.7 경작지

1600 1650 1700 1750 1800 1850 1900 1950 2000
2015

그림 1

아니라 농업 집약화가 농업 생산량 증가를 이끌고 있다. 이들 지역에서는 비료, 물, 살충제의 대대적인 투입과 새로운 작물 품종의 도입, 그 외 '녹색혁명'의 여러 기술에 힘입어 농업 집약화가 보편적으로 시행되고 있다. 1960년대 초 이후로 전 세계 관개농지 면적은 두 배, 질소비료 사용량은 열 배로 늘었으며, 거의 모든 경작지에 비료가 사용되고 있다. 오늘날 얼음에 덮이지 않은 토지의 약 10분의 1이 인간에 의해 집중적으로(나무 조림, 고밀도 가축 방목, 농업 원료 대규모 투입 등의 관행을 통해) 관리되고 있으며, 3분의 2는 중간 수준으로, 나머지는 낮은 수준으로 관리되고 있다. 농업 생산량 증가는 많은 사람들의 생활 수준을 향상시키면서 기아 위험에 처한 인구의 비율을 줄여왔다. 그러나 아시아와 아프리카의 많은 국가들은 여전히 영양 결핍과 관련 건강 문제로 어려움을 겪고 있는 반면에, 그 외 국가들에서는 과체중 인구 증가와 그에 따른 당뇨병과 암 등의 질병 부담 증가 문제가 갈수록 심각해지고 있다.

토지는 여러 기능을 수행해야 하는 제한된 자원이라는 점에서 인간의 과도한 토지 이용은 근본적인 문제를 안고 있다. 농지 확장이나 집약도 향상을 통한 농업 생산량 증가로 얻는 편익은 환경과 관련 생태계 서비스(깨끗한 공기와 물 등), 그리고 인간 복지에 미치는 유해한 영향에 의해 상쇄되고 있다. 예를 들어 인간이 소비하는 담수의 대부분이 농업용수로 쓰이는데, 과도한 물 소비로 인한 교란은 많은 담수 생태계를 훼손하고 담수 생태계에 서식하는 척추동물 개체 수의 급격한 감소를 일으키고 있다. 인간이 만든 질소비료는 100년 넘게 농업 수확량을 높여왔지만, 질소비료가 수생 생태계로 유입되면서 지하수 오염과 식수의 질산염 오염, 농업 생태계의 부영양화가 발생하고 그 영향으로 연안 지역 생태계가 파괴되고 녹조 현상의 빈도와 강도가 높아지고 있다. 기후변화와 침입종의 도입으로 인한 충격이 겹치면서 농업 생태계의 변화는 세계 전역에서 생물다양성의 급속하고 광범위한 감소와 자연 생태계의 훼손을 낳고 있다. 육상 척추동물종의 멸종이 유례없이 빠른 속도로 진행되고 있고, 인류 출현 이래 가장 많은 생물종이 멸종위기에 몰려 있다.

농업 팽창(이는 풍부한 탄소 저장소인 생태계 훼손과 연관이 있다)과 농업 집약화는 기후변화를 일으키는 주요 원인이다. 오늘날 농업, 임업, 그 외 토지 이용 부문의 온실가스 배출량은 전 세계 배출량의 약 20퍼센트에 해당하는데, 그중 이산화탄소 배출은 열대 삼림 훼손에서, 메탄 배출은 가축과 쌀 재배에서, 아산화질소 배출은 가축과 비료가 투입된 토양에서 주로 일어난다.

그야말로 심각한 딜레마다. 인간은 삶을 부양하기 위해 토지를 이용하는 활동으로 전례 없이 큰 규모로 땅을 변화시키면서, 인간에게 다양한 서비스를 제공하는 땅의 능력을 훼손하고 있다.

본질적으로 상충관계에 있는 인간의 필요 충족과 다양한 생태계 기능 유지 사이에 적절한 균형점을 찾기 위해서는 총체적이고 지속가능한 방식으로 토지를 이용해야 한다. 특히 토지 및 관련 생태계 서비스의 다양한 이용은 그 보호와 불가분의 관계에 있기 때문이다. 우리는 자연 서식지와 생물다양성을 보존하면서 농업 생산량을 늘리는 새로운 방안을 모색해야 한다. 기후위기 상황을 고려하면, 풍부한 탄소와 생물다양성을 품고 있는 생태계를 보전하는 토지 이용 방식은 기후변화를 늦추면서 생물다양성 감소를 완화하는 중요한 성과를 낼 수 있다. 즉, 토지 이용을 삼가는 토지 이용 방식이야말로 인간의 삶을 부양하기 위해 자연을 이용하는 새로운 방식이 될 것이다. 토지 이용 관행을 변화시켜야 한다. 바꾸어 말하면, 꾸준히 늘어나는 세계 인구를 부양하면서 동시에 농지의 지속적인 확장으로부터 토지를 보호할 수 있는 한층 강화된 농업이 필요하다. 여기서 핵심적인 질문은 '과연 할 수 있을까'가 아니라 '어떻게 할 수 있을까'이다. 어떻게 해야 전 세계 식량 생산을 지속가능한 방식으로 늘릴 수 있을까?

부정적인 환경 영향을 늘리지 않으면서 날로 증가하는 세계 인구를 부양하기 위해서는 농업 생산성을 향상시켜야 한다. 이를테면 질소, 인, 물을 훨씬 더 효율적인 방식으로 사용해야 한다. 긍정적인 시너지 효과를 이끌어내려면 이런 공급 측면의 조치와 함께 전반적으로 건강에 유익하고 공정한 동물성 단백질 섭취가 이루어질 수 있도록 식습관을 바꾸고 음식물 쓰레기를 줄이는 등 수요 측면의 조치를 병행해야 한다. 식물성 식품 위주의 식사를 하고 음식물 쓰레기를 남기지 않는 사람들이 많아지면 토지가 받는 부담이 줄고, 건강과 기후와 생물다양성을 지키는 데도 도움이 된다.

이 땅은 우리가 의지해 살아가야 할 터전이다. 우리는 이 땅이 온전함을 유지하도록 지켜야 한다. 새로운 혁신을 도입해 땅을 지키고, 보존을 통해 땅을 지키고, 우리 자신의 훼손 행위로부터 땅을 지켜야 한다. 인류는 세계 인구를 부양하기 위해 토지 이용 방식을 바꾸는 첫 번째 '녹색혁명'을 이뤄냈다. 이제부터는 토지 이용 관행을 지속가능한 방식으로 변화시키는 진정한 녹색혁명을 이뤄내야 한다. /

4.12

식품과
열량 문제

마이클 클라크

우리가 섭취할 열량을 어디서 얻느냐는 세계적으로 중요한 문제다. 식품 시스템은 단일 시스템으로는 가장 큰 환경 파괴 요인으로 알려져 있다. 식품 시스템은 전 세계 온실가스 전체 배출량의 30퍼센트를 배출하고 지구 토지의 40퍼센트, 지구 담수의 70퍼센트 이상을 사용하며 생물다양성 손실과 영양염류 오염을 야기하는 주요 요인이다. 또한 우리가 섭취하는 식품과 식품 생산 방식을 통해 우리의 건강과 영양에 해를 끼치는 중요한 원천이기도 하다.

식품이 환경에 미치는 영향은 식품 종류에 따라 천차만별이다. 일반적으로 1칼로리의 식품 생산이 환경에 미치는 영향은 세 가지 식품군 사이에 차이가 있다. 식물성 식품의 환경 영향이 가장 낮고, 유제품, 달걀, 가금류, 돼지고기 및 대부분의 생선의 환경 영향은 식물성 식품의 5~20배이며, 일부 생선과 쇠고기, 염소고기, 양고기의 환경 영향은 식물성 식품의 20~100배다. 이런 차이는 대개 식품 생산에 투입되는 자원 때문에 나타난다. 식물성 식품 하나가 소비자의 식탁에 오르려면 유통 단계에서 손실되거나 버려지는 부분이 있기 때문에 생산 단계에서는 그보다 약간 더 많은 식물이 생산되어야 한다. 그러나 유제품, 달걀, 가금류, 돼지고기, 생선 등의 경우에는 일반적으로 1칼로리의 식품을 생산하는 데 약 2~10칼로리의 식물이 투입되어야 하고, 쇠고기나 양고기의 경우에는 약 10~50칼로리 이상의 식물이 투입되어야 한다. 동물성 식품(육류, 유제품, 달걀)은 다른 경로로도 환경에 해를 끼친다. 가축과 가금은 사육 과정에서 분뇨가 발생하고 소, 양, 염소는 먹이를 소화할 때 자연적으로 메탄을 방출하기 때문이다. 그런데 일반적인 식품군별 특징이 적용되지 않는 몇 가지 예외가 있다. 예를 들어 커피, 차, 코코아는 식물 중에서도 환경 영향이 아주 높다. 전 세계적으로 이들 제품의 수요가 급증하면서 열대 지역과 생물다양성이 높은 지역에서의 삼림 훼손과 그에 따른 온실가스 대량 배출 및 생물다양성 손실이 일어나고 있다. 견과류는 상대적으로 많은 양의 농업용수를 필요로 하는데 물 압박 지역(이를테면 캘리포니아의 센트럴밸리)에서 재배되는 경우가 많아 환경에 훨씬 더 큰 영향을 미친다.

　같은 식품이라도 생산 방식에 따라 환경에 미치는 영향이 다를 수 있다. 예를 들어 최근의 한 분석 연구는 쇠고기를 생산하는 데 환경 영향이 낮은 방식을 사용하느냐 높은 방식을 사용하느냐에 따라 환경에 미치는 충격이 열 배 차이도 날 수 있음을 확인했다. 그러나 일반적으로 동일 식품의 생산 방식에 따른 환경 영향의 차이는 다른 식품들 간의 환경 영향의 차이에 비하면 훨씬 작다. 약 4만 개 농장의 자료를 이용한 어느 대규모 연구는 환경 영향이 가장 적은 방식으로 생산된 동물성 식품과 환경 영향이 가장 큰 방식으로 생산된 식물성 식품을 비교한 결과 전자가 후자보다 환경에 훨씬 더 큰 영향을 미친다는 것을 확인했다.

　소득 증가 추세가 이어지면서 전 세계적으로 식품 섭취량이 늘어나고 식단에서 정육과 유제품, 달걀이 차지하는 비중이 높아지고 있다. 1961년에는 전 세계 평균 1인당 하루 식품 섭취량이 약 2200칼로리였는데, 2010년에는

식품별 하루 섭취분이 환경 및 건강에 미치는 영향 비교

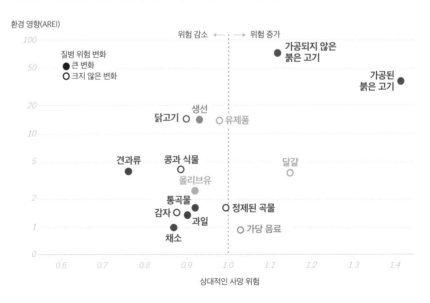

그림1:
AREI(평균 상대적인 환경 영향)는 온실가스 배출, 토지 이용, 물 사용, 부영양화 잠재력, 산성화 잠재력의 다섯 가지 환경 지표와 관련한 정보를 종합적으로 평가하는 방법이다. AREI는 채소 하루 섭취분의 환경 영향과 비교한 값으로 표시된다. AREI가 10인 식품은 환경 영향이 채소의 열 배라는 뜻이다.

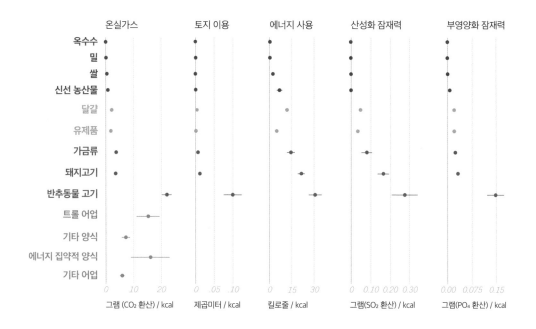

그림 2:
점은 식품의 평균 영향을 나타내며, 점에서 뻗어 나온 막대는 표준 오차의 1배인 플러스 마이너스를 나타낸다. 이 다섯 가지 지표는 AREI를 계산하는 데 사용된다. 신선 농산물은 과일과 채소를 포함하고, 반추동물은 쇠고기, 양고기, 염소고기를 포함한다.

2850칼로리로 증가했고 동물성 식품과 영양가는 거의 없고 열량만 높은 식품 (설탕, 건강에 해로운 기름, 알코올 등)의 섭취 비중도 늘어났다. 이런 변화의 진행 속도는 지역에 따라 다르게 나타난다. 동남아시아, 중남미, 북아프리카의 저소득 및 중간 소득 국가에서는 이런 변화가 상대적으로 느리게 진행되고 있다. 식품 섭취로 인한 1인당 환경 영향을 비교하면, 오래전부터 정육을 많이 소비해온 부유한 나라 국민이 가난한 나라 국민보다 열 배 더 큰 영향을 미칠 수 있다. 부유한 나라들은 식품 시스템으로 인해 환경에 영향을 끼친 책임이 가장 크고, 따라서 그 영향을 줄이기 위해 가장 큰 노력을 기울여야 한다. 미국, 영국, 대부분의 유럽 국가, 호주, 뉴질랜드, 브라질, 아르헨티나 등이 여기에 속한다.

세계 인구가 계속 늘어나고 저소득 및 중간 소득 국가의 식습관 변화가 빠르게 진행되는 탓에 식량 시스템은 수십 년 안에 환경 지속가능성 목표를 훌쩍 뛰어넘을 것이다. 예를 들어 최근의 한 분석에 따르면, 다른 온실가스 배출원을 모두 제거하더라도 식품을 생산하고 소비하는 방식을 바꾸지 않는 한 수십 년 안에 지구 온도는 1.5도 목표를 뛰어넘고 21세기가 지나자마자 2도 목표를 넘어서게 될 것이라고 한다. 미래의 식량 수요를 충족하기 위해 식량 생산에 더 많은 토지를 투입하면 수십 년 안에 1280종의 조류, 포유류, 양서류가 현재 서식지 면적의 25퍼센트 이상을 잃게 될 수 있다.

식품과 관련된 환경 영향을 줄이는 효과적인 방법은 육류, 유제품, 달걀을 건강한 식습관 지침에 맞추어 소비하는 것이다(그림 1). 그렇게 되면 대부분의 국가에서 해당 식품 소비량이 크게 줄 것이다. 이를테면 미국과 영국에서는 건강한 식습관 지침이 지켜지면 돼지고기와 쇠고기의 소비가 약 80퍼센트 감소할 것이다. 반면에 저소득 국가에서는 건강과 삶의 질 향상을 위해 해당 식품의 소비가 증가할 수 있다. 전 세계적으로 식물성 식단의 비중이 높아지면 식품 관련 온실가스 배출량이 50~70퍼센트 감소하고 그 외 환경적 측면에서도 개선 효과가 나타날 것이라는 평가가 반복적으로 나오고 있다.

식물성 식품 위주 식습관으로 전환하는 것은 식품의 환경 영향을 줄이는 가장 효과적인 방법이지만, 그 외에도 지속가능한 환경과 삶의 질 향상에 기여

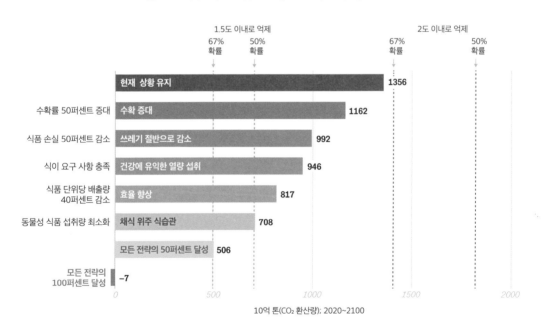

**식품 시스템 궤적별 온실가스 배출량과
1.5도 또는 2도 기후 목표 기준 잔여 탄소예산의 비교**

그림 3: 2050년까지 식량 시스템의 다섯 가지 전략이 모두 동시에 시행되어 잠재력의 절반을 달성할 경우 온난화가 1.5도 이내로 억제될 확률은 67퍼센트다.

하는 식품 시스템을 구축할 수 있는 여러 가지 기회가 열려 있다. 새로운 비료 관리 방식이나 윤작 방식을 도입해 식품 생산 방식을 바꾸고 유통 과정에서 손실되거나 버려지는 식품의 양을 줄이는 것도 중요한 방법이다. 전 세계에서 생산된 식품 가운데 3분의 1이 소비되지 않은 채 폐기되는 비합리적인 상황을 개선해야 한다. 그러나 전 세계가 이런 다양한 전략을 신속하게 시행한다고 해도 식물성 위주 식습관으로의 전환이 동시에 시행되지 않는 한 1.5도 기후 목표를 달성할 가능성은 아주 낮다.

다행스럽게도 환경에 유익한 영향을 미치는 여러 가지 변화는 인간의 건강에도 도움이 될 것이다. 환경적 측면에서 지속가능성이 높은 식품은 일반적으로 건강에 가장 유익하고 영양가도 높다. 우리가 지속가능성이 높은 다양한 식습관으로 전환하면 전 세계 조기 사망률을 10퍼센트까지 줄일 수 있다. /

4.13
새로운 식품
시스템 설계

소냐 베르묄렌

기후위기 해법 중에서 연료 다음으로 중요한 것이 식품이다. 농업 환경과 식품 공급 시스템은 탄소중립에서 한걸음 더 나아가 탄소 배출원에서 탄소 흡수원으로 변화할 잠재력을 품고 있다. 이 능력은 단순히 이론적인 것이 아니다. 수천 년 동안 우리가 식량을 수확하고 가축을 키워온 환경은 순탄소 흡수원으로 기능해왔고, 수백만 년 동안 생명체는 탄소를 대기에서 땅으로, 즉 토양과 석유, 석탄으로 이동시키는 연결고리 역할을 맡아왔다. 오늘날 우리가 직면한 도전은 탄소 순흐름을 땅으로 되돌려 땅과 모든 생물과 대기 사이에서 이루어지는 탄소 순환의 균형을 복원하는 것이다. 탄소와 긴밀히 연결되어 있는 질소 순환의 균형 역시 복원해야 한다.

식품 시스템을 탄소 배출원에서 탄소 흡수원으로 전환하는 방법에 대해서는 과학자들 사이에 충분한 합의가 형성되어 있다. 가장 기본적인 합의는 이런 전환을 이루려면 식습관, 음식물 쓰레기, 농업, 세 가지 측면에서 변화가 필요하다는 것이다. 여기서 핵심은 소비와 관련된 요인(식습관과 쓰레기)이다. 이런 요인은 토지 이용 수요와 농업 수요를 일으키는 동인이기 때문이다. 농업을 통한 식품 생산 등 공급 요인 역시 중요하다. 실증적 연구에 따르면 동일한 식품이라도 농업 관행에 따라 환경에 미치는 영향이 50배 이상 차이가 날 수 있다.

우리는 전 세계적으로 농업을 탄소 흡수원으로 전환하면서 동시에 식량 안보와 지역 주민의 생업, 생물다양성, 그 외 환경적 목표를 충족할 수 있는 가장 유망한 행동의 조합에 대해 충분한 지식을 갖고 있다. 그러나 그 조합은 자칫 아무 연관이 없는 여러 가지 항목을 줄줄이 나열한 것으로 여겨질 수 있다. 논의 물 수위를 조절해 메탄 배출 줄이기, 가축 방목지와 사료 변경하기, 유기물로 농지 토양의 표면을 덮어주기, 농지 주변에 나무 키우기 등의 행동들을 연결 짓는 근본적인 원칙을 이해하기 위해서는 우리가 어떻게 탄소 순환과 질소 순환을 방해해왔고 어떻게 해야 이를 복원할 수 있는지 알아야 한다.

　예를 들어 20세기 초에 인공 비료가 개발되기 전까지 사람들은 소를 귀하게 여겼다. 소는 경운용 동력과 우유를 공급하는 능력과 문화적 중요성 외에도 농업용 거름으로 쓰이는 분뇨를 공급하는 원천이었기 때문에 식용으로 도축하는 일이 매우 드물었다. 아프리카와 아시아의 여러 농촌 지역에는 여전히 이런 관행이 남아 있지만, 소득 수준이 높은 지역에서는 이런 양분 순환 과정이 붕괴되었다. 우리는 에너지 집약적인 제조 시설에서 공기 중에 존재하는 비활성 질소 분자를 뽑아내 비료를 만들고, 곡물 사료를 먹여 가축을 기른 뒤에 그 고기를 동물성 단백질로 섭취한다. 반응성이 높은 질소화합물 비료를 대량 투입한 탓에 농지에서는 아산화질소가 배출되어 기후변화를 촉진한다. 식품은 복잡한 국제 무역망을 통해 대륙을 옮겨가며 운송되다가 마지막에는 도시 하수에 섞여 내륙 수로와 연안으로 유입되어 생물다양성과 생태계 기능을 훼손한다. 지역적으로나 전 세계적으로나 식품 시스템의 전환이 절실한 시점이다.

　현재 시스템에 문제가 있으니 과거로 돌아가자는 뜻도 아니고 기술 수준이 낮은 영세 농업이 언제나 최고라는 뜻도 아니다. 지식 집약적인 현대적 농법을 실행에 옮기면 과거보다 더 빠르고 더 효율적으로 농업의 지속가능성을 개선할 수 있다. 예를 들어 작물의 뿌리혹박테리아의 활동을 이해하고 조절하는 농법이나 새로운 비료 제조법 등 첨단 기술을 적용한 해법도 있다. 그러나 이런 해법을 쓸 때는 만병통치약처럼 무턱대고 쓸 것이 아니라 지역의 생태적, 사회적 환경에 맞게 개선해야 한다.

　생태학적 측면과 탄소 감축 측면에서 식품 시스템의 탄소 배출을 가장 효과적으로 해결하는 방법은 숲, 이탄지대, 맹그로브림, 습지 등 생물다양성과 탄소가 풍부한 생태계를 최대한 보존하고 이미 훼손 또는 파괴된 생태계를 복원하는 것이다. 이런 생태계를 파괴하는 가장 큰 요인은 농업이다. 농업은 여전히 농지 확보를 위해 의도적으로 식생을 제거하고 불을 놓는 방법을 사용하고 있다. 따라서 농업이 이루어야 할 가장 중요한 변화는 지속적인 농지 확장 압박을 없애거나 줄이는 것이다. 이를 위해서는 식습관과 폐기물 측면에서 농산물 수요를 줄이고 이미 사용 중인 토지를 더 현명하게 사용하는 것이 전제되어야 한다. 그런데 이것은 기술적으로는 풀 수 있어도 정치적으로는 대단히 풀기 어려운 복잡한 난제다.

농업의 환경 발자국 증가 추세를 되돌리는 정치적으로 어려운 도전의 핵심은 더 적은 토지에서 더 많이 생산하는 것, 즉 지속가능한 집약화를 이루는 것이다. 이는 환경을 파괴하지 않고 농지를 더 늘리지 않으면서 더 많은 농산물을 생산하는 것을 뜻한다. 현실에서는 지속가능한 집약화를 지향하는 노력이 수확량이 많은 품종을 심거나 비료 사용 방법을 변경하는 등 단일 작물의 수확량을 극대화하는 데 집중되어 있지만, 윤작이나 휴경 농지의 다양한 이용 또는 농산물 및 경제활동의 다각화 등 농지를 연중 활용해 가치를 극대화하는 창의적인 방법을 더 많이 개발해야 한다.

지속가능한 집약화와 비슷하지만 다른 부분을 강조하는 대안 농법도 있다. 유기농법은 비료, 살충제 등 가공된 투입물을 쓰지 않고, 농생태주의는 사회운동과 총체적 접근법을 결합한 농법으로 지역 주민의 지식을 근거로 지역 생태계와 조화를 이루면서 사회 정의와 환경 보전에 기여하는 농업을 지향한다. 그러나 이 방법들은 규모를 키우기가 어렵거나, 100억을 돌파할 것으로 예상되는 세계 인구에게 적절하고 경제적 부담이 적은 영양을 공급하기에 충분하지 않은 등 그 나름의 문제를 안고 있다.

농업과 관련된 논의는 너무 양극화되어 있어 의견 조율이 쉽지 않다. 보편적인 해법을 찾기가 쉽지 않기 때문이다. 지속가능한 집약화 및 농생태주의와 관련해 논쟁이 지속되고 있는 현실은 농업개혁을 위한 세계 단일의 해법이 있을 수 없음을 보여준다. 가장 중요한 것은 지역적 맥락이므로, 농민들이 지역 특성에 알맞은 방법을 찾아 전략적인 선택을 해야 한다.

가장 먼저 바꾸어야 할 것은 세계에 공급되는 열량의 5퍼센트가 식품 시스템이 환경에 미치는 영향의 40퍼센트를 차지하는 현실이다. 여기에 포함되는 식품은 공장식 생산을 거쳐 도시의 시장에 공급되는 가축과 작물이고, 주요 공급원은 미국, 중국, 남아시아 및 유럽의 단일 작물 농장이며, 주요 식품은 동물 사료용, 식용, 산업용으로 재배되는 밀, 쌀, 옥수수, 대두, 해바라기, 감자, 카놀라(유채) 등의 작물이다. 이 농장들은 무기질 비료와 살충제 투입량 축소 등 투입 효율 최적화에 주력한다. 이에 반해 생산성은 낮으나 잠재력이 높은 특정 시스템(소규모 팜유 농장)에서는 토지의 다목적 이용 등 다각화와 집약화를 병행하는 것이 효과적이다.

그러나 특정한 '저투입, 저소출, 저영향' 시스템은 굳이 집약화가 필요하지 않다. 예를 들어 유럽의 현대적인 산업형 소 목장의 우유 1리터당 또는 정육 1킬로그램당 탄소 배출량은 아프리카 전통 목축보다 100배가량 적다. 그러나 저투입 방식으로 기르는 아프리카 젖소는 기후와 질병에 대한 회복탄력성이 훨씬 더 높으며, 가축 주인에게 다른 것으로는 대체할 수 없는 중요한 혜택을 제공한다. 가축 주인은 냉장 시설이나 공급망을 거칠 필요 없이 신선하고 영양가 있는 우유를 날마다 먹을 수 있고, 밭을 갈 때 젖소를 이용하기 때문에 별도의 에너지가 필요하지 않고 원료를 구입할 필요도 없으니 현금성 자산이 필요하지 않다. 이런 '저투입, 저소출, 저영향' 시스템은 고소득 국가에서도 존재하는데, 대표적인 예가 호주의 밀 농업이다.

농지 확장을 막아 토양 탄소를 보존하는 지속가능한 집약화 이외에도, 기존 농지와 방목지의 지상과 지하에 저장되는 탄소량을 직접적으로 증가시키는 방법도 있다. 방풍림과 그린벨트를 조성하거나, 경사지와 사구를 무너지지 않게 붙잡아주는 나무를 심거나, 성장이 빠른 나무와 다년생 식물을 심어 바이오매스를 늘리면(혼농임업) 탄소 저장량을 늘릴 수 있다. 대부분의 지역에서는 농지의 약 20퍼센트에 덤불과 나무를 키우면 생산성에는 최소한의 영향을 미치면서 생물다양성과 탄소를 동시에 보존하는 중요한 편익이 발생한다. 또한 경운을 줄이고, 관개를 개선하고 물 절약 기술(토착민의 방법과 지역 고유의 방법을 이용한 빗물 수집 및 점적관수 방법 등)을 이용하며, 식생과 토양 덮개(멀칭)를 최대한 오래 유지하고, 농작물 잔류물을 태우지 말고 농지로 되돌리는 등 토양 탄소를 늘리기 위해 의식적인 노력을 기울여야 한다. 지속가능한 방목과 식생 복원을 기반으로 방목지를 관리하면 정육 제품과 우유의 생산성을 높일 수 있고, 동시에 기후에 중요한 영향을 미치는 메탄 배출을 줄이고 토양 탄소를 늘릴 수 있다.

방금 설명한 방법들 중 대부분은 기후변화 완화뿐 아니라 적응에도 도움이 된다. 이처럼 농업은 다방면에서 모두에게 득이 된다. 생업의 기반인 땅과 물을 정성껏 돌보는 농민과 축산민, 어민은 여기 소개한 대부분의 방법을 익히 알고 있다. 그러나 여러 가지 경제적, 정책적 인센티브 때문에 이들은 선택에 제한을 받거나 정반대의 행동을 선택하기 쉽다. 많은 농민들이 진보적인 방법을 선택할 재량권이 거의 없는 상태로 공급 및 관리, 보험, 대출 관련 계약에 묶여 있다. 뒤집어 생각하면 이런 계약은 지속가능성을 이루는 강력한 수단이 될 수 있다. 한 예로 농업에 지원되는 연간 최소 5000억 달러의 보조금을 보다 지속가능한 방법과 경로를 지원하는 용도로 전환할 것을 요구하는 목소리가 점점 높아지고 있다. 여성에 대한 평등한 대우와 토지 소유권 등 뿌리깊은 사회적 문제에서 진전이 이루어지면 농업 분야의 긍정적인 개혁은 더 빠르게 진행될 것이다.

농업 생산자는 아니지만 변화의 동력이 되려는 사람들에게 농업의 새로운 미래를 만들어갈 방안과 관련해 몇 가지 조언을 하려 한다. 우리는 서로 긴밀히 연결된 식습관, 음식물 쓰레기, 농업, 이 세 가지 분야에서 대전환을 이루어야 한다. 개인의 선택이 중요한 차이를 만든다. 식품의 원산지를 따져보고 의식적인 선택을 하는 것은 기본이다. 정책과 시장은 아주 중요한 요소다. 따라서 전략적이고 집단적인 요구와 행동을 통해 대대적인 변화를 일으킬 수 있다. 우리의 식품 시스템은 사회 정의와 관련된 여러 이슈들이 얽혀 만들어진 시스템이다. 여성의 권리, 기업 윤리, 그리고 법과 정부의 투명성 향상을 위해 시민들이 적극적으로 참여할 때 우리 식품의 미래와 기후의 미래는 달라질 것이다. /

4.14

산업 부문의 배출량

존 배럿, 앨리스 가비

우리가 사는 이 세상은 '산업'이 일군 세상이다. 산업이란 원료를 추출 또는 재배하고 가공해 우리가 이용하는 기반시설과 우리가 구매하는 제품으로 변환하는 과정과 관련된 모든 경제활동을 가리킨다. 현재 이 복잡한 공급망은 수백만 개의 기업을 포괄하고 있으며, 상품과 서비스의 국제적 교역을 뒷받침하고 세계 각지의 수많은 사람들에게 일자리와 소득을 제공한다. 한편으로 산업은 전 세계 온실가스 총 배출량의 30퍼센트 이상을 배출해 기후변화를 일으키고 세계 각지의 공기와 강을 오염시켜 인간 건강에 심각한 영향을 미치는 원천이다.

전 세계 산업 부문은 수많은 분야의 수많은 기업들로 구성되어 있다. 그러나 대부분의 온실가스는 특정한 활동에서 배출된다. 대표적인 것이 대형 장비와 복잡한 공정을 이용해 원료와 제품을 제조하는 '중공업' 관련 활동이다. 온실가스를 가장 많이 배출하는 산업 부문은 철강 부문이고, 그다음이 시멘트 부문이다. 종합하면, 산업 부문 이산화탄소 배출량의 70퍼센트가 철강, 화학, 시멘트, 이 세 부문에서 나온다.

철강과 시멘트 부문의 특이점은 '공정 배출'의 문제다. 원료 제조에 필수적인 화학반응 공정에서 필연적으로 발생하는 배출을 공정 배출이라고 한다. 시멘트 생산에서 배출되는 이산화탄소의 절반이 공정 배출에서 나온다.

세계적으로 산업 배출량은 대개 영역 배출량 계산법을 이용해 측정된다. 영역 배출량은 특정 국가 내에서 발생하는 온실가스 배출이므로 그 국가의 배출량으로 평가된다. 그런데 영역 배출량에는 생산이 완료된 원료나 제품이 세계 어디로든 운송될 수 있는 현실, 따라서 공산품의 탄소 집약도가 높은 생산과 (탄소 집약도가 낮은) 소비가 분리되는 현실이 반영되지 않는다. 최근 수십 년 동안 대부분의 선진국이 공산품 생산을 신흥경제국으로 이전한 덕에 산업 배

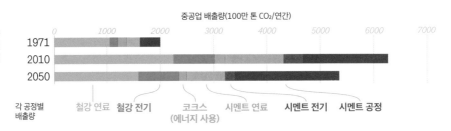

전 세계 철강 및 시멘트의 CO₂ 배출량 중 공정 배출 비율

그림 1:
2050년 배출량은 완화 조치가 시행되지 않는 시나리오에 따른 배출량이다.

중공업 배출량(100만 톤 CO₂/연간)

0   1000   2000   3000   4000   5000   6000   7000

1971
2010
2050

각 공정별 배출량

철강 연료   **철강 전기**   코크스 (에너지 사용)   시멘트 연료   **시멘트 전기**   **시멘트 공정**

출량을 줄일 수 있었다. 이 방식을 사용하면 선진국들은 국내 배출량 감축 목표를 달성할 수 있지만, 이는 전 세계 산업 부문 배출량을 줄이자는 국제적 목표에 위배된다.

영역 배출량 계산법은 선진국의 공산품 수요가 굉장히 많은 데다 점점 커지고 있다는 사실을 반영하지 않으며, 선진국이 소비하는 제품을 생산할 때 발생하는 배출량을 그 산업활동이 이루어지는 개발도상국의 몫으로 계산한다. 덕분에 선진국들은 점점 늘어나는 자국 내 소비에 따른 배출량에는 전혀 손을 대지 않으면서 기후변화 완화 조치를 취하고 있는 듯 생색만 내고 있다.

소비 기준 배출량 계산법의 관점은 다르다. 이 계산법은 제품 제조에 따른 배출량을 그 제품이 소비되는 국가의 몫으로 산정한다. 자동차 제조업의 탄소발자국 계산을 예로 들면, 영역 배출량 계산법은 대부분의 배출량을 자동차 부품을 제조하는 개발도상국의 몫으로 돌리는 데 반해, 소비 기준 배출량 계산법은 대부분의 배출량을 자동차 수요가 발생하는 최종 소비 국가의 몫으로 돌린다. 소비 기준 배출량에서는 일반적으로 한 국가의 상품 생산으로 인한 배출량에서 수출품 생산으로 인한 배출량을 빼고 그 나라가 들여오는 수입품 생산으로 인한 배출량을 더한다.

따라서 소비 기준 배출량 계산법은 산업 원료 및 제품의 최종 수요가 각국의 배출량에 미치는 영향을 온전히 반영한다. 이런 정확한 평가는 국제적 형평성을 이루기 위한 중요한 단계이며, 선진국과 개발도상국 간에 존재하는 경제 발전의 격차와 과거부터 배출해온 누적 탄소 배출량의 격차를 고려해 모든 나라가 온실가스 감축에 대한 '공동이지만 차별화된 책임'을 져야 한다는 유엔의 원칙을 존중하는 것이다.

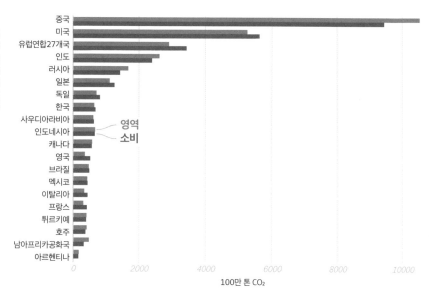

영역 및 소비 기준 계산법에 따른 G20 국가의 CO_2 배출량

그림 2:
소비 기준 계산법은 배출량의 대부분을 상품의 생산 국가가 아닌 최종 소비 국가의 몫으로 계산한다. 표시된 수치는 2021년 배출량이다.

따라서 최종 소비 수요가 많은 선진국의 입장에서는 소비 기준 배출량을 줄이는 것이 몹시 어려운 난제다. 더구나 현재로서는 선진국의 최종 소비 수요가 꾸준히 높은 수준을 유지하거나 심지어 증가할 것으로 예상되고 있다.

산업 부문은 산업 장비와 공정의 에너지 집약도를 낮추는 효율성 향상으로 배출량을 줄이는 데 주력해왔다. 그러나 비용 대비 효과가 가장 높은 효율성 향상의 기회를 쥐고 있으면서도 아직까지 대응 규모와 속도를 충분한 수준으로 높이지 않고 있다. 산업 부문의 탈탄소화 노력이 이처럼 부진한 것은 주요 장비와 제품(예: 철강 제조용 용광로)을 교체하는 데 필요한 자본 지출 주기가 길고 세계 시장의 압력이 큰 탓에 저탄소 생산 기술에 대한 기업과 정부의 대규모 투자가 어렵기 때문이다. 그럼에도 산업 부문은 전반적으로 최근 몇 년 사이에 에너지 효율 향상을 이뤄내 산업 생산의 평균 탄소 집약도를 줄여가고 있다. 그러나 이런 감축 효과는 신흥경제국 중심으로 진행되는 산업 원료 및 제품 수요 증가로 인해 상쇄되고 있다.

산업 원료 및 제품 수요는 2050년 무렵에 두 배로 늘 것으로 전망된다. 수요 증가를 이끄는 주요 동력은 신흥경제국과 개발도상국이 될 것이다. 이 나라들은 사회 기반시설과 자본금 구축에 집중해야 하는 입장인데, 전반적인 경제

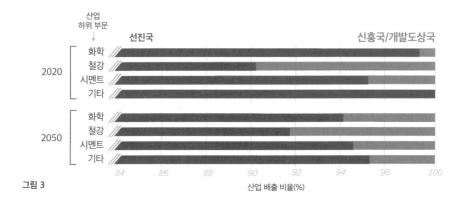

그림 3

산업 배출 비율(%)

활동 규모와 철강 및 시멘트 수요는 밀접한 상관관계를 갖는다. 선진국은 수십 년 전에 철강, 시멘트, 그 외 산업 제품을 사용해 원료 집약적 기반시설을 개발해놓았기 때문에 관련 수요 면에서 유리한 입장에 있다. 그러나 개발도상국은 이제야 기반시설을 짓고 있다. 한 예로, 2005년에서 2007년 사이에 중국에서 발생한 온실가스 배출량 증가분의 61퍼센트가 도로, 전력망, 철도 등의 기반시설 건설에서 나온 것이다. 또 다른 예로, 인도는 현재 전 세계 철강 생산량의 5퍼센트를 차지하고 있는데 이 비율은 점점 늘어나 2050년 무렵에는 20퍼센트 수준까지 훌쩍 뛰어오를 것으로 전망된다. 2050년까지 철강 생산에 할당된 탄소예산의 37퍼센트를 세계가 이미 써버렸다는 평가가 나오고 있는 상황인데 말이다.

우리는 저탄소 산업 기술을 사용하는 것 이외에 수요 측면에서도 대응 조치를 마련해야 한다. 산업 원료 및 제품에 대한 수요는 '원료 효율성 향상' 전략을 통해서도 줄일 수 있다. 즉, 더 적은 원료를 투입해서 동일한 산출량을 내는 전략이나 '투입은 적게, 산출은 더 많이' 전략을 써야 한다. 제품을 더 높은 효율을 낼 수 있도록 설계하고, 더 작고 가볍게 만들고, 생산 과정에서 발생하는 스크랩이나 폐기물의 양을 최소화하는 것도 수요를 줄이는 방법이다. 그러나 어떤 원료의 수요를 크게 줄일 수 있다고 해도 일부 지역에서는 그 수요가 유지될 수 있으므로 기술적 해법을 개발하기 위한 투자도 놓치지 말아야 한다.

산업 제품 및 원료의 수요가 늘고 있다고 해서 시장경제로 전환 중인 국가들에게 불이익을 줄 수는 없다. 선진국들은 과거에 온실가스를 대량 배출한 것에 대한 역사적 책임이 있고 산업 발전을 일찍 이룬 덕분에 유리한 입장에 있으므로 자국의 높은 소비 수요를 줄이기 위해 가장 큰 노력을 기울여야 한다. 그렇더라도 우리는 산업을 탈탄소화하기 위해 할 수 있는 모든 일을 해야 한다. 화석연료를 대체하기 위해 탄소를 거의 배출하지 않는 연료를 사용하고 제품 생산 과정의 효율성을 향상시키는 등 다양한 조치를 취해 산업의 부정적인 영향을 줄여야 한다. 무엇보다도 우리는 소비를 줄이고 다양한 경로로 경제적 가치를 창출하고, 원료와 제품을 지속적으로 추출-생산-소비-폐기하는 선형경제를 순환경제로 대체해야 한다. /

4.15

장애물이 된 기술

케탄 조시

만일 당신이 세계적인 고배출 기업들의 기후와 지속가능성 관련 문서를 잠시 훑어 본다면, 이래도 낙관적으로 생각하지 않을 수 있겠느냐고 을러대는 듯한 내용의 벽을 만나게 될 것이다. 푸근하게 미소 짓는 기술자들과 진지한 표정의 사업가들의 컬러 사진이 대거 삽입된 화려한 PDF의 맹공격에 당신의 마음속엔 이런 인상이 새겨진다. '이들에겐 미래에 대한 계획이 다 세워져 있군', '고배출 기업들이 상황을 충분히 통제하고 있군.' 슬로모션 영상과 부드러운 화상 처리 기법이 돋보이는 홍보용 동영상에서는 곧 시행에 옮길 수 있는 여러 가지 해법을 친절하게 설명하는 음성이 흘러나온다. 이런 유형의 홍보물이 전하려는 메시지는 뻔하다. '중공업이 이제껏 갇혀 있었던 탄소 의존의 깊은 우물에서 빠져나올 자구책을 차근차근 마련하고 있다'는 것이다.

전력, 운송, 농업의 온실가스 배출량이 전 세계 온실가스 배출량에서 큰 몫을 차지한다는 것은 잘 알려진 사실이다. 그러나 중공업은 대중이 이해하기 쉽지 않은 분야다. 우리가 일상에서 접하는 최종 제품의 생산보다 몇 단계 앞에서 이루어지는 과정이기 때문이다. 우리는 전력을 생산하는 석탄발전소나 자동차를 움직이는 내연기관에 대해서는 꽤 알고 있다. 그러나 우리를 둘러싼 벽 속의 콘크리트나 거리를 달리는 버스 차체의 강철이나 초콜릿 포장재의 원료인 플라스틱이 어떻게 생산되는지는 잘 모른다.

국제에너지기구의 세계 에너지 전망 보고서에 따르면, 2020년에 전 세계 이산화탄소 배출량 341억 5600만 톤 가운데 산업 부문의 배출량은 87억 3600만 톤이다. 낙관적인 내용 일색의 홍보 자료에도 불구하고, 산업 부문은 몇 가지 이유에서 배출량을 '줄이기 어렵다'고 알려져 있다. 산업 부문의 기계는 거의 교체할 필요 없이 수십 년 동안 사용할 수 있도록 설계되어 있다. 현재로서는 화석연료를 태우는 것이 산업 과정에 투입되어야 하는 고열을 얻을 수 있는 유일한 방법이다. 중공업 기업에 대해서는 탈탄소화를 이루라는 대중과 투자자의 압박이 그다지 심하지 않다. 공급망에서는 중공업의 고배출 과정이 석탄발전소와 자동차의 고배출 과정보다 훨씬 더 완벽하게 숨겨지는데, 탄소 집약적으로 생산된 제품은 대부분 수출되기 때문에 중공업의 고배출 과정이 지리적 분리에 의해 숨겨지기도 한다.

중공업 부문의 높은 배출량을 줄일 수 있는 몇 가지 기술적 해법이 이미 개발되어 있다. 국제에너지기구가 발표한 2021년 세계 에너지 전망 보고서와 2020년 에너지 기술 전망 보고서는 산업 공정의 전기화(예: 철강 제조 또는 저온 연소), 공급망의 효율성 향상(예: 시멘트 제조 또는 철광석 생산), 화석연료를 대체하는 수소 에너지 사용(수소는 무탄소 전력을 사용해 생산할 수 있고 수소를 에너지로 태울 때는 이산화탄소가 생성되지 않는다) 등의 방법을 상세히 소개하고 있다.

세계 에너지 전망 보고서는 중공업이 미래 기후에 어떤 영향을 미칠지 부분적으로나마 예측하게 해준다. 이 보고서는 현재 정책이 유지되는 시나리오와 이미 제출된 '공약'이 이행되는 시나리오(정부들이 약속한 배출량 목표를 충족하는 시나리오), '2050년 넷제로'가 달성되는 시나리오(산업이 탄소중립을 달성해 산업화 이전과 비교해서 지구 온도가 1.5도 이하로 억제되는 시나리오) 등 다양한 시나리오를 제시하고, 각 시나리오에서 예상되는 부문별 배출량을 제시하고 산업 부문의 탈탄소화와 관련한 현실적인 기술 진척 상황을 비교한다.

현재 정책이 유지될 때 예상되는 산업 부문의 배출량은 최상의 1.5도 시나리오에 도달하기 위해 필요한 배출량을 훨씬 앞지른다. 이미 제출된 공약이 정책과 노력에 의해 충족된다고 가정하는 '공약 시나리오'에 따른 배출량과 비교해도 그 차이는 여전히 크다.

국제에너지기구는 이런 배출량 차이를 산업의 탈탄소화에 이용할 수 있는 여러 가지 기술과 과정(예: 플라스틱 재활용량의 증가)에 따라 세분한다. 그중 가장 큰 기여를 하는 것이 CCS(탄소 포집 및 사용, 저장)다. 현재 발표된 공약을 이행하는 시나리오에서 CCS 기술은 2030년에 산업 부문에서 1500만 톤의 탄소를 포집해야 한다. 반면에 넷제로 시나리오에서 CCS 기술은 2억 2000만 톤의 탄소를 포집해야 한다.

기후변화 완화 계획을 세울 때 CCS를 이용해서 배출량 차이를 메우는 일은 드물지 않게 일어난다. 그러나 이 기술은 실패의 역사로 오염되어 있기 때문에 기후 계획의 핵심이 되어서는 안 된다. 탈탄소화가 대단히 어려운 분야에서는 더더욱 그렇다. CCS의 현대사를 한눈에 보여주는 곳이 바로 나의 고국 노르웨이다. 2007년에 당시 노르웨이 총리 옌스 스톨텐베르그는 화석가스 발전소에서 이산화탄소를 포집하기 위한 몽스타드 정유공장의 CCS 포집 계획에 대해 이렇게 호언장담했다. "이 계획은 노르웨이 배출량 감축의 획기적인 돌파구가 될 것이고, 우리가 성공하면 세계가 우리를 뒤따를 것이다." 그는 이어 "이것은 국가적으로 아주 큰 규모의 프로젝트다. 달 착륙 프로젝트와 마찬가지다"라고 덧붙였다.

6년 뒤에 이 계획은 예산을 초과한 탓에 취소되고 말았다. 예산을 17억 크로네나 초과했는데, 투입된 정부 재원만 해도 무려 72억 크로네였다. 계획이 취소된 후 당시 노르웨이 석유장관 보르텐 모에는 2020년까지 예전 프로젝트 부지에 원래 계획과 같은 규모의 포집 시설을 완공하겠다고 밝혔다. 이 글을 쓰는 2021년 말 현재, 노르웨이에는 가동 중인 CCS 시설이 없다. 노르웨이의 달 탐사선은 지표면을 떠나본 적도 없다.

그런데도 호언장담과 약속 이행 실패는 여전히 반복되고 있다. 노르웨이에서는 여전히 CCS가 산업 부문 배출량을 완화하려는 노력의 중심에 있다. 노르웨이의 대표적인 현대 기후정책인 '롱십Longship'(노르웨이어로는 '랑스킵')은 노르웨이 역사상 최대 기후 프로젝트로 홍보되고 있다. 산업 및 폐기물 부문에서 발생하는 이산화탄소에서 탄소를 포집 및 운송해 지하에 영구 저장하는 프로젝트로, 향후 10년 동안 단계적으로 가동하겠다는 것을 목표로 삼고 있다.

롱십 프로젝트의 첫 번째 단계는 포르스그룬의 노르셈 시멘트 공장에서 이산화탄소를 포집하는 것이다. 시멘트 생산에서 나오는 이산화탄소는 세계 이산화탄소 배출량의 5~7퍼센트에 해당한다.

2021년 11월 초, 노르셈 CCS 프로젝트는 사업에 필요한 투자금이 당초 예산보다 9억 1200만 크로네가 늘어난 총 41억 4600만 크로네라고 발표했다. 이 프로젝트의 미래는 불투명하다. 노르웨이 정부는 "사업 참여자들이 사업을 계속하기로 합의하거나 한 참여자가 단독으로 완공에 필요한 자금을 조달하지 않는 한 이 프로젝트는 중단되고 참여자들은 손실을 감당하게 될 것"이라고 밝혔다. 이 프로젝트가 가동될 경우(2024년경 가동 예정) 연간 포집량은 약 40만 톤으로, 노르셈 시멘트 공장에서 발생하는 연간 배출량의 0.5퍼센트에도 미치지 못한다.

롱십의 다음 프로젝트는 클레메트스루드 폐기물 처리장에 설치될 계획이었다가 장기 지연되고 있는 CCS 시설이다. 오슬로에서 발생하는 '재활용 불가' 폐기물을 태울 때 발생하는 대량의 이산화탄소를 포집할 계획이었지만, 2020년에 가동을 시작한다는 계획이 무산되면서 현실화되지 못하고 있다. 오슬로 내 단일 배출원으로는 가장 많은 이산화탄소를 내뿜는 이 폐기물 처리장의 배출량 문제를 해결하지 않는 한 오슬로는 2030년까지 탄소 배출량을 95퍼센트 감축한다는 목표를 달성할 수 없다. 몇 차례의 소규모 시범 가동에서 성공을 거두긴 했지만, 이 시설은 유럽연합으로부터 자금 지원을 받지 못해 (2021년 11월에 자금 지원 신청이 거부되었다) 예산 부족으로 표류하고 있다.

롱십의 마지막 단계는 포집된 탄소를 지하 깊은 곳에 저장하는 프로젝트로 화석연료 기업(셸, 에퀴노르, 토탈) 컨소시엄이 이 사업에 대한 결정권을 갖게 될 것이다. 이 노던 라이츠Northern Lights 프로젝트는 포집된 이산화탄소를 운송해, 석유와 가스를 뽑아낸 뒤 비어 있는 노르웨이 주변의 해저 지하 공간에 저장할 예정이다. 이 프로젝트는 가동 개시 첫 25년 동안은 연간 150만 톤의 이산화탄소를 저장하고 그 이후에는 잠재적으로 500만 톤의 이산화탄소를 저장할 수 있는 용량을 확보하게 될 것이다. 그런데 2019년에 셸, 에퀴노르, 토탈, 이 세 기업이 배출한 이산화탄소는 23억 5000만 톤이다. CCS가 가동되더라도 이 시설의 포집 용량은 해결해야 하는 문제의 규모에 비하면 극히 미미한 수준이다.

현재 전 세계 CCS 시설의 이산화탄소 포집 용량은 연간 약 4000만 톤이다. 원래 2020년 이전에 가동될 예정이었던 149개 CCS 프로젝트 중 100개 이상이 폐기되거나 무기한 보류되었다. 최근의 한 연구는 CCS가 자주 무산되는 것은 건설 비용이 많이 들고 기술의 신뢰성이 입증되지 않은 데다, 포집된 이산화탄소를 석유와 가스를 더 많이 추출하는 데 쓰지 않고서는 (끔찍하게도) 수익이 전혀 나지 않기 때문이라고 평가했다.

그러나 이 프로젝트들이 실제로 결실을 본다고 해도, 국제에너지기구의 '2050년 넷제로' 시나리오는 2030년 CCS 시설의 포집 용량으로 연간 15억 7800만 톤을 책정했는데, 이것이 실현될 가능성은 거의 없다.

PDF와 멋진 사진 속 근사한 기후 계획의 세계에서 CCS는 후광을 뿜는 구세주다. 그러나 칙칙한 현실 세계에서 CCS는 실패작이다. 그럼에도 두 얼굴은 여전히 유지된다. CCS가 기술적 목적이 아닌 감정적 목적에 쓰이고 있기 때문이다. CCS는 변함없이 유지되는 화석연료 사용에 대한 환상에 수사적 마법의 보호막을 덧입힌다. CCS는 '곧 이루어질 일'이라는 명목을 끈질기게 내세우면서 갈수록 극단으로 치닫는 화석연료 사업의 확장을 정당화하는 명분으로, 그리고 현실적인 기후 대응을 늦추는 구실로 쓰이고 있다.

우리는 CCS라는 해법을 기후 해법 목록에서 제거해야만 한다. 그래야만 엄중한 현실이 고스란히 드러난다. 지금 우리에게 필요한 것은 신속하고 근본적인 변화, 특히 화석연료 경제를 겨냥한 변화다. 우리는 재료 사용 방법과 관련한 효율화와 변화를 넘어서서 수요 감축을 이루어야 한다. 특히 물질적으로 가장 풍족하고 물질적 탐욕이 가장 심한 백인 사회에 만연한 과소비를 빚어내

CCS 포집량: 과거 / 계획 / 국제에너지기구 '2050년 넷제로' 시나리오

그림 1:
2030년 예상 설치 용량은 국제에너지기구의 '2050년 넷제로' 목표를 이루기 위해 도달해야 할 연간 포집량 15억 7800만 톤에 미치지 못한다. 2020년, 2021년 보고서는 글로벌 CCS 인스티튜트에서 작성한 것이다.

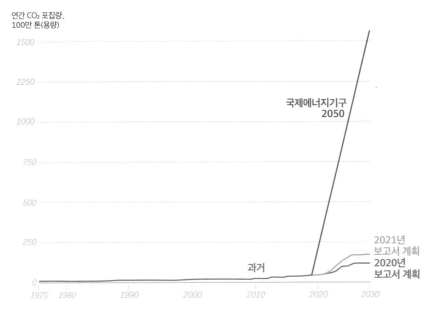

연간 CO₂ 포집량,
100만 톤(용량)

는 근본적인 사회적 원인과 정면으로 맞붙어야 한다. 지금 우리는 어떤 기계를 쓸 것이냐가 아니라 어떤 사회를 만들 것이냐에 생각의 초점을 맞춰야 한다.

탄소 포집 및 저장 기술은 기술 중심 해법의 위험성을 똑똑히 입증한다. 이 기술은 신속하고 근본적인 변화를 두려워하는 온실가스 대량 배출자들에게 헛된 희망의 신호등이다. 중공업 등 탄소 감축이 몹시 어려운 부문에 있어 기술적 환상은 생산과 소비의 대폭 감축이 필요하다는 본질적인 논의를 피해야 한다는 산업계의 긴급한 요구에 완전히 부합하는 것이다.

물론 설계와 기술은 탈탄소화에서 상당한 역할을 한다. 국제에너지기구가 강조하고 있듯이, '재료 효율 향상'이 이루어지면 산업 제품의 수요와 제품 생산에 소요되는 에너지 수요를 억제할 수 있다. 예를 들어 시멘트 수요는 기존 구조물을 더 오래 쓸 수 있도록 효율적으로 개조하거나 콘크리트 소요량을 줄이는 최적화 설계를 통해서도 줄일 수 있다. 그러나 수요에 대한 심도 깊은 논의 없이는 신속한 탈탄소화 경로를 열어갈 수 없다.

우리는 굳이 스마트폰을 해마다 새것으로 바꿀 필요가 없다. 대부분의 사람들은 수 톤짜리 자동차를 굳이 단독으로 소유할 필요가 없다. 내연기관 차가 아니라 전기차라도 마찬가지다. 우리는 탄소 집약적인 '물건'이 없이도 충만하고 풍요로운 삶을 누릴 수 있다. 그러나 산업 제품의 수요를 줄이려는 사회적 노력은 화석연료를 개발하는 기업과 화석연료에 크게 의존하는 기업이 내놓는 거짓 약속의 허세에 눌려 제대로 기세를 펴지 못하고 있다. 우리는 근사해 보이지만 허풍투성이인 환상의 기술에서 벗어나 현실로 돌아와야 한다. 그러지 않으면 우리는 계속해서 끔찍한 대가를 치르게 될 것이다. /

CCS는 기술적 목적이 아닌 감정적 목적에 쓰이고 있다. CCS는 변함없이 유지되는 화석연료 사용에 대한 환상에 수사적 마법의 보호막을 덧입힌다.

운송의
과제

앨리스 라킨

이동은 인류가 관계를 맺고 공동체를 꾸리고 거래를 하고 문명과 사회를 이루어 갈 때 반드시 필요한 요소다. 걸어가든 탈것을 이용하든 누구나 이동을 한다. 일하러 갈 때, 학교에 갈 때, 놀러 갈 때도 이동하고, 사람과 물건을 옮기기 위해서도 이동하고, 때로는 즐기기 위해서, 즉 정신적 신체적 안녕을 증진하기 위해서도 이동한다.

자전거 발명에서 비행기 발명에 이르기까지 운송수단은 계속 진화하고 있고, 사람들의 이동 습관 역시 진화하고 있다. 사람들은 소득이 늘면 대체로 이동 거리가 늘어난다. 이동에 더 많은 시간을 할애하기 때문에 이동 거리가 늘어나는 게 아니다. 사람들이 이동에 할애하는 시간은 오랫동안 비슷한 수준을 유지해왔지만, 운송 기술 발전으로 이동 속도가 빨라져 같은 거리를 이동하는 데 드는 시간이 단축된 탓이다. 덕분에 일부 사람들은 직장까지 장거리 통근을 하거나 다른 나라에 가서 공부하거나 바다 건너 먼 곳으로 휴가를 떠날 수 있게 되었다. 운송 기술 발전은 무역에도 변화를 불러왔다. 국제 해상무역은 아주 오랜 옛날에도 있었지만, 요즘 우리가 소비하는 물건들은 복잡한 세계 공급망을 통해 공급된다. 우리는 먼 곳에서 생산된 상품을 주문 후 몇 시간 만에 받아보는 일에 익숙하다.

운송은 이처럼 다양한 편익을 제공하지만, 환경에 중대하고 광범위한 영향을 끼친다. 도로와 철도, 자전거, 대형 화물 운송수단을 만들기 위해 자원을 추출하는 과정에서 에너지가 소모되고 오염이 발생하며 생물다양성이 훼손되기도 한다. 운항 중인 선박이 내는 진동 때문에 야생생물이 피해를 입기도 하고, 공항 근처 주민들은 건강을 해칠 정도로 큰 소음에 시달리기도 한다. 자동차의 휘발유나 선박의 디젤, 비행기의 등유 같은 연료는 연소 과정에서 건강에 해로운 배기가스를 배출하고 지구 온난화를 촉진한다. 화석연료 연소로 인한 전 세계 이산화탄소 배출량의 약 4분의 1이 운송 부문에서 배출된다. 경제가 성장하고 운송량이 늘어나면서 운송 부문 배출량은 절대적으로도 증가하고, 다른 여러 부문 배출량에 비해 상대적으로도 증가하고 있다(그림 1의 작은 그래프).

정책결정자들은 종종 운송의 사회적 편익에만 주목하고 그로 인한 환경 훼손을 완화하는 데는 무관심하다. 이런 정책은 오래 지속될 수 없다. 우리는 기후 비상사태가 전 세계적으로 전개되는 것을 목격하고 있다. 운송은 지구 온

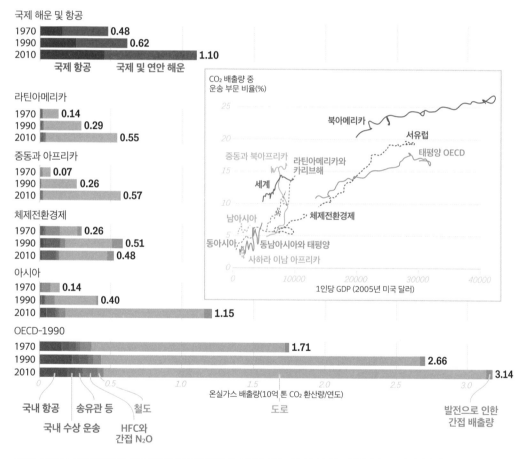

그림 1: 온실가스 배출량 합계에는 간접 배출량이 포함되지 않는다. 삽입된 그래프: 국가의 부가 늘어남에 따라 구조적 변화가 일어나면서 운송 배출량의 비율이 증가 추세를 보였다. 1970~2010년 사이에 이산화탄소 배출량이 GDP와 비례 관계를 보였다. GDP는 구매력평가지수 기준 2005년 미국 달러로 표시한다.

도 상승을 억제하고 생명을 보호하는 데 기여하는 전환을 이룰 수 있는 중요한 부문이다. 물론 이런 전환이 가능하려면 운송의 환경 영향을 정확히 이해하고 이를 바로잡기 위해 노력을 기울여야 한다.

운송은 방대하고 다양한 특성을 품고 있는 부문이며, 지역에 따라 흔히 이용되는 운송수단에서도 큰 차이를 보인다. 세계적 규모의 한 연구에 따르면, 남아시아에서는 차량을 이용한 총 주행거리의 47퍼센트가 모페드*와 오토바이를 이용한 이동이었고, 자동차를 이용한 이동은 15퍼센트에 불과했다. 반면 북아메리카에서는 모페드 또는 오토바이를 이용한 이동이 0.5퍼센트 미만이고, 자동차를 이용한 이동이 57퍼센트였다. 이론상으로는 2018년에 세계 인구의 약 4분의 1이 한 번 이상 비행기를 탄 것으로 추정되고, 고소득 국가는 인구

---

* 배기량 50cc 미만의 모터와 페달이 달린 이동수단.

2000년과 2010년의 이동수단별 총 승객 이동 거리

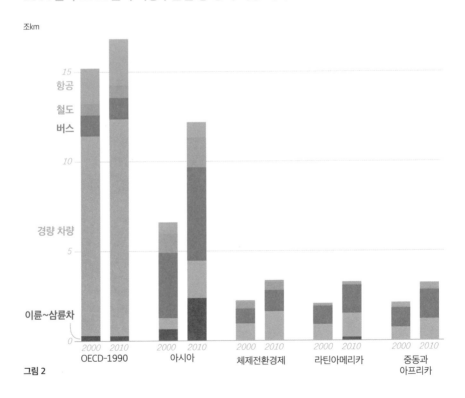

그림 2

온실가스 배출 집약도 비교

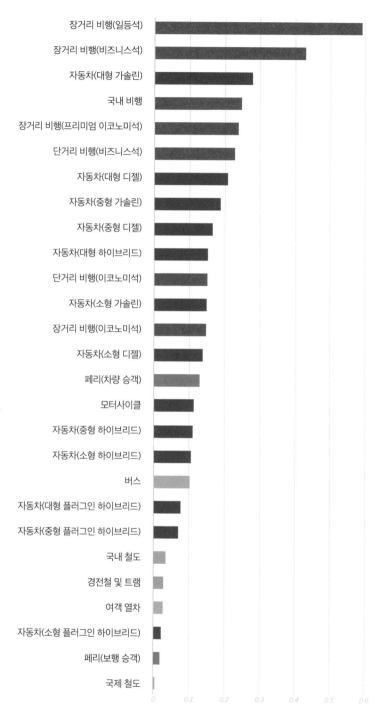

장거리 비행(일등석)
장거리 비행(비즈니스석)
자동차(대형 가솔린)
국내 비행
장거리 비행(프리미엄 이코노미석)
단거리 비행(비즈니스석)
자동차(대형 디젤)
자동차(중형 가솔린)
자동차(중형 디젤)
자동차(대형 하이브리드)
단거리 비행(이코노미석)
자동차(소형 가솔린)
장거리 비행(이코노미석)
자동차(소형 디젤)
페리(차량 승객)
모터사이클
자동차(중형 하이브리드)
자동차(소형 하이브리드)
버스
자동차(대형 플러그인 하이브리드)
자동차(중형 플러그인 하이브리드)
국내 철도
경전철 및 트램
여객 열차
자동차(소형 플러그인 하이브리드)
페리(보행 승객)
국제 철도

그림 3

kg 이산화탄소 환산량(1인 승객, 1km 이동)

의 100퍼센트가, 저소득 국가는 인구의 2퍼센트 미만이 한 번 이상 비행기를 이용한 것으로 추정된다. 그러나 설문조사 자료에 따르면, 고소득 국가에서도 대다수의 사람들이 1년에 한 번도 비행기를 타지 않는 것으로 나타났다. 이를 종합해보면 세계 인구 가운데 극히 적은 비율만이 항공을 이용한다는 이야기다. 이런 운송 이용률 격차(그림 2)는 환경 영향을 유발한 책임의 소재를 따지고 환경 영향 완화 정책을 시행할 때 고려해야 할 중요한 요소다.

온실가스 배출량을 비교하면, 운송수단 유형에 따라 1킬로미터 이동할 때 배출하는 온실가스의 양이 다르다(그림 3). 예를 들어 영국에서 국내선 항공 이동은 기차 이동보다 탄소 집약도가 약 일곱 배 높다. 영국에서는 기차 이동의 동력으로 디젤과 전기가 혼합 사용되는데도 항공 이동의 탄소 집약도가 훨씬 높게 나타난다. 비행기 일등석을 이용한 장거리 이동의 탄소 집약도는 국제 철도를 이용한 이동보다 130배 높다. 또 '탑승률'(차량 한 대에 탑승한 사람의 수)을 고려해도 탄소 집약도가 달라진다. 예를 들어 차량 한 대를 혼자가 아닌 두 명이 타고 이동하면 1인당 배출량이 절반으로 감소한다. 비행기 이코노미 좌석을 이용한 장거리 이동과 휘발유 연료를 쓰는 소형 차량을 혼자 타고 이동할 때를 비교하면, '주행거리당 온실가스 배출량'은 서로 비슷하지만, 항공편의 '총' 주행거리가 훨씬 길기 때문에 실제로는 항공편 이동의 온실가스 배출량이 훨씬 더 많을 수 있다.

운송과 관련해서 원료의 추출, 변환, 처리 과정에서 발생하는 온실가스 배출량(흔히 전 주기 배출량이라고 한다)까지 고려하면 계산이 더욱 복잡해진다. 예를 들어 똑같은 배터리형 전기차라도 화석가스 전력망을 이용해 배터리를 충전하는 경우에는 원자력과 풍력 발전이 혼합된 전력을 이용해 충전할 때보다 온실가스를 더 많이 배출한다. 바이오연료 또는 수소 등의 대체연료라고 해서 반드시 화석연료보다 탄소 집약도가 낮은 것은 아니다. 대체연료의 생산 과정에서 더 많은 에너지가 소모되는 경우에는 탄소가 더 많이 배출되기 때문이다. 대체연료는 재생 가능한 원천에서 생산된 에너지나, 이산화탄소 직접 공기 포집 기술이 병행 사용되는 에너지를 이용해서 생산되었을 때에만 '탄소 집약도가 낮은' 연료일 수 있다.

운송 부문은 다른 부문에 비해 탄소 배출을 줄이기가 어렵다는 게 일반적인 인식이다. 일부 부유한 국가에서는 전체적인 배출량을 억제하는 성과를 내고 있는데도 운송 관련 배출량은 꾸준히 늘고 있다(그림 1). 또 한 가지 아주 중요하고 복잡한 문제가 있다. 국제 항공 및 해운은 일반적으로 국가 배출량 통계와 목표, 정책, 그리고 탄소예산에서 제외된다는 점이다(그림 1). 국제 공역과 해역에서 발생하는 배출량을 완화하는 책임을 국제민간항공기구와 국제해사기구에 지운 교토 의정서 규정이 이런 결과를 낳았다. 안타깝게도 이런 현실은 운송 부문이 아직 1.5도 목표에 부합하는 정책을 개발해 시행하지 못하고 있음을 반영한다. 국제 항공과 국제 해운의 배출량 합계가 온실가스 배출량 세계 5위인 일본의 이산화탄소 배출량과 맞먹는다는 점을 고려하면, 이는 아주 심각한 문제다.

국제 항공과 해운은 관련 배출량을 어느 국가의 몫으로 돌려야 하는지 명확하지 않다는 공통점이 있긴 하지만, 실제로는 아주 상이한 특징을 지니며 아주 상이한 문제를 낳는다. 첫째, 항공은 주로 여가 목적의 이동에 이용되며, 해운은 식량과 물자 등의 운송에 주로 이용된다. 항공은 전 세계 인구 중 극소수의 전유물인 반면 해운은 상품과 자원을 직간접적으로 대다수 인구에게 전달하는 수단이다. 물론 이와 관련해서는 물질 소비의 불평등이 매우 심각하며 물질 소비가 부유한 국가에 크게 치우쳐 있다는 사실을 놓치지 말아야 한다. 항공과 해운은 모두 세계 경제성장과 밀접하게 연결되어 있다. 그러나 대부분의 항공기가 지상에 묶일 때 경제에 미치는 충격은 전 세계로 상품을 운송하는 선박이 멈춰 설 때의 충격에 비하면 지극히 미미할 것이다.

항공으로 주제를 좁히면, 화석연료 추진체를 쓰지 않고 많은 승객을 실어나를 수 있는 기술적 해법이 개발되기까지는 여러 해가 걸릴 것이라는 게 일반적인 인식이다. 비행기의 사용 연한이 일반적으로 20년이 넘는다는 점(선박도 마찬가지다)도 기술 개발 지연과 관련이 있다. 게다가 여객기를 들어올릴 수 있을 만큼 품질이 좋고 밀도가 높은 저탄소 연료를 대량으로 생산하려면 기술의 비약적인 발전과 함께 이산화탄소 직접 공기 포집이 전제되어야 한다. 그런데 2021년 현재 직접 공기 포집 기술은 소규모 시범 단계에 머물러 있다. 어떤 이들은 결정적인 기술 변화가 곧 이루어질 것이라고 낙관하지만, 아직도 이 분야에는 극복해야 할 크나큰 기술적, 사회경제적 난관이 남아 있다. 관련 산업

내부에서도 많은 전문가들이 결정적인 기술 변화가 이루어지기까지는 수십 년이 걸릴 수도 있음을 인정하고 있다.

한편 항공 부문은 기후 영향을 완화하기 위한 시도로 자발적인 탄소 상쇄를 활용하고 있다. 그러나 이 방법이 실제로 온실가스 감축 효과가 있는지에 대해 심각한 문제의식이 존재한다. 비이산화탄소 온실가스는 지표면에 있을 때보다 대기 상층에서 더 강력한 온난화 효과를 낸다. 그런데 자발적인 탄소 상쇄로는 대기 상층에서 비행기가 배출하는 온실가스 때문에 추가로 일어나는 온도 상승 문제에 대처할 수 없다. 항공 부문의 기후 영향을 줄이는 가장 중요한 방법은 지금 당장 항공 수요를 억제하는 것이다. 당장 항공 수요를 줄이지 않으면 탄소예산은 곧 바닥날 것이다. 항공 수요를 신속히 억제하는 방안으로는 고소득 국가들의 공항 확장 잠정 중단과 항공 이용이 잦은 승객에 대한 부담금 부과 등 다양한 방법이 있다.

선박과 관련해서는 풍력 추진 장치의 추가 설치나 운행 속도 감축 등 단기간에 배출량을 억제할 수 있는 다양한 방법이 이미 개발되어 있으며, 장기적으로는 다양한 새 연료가 개발되어 배출량 완화에 기여할 것이다. 화석연료는 주로 해운으로 운송되므로 재생에너지 전환이 확대되면 화석연료 운송량이 크게 감소해 해운 배출량이 줄어들 수 있다. 그러나 소비가 늘어나면 화물 운송 수요도 늘어난다. 환경 훼손을 최소화하고 발전을 뒷받침하는 소비의 힘을 세계 각지에 고르게 배분하기 위해서는 개인적 차원의 소비와 사회적 차원의 소비를 적절히 관리해야 한다.

우리는 사람 및 상품의 이동량과 이동 목적, 그리고 가장 적합한 이동수단 등과 관련해서 사고를 전환해야 한다. 이런 사고 전환은 자원 사용량과 지역 및 지구 차원에서의 오염을 획기적으로 줄일 수 있는 기본 전제다. 우리의 이동 습관이 기후에 최소한의 충격을 미치고 있는지 확인하기는 대단히 어려운 일이며, 운송 부문의 탈탄소화가 이루어지기까지는 아주 오랜 시간이 걸린다는 점을 늘 염두에 두어야 한다.

국제 항공과 해운의 배출량은
어느 국가의 몫으로 돌려야 하는지
명확하지 않다.
그러나 그 합계는 온실가스 배출 세계 5위인
일본의 이산화탄소 배출량과 맞먹는다.

미래는
전기인가?

질리언 애너블, 크리스천 브랜드

운송 부문의 탈탄소화와 관련한 정책 논의는 지역 차원이나 국가 차원, 국제적 차원을 막론하고 모두 기술적 해법에 크게 치우쳐 있으며, 때로는 오직 기술적 해법에만 집중하는 경우도 적지 않다. 기술적 해법의 주된 초점은 경량 차량(승용차와 승합차)과 버스, 트램, 기차의 전기화에 맞춰져 있다. 기술적 해법은 수소 연료, 바이오연료 및 잠재적인 합성 액체 연료의 지속가능한 생산에서 단기적으로 제한적인 역할을 담당할 수 있다.

기술적 접근법은 앞으로 예상되는 이동 수요 증가를 따라잡을 수 없다는 중요한 한계가 있다. 경제가 성장하고 인구가 증가할수록 상품 수요가 늘어나고 사람들의 이동 욕구도 커지고 이동에 쓸 재원도 늘어난다. 전 세계 운송 활동량은 2050년 이전에 2015년 수준의 두 배를 넘어설 것으로 전망된다. 특히 결정적으로 중요한 향후 20년 동안 자동차 이용률 및 보유율의 급증과 대형 화물차량 및 항공, 선박의 이동량 급증에 따른 배출량 증가가 기술 변화로 인한 배출량 감소를 완전히 상쇄하고도 남을 것이다. 인간과 상품의 운송량 문제를 개선하지 않고서는 파리 협정이 정한 2050년 탄소중립 목표를 달성할 수 없다는 점에 대해서는 폭넓은 공감대가 형성되어 있다.

전 세계 여객 및 화물 운송이 거의 석유에 의존하고 있는 현실에서 운송량 급증은 매우 심각한 문제다. 2021년 기준으로 세계는 운송 에너지의 약 95퍼센트를 석유에서 얻는다. 그런데 승용차, 승합차, 버스의 평균 사용 연한은 15~20년, 트럭은 약 20년, 비행기는 25년, 선박은 40년이다. 따라서 새로 생산되는 모든 운송수단이 전기나 재생 가능한 자원 연료를 쓰게 된다고 해도, 운송 부문이 화석연료에서 완전히 벗어나려면 수십 년이 걸릴 수밖에 없다. 전세계 신차 판매량 중 전기차 점유율이 2020년대 말까지 60퍼센트 증가한다고 가정하는 낙관적인 시나리오에서도, 2030년 자동차로 인한 전 세계 이산화탄소 배출량은 2018년 수준에서 겨우 14퍼센트 줄어들 것으로 전망된다.

전기화 전환이 느린 것도 문제지만, 전기차만으로 모든 문제가 해결되지는 않는다. 전기차의 전 주기 배출량은 전기의 탄소 함유량과 차량 제조에 사용된 원료, 그리고 배터리 생산 방법에 따라 크게 달라진다. 최근 50년 사이에 차량 중량과 출력이 증가하면서 모든 종류의 승용차와 승합차의 효율 향상 속도가 감소해왔다. 가장 잘 팔리는 차종인 크고 무거운 SUV는 2021년 전 세계 경량 자동차 판매량의 무려 45퍼센트를 차지했으며 전기차보다 다섯 배나 많이 팔렸다. 이런 추세는 연비 개선 효과의 최대 40퍼센트를 잠식했다. 국제에너지기구는 코로나 팬데믹으로 인해 2020년에 딱 한 부문을 제외하고 '모든' 부문에서 탄소 배출량이 감소했다고 평가했는데, 여기서 제외된 부문이 바로 SUV 차량이다. 자동차 제조사는 마진이 훨씬 많이 남는 더 크고 더 고급스러운 자동차를 팔아야 이득이다. 예를 들어 미국은 대형 전기차에 상쇄 배출권을 제공해 판매를 장려한다. 독일 정부는 플러그인 하이브리드 전기차 제조사에서 생산한 차량(그중 많은 수가 SUV 전기차다)에 대해 직접 보조금을 지원한다. 문제는 전기차 판매량 증가와 관련한 다수의 통계가 전기차에 플러그인 하이브리드 전기차를 포함시키는데, 현재 전 세계 전기차 판매량의 약 5분의 1을 차지하는 플러그인 하이브리드 자동차는 여전히 화석연료 연소에 크게 의존하고 있고, 앞으로도 오랫동안 화석연료 연소에 의존할 수밖에 없다는 점이다. 운송 부문 배출량을 신속하고 쉽고 효율적으로 줄일 수 있는 방법은 경량 전기차 판매를 촉진하는 유인 체계를 구축하고 도시 내에서의 대형 SUV 운행을 단계적으로 퇴출하는 것이다. 예를 들어 대형 SUV 광고를 금지하고 해당 차량 보유자와 이용자에게 세금을 부과해야 한다. 영국 한 나라만이라도 유해 배기가스를 가장 많이 배출하는 대형 차량을 단계적으로 퇴출하는 정책을 실시하면 2050년까지 이산화탄소 누적 배출량을 1억 톤가량 줄일 수 있다.

또 다른 측면에서도 운송의 전기화에 주력하는 접근법은 훨씬 더 근본적인 문제를 안고 있다. 이를 위해서는 안정적인 전기 공급이 보장되어야 하는데, 세계에는 그렇지 못한 지역이 많다. 전기차는 한 국가 내의 사회적 불평등과 국가 간 불평등을 해소하는 해법이 될 수 없다. 부유층과 권력층만 전기차를 선택할 수 있는 개발도상국에서는 특히 더 그렇다. 설사 접근성이 확대된 다고 해도 전기차는 도로 교통 혼잡이나 주차 공간 부족, 안전 또는 교통 빈곤 문제를 '해결'할 수 없다. 자동차 의존도 상승은 도시의 난개발 팽창을 낳는다. 도시 팽창이 이어지면 다른 수단을 이용해서 직장이나 주요 장소에 접근하는 것이 점점 어려워지기 때문에 대중교통 이용이 줄고, 그 결과 대중교통의 수익 성이 악화되고 편의성이 하락해 자가용 의존도가 더 높아지는 악순환이 이어 진다. 개인의 자동차 보유가 확대되면 개인의 자유가 증진되는 이점도 있지만, 삶의 다양한 가치를 희생하면서까지 감당하기 힘든 자동차를 어쩔 수 없이 소 유하고 유지해야 하는 사람들이 점점 더 늘어난다.

그렇다면 과연 어떤 해법을 쓸 수 있을까? 대부분의 차량이 화석연료를 사용하는 상황에서 단기적인 효과를 얻을 수 있는 해법은 고속도로 주행 허용 속도를 낮추는 것이다. 시속 130킬로미터 속도 제한을 도입하면, 고속 주행 선 호가 높은 독일에서만 배출량이 가장 낮은 60개국의 연간 탄소 배출량 합계보 다 많은 연간 190만 톤의 탄소 배출이 줄어든다. 제한 속도를 시속 100킬로미 터로 낮추면 니카라과와 우간다를 포함한 86개국의 연간 배출량 합계보다 많 은 연간 약 540만 톤이 감축된다. 그러나 독일에는 속도 제한 논쟁이 수십 년 동안 이어지고 있고, 집권 정당들은 이 정책을 실행할 엄두를 내지 못하고 있 다. 이런 무대응의 주된 원인은 자신이 특별한 대우를 받을 자격이 있다고 생 각하는 집단적인 특권의식과 '개인 선택'의 제한에 대한 반감이다.

이 사례에서 알 수 있듯이, 기술 변화와 동시에 행동의 대전환이 이루어 져야 한다. 이 둘은 밀접하게 연결되어 있다. 정치 지도자, 도시 계획 입안자, 제조업자와 소비자는 새로운 기술을 수용하는 것을 넘어서 새로운 이동 습관 을 채택하고 지원해야 한다. 운송 부문에서의 이런 변화를 흔히 '이동수단 전 환mode switching'이라고 부른다. 유사한 경로를 이동할 때 비효율적이거나 오염 배출이 많은 이동수단 대신에 더 효율적인 이동수단을 이용하는 것을 말한다.

---

* '운행 속도 감축'이라는 단순한 원칙은 탈탄소화가 어려운 해운 부문에서도 배출량을 줄이는 데 큰 잠재력을 가지고 있다. 파리 협정 에 포함되지 않은 해운 부문은 세계 배출량에서 차지하는 비중이 더욱 늘어날 것으로 전망된다. 해운은 세계 무역의 약 80퍼센트를 담당 한다. 화물선은 대부분 화석연료, 그중에서도 가장 오염이 심한 디젤유를 연료로 쓴다. 장거리 항공기와 마찬가지로 원양 선박에도 전기화 를 적용할 수는 없지만, '감속 운항'과 녹색 암모니아 등의 무탄소 연료로의 전환을 병행하면 해운 부문의 배출량을 줄일 큰 잠재력이 있다. 선박 운항 속도를 20퍼센트 줄이면 이산화탄소 배출을 약 24퍼센트 감축할 수 있다/원주.

대표적인 예가 짧은 거리를 이동할 때는 자동차를 타지 않고 걸어가거나 자전거를 이용하거나 대중교통을 이용하는 것이다. 이동수단 전환은 중요한 함의를 품고 있다. 예를 들어 영국에서는 자동차를 이용한 이동의 59퍼센트가 8킬로미터 미만의 거리다. 걷기, 자전거 또는 전기 자전거 타기 등 신체를 활동적으로 움직이는 이동으로 전환하면 탄소 배출량을 비교적 빨리 줄일 수 있다. 사하라 이남 아프리카와 일부 아시아 지역 등 세계 각지의 시장에서는 새롭고 가벼운 형태의 초소형 전기 이동수단이 전반적으로 가격 하락에 힘입어 전기차보다 높은 시장점유율을 보이고 있다. 이런 이동수단은 도시 지역을 벗어나는 이동 등 비교적 장거리 이동에도 쓰일 수 있는 잠재력을 가지고 있다. 경전철은 도입 초기부터 거의 전기로 구동되는 방식을 채용해 이미 오래전부터 대도시는 물론 소도시에서도 대단히 효율적인 연결성을 제공하고 있고, 버스는 운송 시스템의 배터리 기술로의 신속한 전환을 주도하고 있다.

그러나 자전거 타기, 걷기 또는 전기화된 고품질의 대중교통에 집중하는 해법에는 중요한 한계가 있다. 첫째, 자동차 억제책이 마련되지 않는 한 대체수단이 확충되어도 자동차 이용은 꾸준히 늘어날 것이다. 이 점은 유럽 여러 나라에서 시행된 정책 실험에서 확인되고 있다. 모든 승객에게 지역 버스 무료 이용 서비스를 제공한 결과, 기존 사용자와 보행자, 자전거 이용자의 버스 이용률은 늘어났지만 전반적인 자동차 이용량 감소 효과는 크지 않았다. 한편 네덜란드는 자동차 억제책 도입을 계기로 세계에서 가장 높은 자전거 이용률을 달성할 수 있었다. 이 정책 덕분에 자전거 이용이 자동차 이용보다 더 편해졌기 때문이다. 네덜란드는 '당근과 채찍'을 병행하는 정책을 사용해 성공을 거두었지만, 개인 교통수단에서 발생하는 국민 1인당 평균 탄소 배출량이 서유럽 대부분 국가의 탄소 배출량에 못지않게 높다. 장거리 이동이 자동차 주행거리와 탄소 배출량의 대부분을 차지하는데, 여기에는 자동차 억제책이 적용되지 않은 탓이다.

비교적 밀집된 도시 지역 내에서 단거리 이동과 관련해서는 이동수단 전환이 중요한 해법이다. 탄소예산을 벗어나지 않으려면 2030년까지 선진국들은 자동차 주행거리 감축을 이루어야 한다. 그러나 이동수단 전환만으로는 이 목표를 이루기에 턱없이 부족하다. 영국의 예를 들면, 1990년 이후로 운송 부문 배출량을 전혀 줄이지 못했기 때문에 앞으로 10년 안에 운송 부문 배출량의 3분의 2를 줄여야 한다. 다양한 모형 연구에 따르면, 이를 위해서는 전기차 판매가 늘면서 동시에 자동차 주행거리를 현재 수준에서 20~50퍼센트 감축해야 한다.

사람이나 화물의 이동 거리를 줄이기 위해서는 이동수단 전환뿐 아니라 '목적지 전환'도 필요하다. 이것은 운송 부문을 넘어서는 정치적 접근 없이는 이룰 수 없는 해법이다. '15분 동네' 또는 '20분 동네'를 만들기 위한 지역 계획 정책을 시행해, 집과 직장을 더 가깝게 배치하고 학교, 의료 등의 시설을 도시와 교외 지역으로 되돌려놓고 필요한 물건을 더 가까운 곳에서 구할 수 있는 여건을 조성해야 한다. 일부 유형의 이동을 아예 없애는 조치도 필요하다. 예를 들어 코로나19 팬데믹을 계기로 화상회의를 이용하는 추세가 가속화된 덕분에 국제적인 업무 회의나 학술대회 참석을 위한 이동 수요는 줄어들고 참여율은 오히려 높아지고 있다. 또한 다양한 여객과 다양한 화물이 차량을 공유하는 방식 등으로 일부 유형의 이동은 통합시켜야 한다. 이 방식은 여러 개발도상국에서 공식성이 덜한 이동 유형 중 큰 비중을 차지하고 있으며, '요구형 차량 서비스 연결'과 이용료 공유 서비스 등의 신기술에 힘입어 세계 각지로 퍼져 나가고 있다. 차량 공유 서비스는 주차 부담이 크고 자동차 보유 및 유지 비용이 많이 드는 여러 국가에서 빠르게 성장하고 있다. 개발도상국의 경우에는 융통성 있고 형평성 있는 개인 이동을 보장하는 정책 수단으로 자동차 소유보다는 자동차 '접근성'에 초점을 맞추어야만 선진국에서 문제가 되는 과도한 자동차 의존을 피해갈 수 있다.

운송의 탈탄소화를 이루려면 자동차, 트럭, 비행기의 이용을 줄이고 운송수단의 화석연료 의존을 없애야 한다는 것은 의문의 여지가 없다. 현재의 이동 추세를 변화시키고 탄소를 대량 배출하는 기반시설에 대한 의존에서 벗어나려면, 토지 이용 방식과 도시 개발 방식에서도 대전환을 이루어야 한다. 지금처럼 자동차 의존도가 높은 사회에서는 차량 주행거리를 줄이기 위한 효과적인 정책과 더불어 도로의 여유 공간을 지속가능한 이동수단이 이용할 수 있는 공간으로 바꾸는 정책을 병행해야 한다. 그렇지 않으면 도로의 여유 공간을 더 많은 자동차와 트럭이 차지하면서 여유 공간의 편익을 상쇄할 가능성이 높다.

다음 페이지:
2022년 1월, 중국 산둥성 칭다오에 있는 아시아 최초의 전자동 컨테이너 터미널에 쌓인 선적 컨테이너.

이 정책이 유용하다는 것은 의문의 여지가 없지만, 이를 시행하려면 진지한 정치적 판단과 대규모 재원 확보, 그리고 변화로 인한 편익-비용에 대한 사회적 의견을 수렴하기 위한 명확한 전략이 필요하다. 이런 변화로 거둘 수 있는 최고의 편익은 사회의 형평성 향상이다.

운송 시스템은 본질적으로 불평등하다. 대부분의 이동 관련 배출량은 극소수의 사람에게서 나온다. 예를 들어 영국에서는 인구의 11퍼센트가 자동차 주행거리의 약 44퍼센트를 야기한다. 2018년 전 세계 항공 배출량의 50퍼센트가 세계 인구의 1퍼센트에 의해서 발생한 것이다. 세계 인구의 약 80퍼센트는 항공 여행 경험이 전혀 없다. 운송과 관련한 논의가 일부 사람들이 '불공정하다'고 주장하는 정책(이를테면 차량 제한 속도를 약간 낮추는 정책)에 대한 논란에 휩쓸리지 않고 현재의 불공정한 상황에 집중된다면, 접근성과 이동성을 공정하게 향상시키는 재분배 방식을 통해 기존의 이동 습관을 바꾸는 것에 대한 불만을 줄일 수 있다. 기후변화 문제를 접어두더라도, 교통량 감소가 여러 가지 편익을 제공한다는 것은 수십 년 전에 이미 확인된 사실이다. 교통량이 줄어들면 건강과 안전, 공기의 질이 개선되고 자원을 더 효율적이고 더 공평하게 이용할 수 있으며, 사회와 경제의 활력이 증진되고 이웃과의 관계 개선에도 도움이 된다. /

말 따로
행동 따로

그레타 툰베리

위기 해결 과정에서 **가장 먼저 할 일**은 전체 상황을 평가하는 것도 아니고 당장 행동에 나서는 것도 아니다. 그건 나중 순서다. 위기 해결의 첫 단계는 위기에 처해 있다는 사실을 깨닫는 것이다. 그런데 우리는 아직 이 단계에도 이르지 못했다. 우리는 지금 우리가 기후 비상사태에 처해 있다는 사실조차 알지 못한다. 그런데 그보다 더 큰 문제가 있다. 우리는 지금 '우리가 그 사실을 알지 못한다는 사실'조차 알지 못한다는 것이다. 기후위기를 이해하는 데 필요한 핵심 열쇠는 이런 이중의 인식 결여 상황을 알아채는 것이다. 그러나 우리는 이런 상황을 알아채지 못하고 있다. 몇 사람만 그런 게 아니라 사회 전체가 그렇다. 그런데도 누구나 다른 사람은 모두 알고 있을 것이라고 짐작한다. 이런 떠넘기기는 끝없이 이어진다.

글래스고에서 유엔기후변화협약 제26차 당사국 총회가 열리기 전에, 나는 스웨덴 국민을 대상으로 하는 여론조사를 도와달라는 부탁을 받았다. 기후위기에 대한 일반적인 인식 실태를 파악하는 것이 조사의 주요 목적이었다. 이 보고서는 이 분야 최초의 획기적인 보고서가 될 터였다. 설문조사가 끝난 뒤에, 나는 응답자들이 설문 내용을 이해하지 못했다는 이야기를 들었다. 응답자의 지식수준이 너무 낮은 탓인지 조사 자료로서 효용성이 전혀 없었다. 응답 내용이 너무 부정확하거나 설문 의도와는 너무 동떨어진 것이라 설문 결과 전체가 쓰레기통에 들어갔다.

이건 내가 일상적으로 겪는 일이다. 세계 각지의 사람들과 나눈 수천 건의 대화에서도, 언론인과 사업가, 정치인, 그리고 세계 지도자들과의 만남에서도 이런 일이 벌어진다. 내가 직접 들은 반응 중 일부를 소개한다.

"파리 협정이라⋯ 음, 솔직히 말하면 우리는 서명은 했지만 그 내용에 대해선 잘 모른다."

"당신 같은 청소년들이 기후변화에 대해 알고 있는 지식의 절반만이라도 사회 지도층이 알았으면 좋겠다."

"내가 왜 이런 사실들을 알아야 하나?"

"나는 기후변화에 관해서는 아는 게 없으니 그 이야기는 하지 않는 게 좋겠다."

내가 직접 만났던 세계 최강 국가의 일부 지도자들과 가장 영향력 있는 기관의 일부 대변인들이 실제로 했던 말들이다. 이들은 알지 못하는 문제를 파악하기 위해 가능한 모든 자원을 사용할 수 있는 자리에 있다. 그런데도 너무나 많은 이들이 그 자원을 사용하지 않는다. 기후 문제에 관한 이들의 이해 수준은 어이없을 만큼 낮다. 실제로 기후위기에 대해 제대로 알고 있는 사람은 생각보다 훨씬 적을 것이다. 그런데도 모든 사람이 기후위기는 누구나 아는 문제라고 생각한다. 우리는 사방팔방에서 여러 가지 생소한 새 정보가 등장할 때마다 그걸 이해하는 듯이 고개를 끄덕인다.

물론 나와는 생각이 다른 사람이 많을 것이다. 그렇다면 이들의 생각이 옳고 내 생각이 틀렸을 가능성을 잠시 따져보자. 우리 지도자들이 이 문제를 모르는 게 아니라고, 우리 임금님이 벌거벗고 있는 게 아니라 옷을 완벽하게 입고 있다고 가정해보자. 정치인과 언론이 민주주의가 부과한 의무를 충실히 이행해 우리가 처한 상황의 본질을 국민에게 충분히 알려왔다고 가정해보자. 이들이 우리가 지금까지 해온 대로 행동할 경우 빚어질 모든 결과에 대해서 설명하고 역사적으로 누적된 불공정이 문제의 핵심이라는 사실을 설명해왔다고 가정해보자. 좋다. 그렇다면 그게 무슨 뜻일까?

정말 그렇다면, 내 나라 스웨덴을 비롯해서 온실가스를 대량으로 배출해온 나라에 사는 사람들이 이런 파괴 행위를 의도적으로 하고 있다는 이야기가 된다. 이들이 인류 문명과 지구 생명체의 지속을 위태롭게 한다는 것을 잘 알면서도 그 일을 계속하고 있으며, 기후위기로 가장 큰 충격에 시달리는 지역에 살고 있는 사람들의 현재와 미래에 상상할 수 없는 고통을 안기는 일을 일부러 벌이고 있다는 이야기가 된다. 그 고통 때문에 21세기 중반에는 무려 12억 명이 집을 잃고 떠돌게 될지도 모르는데 말이다.

권력을 위임받은 사람들이 국민을 교육할 의무를 제대로 수행해왔다고 가정하면, 여러분이나 나 같은 사람들이 뻔히 알면서도 우리 생명을 부양하는 시스템에 돌이킬 수 없는 손상을 입히고 있다는 이야기가 된다. 우리가 뻔히 알면서도 궁극적으로 우리 종 전체의 생존을 위협할 수 있는 대량멸종을 일으키고 있다는 이야기가 된다. 만일 그들이 우리에게 제대로 알렸다면, 우리는 상상할 수 없을 만큼 극단적인 파괴 행위를 의도적으로 일으키고 있다는 이야기가 된다. 이 모든 게 사실이라면, 우리는 애초에 못된 본성을 가진 존재다. 만일 그렇다면 우리가 무슨 행동을 하든 아무런 의미가 없다. 우리는 무슨 수를 써도 구제할 수 없는 존재라는 뜻이니 말이다. 그러나 나는 그게 사실이라고 생각하지 않는다.

요점은 이렇다. 우리는 기후위기와 관련해서 뭔가 잘못되었다는 것을 알기는 하지만, 무엇이 잘못되었는지 정확히 알지 못한다. 우리는 많은 과학자들이 우리 문명의 존속을 위태롭게 할 실존적 위기에 직면해 있다고 말한다는 것을 잘 알고 있다. 그런데 우리 주변의 또 다른 사람들은 비슷한 말을 하면서도 거기에 한두 문장을 덧붙여서, 시스템을 바꾸거나 개인의 생활양식을 바꾸지 않고도 이 문제를 '바로잡을' 수 있다고 말한다. 오류가 있거나 심각하게 과소평가된 수치에 근거한 자료조차도 우리가 지금 3.2도 온난화 경로를 가고 있다고 예측하는데도, 어떤 사람들은 몇 가지 기술적 해법만 가지고도 지구 온난화를 1.5도 이하로 억제할 수 있다고 말한다. 또 어떤 이들은 최근 30년 사이에 많은 나라들이 배출량을 대폭 줄였노라고 말한다. 실제로는 그 배출량 감축이 대개 해외 아웃소싱 생산을 하고 실제 배출량 중 상당량(예: 바이오매스 연소로 인한 배출량)을 제외한 결과인데도 말이다. 문제는 여러 나라의 대통령, 총리, 경제계의 주요 인사, 그리고 세계적으로 영향력 있는 언론사 편집인들이 이런 말을 하고 있다는 점이다.

우리는 이 위기가 인류 출현 이후 가장 큰 위협이라는 말을 자주 듣는다. 곧 돌이킬 수 없는 지점을 넘어서게 되리라는 말도 자주 듣는다. 전례 없는 수준의 즉각적인 조치를 취하지 않으면 우리 문명 전체가 위태롭다는 말도 자주 듣는다. 그러나 당연히 우리에게 이 말을 해줘야 하는 사람들은 결코 우리에게 이런 말을 하지 않는다. 우리는 이런 말을 마땅히 들어야 하는 곳에서는 이런 말을 듣지 못한다. 또 우리에게 이런 말을 하는 사람들은 아무 문제가 없다는 듯 이제껏 해오던 일을 계속 이어간다. 기후 홍보대사로 임명된 유명인사들은 변함없이 개인용 제트기를 타고 다니고, 기후위기에 대해 열심히 보도하는 언론매체는 여전히 화석연료에 의존하는 관행들을 홍보하는 광고를 내보낸다. 이렇게 말과 행동이 따로 노는 한, 사람들은 그들의 말을 신뢰하지 않을 것이다. 그들이 미래에 미칠 영향은 생각하지 않고 태평한 삶을 계속 영위하는 한, 대부분의 사람들도 그들처럼 살자고 결심할 것이다.

현재의 시스템 안에서는 이 위기를 해결할 수 있는 해법이 존재하지 않는다. 그래도 우리는 이용할 수 있는 모든 해법을 최대한 이용해야 한다. 풍력과 태양광 발전 등 이미 존재하는 기적을 이용하고 발전시키고, 계속 요구해야 한다. 그러나 그에 못지않게 중요한 것이 있다. 우리는 지금의 시스템 안에서 할 수 있는 모든 일을 진행하는 한편으로, 그것만으로는 충분하지 않고 시스템 변화가 필요하다는 것을 우리 자신과 다른 사람들에게 끊임없이 일깨워야 한다. 우리는 사람들을 일깨우는 일을 최우선순위에 놓아야 한다. 사람들이 심각한 결함을 가진 시스템이 퍼뜨리는 마음 편한 성장 내러티브에 이끌려 다시 깊은 잠에 빠지게 놓아두어서는 안 된다. 예를 들어 우리는 가능한 한 자주, 가능한 한 대대적으로, 온실가스 대량 배출원(정부와 에너지 기업 등)을 상대로 법정 소송을 벌여야 한다. 동시에 우리는 석유를 땅속에서 뽑아내지 못하게 하는 법률, 장기적으로 우리 문명의 안전한 존속을 보장하는 법률이 존재하지 않는다는 사실을 잊지 말아야 한다. 새로운 법률과 새로운 구조, 새로운 준거를 세워야 한다. 또 우리는 더 이상 경제성장률이나 GDP, 주주 수익률을 기준으로 발전을 정의해서는 안 된다. 강박적인 소비주의를 넘어 성장을 새롭게 정의해야 한다. 완전히 새로운 사고의 전환이 필요하다.

4.19
소비주의의
폐해
애니 로리

기후위기의 책임은 누구에게 있을까? 기후변화로 인한 재앙을 막으려면 누구의 행동방식이 바뀌어야 할까?

우리는 종종 정부를 지목하거나 산업을 지목한다. 미국에서는 농업, 건설, 전기, 제조 및 운송 부문이 주요 온실가스 배출원이며, 다른 많은 국가에서도 마찬가지다. 따라서 이 부문들은 재생에너지와 지속가능한 생산 방식으로의 전환을 최대한 빨리 이루어야 한다. 기업도 빼놓을 수 없다. 단 스무 개 기업이 전 세계 탄소 배출량의 3분의 1을 배출하는데, 사우디아람코, 셰브론, 가스프롬, 엑슨모빌 등이 그 목록 상위에 있다.

지구를 구하기 위해서는 당연히 정부와 산업, 기업이 관행을 바꿔야 한다. 그러나 이 분석에는 이런 기업이 파는 상품을 구매하고 투표를 통해 이런 정부를 선택한 개인과 가정의 책임이 빠져 있다. 일부 사람들의 과도한 소비, 심지어는 악의적이기까지 한 소비가 지구를 해치고 있다는 사실도 빠져 있고, 이들의 집과 자동차, 창고, 옷장에 변화가 일어나야 한다는 사실도 빠져 있다. 소비주의라는 근본 원인이 빠져 있다.

물론 한 사람이나 한 가정이 아무리 탐욕스럽고 낭비가 심한 소비 생활을 한다고 해도 대기에 과도하게 배출된 탄소와 매립지에 버려지는 쓰레기, 해양 플라스틱 문제 등에 대한 책임의 비중을 따지면 극히 미미한 수준일 것이다. 한 가정이 생활양식을 바꾸는 것만으로는 기후변화를 억제하는 효과 면에서 가시적인 변화를 일구어낼 수 없다. 도시에 거주하는 부유한 한 가정이 채식을 실천하고 항공 여행을 중단하고 자동차 없이 생활한다면 연간 탄소 배출량을 몇 톤 정도 줄일 수 있다. 그러나 세계적인 탄소 배출 문제는 수백억 톤 규모로 일어난다. 또 한 가정이 남기는 탄소발자국과 환경 전반에 미치는 영향은 이들이 거주하고 일하는 주거 환경과 경제, 그리고 이들을 대표하는 정부가 내린 정책적 선택에 따라 크게 달라진다. 이런 연관성을 고려할 때 지구의 회복을 돕기 위해서는 정부와 기업이 행동에 나서야 한다.

그러나 추출, 건축, 도축, 채굴, 직조, 절단, 가공 과정을 거쳐 전 세계로 쉴 새 없이 운송되는 각종 상품을 최종적으로 소비하는 주체는 개인이다. 개인의 물질주의와 소비주의, 즉 '우리'의 물질주의와 소비주의가 지구를 파괴하고 있다. 온실가스 배출량의 60퍼센트 이상이, 그리고 토지와 원료, 물 사용량의 최대 80퍼센트가 가정용 수요에서 나오고, 그중 책임이 가장 큰 것은 소득 최상층의 가정들이다.

실제로 최근 온실가스 배출량 증가와 자원 수요 증가는 대부분 세계 중산층 인구의 증가에서 비롯한다. 중국, 나이지리아, 인도네시아 등 여러 국가들에서 빈곤에서 벗어나 생활수준이 향상되는 가정이 늘어나면서 국가 총 배출량과 1인당 배출량이 모두 늘고 있다. 그렇다고 해서 이 문제의 주된 책임이 저소득 국가 또는 그 나라 국민에게 있다거나 기후변화를 막으려면 세계 각지의 극심한 빈곤과 혹독한 불평등을 묵인할 수밖에 없다는 이야기는 아니다.

지구 자원을 탕진하는 데 가장 큰 책임이 있는 것은 부유한 나라에 사는 부자들이다. 미국에서 소득 상위 1퍼센트에 속하는 미국인 한 명은 평균적인 미국인보다 무려 열 배나 많은 온실가스를 배출하고, 평균적인 미국인은 평균적인 프랑스인보다 세 배나 많은 온실가스를 배출하며, 평균적인 프랑스인은 평균적인 방글라데시인보다 열 배나 많은 온실가스를 배출한다. 다른 방식으로 자원 사용량을 비교해도, 예를 들어 1인당 공장식 축산 육류 소비량, 1인당 매립지 쓰레기 발생량, 1인당 해양 플라스틱 발생량, 1인당 항공 여행 거리, 1인당 화석가스 사용량, 1인당 거주 면적을 비교해도 비슷한 결과가 나온다.

우리 문화는 편리함과 과도함을 소중하게 여기고 유행을 따르라고 부추기며, 이런 생활양식의 진정한 비용을 알아보지 못하게 숨긴다. 그로 인해 빚어지는 최악의 결과를 인간이 아닌 동물들과 앞으로 지구에 태어날 인간들이 떠안게 된다는 점은 안중에도 없다. 너무나 많은 사람들이 너무 많이 소비하고, 너무 많이 버리고, 너무 많이 소유한다. 환경을 돌보는 데는 거의 관심이 없다. 과소비 문제가 특히 심각한 곳은 미국이다. 미국에서는 고등교육과 의료,

보육 비용은 아주 높은데 물건은 저렴하다. 지난 50년 사이에 평균적인 미국 가정은 가족 구성원 수가 줄었음에도 거주하는 주택 면적이 세 배로 늘었다. 미국의 한 가정에는 평균 30만 개의 물건이 있다. 열 가구 중 한 가구가 창고를 임대해 사용하고, 집에 차고가 있는 사람 네 명 중 한 명이 차고에 물건이 꽉 차서 차를 세울 수 없다고 불평할 정도다.

물론 이 물건 중 일부는 꼭 필요한 것이고, 이 소비 중 일부는 사람들을 더 행복하고 더 건강하고 더 만족스럽게 만든다. 그러나 모든 물건 소비가 행복감과 만족감을 주는 것은 아니다. 많은 연구에 따르면, 한 가정이 어느 수준의 중산층 지위에 도달한 이후에는 물건에 대한 지출이 주관적 행복감을 더 높이지 않고 경험에 대한 지출이 행복감을 강화한다. 가정의 소득이 늘면 '지위재' 소비가 늘어난다. 지위재는 기본적인 욕구 충족과는 무관하게 그 가정이 속한 계층과 재산, 취향을 과시하는 기능을 한다(소스타인 베블런은 100여 년 전에 이미 이런 연관관계에 주목했다).

어쨌든 소비주의는 이미 과도한 충격에 시달리는 지구 행성에 계속해서 해를 입히고 있다. 요즘 SUV의 인기가 뜨겁다. 지난 10년 사이에 기름 먹는 하마로 알려진 SUV의 시장점유율이 두 배로 증가했는데, 소비자 선호 증가가 이런 추세의 유일한 동인이다(가정 구성원 수에 거의 변화가 없거나 감소하고 인구 중 농업 또는 산업 직종 근로자의 비율이 감소하는 나라들에서 SUV 판매량이 증가하고 있다). 차량 소비에서 나타나는 이런 변화가 전기차 증가에 따른 전반적인 에너지 소비 효율의 향상 효과를 압도하고 있다. 패스트패션의 문제도 심각하다. 요즘 의류 제조업체는 연간 1000억 벌의 의류를 생산하며, 사람들의 평균 의류 구매량은 한 세대 전보다 두 배로 늘었다. 엘런 맥아더 재단에 따르면 구입한 뒤에 한 번도 입지 않거나 몇 번만 입고 버려지는 옷의 비율이 상당하며, 생산된 직물 가운데 최종적으로 재활용되는 것은 고작 1퍼센트다. 패션 산업은 옷장 대신에 쓰레기장을 채우고 있다.

소매업체들은 깨어 있는 사람들의 남다른 소비에 해답이 있다고 대중을 설득한다. 재사용 가능한 음료수 병, 캔버스 가방, 실리콘 빨대, 전기차, 스마트 가전 따위를 사서 쓰는 것이 세상을 바꾸는 작은 실천이라고 홍보한다. 그건 사실이 아니다. 자원 사용과 온실가스 배출을 억제하는 데는 아무것도 사지 않는 것이 계속해서 뭔가를 사들이는 것보다 훨씬 효과적이다. 이를테면 거금을 들여 최신형 테슬라 전기차를 사는 것보다는 이미 소유하고 있는 자동차를 계속 타는 게 정답이다. 윤리적 패션으로 불리는 의류 일습을 구색을 갖추어 새로 장만하는 것보다는 지금 옷장에 있는 옷을 닳을 때까지 입는 게 정답이다. 이와 관련해 중요한 통계가 하나 있다. 덴마크 정부가 추정한 통계에 따르면, 유기농 면으로 만든 캔버스 가방은 50년 동안 하루도 빠짐없이 사용해야만 제조에 따른 환경 영향을 상쇄할 수 있다고 한다.

소비는 답이 아니다. 줄이려면 덜 써야 한다. 이것이 불편하지만 핵심적인 진실이다. 가방이든 비행기 여행이든 자동차 추가 구입이든, 비합리적이고 불필요한 소비를 멈추어야 한다. 더 작고 더 친환경적인 집에 살면서 대중교통을 이용해야 한다. 무엇보다도 대량멸종과 파국적인 온난화를 초래한 경제 이데올로기의 유효성에 대해 깊은 의문을 품고 발전시켜야 하고, 진짜 재앙이 닥쳤을 때처럼 이 위기에 대응하는 행동에 나서야 한다.

방금 전에는 개인의 행동 변화가 미치는 영향은 극히 미미하고, 주된 책임은 정부와 기업들에 있다고 하지 않았느냐고? 그건 사실이다. 그러나 가정의 행동은 더 큰 규모의 행동을 불러일으키는 핵심적인 전제조건이다. 인간은 사회적 동물이며, 친구와 가족, 이웃에게 구체적이고 중요한 영향을 미친다.

소비자 선호도 역시 산업계의 관행에 영향을 미친다. 기업은 시장 수요를 형성하려고 노력하고 시장의 요구를 쫓아가기도 한다. 사람들이 기후위기를 막기 위한 개인적인 행동을 시작하면 정부는 그것을 디딤돌로 삼아 기후 대응 정책을 더 쉽게 추진할 수 있다. 예를 들어 연비가 낮은 대형 차량을 구매하는 사람이 줄면 정부는 휘발유에 높은 세금을 매기거나 대형 차량에 부담금을 부과하는 정책을 더 쉽게 통과시키고 실행에 옮길 수 있다. 자전거를 타고 출퇴근하는 사람이 많아지면 자전거 도로가 확충되고, 자동차 대신 자전거를 선택하는 사람이 더 늘어날 것이다. 소비주의를 거부하고 지구의 미래를 위해 투표하는 사람이 많아지면 지구를 위해 일하는 정치인이 더 많아질 것이다.

모든 행동이 바뀌어야 하고, 모든 것이 바뀌어야 한다. 변화는 가정에서 시작된다. /

미국의 한 가정에는
평균 30만 개의 물건이 있다.
열 가구 중 한 가구가
창고를 임대해 사용하고,
집에 차고가 있는 사람 네 명 중 한 명이
차고에 물건이 꽉 차서
차를 세울 수 없다고
불평할 정도다.

물건
사(지 않)는 법

마이크 버너스리

지금은 기후와 생태계의 비상사태다. 이에 대응하는 중요한 해법 중 하나가 전 세계인이 자신의 소비 습관을 돌아보고 변화시키는 것이다. 땅에서 화석연료를 캐내 태우는 최종 목적은 소비자의 필요나 바람을 충족시키는 데 있다. 온실가스는 자동차 배기가스처럼 직접적이고 한눈에 알아볼 수 있는 방식으로도 배출되고, 어떤 제품 생산에 투입될 물건을 만드는 지구 반대편 공장 굴뚝에서도 배출된다. 이 물건을 이용해 생산된 제품을 누군가가 구입한다. 소비자는 알아보지 못하지만, 그 물건은 우리의 공유재인 대기로 온실가스를 배출하면서 생산된 것이다. 예를 들어 새 노트북은 자동차로 수천 킬로미터를 주행할 때와 비슷한 탄소발자국을 남기고, 새 청바지는 몇 주 동안 먹을 친환경 식품이나 큼직한 고기 한 덩어리와 비슷한 발자국을 남긴다. 대부분의 사람들은 일상에서 자신이 하는 다양한 활동과 구입하는 여러 가지 물건에서 보이지 않는 온실가스가 나온다는 점을 거의 의식하지 못하고 지낸다.

세계화의 진전으로 우리의 공급망은 갈수록 더 복잡해지고 불투명해지고 있다. 특히 북반구 선진국에 사는 우리는 원하는 물건이 마술처럼 선반에 짠하고 나타나는 세상에 익숙해져 있다. 덕분에 우리는 자신이 사는 물건이 생산되기까지의 다양하고 복잡한 과정이 기후와 환경과 사회에 어떤 영향을 미치는지 알 필요가 거의 없다.

왜 이렇게 많은 물건을 별 생각 없이 사들일까?

우리가 소비하는 것은 탄소발자국을 남기는 제품과 서비스만이 아니다. 우리는 또한 자신의 구매 의사 결정에 강력한 영향을 미치는 정보와 허위정보를 소비한다. 수십억 달러 규모의 광고 및 마케팅 산업은 어떤 물건이 소비자의 이익에 가장 부합하는지, 또는 지구에 해를 끼치는지 따지지 않고 우리에게 무조건 물건을 사고 싶은 마음을 불어넣는 것만이 유일한 목적이다. 로레알의 널리 알려진 '당신은 중요한 사람이니까' 광고 캠페인은 그 회사 제품을 사지 않는 사람은 별 볼일 없는 사람이라는 뜻을 품고 있다.

페이스북의 경우 수익의 97퍼센트가 페이스북 사용자의 생각과 제품 구매 의사에 영향을 미치고자 하는 광고주에게서 나온다. 영화 제작자는 영화 속에 간접 광고를 삽입하고 광고비를 톡톡히 받는다. 영화를 본 관객은 부지불식 간에 어떤 맥주를 마시고 어떤 브랜드의 새 노트북을 구입하면 자신도 007스 타일을 낼 수 있다는 생각에 빠져든다. 맥주 회사 하이네켄은 제임스 본드가 맥주를 마시는 장면을 삽입하는 대가로 영화 제작자에게 4500만 달러를 지불 했다고 한다. 지나친 소비를 부추기는 설득 작전이 사방팔방에서 진행되면서 모든 사람의 마음을 사로잡고 있다. 우리 문화 구석구석에 스며들어 우리를 노린다. 일터도, 정치인도, 뉴스 매체도, 심지어 우리 가족과 친구도 그 통로가 된다. 이들 역시 만연한 조종술의 희생자다.

지속가능한 소비에 대한 간략한 지침을 제시하는 이 글은 물건을 언제 어떻게 구입해야 하는지 물리적 측면을 짚고, 행복에 대한 가짜 약속을 앞세워서 지구를 파괴하는 생활양식을 강권하는 소비주의 공세를 막아낼 방법까지 다룬다.

정보를 소비하는 법

모든 메시지를 분석하고 비판적으로 평가하는 법을 익혀야 한다. 이건 모두가 최선을 다해 개발해서 늘 써먹어야 하는 기술이다. 누가, 어떻게 우리의 생각에 영향을 미치려고 하는지 늘 따져보라. 광고를 접할 때마다 이렇게 자문 해보라. '저들은 내게 무슨 생각을 심으려고 하는 걸까? 이 제품을 사면 더 행복해지고 더 멋져 보인다는 게 사실일까? 이 제품에는 어떤 가치관이 함축되어 있나? 그 가치관은 내 가치관에 부합하나?' 사실을 다루는 매체이건 허구를 다루는 매체이건 모든 매체를 대할 때도 마찬가지 기술을 써야 한다. 친구와 가족, 직장 동료와 대화를 나눌 때도 같은 질문을 던져야 한다. '지금 나는 명시적인 혹은 암시적인 메시지를 통해 필요하지 않은 물건인데도 꼭 사야 한다

고 세뇌되고 있는 것은 아닐까?'

이런 메시지 공세에 노출되는 게 싫다면, 비슷한 영향의 공세를 차단할 방법을 궁리해보자. TV 채널이나 이용하는 매체를 바꾸거나, 컴퓨터 브라우저에 광고 차단기를 설치하거나, 소셜미디어를 바꾸는 것도 좋은 방법이다.

뉴스 매체를 선택할 때는 그 매체의 소유자와 투자자가 누구인지, 어디서 수익을 얻는지, 이용자에게 어떤 생각을 불어넣으려 하는지 반드시 확인해야 한다. 그 매체의 재정적, 정치적 이해관계를 따져보고 나서 현실에 대한 정확한 정보를 이용자에게 전달하는 매체라는 믿음이 생겼는가? 그렇지 않다면 다른 매체를 검토하라.

물건을 사지 않는 법

- **우선멈춤을 배우자** 지구에 막대한 피해를 입히는 무분별한 소비는 대부분 즉흥적인 충동 때문에 일어난다. CNBC에 따르면, 미국인은 평균적으로 충동구매에 연간 5400달러를 쓴다. 충동구매를 막기 위해 자문해보자. '나는 왜 그게 필요하다고 느끼는 걸까? 자꾸만 물건을 사려 드는 건 내 인생에 뭔가 문제가 있다는 신호가 아닐까? 만일 그렇다면 그 문제를 다른 방식으로 해결할 방법은 없을까? 주위 사람이나 광고나 매체의 영향 때문에 지위를 과시하거나 만족감을 얻으려면 반드시 이 물건을 사야 한다고 생각하게 된 건 아닐까? 그들의 판단을 따를 것인가? 아니면 나 자신의 판단을 따를 것인가?'
- **수리해서 쓰자** 물건을 수리해서 쓰면 개인의 탄소발자국을 줄일 수 있고 새 물건을 사는 것보다 지구 자원을 훨씬 더 많이 아낄 수 있다. 게다가 수리라는 훌륭한 일을 생업으로 삼고 있는 이웃에게도 재정적인 도움이 된다. 또 새로 사는 것보다 돈이 적게 드니 더 많이 사기 위해 더 많이 벌어야 하는 경제적 압박을 덜 수 있다. 물건을 수리해서 쓰면 지속가능한 경제 모델을 지원할 수 있고, 추억과 관계가 깃든 물건을 계속 옆에 둘 수 있다.
- **공유하자** 무언가가 필요할 때는 이웃에게 빌리거나(이웃을 알게 되는 편익 발생) 대여업체에서 빌리거나(지속가능한 경제를 지원하는 편익 발생)

공유 조직에 참여해 지구에 끼치는 부정적인 영향을 줄일 수 있다.
- **임기응변으로 필요에 대처하자** 이미 소유한 것을 가지고도 무궁무진한 독창성을 발휘할 수 있다.

꼭 사야 한다면

반드시 사야 하는 물건인지 확인했다면 다음 단계의 질문으로 넘어가자. '이 물건 뒤에 무엇이 있을까? 이 물건은 어떻게 만들어진 걸까?' 땅에서 추출한 원료부터 시작해서 온갖 복잡한 요소들이 얽혀 있는 공급망 전체를 떠올려보라. 온실가스 배출과 화학물질 문제도 따져보라. 여러 단계의 생산 과정에서 일했을 노동자들과 사용되었을 토지에 대해서도 생각해보라. 모든 것을 알기는 어렵겠지만 상상하려고 노력하는 것 자체가 중요한 첫걸음이다. 구입 계획이 있는 모든 품목에 대해 이런 절차를 진행하는 습관을 들여라.

어떤 제품과 관련한 정보를 얻을 수 없다면 그 제품의 생산자에 대해 조사하자. 생산자는 자신을 어떻게 소개하고 다른 사람들은 생산자에 대해 뭐라고 말하나? 생산자는 어떤 가치를 추구하나? 과거 이력은 어떤가? 신뢰할 수 있나? 기후 비상사태를 이해하고, 이용할 수 있는 모든 경로로 변화를 일구어가고 있나? 만일 어느 항공사가 '탄소 상쇄 배출권' 몇 달러어치를 구입하면 항공 이용에 따른 기후 영향을 완전히 상쇄할 수 있다고 홍보한다면 그 항공사의 이야기는 전부 믿지 말아야 한다. 어떤 물건이 어떻게 만들어지고 지구에 어떤 영향을 끼치는지 시간을 두고 차근차근 지식을 쌓아가자. 정보를 얻는 출발점으로 이용할 수 있는 공간으로 www.ethicalconsumer.org를 추천한다. 소액의 구독료를 내면 다양한 상점과 생산자, 제품에 대한 독립적인 조사 내용을 얻을 수 있다. 예를 들어, 옷이 필요한데 중고로 구할 수 없을 때 이곳의 정보를 이용하면 아마존과 영국의 패스트패션 브랜드 프라이마크의 문제점과 가치 있는 브랜드를 선택하는 법을 쉽게 이해할 수 있다.

구매를 고민할 때는 신제품 생산에서 비롯하는 영향을 줄일 수 있도록 우선 중고품 구매를 고려하라. 어떤 물건이 더 이상 필요하지 않게 되면 중고 시장에 직접 내놓거나 필요한 사람에게 준다.

새 제품을 구입하기로 결정했다면, 내구성이 좋고 쉽게 수리할 수 있는 제품을 산다. 옷과 가구, 휴대폰, 노트북 등의 IT 제품을 살 때는 특히 이 점에 유의해야 한다. 이런 제품은 대개 수명이 다할 때까지 사용 시 소모되는 에너지는 크지 않지만 제품 제조 과정에서 기후에 미치는 영향이 매우 크다. 가전 제품은 그 반대인 경우가 많으니 반드시 에너지 효율을 따져야 한다. 이동수단 구입을 고려한다면 우선 자전거와 전기 자전거 사용을 검토해보라. 제품 제조로 인한 기후 영향을 피하고 자동차의 위세를 꺾는 데 기여하려면, 효율이 아주 낮거나 누적 주행거리가 아주 많은 경우가 아닌 한 기존에 갖고 있던 자동차를 계속 쓰고 새 차 구입을 피하라. 꼭 자동차를 바꿔야 한다면 되도록 작고 효율적인 전기차나 수소차를 구입하라. 식품 구매 시에 적용할 수 있는 가장 간단한 규칙을 소개하면 다음과 같다. 육류(특히 쇠고기와 양고기)와 유제품 소비를 줄인다. 먹을 수 있는 양만큼만 구입한다. 항공 운송이나 온실 재배, 과대 포장이 의심되는 식품은 사지 않는다.

마케팅이나 광고업에 종사한다면

요즘 같은 상황에서 특정한 사고방식을 갖도록 사람들을 설득하거나 물건 구매를 권하는 일을 생업으로 유지하는 것은 추천하고 싶지 않다. 당신이 하고 있는 일이 바로 그런 게 아닌지 신중하게 자문해보라. 만일 그렇다면 변화가 필요하다. 회사가 당신에게 원하는 게 바로 그런 일이라면 하루빨리 회사를 옮기거나 떠나라. 광고업에 종사하는 모든 사람이 광고업을 완전히 혁신하는 어려운 과제를 감당해야 한다.

생산자라면

사람들이 물건 구매의 양과 빈도를 줄이도록 돕는 사업 유형을 개발하라. 제품을 만들 때는 지속가능한 방식으로 제조하되 내구성이 좋고 수리가 가능한 제품으로 만들기를 권한다. 당신이 제품 제조로 남긴 탄소발자국(공급망 전과정에서 발생하는 것까지 포함)을 측정해 탄소 배출량 감축 목표를 세우고 이를 빠르게 실현하기 위한 조치를 시행하라. 이 목표와 조치는 지구 온도 상승을 1.5도 미만으로 억제한다는 국제적 목표에 부합해야 한다. 당신의 제품이 기후에 어떤 영향을 미치는지 고객에게 정보를 공개하라. 그린워싱보다는 정직함을 우선으로 생각하라.

소매업자라면

앞서 말한 기준을 따르는 생산자의 제품만 구매하라. 고객에게 충분한 정보를 제공하라. 제품 수리와 중고 판매도 사업의 일환으로 시행하라.

마지막으로 짚어보자면, 물건 구입을 줄이면 더 많이 쓰기 위해 더 많이 벌어야 하는 부담을 덜 수 있고 더 큰 자유를 누릴 수 있다. 지속가능한 물건으로 둘러싸인 세계는 더 건강하고 더 나은 세계다. 우리를 가치 있는 존재로 만드는 것은 우리가 소유한 물건이 아니라 우리가 사람과 환경을 대하는 방식이다. 지구에 큰 영향을 미치는 근사한 새 물건의 위세에서 벗어나는 것은 기후위기 대응의 필수 요소이며 우리의 심리적 부담감을 덜어줄 수 있다.

대부분의 사람들은 일상에서
자신이 하는 다양한 활동과
구입하는 여러 가지 물건에서
보이지 않는 온실가스가 나온다는 점을
거의 의식하지 못하고 지낸다.

쓰레기로
뒤덮인 세상

실파 카자

비닐봉지부터 종이, 음식물 쓰레기까지, 쓰레기는 어느 누구도 피해갈 수 없는 문제다. 가정과 소기업, 기관이 일상적으로 배출하는 쓰레기는 대개 지방정부가 관리한다. 고형 폐기물 관리 부문은 보통 3대 온실가스 배출원 중 하나로 꼽히며, 세계 이산화탄소 배출량의 약 5퍼센트, 세계 메탄 배출량의 최대 20퍼센트를 차지한다. 이 부문은 온난화를 완화하고 적응하는 우리의 능력뿐 아니라 지역 사회의 건강과 생산성, 회복탄력성에도 큰 영향을 미친다. 부실한 폐기물 관리는 질병 전파, 호흡기 질환, 수질 및 토양 오염, 대기 오염, 해양 오염을 일으키고 지역 경제에까지 충격(관광객 감소 등)을 줄 수 있다. 이런 폐기물은 주로 저소득 지역 사회와 저소득 국가에서 소각되거나 매립되기 때문에 해당 지역에 큰 피해를 입힌다. 전 세계적으로 폐기물 발생량이 놀라울 만큼 빠른 속도로 늘고 있고, 부실한 폐기물 관리가 기후위기를 더욱 심화하고 있다.

도시 폐기물 관리는 세계적인 문제에 대한 지역 차원에서의 대응을 가능케 하는 특별한 저력을 가지고 있다. 지방정부들은 도시 폐기물의 적절한 관리를 통해서 세계가 약속한 온실가스 감축 목표를 달성하기 위한 국가 차원의 노력에 기여할 수 있다. 전 세계 국가 가운데 77퍼센트가 파리 협정 목표를 달성하기 위한 국가적 계획에, 폐기물로 인한 배출량을 감축하기 위한 해법을 포함시키고 있다. 산업 부문의 배출량 감축 조치는 연방정부에서 개별 회사에 이르기까지 다양한 수준의 결정 단위를 거쳐야 실행이 가능하며, 때로는 높은 비용이 소요된다. 이에 비해 폐기물 부문은 훨씬 저렴하고 덜 복잡한 방법으로 기후 대응 조치를 취할 수 있다. 지방정부들은 이미 공중보건 및 청결을 위해 고형 폐기물 관리와 관련된 서비스를 제공하고 있는데, 적극적인 기후 대응 조치는 이런 노력을 강화할 수 있다.

폐기물 부문에서 배출되는 온실가스의 주요 원천은 폐기물이 분해될 때 생성되는 이산화탄소와 유기물의 부실한 관리 때문에 생성되는 메탄, 그리고 제대로 관리되지 않은 상태에서 쓰레기를 소각하고 운송할 때 생성되는 블랙카본(검댕)이다. 쓰레기 수거 및 위생적인 매립 서비스의 보편적인 제공 등의 기본적인 정책을 시행하면 이런 배출량의 상당 부문을 감축할 수 있다. 매립지를 위생적으로 관리하면 쓰레기를 환경으로부터 안전하게 격리하고 쓰레기에서 생성되는 메탄을 포집할 수 있다. 우리가 오랫동안 유지해온 '선형'경제는 폐기물 부문 배출량의 일부를 빚어내는 간접적인 원천이다. 현재의 구조에서는 금속과 플라스틱 등 버진virgin 재료가 추출 또는 생산되고 운송되고 소비되고 폐기되는 단계를 거칠 뿐 재사용 또는 재활용되지 않고 있다.

부실한 폐기물 관리는 온실가스 배출 외에도 홍수와 오염을 일으키는 직접적인 원인이 된다. 폐기물을 제대로 수거하지 않으면 배수로나 하수관이 막혀 홍수 규모가 커지고 그 탓에 말라리아 등 매개체 전파 감염병이 확산될 수 있고, 강이나 바다로 흘러들어 수생 생태계를 위협하고, 노천에 대량 투기된 폐기물은 폭우나 홍수 발생 시에 산사태를 부를 수 있다. 통제되지 않은 상태에서의 폐기물 소각은 대기 질과 건강, 그리고 환경 전반에 영향을 미치는 오염물질을 생성한다.

이런 문제는 훨씬 더 심각해질 수 있다. 전 세계적으로 폐기물 발생량이 빠르게 증가하고 있다. 도시 폐기물은 2050년 무렵에 인구 증가율을 두 배 넘게 앞지를 것으로 전망된다. 2020년에 전 세계에서 발생한 폐기물은 약 22억 4000만 톤인데, 2050년 예상 발생량은 이보다 73퍼센트 증가한 38억 8000만 톤이다. 1인당 폐기물 발생량은 소득 수준에 따라 현격한 차이가 있다. 저소득 국가에서 1인당 하루 폐기물 발생량은 소득 수준이 높은 사람이 배출하는 양의 4분의 1에 불과하다. 이것은 지역별 차이로도 이어진다. 남아시아와 사하라 이남 아프리카 지역은 1인당 하루 폐기물 발생량이 각각 0.39킬로그램과 0.47킬로그램인데, 북아메리카 지역에서는 2.22킬로그램이다. 폐기물 문제가 더 심각해지고 관련 배출량이 늘어나는 것을 막기 위해서는 즉각적인 조치를 시행해 소득과 폐기물 발생량 간의 비례관계를 끊어내야 한다. 한국은 이런 성과를 이뤄낸 좋은 사례다. 한국은 재정적 유인 제공, 자발적인 시민 참여, 법률 제정 및 시행 체계 구축 등을 통해 1990년에서 2000년 사이에 1인당 폐기물 발생량을 절반으로 줄였고, 2000년 이후 지금까지 GDP가 세 배가량 늘었는데도 1인당 폐기물 발생량은 안정적으로 유지되고 있다.

　　그러나 현재의 추세로는 경제 발전과 인구 증가 및 도시화의 진행으로 2050년 무렵에 사하라 이남 아프리카의 폐기물 발생량은 지금보다 세 배, 남아시아에서는 두 배로 뛰어, 이 두 지역의 합계가 전 세계 폐기물 발생량의 3분의 1을 넘어설 것으로 전망된다. 이것이 걱정스러운 이유는, 이 나라들이 온실가스 배출이 크게 늘고 있는 중저소득 국가들이고, 폐기물이 부실하게 관리되거나 전혀 관리되지 않을 가능성이 높기 때문이다. 저소득 국가에서는 특히나 고형 폐기물 관리에 지출되는 지방정부의 예산이 서비스의 질과 내용에 적절히 반영되지 않는다. 대부분의 예산이 쓰레기 수거와 거리 청소에만 사용되고, 폐기물의 적절한 관리와 폐기에는 거의 투입되지 않는다. 수거된 쓰레기는 가난한 지역 사회 인근에 투기되는 경우가 적지 않으며, 가난한 지역 사회에는 대개 쓰레기 수거 서비스가 제공되지 않는다. 또 비공식 쓰레기 수거 노동자들은 건강 유해 요인이 많은 조건에서 안전장비도 갖추지 않고 아무런 제재 없이 배출된 폐기물을 수거하는데, 이들이 이런 노동으로 얻는 소득은 생계가 보장되지 않을 정도로 몹시 낮다. 여성이나 어린이, 노인, 실업자, 이주민 등 취약계층이 이 일을 하는데, 이들은 온실가스 배출을 줄이고 플라스틱 오염을 예방하고 재활용에 기여하는 등 중요한 역할을 담당하면서도 사회적으로 업신여김을 당하는 경우가 많다. 전 세계적으로 도시 인구의 1퍼센트가 비공식적인 폐기물 관리 노동을 하면서 상대적으로 짧은 기대수명 등 건강 및 안전상의 위험에 시달리고 있는 것으로 추정된다.

　　저소득 국가에서는 폐기물 수거 비율이 39퍼센트에 그치고, 전체 폐기물(수거된 폐기물과 미수거 폐기물을 합친 양)의 93퍼센트가 개방된 곳에서 소각되거나 버려진다. 이와는 대조적으로 고소득 국가에서는 쓰레기 수거 서비스가 거의 보편적으로 제공되고, 수거된 쓰레기는 환경적으로 적절한 관리를 거쳐 최종 처리된다. 보수적인 추정치에 따르면, 전 세계에서 발생하는 폐기물의 3분의 1이 개방된 곳에서 소각되거나 버려진다고 한다. 하지만 최종 처리 시설 자체가 부실하게 관리되는 경우가 많아 실제 비율은 더 높을 수 있다. 폐기물을

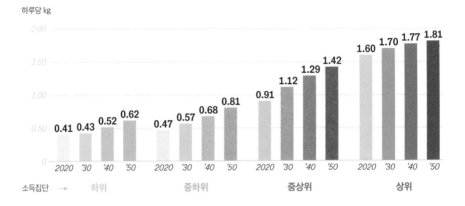

2020~2050년 소득별 1인당 예상 폐기물 발생량

하루당 kg

소득집단 → 하위　　중하위　　중상위　　상위

그림 1

소각하면 호흡기 및 신경계 질환을 일으킬 수 있는 독성 물질과 입자상 물질이 대기로 방출되고, 무단투기된 폐기물에서는 유독성 침출수가 발생해 환경을 오염시킨다. 사하라 이남 아프리카와 남아시아에서는 아주 빠른 속도로 인구가 증가하고 있는데 발생하는 폐기물의 3분의 2 이상이 개방된 곳에 버려지거나 소각되고 있어 시급한 조치가 필요하다.

　도시 폐기물 가운데 재활용되거나 퇴비화되는 비율은 19퍼센트에 불과하며, 플라스틱의 해양 유입 문제도 점점 더 심각해지고 있다. 도시 고형 폐기물로 매년 2억 6900만 톤의 플라스틱 쓰레기가 발생한다. 2016년 한 해 동안 플라스틱 1100만 톤이 바다에 유입된 것으로 추정되며, 아무 조치가 없을 경우 2040년 무렵에 연간 해양 유입량이 세 배가량 늘어난 2900만 톤에 이를 것으로 예상된다. 그 양을 가늠하기 어렵다면, 쓰레기 수거 트럭 한 대가 가득 실어 온 플라스틱 쓰레기를 대서양에 쏟아붓는 일을 1분에 1회 이상 1년 내내 계속한다고 상상해보라. 해양 유입 플라스틱의 80퍼센트는 공식적인 폐기물 관리 체계의 부재, 즉 폐기물이 수거되지 않고 투기되는 탓에 발생한 것으로 추정된다. 지금까지 전 세계 해양에 버려진 플라스틱의 양은 1억 5000만 톤으로 추정되는데, 아무 조치가 없을 경우 이 양은 2040년 무렵에 네 배 넘게 불어나 6억 4600만 톤에 이를 것으로 전망된다. 해양 쓰레기 양산의 가장 큰 원인은 부실한 폐기물 수거와 폐기물 무단투기 등 지상에서의 부실한 폐기물 관리다.

　플라스틱은 우리 사회에서 중요한 위상을 차지하는 재료다. 저소득 국가

그림 2

를 포함해 전 세계적으로 소비가 늘고 있는 상황을 고려하면 플라스틱 사용 억제, 특히 일회용 플라스틱 사용 억제 조치의 시행이 필수적이다. 플라스틱은 그것만 별도로 분리해서 처리할 수 없고 통합적인 폐기물 관리 시스템에 의해 처리해야 하는 폐기물 흐름이다. 우리는 플라스틱 소비, 특히 일회용 플라스틱 소비를 줄이고 플라스틱을 비롯한 여러 가지 재료의 순환률을 높이는 데 필요한 적극적인 인식 제고 활동과 정책을 필요로 한다.

우리는 순환적 접근방식, 즉 쓰레기를 줄이고 재사용하고 회수하고 생산 원료로 재투입해 최종 처리량을 최소화하는 방식을 채택해야 한다. 이를 위해서는 쓰레기 무단투기 관행을 없애고 모든 사람에게 폐기물 수거 서비스를 제공해 플라스틱과 종이, 음식물 쓰레기 등 특정한 물질이 생산적으로 이용될 수 있게 해야 한다. 그 외에도 여러 가지 해법이 있다. 중요한 것은 지역 상황에 알맞은 해법을 찾는 것이다. 보유 자원과 인구 밀도, 시민 참여도, 토지 가용성, 관리 체계와 정책을 고려해 폐기물 관리를 기초 지역 차원에서 실시할 것인지, 규모의 경제를 감안해 광역 차원에서 실시할 것인지 합리적인 판단을 내려야 한다. 안전하고 보편적인 폐기물 관리가 시행되는 지역의 정부는 소비를 줄이고, 재료의 재사용과 회수, 처리(재활용 및 퇴비화)가 용이한 최적의 여건을 조성하며, 환경에 영향을 끼치지 않는 안전한 최종 처리(위생적인 매립과 소각을 통한 에너지 회수)를 보장하는 일에 주력해야 한다.

폐기물 부문은 회복탄력성이 있는 저탄소 세계의 일부가 될 수 있으며,

이 부문의 문제는 기후에 충격을 주지 않는 조치로 해결할 수 있다. 그러나 고소득 국가들에서 폐기물 문제 개선이 누적되는 것만으로는 현재 추세를 되돌릴 수 없다. 전 세계가 노력을 쏟아부어야 한다. 향후 수십 년간 폐기물의 양이 급증할 것으로 예상되므로 폐기물 무단투기가 늘어나지 않도록 대대적인 투자를 시행해야 한다. 폐기물 수거 서비스의 보편적인 제공, 무단투기 근절, 재료 회수 및 재사용 체계를 구축하기 위한 노력은 기후위기와 쓰레기 위기를 완화하는 데 기여할 것이다. 방치된 쓰레기가 없는 미래, 온실가스 배출량이 줄고 물과 공기가 더 깨끗해진 미래, 회복탄력성이 높은 세계를 일굴 것이다.

2040년 이전에 연간 2900만 톤의 플라스틱 쓰레기가 해양에 유입될 것으로 예상된다. 그 양을 가늠하기 어렵다면, 쓰레기 수거 트럭 한 대가 가득 실어온 플라스틱 쓰레기를 대서양에 쏟아붓는 일을 1분에 1회 이상 1년 내내 계속한다고 상상해보라.

4.22
재활용의
신화

니나 슈랭크

여기는 1970년, 미국이다. 이곳에선 일회용 플라스틱 사용을 반대하는 운동이 점차 확산되어 전국적인 시위로 번지고 있다. 일회용 플라스틱을 양산하는 주역은 대형 식음료 회사들이다. 플라스틱은 20년 가까이 대중 소비재로 사용되어왔고, 음료 회사 코카콜라는 수거해서 세척한 뒤 다시 쓰던 재사용 가능한 유리병 용기와 결별했다. 기업들은 일회용 플라스틱 용기를 선택한 덕에 용기 세척과 리필 작업에 들어가던 비용을 줄일 수 있게 되었다. 그리고 일회용 플라스틱 병을 처리하는 데 드는 모든 비용은 고스란히 지방정부와 납세자에게 떠넘기고 있다.

기업들은 '인디언의 눈물'이라는 텔레비전 광고를 내보내 플라스틱 반대 시위에 대응하고 있다. 역사적으로 기록될 이 유명한 광고에는 아메리카 원주민 전통 복장을 한 배우가 플라스틱 포장재가 둥둥 떠다니는 강에서 노를 저어가는 장면과 마지막에는 달리는 자동차 창문에서 날아와 발밑에 떨어진 쓰레기를 보고 눈물짓는 장면이 담겨 있다.

이 광고에는 '인간이 시작한 오염, 인간이 멈출 수 있습니다'라는 자막이 흐른다. 기업들에 집중되는 세간의 관심을 분산시키고 쓰레기 문제의 책임을 대중에게 돌리려는 의도가 뚜렷하다. 이 광고의 제작자인 '미국을 아름답게 Keep America Beautiful' 로비 그룹은 코카콜라를 비롯한 미국 유수의 음료 및 포장 기업의 연합체다. 이들은 이 광고를 미국 전역에 송출하면서 재사용 가능한 용기의 사용을 의무화하는 법률의 탄생을 적극적으로 저지하고 있다.

현재 코카콜라 회사는 일회용 플라스틱에 든 음료를 매년 1000억 개씩 생산한다. 청량음료 제조업 전체에서 생산되는 일회용 플라스틱 포장 음료 총 4700억 개가운데 약 4분의 1이 코카콜라 제품이다. 코카콜라 외에도 네슬레, 유니레버, 프록터앤드갬블 등 세계 각지의 대형 오염 유발자들 역시 매년 수십억 톤의 일회용 플라스틱 용기를 쏟아내고 있다. 그러나 이렇게 대량으로 발생하는 일회용 플라스틱 쓰레기를 감당할 수 있는 폐기물 시스템은 지구상에 존재하지 않는다.

세계적인 플라스틱 오염 위기를 빚어낸 책임이 대중에게 있다는 주문은 지금도 여전히 사회 구석구석에서 꾸준히 울려 퍼지고 있다. 주요 음료 및 포장 기업의 대표들은 '쓰레기가 싫다'라고 말한다. 얼마 전에 포장업계 로비 그룹의 의장으로 부업하다가 들통난 영국의 어느 하원의원은 "오염을 유발하는 건 포장재 생산업체가 아니라 사람들이다"라고 주장하면서 환경 피해가 심한 일부 일회용 플라스틱의 사용을 규제하는 법안에 반대했다.

전 세계 대형 소비재 기업들은 '재활용'이 플라스틱 쓰레기 위기의 해법이라고 주장한다. '재활용 가능'이 포장재에 인쇄되고 지속가능성 대응 활동의 전면과 중앙에 배치되고 있으며, 세계 각지의 정부들이 그 뒤를 따르고 있다. 이 단어가 북반구에 보내는 메시지는 분명하다. 우리가 성실하게 플라스틱 쓰레기를 분리수거함에 제대로 넣기만 하면 그 쓰레기가 마법처럼 사라졌다가 새로운 제품으로 다시 등장하는 식으로 무한 반복되는 순환 궤도가 시작된다는 것이다.

이 진술은 오늘날 지구상에서 진행 중인 그린워싱 가운데 가장 심각한 사례다. 재활용 원칙은 지속가능한 생활방식과 연결된 긍정적인 원칙이지만, 지금은 현상유지를 위한 수단으로 쓰이고 있다. 그 탓에 북반구에 거주하는 우리는 쓰레기 문제가 여전한데도 자신이 버린 쓰레기는 지속가능한 방식으로 관리되고 있다고 믿는다. 세계 각지의 정부와 기업은 여전히 일회용 플라스틱 문제에 대한 체계적인 대응책을 마련하지 못하고 있다. 일부 기업들은 재활용이 불가능한 플라스틱 생산을 줄이겠다고 선언하고, 일부 국가들은 특정 일회용품의 사용 금지를 법제화하기 위해 움직이고 있다. 그러나 최근의 한 연구는 플라스틱을 줄이겠다고 선언한 정부와 산업계의 약속이 전부 이행된다고 해도 2040년 이전에 해양에 유입되는 플라스틱의 양은 고작해야 7퍼센트만 줄어들 것이라고 추정한다.

사실은 대부분의 플라스틱 포장재가 재활용되지 않는다. 기술적으로 재활용이 가능한 재료와 재활용이 불가능한 값싼 재료가 혼합되어 있기 때문이다. 전 세계적으로 재활용 시설로 옮겨지는 것으로 추정되는 플라스틱의 9퍼센트가 바닥재나 고깔 모양 교통안전 표시용품 등으로 다운사이클링된다. 그러나 한두 차례 다운사이클링을 거치고 나면 화학적 조성에 변화가 생겨 더 이상 활용되지 못하고 매립지나 소각장으로 옮겨지거나 환경에 버려진다.

심각한 플라스틱 오염은 세계 각지의 해양에서 거의 사람들 눈에 띄지 않게 진행되기도 하지만, 아시아와 아프리카의 여러 나라에서는 뚜렷이 눈에 띄는 심각한 문제다. 이 지역에서는 플라스틱이 해변과 수로를 빼곡히 메우고 도시의 가난한 동네를 어지럽히고 대도시와 소도시, 작은 마을까지 뒤덮고 있다. 인도, 필리핀, 인도네시아에 생성된 거대한 매립지와 쓰레기 더미는 폐기물 관리 시스템이 도저히 감당할 수 없는 엄청난 양의 일회용 포장재 쓰레기 때문에 몸살을 앓는 나라의 현실을 생생히 드러내는 현장이다. 국제적으로 활동하는 '플라스틱의 족쇄를 깨자Break Free From Plastic' 운동은 최근 4년 동안 세계 각지 45개국의 해변에서 1만 1000명 이상의 자원봉사자들이 참여한 가운데 플라스틱 쓰레기를 수거한 뒤 어느 기업이 생산한 것인지 확인했다. 2021년 조사 결과, 코카콜라, 펩시코, 유니레버, 네슬레, 프록터앤드갬블이 오염자 목록의 상위에 올랐다.

무단투기되지 않고 관리되는 플라스틱 쓰레기 역시 환경에 심각한 영향을 미친다. 전 세계 플라스틱의 약 4분의 1이 매립지에 묻힌다. 그런데 플라스틱은 태양 복사에 노출되면 메탄과 에틸렌을 생성할 뿐 아니라 잘게 쪼개져서 미세플라스틱의 형태로 바람과 비에 섞여 인근 토양과 수역으로 유출된다. 수거한 플라스틱을 '폐기물 에너지' 소각로에서 태워 얻는 에너지는 지구상에서 석탄 다음으로 탄소 집약도가 높은 전력원이며, 소각하고 남은 유독성 재는 결국엔 매립지에 버려진다.

그런데도 재활용의 신화는 주로 플라스틱 폐기물 수출을 통해 여전히 유지되고 있다. 영국, 미국, 일본, 독일 등 플라스틱 대량생산 국가들은 플라스틱 폐기물을 자국 내에서 감당할 능력이 안 되기 때문에 연간 수천 톤씩 수출하는데, 그 행선지가 주로 동남아시아다. 플라스틱 쓰레기 수출은 재활용이란 명목으로 이루어진다. 플라스틱 쓰레기를 수입하는 나라들은 대개 폐기물 관리 체계가 부실하고 환경 규제 기준이 아예 없거나 미약하기 때문에 대량의 오염 물로부터 지역 사회와 자연을 보호할 능력이 없다. 이곳에서는 대개 값싼 이주 민 노동력을 투입해 폐기물 더미에서 가장 값나가는 플라스틱만 골라내고 나머지는 무단투기하는 방식의 쓰레기 사업이 운영된다.

2018년 그린피스 조사단은 말레이시아 현지 조사 중에 6미터 높이로 쌓인 쓰레기 더미에서 유럽 가정에서 배출된 쓰레기를 발견했다. 현지 활동가들은 밤마다 쓰레기가 소각되는 탓에 역한 공기에 숨이 막혀 잠을 잘 수 없다고 말했다. 플라스틱 소각은 건강에 악영향을 미친다. 인도와 동남아시아의 여러 지역 사회에서는 심각한 호흡기 질환 문제가 보고되고 있는데, 유독성 연기에 노출되면 생리 불순과 암 발병률이 높아질 수 있다.

이제는 많은 나라가 폐플라스틱 수입을 제한하는 방향으로 움직이고 있다. 2018년에는 한때 세계 최대 폐플라스틱 수입국이었던 중국이 수입 금지 조치를 내렸고, 인도, 말레이시아, 스리랑카, 태국도 제한 조치 도입을 계획하고 있다. 그러나 폐플라스틱 수입 사업은 여전히 왕성하다. 운송 경로가 변경되고 임기응변이 이루어지며 눈속임 통관 게임이 계속되고 있다. 경유국을 내세워 폐기물의 원산지를 감추고 운송 화물에 엉뚱한 품목 표식을 부착하거나, 화물 컨테이너의 입구 쪽에는 깨끗하고 값나가는 플라스틱을 질서정연하게 배치해놓고 뒤죽박죽 섞인 오염투성이 플라스틱을 뒤쪽 공간에 채워 넣는다. 재활용업자들이 재활용 시설을 갖추지 않고 가짜 면허를 내세워 수입을 하는 탓에 말레이시아를 비롯한 세계 곳곳에는 무단투기된 폐플라스틱이 거대한 쓰레기 산을 이루고 있다.

그러나 쓰레기 수출을 허용하는 정부들은 이런 상황에 대해 양심의 가책을 거의 느끼지 않는 것 같다. 영국의 상황은 특히 심각하다. 영국은 1인당 플라스틱 쓰레기 배출량이 미국에 이어 세계 2위다. 2020년 영국의 폐기물 주무 장관은 자국에서 생산된 플라스틱의 46퍼센트가 재활용되고 있다고 주장했다. 같은 해에 그린피스는 영국 정부가 '재활용 가능'으로 분류한 플라스틱 폐기물의 절반 이상이 다른 나라로 보내졌다는 사실을 확인했다.

이듬해 봄, 그린피스 조사단이 영국산 플라스틱 폐기물의 최대 수입국인

튀르키예를 찾았다. 2020년 영국의 폐플라스틱 총 수출량의 40퍼센트 가까이가 튀르키예로 옮겨졌다. 조사 결과 이 폐플라스틱의 절반이 혼합 플라스틱(분류 및 재활용이 아주 어려운 플라스틱) 또는 재활용 불가 플라스틱으로 밝혀졌다. 그런데도 영국은 이 플라스틱을 '재활용 가능'으로 집계한 것이다. 조사단은 튀르키예 남부 도시 아다나 외곽 열 곳에 플라스틱 폐기물 더미가 들판과 강가, 철로변, 도로변에 불법 투기되어 있고 그 가운데에 영국 가정에서 배출된 플라스틱이 상당량 섞여 있으며 대부분의 플라스틱이 소각 중이거나 이미 소각된 상태임을 확인했다.

플라스틱 쓰레기 문제는 인간과 환경에 큰 피해를 안기는 비극이다. 그러나 세계 지도자들의 코앞에서 진행되고 있는데도 거의 보고되지 않는 플라스틱의 또 다른 심각한 영향이 있다. 바로 기후변화다.

플라스틱의 99퍼센트는 석유, 가스 산업의 산물인 석유화학 원료로 만들어진다. 플라스틱은 추출부터 운송, 폐기에 이르기까지 수명 주기의 모든 단계에서 온실가스를 배출한다.

전 세계가 화석연료 의존을 줄이려는 시도에 돌입하고 있는 이때, 사우디아람코, 엑슨모빌, 셸, 토털 등의 대형 석유 기업들은 플라스틱 수요의 지속적인 증가를 예상하고 석유화학 공장에 수십억 달러를 투자하고 있다. 국제에너지기구는 2030년 무렵에 석유화학 산업의 수요가 세계 원유 수요 증가분의 3분의 1 이상을 차지하고, 2050년 무렵에는 절반가량을 차지할 것이라고 예측했다.

그러나 플라스틱 문제는 국가 수준 또는 국제적 차원의 기후변화 정책 논의에서 거의 언급되지 않는다. 온실가스 배출을 억제하기 위해서는 대형 석유 기업들이 자신의 입지를 유지하기 위해 벌이고 있는 최근의 술수를 꿰뚫어보아야 한다.

가장 확실한 해법은 애초에 플라스틱 생산량을 대폭 줄이는 것이다. 쓰고 버리는throw-away 사회에서 최대한 포장재 사용을 삼가거나 재사용이 가능한 포장재를 사용하는 사회로 전환하는 것이 그 어느 때보다 시급하다. 상황은 점점 더 심각해질 것이다. 2040년 이전까지 플라스틱 생산 시설의 용량이 두 배로

다음 페이지:
멕시코 유카탄반도의 연방보호구역이자 유네스코 세계유산인 시안카안 해안을 따라 밀려온 쓰레기들. 예술가 알레한드로 두란은 60개국 이상의 국적을 가진 쓰레기 사진 연작을 통해 '소비주의가 잉태한 새로운 형태의 식민화'를 기록한다.

늘고, 한 해에 해양에 유입되는 플라스틱의 양이 세 배로 불어날 것으로 전망된다.

　세계적인 대규모 제조업체와 플라스틱 포장재 생산업체는 이 문제를 해결하기 위해 구조적 변화를 이뤄내야 하고, 전 세계 정부들은 이를 강제하는 정책 개입을 시행해야 한다. 영국 그린피스는 적어도 2025년까지 일회용 포장재 사용을 절반으로 줄이고 이 감축량 중 4분의 1 이상을 재사용이 가능한 포장재 사용으로 전환해야 하며, 2030년까지 이 비율을 절반으로 늘려야 한다고 주장한다. 재사용은 사용, 세척, 리필, 다시 사용으로 이어지는 플라스틱 포장재의 완전한 반복 순환을 보장하는 방법이다.

　재사용은 오랜 세월에 걸쳐서 세계 각지의 수많은 문화권에 깊이 뿌리내렸던 관행이다. 그러나 우리는 산업계의 공세에 밀려 이런 전통을 잃어버리고, 자연 자원과 에너지를 투입해 생산된 물건의 소중한 가치를 잊어버렸다. 쓰고 버리는 사회는 건강한 사회가 아니다. 패러다임의 전환이 필요하다. 재사용의 관행이 현대 사회에서 다시 왕성하게 퍼져 나가게 하려면 수익 창출 구조를 근본적으로 변화시키고, 전통에 새로운 활력을 불어넣으며 혁신을 수용해야 한다. /

2020년에 영국 정부가
'재활용 가능'으로 분류한
플라스틱 폐기물의 절반 이상이
다른 나라로 보내졌다.

퀴라소

러시아

캐나다

일본

콜롬비아

브라질

태국

모로코

푸에르토리코

파나마

호주

필리핀

니카라과

인도

페루

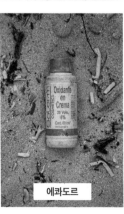

에콰도르

여기가 최후 저지선이다

그레타 툰베리

여기는 384쪽이다. 여기에는 반드시 모서리를 접어두거나 책갈피를 끼워 표시해두길 바란다. 이 책을 읽다보면 이해하기 어려운 까다로운 메시지에 부딪힐 수 있다. 어떤 사실이나 개념이 이해되지 않거나 의문이 들 때마다 이곳으로 돌아와 다시 읽어보기를 권한다.

2015년에 파리 협정이 정한 목표 온도 이하로 지구 온도 상승을 억제하려면, 그리고 돌이킬 수 없는 연쇄반응이 일어날 위험을 최소화하려면, 연간 온실가스 배출량을 인류 역사상 전례를 찾아볼 수 없는 규모로 즉각적이고 과감하게 줄여야 한다. 우리는 가까운 미래에 이 목표에 근접하는 성과를 이뤄낼 기술적 해법을 가지고 있지 않으며, 따라서 근본적인 사회 변화를 이루어야만 한다. 이것은 부인하려야 부인할 수 없는 사실이다. 이것은 인류의 안녕과 우주에서 유일하다고 알려진 문명을 보호하는 과제와 관련해서 지금 우리가 의지할 수 있는 가장 중요한 정보다. 그런데도 이 사실은 2022년 현재도 여전히 그 어떤 국제적인 논의의 장에서도 언급되지 않는다.

그뿐이 아니다. 유엔환경계획 생산 격차 보고서에 따르면, 전 세계에서 2030년까지 예정된 화석연료 생산량이 1.5도 목표를 유지하는 데 부합하는 양의 두 배를 넘어설 것으로 전망된다. 이 과학적 표현을 쉽게 풀어 말하면, 현재의 시스템을 바꾸지 않고는 이 목표를 결코 이룰 수 없다는 뜻이다. 이 목표를 이루려면 상상할 수 없을 만큼 엄청난 규모의 계약과 법률적으로 유효한 거래와 합의가 폐기되어야 하는데, 이런 일은 현재 시스템 안에서는 결코 일어날 수 없으니 말이다.

이 사실은 당연히 우리가 매일 매시간 이용하는 뉴스에서, 모든 정치적 토론에서, 모든 업무 회의와 우리 일상생활의 모든 영역에서 중심 주제가 되어야 한다. 그러나 현실은 그렇지 않다. 이 사실은 단순한 의견이 아니고, 익명의 보고서 내용도 아니다. 이것은 우리가 현재 이용할 수 있는 가장 탁월한 과학이 요약해놓은 사실이다. 이 책을 읽으면서 확인했겠지만, 과학은 본질적으로 으름장을 놓지도 않고 과장하지도 않는다. 과학은 조심스럽고 신중하다.

언론매체와 우리 정치 지도자들은 과감하고 즉각적인 조치를 시행할 기회가 열려 있는데도 의식적으로 그 길을 선택하지 않는다. 이 사실을 인정하지 않기에 그러는지도 모른다. 어쩌면 자신이 상관할 일이 아니라고 생각해서, 어쩌면 잘 몰라서, 어쩌면 문제 자체보다 해법이 더 두려워서, 어쩌면 사회 혼란이 빚어질까 두려워서, 어쩌면 대중적 인기를 잃을까 두려워서 그러는지도 모른다. 어쩌면 자신이 옳다고 믿는 체계, 자신이 태어나서 지금까지 지지해온 체계를 뒤집는 것은 정치인 또는 언론인의 소명이 아니라고 생각해서 그러는지도 모른다. 아니, 어쩌면 이 모든 이유가 한꺼번에 뒤엉켜 있기 때문에 무대응으로 일관하고 있는 건지도 모른다.

우리는 현재의 경제 체계 안에서는 지속가능한 삶을 영위할 수 없다. 하지만 우리 귀에 끊임없이 들려오는 것은 그게 충분히 가능하다는 이야기다. 지속가능한 자동차를 사서 지속가능한 석유 연료를 넣고 지속가능한 고속도로를 달릴 수 있다고 한다. 지속가능한 고기를 먹고 지속가능한 플라스틱 병에 지속가능한 청량음료를 넣어 마실 수 있다고 한다. 지속가능한 패스트패션을 구매하고 지속가능한 연료를 사용하는 지속가능한 항공 여행을 할 수 있다고 한다. 단기적으로나 장기적으로나 지속가능한 기후 목표를 큰 노력을 기울이지 않고도 달성하는 것은 당연히 가능하다고 한다.

'어떻게' 가능하다는 걸까? 이 위기를 거뜬히 해결할 기술적 해법은 아직 개발되지 않았고 이제껏 해오던 일을 중단하는 것은 지금 우리의 경제 체계 안에서는 받아들일 수 없는 일인데 어떻게 그게 가능하다는 걸까? 무얼 어떻게 하라는 걸까? 자, 답은 언제나 한결같다. 꾀를 쓰면 된다. 1995년 베를린에서 열린 유엔기후변화협약 제1차 당사국 총회 이후에 우리가 기후정책의 기본 준거에 집어넣은 온갖 허점과 기발한 집계 방식을 사용하면 된다. 공장을 다른 나라로 이전했으니 온실가스 배출량도 다른 나라로 떠넘기고 배출량 기준선을 편한 대로 조정하고 배출량 감축분을 유리하게 집계하면 된다. 나무와 숲,

바이오매스는 공식 통계에서 제외되니까 그걸 태우면 된다. 수십 년 동안 온실가스를 배출할 화석가스 관련 기반시설을 세워놓고 그걸 '친환경 천연가스'라고 부르면 된다. 나머지 배출량은 형식적인 조림 사업으로 상쇄하고(병충해나 화재로 소실되는 건 알 바 아니고), 마지막 남은 노숙림은 더 빠른 속도로 베어내 연료로 쓰면 된다. 이 배출량도 집계에서 제외되니 말이다. 이것이 기후 대응 계획이다. 물론 이건 어느 한 지도자나 어느 한 국가가 의도한 바는 아닐지도 모른다. 그렇더라도 이것은 이들의 집단적인 노력에서 나온 결과다.

오해는 없길 바란다. 적절한 토양에 적절한 나무를 심는 것은 우리가 해야 할 중요한 일이다. 살아 있는 나무는 대기에서 이산화탄소를 격리한다. 조림에 적합한 토양이 있고 그 땅을 돌보는 주민에게 도움이 된다면 어디에서든 조림을 해야 한다. 그러나 조림을 '상쇄' 또는 '기후 보상'과 혼동해서는 안 된다. 이 둘은 완전히 다른 것이다. 중요한 문제는 우리는 이미 최소 40년치의 이산화탄소 배출량을 '보상'해야 할 책임이 있다는 것이다. 우리가 40년 동안 배출해온 이산화탄소는 모두 저 위 대기에 축적되어 있고, 앞으로도 수백 년을 그곳에 머무를 것이다. 이 역사적 배출량이야말로 대기 중 이산화탄소를 제거하는 아주 제한된 방법(조림 등)을 사용할 때 우리가 초점을 맞추어야 하는 것이다. 그러나 우리가 고안한 상쇄의 목적은 대기 중 이산화탄소를 제거하는 데 있지 않다. 그것은 우리가 배출한 쓰레기를 회수할 목적으로 고안된 것이 아니다. 그것은 우리가 변함없이 이산화탄소를 배출하면서 현 상황을 그대로 유지하고, 다른 한편으로는 이런 해법이 있으니 행동을 바꿀 필요가 없다는 신호를 보낼 때 변명거리로 써온 것이다. '우리가 지금 하는 행동과 미래에 할 행동을 보상할 방법이 있으니 예전처럼 살아가도 된다. 우리는 미래를 잘 챙기고 있으니 과거 문제는 좀 접어두자.' 이런 식으로 말이다. 게다가 우리의 대응이 위기의 규모에 비해 턱없이 부족하다는 대중의 인식이 거의 부재한 탓에, "이봐, 이건 누적된 위기잖아"라는 누군가의 반박에 직면할 위험도 거의 없다.

말은 위력이 있다. 우리를 속이기 위해 여러 가지 말이 동원되고 있다. 지속가능성이 없는 세상에서도 지속가능한 선택을 할 수 있고 지속가능한 삶을 살 수 있다는 말도, 보상에 의지하면 이 위기에서 충분히 벗어날 수 있다는 말도 역시 속임수다. 모두 거짓말이다. 훨씬 더 심각하고 위험천만한 지연을 불러올 위험한 거짓말이다. 유엔의 예측에 따르면, 전 세계 이산화탄소 배출량은 2030년 무렵에 지금보다 16퍼센트 증가할 것이다. 세계 각지에서 기후 재앙이 갈수록 심해지는 것을 막아내기 위해 쓸 수 있는 시간이 시시각각 줄어들고 있다.

우리는 21세기 말 이전에 3.2도 온난화에 도달하는 경로를 달리고 있다. 물론 이건 각국이 직접 세운 정책을 완벽히 이행한다는 가정에서 나온 예측이다. 그런데 실제로는 각국이 오류가 있거나 과소평가된 수치에 근거해 정책을 입안하고 있으며, 많은 나라들이 이런 정책마저도 제대로 이행하고 있지 않다. 2021년 가을에 유엔 사무총장 안토니우 구테흐스가 한 말을 인용하자면, 이런 식으로는 "기후행동 목표 달성에 몇 광년이 걸릴 것이다". 게다가 우리에겐 구속력이 없는 서약과 약속을 해놓고는 그걸 완전히 외면했던 전력까지 있다. 하지만 그건 별로 중요하지 않고 확실치 않은 문제라고 해두자.

설사 우리가 세운 기후행동 계획을 완벽히 실행에 옮긴다 해도, 우리는 위기에서 벗어날 수 없다. 우리 지도자들이 모두 도덕적 책무를 다하는 쪽으로 돌아서서 빠른 시기에 사회의 근본적인 전환을 이룬다고 해도, 또 우리가 총력을 기울여 기후 계획의 핵심으로 집어넣은 탄소 포집 시설을 환상적인 규모로 설치하는 기적을 이룬다고 해도, 또 우리가 BECCS를 위해 바이오매스를 태우는 것으로는 추가적인 생태계 파괴가 일어나지 않는다고 해도, 또 설사 오버슈트overshoot 현상(미완의 기술이 완성되어 우리가 지구를 안전한 온도로 돌려놓기 전까지 한동안 지구 온도가 1.5도 이상으로 유지되는 현상)이 심각하고 돌이킬 수 없는 연쇄반응을 일으키지 않는다고 해도, 또 이 책의 제2부에서 비에른 삼셋이 설명한 대기 오염 에어로졸의 냉각 효과 때문에 가려져 있는 0.5도 추가 온난화 문제를 용케 해결한다 해도… 이 모든 일이 다 이루어진다고 해도, 그것만으로는 충분하지 않다.

'2050년 넷제로'는 너무 낮고 너무 느린 목표다. 완성되지도 않은 기술에 우리 운명을 맡기는 것은 너무나 큰 위험이다. 우리에게 필요한 것은 실질적인 배출 제로다. 우리에게는 정직도 필요하다. 지도자들은 이제부터라도 모든 목표와 통계와 정책에 실제 배출량을 빠짐없이 포함시켜야 한다. 이런 실질적인 행동은 하지 않으면서 모호한 미래 목표에 대해 이야기하는 것은 논점을 흐리

세계 탄소예산 vs. '넷제로' 목표

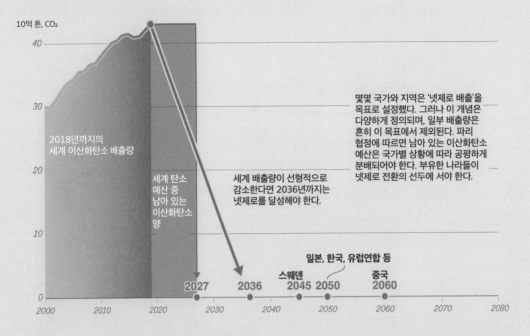

10억 톤, CO₂

2018년까지의
세계 이산화탄소 배출량

세계 탄소
예산 중
남아 있는
이산화탄소
양

세계 배출량이 선형적으로
감소한다면 2036년까지는
넷제로를 달성해야 한다.

몇몇 국가와 지역은 '넷제로 배출'을
목표로 설정했다. 그러나 이 개념은
다양하게 정의되며, 일부 배출량은
흔히 이 목표에서 제외된다. 파리
협정에 따르면 남아 있는 이산화탄소
예산은 국가별 상황에 따라 공평하게
분배되어야 한다. 부유한 나라들이
넷제로 전환의 선두에 서야 한다.

일본, 한국, 유럽연합 등

2027   2036   스웨덴   2050   중국
                2045   2060

2000   2010   2020   2030   2040   2050   2060   2070   2080

그림 1:
2018년 IPCC의
SR1.5 보고서(1.5도
목표에 관한 특별보
고서)를 기반으로
작성된 그래프.

는 시간 낭비에 불과하다. 그들은 최선을 추구하다 차선까지 놓쳐버려서는 안 된다고 말한다. 하지만 그 '차선'이 우리의 안전보장책이 되기는커녕 희극의 소재로나 어울릴 만큼 필요한 수준과는 너무나 동떨어져 있다면, 과연 어찌해야 할까? 그런데 이 아주 잔혹한 희극은 여전히 현실이니, 우리는 무엇을 해야 할까?

그들이 내놓은 '2050년 넷제로' 목표를 수용하는 것은 곧 지구 생태계와 우리 문명 전체의 미래를 위험으로 몰아넣을 제도적 허점에 정당성을 부여하고, 세계적 공평성을 개선할 기회를 포기하고 이제껏 빚어낸 손실과 피해, 그리고 역사적 배출량에 대한 책임을 외면하는 것이다. 다시 말해, 2050년 넷제로 목표를 수용한다는 것은 기후정의에 대해서, 그리고 이미 발생해 첩첩이 누적된 위기에 대해서 영원히 눈을 감고, 그렇게 함으로써 세계 인구 중 압도적 다수가 위기에서 벗어날 수 있는 비상구를 막는 것이다. 그렇게 되면 앞으로 이뤄야 할 세계적인 기후운동 역시 설 자리를 잃게 될 것이다. 최선을 추구하다 차선까지 놓쳐버려서는 안 된다는 말에는 나도 동의한다. 그러나 우리는 기후위기 및 생태위기와 관련해서 최선은커녕 차선조차 시행할 준비가 되어 있지 않다.

　그들은 우리더러 타협할 줄도 알아야 한다고 말한다. 사실 파리 협정이야 말로 세계 최대의 타협 아닌가? 이 타협 때문에 기후변화로 가장 큰 충격에 시달리는 사람들과 지역들은 상상할 수 없는 막대한 규모의 고통을 피할 수 없게 되었다. 분명히 말하지만, 더 이상 타협은 안 된다. 우리는 꿋꿋이 버텨야 한다. 우리가 지도자라고 부르는 사람들은 아직도 자신이 물리학과 자연 법칙을 상대로 협상을 벌일 수 있다고 생각한다. 그들은 꽃과 숲의 세계를 향해서 돈과 단기 경제학 세계의 언어를 늘어놓고, 분기별 이익 보고서를 가지고 야생동물을 설득하려 하고, 바다의 솟구치는 파도를 향해 주식시장 분석 보고서를 읊어대는 바보짓을 하고 있다.

　우리는 벼랑 끝으로 다가서고 있다. 우리는 아직 감언이설에 넘어가지 않았으니 정신을 가다듬고 꿋꿋이 버텨야 한다. 그들의 술수에 또다시 넘어가 벼랑 끝으로 끌려가서는 안 된다. 털끝 하나도 흔들리지 말아야 한다. 지금, 여기가 우리의 최후 저지선이다. 여기가 우리의 최후 보루다.

그들은 우리더러 타협할 줄도 알아야
한다고 말한다. 사실 파리 협정이야말로
세계 최대의 타협 아닌가?
이 타협 때문에 기후변화로 가장 큰
충격에 시달리는 사람들과 지역들은
상상할 수 없는 막대한 규모의
고통을 피할 수 없게 되었다.

4.24

배출과
성장

니컬러스 스턴

과학자들은 **오래전부터 기후변화의 위험에** 대해 경고해왔다. 1988년, 마나베 슈쿠로, 마이클 오펜하이머, 제임스 핸슨의 미국 의회 증언은 기후변화의 실존적 위협에 대한 국제적 관심을 불러일으켰다. 1992년, 이산화탄소 등 대기 중 온실가스 농도 증가 문제에 대응하기 위해 각국 정부들이 모여 유엔기후변화협약을 체결했다.

그러나 그 이후로도 전 세계 연간 온실가스 배출량은 계속 증가했다. 네덜란드 환경평가국에 따르면 2019년 배출량은 1990년보다 54퍼센트 증가했다. 세계은행에 따르면 그사이에 세계 경제의 규모는 약 120퍼센트 증가했고, 이런 성장을 뒷받침한 주된 에너지 공급원은 화석연료였다(국제에너지기구는 2019년에 세계가 사용한 에너지의 80퍼센트가 화석연료 에너지라고 발표했다). 화석연료에 기반한 성장이 온실가스 배출량 증가를 이끈 주요 동인이었다.

이 기간에 많은 나라들이 온실가스 배출을 줄이면서 동시에 경제 생산성을 높이려는 노력을 기울여 약간의 성과를 거두었다. 한 예로, 영국은 1990년에서 2019년 사이에 경제가 78퍼센트 성장했는데도 연간 온실가스 배출량은 44퍼센트 감소했다. 주로 에너지 효율 개선과 석탄 발전의 단계적 감축으로 얻은 성과였다. 그러나 이 배출량에는 국제 항공과 같은 중요한 배출원이 포함되지 않았고, 영국 기후변화위원회가 지적한 바와 같이 생산만이 아니라 소비(수입품 소비)에 내재된 배출량까지 포함하면 위 기간의 연간 배출량 감소 폭은 약 15퍼센트로 나타난다.

경제와 관련된 정책을 결정할 때는 여러 가지 주요 지표를 기준으로 삼는데, 그중 핵심 지표가 GDP(국내총생산)다. GDP는 기업과 정부, 개인의 모든 (또는 적어도 대부분의) 경제활동을 망라해 경제 규모를 측정한다. 하지만 GDP

가 가치 있는 모든 사항을 빠짐없이 반영하는 것은 아니며, 인간과 환경의 건강을 계산에 넣지 않는다. GDP는 우리를 지탱하는 세계와 우리의 안녕에 중요한 영향을 미치는 생물다양성 손실과 환경 훼손, 기후변화를 계산에 넣지 않는다. 장기적으로 이런 손실은 GDP가 측정하는 경제활동과 경제활동 참여자의 건강과 활력에 부정적인 영향을 미친다. 육지와 바다, 대기, 식생, 야생생물의 상태를 직접 측정하는 것은 정책결정자는 물론 우리 모두가 관심을 기울여야 하는 일이다.

기후변화에 대처하면서 동시에 소득, 건강, 교육, 환경, 사회 통합 등 모든 차원에서 경제 발전을 이루는 것은 충분히 가능하다. 70억에 가까운 개발도상국 국민에게 필요한 것은 이런 종류의 경제성장이다. 이런 경로를 택해야만 적정한 보수의 일자리, 질 좋은 교육과 의료 혜택 등 생활수준을 향상시켜 빈곤에서 벗어나게 할 수 있다. 환경을 훼손하지 않으면서 이런 성장을 이루는 것은 우리에게도 역시 큰 도전이다. 이를 이루려면 현재의 생산과 소비방식, 특히 에너지와 관련된 생산과 소비방식의 근본적인 전환이 필수적이다. 지구 온도 상승을 1.5도 이하로 억제하려면 앞으로 10년이 결정적으로 중요한 시기다. 우리는 지속가능하고 회복력이 있으며 포용적인 새로운 형태의 성장과 발전을 이뤄내기 위해 신속하고 과감한 행동에 나서야 한다.

그러나 안타깝게도 기후변화와 관련한 대부분의 경제 분석은 우리가 취해야 할 행동의 긴급성과 규모를 제대로 이해하지 못하고 있는데, 그 이유는 크게 세 가지다. 첫째, 이런 분석은 과학이 입증하고 있는 엄청난 위험의 규모를 제대로 파악하지 못한다. 둘째, 이 분석은 대체에너지원과 관련 기술이 품은 막대한 잠재력을 과소평가하고 있다. 셋째, 부정확하고 근거 없는 할인 방식을 적용해 나중에 태어난다는 이유만으로 미래 세대를 차별하고 미래 세대의 삶의 가치를 지나치게 깎아내리고 있다.

그러나 세계 각지에서 많은 사람들이 새롭고 흥미진진하고 가치 있는 발전 경로를 찾아내고 또 수용하기 시작했다. 그리고 경제학자들도 그 뒤를 따르고 있고, 일부는 이 새로운 세계를 일구어내는 정책과 조치를 내놓기 시작했다. /

4.25
기후정의

수니타 나라인

이제 우리는 **기후변화가 실존적 위협**이며, 온실가스 배출을 획기적으로 줄여야 한다는 것을 분명히 알고 있다. 하지만 전 세계 수십억 인구가 삶의 질 향상을 위해 발전을 이룰 권리가 있다는 것은 여전히 부인하고 있다. 가장 까다로운 진실은 지금이 기후위기 상황이라는 점이 아니라, 저탄소와 지속가능성의 요구를 충족하면서 동시에 어떤 사회라도 큰 재정적 부담 없이 활용할 수 있는 새로운 경제성장 모델을 만들어야 한다는 것이다.

나의 고국 인도에서는 생존의 한계선에서 살아가는 사람들이 극심한 기상 이변으로 더 큰 타격을 입고 있다. 이들은 대기에 쌓인 막대한 양의 온실가스와는 전혀 무관하게 살아왔음에도 역설적으로 가장 먼저 기후변화의 희생자가 되고 있다.

우리는 기후 대응을 해나갈 때 반드시 기후정의를 이루어야 한다는 점을 명심해야 한다. 여러 가지 단점이 있긴 하지만 화석연료는 여전히 성장을 좌우하는 결정적인 요인이다. 무엇보다 아직도 수십억 명이 경제 발전의 혜택을 누리기 위해 저렴한 에너지를 이용할 기회가 열리기를 기다리고 있다. 게다가 세계에는 이들의 발전을 뒷받침할 만큼의 탄소예산이 남아 있지 않다. 신흥국들은 어떻게 대응할까? 만일 이들이 화석연료를 기반으로 성장을 이뤄간다면 우리 모두가 직면한 환경위기는 더욱 심화될 것이다. 그렇다면 이들은 저탄소이면서 재정적 부담이 크지 않은 성장을 어떻게 이뤄낼 수 있을까? 신흥국들이 이런 전환을 이루게 하려면 기후 대응을 해야 한다는 훈계만으로는 충분하지 않다. 세계가 적극적인 지원 정책과 실질적인 재정 지원을 펼쳐야 한다.

부유한 국가들은 이미 오래전부터 국제협약에서 기후정의를 제외하거나 희석시키기 위해 노력해왔다. 이들은 2015년 파리 협정을 극찬한다. 협약 내용에 역사적 배출량이라는 개념 자체를 넣지 않았고, 기후정의를 부수적인 사항으로 넘겼다는 점 때문이다. 기후변화로 인해 손실과 피해를 입는 국가들에 대한 보상을 의무화하는 내용도 넣지 않았다. 이 협약의 가장 큰 한계는 부실하고 무의미한 기후행동의 준거 체계를 만든 것이다. 즉 역사적 배출량에 미친 영향의 정도나 마땅히 부담해야 할 몫에 근거해서 나라별로 감축 의무를 부과하는 방식이 아니라 각 나라가 감축 목표를 자발적으로 결정하는 방식을 채택했다. 이런 식으로 해놓았으니 모든 나라가 국가결정기여(NDC: 국가별 온실가스 감축 목표를 뜻하는 유엔의 표현)를 빠짐없이 달성해도 세계는 최소 3도 이상의 지구 온도 상승 경로로 가게 된다는 예측이 나오는 것도 그리 놀랄 일이 아니다.

기득권자들은 2050년 넷제로 목표라는 실속 없는 약속에 안주하고 미적거려서는 안 된다. 당장 2030년 배출량 감축을 달성하기 위해 총력을 기울일 방안을 구상해야 한다. '오래전에' 산업화를 이룬 국가들과 최근 들어 산업화에 매진하고 있는 중국은 2019년까지 세계 탄소예산의 74퍼센트를 써버렸고, 이들이 감축 목표를 달성한다고 해도 2030년이면 남아 있는 전 세계 탄소예산의 70퍼센트가량을 쓰게 될 것이다(탄소예산은 지구 온도 상승 1.5도의 안전 경로에서 벗어나지 않으려고 할 때 세계 인구 전체가 사용할 수 있는 탄소의 양이다).

세계가 신흥국에 대한 적극적인 지원을 펼친다면 의미 있는 변화의 기회가 열릴 것이다. 우리는 당장 저소득 국가의 경제에 투자해 오염을 배출하지 않고도 성장할 수 있도록 도와야 한다. 급격한 전환 행동을 촉발할 수 있는 여러 가지 가능성이 열려 있다. 저소득 국가의 에너지 수요를 예로 들면, 이들 나라에는 가정에 전력을 공급하거나 식품 조리에 필요한 에너지를 공급하는 기반시설이 갖추어져 있지 않다. 아직도 수백만 여성들이 바이오매스를 태워 음식을 조리하며 연료에서 뿜어져 나오는 유독한 오염물질 때문에 건강을 해치고 있다. 바람직한 해법은 아직 화석연료 에너지 시스템에 편입되지 않은 이런 가정들이 깨끗한 재생에너지로 전환하는 것이다. 그러나 아직까지 재생에너지 비용은 가난한 사람들이 감당하기에 벅찬 수준이다. 기득권자들은 에너지 전환이 필요하다고 훈계할 것이 아니라, 전환을 이룰 수 있게 재정적인 지원을 해야 한다.

이와 관련해서 배출권 거래제 등 시장을 이용하는 여러 가지 수단에 대한 논의가 필요하다. 이런 수단들은 급격한 전환 행동을 촉진할 목적으로 배치되어야 하며, 재정 이전transfer과 탄소 크레디트*를 통해 '빅뱅' 수준의 탄소 감축 성과를 낼 수 있는 프로젝트를 지원할 수 있어야 한다. 예를 들어 아주 가난한 지역 사회에 소형 전력망 수백만 개를 구축해 청정에너지를 공급하는 것이다. 이런 경로를 택한다면, 공공정책과 공공선이 탄소 시장을 주도하게 되어 탄소 상쇄라는 이름을 내세운 술수들이 발붙일 여지가 없게 될 것이다.

또 가난한 지역 사회의 풍요로운 생태계를 이용하는 것도 탄소 감축에 기여할 수 있다. 나무와 자연 생태계는 이산화탄소를 격리한다. 그러나 세계는 이 지역들의 숲과 자연 자원을 탄소 격리를 위한 흡수원으로만 취급할 것이 아니라 그곳 사람들의 삶의 질과 경제 형편을 개선할 수 있는 기회의 원천으로 여겨야 한다. 삼림 탄소 상쇄 제도는 여기에 초점을 두고 공공정책 차원에서 신중하게 개발되어야 한다.

우리는 온실가스 배출을 감축할 가능성도 별로 없는 '기발한' 방법을 찾느라 이미 소중한 시간을 허비했고, 이제 우리에게 남은 기회는 결단력 있고 대담한 조치뿐이다. 우리는 모든 것이 긴밀하게 연결된 세계에 살고 있으며, 형평성과 정의의 가치에 기반한 협력이 안전한 세계의 근간이라는 인식 위에서 기후정책을 수립해야 한다. /

---

*   carbon credit. 온실가스 저감 프로젝트를 통해 감축한 배출량을 일종의 증서를 치환한 것.

4.26

탈성장

제이슨 히켈

사람들은 생태위기를 이야기할 때 지구 역사상 모든 지질시대를 통틀어 처음으로 인류의 활동이 지구와 기후에 큰 변화를 일으키고 있다는 뜻으로 '인류세'라는 용어를 곧잘 사용한다. 이 용어엔 유용한 점이 있긴 하지만 정확한 표현은 아니다. 문제를 일으키는 것은 인간 자체가 아니라 특정한 경제 시스템, 즉 자본주의다. 자본주의는 GDP(국내총생산)의 지속적인 성장을 핵심 동력으로 삼으며, 이것이 전제될 때만 유지된다.

자원을 전혀 들이지 않고도 성장을 이룰 수 있다면 아무 문제가 없을 것이다. 그렇지 않다는 게 문제다. GDP의 증감은 에너지 및 자원 사용량 증감과 밀접한 관련이 있다. 세계 경제는 쉴 새 없이 에너지와 자원을 추출하고 생산하고 소비한다. 이게 문제다. 지구 온난화를 1.5도 또는 2도 이하로 억제할 수 있는 수준으로 온실가스 배출량을 줄이려면 화석연료 중심의 에너지 시스템에서 하루빨리 벗어나야 하는데, 경제가 계속 성장하고 에너지 사용량이 계속 늘어나는 상황에서는 화석연료에서 벗어나기가 점점 더 어려워지기 때문이다. 우리의 자원 사용량은 이미 연간 1000억 톤을 넘기면서 지속가능한 최대 경계의 두 배를 찍고 있다.

중요한 사실은 북반구의 부자 나라, 그리고 자산 규모가 큰 계층과 기업이 기후위기를 빚어내는 주역이라는 점이다. 지구위험한계를 초과해 배출된 온실가스의 92퍼센트가 북반구에서 나온 것이다. 과학자들은 대기 중 이산화탄소 농도 350ppm이 지구위험한계라고 정의했는데 우리는 1988년에 이미 그 한계를 넘어섰다. 한편 남반구 대부분의 나라들은 여전히 이 한계를 넘지 않는 삶을 유지하고 있으므로 위기를 빚어낸 책임이 전혀 없다. 그럼에도 기후위기로 피해를 입는 것은 대부분 남반구의 나라들이다. 기후위기로 인한 경제적 비용의 82~92퍼센트와 기후 관련 사망자의 98~99퍼센트가 남반구에서 발생한다. 그야말로 심각한 불공정이다.

소득집단

1990년도 값에 대한 증가율(%)

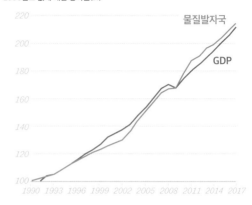

자원 사용과 관련해서도 똑같은 상황이 펼쳐지고 있다. 부자 나라들은 평균적으로 1인당 연간 28톤의 자원을 사용하는데, 이는 지속가능한 수준의 네 배가 넘고, 남반구 사람들의 평균 사용량의 몇 갑절이다. 게다가 부자 나라들은 남반구로부터의 자원의 대규모 '순純' 전유專有에 의존하고 있다. 다시 말해 북반구 소비가 빚어내는 충격과 피해는 남반구로 효과적으로 떠넘겨져 피해는 남반구에서 발생하고 남반구의 지역 사회는 자원을 빼앗긴 탓에 발전을 이루기는커녕 인간으로서의 기본 욕구조차 충족하지 못하고 있다. 이런 체계는 빈곤의 만연을 영속시키고 세계적인 불평등을 악화시킨다.

요컨대 생태위기는 식민화의 패턴을 따라가고 있다. 북반구의 지속적인 성장은 대기의 식민화와 남반구 생태계의 전유에 의존하고 있다. 따라서 생태위기의 식민적 특성을 결코 지나쳐서는 안 된다.

지난 50년 동안 북반구의 많은 경제학자와 정책결정자가 성장을 지속하되 '녹색성장'을 추구해야 한다고 주장해왔다. 이것은 GDP 증가와 환경이 받는 충격의 증가를 '탈동조화'(디커플링)할 수 있을 것이라는 기대의 표현이다. 그러나 과학자들은 이 이론이 경험적으로 아무런 근거가 없다고 일축한다.

첫째, 성장과 세계적 규모의 에너지 및 자원 사용이 완전히 탈동조화를 이룰 수 있다는 증거는 어디에도 없다. 기존의 세계적 모델은 효율성 및 기술 변화를 아주 낙관적으로 가정한다 해도 이런 탈동조화가 이루어질 가능성은 아주 낮다고 추정한다. 이것은 과학자들이 여러 차례에 걸쳐 확인한 결과다. 최근의 한 연구는 "탈동조화가 가능할 것이라는 기대감을 품고 성장 지향적인 정책을 전개하는 것은 잘못된 신호를 줄 수 있다"라는 결론을 내렸다.

그렇다면 배출량은 어떨까? 화석연료를 재생에너지로 대체하면 GDP와 온실가스 배출의 탈동조화를 이룰 '가능성'이 있다. 실제로 일부 국가에서 이런 탈동조화가 일어나고 있다. 문제는 속도다. '고소득 경제가 지금처럼 빠른 속도로 계속 성장할 경우'에는 파리 협정의 목표 시한 내에 탈탄소화를 이루는 게 불가능하다. 성장률이 증가하면 에너지 사용량이 증가하고, 에너지 사용량이 증가하면 목표 시한 내에 배출량을 0으로 줄일 가능성은 점점 희박해진다.

이런 증거에 비추어 생태경제학자들은 관점의 근본적인 전환이 필요하다고 지적한다. 무엇보다 고소득 국가는 더 이상의 성장이 '필요'하지 않다는 사실을 인정해야 한다. 부유한 국가는 현재 사용하는 것보다 '훨씬 적은 양의' 에너지와 자원으로도 자국민의 높은 생활수준을 부양할 수 있다. 핵심은 긴요하지 않은 생산을 줄이고, 자본 축적이 아니라 인간 복지를 중심으로 경제를 조직하는 것이다. 이것이 탈성장이다. 탈성장론의 요점은 고소득 국가가 과도한 자원과 에너지의 사용을 계획적으로 줄이고 경제를 정의롭고 공평한 방향으로 전환시켜 지구 생태계가 균형을 회복하도록 하자는 것이다.

구체적으로 어떻게 해야 할까? 우리는 꼭 필요한 부문인가 아닌가를 떠나서 언제나 '모든 경제 부문'이 성장해야 한다고 여기는 관점에서 벗어나서, 꼭 발전시켜야 할 부문(재생에너지, 대중교통, 의료 등)이 무엇이고, 환경 파괴가 심각해서 대폭 축소해야 하는 부문(SUV, 항공 여행, 패스트패션, 공장식 축산, 광고, 금융, 계획된 수명 단축 설계, 군산복합단지 등)이 무엇인지 신중히 따져야 한다. 기업 권력자들과 엘리트 소비를 중심으로 조직된 거대한 경제 부문도 있다. 이 부문이 사라지면 사회 전체가 누리는 편익이 향상된다.

대부분의 사람들이 이 주장이 설득력 있다고 생각하면서도 '일자리 문제는 어떻게 할 것이냐?'라고 토를 달 것이다. 간단한 해결책이 있다. 경제가 필요로 하는 노동력이 줄어든다면, 근무 시간을 줄이고 꼭 필요한 업무를 더 많은 사람들에게 나누어 맡길 수 있다. 또 우리 세대가 이뤄야 할 가장 중요한 집단 프로젝트인 재생에너지 확충, 주택 단열, 지역 소비용 식품 생산, 생태계 복원 등에 누구나 참여할 수 있도록 훈련의 기회를 제공하는 공공 일자리 사업을 시행할 수 있다. 이와 동시에 모든 사람이 행복한 삶에 필요한 자원(의료와 교육뿐만 아니라 주택, 대중교통, 청정에너지, 물, 인터넷까지)에 접근할 수 있도록 보편적인 공공서비스를 확대하고, 소득과 부를 기준으로 누진과세를 시행해 소득 재분배 기능을 강화해야 한다.

이런 전환 경로를 선택하면 모든 사람에게 양질의 일자리와 필수재 공급을 보장하는 것과 함께 에너지와 자원 사용량을 직접적으로 줄여 훨씬 더 빠른 기간 안에, 즉 수십 년이 아니라 몇 년 안에 경제의 탈탄소화를 달성하고 생태계 붕괴를 되돌릴 수 있다. 또한 이 경로를 선택하면 남반구 국가들이 제국주의적 전유의 대상에서 벗어날 수 있고, 이들의 자원이 북반구의 소비용이 아니라 자국의 필수재 공급에 투입될 수 있다.

결코 실현될 수 없는 유토피아라고 생각하는 사람도 있겠지만, 충분히 실현이 가능하고, 또 반드시 이루어야 한다. 그래야만 우리는 21세기에 생태계 붕괴를 되돌리고 정의롭고 공정한 문명을 건설할 수 있다. 물론 이를 이루기 위해서는 현재의 세계 경제 구조로부터 막대한 이익을 얻고 있는 사람들에 맞서서 맹렬한 투쟁을 벌여야 한다. 조직화하고 연대를 이루고 기백을 갖추어야 한다. 더 나은 세상은 항상 이런 투쟁 끝에 탄생한다. /

4.27
인식
격차

아미타브 고시

독일 시인 프리드리히 횔덜린은 "나무는 나의 스승이었다"라고 썼다. 만약 지구상에 이와 똑같은 말을 할 수 있는 장소가 있다면 그곳은 바로 트르나테섬일 것이다. 트르나테는 한때 말루쿠제도 또는 향료제도라고 불리던 군도에 있는 작은 섬인데, 지금은 인도네시아 동쪽 끝자락에 위치한 북말루쿠주에 속해 있다. 트르나테는 이곳의 바다에 점점이 박힌 수많은 화산섬 중 하나다. 외관으로는 완만하게 경사진 원뿔 모양의 화산섬에 지나지 않지만, 실제로는 해저에서 1500미터 이상의 높이로 솟아 있는 가말라마 화산이다.

트르나테섬은 대부분의 사람들 눈에 역사의 진행 과정에서 멀리 비껴서 있는 곳으로 비칠 법한 곳이다. 그러나 이 섬은 수백 년 동안 세계 역사를 주도한 동인이었다. 이런 역사적 배경은 섬의 해안을 따라 늘어선 식민지 시대 요새들의 모습에 뚜렷이 새겨져 있다. 트르나테섬을 역사의 중심에 올려 세운 것은 이 섬과 그 주변의 섬들에서 자라는 특별히 귀한 나무였다. 그 나무는 바로 향신료 정향의 공급원인 정향나무(학명 *Syzygium aromaticum*)다. 한때 엄청난 가치를 지녔던 이 향신료 덕분에 트르나테섬은 수백 년 동안 번영하고 강성했다. 그러나 유럽인의 식민지 개척이 시작된 16세기에 이 '생명의 나무'는 섬 주민들에게 재앙을 안겨주었다. 유럽의 여러 식민지 개척자들이 정향 교역의 독점권을 차지하기 위해 트르나테와 그 주변 섬들을 놓고 피비린내 나는 투쟁을 벌였다. 결국 우세를 차지한 네덜란드가 17세기에 트르나테를 식민지로 경영하면서 말루쿠 남부의 어느 섬에서만 정향나무의 재배를 허용한다는 명령을 내렸다. 트르나테 사람들은 네덜란드가 강제한 조약의 이 조항 때문에 섬에서 자라는 모든 정향나무를 '뿌리째 뽑아내야' 했다. 트르나테섬의 스승이었던 정향나무는 18세기에 와서야 가말라마산의 비탈로 돌아올 수 있었지만, 그때는 이미 다른 곳에서도 재배되는 탓에 가치가 크게 떨어진 뒤였다.

지금 트르나테섬은 조용하고 한적하며, 해안을 따라 늘어선 고색창연한 포르투갈과 네덜란드의 요새 유적으로 유명하다. 그러나 지리적으로는 현대 무역의 중심지에서 멀리 떨어져 있음에도 트르나테는 결코 세계화에서 뒤처져 있지 않다. 인도네시아는 세계적으로 손꼽히는 급속한 경제성장을 이루고 있고, 이 섬 곳곳에서도 이를 뒷받침하는 장면을 확인할 수 있다. 크고 작은 차량들이 거리를 가득 메우고, 섬 곳곳의 마을에서 건물이 쑥쑥 올라가고 있다. 영토의 변두리에 있는 이 섬에 대량의 상품과 서비스를 제공하고 있다는 점이야말로 인도네시아의 급격한 성장을 가장 효과적으로 입증하는 증거일 것이다.

그러나 트르나테섬의 풍경에는 급격한 성장의 시대가 남긴 또 다른 흔적이 있다. 이 흔적 역시 이 섬의 풍경에 또렷이 새겨져 있다. 바로 정향나무의 운명이다. 섬 전역에서 정향나무가 일제히 죽어가고 있다. 과수원마다 정향나무들이 잎도 돋지 않은 가지와 잿빛으로 변한 밑동을 드러낸 채 축 늘어져 있다. 화산의 경사면에는 죽은 나무들이 군락을 이루고 산지의 푸른 식생을 배경으로 칙칙한 잿빛을 뿜어내고 있다.

정향나무를 가꾸는 농민들은 나무가 죽는 원인을 똑같이 진단한다. 몇 년 사이에 기후가 변해서 강수량이 줄고 비가 더 변덕스럽게 내린다고 그들은 말한다. 그 탓에 해충과 질병이 확산되고 있다. 강수량이 줄면서 또 한 가지 전례 없는 현상이 나타났다. 바로 산불이다. 2016년 3월에는 산불이 가말라마산 경사면을 사흘 동안 태웠다. 섬사람들이 처음 겪어보는 맹렬한 산불이었다.

세계적인 기후변화의 진행은 트르나테섬 사람들을 다시 한번 역사의 선두에 세우고 있다. 세계로 통하는 첫 문을 열어주었던 나무들이 눈앞에서 죽어가는 모습을 이곳 사람들은 무력하게 지켜볼 뿐이다.

화산섬이라는 환경은 트르나테섬의 생태계와 그곳 주민들 사이에 특히 친밀하고 신성한 관계를 만들어냈고, 섬사람들은 오래전부터 자신들의 삶과 긴밀하게 연결된 생태계를 책임 있게 관리하는 역할을 자임해왔다. 그런 만큼 이 상황은 참담하다. 14세기부터 이 섬을 지배해온 술탄 왕조의 후손들 입장에서는 더더욱 그렇다. 왕가의 일부 구성원이 여전히 그 섬에 살고 있었는데, 나는 2016년에 고인이 된 통치자의 아들로 술탄 궁전에 거주하고 있는 한 왕자를 만나 대화를 나눴다.

우리는 가말라마산이 보이는 안뜰에 앉아 있었고, 자연스럽게 화산 경사면에서 죽어가는 정향나무 이야기가 나왔다. 섬사람들이 흔히 그렇듯이, 왕자역시 나무들의 죽음을 기후변화 때문이라고 여겼다. 정향나무는 700년 동안왕가의 부를 지탱해온 원천이었고, 따라서 왕자에게는 이 상황이 특별히 심각한 문제였다.

나는 정향나무를 재배하는 농민에게 던졌던 질문을 왕자에게도 똑같이던졌다. "기후변화의 심각성을 고려하면, 트르나테 사람들이 탄소 배출을 줄이기 위한 노력을 기울여야 한다고 생각하지 않나요?"

나는 왕자의 가문이 정향나무와 특별히 긴밀한 관계에 있으니, 뭔가 다른대답이 나올 거라고 기대했다. 하지만 섬의 다른 사람들에게서 들은 것과 거의 똑같은 대답이 돌아왔다. 요점은 이렇다. 왜 '우리'가 줄여야 하나? 그건 불공평하다. 서구 세계는 우리가 약하고 힘이 없을 때 우리를 지배하면서 성장할기회를 잡았다. 이제 우리 차례다.

나는 인도네시아에서만이 아니라 인도에서도, 중국에서도, 다른 여러 곳에서도 비슷한 말을 들어왔기 때문에 왕자의 반응이 전혀 놀랍지 않았다. 이곳농민들이나 왕자에게는 불공평한 역사가 기후변화의 물질적 현실과 임박한위협보다 훨씬 큰 곤경이었다. 이들에게 환경 파괴의 곤경을 견디는 것은 더큰 국가적 열망을 이루기 위해 감내해야 할 희생이었다.

뉴델리와 라호르 같은 도시의 주민들이 수명이 몇 년 단축되리라는 걸 알면서도 심각한 대기 오염을 견디는 것도 이와 똑같은 생각에서 비롯한 것이다.이들은 자신의 건강과 복지에 미치는 피해를 한편으로는 특정한 생활수준을보장받고 다른 한편으로는 국제 질서에서 자국의 위상을 끌어올리려는 더 큰집단적 열망을 성취하기 위해 감수해야 할 희생이라고 여긴다. 이런 경로를 통해서 환경적 위험에 대한 대응은 희생과 고통의 개념과 뒤섞여 민족주의를 강화한다. 같은 맥락에서 남반구의 1인당 탄소 배출량은 부유한 나라의 탄소 배출량보다 훨씬 적은데도 가난한 나라들의 탄소 배출을 제한하려는 시도는 지난 200년간의 경제적, 지정학적 격차를 계속 유지하려는 은밀한 수법이라고보는 시각도 널리 퍼져 있다.

이런 인식은 서구권의 우파 사이에 널리 퍼져 있는, 부유한 국가들이 열심히 노력해서 이룬 성공의 결실을 남반구가 빼앗으려 한다는 생각에서도 확인된다. 미국에는 자국의 탄소 배출을 제한하자는 제안을 압도적인 군사적 우위에 의해 보장되고 있는 국가 주권의 침해로 여기는 사람들이 많다.

요컨대 민족주의와 군사력, 그리고 지정학적 격차는 급속한 탈탄소화라는 국제사회의 합의 사항을 달성하려는 노력을 반복적으로 방해해온 국제적 역학관계의 근간이다. 이런 면에서 보면 갈등과 국가적 경쟁이야말로 기후변화를 일으킨 근본 동인이라고 할 수 있다. 그러나 지구 온난화에 관한 회의는 이런 문제를 거의 다루지 않고 여러 가지 기술관료적, 경제적 '해법'을 집중적으로 다루어왔다. 서구권 대학과 싱크탱크가 압도적인 규모로 생산해내는 기후변화에 관한 문헌들이 기술적, 경제적 문제에 초점을 맞추고 있는 것도 우연이 아니다.

결과적으로 대부분 수백 년간의 식민 지배로부터 혜택을 누린 경험이 있는 북반구의 부유한 국가들과 식민 지배를 당했던 남반구 국가들 사이에는 기후변화에 대해 커다란 인식 차이가 존재한다. 선진국에서는 지구 온난화가 주로 기술, 경제, 과학의 관점에서 다루어지는 데 반해, 개발도상국에서는 지구 온난화라는 동일한 현상이 식민주의 시대에 굳어진 지정학적 불평등 관계가 낳은 권력과 부의 격차라는 관점에서 다루어진다.

남반구에서는 폭력, 인종, 지정학적 권력 등의 문제가 트르나테섬의 정향 재배 농민들 같은 사람들 인식의 저변에 깔려 있다. 세계적인 피라미드의 맨 꼭대기를 차지한 덕에 대체로 안전을 보장받고 있는 북반구에서는 이런 문제가 거의 논의되지 않으며, 기후변화는 일반적으로 유엔과 같은 다자회의 기구 내부의 협상으로 해결할 수 있는 의사결정 구조의 문제로 여겨진다.

그러나 여기에는 매우 중요한 모순이 있다. 다자회의 기구는 모든 국가와 만인이 평등하며 부와 복지가 만국에 공평하게 분배되어야 한다는 가정 아래 운영되어야 하는 것이 기본 원칙이다. 반면에 지정학은 완전히 다른 가정을 근거로 한다. 지정학의 관심은 평등과 정의의 실현에 있지 않고 그 반대를 이루는 데 있다. 지정학은 지배 구조, 즉 불평등 구조를 유지하는 데만 관심이 있다.

세계적인 다자간 의사결정 구조와 지정학적 힘 사이에는 거의 메울 수 없는 거대한 간극이 존재한다. 세계적인 의사결정 구조는 외관상으로는 '해결책'과 조약을 끝없이 만들어내지만, 국제 협상의 반복적인 결렬은 전혀 다른 현실, 대개는 숨겨진 현실을 반영한다. 잘 드러나지 않는 이런 역학관계를 싱가포르 출신의 한 기자는 다음과 같이 요약했다. "우리의 권력에 대한 의지는 미래를 좌지우지할 중요한 동인인 기후변화에 대처하는 데 도움이 될 것이다."

다시 말해 세계 지도자들이 국제 협상에서 무슨 말을 하더라도, 그들이 실제로 하는 행동을 자세히 따져보면 그들을 움직이는 것은 권력에 대한 의지인 듯 보인다. 부유한 국가들이 국방비 1조 달러는 척척 증액하면서 큰 위기에 몰린 나라들을 돕는 기금으로는 100억 달러만 내놓으려 하는 것도 이런 맥락으로 읽힐 수 있다. 즉 공개적으로 하는 말과는 다르게, 많은 세계 지도자들이 갈등이 고조되는 미래에 대비하고 있다는 이야기다.

세계적인 지정학적 격차 문제가 이처럼 까다로운데, 지구가 직면한 위기를 해결하기 위해 우리는 무엇을 할 수 있을까? 전 세계인이 서구식 생활양식으로 전환한다면 인류 종말이 올 게 분명한데 남반구 사람들의 열망을 어떻게 충족시킬 수 있을까?

그나마 마음이 놓이는 점은 남반구 중산층의 열망이 본질적으로는 모방이라는 것이다. 예를 들어 인도 사람이나 인도네시아 사람이 '이제 우리 차례'라고 말할 때, 속뜻은 '다른 사람들이 가진 것을 다 가질 때까지는 나는 부자도 아니고 행복하지도 않을 것'이라는 것이다. 따라서 이들이 부자라고 여기는 다른 사람들이 관점을 바꾸어 완전히 다른 생활양식으로 전환한다면 세계인의 열망에 큰 영향을 미칠 수 있을 것이다.

이 점을 고려하면, 미래를 위한 금요일 운동이 새로운 삶의 방식을 찾자고 강조한 것은 아주 중요한 의미가 있다. 게다가 그 제안이 남반구 개발도상국들에서도 널리 공감을 얻고 있다는 점은 희망을 북돋는 귀한 소식이다. /

다음 페이지:
맹그로브림은 세계에서 가장 위협받는 생태계 중 하나다. 맹그로브림은 중요한 야생생물의 서식지이고, 홍수, 쓰나미, 토양 침식으로부터 해안을 보호하며, 오염물질 여과 및 이산화탄소 흡수, 산소 방출을 통해 기후변화 완화에 기여한다.

제5부 /

우리는 당장 무엇을 해야 하나

우리는 다른 길을 선택할 수 있다

5.1
최고의 탈출 경로는 우리 자신을 일깨우는 것이다

그레타 툰베리

개인의 변화와 시스템의 변화, 둘 중 어디에 중점을 두어야 하느냐고 묻는다면 그 답은 이렇다. 어느 한쪽이 없이는 다른 한쪽도 이룰 수 없다. 두 가지 변화를 모두 이루어야 한다. 기후위기 해결은 개인에게만 맡길 수도 없고 시장에만 맡길 수도 없다. 기후 목표를 달성하려면, 그래서 기후 재앙이 시작되는 최악의 위험에서 벗어나려면, 사회 전체를 변화시켜야 한다. IPCC를 인용하면, "지구 온도 상승을 1.5도 이내로 억제하려면 사회의 모든 영역에서 급속하고 광범위하며 전례 없는 변화를 이루어야 한다". 개인이 생활방식을 바꾸거나, 개별 기업이 친환경 시멘트 제조법을 새로 개발하거나, 개별 정부가 세금을 높이거나 낮추는 등의 일만으로는 거대한 전환을 이뤄낼 수 없다. 그것만으로는 충분하지 않다. 마찬가지로 개별적인 행동 없이는 거대한 전환을 이뤄낼 수 없다. 특히 풀뿌리 차원에서는 개인이 변화를 주도해야 한다. 개인, 개별 운동, 개별 조직, 개별 지도자, 개별 지역, 개별 국가가 행동에 나서야만 한다.

인간은 이제껏 중요한 사회적 변화를 숱하게 이뤄냈다. 때로는 극적인 규모의 변화(좋은 변화뿐 아니라 나쁜 변화까지 포함해서)가 일어나기도 했다. 사회의 모든 영역에서 전례 없는 변화를 이루어야 한다는 것은 일주일에 하루쯤 채식을 하거나 태국행 비행기를 탈 때 탄소 상쇄 배출권을 사거나 디젤 SUV를 전기차로 바꾸는 정도를 말하는 게 아니다. 그러나 아직도 대부분의 지역, 대부분의 사람들이 그렇게 생각하는 것 같다. 사실 그럴 법도 하다. 인간은 사회적 동물, 달리 말하면 군집 동물이다. 바로 다음 글에서 스튜어트 캡스틱과 로레인 휘트마시가 지적하는 것처럼, 우리는 다른 사람의 행동을 모방하고 지도자의 뒤를 따른다. 주변 사람 모두가 위기가 아닌 것처럼 행동한다면, 실제로 위기 상황이라는 걸 알아챌 사람은 거의 없을 것이다.

이전 페이지:
노숙림은 세계에서 가장 많은 탄소를 흡수하는 육상 탄소 흡수원이다. 1984년, 틀라오키아흐트와 아후사트 선주민과 지역 환경운동가들이 합세해 캐나다에서 가장 오래된 머레스섬의 원시림 벌목을 반대하는 활동을 펼쳤다. 그 결과 이곳에는 브리티시컬럼비아 최초의 부족 공원(사진)이 탄생했다.

바꿔 말하면, 비상사태에 처한 것처럼 절박하게 행동하는 사람이 아무도 없다면 비상사태라는 말이 거의 통하지 않는다. 기득권자들은 이 점을 잘 알고서 말과 행동을 정반대로 하는 교묘한 술수를 부린다. 그러다보니 이를테면 세계 최대 산유국에 속하는 몇몇 국가들이 화석연료 기반시설을 급속히 확장하면서도 스스로를 기후 대응 선도국가라고 떠벌리는 세상이 되어버렸다.

스웨덴어 중에 세계적으로 통용되는 단어는 스뫼르고스보드(스웨덴식 뷔페 상차림의 한 형태), 옴부즈맨 등 몇 개에 지나지 않았다. 최근 이 목록에 새로 추가된 단어가 있다. 바로 '플뤼그스캄flygskam'(영어로는 플라이트 셰임flight shame)이다. 이는 국제적 기후운동이 활발해지면서 항공 여행을 포기하는 사람들이 점점 늘고 있는 상황과 관련이 있다. 현재 상황에서 항공 여행은 개인적인 행동 가운데 기후에 가장 파괴적인 영향을 미치는 행동이다. 억만장자나 할 수 있는 우주여행을 하거나 초호화 대형 요트를 소유하는 행동도 유력한 후보가 되겠지만 여기서는 논외로 하자. 플뤼그스캄이 스웨덴에서 입에 오르내리게 된 것은 몇몇 유명인사가 동참하면서부터다. 언론매체에서 처음 쓰기 시작했는데, 관심을 끌어 클릭을 유도하기 위해 '부끄러움shame'이라는 말을 굳이 붙인 것으로 보인다.

내 주변에는 1~2년 동안이 아니라 영원히 비행기를 포기한 사람들이 많이 있다. 이건 가볍게 생각하고 쉽게 내릴 수 있는 결정이 아니다. 비행기 이용을 포기하는 결정을 통해, 이들은 개인의 탄소발자국을 크게 줄였다. 이들이 이런 결정을 내린 취지는 대개는 탄소발자국을 줄이려는 데 있지 않다. 누군가에게 '부끄러움'을 느끼게 하려고 내린 결정도 아니다. 이들은 대부분 나와 똑같은 생각에서 그런 결정을 내렸다. 주변 사람들에게 우리가 지금 위기의 시작점에 있으며, 위기를 극복하기 위해 각자의 행동을 바꿔야 한다는 메시지를 보내려는 것이다. 내가 배를 타고 대서양을 두 번 건넌 것은 누군가를 부끄럽게 만들거나 나 개인의 탄소발자국을 줄이기 위해서가 아니었다. 나는 현재 시스템 안에서 개인적으로 지속가능한 삶을 영위하는 것은 불가능하다는 점을 알리고 싶었다. 즉 우리가 선택한 기후 목표의 시간 범위 안에서는 지속가능한 삶을 이루기 위한 해법을 손에 넣을 가능성이 전혀 없다는 것을 알리고 싶었다.

플뤼그스캄보다 훨씬 더 큰 관심을 받아야 할 스웨덴어 단어가 있다. 바로 '폴크빌드닝Folkbildning'이다. 대략 번역하자면 '폭넓고 자유롭고 자발적인 공공교육'이라는 뜻이다. 이 단어는 20세기 초반에 스웨덴이 민주주의를 도입한 후 노동조합을 합법화하고, 노동자와 여성에게 투표권을 주고, 복지국가 건설을 시작한 시기에 생겨난 노동계급 공동체에 뿌리를 두고 있다.

미래를 위한 금요일 운동이 애초에 시위운동으로 계획된 것이라고 생각하는 사람이 많은데, 그건 사실이 아니다. 처음에는 전혀 그런 계획이 없었다. 우리가 처음으로 정한 1차 목표는 위기와 관련된 정보를 알리는 것이었다. 더 정확히 말하자면, 폴크빌드닝이었다. 2018년 8월 20일에 나는 스웨덴 의회 앞에서 "기후를 위한 학교 파업"이라고 적힌 커다란 흰색 팻말을 들었을 때, 기후 및 생태 비상사태와 관련한 사실과 정보를 담은 전단지도 준비해가서 지나가는 사람들이 자유롭게 가져갈 수 있도록 두었다. 그 전단지 한 묶음이 아직도 부모님 집의 책상 서랍에 들어 있으니, 그 전단지는 메시지 전달 효과 면에서 커다란 팻말을 든 수줍은 소녀를 따라가지 못했던 것 같다.

하지만 지금도 나는 이 위기에서 벗어날 수 있는 가장 효과적인 방법은 우리 자신과 다른 사람들을 일깨우는 것이라고 확신한다(학교 파업이 수업에 빠지는 것을 전제하기 때문에 약간 어긋나는 느낌이 들긴 하지만, 내 생각은 변함이 없다). 우리가 어떤 상황에 놓여 있는지 충분히 이해하게 되면, 다시 말해 이 상황을 종합적으로 이해하게 되면 우리가 해야 할 일이 무언지 깨닫게 될 것이다. 더 나아가 '하지 말아야 할 일'이 무언지도 깨닫게 될 것이다. 더 넓은 맥락을 고려하지 않고 특정한 세부 사안에만 집중해서는 안 된다. 위기를 인정하지 않으면서 위기를 해결하려고 해서는 안 된다. 나는 우리가 완전한 위기 대응 태세에 돌입하는 순간 개별적인 세부 사안들이 자연히 눈에 들어올 것이라고 생각한다. 그러나 그때까지는 개별 사안을 놓고 논의하는 것은 시간 낭비다. 많은 개별 사안이 '문화전쟁'의 재료로 이용되기 때문이다. 문화전쟁은 종종 인구 증가나 원자력 발전, '중국 문제' 같은 개별 사안에 사람들의 관심이 쏠리게 하여 의미 있는 진전을 가로막는 수단으로 고안되곤 한다.

문화전쟁 이외에도 위기 대응을 지연시키고, 분열시키고, 무력화하는 여러 가지 효과적인 전략들이 동원된다. 나오미 오레스케스가 제1부에서 언급했듯이, 화석연료 산업은 시민 개개인의 탄소발자국에 초점을 맞추어 "시민이 '개인적인 책임'을 져야 한다고 주장하는 전략으로 자신들의 책임에 관심이 쏠리는 것을 막아냈다". 파괴적인 영향을 미치는 주요 산업에 쏠리는 관심을 개인 소비자에게로 돌리는 이 전략을 처음으로 실행에 옮긴 것은 석유 기업 BP였고, 이 전략은 효과적이었다. 제4부에서 니나 슈랭크는 코카콜라 같은 음료 회사들이 극심한 플라스틱 오염의 책임을 소비자에게 떠넘기기 위해 비슷한 전략을 쓰고 있다는 사실에 주목했으며, 이와 유사한 수많은 캠페인이 기후 논쟁에 들어오고 있다. 최근에 큰 성과를 올린 한 캠페인은 100개 회사가 전 세계 배출량의 70퍼센트를 내뿜은 책임이 있다고 밝히고 있다. 이 주장은 개인의 탄소발자국에 초점을 맞추는 캠페인과는 반대되는 입장을 펴고 있지만, 그 결과는 매한가지로 '무대응'으로 귀착된다. 이 캠페인의 핵심 메시지는 단 100개 기업이 대부분의 온실가스를 내뿜고 있으므로, 개인적인 행동은 아무 의미가 없으며 그 기업들을 없애는 편이 훨씬 효과적이라는 것이다. 그 기업들을 어떻게 없앨 것인지도 모호하다. 강제폐업 조치의 근거가 될 수 있는 규칙이나 법률, 규제가 존재하지 않으니 우리가 의지할 수 있는 방법은 불매운동뿐이다. 상품 불매는 당연히 개인적인 행동이다.

내 말을 오해하지 않기 바란다. 나는 그 기업들을 없애자는 말에도, 그 기업들이 빚어낸 극심한 파괴 행위에 대해 대가를 치르게 하자는 주장에도 전적으로 동의한다. 하지만 그 100개 기업이 전부 문을 닫는다고 해도 우리가 사회 전체를 변혁하지 않는 한 또 다른 100개 기업이 나타날 것이다. 그런데 사회 전체의 변혁을 이루려면 개인의 행동 변화와 시스템의 변화가 동시에 이루어져야 한다. 앞서 말했듯이, 두 가지 변화를 모두 이루어야 한다. 어느 한쪽을 이루지 않고도 다른 한쪽을 충분히 이룰 수 있다는 주장이나 어느 한 가지 해법 또는 아이디어가 가장 중요하므로 거기에 집중해야 한다는 주장은 두말할 것 없이 우리의 진전을 방해하려는 목적에서 나온 것이다.

하지만 분명히 짚어야 할 점이 있다. 내가 말하는 개인적 행동은 플라스틱 사용을 줄이고 식물성 식품 섭취를 늘리는 행동만을 가리키지 않는다. 물론 이런 행동은 위기감을 불러일으키는 데 효과가 있다. 내가 개인적 행동과 관련하여 말하려는 바는 우리 한 사람 한 사람이 목소리를 내고 자신이 가진 자원을 이용해 활발히 활동하면서 주위 사람들에게 위기의 심각성을 알려야 한다는 것이다. 한 사람 한 사람이 적극적인 시민이 되어 기득권자들이 한 일과 하지 않은 일에 대해 책임을 물어야 한다는 것이다.

다시 한번 강조하자면, 기후위기와 생태위기가 최악의 상황으로 치닫는 것을 막으려면, 이제는 이것저것 가릴 때가 아니다. 우리가 할 수 있는 모든 행동을 해야 한다. 그 일을 해내려면 모든 사람이 움직여야 한다. 개인, 정부, 기업뿐 아니라 상상할 수 있는 모든 조직과 기관이 움직여야 한다. 명심해야 할 또 한 가지는 티끌 모아 태산이 가능한 시기는 이미 오래전에 지나갔다는 점이다. 지금은 느긋하게 사람들을 모을 시간적 여유가 없다. '약간의 진전'이나 '점진적인 개선'만으로는 충분한 성과를 낼 수 없다. 기후위기와 관련해서는 미국 작가 알렉스 스테폰이 한 말이 옳다. "점진적인 진전은 곧 실패다."

이제는 이것저것
가릴 때가 아니다.
우리가 할 수 있는
모든 행동을 해야 한다.

5.2
개인적 행동과
사회 변혁

스튜어트 캡스틱, 로레인 휘트마시

기후변화의 거대함과 개개인에게 요구되는 대응 행동의 사소함 사이에는 곤혹스러울 만큼 엄청난 간극이 있다. 전례 없는 실존적 위기가 닥쳤는데도, 우리에게 권장되는 행동은 고작해야 재활용하기, 한 등 *끄기*, 종이 빨대 사용하기 따위다. 이런 일상적인 선택을 하면 해수면 상승이나 치명적인 폭염을 막을 수 있다는 듯이 말이다. 하지만 채식을 하고 자동차도 비행기도 타지 않고 물건 구입을 최대한 삼가는 등 개인의 배출량을 줄이기 위해 온갖 일을 다 하는 사람이라도, 아무리 이렇게 해봐야 바다에 떨어지는 비 한 방울 아닐까 싶은 생각이 머릿속에 맴돌고, 이런 일 따위로는 우리 사회의 화석연료 의존을 바로잡고 화석연료에서 벗어나기 위해 반드시 필요한 전면적인 변화를 이끌어내는 데는 티끌만큼도 보탬이 되지 못할 거라는 생각을 떨치기 어렵다.

이건 분명히 열의를 꺾는 관점이긴 하지만, 실망하긴 이르다. 이 관점 역시 잘못된 이분법을 따르고 있다는 점에 주목하자. 개인과 시스템, 이 두 극단에만 시선을 두면 그 사이에 넓게 퍼져 있는 영역을 못 보고 지나치게 된다. 이 공간은 우리가 주변 사람들과 관계를 맺고 사회적 기대를 형성하고 공동의 현실을 만들어내면서 변화가 일어나도록 도울 수 있는 공간이다. 이 공간에서 영향력을 행사하려면 제품과 서비스를 구매하는 개별적인 소비자로 영향력을 행사하는 것보다 훨씬 더 많은 품을 들여야 한다. 기후행동은 소비자가 아니라 인간으로서, 타인과의 지속적인 관계 속에서 맡는 다양한 역할들, 즉 지역 사회와 가족, 친구 그룹, 조직, 직장의 일원으로서 맡는 역할 속에서 일어난다.

이런 공간에서 우리가 하는 행동이 영향력을 미치는 경로 중 하나가 다른 사람에게 행동을 촉구하는 신호와 모범을 제시하는 것이다. 우리가 다른 사람, 특히 존경하거나 아끼는 사람들의 의견과 행동에 영향을 받는 것처럼, 다른 사람들도 우리에게서 영향을 받는다. 많은 연구들이 확인한 바에 따르면, 사람들이 하는 환경친화적인 선택의 수준은 타인의 행동을 보고 어떻게 평가하느냐와 관련이 있다. 또 다른 연구는 사람과 사람 간의 영향력이 시간이 지남에 따라 발전해 이웃이나 대인관계망을 통해 사회적 전염 또는 행동의 전염을 일으킬 수 있음을 확인했다. 사회적 전염은 말에 의한 전파로도 일어나지만 사람들이 주변의 변화에 반응할 때도 일어난다. 기술의 전파 과정을 조사한 연구에 따르면, 어떤 가구가 태양광 전지를 설치하면 이웃집이 태양광 전지를 설치할 가능성에 뚜렷한 영향을 미친다. 평균적으로 반경 800미터 이내에서 두 가구가 새로운 설비를 설치하면, 그 영향으로 한 가구가 추가로 같은 설비를 설치한다. 마찬가지로 전기 자전거나 전기 스쿠터, 전기차 사용에 대해 논의하고 서로 권장하는 활동은 전기 이동수단의 보급 증가에 직접적인 영향을 미친다.

사회적 영향력은 사람들에게 특정한 행동을 촉구하는 것 외에도, 어떤 생활양식이 용인되는지에 대한 사회적 분위기를 조성하는 잠재력을 가지고 있다. 잦은 항공 여행은 오랫동안 높은 사회적 지위의 상징으로 여겨졌다. 그러나 최근에는 항공 여행의 유해성이 알려지면서 이와 반대되는 새로운 사회적 규범이 형성되어 항공 여행 수요에 변화가 나타나기 시작했다. 플뤼그스캄(항공 여행의 부끄러움) 현상이 뿌리를 내린 스웨덴에서는 국내 항공 이용자 수가 2018년에서 2019년 사이에 9퍼센트 감소했다. '비행 없는 삶Flight Free' 캠페인이 사람들에게 항공 여행을 자제하겠다는 선언을 하도록 권장하는 것은 다른 사람을 감화시키는 효과를 고려해서다. 이런 활동은 개인의 탄소발자국을 줄일 수 있고(물론 이것도 중요하다), 가족과 친구에게 더 깊은 영향을 주어 항공 여행에 대한 문화적 기대를 변화시킬 수 있다.

기후변화에 대응하는 개인의 행동은 기업의 활동에 영향을 미치거나, 사람들이 기대하거나 바람직하다고 여기는 생활양식에 대한 인식을 바꾸는 등 일상적 선택을 뒷받침하는 문화적 맥락을 더 폭넓게 변화시킬 잠재력을 품고 있다. 식물성 식품 위주의 식습관에 대한 관심이 증가하면서 일부 지역에서는 온실가스 배출 감소가 나타나고, 생산자들이 새로운 비건 식품 및 채식주의 식품 개발에 투자하고 있다. 이처럼 식품 선택의 폭이 넓어지면 소비자들의 식단 선택에 더 큰 변화가 일어날 수 있다.

유명인사나 인플루언서의 항공 여행 줄이기 같은 개인적 행동은 대중에게 특히 강력한 영향을 미칠 수 있다. 기후변화와 관련하여 활동하는 과학자들과 활동가들은 어떤 개인적 선택을 하느냐에 따라서 자신의 신망이 높아지거나 훼손되는 것을 확인하곤 한다. 개인의 선택은 기후위기의 심각성과 개인 행동의 중요성을 알리는 메시지 역할을 하기 때문이다. 개인의 탄소발자국을 줄이고 다른 사람에게 영향을 미치는 능력은 사회경제적 지위와 물질적 여건에 의해서도 크게 좌우된다. 전 세계 소득 상위 10퍼센트에 해당하는 사람들이 전 세계 온실가스 배출량의 절반가량을 배출한다. 따라서 이들은 지속가능한 생활양식으로 전환하기 위해서 해야 할 일이 더 많고, 개인적으로 보유한 자원 덕분에 대다수 사람들보다 유리한 위치에서 윤리적인 투자를 하고 전문직에 영향을 미칠 수 있다.

변화를 촉구하는 집단적인 활동에 조직적으로 참가하는 행동주의 역시 개인적인 행동일 수 있다. 기후위기에 대응하기 위한 사회운동에 참여하는 개인의 행동은 기후행동에 호의적인 여론을 조성하는 데 영향을 미치고 정책결정자들에게 더 적극적인 대응 정책을 시행하도록 압박하는 데 기여한다. 이제는 전 세계 많은 지역의 정치인들이 기후위기에 진지하게 대응하는 것은 자신의 책무가 아니라는 말을 입에 올릴 수 없게 되었다. 시민들이 기후변화에 큰 관심을 보이고 배출량 감축 정책에 포괄적인 지지를 보내는 등 정부의 강력한 기후 대응을 요구하고 있기 때문이다. 여론의 흐름을 읽은 몇몇 고위 정치인들은 정부에게 더 많은 일을 하라고 압박하는 시민들의 조직적인 행동을 적극 장려하고 있다. 예를 들어 앙겔라 메르켈은 총리 시절에 독일의 젊은이들에게 "더 많이 압박해달라"라고 요청했고, 스코틀랜드 제1장관 니컬라 스터전은 "우리를 움직이게 하려면 더 강한 압박이 필요하다"라고 시인했다.

이런 모든 측면을 고려할 때, 우리는 내밀한 개인적인 선택에서부터 다른 사람을 설득하고 지원하는 것, 변화를 조직하고 촉진하는 것, 더 나아가 사회를 구성하는 시스템과 문화 자체를 새롭게 구축하는 활동에 참여하는 것까지 다양한 영역에서 영향을 미칠 수 있다. 개인의 행동과 사회적 변화는 복잡한 경로를 통해 서로 영향을 주고받기 때문에, 도미노 효과가 일어날 수도 있다. 개별 행동이 계속 쌓이면, 강력한 파괴력을 품은 데다 순식간에 일파만파로 확산되는 티핑 포인트를 넘어섬으로써 사회적 관습이 완전히 전복될 수 있다. 역사에서는 사회적 관습의 전환이 갑작스럽고 극적인 방식으로 일어날 수 있으며, 태도와 행동의 변화가 이런 전환의 핵심 동인이라는 것을 입증하는 사례들이 존재한다.

그렇다고 기후위기에 대응할 책무를 오직 시민들만이 감당해야 한다는 뜻은 결코 아니다. 사실 시민들은 큰 권력도 없고, 선택권을 제한받는 경우도 적지 않다. 개인의 책임을 강조하는 것은 석유 기업을 비롯해서 자신들의 잘못에 관심이 쏠리는 것을 막으려는 기업들이 남용해온 전략이다. 우리는 이들의 의도적인 전략의 본질을 남김없이 까발려야 한다. 정부는 시민들의 강력한 압박이 시작되기를 기다릴 게 아니라 저탄소 생활양식과 저탄소 경제가 자리잡을 수 있는 여건을 조성하기 위한 정책을 주도적으로 시행해야 한다. 그러나 우리는 기후위기 대응에서 우리가 맡아야 할 역할을 따져볼 때, 개인의 행동은 결코 '개인적인' 것이 아님을, 개인의 행동은 사회 변혁을 이루기 위한 필수 요소임을 잊지 말아야 한다. /

1.5도
라이프스타일

케이트 레이워스

"나는 쇼핑한다, 고로 존재한다." 예술가 바버라 크루거가 1987년 자신의 작품을 통해 선언한 말이다.

시대의 상징과도 같은 이 말은 과도한 소비주의 생활양식을 집약적으로 표현하고 있다. 이 소비주의는 최근 100여 년간 고소득 국가와 도시 사람들의 삶을 지배하고, 살아 있는 지구의 건강을 지속적으로 악화시켜왔다.

앞으로 결정적인 10년 동안, 기후행동은 지구 생태계가 감당할 수 있는 한계 내에서 모든 사람의 요구를 충족할 수 있도록 북반구와 남반구 사이의 소비 불균형을 급진적으로 재조정하는 일을 해내야 한다. 우리는 이 재조정을 전례 없는 규모와 속도로 이루어내야 한다. 옥스팜의 한 보고서에 따르면, 인류가 지구 온난화를 1.5도 이내로 유지하면서 건강하고 공평하게 살기 위해서는 전 세계 소득 상위 10퍼센트의 인구가 2030년 무렵에 소비 배출량을 2015년 수준의 10분의 1로 줄여야 하고, 그 과정에서 소득 하위 50퍼센트의 인구가 필수적인 소비 수요를 충족할 수 있는 여건을 마련해야 한다.

그렇다면 부유한 국가와 공동체는 어떻게 해야 100여 년 넘게 몸에 밴 소비주의 생활양식에서 벗어날 수 있을까? 우선 소비주의가 어떻게 20세기 경제 성장을 추동했던 기본 경제 이론과 핵심 비즈니스 모델에 확고히 자리잡게 되었는지를 짚어보기로 하자.

경제학 창시자들의 경제 이론의 중심에 있는 인간상은 돈으로 살 수 있는 모든 것에 대해 채워도 채워도 충족되지 않는 욕망을 품은 고독하고 이기적인 개인이다. 당대에 큰 영향력을 발휘했던 경제학자 앨프리드 마셜은 1890년에 이렇게 말했다. "인간의 갈망과 욕구는 무한하고 종류도 아주 다양하다. 문명화되지 않은 인간의 욕구는 짐승의 욕구보다 별반 크지 않다. 그러나 한 걸음

한 걸음 진보할 때마다 인간의 욕구는 점점 다양해진다. (…) 물건에 대해 더 많은 선택권을 가지기를 갈망하며, 마음속에서 새롭게 자라나는 욕구를 충족시킬 물건을 갈망한다." 이처럼 편협한 인간상에서 출발했다는 점을 고려하면 이 경제 이론이 GDP(국내총생산: 한 나라 안에서 1년 동안 소비자가 구입한 재화와 서비스의 시장 가치를 합산해서 산출되는 값)를 한 나라의 성공을 평가하는 척도로 상정한 것도 놀라운 일은 아니다.

경제 이론은 이처럼 인간이 만족을 모르는 소비 욕구를 가지고 있다고 가정했지만, 현실 속 인간에게 이런 소비 욕구를 심으려면 설득이 필요했다. 만족을 모르는 소비 욕구는 20세기에 가장 큰 영향력을 가졌던 기업들이 앞으로 수익을 낼 수 있느냐 없느냐를 좌우하는 요인이었다. 에드워드 버네이스는 《프로파간다》(1928)에서 "대량생산은 꾸준한 판매량이 보장될 때만 수익을 낼 수 있다"라고 썼다. 또한 "기업은 대중이 제품을 찾을 때까지 기다릴 여유가 없다. (…) 기업은 광고와 선전을 통해 대중과 지속적으로 접촉해야 한다. 비용이 많이 들어가는 공장을 운영해 수익을 내려면 지속적인 수요가 뒷받침되어야 한다"라고 주장했다.

흥미롭게도 홍보 및 선전 산업의 창시자 버네이스는 지크문트 프로이트의 조카였다. 그는 심리치료의 기본 아이디어에 착안해 인간의 근원적 욕구를 시장에 나온 최신 제품과 연결시킴으로써 욕구 충족용 소비로 큰 수익을 올릴 수 있음을 깨달았다. 1920년대에 그는 여성들에게 담배가 '자유의 횃불'이라고 설득했고(아메리칸 타바코를 위해), 베이컨과 달걀이 미국인의 '마음에 딱 맞는' 아침식사라고 설득했다(비치너트패킹 정육사업부를 위해). 그는 광고의 힘을 확실하게 알았다. "우리 행동을 좌지우지하고, 우리 마음에 영향을 미치고, 우리 취향을 결정하고, 우리 생각을 형성하는 것은 대개 이름도 얼굴도 모르는 사람들이다." 그는 이렇게 썼다. "이들은 대중의 마음을 조종하는 줄을 손에 쥐고 있다."

광고 산업은 빠르게 성장하면서 소비주의를 사람들이 열망하는 생활양식의 지위에 올려놓았다. 사회비평가 존 버거가 《다른 방식으로 보기》(1972)에 쓴 글을 인용해보자. "광고는 단순히 소비자의 관심을 끌 만한 그럴듯한 메시지들을 모아놓은 집합이 아니다. 광고는 언어다. 늘 똑같은 보편적인 제안을 전달하는 데 쓰이는 언어다. (…) 광고는 우리 한 사람 한 사람에게 더 많은 물건을 사들여서 우리를, 그리고 우리 삶을 변화시키라고 채근한다."

더 많은 물건을 소비하는 행동을 통해 우리 자신을 변화시키려는 맹렬한 노력을 대표하는 산업이 바로 패션계다. 최근 수십 년 동안 주요 패션 소매업체는 연간 신상품 출시 횟수를 네 번에서 열두 번으로, 심지어는 쉰두 번의 '마이크로 시즌'으로 더 촘촘하게 쪼개고 매주 '새로워진 당신'을 약속한다고 장담한다. 저렴한 가격과 그 어느 때보다 빨라진 신상품 출시 주기는 대중의 소비에 반영된다. 2014년에 평균적인 소비자가 구입한 의류의 수는 2000년보다 60퍼센트 증가했지만, 구입한 의류를 보유하는 기간은 2000년보다 절반으로 줄었다.

패스트패션의 근간을 이루는 비즈니스 모델은 사람과 지구 모두를 착취한다. 세계 각지의 공장들은 엄청난 양의 저가 의류를 촉박한 마감 기한 내에 생산하기 위해 장시간의 저임금 고강도 노동과 불완전 고용, 노동조합 조직화 포기를 강요한다. 패션산업의 재료, 물, 화학물질, 에너지 사용 역시 환경에 파괴적인 영향을 미친다. 현재 생산되는 직물섬유 중 12퍼센트가 생산 과정에서 폐기되거나 손실되고, 73퍼센트가 사용 후에 매립되거나 소각되며, 1퍼센트 미만이 재사용이나 재활용을 거쳐 새 옷의 원료로 투입된다. 게다가 패션산업은 전 세계 온실가스 배출량의 약 2퍼센트를 배출한다. 2030년까지 현재 수준보다 절반가량 줄여야 함에도 불구하고 배출량은 여전히 늘어나고 있다. 패션은 지구를 고갈시키는 원천이다.

소비주의에서 벗어나기

어떻게 해야 우리 사회는 소비주의의 착취적인 영향력에서 벗어날 수 있을까? 이것은 패션 부문뿐 아니라 다른 모든 부문이 해결해야 할 과제다. 과연 우리는 마셜이 상정한 인간상 대신에 인간은 더 많은 물건을 소유하려는 욕구보다 훨씬 더 다양한 동기에 의해 움직인다는 이해를 널리 퍼뜨릴 수 있을까? 과연 우리는 버네이스가 창안해 100여 년 동안 우리 사회를 지배했던 소비주의 홍보의 영향력에서 벗어나서 사람과 사람 간의 관계를, 우리가 필요로 하고 우리가 사용하는 물건과의 관계를, 그리고 지구 생태계와의 관계를 새롭게 정립할 기반을 찾을 수 있을까?

우리가 소비주의에서 벗어나려면, 게다가 기후 목표를 달성할 수 있을 만큼 신속하게 소비주의에서 벗어나려면, 앞에서 살펴본 다양한 효과적인 수단에 의지해 고소득 국가의 과도한 소비에 치중한 생활양식에서 빠르게 벗어나야 한다. 최근에 한 중요한 연구는 '1.5도 라이프스타일'을 실현하는 데 필요한 정책을 음식, 주택, 개인 교통, 소비재, 레저 및 서비스 등의 주요 부문 중심으로 분석하고 있다. 이 연구는 생태계에 미치는 영향을 빠르게 줄이는 방법으로 정부들이 시스템 변화를 주도하며 '선택의 편집choice editing'과 보편적인 기본 서비스 제공 등 대대적인 조치를 시행할 것을 제안한다.

정책결정자들은 규제, 세금, 인센티브 정책을 통해 1.5도 라이프스타일에 부합하지 않는 유해한 소비 항목을 '선택 항목에서 제거'하는 데 크게 기여할 수 있다. 예를 들어 운송 부문에서는 개인 전용기, 초호화 대형 요트, 화석연료 자동차, 항공을 이용한 단거리 이동, 항공사 단골 고객에 대한 혜택 제공 등을 단계적으로 퇴출하는 것도 좋은 방법이다. 이와 동시에 정책결정자들은 훨씬 더 나은 대안(효율적인 철도망과 전기차 공유 체계, 자전거 전용도로, 버스 전용도로 등)을 '선택 항목에 추가'해 누구나 쉽게 경제적 부담이 없는 지속가능한 선택을 할 수 있게 해야 한다. '선택의 편집'은 이미 노동자와 소비자의 건강 및 안전을 위해 오랫동안 시행되어왔다. 이제는 지구의 건강을 보호하기 위해 선택의 편집을 시행해야 할 때다.

과도한 소비 문제가 심각한 일부 도시들과 국가들은 교통 분야에서 이미 이런 선택의 편집을 시행하고 있다. 2019년에 암스테르담은 2025년부터 화석연료를 사용하는 보트의 운행을 금지하고, 2030년부터는 화석연료를 사용하는 이륜차 및 자동차의 운행을 금지하겠다고 선언했다. 2021년에 웨일스 자치정부는 신규 도로 건설을 동결하겠다고 선언하고 그 예산을 대중교통 예산으로 전환했으며, 프랑스 정부는 기차로 두 시간 반 이내 거리의 국내선 항공기 운항을 금지하고 기차 이용을 장려했다.

암스테르담은 2030년까지 원료 50퍼센트 순환, 2050년까지 원료 100퍼센트 순환 목표를 제시하면서 '쓰고 버리는 경제throw-away economy'에서 벗어나기 위한 노력에 앞장서고 있다. 현재는 건설, 식품, 직물 부문에서의 자원 순환 노력이 시도되고 있다. 이 정책은 기업들에게 '이 도시에서 사업을 계속하려면 자원 순환에 동참하라'는 길고 시끄럽고 법적인 메시지를 보낸다. 이미 이 도시 내에서는 의류회사들이 직물을 수선하고 재사용하고 업사이클링하는 등 혁신의 불꽃이 일어나고 있다. 그르노블, 제네바, 상파울루, 첸나이의 자치정부들은 광고판의 '시각적 공해'를 금지함으로써 광고주들이 보내는 유혹의 메시지를 제거하는 편집을 하고 있다.

과도한 소비를 없애는 것도 필수적이지만, 누구나 기본적인 필요를 충족하는 소비를 할 수 있도록 보장하는 것도 필수적이다. 이런 인식이 확산되면서 모든 사람이 의료, 교육, 주택, 영양 섭취, 디지털 기기 이용, 이동 등 삶의 필수 요소를 누릴 수 있게 하는 보편적 기본 서비스의 시행을 지지하는 목소리가 높아지고 있다. 한 예로, 오스트리아 빈 인구의 60퍼센트 이상이 시 또는 비영리 협동조합이 소유한 사회적 주택에 거주한다. 수십 년 전에 빈 지방정부는 주택은 인권이므로 누구나 부담 없이 이용할 수 있어야 한다는 판단 아래 이 정책을 시행했고, 현재 사회적 주택의 임대료는 유럽 내 엇비슷한 도시의 주택 임대료보다 훨씬 저렴하다. 공적 자금을 이용하면 민간 자금을 이용할 때보다 훨씬 적은 비용으로, 환경에도 훨씬 적은 영향을 미치는 방법으로 시민들에게 필수 서비스를 제공할 수 있다. 예를 들어 1인당 의료비 지출 금액을 비교하면 미국이 유럽의 엇비슷한 나라들보다 두 배가량 많은데, 의료의 탄소발자국은 미국이 세 배 이상 많다.

작가 조지 몽비오는 소수에게만 열려 있던 과도한 선택의 기회를 봉쇄하고 모든 사람을 위한 지속가능한 선택 기회를 넓힘으로써 시스템의 변화를 꾀하는 정책이 지향하는 사회적 생활양식을 "공공은 호화롭게, 개인은 검소하게"라고 압축적으로 표현했다. 우리는 규제, 기반시설, 그리고 공적 공급에 초점을 맞춘 대대적인 정책을 통해 1.5도 라이프스타일을 실현할 수 있다.

1.5도 라이프스타일 탐구

시스템이 변화하기를 기다릴 필요 없이 지금 당장 소비주의 풍토에서 벗어나고 싶다면, 현명한 첫걸음은 자신의 과도함이 어디에서 시작되는지 탐색하는 것이다. 정신분석가 애덤 필립스는 "우리가 삶의 매 순간, 모든 지점에서 과도함을 보인다면, 그것은 감추어진 결핍의 표시다"라고 썼다. 또 "과도함은 자신의 결핍을 눈치챌 수 있는 가장 효과적인 단서이자, 그 결핍을 스스로가 알아채지 못하게 숨기는 가장 좋은 방법이다"라고 썼다. 소비주의와 관련해서 보면, 우리가 숨기고 싶어 하는 결핍은 다른 사람과의 관계, 지구 생태계와의 관계를 무시한 탓에 생겨난 것일 수 있다. 심리학자 수 거하트도 분명히 같은 생각일 것이다. 그녀는《이기적인 사회》에서 "우리는 물질적 풍요를 어느 정도 누리고 있지만, 정서적인 풍요는 누리지 못한다. 너무나 많은 사람들이 중요한 것을 박탈당한 채 살아가고 있다"라고 썼다.

인간의 삶에서 중요한 것이 무엇이냐는 질문에는 수많은 답이 나올 수 있다. 자신의 재능을 발휘해 남을 돕는 것이라는 대답도 나올 수 있고, 신념을 지키기 위해 행동하는 것이라는 대답도 나올 법하다. 영국의 싱크탱크인 뉴이코노믹파운데이션(NEF)은 광범위한 심리학 연구를 바탕으로 행복을 증진하기 위한 다섯 가지 단순한 행동을 제시했다. 주변 사람들과의 교류, 활기찬 신체 활동, 자연 관찰, 새로운 기술의 습득, 다른 사람 돕기다. 앨프리드 마셜에게 똑똑히 알려주고 싶다. 인간에게는 더 많은 물건을 소유하는 것보다 훨씬 큰 가치를 실현하려는 욕구가 있다고. 그 욕구가 개인의 행복과 집단의 행복의 원천이라고.

주변 사람들과의 교류가 행복의 원천이라면, 공동체 차원의 행동이 만들어내는 활력은 매우 큰 의미가 있다. 트랜지션네트워크는 2005년부터 지역 사회 단체들을 연결해 지역 농산물 재배를 확대하고, 공동체 시설 건물과 개인 주택에 태양광 전지판을 설치하고, 주택의 단열을 개선하고, 여행의 탄소발자국을 줄이고, 빠른 전환을 이룰 수 있는 새로운 방법을 상상하도록 서로 격려하는 활동을 지원해왔다. 영국 토트네스에서 출발한 이 네트워크는 공동체가 주도하는 행동의 중요성을 입증하면서 세계 각지의 1000여 개 단체를 포괄하는 규모로 성장하고 있다.

풀뿌리 시민운동 단체인 테이크더점프(takethejump.org)는 1.5도 라이프스타일로 전환하고자 하는 이들에게 여섯 가지 원칙을 제시한다.

- **잡동사니 정리하기:** 전자제품은 최소 7년 이상 사용하기.

- **휴가는 가까운 곳으로**: 단거리 항공 여행은 3년에 1회 이하로.
- **식탁은 녹색으로**: 식물성 식품 위주의 식사를 하고 음식 남기지 않기.
- **옷은 복고풍으로**: 새 옷 구입은 1년에 세 벌 이하로.
- **오염 없는 이동**: 개인 자동차는 가급적 이용하지 않기.
- **시스템 바꾸기**: 더 큰 시스템의 변화를 유도하고 촉진하기.

처음에는 이렇게 바꾸는 게 두려운 일이거나 달성할 수 없는 일, 사회적으로 불가능한 일로 여겨질 수 있다. 소비주의 선전이 100여 년 넘게 검소한 생활방식에 만족하지 말라고 사회 전체를 설득해왔으니 충분히 그럴 만하다. 테이크더점프는 사람들을 꾸준히 불어나는 공동체에 초대해 몇 달 동안 이런 변화를 시도해볼 수 있도록 지원하고 격려한다.

내가 직접 경험해보니, 대단히 긍정적인 경험이었다. 우리 가족이 가장 극복하기 힘들었던 도약은 자동차의 편리함을 포기하는 것이었다. 그런데 알고 보니 우리가 사는 동네에는 성공적으로 운영 중인 자동차 공유 클럽 등 더 나은 선택 항목이 제공되고 있었다. 그래서 우리는 도약을 했고, 아직까지 이 결정을 후회한 적이 한 번도 없다. 소유를 줄이고 공유를 늘리면 구속에서 벗어날 수 있다. 기분도 좋다. 나는 이 경험을 통해 변화는 시작하기 직전이 가장 어렵다는 것을 깨달았다. 우리는 대개 어떤 변화로 인한 부정적인 영향에만 집중하고, 긍정적인 영향에는 거의 관심을 쏟지 못한다.

이것은 개인의 변화뿐 아니라 사회의 변화에도 해당되는 이야기다. 우리의 생활양식을 일구어낸 시스템을 바꾸는 일은 정작 해보기 전에는 훨씬 더 어렵게 느껴질 수 있다. 그러나 우리는 앞으로 10년 이내에 지금을 돌아보면서 모든 사람이 함께 잘 살 수 있게 해줄 생활양식을 채택하는 일을 왜 그렇게 못하겠다고 저항하고, 의심하고, 오래 미루었는지 한심해할 것이다.

기후 무관심 극복하기

페르 에스펜 스톡네스

최근에 나온 IPCC 보고서를 읽다보면, '비상사태다. 이제는 모두 깨어나야 할 때다. 비상사태를 알리는 경보를 울려야 할 때다'라는 생각을 떨쳐버릴 수가 없다. 기후과학자들은 근거 없이 경보를 울리지 않는다. 이들은 평균적으로 신중한 사람들이다. 그런 기후과학이 지금 인간과 지구상의 모든 생명체에게 위험이 닥치고 있다고 경보를 울리고 있다. 우리는 비상사태 선포로 기후과학의 경고에 응답해야 한다.

나는 IPCC 제1차 보고서가 발표된 1990년대 초부터 사태가 심각하다고 걱정했는데, 내 친구들이나 동료들은 기후위기에 대한 나의 불안감을 전혀 이해하지 못했다. 2000년대에 들어서자 궁금증은 더 커졌다. 과학이 더 명확하게, 더 확실하게, 더 강력하게 경보를 울리는데도 왜 사람들은 여전히 무관심한 걸까? 2009년 12월, 나는 유엔기후정상회의가 열리는 코펜하겐으로 가서, 당시 세계 최대 규모로 기록된 기후 집회에 참가했다. 추운 날씨에도 무려 10만여 명이 집결해 회의장을 향해 행진했다. "당장 행동해야 할 때다!" 집회에 참석한 사람들은 목청껏 외쳤다. 헛수고였다. 회담은 아무런 성과도 없이 또다시 합의 결렬로 끝났다. 나의 궁금증은 효과적인 기후행동의 심리학으로 옮겨갔다. 우리는 위기가 닥쳤다고 선언을 하기는 했지만 과연 계획한 만큼의 성과를 올리고 있을까? 누가 보기에도 우리의 기후 대응은 충분하지 않다. 그렇다면 비상사태라고 외치는 것 말고 뭔가 다른 게 필요한 건 아닐까? 대체 그게 무얼까?

나는 답을 찾기 위해 7년 동안 수많은 실험과 책, 동료 심사를 거친 논문, 그리고 철학자들과 포커스 그룹의 아이디어를 자세히 검토했다. 나는 사람들이 대체로 기후변화와 관련해서 심리적 방어벽을 세우는 경향이 있으며 이 방어벽이 사람들의 기후행동 참여를 가로막는다는 것을 확인했다. 나는 이런 심리적 방어벽을 거리 두기와 숙명론, 부조화, 부정, 정체성 이렇게 다섯 가지(5D)로 요약했다.

심리적 거리 두기Distancing는 인간의 뇌가 대체로 기후변화를 추상적이고 눈에 보이지 않으며 서서히 진행되고 시간적, 공간적으로 멀리 떨어진 사건으로 여기는 경향이 있음을 가리킨다. 거리 두기는 기후변화에 대한 위기감을 최소화한다.

숙명론Doom은 기후변화를 언제 닥칠지 모르기 때문에 더 두려운, 치명적인 손실과 막대한 희생을 빚어낼 수 있는 심각한 재앙이라고 단정 짓는 태도를 가리킨다. 이런 태도는 흔히 공포와 죄책감을 수반하는데, 공포와 죄책감이 장기간 지속되면 문제에 둔감해지고 회피하는 태도가 나타난다.

부조화Dissonance는 자신의 행동(자동차 이용, 육식, 항공 여행)과 자신이 아는 사실(이런 탄소 배출 행동이 지구의 기후를 망가뜨린다는 사실) 사이의 인지부조화를 해소하기 위해 행동을 바꾸기보다는 정당화하는 쪽으로 기울어지는 현상이다.

다음으로 부정Denial이다. 우리는 기후과학을 부정하는 데 그치지 않고 일상에서 일어나는 기후변화 현상까지 못 본 체하면서 불편한 진실을 외면한 채 살아갈 수 있다.

마지막으로, 정체성iDentity 장벽이란 생활양식의 변화와 정부 개입 강화, 과세 강화를 요구하는 기후정책이 자신의 정체성과 자유, 그리고 자신의 가치관을 위협한다고 느끼는 것을 가리킨다. 예를 들어 만약 내가 기후활동가들로부터 인신공격을 받고 있다고 느긴다면 나는 그들을 반격할 것이다.

요컨대 사람들이 기후변화와 관련한 사실을 반복해서 접하면서도 행동을 취하지 않는 이유는 이 다섯 가지로 압축된다. 기후 경보가 울리는데도 기후행동의 진전을 이루는 게 그토록 힘든 것은 인간의 뇌가 가진 이 다섯 가지 결함 때문이다.

다행스럽게도 기후행동과 관련해서 우리의 뇌가 좀 더 편안하게 받아들일 수 있는 소통 방식이 있다. 이 방식 역시 다섯 가지로 요약할 수 있다. 즉 기후행동을 사회화하고Social, 단순화하고Simpler, 도움이 되는 면을 부각하고

Supportive, 이야기로 만들고Stories, 신호로 만드는 것Signals이다. 친구와 공동체 등 '사회적' 관계 중심으로 기후행동을 촉진하면 우리 뇌는 기후행동이 개인적으로 의미 있고 긴급한 것이라고 느낄 수 있다. 또한 일상에서 마주치는 선택 항목에 기후친화적인 항목을 포함시키는 등(예를 들면, 학교 식당의 '오늘의 메뉴'에 채식 메뉴를 넣는 방식), 넛지(부드러운 개입) 기술을 이용해 '단순한' 방식으로 기후행동을 촉진할 수 있다. 우리는 기후행동의 '도움'이 되는 측면을 부각해 우리의 건강과 번영을 개선할 기회임을 알릴 수 있다. 또 끝없이 이어지는 불운에만 주목하는 것이 아니라 우리가 원하는 미래에 대한 더 긍정적이고 생생한 '이야기'를 만들어낼 수 있다. 마지막으로, 우리는 기후행동의 의욕을 유지할 수 있도록 성과에 대한 정보를 제공받아야 한다. 즉 기온과 배출량 등 지구 행성의 상황뿐 아니라 재생에너지, 식단, 녹색 일자리 등 사회적 진전 상황을 자주 알려주는 맞춤형 신호가 필요하다.

"어떤 환경운동이 최선일까? 시스템을 변화시키려면 산업과 맞서야 할까, 협력해야 할까?"라는 질문에 노르웨이 생태철학자 아르네 네스는 이렇게 말했다. "우리는 광대한 전선을 가득 메울 사람들이 필요하다. 모든 사람이 자신의 역할이 중요하다는 확신을 가져야 한다." 바꾸어 말하면, 시스템을 변화시키려면 다양한 방법을 동원해야 한다는 뜻이다.

우리는 미래를 위한 금요일 운동과 기후를 위한 학교 파업 시위가 필요하다. 멸종저항Extinction Rebellion, 시민기후로비Citizens' Climate Lobby, 참여과학자연합Concerned Scientists United, 350.org, 보수주의기후행동Conservatives for Climate이 필요하다. 우리에겐 과학자와 경제학자, 사회학자, 엔지니어가 필요하다. 만인에게 미래 경제에 투자할 방안을 안내할 수 있고 국제적인 활동 기반을 가진 재무행정 전문가가 필요하다. 또 디자이너, 전기 기술자, 건축가, 풍력 발전기 관리 기사가 필요하다. 생태학자와 재생농업에 힘쓰는 농민과 비건 요리 전문가가 필요하다. 음악가, 조각가, 인플루언서, 아티스트, 패셔니스타가 필요하다. 대다수의 사람들이 기후행동에 합세하면, 정치인들은 기후행동에 적극적으로 나서는 게 유권자들의 표를 잃는 지름길이 아니라 오히려 지지를 얻을 수 있는 길이라고 판단해 시민들의 기후행동에 합세할 것이다.

"모두 기후위기에 무관심해" 또는 "아무것도 나아지는 게 없네"라고 불평해봐야 시스템 변화를 촉진하는 데는 별 도움이 되지 않는다. G20 참가국 전체를 대상으로 실시된 한 설문조사에 따르면, 해당 인구의 4분의 3이 기후위기를 크게 우려하고 있는 것으로 나타났다. 실제로 세계 각지의 사람들이 이미 기후 대응에 나서고 있다. 세계 전역에서 많은 사람이 기후행동을 더욱 강화하고 있다. 대부분의 언론매체가 기후위기를 무시하는 것은 물론이고 시민들의 기후행동까지 무시하고 다루지 않는다. 그러나 우리는 크건 작건 선구적인 기후행동을 펴고 있는 영웅들의 이야기를 더 많이 알려야 한다. 이런 영웅들의 이야기를 열심히 찾아보길 권한다. 다음 웹사이트를 방문해도 좋을 것이다. drawdown.org, goexplorer.org, wedonthavetime.org, iclimatechange.org.

기후위기와 관련해서 공포와 우울감과 분노를 느끼는 것은 전혀 부당한 일이 아니다. 이런 감정이 생길 때는 그 감정을 존중해야 한다. 논리적으로 따지거나 조바심치지 말고 그 감정을 함께 나누고 그 감정에 귀를 기울여야 한다. 감정을 공유하는 경험은 종종 심리적 변화로 이어진다. 다시 아르네 네스의 말을 인용해보자. "우리는 극한의 고통과 마주하는 과정에서 기쁨을 얻는다." 자신의 내적 감정을 인정할 때 우리는 기력을 되찾아 다시 행동에 나설 수 있다. 강렬한 기쁨과 열정과 감사를 느끼는 것 역시 전혀 부당하지 않다. 우리는 아직 이곳에 있다. 우리 곁에는 나무와 벌, 그리고 지구 생태계의 온갖 아름다움이 있다. 우리는 2, 3초에 한 번씩 생명과 활력의 원천인 공기를 들이마신다. 호흡에 섞여 몸으로 들어오는 깃털 같은 생명을 느껴보라. 우리 존재를 지탱하는 원천을. /

"모두 기후위기에 무관심해"
또는 "아무것도 나아지는 게 없네"라고
불평해봐야 시스템 변화를 촉진하는 데는
별 도움이 되지 않는다.

식습관
변화

기돈 에셜

11월의 맑은 날, 나는 미국 뉴잉글랜드의 숲속에서 이 글을 쓰고 있다. 이곳에서는 덥고 습한 날씨의 기습에 당황한 나무들이 붉게 혹은 노랗게 물든 잎을 떨구고 있다.

글래스고 유엔기후변화협약 제26차 당사국 총회에도 불구하고 다음 해 가을이면 대기 중 이산화탄소 농도가 2~3ppm 더 늘어나고 지표 온도가 평균 0.01~0.04도가량 오를 것이다. 10억 킬로그램에 약간 못 미치는 다량의 질소가 미시시피강을 거쳐 멕시코만으로 흘러들 것이고, 이 다량의 질소는 여름철에 멕시코만 연안에서 조류藻類 대량 번식과 그에 따른 해수의 용존산소 감소 현상을 일으켜 새우, 굴, 물고기의 대량 폐사를 낳을 것이다. 해수에 유입되는 과도한 질소는 대부분 대량의 질소비료가 농지에 뿌려졌다가 흡수되지 않고 녹아든 농지 유출수에서 나오기 때문에, 미국 미드웨스턴주의 상품 작물 생산 농민들과 루이지애나주의 어민들 간의 이해 대립을 낳는데, 불리한 쪽은 당연히 어민들이다.

현대 농업은 정기적으로 기계적 또는 화학적 방식을 통해 표토를 교란한다. 그 결과 농지에서는 토양 유실이 자연적인 토양 유실보다 2~5배 빠르게 진행된다. 내년 가을까지 지구상의 농경지 약 19억 헥타르에서는 10조~20조 킬로그램의 토양 유실이 일어나 이미 심각한 상황인 세계 식량 문제가 더욱 가중될 것이다.

다음 해 가을까지는 최소한 서너 종, 어쩌면 수십 수백 종의 동물이 마지막 인사를 하고 이제껏 지켜온 지구 무대에서 내려와 영원히 돌아오지 않을 것이다. 그중에는 자연선택의 결과로 사라지는 종도 있고, 기후변화 때문에 사라지는 종도 있을 것이다. 또 우리의 자원 사용 방식 때문에 발생하는 헤아릴 수 없이 많은 환경 훼손 중에서도 특히 물 오염과 물 고갈 때문에 사라지는 종도 많을 것이다.

환경과 관련한 문제의식과 충분한 정보를 가진 사람이라면 이처럼 비관적인 상황을 확인하고 낙관적인 태도를 유지하기가 쉽지 않을 수 있다. 그러나 우리는 먹구름 뒤에서 비쳐드는 빛을 봐야 한다. 인간 활동에 의한 기후변화라는 코끼리를 잠시 방 안에 놓아두고 생각해보면, 위에서 언급한 문제들은 대부분 농업에서 기인한 것이며, 농업이 환경에 미치는 영향의 심각성은 대개 어떤 방식으로 농사를 짓느냐에 따라 달라진다. 그러나 기후변화는 다른 환경 문제와는 질적으로 완전히 다르다. 온실가스는 현대 생활의 거의 '모든' 부문에서 배출되고 있으며, 어느 한 부문만 유독 두드러지게 배출되는 상황이 결코 아니다. 따라서 기후변화에 제대로 대처하기 위해서는 사회 모든 부문에서 개혁이 이루어져야 한다. 반면에 앞서 말한 멸종 문제, 안정적인 식량 공급을 위협하는 토양 유실 문제, 부영양화(농지에서 유출된 비료 성분으로 인한 조류 과다 증식)에 의한 수질 오염 문제, 그리고 수자원의 과도한 사용 문제는 모두 식량 생산 때문에 빚어진 것이다.

이 사실은 귀가 솔깃해지는 가능성을 제공한다. 오늘날 도시에 거주하는 대다수 인구에게 농업은 곧 식품이다. 따라서 앞서 열거한, 서로 긴밀하게 얽힌 환경 문제들을 획기적으로 개선하기 위해 우리가 해야 할 일은 단 한 가지, 식습관을 바꾸는 것이다. 물론 개인의 의지만으로 계획적인 식습관 전환을 이루기란 몹시 어렵다. 장기간 식이 조절을 선택하는 사람들이 세계적으로 늘고 있는데, 이들은 계획적인 식습관 전환의 고통을 누구보다 잘 알 것이다. 그러나 개인의 식습관은 특정 식품 생산을 장려하거나 식품 가격과 시장, 세금에 개입하는 등의 정부 정책에도 상당한 영향을 받는다. 따라서 국가적 차원이나 국제적 차원에서의 식품 수요 변화는 기후변화 문제에 대한 효과적인 해결책이 될 뿐 아니라, 개인적인 뱃살 빼기보다 훨씬 달성하기 쉽다.

그렇다면 우리는 어떻게 식습관을 변화시켜야 할까? 또 식습관 변화를 통해 어떤 긍정적인 결과를 얻을 수 있을까? 식습관 변화를 통해 환경에 미치는 부정적인 영향을 가장 크게 줄일 수 있는 방법은 자원 집약도가 높은 식품의 소비를 중단하거나 대폭 줄이는 것이다. 현재 생산 과정에서 자원을 가장 많이 소비하는 식품은 쇠고기다.

햄버거 섭취 시의 환경 영향을 따져보고 그 대안을 탐색해보자. 햄버거 하나에 들어가는 단백질 약 10그램을 생산하기 위해서는 온실가스 2~10킬로그램(이산화탄소 환산량)이 배출되고 5~35제곱미터의 토지가 투입된다. 토지 면적의 최솟값은 쇠고기가 젖소 목장에서 생산되거나 거세한 수소를 최소한의 공간에 가둬두고 시장성 있는 몸무게에 최대한 빨리 도달하게 사육하는 대단히 집약적인 축산을 통해 생산된 경우에 해당하고, 최댓값은 드넓은 초지 방목장에서 사육한 소에서 고기를 얻는 경우에 해당한다. 이 광활한 방목장은 생물다양성을 가장 심하게 훼손하는 요인이다. 이런 방목장은 야생 환경이 상대적으로 더 온전히 보전되어 다양한 생물이 남아 있을 확률이 높은 지역의 땅에 조성되는 경우가 많기 때문이다. 쇠고기 단백질 10그램을 생산하는 데는 약 100~600리터의 관개용수와 약 40~80그램의 질소비료가 들어간다.

자, 이제 햄버거 소비자가 식단을 바꾸려 한다고 가정하고, 이 자원이 다른 곳에 투입되면 어떤 결과가 나올지 살펴보자.

그림 1a는 한 명의 단백질 요구량을 충족시킬 쇠고기를 생산하는 데 쓰이는 경작지에서 네 명에서 스물여덟 명(식물 종류에 따라 차이가 난다)의 단백질 요구량을 충족하는 식물을 생산할 수 있음을 보여준다. 경작지 재할당의 환경적 결과를 보여주는 그림 1b에서는 대체 식물의 생산에 따른 온실가스 배출량과 질소비료 사용량이 쇠고기 생산 시 소요량의 2~12퍼센트에 불과한 것으로 나타난다.

이 그림에는 또 다른 중요한 메시지가 숨어 있다. 물은 분명히 제한된 자원이다. 일부 대체 식물의 물 소요량은 쇠고기 생산 시의 물 소요량과 비슷하고, 열두 종의 대체 식물 중 다섯 종의 경우에는 쇠고기보다 단백질 1그램 생산에 소요되는 물의 양이 더 많다. 그러나 물 소요량은 기후 조건의 지리적 차이를 이용하면 쉽게 조정할 수 있다. 예를 들어 귀리(밀과 비슷하게 생긴 작물)는 미국에서는 주로 몹시 건조한 북부 대평원에서 재배되기 때문에 관개용수가 투입되는 경우가 많다. 그런데 대부분의 가을밀(가을에 파종해 이듬해 늦봄에 수확하는 밀)은 빗물 외에 관개용수가 필요하지 않다. 이런 작물의 경작지를 뉴욕 서부나 펜실베이니아 등 강우량이 충분한 지역으로 옮기면 관개용수 수요를

쇠고기 생산에 사용되는 고품질 경작지를
다른 작물 생산에 투입할 경우 영양과 환경에 미치는 결과

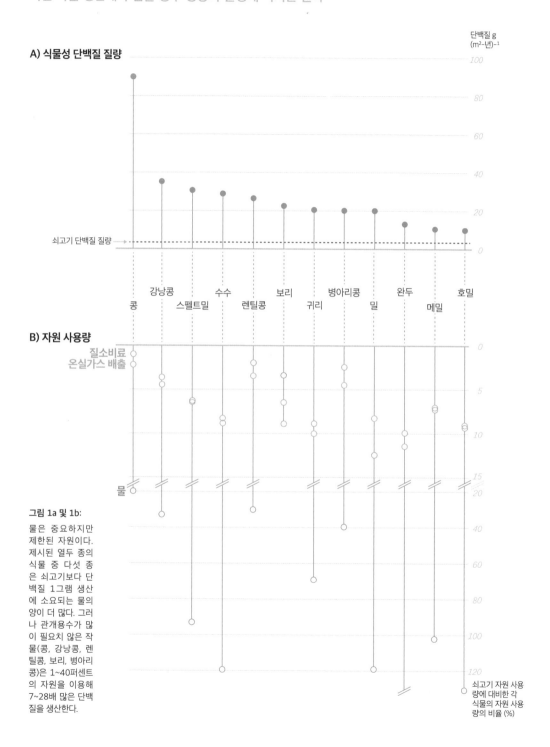

A) 식물성 단백질 질량

단백질 g
(m²·년)⁻¹

쇠고기 단백질 질량

콩 강낭콩 스펠트밀 수수 렌틸콩 보리 귀리 병아리콩 밀 완두 메밀 호밀

B) 자원 사용량

질소비료
온실가스 배출

물

그림 1a 및 1b:

물은 중요하지만 제한된 자원이다. 제시된 열두 종의 식물 중 다섯 종은 쇠고기보다 단백질 1그램 생산에 소요되는 물의 양이 더 많다. 그러나 관개용수가 많이 필요치 않은 작물(콩, 강낭콩, 렌틸콩, 보리, 병아리콩)은 1~40퍼센트의 자원을 이용해 7~28배 많은 단백질을 생산한다.

쇠고기 자원 사용량에 대비한 각 식물의 자원 사용량의 비율 (%)

크게 줄일 수 있다. 따라서 쇠고기를 자원 효율이 더 높은 식물로 대체하고 식품 시스템을 재설계하면 환경 부담을 크게 줄일 수 있다. 핵심은 쇠고기를 식물성 식품으로 대체하는 것이다. 이것이야말로 환경에 미치는 부담을 크게 줄이면서 단백질 공급량을 크게 늘릴 수 있는 중요한 방안이다.

개인의 식단에서 쇠고기를 식물성 식품으로 대체하면 토지 수요와 기타 자원 사용량을 대폭 줄일 수 있다. 이런 변화가 달성되면 담수와 연안 해양 오염을 35퍼센트 줄일 수 있으며, 부유한 선진국의 농촌 경관이 달라지고 생물다양성과 환경 회복력이 크게 향상될 것이다. 이런 식습관 전환은 영양적으로도 큰 이점을 제공하며, 세계적으로 만연하고 있는 여러 퇴행성 질환, 특히 심혈관 질환 및 뇌졸중과 일부 암의 발생 위험을 크게 낮출 수 있다. 현실적인 상황을 감안할 때 국가 차원에서 짧은 기간 안에 쇠고기를 식물 기반 대체 식품으로 바꾸는 것은 비교적 쉽게 달성할 수 있는 일이다. 물론 문화 및 음식 취향과 관련해서 반발하는 사람들이 있을 수 있다. 그러나 항공 여행이나 자동차 이용 또는 모든 전자제품의 사용을 완전히 중단하겠다는 등의 강력한 변화를 선택하는 경우를 제외하면, 쇠고기 섭취 중단은 개인이 자발적으로 선택할 수 있는 가장 파급력이 큰 행동이다. 미국인들이 미국산 쇠고기를 똑같은 양의 단백질을 제공하는 다양한 식물성 식품으로 완전히 대체하면 미국의 연간 배출량은 약 3억 5000만 톤(이산화탄소 환산량)이 줄어든다. 이 감축량은 미국 전체 주거 부문의 총 배출량의 90퍼센트를 넘어서는 양이다. 바꿔 말하면 쇠고기를 식물성 식품으로 대체하면 건강 개선 효과가 클 뿐 아니라 에너지 집약적인 주거 부문의 배출량과 거의 맞먹는 양의 온실가스 배출을 줄일 수 있다. /

5.6
바다를
기억하자

아야나 엘리자베스 존슨

나는 바다를 좋아한다. 아마 많은 사람이 그럴 것이다. 바다는 매력덩어리다. 문어와 해초 숲과 갯민숭달팽이와 파도와 복어를 품고 있는 존재 아닌가! 그런데도 우리는 종종 바다의 귀중함을 잊고 지낸다. 게다가 바다는 지구 기후를 조절하는 아주 중요한 역할을 하는데, 안타깝게도 우리는 바다의 역할을 과소평가해왔다.

바다는 우리가 화석연료를 태우면서 배출하는 이산화탄소의 약 30퍼센트를 흡수해왔다. 이 과정은 바닷물의 산성도에 영향을 미치는데, 산업혁명 이후로 바닷물의 산성도가 30퍼센트 증가했다. 또 한편으로 바다는 늘어난 온실가스 때문에 발생한 과도한 열의 93퍼센트를 흡수해왔다. 만약 바다가 열을 흡수하지 않았다면 지구는 지금보다 36도나 더 뜨거웠을 것이다(요즘에는 바다에서도 폭염이 발생한다). 과도한 열을 흡수한 결과, 1900년 이후로 해수면 온도가 0.88도 상승했다. 바다가 뜨거워지면 증발량이 늘어나고 더 많은 수증기가 대기로 들어가 더 강력하고 더 많은 호우를 품은 폭풍이 형성된다. 뜨거워진 바다(그리고 녹아내리는 빙상)는 바닷물의 밀도와 염도를 바꾸어 해류를 변화시킨다. 예를 들어 따뜻한 멕시코만류를 이동시켜 유럽의 온화한 날씨를 유지해주는 대서양 자오면 순환(AMOC)은 1950년 이후로 15퍼센트가량 느려졌다.

그런데도 바다는 기후와 관련한 대화에서 자주 제외된다. 나는 기후위기에 관한 대화를 나눌 때 자주 손을 들어 "여러분, 바다 이야기도 해야죠!"라고 말한다.

이처럼 바다는 온실가스로 인한 오염의 영향을 완화해 우리에게 엄청난 혜택을 베풀어왔다(고마워요, 바다). 이와 더불어 바다는 다양한 기후위기 해법을 품고 있어 우리에게 훨씬 더 큰 혜택을 제공할 수 있다.

우선 현실부터 검토하자. 현재 해양의 생태계와 생물다양성은 기후변화를 비롯한 여러 가지 충격에 시달리고 있다. 연안 생태계는 이미 3분의 1에서 2분의 1가량이 파괴되었고, 생물다양성 손실이 인류 역사상 그 어느 때보다 빠르게 진행되고 있다. 산호초 군락을 형성하는 산호와 상어, 해양 포유류의 약 33퍼센트가 멸종위기에 처해 있다. 해양의 생물다양성은 인간의 복지에도 필수적인 요소다. 약 30억 명이 식량안보와 경제와 문화를 해양 생태계에 의존하고 있다. 바다의 변화는 우리 모두에게 영향을 주지만, 가장 심한 타격을 입는 사람들은 저소득 공동체와 유색인종 공동체다.

바다가 뜨거워지면 물고기는 적정 온도를 찾아 극지 쪽으로 이동하고, 이동할 수 없는 산호는 심각한 손상을 입고, 바다 먹이사슬과 어업이 붕괴된다. 해수 온도의 과도한 상승이 오래도록 지속되면 산호는 자신의 체내에 사는 다채로운 색상의 (대개 공생관계인) 광합성 조류를 쫓아낸다. 산호 백화 현상은 최근 40년 사이에 발생 빈도가 다섯 배나 높아졌다. 지구 온난화가 2도에 이르면 (지금과 같은 추세로 간다면 2100년 무렵에 2도를 훌쩍 뛰어넘을 것으로 전망된다), 산호초의 99퍼센트가 사라질 것이다. 물이 따뜻해지면 물고기는 대사활동이 빨라져 더 많은 산소를 필요로 하는데, 해수의 용존산소 농도는 오히려 감소한다. 한편 식물성 플랑크톤은 우리가 호흡하는 산소의 절반 이상을 만들어내는데, 기후변화 때문에 식물성 플랑크톤의 산소 생산량이 매년 약 1퍼센트씩 줄어들고 있다.

화석연료를 태우는 인간의 활동은 지구 온난화를 일으킬 뿐 아니라, 드넓은 해양의 화학적 조성 자체를 바꿔놓고 있다. 해양 산성화가 진행되면서 굴(지속가능한 해산물 중 하나) 등의 해양 동물이 단단한 껍데기를 만들고 번식을 하는 데 어려움을 겪고 있다. 잘 알려지지 않았지만 물고기는 바닷물의 냄새에 의지해 활동한다. 해수의 산성도가 변하면 물고기는 먹이를 찾거나 포식자를 피하거나 서식지를 찾아가는 능력을 잃을 수 있다.

앞서 말한 사실 이외에도 이미 전 세계 어류 자원의 94퍼센트가량이 고갈되거나 남획되었기 때문에, 이제는 더 이상 자연환경에서 잡은 어류만으로 전 세계인의 어류 수요를 충당할 수 없다. 또한 육식성 어류에 집중하는 산업형 양식은 자연에서 수확한 소형 어류를 사료로 대량 소비하고 있어 심각한 생태계 파괴를 낳고 있다. 전 세계적으로 산업형 어업은 종종 생태계 파괴(저인망 어업과 양식업은 탄소 저장고인 해저 생태계와 맹그로브림을 파괴해 탄소 배출을 유발하고 있다)와 인권 침해(위험한 노동조건, 극단적인 저임금, 강제노동)를 일으킬 뿐 아니라 화석연료를 대량으로 사용하는 문제를 안고 있다. 줄어든 어류 자원을 찾는 일에 더 많은 어선이 투입되면서, 해양 어업은 연간 2억 톤 이상의 이산화탄소를 배출하고 있다. 게다가 이런 남획을 일삼는 어업에 연간 200억 달러나 되는 보조금이 투입되고 있다. 유엔은 이 보조금의 폐지를 주장하고 있고, 나도 같은 입장이다.

여러 가지 위협과 우리의 각종 오염 물질 배출에 시달리고 있긴 하지만, 바다는 그냥 피해자가 아니라 영웅이기도 하다. 우리는 관점을 바꿔야 한다. 지구 기후변화를 완화하는 바다의 역할에 주목하고, 기후 '해법'의 중요한 원천인 바다의 잠재력에 의지하는 법을 배워야 한다.

재생에너지

해안에 있는 모든 주택과 건물의 전력 수요를 바다에서 얻는 에너지로 충당할 수 있다면! 이건 그저 막연한 꿈이 아니다. 해상에서는 내륙에서보다 바람이 더 강하고 지속적으로 불기 때문에, 해상 풍력은 인근 인구 밀집지에 안정적으로 에너지를 공급할 수 있다. 전 세계 해상 풍력 발전의 누적 용량은 2030년 이전에 200기가와트를 넘어설 것으로 전망된다. 파도와 조류潮流의 에너지를 활용하는 기술과 부유식 해상 태양광 발전 기술도 새롭게 부상하고 있다.

해양 재생농업

육지의 재생농업이 토양 유기물 함량 회복, 탄소 흡수, 생물다양성 증진을 목표로 하는 것과 마찬가지로, 해산물 양식을 통해서도 해양 생태계의 복원력을 높일 수 있다. 예를 들어 해조류와 조개류(굴, 홍합, 대합, 가리비) 양식은 지속가능성이 매우 높다. 햇빛과 바닷물 속 영양분만으로 살아가는 생물이라서 비료, 담수, 사료를 투입할 필요가 없고, 따라서 탄소 배출이 매우 적은 식재료다. 해조류 양식은 인근 해양의 산성도 저감, 생물다양성 보호, 폭풍으로 인한 해안 침식의 완충 등 다양한 이점을 제공할 수 있으며, 수천만 명의 고용을 창출하는 산업으로 성장할 잠재력을 품고 있다.

블루카본

탄소 흡수를 위해 나무를, 그것도 수십억 그루의 나무를 심자는 이야기는 자주 나오지만, 전 세계 광합성의 약 50퍼센트가 바다에서 일어난다는 사실은 거의 주목받지 못하고 있다. 이런 육지 중심의 근시안적 관점으로는 습지와 해초, 산호초, 갈조류 서식지, 맹그로브림의 탄소 저감 잠재력을 알아보지 못한다. 해양 생태계는 육상 삼림보다 헥타르(1만 제곱킬로미터)당 최대 다섯 배 많은 탄소를 저장할 수 있다. 해조류의 잠재력은 대단히 크다. 자연적으로 심해로 가라앉는 해조류는 전 세계적으로 매년 약 2억 톤의 탄소를 격리한다. 해조류를 양식한 뒤 가라앉는다면 이산화탄소를 효과적으로 격리할 수 있다. 그러나 우리가 이런 잠재력을 알아보지 못한 탓에, 훼손되고 파괴된 해안 생태계에서는 메탄을 제외하고도 매년 최대 10억 톤의 이산화탄소가 배출되고 있다.

연안 생태계 보호

연안 생태계의 보호와 복원은 탄소 격리 측면에서도 중요하지만 해안 지역 사회를 보호한다는 측면에서도 중요한 조치다. 연안 생태계의 훼손으로 인해 전 세계 최대 3억 명이 홍수와 폭풍의 피해를 입을 위험에 처해 있다. 연안 생태계는 폭풍 해일과 범람의 충격을 완충하는 첫 번째 방어선이다. 일반적으로 연안 생태계 보호와 복원은 방파제보다 훨씬 적은 비용으로 훨씬 효과적으로 해안선을 보호한다.

해양 보호구역

과학자들은 2030년까지 자연의 '최소한' 30퍼센트를 빠르게 보호구역으로 지정해야 한다고 권장한다. 보호구역은 생물다양성과 생태계를 보호하고 어장을 활성화하며 블루카본을 격리할 수 있기 때문에 일석삼조다. 기후 충격은 해양 생태계에 심각한 타격을 입히고 있고, 해양 생태계가 악화됨에 따라 더 많은 온실가스가 배출되는 악순환이 일어난다. 해양 보호의 가치는 분명한데도, 현재 바다의 단 2.8퍼센트만이 엄격히 보호되고 있다. 자연에 스스로 재생할 수 있는 공간을 주자.

요컨대 해양 생물과 해양 생태계가 심각한 훼손 위기에 처해 있다. 우리는 이런 훼손을 완전히 막지는 못하더라도 상당한 수준으로 억제할 수 있다. 해양 기반 기후 해결책을 시행함으로써 우리는 지구 온도 상승을 1.5도 이내로 억제하기 위해 필요한 온실가스 감축분의 약 21퍼센트에 해당하는 온실가스를 감축할 수 있다. 지구 온도 상승을 1.5도 이내로 유지하는 것은 우리가 바다를 위해서, 해양 생물과 연안 지역 사회를 위해서, 그리고 산소를 소비하는 모든 생명체를 위해서 해야 하는 가장 중요한 일이다. 아주 좁은 서식지 땅 한 조각이라도 보존하고, 지구 온도 상승을 0.1도라도 줄이려는 노력을 게을리해서는 안 된다. /

우리는 관점을 바꿔야 한다.
기후 '해법'의 중요한 원천인
바다의 잠재력에 의지하는 법을
배워야 한다.

5.7
다시 자연으로 되돌리자

조지 몽비오, 리베카 리글리

엉망이 되어버린 세상에서 우리는 어떻게 스스로를 지탱할 수 있을까? 사랑하는 많은 것들이 우리 눈앞에서 사라지고 생태계 붕괴의 가능성이 점점 짙어져 우리의 희망과 열정을 위협하고 있는 이때, 어떻게 해야 우리는 절망에 빠지지 않을 수 있을까? 우리 생명을 부양하는 생태계가 무너지는 미래가 펼쳐질 줄 알면서 어떻게 태연하게 우리 아이들과 눈을 마주칠 수 있을까?

지구의 생명체를 보호할 방법을 찾는 거의 모든 사람이 이런 질문에 직면해 있다. 우리는 이 실존적 재앙을 막아내려는 과제를 가로막고 있는 거대한 정치적, 경제적, 기술적 도전에 맞서야 하고, 이와 동시에 우리가 직면한 위기를 이해할 때 받는 심리적 충격을 헤쳐나갈 방법을 찾아내야 한다. 어떻게 해서든 우리는 이 과제를 수행하는 데 필요한 동력과 결단, 기쁨을 끊임없이 찾아내야 한다. 하지만 어떻게 해야 할까?

우리는 이 중첩된 위기가 빚어내는 가장 무서운 상황 속에서도 재앙을 막을 수 있다는 전망뿐 아니라 더 나은 세상을 만들 수 있다는 전망을 가슴에 품고 있어야 한다. 심리적 안정과 관련된 최선의 희망과 지구상 생명체의 존속과 관련된 최선의 희망은 어쩌면 같은 곳에 있을지도 모른다. 손상된 생태계를 복원하고, 우리와 생태계와의 관계를 복원하려는 노력 속에 말이다.

도시 밖을 벗어나본 적이 없는 아이들을 시골이나 해변에 데리고 간 경험이 있는 사람이라면 낯선 공간과 자연스럽게 교감하며 즐거워하는 아이들의 모습을 보았던 특별한 경험을 토로할 것이다. 숲에 가보거나 해안의 바위를 밟아본 적이 없는데도 아이들은 잠시도 머뭇거림 없이 본능적으로 탐험을 시작하고 호기심과 경이감에 사로잡힌다. 아이들은 선천적으로 자연과 교감하려는 욕구를 품고 있는 것 같다.

사람은 누구나 즐거움과 경이감을 느낄 수 있는 대단한 능력을 품고 있다. 그러나 대부분이 인생 중 많은 시간을 이 능력을 발휘하기 어려운 여건에서 살아간다. 우리는 자연에서 멀어지면 멀어질수록 자연이 주는 기쁨, 자연의 자생성과 우연성, 그리고 우리의 좌절감과 굴욕감을 씻어주는 자연의 능력을 곧잘 잊어버린다. 안타깝게도 '자연'이라고 부르는 공간에 있을 때조차, 우리는 종종 그렇게나 탈출하고 싶어 하는 고된 일상 속에 있을 때처럼 통제받는 느낌과 속박감, 우울감에 빠져 있는 자신을 발견한다. 우리는 자연 속에서도 좀처럼 자신과 고민을 내려놓고 경이로운 경험에 빠져들지 못한다. 자연이라고 해야 별로 남아 있지도 않지만.

그러나 우리에겐 지구 생태계를 복원하고, 지구 생태계와 우리의 관계를 복원하는 경로로 진입할 수 있는 한 가지 방법이 있다. 다양한 긍정적인 환경주의가 생태계 회복의 희망을, 거의 가망 없어 보이는 생태계가 회복되어 그 속에서 충만한 기쁨을 되찾을 수 있다는 희망을 제시하고 있다. 그것은 바로 '재자연화rewilding', 즉 지구 생태계를 대대적으로 복원하는 것이다. 재자연화의 핵심은 훼손 또는 중단되었던 자연 과정이 회복되도록 놓아두는 데 있다. 재자연화는 사람들이 동의하는 경우 사라진 종을 다시 들여오고 울타리를 제거하고 배수로를 막고 매우 치명적인 외래종을 통제하는 것과도 관련이 있지만, 무엇보다 가능한 한 자연이 그냥 알아서 하게 놓아두는 것이다. 숲을 비롯해 다양한 훼손된 생태계가 되살아나도록 놓아두는 것이다. 바다에서라면 중요한 지역에 채취 산업(특히 저인망, 형망 어업)의 활동을 금지하는 보호구역을 구축하는 것이다. 해양 동물은 대개 생애 중 적어도 한 단계에서는 매우 활발한 이동성을 갖기 때문에 해양 생태계는 굳이 개입하지 않아도 빠르게 자생력을 찾아 회복될 수 있다.

무엇을 복원할 수 있는지 확인하려면 무엇을 잃어버렸는지 알아야 한다. 영국을 포함한 일부 국가에서는 '핵심종'인 대형동물이 거의 사라졌다. 핵심종이란 다양한 생명체가 번성하는 데 필요한 서식지를 만들고 역동적인 과정을 주도하는 종을 말하며 생태계 조절자ecological engineers라고도 부른다. 한때는 코끼리, 코뿔소, 하마, 사자, 하이에나 같은 대형동물이 지구상의 거의 모든 곳의 생태계에서 중요한 위상을 차지하고 있었다. 그러나 이제 영국에서는 이런 대형동물이 완전히 사라졌고, 늑대, 스라소니, 큰사슴, 멧돼지, 비버, 흰꼬리수리, 펠리컨, 두루미, 황새 등 중형동물도 대부분 사라졌다. 최근에는 일부 종이 조심스럽게 서서히 재도입되고 있다. 이런 방식의 개체 수 복원을 둘러싸고 이따금 논란이 일기도 하지만, 매우 감격하며 반색하는 사람도 많다. 이제야 우리는 생태계 조절자들이 돌아오면 다양성이 사라지고 고갈된 생태계가 되살아날 수 있음을 깨달아가고 있다.

오늘날 생물다양성이 크게 훼손된 바다도 한때는 다양한 생명체가 번성하던 곳이었다. 가령 영국 주변의 바다는 세계에서 손꼽힐 만큼 생물다양성이 풍부했다. 참다랑어 떼가 수 킬로미터에 이르는 고등어 떼와 청어 떼를 쫓아 영국 해안으로 몰려들었고, 헛간 문짝만 한 넙치와 식탁 상판만 한 가자미가 먹이를 찾아 얕은 물에까지 출몰했다. 길이 2미터짜리 대구와 1미터짜리 해덕도 흔했다. 참고래와 향유고래 무리가 노니는 모습이 해안에서도 보였고, 하구에서는 지금은 멸종한 대서양귀신고래가 먹이를 걸러 먹으려고 진흙을 삼켰다. 번식기를 맞은 거대한 철갑상어들이 연어, 송어, 칠성장어, 전어 떼를 밀쳐내며 강을 거슬러 올랐다. 해저의 일부 지역에는 청어알이 1.5미터 두께로 쌓여 있었다.

과거에는 지구상의 거의 모든 곳에 다양한 종이 번성하는 활기찬 생태계가, 만일 지금 우리가 우연히 마주치게 된다면 꿈이라고밖에 생각하지 못할 정도로 풍요로운 생태계가 펼쳐져 있었다. 최근 한 과학 논문의 추정에 따르면, 현재 지구 육지 표면에서 '생태학적으로 훼손되지 않은' 공간이 차지하는 비율은 3퍼센트에 불과하다. 자연의 수많은 경이로운 생명체가 사라진 탓에 생태계는 물론이고 우리 자신의 삶까지 쪼그라들고 있다. 우리는 한때 우리 곁에 있었던 생명체의 흐릿하고 납작한 그림자가 무수히 어른거리는 그림자 나라에 살고 있다. 그러나 이 그림자들은 다시 되살아날 수 있다.

생태계 복원이 이루어지면, 일부 생태계, 특히 숲과 이탄 습지, 염습지, 맹그로브림, 그리고 해저 생태계가 대기에 쌓인 막대한 양의 탄소를 격리할 수 있다. 물론 이런 자연 기반 기후 해법이 경제의 탈탄소화를 대신하는 수단으로 이용되어서는 안 된다. 모두가 아는 것처럼 현재 저탄소 산업과 저탄소 경제로의 전환 속도는 턱없이 느리다. 설사 우리가 배출량을 매우 빠르게 0에 가깝게 줄이더라도 지구 온도는 파리 협정에서 약속한 목표 온도를 넘어설 가능성이 크다. 따라서 우리는 이미 배출한 탄소를 다시 포집해야 한다. 생태계 복원은 그 어떤 기술적 대안보다 더 확실하고 저렴하며 피해가 적은 탄소 포집 수단이다. 무엇보다 우리가 직면한 두 가지 실존적 위기, 기후 붕괴와 생태계 붕괴에 동시에 대처할 수 있는 기회이다.

특정한 동물의 개체 수가 회복되면 탄소 균형에 커다란 변화가 나타날 수 있다. 예를 들어, 아프리카와 아시아의 둥근귀코끼리와 코뿔소, 브라질맥은 타고난 숲 가꾸기 일꾼이다. 이들은 나무 열매를 먹은 뒤 배설물을 통해 수 킬로미터까지 씨앗을 퍼뜨려 서식지를 유지하고 확장한다. 한 논문의 추정에 따르면, 북아메리카에서 자연 번식을 통해 늑대 개체 수가 늘어나는 게 허용되면 초식 동물 개체 수가 억제되어 매년 자동차 3천만~7천만 대가 내뿜는 양의 탄소를 저장하는 효과가 나타날 거라고 한다. 또 포식성 게와 어류 개체 수가 적정하게 유지되면 초식성 게와 달팽이의 개체 수가 제어되어 습지의 건강을 지켜주는 식물이 번성하고, 따라서 습지에 저장된 탄소를 보호할 수 있다. 지구 생태계를 보호하고 재자연화하는 것은 단순히 흐뭇함을 느낄 수 있는 일이 아니라, 우리의 필수적인 생존 전략이다.

한 가지 덧붙이자면, 무엇보다 수많은 생명체가 살아가는 서식지를 보존하는 일이 우선이다. 재자연화는 서식지 보존을 대체할 수 없으며 다만 보완하는 역할을 할 뿐이다. 울창한 노숙림과 산호와 굴, 빗울타리갯지렁이가 오랜 세월에 걸쳐 만들어낸 탄산염 암초, 수많은 자연 부유물과 섬을 품고 굽이굽이 휘어져 흐르는 강, 그리고 수많은 뿌리와 구멍이 교차하면서 살아 숨 쉬는, 자연 상태 그대로의 토양은 그 무엇으로도 대체할 수 없다. 새로 그린 그림 몇 장이 수백 년 전 거장의 그림의 가치를 대신할 수 없듯이, 나무 몇 그루를 새로 심는 것으로는 수백 년 된 고목이 지닌 가치를 '대체'할 수 없다.

이를테면 저인망 어선이 해저 생태계를 훑어가고 나면 그곳이 완전히 회복하기까지는 수백 년이 걸릴 수 있다. 강을 준설하고 굴곡을 없애 직선화하면 풍요로운 하천 생태계가 사라지고 빈 껍데기만 남는다. 수명이 길고 몸집이 큰 종이 사라지고, 수명이 짧고 몸집이 작은 종만 인간의 파괴 활동을 견디고 살아남아 번식하는 생태계 천이를 일으키는 요인 중 하나가 바로 오래된 서식지의 상실이다.

　재자연화는 복잡한 자연 생태계가 자생력을 찾을 수 있도록 놓아두려는 것이다. 또한 자연이 이루고 있는 복잡한 관계에 대해 더 깊은 존중심을 일구어내려는 것이다. 오랜 세월이 흐른 뒤에 우리 손주들이 우리가 남긴 생태계를 오래된 생태계라고 평가하는 날이 올 수 있도록 생태계를 온전하게 보전하려는 것이다. 재자연화는 지구 생태계를 과거의 특정한 상태로 되돌리려는 게 아니라, 가능한 한 풍부하고 다양하며 역동적이고 건강한 상태를 이룰 수 있도록 그냥 놓아두려는 것이다.

　재자연화는 우리와도, 그리고 우리 삶의 개선과도 관련이 있다. 우리는 건강하고 번성하는 생태계 안에서 살아가고 일하는 방법을 함께 찾아가야 한다. 토지 및 해양 이용 변화에 관한 모든 결정을 내릴 때는 반드시 지역 사회를 그 중심에 세워야 한다. 선주민과 그 외 지역민들의 참여와 동의 없이는 그 어떤 결정도 내려서는 안 된다. 지역 사람들이 주도하는 접근법을 이용할 때에만 우리는 자연이 만든 번성하는 생명의 그물망 안에서 인간의 번영을 돕는 경제, 근본적으로 재생력과 복원력을 가진 경제를 만드는 데 기여할 수 있다.

　그렇게 하기 위해서는 자연에 피해를 주는 방식 대신에 자연과 협력하여 일하는 방식을 선택해야 한다. 정부, 공공 기관, 기업, 농업인, 산림 관리인, 어업인, 지역 사회가 함께 모여 육지와 바다 생태계를 회복시키고 이에 의지해 지역 사회의 경제적 회복을 이뤄나가는 지역 기반의 협력적인 비전을 발전시켜나가야 한다.

　우리는 자연의 치유와 재자연화를 통해 번성하는 새로운 고용 생태계를 구축할 수 있다. 예를 들어 리와일딩 브리튼Rewilding Britain의 최근 분석에 따르면, 영국 내에서 진행된 재자연화 프로젝트로 정규직에 해당하는 일자리가 54퍼센트나 증가했다고 한다. 일자리 수만 늘어나는 게 아니라 일자리의 다양성도 늘어나고 있다. 재자연화는 생물다양성을 증대시키고 우리가 훼손되지 않은 자연을 다시 만날 수 있도록 도울 뿐 아니라 지역 사회에 지속가능한 미래를 제공할 수 있다.

　재자연화는 지구 생태계에 입힌 막대한 손상과, 그 손상을 통해 우리 자신에게 입힌 상처를 치유하는 일을 시작할 계기를 제공한다. 또 이것은 우리가 절망감에 휩쓸리지 않게 막아주는 최선의 방어막이 될 수 있다. 우리는 침묵의 봄을 소란스러운 여름으로 바꿀 수 있다. /

우리는 침묵의 봄을
소란스러운 여름으로
바꿀 수 있다.

다음 페이지:
지중해의 이비자 섬 근처의 넵튠 해초(*Posidonia oceanica*) 초원. 현존하는 지구상에서 가장 오래된 유기체 중 하나.

5.8

이제 우리는 불가능해 보이는 일을 해내야 한다

그레타 툰베리

우리 사회가 다양한 방식으로 사회 규범의 지배를 받는다는 사실은 큰 희망의 원천이다. 사회 규범은 바뀔 수 있기 때문이다. 진정한 변화는 진정한 희망을 만들고, 진정한 희망은 진정한 변화를 만든다. 이것이 긍정적인 되먹임 고리다. 하지만 이런 일이 우연히 일어나지는 않는다. 사회적 변화는 우리 모두의 노력과 행동의 결과다. 그러니 다른 사람에게 아직 희망이 있느냐고 묻지 말고 스스로에게 물어보자. 나는 변화할 준비가 되어 있나? 나는 안전지대 밖으로 발을 내디디고 반드시 필요한 시스템의 변화를 일으킬 운동에 동참할 준비가 되었나? 물론 처음에는 조금 불편할 수 있다. 그러나 다시 말하지만, 우리 문명 전체의 미래가 걸린 일이니 뛰어들 가치가 있다. 어디에 희망이 있나 두리번거릴 게 아니라 스스로 나서서 희망을 만들어내야 한다.

2018년 8월, 스웨덴 의회 앞에 앉아 있을 때 나는 선택적 함구증을 앓고 있었고 낯선 사람들과 있으면 음식을 삼킬 수가 없었다. 처음에는 일주일에 5일씩, 하루 열 번이나 인터뷰에 응하는 게 너무나 힘들었다. 아이들이 내게 다가올 때면 어딘가에 숨어서 울기도 했다. 내 또래 아이들을 보면 늘 겁이 났다. 심한 괴롭힘을 당한 경험 때문에 모든 아이가 못됐다는 생각이 뇌리에 박혀 있었다. 그러나 이 일은 내가 들인 노력보다 훨씬 큰 보람이 있었다. 내가 사람들에게 준 건 과학적 사실과 도덕적 의무감, 어쩌면 죄책감뿐인데도 내 말에 귀를 기울이는 사람들을 보니 힘이 났다. 나는 의사소통 요령에 대해 아는 게 전혀 없었다. 나중에 나는 노르웨이 심리학자 페르 에스펜 스톡네스에게서 심리학 연구와 행동 연구를 기준으로 보면 나와 미래를 위한 금요일 운동이 모든 면에서 문제가 있다는 말을 들었다. 1년 후 뉴욕에서 열린 유엔기후정상회의를 전후해 180여 개국에서 750만 명이 넘는 사람들이 기후정의를 요구하며 세계 각지의 거리를 가득 메웠다. 스톡네스는 미소를 지으며 내게 말했다. "안 될 줄 알았는데 효과가 있었네요."

기후를 위한 학교 파업 운동의 근간은 기후정의다. 우리는 기후변화의 세대 간 영향에 대해, 가장 큰 영향을 받고 있는 지역에서 가장 큰 피해를 입고 있는 사람들에게 공정한 기회를 마련해야 할 필요성에 대해 사람들의 관심을 끌어모으길 원한다. 이 내용 자체는 전혀 새로운 게 아니다. 이건 파리 협정의 주요 주제에도 포함되어 있다. 우리가 하는 모든 말은 이미 다른 사람들이 했던 말이다. 우리가 한 모든 연설과 책과 글은 기후 환경운동에 앞장서온 사람들에게서 나온 것이다. 사실 우리보다 먼저 활동했던 사람들도 실패했고 우리역시 성과를 내지 못하고 있다고 생각하기 쉽다. 현실을 보면 우리가 배출하는 온실가스는 여전히 늘어나고 있으며, 필요한 조치와 약속은 그 어디에도 보이지 않는다. 그러나 아무 성과가 없다는 말은 사실이 아니다. 우리는 변화를 만들고 있다. 그것도 엄청난 변화를 만들고 있다. 우리는 이기고 있다. 단지 우리는 충분히 빠른 속도로 이기지 못하고 있을 뿐이다. 우리는 정치 조직이 아니라, 인식과 정보를 전파하는 데 전념하는 풀뿌리운동이다. 우리는 타협이나 거래엔 관심이 없다. 특별히 내놓을 것도 없다. 우리는 사실을 있는 그대로 말할 뿐이다.

사실을 말한다는 것 때문에 우리는 엄청난 증오와 위협에 시달린다. 조롱과 협박과 비웃음에 시달린다. 우리는 정치 지도자들이 기후변화를 논의해온 30년 사이에도 배출량 증가를 막기 위한 어떤 조치도 취해지지 않았다는 사실을 지적했을 뿐인데 어떤 선출직 정치인은 우리를 '민주주의에 대한 위협'이라고 부른다. 많은 사람들이 정치 현실에 절망감을 느끼는 것도 놀랍지 않다. 인간 활동으로 배출된 이산화탄소의 3분의 1 이상이 2005년 이후에 발생한 것인데, 그 긴 시간 동안 온실가스를 대량으로 배출해온 일부 국가들에는 분명히 정치 지도자들이 있었다. 미래에 이들의 역사적 책임은 어떻게 평가될까?

지금의 정치 상황에서는 지구 온난화를 1.5도 또는 최대한 2도 이하로 억제하기 위해 필요한 변혁을 이룰 수 없다고 많은 사람들이 말한다. 나도 동의한다. 그러나 에리카 체노웨스가 썼듯이, 어떤 것이 정치적으로 가능하냐 아니냐에 대한 생각은 단연코 달라질 수 있다. 그런 일은 늘 일어난다. 코로나19 팬데믹 초기에 우리는 세계 각지에서 거의 날마다 그런 변화가 일어나는 것을 목격했다. 누가 이렇게 사람들의 생각을 바꿔놓은 걸까? 언론매체다. 언론매체는 현실을 있는 그대로 객관적으로 전달했을 뿐이다. 커뮤니케이션 전문가들은 오래전부터 사람들의 행동을 바꾸려면 영감을 자극하는 내용이 필요하다고 주장해왔지만, 모두 보았다시피 그조차 필요하지 않았다. 코로나에 감염되었으나 살아남은 95세 노인의 이야기같이 희망을 불어넣는 이야기가 우리를 움직인 것이 아니었다. 언론매체는 그냥 사실을 말했고 우리는 이에 반응했다. 우리는 겁에 질려 마비되지도 않았고 무기력감에 빠지지도 않았다. 그저 정보에 근거해 행동하고 일상과 행동을 바꿨다. 누구나 위기에 처하면 이렇게 반응한다. 우리가 금전적 이익을 기대해서 일상을 바꾼 게 아니다. 보건 분야의 새로운 '일자리를 창출'하기 위해서, 또는 마스크 제조업체의 수익을 늘려주기 위해서 일상을 바꾼 게 아니다. 남들이 일상을 바꾸니까 우리도 일상을 바꾼 것이다. 사랑하는 사람을, 친구를, 생계를 잃을까봐 두려워서 일상을 바꾼 것이다.

내가 이 책을 마무리하고 있을 때 러시아가 정당한 이유 없이 우크라이나를 침공했다. 이 심각한 국제법 위반 행위에 대응해서 유럽연합 내에서는 러시아로부터의 석유, 가스 수입을 전면 중단해야 한다는 목소리가 높아지고 있다. 이 조치가 단행되면 유럽이 심각한 에너지 위기를 겪게 될 가능성이 높은데도 말이다. 만일 이 조치가 실행에 옮겨지면 푸틴이 일으킨 파시스트 전쟁 자금 충당에 심각한 어려움이 발생할 것이다. 이런 여론의 동향 역시 며칠 전까지만 해도 전혀 생각할 수 없는 일이었다.

우리는 어떤 것을 위기로 다룬다는 게 어떤 의미인지 잘 안다. 그리고 우리는 기후위기가 단 한 번도 위기로 다루어진 적이 없다는 것을 잘 안다. 이게 문제의 핵심이다. 석유 기업의 잘못이 아니다. 벌목 회사나 항공사, 자동차 회사, 패스트패션 회사, 육류 및 유제품 생산자의 잘못이 아니다. 물론 이들 책임도 크다. 그러나 이들의 목적은 돈을 버는 데 있다. 시민들에게 생물권 상태가 어떤지 알리고 민주주의를 보호하는 것은 이들의 본업이 아니다.

우리가 기후위기와 생태위기를 막아내지 못하고 있는 것은 언론이 제 역할을 하지 못하기 때문이다. 조지 몽비오가 이 책에서 지적하는 것처럼, 지금은 관련 정보가 제대로 전달되지 않는 위기 상황이다. 관련 정보가 아예 공개되지 않거나 엉뚱하게 가공되거나 왜곡되어 전달되고 있다. 더 심각한 문제는 이 정보가 다른 화제에 밀려 묻혀버리는 것이다. 글래스고에서 유엔기후변화협약 제26차 당사국 총회가 열리던 한 주 동안, 환경 관련 보도가 크게 늘었다. 그러나 브리트니 스피어스가 자기 삶의 통제권을 되찾은 사건에 대한 보도가 압도적으로 많아서 그 보도와 경쟁해야 하는 어려움은 여전했다. 이건 '우린 안전해'라는 간접적인 표현의 수많은 사례 중 하나일 뿐이다. 신문 지면의 거의 대부분이 스포츠, 연예인, 다이어트, 범죄에 할애된다면, 사람들은 실존적 위기에 관한 모든 정보를 지나친 과장이라고 여기지 않을까? 과학자들이 '멸종'과 '인류에게 닥친 최악의 비상사태' 이야기를 하는데도 막상 신문 1면에는 킴 카다시안이나 맨체스터 유나이티드 관련 기사만 실린다면, 사람들은 이 과학자들의 말이 사실이라고 생각하지 않을 것이다.

녹아내리는 빙하, 산불, 가뭄, 극단적인 폭염, 홍수, 폭풍, 생물다양성 손실 등의 이야기가 신문 1면과 저녁 뉴스 헤드라인에 등장하기 시작했다. 그러나 이런 보도는 여전히 기후위기에 대해서는 전하지 않고 훨씬 더 큰 문제에서 빚어지는 '증상'만 이야기하고 있다. 이런 이야기만으로는 우리가 직면한 도전을 충분히 설명할 수 없다. 위기를 정확히 알리기 위해서는 가장 먼저 초침이 째깍거리고 있다는 사실을 알려야 한다. 기후위기는 시간이 걸린 문제다. 시간의 문제를 빼놓고 보도한다면 기후위기는 다른 사안들과 엇비슷한 사안에 지나지 않는다. 보도에 기후위기 시한폭탄의 카운트다운을 언급하지 않는다면 무너지는 빙하와 산불과 기록적인 폭염은 연관성이 전혀 없는 세 가지 사건, 즉 서로 다른 원인 때문에 발생한 자연재해일 뿐이다. 시간의 문제를 내용에 넣지 않는다면, 기후위기는 결코 위기가 아니다. 그저 나중에 가서도, 2030년이나 2050년쯤에 가서도 대응할 수 있는 또 다른 이야깃거리일 뿐이다. '별일 아니네.' 카운트다운을 빼버리면 사람들은 가장 중요한 세부 정보들을 놓치게 된다. 예를 들어 지금 당장 시행하지 않으면 안 되는 조치를 미룬다면, 수십 년 뒤에 기술적 해법이 개발되어도 아무 소용이 없을 수 있다는 사실도 놓치게 되고, 우리에게 가장 필요한 것은 2030년이나 2050년의 기후 목표가 아니라, 당장 올해 기후 목표와 올 한해 월별 기후 목표, 그리고 내년의 기후 목표라는 사실도 놓치게 된다.

　　만일 언론이 상황을 정확히 알리려고 한다면, 기후정의에 대해서도 집중적으로 보도해야 한다. 우간다의 기후운동가 바네사 나카테가 말했듯이, 기후비상사태의 최전선에 있는 사람들을 신문 1면에서 다루어야 한다. 그러나 현실은 그렇지 않다. 주류 서구 언론은 가장 큰 영향을 받고 있는 지역에서 가장 큰 피해를 입고 있는 사람들을 완전히 외면하고 있다. 올루페미 O. 타이오가 썼듯이, 이들은 우리의 풍요로운 삶, 즉 저소득 국가에서 훔쳐온 천연자연과 강제노동을 이용해 쌓은 우리의 생활방식이 빚어낸 결과 때문에 고통받고 있는 사람들인데도 말이다.

　　정의는 도덕성을 의미하며, 도덕성에는 죄책감과 수치심이 포함된다. 그러나 죄책감과 수치심은 언론과 커뮤니케이션 전문가, 그린워싱 그룹들에 의해 서구 기후담론에서 공식적으로 추방되었다. 이것은 우리의 역사적 책임과 그로 인한 손실과 피해에 대해 이야기할 기회를 차단하는 편리한 방법이다. 살리물 후크가 제3부에서 묘사한 상황의 사회적, 문화적 복사판이다. 그는 고위급 기후회의에서는 저소득 국가가 손실과 피해에 대해 이야기할 수 없으며, '책임'과 '보상' 같은 단어가 금기어로 여겨진다고 설명했다.

　　도덕성, 정의, 책임, 수치심, 죄책감에 대해 이야기할 수 없다면, 불공정과 불평등 때문에 야기된 위기를 어떻게 해결할 수 있을까? 불가능하다. 우리가 이제껏 배출한 온실가스의 90퍼센트가 이미 대기 중에 쌓여 위기를 빚어내고 있으며, 우리에겐 이 위기를 감당해야 할 책임이 있다. 따라서 우리는 사회 규범을 근본적으로 바꿔야 한다. 이 문제를 해결하는 것이 정치적으로 가능하도록 만들어야 하고, 사회적으로 수용 가능하도록 만들어야 한다. 대중이 무의식적으로 방어벽을 쌓고 그 안에 숨지 않도록 말이다. 물론 충분히 이룰 수 있는 일이다. 죄책감, 수치심, 도덕성, 정의는 사회 규범에 기반을 두고 있으며, 사회 규범은 쉽게 바뀔 수 있다.

　　핀란드 투르쿠대학교의 철학자 엘리사 알톨라는 수치심이 매우 효과적인 도덕적, 심리적 설득 방법이 될 수 있다고 주장했다. 사실 죄책감 자체가 나쁜 것은 아니다. 오히려 죄책감은 안정적인 사회를 지탱하는 필수 요소다. 우리는 법을 어겼다는 죄책감에 시달리지 않으려고 물건값을 정확히 치르고 법률을 준수한다. 어떤 면에서 우리 사회는 죄책감을 피하려는 욕구에 의해 지탱된다. 죄책감을 느끼는 순간에는 기분이 언짢지만, 일단 자신의 잘못을 인정하고 나면 용서를 구하고 훌훌 털어버릴 수 있으며, 때로는 깊은 안도감을 느끼기도 한다.

또 기후위기와 관련한 죄책감에 대해서는 대부분의 사람들이 전혀 걱정할 필요가 없다. 책임을 져야 하는 것은 화석연료 기업과 에너지 기업, 주요 산유국의 지도자다. 기후 불평등은 결코 평범한 사람들의 잘못이 아니다. 대부분의 사람들은 역사적 배출량이 뭔지, 과거의 잘못이 뭔지도 잘 모른다. 심지어 지구 온난화의 기초적인 지식에 대해서도 거의 모른다…. 어떻게 알 수 있겠는가? 우리는 그런 이야기를 들은 적이 없다. 적어도 공식적인 통로로는 말이다. 정부, 국제 신문, 주요 방송사가 해야 할 일을 대신하는 것은 일반 시민의 책임이 아니다.

그러나 이제껏 좋고 바람직한 것으로 여겨지던 것들, 이를테면 극단적인 탄소 고배출 생활방식이 우리 사회에 재앙적인 결과를 떠안긴다는 사실이 밝혀졌으니, 우리는 이 생활방식이 사회적으로 용인되지 않게 할 방법을 하루라도 빨리 찾아야 한다. 절도와 폭력을 막기 위해 사회 규범과 법률을 만들어낸 것처럼 말이다. 내 말을 오해하지 않기를 바란다. 우리를 구하는 것은 죄책감이 아니라 정의다. 그러나 이 둘은 떼려야 뗄 수 없는 관계다.

이런 중요한 변화를 이뤄내기 위해서는, 언론에서 기후정의와 역사적 배출량, 그리고 기후와 생태의 비상사태를 초래한 근본 원인인 지배와 불평등의 사고방식에 대해서 거듭해서 설명해야 한다. 우리는 수 세기에 걸쳐 진행해온 악행에 대해 인정하고 보상해야 한다. 어찌 보면 큰 장벽인 것처럼 보일 수 있지만, 이 책임을 모면하고 넘어갈 방법은 없다. 우리는 소득 상위 10퍼센트의 사람들과 최고 부자 나라들을 위한 세계적 '해법'을 만드는 일만 계속해서는 안 된다. 그 해법은 써봐야 효과도 없을 것이다. 세계적인 문제를 해결하려면 세계적인 관점이 필요하다. 기후정의와 관련해서, 민주주의는 국경을 뛰어넘어야 한다.

기득권자들의 책임 회피가 용인되는 한, 어떤 진전도 이루어지지 않을 것이다. 오늘날 우리 정치 지도자들은 자신이 입으로 한 말과 정반대의 행동을 하는 것을 아무렇지도 않게 생각한다. 자국 내에 화석연료 기반시설을 대대적으로 확장하면서도 아무 거리낌 없이 자국이 기후 대응 선도국이라고 자랑한다. 이들은 입으로는 기후 비상사태라고 외치면서도 버젓이 새 탄광과 새 유전, 새 송유관을 건설한다. 우리는 지도자들이 거짓말을 하는 것을 사회적으로 용인할 뿐 아니라 그럴 거라고 예상하기까지 한다. 이런 특권이 우리 사회의 다른 집단에게 허용되는 경우는 거의 없다. 이런 특권을 끝내야 한다.

현실적으로 볼 때 이런 변화는 결코 일어나지 않을 거라고 말하는 사람도 있을 것이다. 그렇게 될 가능성이 아주 높다. 하지만 분명히 장담하지만, 우리 문명이 3도 온난화, 아니 그보다는 훨씬 나은 2도 온난화 세계가 되었을 때 그 충격을 견디고 살아남을 거라고 기대하는 것보다는, 이런 변화를 이루는 게 훨씬 더 현실적인 태도다. 이미 적기를 놓친 상황이기 때문에 웬만큼 잘하는 정도로는 어림도 없다. 최선을 다하는 것으로도 충분하지 않다. 이제 우리는 불가능해 보이는 일을 해내야 한다. 우리는 거대한 변화를 이루어야 하고, 사람들을 데려오고 적응하고 발전시키기까지 더 많은 시간을 들여야 한다. 그러나 시간이 얼마 남지 않았다. 지금부터 우리는 모든 해법을 구상할 때 총체적이고 지속가능한 해법, 그리고 시간이 촉박하다는 점을 충분히 고려해야 한다. 내가 보기에 우리가 이 지점에 도달하게 된(이 위기를 맞게 된) 핵심 이유는 기득권자들이 늘 해온 대로 단기적 경제정책의 혜택을 받으려고 대대적인 그린워싱 활동을 펼치는 걸 언론이 용인했기 때문이다. 언론은 생물권을 파괴한 책임이 있는 사람들에게 책임을 묻지 못했고, 현상유지의 문지기 역할을 충실하게 수행했다.

다행히 우리는 이 대실패를 바로잡을 수 있다. 아직은 탈출구가 있다. 과학은 꾸준히 사실을 알려왔고, 풀뿌리운동과 비정부기구는 꾸준히 우리 사회에 사실을 전달해왔다. 그러나 이 모든 힘을 정치적 행동으로 결집시키려면 이 과정을 어마어마한 규모로 키워야 한다. 우리가 이뤄내야 하는 변화의 규모와 우리에게 남은 시간을 고려하면, 꼭 필요한 전환을 전 세계적으로 이끌어낼 잠재력을 가진 분야는 솔직히 언론밖에 없다. 이런 전환이 일어나게 하려면 언론이 기후위기, 생태위기, 지속가능성 위기를 생사가 달린 실존적 위기로 다루어야 한다. 이런 내용이 뉴스에 차고 넘쳐야 한다.

하나의 종으로서의 우리의 안전은 우리의 현재 시스템과 충돌하고 있다. 이 사실을 외면하는 시간이 길어질수록, 우리는 더 많은 시간을 잃게 된다. 우리를 벼랑 끝으로 몰아온, 자멸을 부르는 탐욕으로부터 우리를 장기적으로 보호할 법률이나 규제 하나 없는 사회 구조 내에서도 충분히 이 재앙을 해결할 수 있다는 듯 행세하는 시간이 길어질수록, 우리는 더 많은 시간을 놓치게 된다. 더는 시간을 허비할 여유가 없다.

언론인들에게 당부한다. 여러분은 운전석에 앉은 사람들 중 일부다. 여러분에겐 위험에서 벗어나도록 우리를 이끌어갈 능력이 있다. 그 능력과 책임을 소명으로 삼느냐 마느냐는 여러분 결정에 달렸다. 여러분만이 할 수 있는 결정이다. /

사회 규범은
쉽게 바뀔 수 있다.

실용적인 유토피아

마거릿 애트우드

2001년에 나는 《오릭스와 크레이크Oryx and Crake》라는 소설을 쓰기 시작했다. 당시 나는 조류생물학자 몇 사람을 만났는데, 그들은 멸종에 대해 이야기하고 있었다. 그들은 붉은목뜸부기를 포함해 현존하는 조류 중 몇몇 종이 앞으로 멸종할 가능성, 그리고 모든 종이 멸종할 가능성에 대해 이야기했다. 우리 인간의 멸종에 대해서도. 우리 종은 얼마나 오래 존속할 수 있을까? 인간이 멸종한다면 그건 우리가 자초한 일일까? 우리의 미래는 얼마나 암울한가?

생물학자들은 최소한 1950년대부터 그런 논의를 진행해왔다. 나의 아버지는 산림곤충학자였는데 인류의 집단적 우둔함에 대해 관심이 깊었고, 인류의 집단적 미래에 대해서도 관심이 많았다. 내가 10대였을 때 우리 집 저녁 식탁에는 쾌활한 절망감이 그득했다. 그래, 상황이 점점 나빠질 거야. 그래, 인류는 원자폭탄 때문에 자멸하거나 스스로 만든 오염 때문에 자멸할 거야. 천만에, 사람들은 사실을 마주 보기를 싫어해. 그러니까 더는 외면할 수 없는 지경이 되어서야 사실을 마주 보지. 내가 탄 배는 절대로 침몰하지 않는 배라고 믿다가 배가 침몰하는 순간에야 그게 아니라는 걸 깨닫는 거지. 거기 접시에 담긴 으깬 감자 좀 줄래?

그런데 그때는 요즘 같은 대구 개체 수 급감과 눈에 띄는 해수면 상승, 곤충의 대량사멸이 발생하기 전이었고, 지구 온난화에 대한 진지한 추적이 시작되기 전이었다. 그때만 해도 탄소 배출의 최악의 영향을 피해갈 가능성이 꽤 컸다. 이제는 아주 희박한 가능성만 남아 있다. 우리는 너무나 많은 기회를 날려버렸다. 언젠가는 그 희박한 가능성마저 놓치게 될까?

《오릭스와 크레이크》의 기본 전제는 인류를 순식간에 멸망시킬 수 있는 바이러스를 만들어낼 만큼 생명공학이 발전한 상황에서, 누군가가 인간에 의한 파괴로부터 생물권 전체와 모든 생명체를 구하기 위해 그 일을 실행에 옮기려 한다는 것이다. 이 소설에서 과학자 크레이크는 마치 비상 상황에서 여러 환자들의 치료 우선순위를 결정하는 의료진처럼 판단한다. 인류가 멸망하면 나머지 생명체는 살아남는다. 그러나 인류가 살아남으면 나머지 생명체는 살아남지 못한다.

지금 한창 진행 중인 기후위기와 그와 함께 진행되는 멸종을 막기 위해 아무런 조치가 시행되지 않는다면, 우리를 인류 멸망의 불행에서 건져내는 걸 자신의 사명으로 여기는 크레이크 같은 사람이 나타날 가능성이 크다. 《오릭스와 크레이크》에서 인류는 지금의 끔찍한 곤경을 빚어낸 원인인 치명적인 결함과 욕망이 완전히 제거된 신인류로 대체된다. 신인류는 옷이 필요하지 않고, 따라서 환경을 오염시키는 직물산업도 필요하지 않다. 또 풀만 먹으면 되기 때문에 농업도 필요 없다. 이들은 폭력을 쓰지 않고 자기치유 능력이 있으며 질투심이 없다. 그러나 《오릭스와 크레이크》는 허구다. 현실에서 이런 종의 창조는 실현 가능성이 없다. 적어도 가까운 미래에는 실현 불가능하다. 지금도 유전자 편집 기술이 사용되고 있긴 하지만 《오릭스와 크레이크》에서처럼 종 자체를 설계하는 규모로까지는 진전하지 않았다. 기후위기가 억제되지 않고 계속 진행된다면 우리는 승계전략을 실행에 옮기기 전에 멸망할 것이다. 바다가 죽고 그에 따라 중요한 산소 공급원도 사라질 것이기 때문이다.

크레이크는 인류에게 파괴적인 생활방식을 바꾸려는 의지 또는 욕구가 있다고 생각하지 않았다. 푸른 점 행성을 살리려면 현생인류를 제거하는 수밖에 없다고 생각했다. 인류가 지금 반드시 달성해야 하는 사명을 간단히 요약하라고 한다면, 나는 이걸 선택하겠다. '크레이크가 틀렸다는 걸 증명하라.'

크레이크가 틀렸다는 걸 어떻게 증명할 수 있을까? 어려운 문제다. 나도 어떻게 답해야 할지 모르겠다. 만약 우리가 전 세계 온실가스 배출량을 빠른 속도로 줄여서 과도한 온난화를 되돌린다면(그럴 가능성은 낮지만) 최소한 증명의 첫 단계는 통과한 것일 수 있다. 그러나 인류에게 닥친 문제는 이것 말고도 많다. 거의 모든 것이 유독한 화학물질로 오염된 상황, 여전히 진행 중인 생태계 파괴, 기근과 화재, 홍수, 가뭄이 기습했는데도 정부가 대처하지 못해 벌어지는 사회 혼란 등. 도저히 감당할 수 없을 것 같은 압도적인 문제들이다. 그러나 이것만은 확실하다. 사람들이 희망을 잃은 세상은 정말로 희망이 없다.

내가 희망을 품고 시작한 작은 시도가 있다. 디스코Disco라는 온라인 쌍방향 학습 플랫폼에서 진행하고 있는 사고실험인데, 실용적인 유토피아Practical Utopias라는 이름의 프로젝트다. 그걸 왜 하느냐고? 이 실험은 내가 자주 받는 "왜 유토피아 소설은 쓰지 않고 디스토피아 소설만 쓰나요?"라는 질문에 대한 한 가지 대답이다.

내 대답은 대략 이런 식이었다. 19세기 중후반에 유토피아가 엄청나게 많았다. 문학에도 유토피아가 있었다. 윌리엄 모리스의 《에코토피아 뉴스》에서는 아름다운 사람들이 아름다운 자연환경에서 다양한 공예품을 만드는 내용이 나오고, 윌리엄 헨리 허드슨의 《크리스털 에이지》에서는 성관계를 없앰으로써 빈곤과 인구 과잉 문제를 해결하는 내용을 다뤘고, 신용카드의 출현을 예상한 에드워드 벨러미의 《뒤를 돌아보면서》는 엄청난 인기를 끌며 베스트셀러가 되었다. 현실세계에 적용하려는 시도도 있었다. 유토피아적 공동체 건설이 시도되기도 했는데, 은식기 제조로 유명하고 배우자와 은식기를 공유하는 오네이다 공동체, 성관계를 금지하고 훌륭한 디자인의 검소한 가구를 만들었던 셰이커 공동체, 이상은 높았으나 농장 운영과 과일 재배 등에는 실용적인 경험이 적었던 브룩팜과 프루트랜드 등이 있었다.

그 후 미래에는 항공 여행, 잠수함, 다양한 종류의 고속 수송 차량 등 온갖 새로운 물건과 기술이 넘쳐날 것이라는 기대감이 충만한 시대가 시작되었다. 이미 증기기관차, 재봉틀, 사진 등 획기적인 발명품이 숱하게 등장한 상태였다. 시간이 갈수록 점점 더 많은 것이 등장하지 않을까? 자본주의에 대한 비판은 문학적 유토피아와 현실의 유토피아에서 흔히 등장했다. 호황과 불황이 반복되고 극단적인 노동자 착취가 존재하는 이 탐욕스러운 시스템 대신에 부의 분배와 노동의 분담을 통해 평등주의를 지향하는 시스템이 건설되어야 한다는 시각도 있었다. 유토피아는 일반적으로 당대의 사람들이 가장 고심하는 문제들에 대한 해답을 찾으려 하는데, 19세기에는 빈곤과 인구 과밀, 질병의 만연, 산업과 도시의 오염, 노동자의 노동조건, '여성 문제'가 시대의 과제로 부각되었다. 내가 만난 문학적 유토피아는 하나같이 각 시대의 문제에 대한 해답을 담고 있었다.

그러나 20세기에 들어서면서 문학적 유토피아는 사라졌다. 왜 사라졌을까? 유토피아 사회에 대한 큰 기대감을 안고 출발했다가 악몽으로 변한 몇 차례의 역사적 사건을 목격한 시대라서 그럴지도 모른다. 소련은 구볼셰비키가 품었던 꿈을 기반으로 탄생했지만, 그 후 들어선 스탈린 독재정권은 구볼셰비키뿐 아니라 수백만 명을 숙청했다. 히틀러의 제3제국은 모든 사람에게, 즉 모든 '순혈' 게르만에게 일자리를 주겠다는 약속을 내세워 절대권력을 차지한 뒤 우리가 잘 알고 있는 만행을 저질렀다. 그 밖에도 상당히 많은 예가 있다. 이런 상황에서 문학적 유토피아는 비현실적으로 보이게 된 반면, 현실의 디스토피아에서 큰 영감을 받은 조지 오웰의 《1984》 같은 문학적 디스토피아가 급증했다. 이런 변화는 더 나은 세상을 만들려는 노력이 무용하다는 생각을 반영하는 걸까? 그렇지 않다. 사회를 개선하려는 노력을 멈추면 세상은 점점 나빠져서 결국엔 디스토피아를 맞게 될 것이다. 오히려 이런 변화는 위험한 함정을 경계해야 한다는 경고다.

내가 자주 받았던 질문으로 다시 돌아가자. 왜 유토피아 이야기는 쓰지 않나요? 우리는 작은 희망의 빛을 기다리고 있어요!

문학적 유토피아를 소설 속에 구현하기란 대단히 어렵다. 강의 계획서나 정부 보고서처럼 되기 쉽다. 모든 것이 완벽한데 갈등이 있을 수 있나? 나는 유토피아 소설을 쓸 생각은 전혀 없었다. 그러면 진짜 강의 계획서를 시도해보면 어떨까? 과거에 다양한 문학적 유토피아가 시도했던 것처럼, 우리 시대의 긴급한 문제를 해결하는 데 도움이 되는 실용적인 아이디어를 모아보기로 했다.

그즈음에 새로 생긴 쌍방향 학습 플랫폼 디스코를 알게 되었다. 그들로부터 함께하자는 제안을 받고 흔쾌히 수락했다. 그래서 탄생한 것이 실용적인 유토피아다. 기획의 핵심은 배출하는 탄소보다 더 많은 탄소를 격리하면서도 지금보다 더 공정하고 더 평등한 사회를 만드는 것이 가능한지 탐구해보자는 것이다. 가장 기본적인 요소부터 따져봐야 할 것이다. 무엇을 먹을까? 누가 또는 무엇이 음식을 생산할까? 어떤 집에서 살까? 집은 무슨 재료로 지을까? 집을 지을 때는 예전과는 다른 재료를 써야 할 것이다. 옷은? 의류산업은 탄소를 많이 배출한다는데 옷은 무엇으로 만들까? 에너지원은 무엇을 이용할까? 여행과 운송은 있을까? 있다면 어떤 형태일까?

의식주 외에도 따져봐야 할 게 많다. 자치제도는 어떻게 운영할까? 부는 어떻게 분배할까? 세금제도가 있을까? 자선단체가 있을까? 정치적 의사결정은 어떻게 할까? 의료 서비스는 어떨까? 성평등은 어떨까? 다양성과 포용성은? 부의 분배와 자원 분배는? 예술과 오락이 있을까? 있다면 어떤 예술과 오락일까? 여전히 종이책이 있을까? 종이 원료는 무엇일까? 미용제품 산업은 자원을 너무 많이 쓰니까 핸드크림을 직접 만들어 쓰게 될까? 인터넷은 허용될까? 허용된다면 인터넷에 쓰는 에너지에 제한을 두게 될까? 경찰이 있을까? 사법제도는? 군대는? 쓰레기 관리 시스템은? 또 장례식은? 화장은 상당히 많은 이산화탄소를 배출한다. 연기 속에서 치르는 고별의식 말고 어떤 대안이 있을까?

자료를 수집하는 과정에서 나와 참여자들은 전혀 몰랐던 다양한 자료를 접하게 되었다. 그리고 각 분야에 조예가 깊은 사람들을 초대해 의견을 듣는 과정에서 그들 중 많은 사람들이 다른 분야에 대해서는 잘 모른다는 것을 발견했다. 우리 활동은 지식을 쌓고 알게 된 것을 공유하고 협력할 방법을 구상하는 것으로까지 확장되었다. 기후위기는 다차원적이다. 따라서 해결책도 다차원적이어야 한다. 또한 이런 해법이 성공하려면 대다수 사회 구성원이 이 해법을 채택해야 한다. 만만치 않은 일이다.

텔레비전 프로그램 〈서바이벌맨〉을 제작한 레스 스트라우드는 안데스산맥에 비행기가 추락하거나 작은 보트가 바다에서 표류하는 등의 위기 상황에서 살아남기 위해 확보해야 할 네 가지 요소가 있다고 말한다. 지식, 적절한 장비, 의지력, 행운이다. 이 요소들은 다양한 비율로 존재할 수 있다. 이를테면 장비가 아예 없더라도 운이 좋으면 살아남을 수 있다. 하지만 네 가지가 다 없다면 살아남지 못할 것이다.

인류는 생사가 달린 위기 상황에 가까워지고 있다. 우리는 네 가지 요소를 각각 얼마나 가지고 있을까? 우리는 상당히 많은 지식을 가지고 있다. 문제가 무엇인지도 알고, 문제를 해결하려면 무엇을 해야 하는지도 어느 정도는 알고 있다. 적절한 장비도 이미 풍족하게 가지고 있고, 일주일이 멀다 하고 새로운 재료와 기술, 새로운 기계와 공정을 만들어내고 있다. 가정에서, 심지어 마을과 도시에서, 우리의 생활방식을 새롭게 바꾸어낼 노하우를 가지고 있다.

우리에게 부족한 건 의지력이다. 과연 이 어려운 도전을 감당할 수 있을까? 회피하지 않고 어려운 과제에 맞설 수 있을까? 아니면 하늘에서 누군가가 또는 무언가가 우리를 구원하러 오기를 기대하면서 무기력하게 상황에 끌려다니는 쪽을 선택할까? 의지력과 희망은 서로 연결되어 있다. 하나가 아무리 많아도 다른 하나가 없으면 아무 쓸모가 없다. 희망이 효과를 내려면 그 희망을 이루려는 행동이 따라야 한다. 그러나 아무 희망이 없다면 위기에 맞서려는 의지력이 생기지 않는다.

그러나 지식, 장비, 의지력을 갖추었더라도 행운이 따라줘야 한다. 좋은 날씨를 만나는 건 행운이다. 이것 말고 또 어떤 게 행운일까? '행운은 스스로 만드는 것'이란 말이 있다. 우리 손으로 행운을 빚어보자.

5.10

민중의
힘

에리카 체노웨스

그 어느 때보다 많은 사람들이 우리 행성 지구를 생명체가 거주할 수 있는 공간으로 계속 유지하기 위해서는 전 지구적인 시스템의 근본적인 변화를 시급히 이루어야 한다는 사실을 깨닫고 있다. 우리는 인류와 지구 자원 간의 건강한 관계를 복원하는 데 기여할 수 있는 유망한 기술과 전통을 가지고 있으며, 더 많은 기술에 투자하고 전통을 강화할 능력도 가지고 있다. 우리는 지속가능한 경제로 전환하기 위한 방법을 찾는 데 이용할 수 있는 정교한 법률과 다양한 로드맵을 가지고 있다. 이처럼 우리는 기후 문제 해결에 쓸 다양한 해법을 손에 쥐고 있다. 아직 확보하지 못한 것은 정치적 의지다.

역사의 교훈을 적용해보면, 기후정의에 필요한 조치를 실행하도록 정책 결정자들에게 용기를 불어넣는 유일한 방법은 대규모 집단행동, 세계 각지 각 계각층의 사람들이 참여하는 집단행동이다. 그러나 우리는 숙련된 활동가와 조직가, 지역 사회 지도자가 대중을 일으켜 세우고 정치인들을 움직여 집단적 위기를 극복하기 위한 적극적인 조치를 실행하도록 하는 데 기여할 수 있다는 점 또한 알고 있다. 이들의 활동은 기후위기를 헤쳐나갈 힘을 키우는 비옥한 토양이다.

우리는 과연 어떻게 해야 정치 지도자와 대기업, 그리고 다양한 이해관계자들이 행동을 바꿀 수밖에 없도록 강력한 정치적 압력을 만들어낼 수 있을까?

민중의 힘(비폭력 저항 또는 시민 저항이라고도 한다)은 변화를 요구하는 활동에 다양한 사람들이 참여할 수 있는 대단히 효과적인 방법이다. 지난 100년 동안 학생과 노동자, 어린이, 노인, 장애인, 그 외 사회적으로 배제되어온 다양한 사람들이 시민 저항운동을 통해 독재자를 무너뜨리고, 식민 지배에서 벗어나고, 합법화된 차별과 억압을 폐지하고, 공정한 노동 관행을 확보하고, 투표권을 얻고, 기본권을 쟁취하고, 내전을 종식시키고, 새로운 국가 건설까지 이루어냈다. 시민 저항은 중요한 변화를 이끌어내는 강력한 도구이며, 시민 저항의 주축은 기득권자들에게 정치적, 경제적 압력을 가하는 평범한 사람들이다. 대부분의 사람들이 익숙하게 알고 있는 것은 자국에서 발생했던 시민 저항이겠지만, 세계적인 규모로 전개된 비폭력 대중 운동을 통해 세계적인 영향력을 미치는 근본적인 시스템 변화가 일어난 사례도 있다. 대중 동원은 19세기 내내 합법화된 노예제를 폐지하려는 운동에서 핵심적인 역할을 했고, 노예무역과 노예경제를 종식시키기 위해 당대의 고착화된 사회, 정치, 경제적 이해관계와 맞서 싸웠다. 이후 이어진, 특히 20세기의 반식민주의 운동은 세계적인 규모로 조직된 정치적 독립 쟁취를 위한 투쟁이었고, 이 운동의 결과로 수많은 독립국가들이 탄생했다.

일반적으로 사회운동은 다음 네 가지 핵심 전략을 따를 때 성공한다.

첫째, 운동의 규모와 다양성을 지속적으로 확장한다. 대규모 인원이 운동에 참여하면, 대중의 강력한 지지를 받고 있고 일상의 질서를 깨뜨릴 힘을 가지고 있다는 신호를 주기 때문에 운동의 성공 가능성이 높아진다. 대규모 참여는 사회의 더 다양한 네트워크들을 연결하며, 운동은 이를 기반으로 지지를 확보함으로써 변화를 이끌어내는 중요한 촉매가 될 수 있는 정책결정자와 이해관계자에게 다가갈 수 있다.

둘째, 기득권층에서 중요한 이탈자를 확보하고 그들로부터 적극적인 지지를 얻어낼 때 운동의 성공 가능성이 높아진다. 기후운동과 관련해서는 현 상황의 수혜자인 기관, 특히 자원 추출, 벌목, 과소비 등 환경 파괴 활동을 통해 이윤을 얻는 기업과 주주 중에서 이탈자를 확보하고 지지를 이끌어내는 것이 중요하다. 권력과 자원에 접근할 수 있는 사람과 기관의 동참을 유도하고, 이를 이용해 영향력을 확장할 때 운동은 성공한다.

셋째, 성공적인 시민 저항운동은 일반적으로 운동의 영향력을 확대하고 상대방을 더욱 압박하기 위해 다양한 방법을 동원한다. 이런 운동은 종종 거리 시위, 집단 항의, 그 밖의 상징적인 행동뿐 아니라 지속성을 유지하는 계획적이고 조직적인 행동을 추구한다. 경제적 충격을 주는 방법, 즉 특정한 대상을 상대로 진행하는 파업과 불매운동 같은 다양한 형태의 경제적 비협력 운동은 정치적, 재정적 힘을 가진 사람들을 압박하는 데 특히 효과적일 수 있다.

넷째, 성공적인 대중 동원이 변화를 일으킬 수 있는 힘을 결집하기까지는 종종 몇 년(몇 주나 몇 달이 아니라)의 시간이 걸린다. 효과적인 운동은 지지 기반을 넓히는 중에도 긴장을 늦추지 않고 규율과 전략적 단합을 유지한다. 이를 통해 폭력 사건이 발생해 내부 갈등이나 외부 대중 반발의 함정에 갇히는 상황을 사전에 차단한다. 비폭력을 준수한다는 규율은 운동의 참여 기반을 확대하고 지지 세력의 범위를 넓히고 기득권층의 충성도에 변화를 일으켜 이들의 지지를 확보하는 성과를 낸다.

지금 기후운동의 상황은 어떤가? 기후운동은 이미 각계각층의 사람들을 일으켜 세우고 있으며, 세계 각지의 어린이와 청소년, 선주민 그룹과 작은 섬나라 그룹, 사회적 배제를 당해온 지역 사회 등 기후위기로 가장 큰 영향을 받는 사람들, 그리고 엘리트 권력의 공식적인 논의의 장에서 역사적으로 배제되어온 사람들이 주도적인 역할을 맡고 있다. 현재의 상황에 균열을 내는 전술들, 특히 파업, 불매운동, 화석연료 경제의 수익성에 타격을 주는 투자 회수 등 경제적 비협력 운동은 앞으로도 중요한 역할을 담당할 것이며, 시행되는 빈도와 규모가 크게 늘어날수록 더 큰 영향력을 발휘할 것이다. 그러나 얼마나 큰 영향력을 발휘하느냐는 기후정의 운동에 참가하는 사람들의 수와 계층을 대대적으로 또한 지속적으로 늘릴 수 있느냐에 달려 있다. 기후운동은 참여자들을 대규모로 늘려야 한다.

기후운동이 성공하려면 얼마나 많은 사람이 참여해야 할까? 지금 우리가 직면한 상황에서 필요한 규모가 정확히 얼마인지는 알 수 없다. 그러나 사회과학에서 몇 가지 방식으로 추정한 사례가 있다.

최근에 크게 주목받는 연구는 '3.5퍼센트 법칙'을 제시하고 있다. 이 연구는 역사적 사례들을 분석한 결과, 자국 정부를 무너뜨리고자 하는 대규모 비폭력 운동에서 전 국민의 3.5퍼센트가 시위에 참가한 경우에는 실패한 사례가 없다는 사실을 확인했다. 전체 인구 중에 차지하는 비율은 얼마 안 되지만, 숫자로는 엄청나게 많은 인원이다. 예를 들어 미국의 경우 1100만 명, 나이지리아는 700만 명, 중국은 4900만 명이 넘어야 한다. 전 세계 인구의 3.5퍼센트는 2억 7100만 명이 넘는다.

어떤 활동가들은 운동의 성격을 더 넓혀서 대중 운동이 변화를 일으킬 수 있는 임계값으로 3.5퍼센트 법칙을 꼽는다. 현실에서는 아직 입증된 사례가 없지만, 이 임계값은 한 국가 내부에서 변화에 영향을 미치는 인원을 추정할 때 유용하게 쓰일 수도 있다. 그러나 3.5퍼센트 법칙을 기후운동에 적용하기에는 몇 가지 한계가 있다.

첫째, 이 법칙은 사람들이 자국 정부를 무너뜨리려고 시도했던 역사적 사례들을 분석해 얻은 것이다. 이 운동에 참여한 사람들 모두가 정책적 개혁을 추구했던 것도 아니며, 국제적 차원에서의 항구적 변화에 영향을 미치려고 시도했던 것은 더더욱 아니다. 이 3.5퍼센트 임계값은 국제적 차원에서의 시스템 변화가 요구되는 상황에서 검증된 것이 아니다. 이는 주목해야 할 차이점이다. 완전히 새로운 정치제도와 사회적 관행과 경제 구조, 이 세 가지에 모두 동의하고 이를 한꺼번에 건설하는 것에 비하면, 못된 독재자 한 명을 제거하는 게 훨씬 쉬운 일이다. 근본적인 변화는 단 한 번의 승리로는 얻을 수 없다. 그것은 장기간 지속되는 전환 과정을 통해서만 얻을 수 있다.

둘째, 꽤 많은 사람들이 변화를 만들기 위해 적극적으로 활동하고 있다면, 이들의 대의에 동조하는 사람은 훨씬 더 많다고 봐야 한다. 3.5퍼센트 법칙은 운동이 성공하려면 적극적으로 동참하지는 않더라도 지지하는 사람들이 얼마나 많아야 하는지를 평가할 때 실제 필요한 수보다 낮춰 잡을 수 있다.

셋째, 결의에 찬 소수의 대중 동원은 반대 세력의 맞불 동원을 불러올 수 있고, 이런 상황은 운동의 진전을 늦추거나 방해할 수 있다. 대중에게 폭넓은 대화의 기회를 제공하지 않고, 소수의 인원에 의지해 강력한 운동을 진행해 얻은 승리는 오래가지 못한다. 최대한 많은 사람들의 지지를 확보하고 규범과 행동, 기대치를 바꾸는 것을 목표로 하는 대화의 장을 제공하는 게 중요하다.

넷째, 3.5퍼센트 법칙이라고 하면 흔히 수많은 사람들이 참여한 대규모 거리시위를 떠올린다. 거리시위는 엄청난 상징성을 갖지만, 거리시위 자체가 항상 정책결정자와 기업을 압박하거나 많은 사람들의 행동 변화를 야기하지는 않는다. 기후운동은 '늘 해오던 대로'에 균열을 내야 한다. 이를 위해서는 대중

저항운동이 기득권층의 이익을 떠받치는 기둥을 흔들 수 있도록 신중한 계획과 다각적인 의사소통의 장과 정치적 전략을 마련해야 한다.

다행히 우리는 또 다른 연구를 통해 기후운동이 전면적인 사회 변화를 이끌어내려면 얼마나 많은 사람들이 기후행동에 적극적으로 참여해야 하는지 생각해볼 수 있다. 사회학자 데이먼 센톨라는 사회관계망(소셜미디어를 통한 관계뿐 아니라, 사람들 사이의 관계망을 말한다)의 영향에 대한 연구에서, 모든 사람의 행동을 바꿀 수 있는 티핑 포인트는 25퍼센트의 헌신적인 소수라는 사실을 확인했다. 이 수치가 기후운동에도 적용된다고 가정하면, 인구의 25퍼센트가 자신의 관행과 규범, 행동에 가시적인 변화를 일으킬 때 기후운동의 승리는 더 많은 이들에게 인정받고 더 오래 지속되고 더 큰 성과를 올릴 것이다.

물론 이 일이 인구의 3.5퍼센트를 대규모 시위에 참여시키는 것보다 훨씬 더 어렵게 느껴질 수 있다. 그러나 여러 연구에 따르면, 25퍼센트 임계값에 도달하는 게 의외로 빠른 속도로 이루어질 수 있다. 감염병 유행 등의 위기가 닥칠 때 우리 사회는 행동과 관행을 아주 짧은 시간 내에 바꿀 수 있다. 최근의 위기 때 마스크 착용, 손 씻기, 거리 두기가 아주 빠르게 일상화된 것처럼 말이다. 공중보건의 경우도 그렇지만, 기후정의와 관련해서도 우리는 어떤 행동을 직접적으로 바꾸어야 하는지 정확히 알고 있다. 지원하는 산업부터, 구입하는 에너지, 냉난방 방식, 음식, 여행 장소와 여행 방법, 쓰레기 처리 방법, 그리고 대담하고 지속가능한 기술과 프로그램에 얼마나 투자할지, 일상적인 선택을 할 때 지속가능성을 얼마나 자주 고려할지 판단하는 관점까지 바꾸어야 한다. 그것도 세계적인 규모에서 말이다.

최근 50년 동안 기후운동은 전 세계적으로 엄청난 영향을 미쳤으며, 지금도 계속 성장하고 있다. 어려운 상황 속에서도 기후운동의 노력은 결실을 보고 있다. 노력해봤자 소용이 없다거나 세상을 바꾸기에는 역부족이라는 생각에 굴복해서는 안 된다. 세계 각지의 여러 국가에서 3.5퍼센트의 티핑 포인트가 시위운동의 중요한 돌파구를 열어놓았다. 그리고 일부 연구가 지적하고 있듯이 진정한 행동 변화와 더 큰 규모의 변혁을 이룰 수 있는 티핑 포인트는 25퍼센트다. 우리는 이 두 개의 티핑 포인트를 충분히 달성할 수 있다. 수천만 명이 인간과 지구의 관계를 바로잡기 위해 행동하고 있다. 가공할 장애물이 앞을 가로막고 있지만, 역사를 길잡이로 삼는다면 좋은 전략과 효과적인 조직화, 민중의 힘으로 충분히 극복할 수 있다.

모든 사람의 행동을
바꿀 수 있는 티핑 포인트는
25퍼센트의 헌신적인 소수다.

5.11

언론 미디어의
서사 바꾸기

조지 몽비오

지구 생태계 파괴와 관련해서 가장 책임이 큰 산업이 무엇이냐고 묻는다면, 나는 언론이라고 말하겠다. 뜻밖의 대답처럼 들릴 수 있다. 석유, 가스, 석탄산업의 파괴적인 활동과 축산, 벌목, 산업형 어업, 광업, 도로 건설업, 화학산업, 쓸모없는 소비재 제품 제조업체의 파괴적인 영향이 잘 알려져 있는데, 왜 상대적으로 환경 영향이 적은 부문을 첫 번째로 꼽았는지 의아할 것이다.

이 중 어느 산업도 신문, 잡지, 라디오, 텔레비전의 지원이 없이는 지금과 같은 방식의 사업을 계속할 수 없다고 생각하기 때문이다. 대부분의 언론은 거의 예외 없이 이 산업들이 현재의 사업 형태를 계속 유지할 수 있도록 하는 사회적 면허를 제공한다. 대부분의 언론은 거의 예외 없이 우리의 생명 유지 시스템의 붕괴를 막기 위에 반드시 시행해야 할 조치에 저항해왔다. 언론은 우리를 재앙으로 몰아넣는 경제 시스템에 맞서는 사람들을 공격하고 비방했으며, 논쟁을 좌우하는 강력한 영향력을 이용해서 현재 상황이 계속 유지될 수 있도록 도왔다. 대체로 언론은 기후와 생태계 붕괴라는 현실을 부인하는 입장이었다.

한마디로 언론은 지구를 파괴하는 시스템이 계속 돌아갈 수 있게 하는 설득의 엔진이다. 언론은 우리의 선택에 개입해 반복적으로 우리를 그릇된 길로 이끌어왔다. 사소한 일로 주의를 분산시키고 날조된 괴물과 희생양을 만들어내 우리가 해결해야 할 진짜 문제가 무엇인지 보지 못하게 했다. 또 부유한 기업주의 편에 서서, 극소수의 거대 자산가들이 인류의 공유재인 자연 자원을 장악하고 파괴하도록 허용하는 정치경제를 정당화해왔다.

억만장자 언론사들의 문제점은 쉽게 눈에 띈다. 그러나 거의 모든 언론사가 이런 문제점을 안고 있다. 내가 사는 나라 영국의 공영방송사들은 루퍼트 머독의 미디어 제국보다 훨씬 더 많은 해악을 끼쳐왔다(〈폭스뉴스〉, 〈타임스〉 등

468

머독의 미디어 제국은 미국, 영국, 호주의 언론계에 막강한 영향력을 행사한다).

전 세계 영상 제작자들은 금방 알아들을 텐데, 1995년부터 2018년 사이에 BBC 방송의 편성권자는 환경 관련 영상의 방영 제안을 거의 대부분 사납게 거부했으며 때로는 욕설까지 퍼부었다. 환경 다큐멘터리의 방영을 허용할 때도 있었지만, 강력한 이권 세력을 불쾌하게 만드는 게 겁이 나서 재앙에 가까운 잘못을 저질렀다. 내가 보기에 영국 언론 역사상 환경에 가장 큰 해를 끼친 방송은 2006년에 방영된 2부작 다큐멘터리 〈기후변화의 진실〉이다(절대 반어법이 아니다).

이 다큐멘터리를 제작한 사람은 '영국에서 가장 신뢰할 수 있는 사람'으로 꼽히며, 그의 입에서 나오는 모든 말이 절대적인 진리로 취급받는 데이비드 애튼버러 경이다. 여기서는 화석연료 산업 이야기가 전혀 나오지 않다가, 해법 이야기를 할 때만 나온다. '석유, 가스 등의 화석연료를 추출하는 사람들은 이제 이산화탄소를 다시 지하에 돌려보내는 방법을 개발하고 있다'라는 대목이다. 그러나 탄소 포집 및 저장은 석유산업이 늘 약속만 하고 실행에 옮기는 법이 없는, 그러니까 채굴 사업을 계속하는 것을 정당화하기 위해서 써먹는 전형적인 방패막이다. 이 다큐멘터리는 화석연료 산업 대신에, 다른 집단에게, 즉 '13억 중국인'에게 온실가스 배출량이 늘어나는 책임을 전부 떠넘겼다. 그것 말고는 다른 원인은 전혀 거론되지 않았다. 다큐멘터리가 방영되자마자 전염성이 높은 새로운 기후 부정론이 등장해 전 세계로 빠르게 퍼져 나갔고 지금까지 끈질기게 이어지고 있다. '지구를 망쳐놓고 있는 것은 중국인들이니까, 지금 이 땅이든 다른 어디에서든 어떤 행동도 무의미하다.'

영국의 공영방송 채널4의 임원들은 더 심하게 나왔다. 환경 다큐멘터리 방영을 거의 대부분 막으면서, 한편으로는 지구 온난화와 다양한 환경위기를 부정하고 화석연료 기업들이 만들어낸 거짓말을 반복하는 영상물을 방영했다. 그중 대표적인 것이 〈어겐스트 네이처〉(1997)와 〈지구 온난화라는 거대한 사기극〉(2007)이다. 이런 영상물 역시 큰 영향력을 발휘했다. 우리는 공영방송사가 시청자를 속일 거라고 생각하지 않는다. 그러나 채널4는 보란 듯이 무참하게 시청자를 속였다.

세계 각지에서 기후 부정론자들은 꽤 오랫동안 기후과학자들과 동등하거나 훨씬 높은 명성을 누렸다. 종종 기업 로비 그룹처럼 행동하며 자금 출처를 밝히려 하지 않는 '싱크탱크'들은 여전히 자신의 이해관계에 대해서는 입을 다문 채 환경 보호 활동을 하는 사람들을 공격하는 일에 가담하고 있다. 대부분의 언론사에게는 지구 시스템이 감당할 수 없는 정도의 소비를 부추기는 광고가 중요한 재원 조달원이다.

언론의 개입이 없었다면, 정부들은 벌써 여론의 압박에 떠밀려 행동에 나섰을 것이다. 언론의 도움이 없었다면, 지구상에서 가장 환경 파괴적인 산업은 변화를 요구하는 여론으로부터 자신을 지켜낼 수 없었을 것이다.

최근 들어 약간 나아지긴 했지만, 여전히 가장 중요한 이야기는 구석으로 밀려나고 있다. 열돔, 가뭄, 산불, 홍수 등 심각한 기후 재앙이 진행 중일 때도 대부분의 뉴스 매체는 이 내용을 잠시 짧게 다루고는 곧바로 사소한 일과 법정 송사 뒷이야기로 넘어간다. 제프 베이조스가 거대한 남근 모양의 금속 물체를 타고 11분간 우주를 날았던 날 NBC, ABC, CBS는 그 전년도에 기후 관련 보도에 할애한 시간보다 훨씬 많은 시간을 베이조스의 우주비행 이야기에 쏟아부었다.

그렇다면 우리는 무얼 해야 할까? 몇몇 기성 매체들은 꾸준히 환경위기를 다루며 대중의 관심을 모아왔다. 예를 들면 〈가디언〉(내가 기고하는 언론이다), 〈알자지라〉, 〈엘파이스〉, 〈슈피겔〉, 〈도이체벨레〉, 〈네이션〉, 캐나다의 〈내셔널 옵서버〉, 방글라데시의 〈데일리 스타뉴스〉, 아프리카의 〈컨티넨트〉, 캄보디아의 〈사우스이스트 아시아 글로브〉 등이다. 다른 언론들도 이 대열에 동참해, 우리가 직면한 실존적 위기를 보도하는 일을 가장 우선시하고 환경 파괴 기업의 이익을 위해 사람들을 속이는 일을 중단해야 한다. 한편으로 효과적인 대안 언론을 계속 구축해나가는 것도 중요하다. 〈몽가베이Mongabay〉, 〈데모크라시나우!〉, 〈CTXT〉, 〈더타이이The Tyee〉, 〈더나르왈The Narwhal〉, 〈더블다운뉴스〉의 활약을 보라. 나 역시 1993년 이후로 대안 언론에 관여하고 있다. 1993년에 나는 환경 활동가들이 만든 뉴스 매체인 〈언더커런츠〉에서 영상 제작을 도왔는데, 당시에는 제작한 영상을 담은 기록 매체를 직접 전달하거나 우편으로 배포했다.

이제는 새로운 기술 덕분에 대안 언론이 영향을 미칠 수 있는 범위가 크게 넓어졌고, 많은 나라에서는 활동가들과 언론인들이 수백만 명의 시청자 및 독자와 연결될 수 있는 기회가 열렸다. 마침내 디지털 기술의 가능성이 현실화 되면서 많은 젊은이들이 기성 언론매체에 등을 돌리고 인류 최대의 위기에 대한 진실을 알리려는 언론매체로 이동하고 있다. 나는 여기에 희망이 있다고 생각한다.

모든 효과적인 운동은 사람들이 저마다 갈고닦은 기술을 이용해서 변화를 추동하는 일종의 생태계다. 의사소통은 그중에서도 아주 중요한 기술이다. 좋은 언론과 기후활동가들이 다양한 분야에서 진행하는 적극적인 활동이 결합하면 세계인의 관심을 위기의 본질에 집중시키고 이야기를 바꾸어 정부들이 행동하도록 압박할 수 있다. 좋은 언론은 파괴적인 산업이 비판자들의 공격에서 빠져나갈 수 없게 해 그들의 책임을 물을 수 있다. 좋은 언론은 전면적인 환경 붕괴를 방지하는 데 필요한 전면적인 사회 변화의 불을 피워내는 불씨가 될 수 있다.

5.12
새로운 부정론에
저항하기

마이클 E. 만

1990년대 후반에 나는 공동 저자들과 함께 수 세기 동안 진행된 전례 없는 규모의 지구 온도 상승을 보여주는 유명한 '하키스틱' 곡선 그래프를 발표했다. 우리가 처음에 발표한 그래프는 과거 600년 동안의 북반구 평균 기온을 나타낸 것이었다. 얼마 뒤 시간 범위를 확대해 출발 시점을 1000년 전으로 옮겼다. 이 그래프에서 하키스틱의 '자루' 부분은 지구 평균 기온이 비교적 미미한 온도 변화를 보이는 구간이고 100년 전부터 하키스틱의 '날' 부분이 시작되며 기온이 가파르게 상승한다. 이런 기온 급상승이 시작된 시기는 산업혁명 시기와 일치하는데, 이는 인간 활동, 특히 화석연료 연소가 지구에 심각한 영향을 미치고 있음을 나타낸다. 이 '하키스틱'은 온실가스 배출이 지구의 급속한 온난화와 아주 긴밀한 관련이 있음을 한눈에 보여주는 획기적인 전기였다. 하키스틱은 화석연료 산업의 이해관계자들에게 아주 성가신 존재였고, 결국 하키스틱은(그리고 나 역시) 화석연료 산업의 재정 지원을 받는 공격 기계들의 표적이 되었다.

20여 년이 흘렀고, 최근에 IPCC가 발표한 정책결정자들을 위한 요약 보고서에 업데이트되어 실린 그래프는 더 이상 하키스틱 모양이 아니다. 최근 수십 년간 진행된 더욱 급격한 기온 상승이 반영되어 저승사자의 대형 낫을 닮은 모양이 되었다(그림 1).

어머니 자연이 계속 경고 신호를 보내고 있다. 최신판 IPCC 보고서가 발표된 2021년 여름은 재앙에 가까운 극한 기상 현상이 북반구 전역을 휩쓸던 때였다. 계속 기록을 경신하는 산불과 홍수, 폭염은 이제 기후변화가 미래에 닥칠 일이 아니라 당장의 현실 문제로 대두된 새로운 시대가 되었음을 알리는 신호다.

2001년 IPCC 보고서의 '하키스틱' 곡선에서도 전례 없는 규모의 급격한 온도 상승이 확인된다.

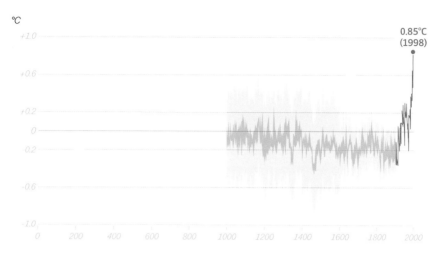

그림 1: 1961~1990년 평균 기온을 기준으로 1000~1998년까지의 지구 표면 기온 변화를 표시했다. 1902~1998년 온도는 직접 관측한 것이고, 그 이전의 온도는 나무 나이테, 산호, 빙하 코어, 호수 퇴적물 등의 자료를 바탕으로 추정한 것이다.

최신 보고서의 그래프는 저승사자의 대형 낫을 닮았다.

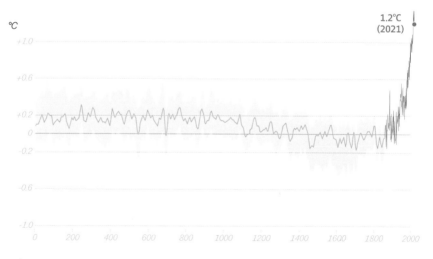

그림 2: 1850~1900년 평균 기온을 기준으로 0년부터 2021년까지의 지구 표면 기온 변화를 표시했다.

이처럼 새로운 현실이 부상함에 따라, 기후 '비행동주의자들'(화석연료 기업과 그들의 지시에 따라 행동하는 위장 단체와 보수파 정치인)은 더 이상 기후변화를 신화 또는 사기라고 강변하며 무시할 수 없게 되었다.

결국 이들은 전면적인 부정론에서 한걸음 물러나 완전히 새로운 전술로 전환했고, 내가 '새로운 기후전쟁'이라고 명명한 전쟁을 벌이고 있다. 이들은 기후행동을 저지하기 위해 새로운 전술을 전개하고 있다. 즉 '분열' 조장(기후행동 지지자들이 단합해 강력한 목소리를 내지 못하게 분열시키기), '절망감' 조장(위기에 대응하기에 너무 늦었다는 절망감은 우리를 철저한 부정론자가 선택하는 것과 똑같은 이탈 경로로 끌어내릴 가능성이 있다), '관심 돌리기'(개인의 역할에만 집중하면서 정부 정책을 요구하는 행동을 외면하게 만들기) 등이다.

나는 2021년에 쓴 《새로운 기후전쟁The New Climate War》에서 관심 돌리기 전술과 관련해 다음과 같이 설명했다. "기후변화 해법에서 개인의 역할을 강조하는 태도는 산업계가 신중하게 계획해 조장한 것"이며 "개인의 탄소발자국이라는 개념은 석유 기업인 BP가 2000년대 중반에 퍼뜨린 것으로, BP는 초기에 등장한 개인 탄소발자국 계산기 중 하나를 실제로 만들었다." BP를 포함한 많은 화석연료 기업들은 사람들이 개인 탄소발자국에 집중해 자신들이 내뿜은 더 큰 탄소발자국에는 주목하지 않기를 바랐다. 총 탄소 배출량의 70퍼센트가 단 100개의 오염 기업에서 나오는데도 말이다. 우리는 개개인이 환경에 미치는 영향을 최소화하기 위해 노력해야 하지만, 동시에 정부 정책을 마련해 오염 기업들이 우리의 유일한 대기를 쓰레기통으로 사용하지 못하게 막아야 한다.

우리는 이들의 도전에 어떻게 대응할 수 있을까? 가장 중요한 것은 오염의 책임이 있는 자들을 공개적으로 비판하는 것이다. 우리는 권력 앞에서 진실을 말하는 것을 두려워하지 말아야 한다. 기후행동 지지자들은 소셜미디어에서 개인의 생활방식 선택 등의 문제와 관련해서 전개되는 분열 시도에 저항하고 긍정적인 사례를 공유하며, 오염 기업들은 물론이고 그들을 돕는 자들에게 책임을 묻는다는 공동 목표에 집중해 단합된 행동을 보여야 한다. 우리의 목소리와 투표권을 사용해 의미 있는 기후행동에 집중하겠다는 결심이 선 정치인을 지지해 당선시키고, 그렇지 않은 정치인은 공직을 유지하지 못하게 차단해야 한다. 또한 우리는 이 중요한 순간에 기후 대응에 실패해 미래 세대의 생명을 위태롭게 해서는 안 된다는 것을 으뜸가는 윤리적 의무로 여기고 이 의무를 다해야 한다.

어머니 자연이
계속 경고 신호를 보내고 있다.
이제 기후변화는
미래에 닥칠 일이 아니라
당장의 현실이다.

진정한
비상사태 대응

세스 클라인

우리는 거의 반세기 전부터 지구 온난화에 대해 알고 있었다. 그런데도 어떤 점진적인 변화를 이룰 수 있을까를 놓고 부질없는 토론을 하느라 시간을 허비했다. 그 오랜 세월 동안 '이러쿵저러쿵' 허튼소리만 들어온 터라, 우리는 정부가 정말로 기후위기의 심각성을 이해하고 비상사태에 적절한 대응을 시작한 건지 확신할 수 없다.

나는 최근 몇 년 동안 내가 사는 나라 캐나다가 과거부터 현재에 이르기까지 다양한 비상사태에 어떻게 대응해왔는지 분석하는 글을 써왔다. 나는 제2차 세계대전에 대응해온 캐나다의 역사를 살펴보면서 '우리에겐 이미 이런 위기에 대응해온 경험이 있다'라는 유용하고 고무적인 사실을 상기할 수 있었다. 우리에겐 비상사태가 닥쳤을 때 아주 놀라운 속도로 방향 전환을 이뤄낸 경험이 있다. 우리는 계급과 인종, 성별의 장벽을 뛰어넘어 공동의 대의를 위해 힘을 결집하고 실존적 위협에 맞섰던 경험이 있다. 캐나다는 이런 결집력으로 국가 경제의 완전한 재편을 전쟁 물자 생산을 대대적으로 늘릴 때 한 번, 평시로 다시 전환할 때 한 번, 무려 두 번이나 이뤄냈다. 그것도 단 6년 사이에 말이다.

캐나다가 과거에 진행했던 자원 및 인적 동원 사례들을 연구하면서, 나는 정부가 진정으로 위기 대응 태세로 전환했음을 보여주는 네 가지 지표를 찾아낼 수 있었다. 기후 비상사태와 관련한 대응을 분석해보면, 우리 정부는 적어도 현재로서는 이 네 가지 지표에 모두 미달한다는 것을 분명히 알 수 있다.

1. 목표 달성에 필요한 지출을 한다

비상사태가 발생했다고 판단하면 정부는 긴축 중심의 사고에서 벗어날 수밖에 없다. 제2차 세계대전 중에 캐나다는 사상 유례를 찾아볼 수 없는 대규모 정부 지출을 시행했다. 전쟁 말기 캐나다의 GDP 대비 부채 비율은 현재 기준으로도 사상 최고다. 당시 군수품부 장관이던 C. D. 하우는 정부 지출의 이례적인 증가에 대해 비판이 일자, "만약 우리가 전쟁에서 지면 중요한 것을 모두 잃을 것이다. 그러나 전쟁에서 이긴다면 그 비용은 전혀 문제가 되지 않을 것이며 기억에서 사라질 것이다"라는 유명한 말을 했다.

제2차 세계대전 때와 비슷하게, 코로나19 팬데믹 기간 동안 연방정부 지출은 대폭 증가했고 캐나다의 GDP 대비 부채 비율은 1년 사이에 약 30퍼센트에서 50퍼센트로 급상승했다. 놀랍게도 이 새로운 부채의 대부분은 캐나다 중앙은행이 떠맡았다. 중앙은행은 코로나 첫해 중 대부분의 기간 동안 비상 대응자금을 조달하기 위해 '매주' 50억 달러씩 연방정부 채권을 매입했다.

이에 비하면 기후행동과 녹색 기반시설에 대한 정부 지출은 아주 적은 규모다. 현재 이 부문에 대한 정부 지출은 '매년' 약 70억 달러 수준이다. 세계은행 수석 경제학자로 활약했던 니컬러스 스턴은 각국 정부가 기후 완화 대응에 GDP의 2퍼센트를 지출해야 한다고 주장했는데, 캐나다 기준으로 GDP의 2퍼센트는 연간 약 400억 달러다. 우리 정부는 기후 비상사태 대응에 필요한 규모보다 '약간' 적은 정도가 아니라 엄청나게 적은 비용을 지출하고 있다.

2. 목표 달성에 필요한 새로운 경제 기관을 만든다

제2차 세계대전 동안 캐나다 경제는 거의 아무것도 없는 상태에서 시작해서 상상할 수 없을 만큼 빠른 속도로 엄청난 양의 비행기와 군용 차량, 선박, 군사 장비를 생산해냈다. 놀랍게도 캐나다 정부는 전쟁에 필요한 물자를 충족하기 위해 공기업 스물여덟 개를 설립했다.

코로나 기간에도 세계 전역의 정부들은 그 누구도 예측하지 못했을 만큼 빠른 속도로 과감하고 새로운 경제 지원 프로그램을 만들어냈다. 이 프로그램들은 유례없는 규모의 진단 검사와 백신 접종, 의료 서비스를 제공했다.

정부들이 진심으로 기후위기를 비상사태로 본다면, 전환에 필요한 세부적인 활동 계획을 신속하게 마련하고 거의 모든 것을 전기화해 화석연료 의존에서 벗어나기 위해서 히트 펌프와 태양광 전지, 풍력 발전소, 전기버스 등이 얼마나 많이 필요한지 결정할 것이다. 그 후에는 이런 품목들을 필요한 만큼 제조하고 배치하는 핵심적인 역할을 맡을 새로운 시대의 공기업을 설립할 것이다. 또한 기후 대응을 위한 기반시설 지출과 직업 재훈련을 강력히 추진하기 위해 과감하고 새로운 경제 프로그램을 만들 것이다.

3. 자발성과 인센티브 중심 정책에서 의무적인 조치로 전환한다

제2차 세계대전 때는 핵심적인 생필품의 배급제가 시행되었고 다양한 종류의 개인적인 희생이 있었다. 코로나 팬데믹 시기에는 정부들이 보건 관련 행정명령을 내리고 필요시에는 필수 부문을 제외한 경제 부문의 일시폐쇄 명령을 내렸다. 그러나 기후 비상사태와 관련해서는 이런 종류의 조치가 시행된 적이 없다.

지금까지 대부분의 기후정책은 자발성에 의존해왔다. 캐나다에서 우리는 변화를 장려한다. 변화에 보조금을 주고, 환급금을 주고, 가격 면에서 신호를 보낸다. 그러나 우리가 하지 않고 있는 일이 있다. 바로 변화를 반드시 시행하도록 '요구'하는 일이다. 그리고 온실가스 배출량은 감소하지 않고 그저 비슷한 수준으로 유지되고 있다.

온실가스 배출량 감축 목표를 하루라도 빨리 달성하려면, 우리는 구체적으로 가까운 시점을 정하고 그 시점까지 반드시 특정 사항을 달성할 것을 선언해야 한다. 우리는 2025년부터는 화석연료 연소 차량의 신규 판매를 금지한다고 선언해야 한다. 또 내년부터는 모든 신축 건물에 천연가스나 기타 화석연료의 사용을 금지한다는 명령을 내려야 한다. 화석연료 자동차 제조 기업과 주유소의 광고도 금지해야 한다. 우리는 이런 과감한 조치를 취해 진지하게 대응하겠다는 결단을 분명히 밝혀야 한다.

4. 위기의 심각성에 대해 진실을 말한다

진짜 비상사태라는 걸 받아들이게 하려면 사람들이 귀로 듣고 눈으로 보고 가슴으로 느끼는 모든 말과 어조, 그리고 행동에서 비상사태라는 신호가 아주 높은 빈도로 전달되어야 한다. 제2차 세계대전 당시 우리에게 깊은 인상을 심어준 지도자들은 뛰어난 의사소통 능력을 발휘했다. 그들은 위기의 심각성을 대중에게 솔직하게 알리면서 한편으로는 희망을 전파하는 역할을 해냈다. 이들의 메시지는 역사의 편에 서려고 했던 뉴스 매체와, 대중을 결집시키려 했던 예술 및 엔터테인먼트 분야에 의해 증폭되었다.

그러나 기후 비상사태와 관련해서는 이런 일관성과 통일성이 존재하지 않는다. 정부들은 비상사태에 어울리지 않는 행동을 하거나 화석연료 기반시설의 신규 건설을 승인하는 등 말과는 모순되는 메시지를 전달하고 있고, 이를 통해 대중에게 지금은 결코 비상사태가 아니라는 것을 효과적으로 알리고 있다. 왜 정부는 기후 비상사태에 대한 대응이 어떻게 진행되고 있는지를 알리는 정기적인 보도자료를 배포하지 않는가? 왜 정부는 대중의 '기후 문해력'을 향상시키기 위한 광고를 하지 않는가? 왜 언론은 우리의 생존이 달린 이 싸움이 국내외에서 어떻게 전개되고 있는지 알려주는 기후 비상사태 상설 보도를 하지 않는가? 진심으로 기후 비상사태라고 생각한다면, 우리 지도자들은 진짜 심각한 비상사태가 닥친 것처럼 행동하고 말해야 한다.

전시의 경험이 주는 마지막 교훈은, 모든 대규모 총동원은 아무도 배제하지 않겠다는 약속, 이 힘든 도전 뒤에는 더 밝고 더 정의로운 삶이 기다리고 있다는 약속이 있을 때에만 이루어진다는 것이다. 기후 총동원 과정에는 불평등을 해결하겠다는 포괄적인 약속의 일부로, 일자리를 원하는 모든 사람에게 일자리를 보장하고 화석연료 관련 직종에 종사하는 사람들이나 기후위기의 최전선 지역에 거주하는 모든 사람을 위한 정의로운 전환이 반드시 포함되어야 한다. /

팬데믹의
교훈

데이비드 월러스웰스

유엔기후변화협약 제25차 당사국 총회가 마드리드에서 평소와 다름없이 시작되는 것에 항의하며 세계 각지에서 200만 명이 기후파업을 벌인 때로부터 몇 주 뒤인 2019년 12월 초, 중국 우한에서 사스코로나바이러스2(코로나19)의 첫 감염자가 확인되었다. 다보스 세계경제포럼이 '기후회의'라는 별칭을 얻으려고 애를 쓰고 있던 2020년 1월에는, 이 감염병의 최초 사망자가 발생했다. 2월에는 '신종 코로나바이러스'에 대한 우려와 그 감염병이 수백만 명의 생명을 위협하고 앗아갈지 모른다는 공포가 전 세계로 퍼져 나가기 시작했고, 전 세계에서 2718명의 사망자가 발생했다. 한편 같은 달에 화석연료 연소로 인한 대기오염은 전 세계적으로 약 80만 명의 사망자를 냈다.

시간이 지날수록 코로나19 사망자 수는 엄청난 규모로 폭증했다. 그러나 사망자 규모가 한 단계 한 단계 늘어날 때마다 공포와 충격이 점점 옅어지고 사람들은 무기력감에 빠져 재난을 일상적인 일로 받아들이게 되었다. 〈이코노미스트〉의 추정에 따르면, 코로나19는 발생 2년 만인 2022년 초를 기준으로 전 세계에서 2000만 명 이상의 사망자를 냈고, 인류 역사상 대규모 사망자를 낸 7대 전염병 목록에 이름을 올렸다.

팬데믹 기간에도 기후위기는 수그러들지 않고 계속되었고, 예전 같았으면 징벌적 충격이 발생할 조짐이라고 여겨졌을 상황이 몇 주에 한 번씩, 때로는 며칠에 한 번씩 발생했다. 아프리카 북동부 지역에는 2000억 마리의 메뚜기 떼가 발생했다. 도시 크기만큼 거대한 군집을 이룬 메뚜기 떼가 하늘을 새까맣게 뒤덮으며 수천만 명분의 식량을 하루 만에 먹어치웠다. 수명이 다해 죽을 때도 엄청난 양이 단단하게 뭉쳐진 채 떨어졌는데, 철로에 떨어질 때는 기차 운행이 중단될 정도였다. 이때 발생한 메뚜기의 개체 수는 기후변화가 없을 때 예상되는 추정치의 8000배에 달했다.

2020년 한 해 동안 캘리포니아에서 화재로 불에 탄 토지 면적은 캘리포니아주 현대 역사에서 그 이전까지 불에 탄 토지 면적을 모두 합친 것의 두 배였으며, 기록상 가장 큰 여섯 건의 화재 중 다섯 건이 2020년 한 해 동안 발생했다. 전 세계 세쿼이아 나무의 4분의 1이 불에 탔고, 미국 서부에서 발생한 대기 오염물질의 절반 이상이 산불에서 발생한 것으로 추정된다. 다시 말해 숲이 불타면서 발생한 미립자가 다른 모든 산업활동과 인간 활동에서 발생한 미립자보다 많았다. 시베리아에서는 극지의 겨울철에도 이례적으로 꺼지지 않고 타오르는 '좀비 화재'가 발생했고, 영구동토층이 녹으면서 멀리 떨어진 발전소 시설이 훼손되어 인근 강으로 1만 7000톤의 기름이 유출되었다. 2021년에 전 세계 산불로 방출된 탄소 배출량은 세계 제2위 배출국인 미국의 총 배출량과 맞먹는다. 중앙아메리카에서는 5등급 허리케인이 상륙한 뒤 불과 몇 주 후에 몇 킬로미터 떨어진 지점으로 4등급 허리케인이 상륙했다. 중국에서는 세계 최대 규모의 댐을 위협했던 비로 인한 하천 범람(이 표현만으로는 전혀 위험하게 들리지 않는다)의 위험 때문에 6000만 명이 대피했다. 그런데 이 비는 강수량과 대피 규모 기준으로 보면 최근 평균값을 약간 상회하는 수준이었다.

팬데믹 첫해가 끝나갈 무렵 남수단에서는 인구의 10분의 1에 해당하는 100만 명이 홍수 위험 때문에 대피했다. 팬데믹 두 번째 해에, 서유럽에서는 홍수로 수백 명이 사망했고 허리케인 아이다가 몰고 온 폭우로 뉴욕 대도시권의 아파트 지하층이 잠겨 수십 명이 사망했다. 태평양 북서부 지역에서 발생한 열돔은 이전 기록을 훌쩍 뛰어넘었다. 그 차이가 너무 커서 기후과학자들은 자신들이 기후 모델과 예상 온도를 분석할 때 자료를 제대로 넣은 게 맞는지 의심할 정도였다. 폭염으로 수백 명의 사람과 수십억 마리의 해양 동물이 죽었고, 산불과 극심한 홍수가 나기 쉬운 조건이 형성되었다. 그 후 발생한 홍수로 심각한 산사태가 일어났고, 가을에서 겨울로 접어들 무렵 캐나다 밴쿠버에서는 기후 재해로 인한 봉쇄 조치가 내려졌다. 2022년 새해가 밝기 이틀 전, 시속 150킬로미터의 강풍이 불면서 미국 콜로라도주 덴버 외곽의 주택가가 화염에 휩싸였다. 150년 만에 가장 기온이 높고 두 번째로 건조한 가을에 뒤이어 발생한 이 화재로 콜로라도주 역사상 최대 피해가 발생했다. 화재에 취약한 현대식

건축의 전형으로 꼽힐 만한 주택단지의 집들이 차례차례 화염에 휩싸여 잿더미가 되었다.

세계는 이처럼 심각한 기후위기의 현실을 외면했다. 점점 심각해지는 팬데믹에 정신을 뺏기기도 했고, 재해의 피해 규모가 조금씩 커져가는 것에 단련이 되어서 예전 같으면 참혹한 파열로 느꼈을 눈앞의 현실을 이제는 익숙하게 알고 있는 패턴의 논리적 수순으로 여기게 된 탓이었다. 만약 우리가 팬데믹의 경험에서 기후행동의 미래에 대한 교훈을 찾아낼 수 있다면, 과연 우리는 무엇을 보게 될까? 무엇보다 팬데믹은 과거에는 상상하지 못했던 대대적인 조치의 실행을 요구하는 믿기 어려운 기회를 제공했지만 세계는 이런 대대적인 조치를 실행에 옮기지 못했다. 만일 이런 조치가 시행되었다면 전례 없는 팬데믹 대응은 전례 없는 온난화 위기에 대한 대응으로 연결되었을 것이고, 진정한 국제 정신에 의해 더욱 활성화되어 가장 큰 어려움을 겪고 있는 사람들에게 불공평하게 지워진 부담을 완화하는 방향으로 추진되었을 것이다. 그러나 이 전례 없는 대응은 현 상황을 방어하기 위해서 마지못해 실행되었고, 북반구 지도자들은 탄소 배출물과 함께 백신을 쌓아두었다.

우리는 코로나19에서 기후변화와의 연관성을 짚어내지 못했을 뿐 아니라, 더 직접적인 위협인 듯 보이는 팬데믹의 위협에 집중하느라 소홀히 넘겨버린 수많은 재해들에서도 역시 기후변화와의 연관성을 짚어내지 못했다. 그러나 우리는 두 가지 위기에서 공통적으로 우려스러운 교훈들을 발견한다. 그중 하나가 자연은 강력한 힘을 가졌고 때로는 무서운 존재일 수 있다는 것, 또 인류세라는 표현을 쓰긴 하지만 우리는 자연을 정복하거나 자연의 영향에서 완전히 벗어난 것이 아니라 자연 안에서 살고 있으며, 어디에 살든 아무리 안전하게 보호받고 있다고 느끼든 여전히 자연의 변덕스러운 힘에서 벗어날 수 없다는 사실이다. 우리는 더 이상 자연 환경의 상황을 먼저 고려해야 한다는 사실을 무시하고 우리가 살아갈 세계의 현실적 규칙을 회의장이나 세미나실에서 만들어낼 수 있는 것처럼 행세할 수 없다.

또한 전 세계를 대표하는 지도자들의 기후 비상사태 대처 방식에 늘 실망감을 느껴온 사람들에게는 팬데믹에 대한 불완전한 초기 대응조차도 눈이 휘

둥그레질 일, 아니 솔직히 말하면 너무나 감격스러운 일이었다. 팬데믹 2년차에 벌어진 추악한 코로나 민족주의와 '백신외교'로 혼란스러운 상황이 되는 바람에 거의 잊었지만, 초기 대응은 놀라우리만큼 대대적이고 즉각적이었다. 초기에 일부 국가에서 부적절하고 역효과를 부를 수 있는 봉쇄 조치가 시행되기도 했지만, 세계적으로 펼쳐진 초기 대응의 규모와 신속성은 기후행동을 요구해온 많은 사람들이 꿈조차 꾸어보지 못한 것이었다. 불과 몇 달 만에 전 세계인의 일상이 완전히 바뀌었다. 10억 명이 넘는 아이들이 학교에 갈 수 없었고, 해외 여행이 거의 전면 중단되었으며, 수십 개국에서 수억 명이 자신과 주변 사람들의 건강을 위해 자가격리를 했다. 직업적 삶은 일시적으로 유예되었고, 사회적 삶과 낭만적인 삶, 가족의 삶은 변화되었으며, '늘 해오던 대로'의 사업은 완전히 다른 방식으로 바뀌었다. 기후과학자들이 재앙을 불러올 온난화를 피하기 위해 제2차 세계대전 규모의 동원이 필요하다고 말할 때 그들이 생각했던 것이 바로 이런 종류의 행동, 이보다는 징벌적인 성격이 덜하지만 이에 못지않게 극적인 전환 행동이었다. 2018년 가을, 2030년까지 탄소 배출량을 절반으로 감축해야 한다는 IPCC의 권고가 처음 나왔을 때 세계 전역의 지도자들은 사실상 외면했다. 그런데 2020년 초 무렵, 그 권고를 외면했던 바로 그 지도자들이 위기가 시작되고 단 몇 달 만에 IPCC가 권고한 것과 비슷한 규모의 사회적, 경제적 변화를 시행하고 있었다. 팬데믹은 갑작스러운 변화가 더 이상 비현실적인 것이 아니며, 실제로 시행되고 있음을 보여주었다.

이런 정신은 그리 오래 지속되지 않았으며, 유지되는 동안에도 아주 불완전했다. 그러나 주목해야 할 점은 다양한 번영 수준과 다양한 이념적 노선을 가진 수많은 정부들이 대대적인 규모의 대응에 나섰으며, 사회가 중대한 위기에 맞닥뜨리면 불과 몇 달 전만 해도 정치적으로 절대 넘을 수 없는 경계라고 여겨지던 것을 훌쩍 뛰어넘어 사회 전체가 위기에 대응하기 위해 힘을 결집할 수 있음을 입증했다는 것이다. 그 효과를 가장 분명히 보여준 곳은 동아시아 및 오세아니아 전역의 국가들이었다. 이 나라들은 대규모 정부 개입과 그에 부합하는 광범위한 사회적 신뢰와 즉각적인 연대(우리가 기후위기와 관련해서 시행되기를 바라는 일사불란한 대응)를 통해 바이러스를 효과적으로 억제했다. 그러나 애덤 투즈가 팬데믹 위기의 역사를 정리해서 쓴 책《셧다운Shutdown》에서 언급한 것처럼, 비록 굼뜨게 움직인 유럽과 아메리카 대륙의 일부 국가들의 부실한 대응이 있기는 했지만, 팬데믹 위기가 발생하자 전 세계 모든 국가가 신속하게 공공 지출을 집행했다. 예전에 기후행동에 대해 속도 제한을 걸었던 것과 유사한 정치적, 사회적 제동이 전혀 없는 새로운 현실 속에서 벌어진 일이었다. 팬데믹 대응에서 우리는 다음과 같은 교훈을 얻을 수 있다. 속도 제한은 우리가 스스로 만든 것일 뿐이다. 속도 제한을 두어서는 안 된다.

실망스럽게도 선진국의 정치 지도자들은 실전을 통해 새로운 전술을 익혀놓고도 탈탄소화 프로젝트에는 이 전술을 적용하려 하지 않았다. 팬데믹 대응책이 시행되는 동안, 많은 사람들이 기후행동과 관련해서도 무한한 가능성을 쉽게 상상할 수 있었을 것이다. 일사불란한 대응 속에서 그 가능성을 확인한 사람도 있었다. 파리 협정의 핵심 설계자 중 한 명인 크리스티아나 피게레스는 2020년 여름에 내게 이렇게 말했다. "우리는 코로나19 경기 부양책이 어떤 결과를 낳을지 알지 못한다. 솔직히 말하면 탈탄소화의 진척 여부는 이 경기 부양책의 특징에 따라 크게 달라질 것이다. 워낙 막대한 규모의 재정이 투입되기 때문이다. 우리는 이미 12조 달러를 투입했고, 향후 18개월 동안 최대 20조 달러까지 늘릴 수 있다. 우리는 그렇게 단기간에 20조 달러가 경제에 투입되는 것을 본 적이 없다. 세계적으로 처음 있는 일이다. 코로나19 경기 부양책은 최소 10년 동안은 세계 경제의 논리와 구조, 그리고 탄소 집약도를 결정할 것이다." 한마디로 20조 달러의 재정 지출을 할 수 있다면 당연히 기후를 위해 지출해야 한다는 이야기다.

하지만 가장 먼저 시행된 재정 지출은 기후를 위한 부양책을 꿈꾸는 사람들에게는 전혀 고무적인 것이 아니었다. 탈탄소화에 적극적인 유럽연합마저도 경기 부양 지출의 30퍼센트를 기후에 투자하겠다고만 약속하고 있다. 미국과 중국이 각각 약속한 금액은 이에 훨씬 못 미친다(게다가 두 나라 모두 화석연료 산업 부양 계획을 세웠다). 2021년 4월까지 OECD 국가들의 코로나19 부양 지출 가운데 '환경 친화적' 지출로 파악된 것은 4분의 1 미만이었는데 반해, 에너지와 관련한 부양 지출의 41퍼센트가 화석연료 산업에 투입되었다. 코로나19라는 세계적 비극은 새로운 세계, 더 안정적이고 더 안전하고 더 융성하고 더 정의로운 세계를 만들 수 있는 가능성을 선물로 남겼다. 그러나 세계는 이 기회를 반기지 않고 신속하게 예전의 질서로 되돌아갔다.

우리는 얼마나 큰 기회를 놓친 걸까? 조에리 로겔지를 포함한 임페리얼칼리지 런던의 연구팀에 따르면, 코로나19 부양 지출의 10분의 1을 앞으로 5년 연속 탈탄소화에 직접 투입하면 파리 협정의 목표를 달성하고 지구 온난화를 2도 아래로 억제할 수 있다. 전 세계적으로 녹색 전환을 이루는 데 필요한 총비용은 2020년에 시행된 경기 부양 지출의 절반이다. 하지만 세계는 경기 부양을 시행할 때, 끝내 이 길을 선택하지 못했다. 〈월스트리트 저널〉이 지적한 대로, 미국 전력 부문의 완전한 탈탄소화를 이루려면 1조~1조 8000억 달러의 선행 지출이 필요하다. 이 금액은 미국이 팬데믹과 관련해서 투입한 경기 부양 지출의 5분의 1 미만이다. 그러나 미국의 팬데믹 경기 부양책은 단 한 번도 기후 관련 지출을 중심에 두고 시행되지 않았다. 바이든 대통령이 최종적으로 투입하기로 결정한 기후 관련 지출 총액은 수천억 달러에 불과했다. 결코 기후급진주의자가 아닌 마이클 블룸버그와 행크 폴슨이 제안한 GDP의 5퍼센트에 한참 못 미치고, 상원의원 에드 마키와 버니 샌더스가 열정적으로 주장하는 금액에는 훨씬 더 못 미치는 규모다.

이 실패와 관련해서 가장 눈에 띄는 점은 이 부양책을 결정한 정치인들이 이 포럼 저 포럼, 이 회의 저 회의에 다니면서 기후위기를 경고하고 자신이 인류의 실존과 관련한 엄중한 기준에 걸맞은 행동을 하는지 판단해달라고 말해온 사람들이라는 것이다. 그 기준에 비추어볼 때 이들은 완전히 실패했다. 이들은 1.5도 목표가 우리 손에서 점점 더 멀어지게 내버려두었고, 온실가스가 한 해 한 해 대기에 쌓여가는 것을 지켜보기만 했다. 해가 갈수록 더욱 열정적으로 무대응의 위험을 강조하는 연설을 하면서도 말이다. 그러나 이 공허한 수사에서도 우리는 팬데믹이 불러온 전례 없는 집단적 행동과 공공 개입이 일회성 방향 전환이 아닐 수 있으며, 이 새로운 의지의 일부가 곧 기후로 향할 수도 있다는 가능성을 읽을 수 있다. 존 메이너드 케인스는 제2차 세계대전 중에 "우리가 할 수 있는 일이라면 그게 어떤 일이든 우리는 그 비용을 충분히 감당할 수 있다"라고 선언했다. 이번 팬데믹을 계기로 우리는 이 원칙을 다시 떠올렸다. 세계는 기후변화와 관련해서도 이 원칙을 실행에 옮기려 할지 모른다.

또한 팬데믹은 우리가 가진 문제점을 일깨워주었다. 미처 깨닫지 못하고 있던 사람들에게 위기가 닥친다고 해서 경쟁과 편견, 무관심이라는 인간의 기본적인 문제가 확실하게 또는 간단하게 사라지지 않는다는 점을 가르쳐주었다. 또한 코로나19는 사람들이 위협이 임박했음을 인식하면 기꺼이 행동에 나선다는 반가운 교훈을 주었으며, 또 한편으로는 경계해야 할 점에 대한 교훈도 남겼다.

첫 번째 교훈은 미루면 미룰수록 더 많은 것을 잃는다는 것이다. 팬데믹 시작 후 몇 달 만에 감염자가 기하급수적으로 늘어갈 때, 우리는 대응을 단 며칠만 미뤄도 재앙적 결과가 나타날 수 있으며, 첫 주에 시행했다면 충분히 효과를 보았을 대응 조치가 셋째 주가 되면 턱없이 부족한 조치가 될 수 있다는 것을 배웠다. 우리는 기후와 관련해서도 마찬가지라는 것을 이미 잘 알고 있다. 만일 기온 상승을 1.5도 아래로 억제한다는 세계적인 탈탄소화 프로젝트가 제임스 핸슨, 마이클 오펜하이머, 마나베 슈쿠로와 여러 과학자들이 미국 상원에서 지구 온난화에 대해 증언했던 1988년부터 시작되었다면, 세계는 해마다 완만하고 비교적 충격이 크지 않은 변화를 이뤄가면서 100년 넘는 오랜 시간을 두고 이 프로젝트를 달성할 수도 있었을 것이다. 그러나 이 과학자들의 경고를 무시하고 배출량이 점점 늘어가는 걸 방치하고 매년 꼬박꼬박 미래 세대가 짊어져야 하는 골칫거리를 대기 중에 쌓아놓은 탓에, 지금 세계는 훨씬 더 험난한 과제에 직면해 있다. 우리는 수십 년 안에, 게다가 만일 탄소 포집 기술과 '행성 규모'의 탄소제거 기술을 확보하지 못한다면 더 짧은 시간 안에 탄소 배출량을 0으로 만들어야 한다. 1988년에는 적절하다고 여겨졌을 대응 조치가 지금은 거의 기후 부정론에서나 나올 법한 주장으로 평가된다. 이제는 2008년에는 대담하다고 여겨졌을 대응 조치로도 턱없이 부족하다. 당장 탄소 배출량 상승세를 꺾지 못한다면, 2025년에는 지금 우리가 몹시 부담스러워하는 현재의 감축 계획조차 무용지물이 될 것이다.

두 번째 교훈은 기후위기는 세계적인 위협이므로 어느 한 국가만의 성공으로는 충분하지 않으며, 어떤 국가도 자국 차원의 대응에 만족해서는 안 된다는 것이다. 지금도 이미 기후 불평등(현재의 온난화를 빚어낸 책임과 미래에 빚어질 충격으로 인한 부담 간의 불일치)이 도덕적으로 용인할 수 없을 만큼 심각한데, 북반구 국가들은 이 점을 애써 무시하려 한다. 미국은 전 세계 역사적 배출량의

다음 페이지:
2019년 9월, 인도네시아 자카르타에서 개최된 미래를 위한 금요일 시위에서 행진 중인 젊은이들.

5분의 1을 배출했지만, 사하라 이남 아프리카의 나라들은 모두 합쳐서 약 1퍼센트를 배출했다. 온난화로 인한 부담 역시 불균등하게 분배되고 있다. 남반구의 상당히 많은 나라가 잇달아 발생하는 기후 충격에 시달리고 있지만, 유럽과 북아메리카 대륙의 사람들은 이런 충격을 먼 미래에 일어날 근심거리로 여길 뿐이다. 명목상의 지원 약속은 아직도 실현되지 않았고, 실제로는 현재 약속된 지원 규모의 몇 갑절에 이르는 지원이 필요한 것으로 추정된다(연간 1000억 달러를 빈곤국의 기후변화 대처를 돕기 위한 지원금으로 내놓겠다고 약속하면서 생색을 냈던 부유한 국가들은 남반구 나라들의 탈탄소화에 필요한 비용이 5조 달러 이상이라는 사실을 알아야 한다).

백신 분배의 비극도 똑같은 상황을 반영하고 있다. 스스로 안전을 챙길 여유가 있는 사람들은 자원을 사재기해 쌓아두면서, 실제로 자원이 부족하지도 않고 부족할 이유가 없는 곳에서 자원이 희소해지게 만들 것이다(어쩌면 이들은 불평등이 유지되어야 안심이 되는 건지도 모른다). 2021년 7월, 국제통화기금은 전 세계에 백신을 보급하는 데 드는 비용이 500억 달러이며 2025년까지 9조 달러의 추가 수익이 발생할 것이라고 추산했다. 바꿔 말하면 4~5년 사이에 공공투자를 통해 약 200배의 수익을 낼 수 있다는 뜻이다. 이 초기 비용은 세계 최대 경제국의 경우라면 정부 결산 보고서에 흔적도 남지 않을 만큼 작은 규모이며, 세계 최고 갑부 한 명의 재산으로도 충당할 수 있을 정도로 작은 규모다. 물론 어느 누구도 그 제안을 받아들이지 않았으며, 남반구 사람들이 스스로 알아서 방역에 대처하도록 놓아두는 쪽을 선택했다. 한때 북반구 선진국들이 총체적인 방어가 필수적이라고 강조했던 바이러스인데도 말이다. 그 결과 바이러스는 확산되고 변이되어 계속해서 인명 손실을 낳았다. 지구 온난화 역시 대처하지 않고 내버려두면 똑같은 결과가 발생할 것이다. 이런 실수를 반복해서는 안 된다.

정직, 연대, 진정성, 기후정의

그레타 툰베리

그곳엔 's'자 두 개를 겹쳐 쓰는 안데르손, 페테르손, 요한손 등의 이름이 있었다. 칼베리, 룅크비스트, 노르드그렌도 있었는데, 모두 스웨덴에서 흔한 이름이었다. 그러나 그곳은 스웨덴에 있는 어느 교회의 부속 묘지가 아니었다. 미국 미네소타주 시사고카운티의 린드스트롬에 있는 일반 묘지였다. 낡은 묘석의 크기와 견고함만 보아도 오랜 연륜이 느껴졌다. 주변 나무뿌리에 밀려 약간 틀어져 있는 묘석의 모습은 그곳에 묻힌 사람들에 대한 기억이 흐릿해질 만큼 오랜 시간이 흘렀다는 표시인 듯했다.

내가 아버지와 함께 찾았던 그곳은 스웨덴에서 6780킬로미터 떨어져 있지만, 스웨덴 문학에서 빼놓을 수 없는 곳이다. 시사고카운티는 스웨덴 예술과 문화에서 특별한 위상을 차지하는 빌헬름 모베리의 연작 장편소설 《이민자들 The Emigrants》의 주요 배경이 되는 곳이다. 여러 해 전 내가 너무 아파서 학교에 가지 못할 때 아버지와 함께 이 소설을 읽으면서 깊은 감동을 받았다. 우리는 그곳에서 이 소설의 두 주인공 크리스티나와 칼오스카르의 동상을 보았고 달라르나 지방에서 유래한 스웨덴의 전통 목마 붉은색 달라호스를 사진에 담았다. 그 목마에는 '8번 고속도로를 달리는 신나는 인생'이라는 문구가 쓰여 있었다. 사우스린드스트롬 호수에도 갔는데, 호숫가 풍경이 어느 장소 할 것 없이 스웨덴과 아주 닮아 보였다. 그 후 우리는 전기 자동차를 타고 서쪽으로 이동했는데, 스웨덴 문학사 탐험 때문에 지체된 시간을 만회하기 위해 밤늦게까지 달려야 했다. 수폴스에서 숙소를 구해 잠시 쉬고 동이 트기 전에 다시 출발했다. 인터스테이트 90번 고속도로로 진입해 미주리강을 건너 사우스다코타주의 웅장한 배들랜즈 국립공원을 지난 뒤 남쪽으로 길을 꺾어 파인리지 보호구역에 도착했다. 그곳에서 내 친구 토카타 아이언 아이스를 만났다.

파인리지는 미국에서 가장 가난한 지역으로 꼽히는 곳이며, 알코올 의존증, 높은 아동 사망률 및 자살률 등 빈곤과 관련한 심각한 문제를 안고 있고 주민의 기대수명이 서구권에서 가장 낮은 곳이다. 토카타와 토카타의 아버지 체이스는 우리를 마을 외곽으로 데려가서 버려진 교회들과 널빤지로 창문을 막아놓은 집들을 보여주었다. 지구상에서 가장 부유한 나라의 한복판에 이런 곳이 있다는 게 믿기지 않았다. 그 뒤 운디드니로 이동해 좁은 길을 따라 걸어 조촐한 추모 공간에 도착했다. 오후의 햇살은 따뜻했고 구름 한 점 없었다. 드넓은 초원에 높게 자란 풀 사이로 10월의 부드러운 산들바람이 불었다. 가까운 집을 구해 작은 기념관을 만들려고 했지만 운영비를 마련하지 못해 성사되지 못했다고 체이스가 알려주었다.

1890년 12월 29일에 일어난 대학살 희생자들의 무덤 위에 기념비가 하나 서 있었다. 그런데 무덤이 여럿이 아니라 딱 하나였다. 운디드니에는 개인 이름의 묘석이 거의 없다. 커다란 무덤 하나에 소박한 추모비 하나, 무덤을 두른 울타리, 입구를 표시하는 흰색 콘크리트 기둥 두 개뿐이었다. 미국 선주민 공동체인 라코타족 사람들 300여 명이 이곳에 묻혔다. 여성과 어린이도 많았다. 이들은 오랜 세월 강제이주와 조약 파기, 폭력에 시달리다가 미군 제7기병연대에 의해 집단학살을 당했다. 학살에 가담했던 미군 스무 명은 명예훈장을 받았다.

1492년 콜럼버스의 아메리카 대륙 도착 이후 유럽의 식민 지배 기간 동안 수많은 학살 사건이 일어났다. 유럽 식민 시대 초기를 간혹 '대규모 사망Great Dying'의 시대라고 부르기도 한다. 이 시기에 아메리카 선주민의 90퍼센트(세계 인구의 10퍼센트)가 학살되거나 전염병 때문에 목숨을 잃은 것으로 추정된다. '인종학살', '인종청소'임이 분명한데도, 이를 인정하는 추모비 하나 세워지지 않았다. 이런 만행에 책임이 있는 나라들은 여전히 과오를 인정하지 않는다. 사회적, 인종적 차별을 저지르고도 어떻게 그 일의 원인과 결과에 대해 합당한 책임을 지지 않고 넘어갈 수 있는지 이해가 가지 않는다.

린드스트롬과 운디드니에 묻힌 사람들은 같은 시대에 그리 멀지 않은 지역에 살았지만, 죽은 뒤에 묻힌 곳은 천양지차다. 묻힌 곳만 보아도 미네소타에 살았던 스웨덴 사람들이 사우스다코타에 살았던 내 친구의 조상들보다 훨씬 나은 처지였다는 것을 분명히 알 수 있었다. 린드스트롬에서 운디드니까지 여행했던 만 하루 사이에 나는 세상을 보는 새로운 관점을 갖게 되었다. 물론 이걸 받아들이기란 쉽지 않았다.

1850년부터 1920년까지 스웨덴 인구의 4분의 1가량 되는 약 120만 명이 미국으로 이주했다. 가난에서 벗어나 더 나은 삶을 일구려는 부푼 꿈을 안고 떠난 길이었다. 그러나 이들의 이야기는 이들이 차지한 땅(미네소타, 위스콘신, 그 밖에 최근 미국의 주와 영토에 편입된 땅)에 이미 살고 있던 선주민들의 운명과도 얽혀 있다. 이런 토지 획득 방식은 다른 모든 사람들이 따라올 수 있는 길을 열어놓았다. 이들의 토지 획득은 합법이었고 장려 사항이었다. 스벤 린드크비스트가《야만의 역사》에 썼듯이, 유럽인들이 아프리카를 비롯해서 세계 지도에 '아무 표시가 없는' 곳들을 식민지로 차지했던 것처럼, 이민자들이나 무역 회사들, 식민 지배 국가들은 우연히 마주친 땅을 차지하고 먼저 살고 있던 사람들을 상품이나 재산, 미개인, 야만인으로 취급하는 것을 당연한 관행으로 여겼다.

스페인, 프랑스, 포르투갈, 네덜란드, 영국이 아메리카 대륙에서 식민지를 넓혀가는 사이에 스웨덴도 비슷한 방식으로 국경선을 넓혀갔다. 스웨덴은 델라웨어, 생바르텔레미, 과들루프를 식민지화하는 데 열중하는 한편으로 북쪽으로 이동해 사프미로 들어갔다. 노르웨이, 스웨덴, 핀란드, 러시아에 걸쳐 있는 이 땅은 수천 년 동안 사미인들이 살아온 곳이다. 스웨덴 정부는 그곳을 자국 영토에 편입하고 서서히 세력을 확장하면서 토지를 빼앗기 시작했다. 천연자원 확보를 목표로 속도를 높여가던 식민화 과정은 1800년대에 들어서면서 급격히 고조되었다. 스웨덴은 사프미에 있는 막대한 양의 철광석, 은, 목재를 차지하기 위해 사미인들을 점점 더 멀리 밀어냈다. 나중에는 마을을 통째로 강제이주시키기까지 했다. 가족을 갈라놓고 아이들을 부모에게서 떼어놓았다. 우리는 사미인의 언어, 종교, 전통, 문화까지 삶 전체를 지워버리려고 했다. 스웨덴은 인종생물학연구소를 설립해 사미인의 두개골 측정을 진행하기도 했다. 20세기에는 수력 발전 산업이 시작되면서 사미인들이 순록을 키우던 방대한 면적의 땅이 물에 잠겼다. 다음에는 목재 회사들이 몰려와 순록의 주요 먹이 공급원인 숲을 밀어버렸다. 그다음에는 광산 회사들이 몰려왔다. 21세기에 들어서자 풍력 발전기가 들어와 조상 대대로 지켜온 사미인의 땅을 더 심하게 망가뜨리고 페이스북 서버와 비트코인 채굴을 위해 엄청나게 값싼 '친환경' 전기를 공급하고 있다.

우리는 사미인의 거의 모든 것을 빼앗았다. 스웨덴은 사미인의 땅을 빼앗고, 신성한 땅과 문화재를 빼앗고, 종교를 빼앗고, 숲과 온갖 자연 자원을 훔쳐냈다. 이 도둑질은 지금도 진행 중이다. 제3부에서 엘린 안나 라바가 설명하고 있듯이, 기후변화 때문에 순록 사육 환경이 점점 악화되면서 사미인들이 전통적인 생활방식을 유지하기가 점점 더 버거워지고 있다. 순록 사육을 포기하는 사람이 점점 늘어간다. 새로운 광산 개발 사업이 확정되어 다시 복원할 길이 없는 오래된 숲들이 헐려나가고 있다. 경제 발전 촉진이 늘 최우선순위다.

그런데도 스웨덴은 자국이 식민 지배 국가라고는 꿈에도 생각하지 않는다. 누군가가 스웨덴이 식민 지배 국가라고 말하면 정신 나간 사람 취급을 받을 것이다. 우리는 하고 싶은 말만 하고, 보고 싶은 것만 본다. 개인은 자신이 한 행동에 대해서만 책임을 지면 된다. 그러나 국가와 기업의 입장은 전혀 다르다. 국가와 기업은 과거에 했던 행동을 토대로 삼아 부와 자산, 기반시설을 일구어왔다. 절도와 파괴, 인종 학살 등 부당한 행위를 통해서 부를 이룬 것이라면, 마땅히 화해와 보상을 위한 방법을 찾아야 한다.

역사를 돌아보면, 우리는 아주 능숙하게 과거의 잔학 행위를 자신과는 무관한 것으로 돌려왔다. 무슨 문제가 생기면 늘 어딘가 멀리 떨어진 다른 곳, 다른 누군가의 탓으로 떠넘겼다. 그러나 기후위기는 우리, 북반구 나라들이 일으킨 것이다. 식민주의 시대, 그리고 그 이전부터 진행되어온 불평등이 빚어낸 결과다. 그런데 기후위기를 빚어낸 책임이 가장 적은 사람들이 이 위기 때문에 가장 큰 타격을 입을 것이다. 반면에 책임이 가장 많은 사람들은 타격을 가장 적게 입을 것이다. 이 모든 상황은 궁극적으로 훨씬 더 큰 위기를 반영하는 증상이다. 어떤 사람은 다른 사람보다 우월하고, 따라서 다른 사람의 땅과 자연 자원을 수탈하고 훔쳐낼 권리, 그리고 지구의 유한한 자원을 남들보다 훨씬 빠른 속도로 써서 없앨 권리를 가지고 있다는 생각이 이 위기를 빚어낸 원인이다. 그런데 위기를 빚어낸 이 사고방식이 지금도 여전히 우리 사회에 만연해 있다. 이 위기에 제대로 대처한다면 모두에게 도움이 될 것이다. 그러나 문제의 근원을 바로잡지 않고도 위기에 제대로 대처할 수 있다고 생각한다면 큰 오산이다.

기후위기와 지속가능성 위기는 여러 면에서 완결판 영웅 서사시다. 이해하기 쉽게 최종 도덕성 시험이라고 불러도 좋겠다. 우리가 배출하는 이산화탄소는 길게는 1000년 뒤까지 대기 중에 머문다. 오늘날 과학은 우리가 권력, 지배권, 부를 추구하면서 남긴 보이지 않는 모든 흔적을 샅샅이 뒤져 찾아내고 있다. 이 흔적은 사실 수백 년 동안 북반구의 잔학행위에 시달려온 사람들이 우리에게 알리려고 애써온 것이다. 이 흔적은 역사적 책임이 가장 큰 북반구에서 살아가는 우리에게 돌아온, 더 이상 빠져나갈 수 없는 거액의 미지급금 청구서다. 이 도덕성 시험을 통과하지 못하면 우리는 다른 어떤 시험도 통과하지 못할 것이고, 우리가 이룬 훌륭한 성과들은 결국 물거품이 될 것이다.

기후위기와 생태위기를 해결하고 모든 것을 바꾸기 위해서는 우리 모두가 움직여야 한다. 그러나 이 위기에 책임이 있는 사람들이 자신이 만들어낸 쓰레기를 치우는 일에 나서지 않는 한, 이 일은 결코 성공할 수 없다. 재정이 넉넉한 국가들이 솔선하여 그 길에 나서겠다고 약속했고, 이제는 우리가 나설 때다. 다시 말해서 우리는 손실과 피해를 보상하고 배상해야 한다. 우리는 역사적 배출량에 합당한 책임을 져야 한다. 오염을 일으킨 자가 오염 제거에 드는 비용을 지불해야 한다. 배출량을 집계할 때는 소비, 수입, 수출, 해운, 항공, 군사, 생물 기원 배출량까지 실제 배출량을 하나도 빼놓지 말고 포함시켜야 한다. 우리는 정직과 연대와 진정성과 기후정의를 지켜내야 한다.

5.16

정의로운
전환

나오미 클라인

우리는 대부분 정치적 변화를 생각할 때 정해진 구획 안에서 생각하는 습성이 들어 있다. 환경 따로, 불평등 따로, 인종정의 따로, 성평등 따로, 교육은 이쪽, 건강은 저쪽 이런 식으로 말이다.

게다가 각 구획 안에는 수천 개의 그룹과 조직이 있고, 이들은 신망과 인지도, 자원을 놓고 경쟁을 벌이기도 한다. 시장점유율을 높이려고 경쟁하는 기업 브랜드들이 하는 것과 별반 다르지 않다. 그리 놀랄 일도 아니다. 우리는 모두 예외 없이 자본주의 시스템의 논리 안에서 일하고 있으니 말이다.

이런 구획화는 흔히 '사일로식 사고'*의 문제와 연관되어 이야기된다. 복잡한 세상을 다루기 쉬운 덩어리로 나누어 다룰 수 있다는 점에서 사일로식 사고는 설득력이 있는 접근법이다. 이 방식에 의존하면 일이 덜 버겁게 느껴진다. 그런데 사일로식 사고의 문제점은 어떤 중요한 위기가 닥쳐 우리 모두의 도움과 관심이 필요할 때 '그건 다른 사람이 처리할 문제야'라며 외면하도록 우리 뇌를 훈련시킨다는 것이다. 더 심각한 문제는 세상을 파멸로 몰아가고 있는 다양한 위기들 사이의 연관관계를 파악하지 못하게 하고, 그 결과 폭넓고 강력한 운동을 꾸려낼 기회를 차단한다는 점이다.

실례를 들자면, 기후 비상사태에 관심을 쏟는 사람들은 전쟁이나 군사적 점령에 대해선 거의 입을 열지 않는다. 화석연료에 대한 욕심이 이미 오래전부터 무력분쟁을 유발해왔다는 것을 뻔히 알면서도 말이다. 주류 환경운동은 최근 들어 기후변화 때문에 가장 큰 타격을 입고 있는 국가들이 대부분 유색인종 국가라는 점에 대해 조금씩 목소리를 높여가고 있다. 그러나 이들은 교도소

---

* 사일로silos는 시멘트, 곡물 등의 원료나 생산품을 저장할 목적으로 만들어진 구조물이며, 사일로식 사고는 소통과 융통성을 방해하는 칸막이식 사고를 말한다.

와 학교와 거리에서 흑인들이 무가치한 존재로 취급당하는 현실에 대해서는 연관관계를 좀처럼 파악하지 못한다.

우리는 구획을 뛰어넘어 서로 협력할 기회가 많지 않기 때문에 종종 다양한 운동이 제안하는 해법들 사이에는 아무런 연관성이 없다고 여긴다. 진보주의자들의 개혁 희망 사항에는 다양한 내용이 잔뜩 들어 있다. 우리 모두가 원하는 것들이다. 하지만 우리는 우리가 이루려는 세상에 대한 통합적인 전망을 세우는 것을 자주 빼먹는다. 어떤 모습의 세상인지, 어떤 느낌의 세상인지, 어떤 핵심 가치를 지닌 세상인지에 대해서는 거의 이야기하지 않는다.

반갑게도 이런 장벽을 뛰어넘어 공통의 전망을 구체적으로 세워갈 대중적인 플랫폼을 개발하기 위해 다양한 종류의 대화와 실험이 진행되고 있다. 이런 노력이 더리프, 그린뉴딜, 블랙레드앤드그린뉴딜 등 여러 가지 이름의 플랫폼으로 구체화되고 있다.

이들은 우리가 직면한 위기가 기후위기 하나만이 아니라는 인식을 공유한다. 우리는 고조되는 백인 우월주의, 성차별적 폭력, 심화되는 경제적 불평등을 비롯해 복잡하게 얽히고 중첩된 다양한 위기에 직면해 있고, 이 때문에 이 위기들을 한 번에 하나씩 차례로 해결해나갈 여유가 없다. 따라서 우리는 통합적인 접근방식을 택해야 한다. 온실가스 배출을 0으로 줄여가는 한편으로 노동조직화가 보장된 좋은 일자리를 대량으로 창출하고 현재의 추출경제 속에서 가장 혹사당하고 가장 소외당하는 사람들에게 의미 있는 공정한 기회를 제공하는 정책을 구상해야 한다. 우리에게 필요한 것은 '정의로운 전환'이다.

정의로운 전환은 기후 비상사태에 빠르고 강력하게 대처하는 활동을 통해 모든 분야에서 형평성이 개선되고 모두가 존중받는 사회를 건설할 기회가 열린다는 인식을 기반으로 한다.

나는 지난 15년 동안 다양한 기후정의 연합체에 참여해왔다. '정의로운 전환'을 한 문장으로 정의할 수는 없다. 그러나 다양한 운동이 발전시켜온, 그리고 앞으로 활동 기반으로 삼아야 할 몇 가지 핵심 원칙이 있다.

정의로운 전환은 수많은 사람들을 고용 보장 없이 주 50시간 이상 일해야 하는 상황으로 몰아넣고 고립감과 절망감을 퍼뜨리는 무한한 이윤 추구와, 지구를 파멸로 몰아가는 무한한 이윤 추구가 같은 것이라는 인식에서 출발한다.

이 점을 깨닫고 나면 우리가 무엇을 해야 하는지 분명해진다. 우리는 기후위기에 대응하면서 동시에 어떤 사람도 어떤 생태계도 일회용품 취급을 받지 않고 모든 사람과 모든 생태계의 고유한 가치가 존중되는 더 폭넓은 돌봄의 문화를 만들어야 한다.

과학에 기반한 기후행동은 에너지와 농업, 운송 시스템을 최대한 빨리 화석연료에서 벗어나게 하는 것이다. 정의에 기반한 기후행동은 그 이상의 일을 해야 한다. 화석연료로부터의 대대적인 전환을 진행하면서 동시에 더 평등하고 더 민주적인 경제를 이뤄가야 한다.

가장 좋은 출발점은 에너지 소유권의 전환이다. 현재는 극소수 화석연료 기업이 세계 시장을 통제하고 거의 모든 지역 시장을 좌지우지하고 있다. 재생에너지 전력의 장점 중 하나는 화석연료와 달리 해가 들고 바람이 불고 물이 흐르는 곳이면 어디에서나 사용할 수 있다는 점이다. 따라서 우리는 더 분산되고 다양한 소유 구조를 창출할 수 있다. 녹색 에너지 협동조합, 지자체가 소유하는 에너지, 지역 사회가 소유하는 마이크로그리드 등등. 이런 소유 구조가 정착되면 새로 구축된 녹색 에너지 산업이 생산한 이익과 혜택이 기업의 주식 소유자에게 빠져나갈 일이 없이 지역 사회 안에 머물고, 이 때문에 지역 주민의 복지 향상에 기여할 수 있다.

이 정의로운 전환 원칙은 **에너지 민주주의**로 불리기도 한다.

그러나 기후정의를 위해서는 에너지 민주주의뿐 아니라 더 많은 것을 이루어야 한다. 우리는 에너지 정의와 더 나아가 에너지 배상을 이뤄내야 한다. 산업혁명 이후로 에너지 생산 산업과 그 밖의 오염 배출 산업은 발전 과정에서 가장 가난한 지역 사회들에 경제적 혜택은 아주 찔끔 주면서 막중한 환경적 부담을 안겨왔다는 점을 놓치지 말아야 한다.

내가 살고 있는 북아메리카에서는 주로 흑인, 선주민, 이민자 공동체에 속한 사람들이 이러한 부당한 짐을 떠안는다. 이들을 흔히 '최전선 공동체'라고 부른다. 정의로운 전환을 지향하는 많은 플랫폼들이 이 점에 주목해 최전선 공동체들이 새로운 녹색 기반시설을 개발하고 토지 복원 프로그램을 통제하고 녹색 일자리 창출을 위한 재원을 확보하는 데 주도적인 역할을 맡아야 한다고 주장한다. 선주민 그룹들 역시 토지에 대한 권리를 조직적으로 침해받아왔고 자신들의 전통적인 생태지식이 생태 파괴 관행을 대체할 살아 있는 대안이 될 수 있다는 입장에서 조상 대대로 물려받은 영토에 대한 통제권을 되찾는 일이 기후위기 대응책에 포함되어야 한다고 주장한다.

이 정의로운 전환 원칙은 **최전선 우선**이라고 표현되기도 하는데, 과거와 현재의 피해에 대한 배상이 이루어져야 한다는 원칙이다.

기후행동의 중요한 혜택 중 하나로 재생에너지, 대중교통, 효율성 개선, 각종 시설의 개조, 오염된 토지와 물의 오염 제거 등 다양한 분야에서 세계적으로 수백만 개의 녹색 일자리가 창출된다는 점을 꼽을 수 있다. 진정으로 정의로운 전환이 되기 위해서는 이런 일자리에 가족을 부양할 수 있는 적정한 임금과 복지, 노동조합의 보호가 최대한 보장되어야 한다. 여기서 일자리 전환과 관련해서 고려할 점이 또 하나 있다.

정의로운 전환을 이루려면 '녹색 일자리'의 개념을 새롭게 상상해야 한다. 환경운동가들은 자주 언급하지 않지만 아이들을 가르치고 돌보는 일은 탄소를 많이 태우는 일이 아니다. 환자를 돌보는 일과 예술 작품을 만드는 일도 마찬가지다. 정의로운 전환 과정에서 우리는 이런 노동을 녹색 일자리로 여기고 우선적으로 권리를 부여할 것이다. 삶의 질을 개선하고 공동체를 더 단단하게 만드는 활동이기 때문이다. 낭비적인 소비와 위험한 자원 추출을 촉진하는 일자리에 대한 의존도를 줄이면 돌봄 부문 일자리에 대한 투자를 늘려 생계를 유지하는 데 충분한 임금을 보장할 수 있다.

이런 정의로운 전환 원칙을 말할 때 '**돌봄 노동이 기후 노동**'이라는 표현을 쓰기도 하는데, 이 원칙은 새로 탄생할 경제에서 여성의 노동 가치가 온전히 인정받고 평가되도록 보장하는 데 도움이 될 것이다.

이런 변화를 만들어나갈 때, 우리는 많은 사람들이 오염 산업 말고는 다른 일자리가 없는 지역에 살고 있음을 놓치지 말아야 한다. 우리가 환하게 불을 밝힌 곳에서 지낼 수 있는 것은 탄광과 정유공장에서 건강을 해치며 일하는 많은 노동자들 덕분이다.

석유와 석탄 기반시설이 폐기될 경우 예상되는 대량 실직 사태 때문에 불안해하는 노동자들이 기후 대응 조치 때문에 무거운 부담을 짊어지게 해서는 안 된다. 정의로운 전환을 위해서는 탈탄소 경제를 꾸려나갈 노동자들의 직업

재교육을 대대적으로 지원해야 하며, 노동자들이 이런 프로그램 계획 과정에 주도적이고 민주적으로 참여할 수 있어야 한다. 여기서 핵심은 이 기간 동안 노동자의 소득을 보장해야 한다는 것이다. 산업 부문에서 대대적인 변화가 일어날 때는 대개 '변화'와 '진보'라는 미명으로 노동자 계층의 생계와 이들의 공동체에게 희생이 전가된다. 정의로운 전환은 노동자를 희생시키지 않는 경로를 통해 변화를 이뤄나갈 것이다. 우리는 또한 자원 추출 활동 때문에 오염되고 훼손된 땅을 복구하는 분야에 대량의 일자리를 만들어야 한다. 이를테면 세계 전역에는 석유와 가스를 뽑아낸 뒤 방치하는 바람에 독성 물질이 유출되고 있는 유전과 가스 유정이 숱하게 많은데, 이런 유출을 막는 일자리도 필요하다. 현재 탄소 대량 배출 부문에서 일하고 있는 많은 노동자들이 이미 이런 일을 하는 데 필요한 기술을 갖추고 있다. 이 같은 프로그램과 정책을 시행해 탄소 배출량을 신속하고 대대적으로 낮추기 위해 거쳐야 하는 전환 과정에서 모두가 혜택을 받을 수 있게 해야 한다.

이 정의로운 전환 원칙을 흔히 '**어떤 노동자도 배제하지 않는다**'라고 표현한다.

물론 새로운 저탄소 경제를 만들려면 당연히 막대한 비용이 들어간다. 각국 정부들은 그들이 팬데믹 기간에, 2008년 금융위기의 여파 중에, 그리고 전쟁 중에 했던 것처럼 저탄소 경제 구축 비용의 일부를 조성할 수 있다. 그러나 우리는 사적인 자산이 전례 없는 규모로 축적된 시대에 살고 있다. 따라서 전환에 필요한 재원은 오염 배출자와 과잉 소비자가 내놓아야 한다. 하나뿐인 지구를 구하기 위해 돈이 필요한데 그 돈을 마련할 방도가 없다는 것은 거짓말이다. 이 전환에 필요한 돈이 있는 곳은 뻔하다. 우리는 그 돈을 받아내도록 정부를 압박해야 한다. 화석연료 보조금을 삭감해 새로운 보조금을 신설하고, 부자들에게 더 많은 세금을 물리고, 치안경찰과 교정 시설, 전쟁에 대한 지출을 줄이고, 조세피난처를 폐쇄하도록 정부에 요구해야 한다.

이 정의로운 전환의 원칙을 '**오염자 부담 원칙**'이라고 부른다. 오염 배출 활동으로 가장 큰 이득을 본 사람과 조직이 오염 피해 복구에 필요한 비용을 지불해야 한다는 간단한 논리다.

이 원칙에는 기업과 부유한 개인뿐 아니라 북반구 국가들도 포함된다. 우리는 수백 년 동안 대기에 탄소를 배출해왔으며, 이 위기를 빚어낸 책임이 가장 크다. 반면에 기후변화의 책임이 제일 작은 국가들이 기후변화로 인해 가장 큰 위기에 처해 있다. 따라서 정의로운 전환을 위한 재원이 마련되면 부를 북반구에서 남반구로 이전해 가난한 나라들이 화석연료를 거치지 않고 곧바로 재생에너지로 전환할 수 있도록 도와야 한다. 또한 기후정의를 이루려면 아무 잘못 없이 삶의 터전에서 밀려난 이주자들에게 훨씬 많은 지원을 해야 한다. 석유전쟁과 불공정한 무역 협상, 그리고 가뭄 등 점점 악화되는 기후변화의 영향 때문에 삶의 터전에서 밀려났거나, 부유한 나라를 거점으로 삼은 채광 기업들이 배출한 오염 때문에 살던 땅을 떠나야 했던 많은 이민자들을 도와야 한다.

한마디로 우리는 지구를 깨끗하게 만들면서 동시에 더 공정한 세계를 만들어야 한다. 더 나아가서 우리는 지구를 깨끗하게 만들면서 동시에 토지 강탈, 대량학살, 노예제, 제국주의 등 선진국들이 건국 과정에서 저지른 범죄를 바로잡는 일을 시작해야 한다. 물론 대단히 어려운 일이다. 우리가 오랜 세월 미루어온 것은 기후행동만이 아니다. 우리는 지금껏 정의 실현과 배상이라는 가장 기본적인 의무조차 주저하며 차일피일 미뤄왔다. 모든 전선에서 과거의 과오를 배상해야 할 때가 왔다.

그런데 어떤 사람들은 이런 문제들을 연결짓기를 부담스러워한다. 온실가스 배출량을 충분히 줄이는 것도 어려운데 그렇게 많은 문제들을 한꺼번에 바로잡으려 하는 건 무리가 아니냐는 말을 자주 듣는다. 아주 이상한 질문이다. 끝없는 자원 추출 관행에서 벗어나 토지와 우리의 관계를 바로잡는 게 우리의 목표라면, 그 과정에서 인간 상호 간의 관계를 바로잡는 일을 시작하지 못할 이유가 없지 않은가? 우리는 아주 오랫동안 생태위기를 그 위기의 동인인 경제, 사회 시스템과 분리해 다루면서 기술관료적 해법에만 주력하는 정책에 갇혀 있었다. 이제껏 제대로 된 성과를 내지 못한 모델인데도 말이다.

반면에 기후위기에 대응해 총체적인 변혁이 시도된 적은 한 번도 없었다. 기술관료적 기후정책은 성과를 내지 못했지만, 총체적 변혁만큼은 획기적인 성과를 낼 수 있다고 생각하는 데는 충분한 근거가 있다. 불편한 진실을 짚어보자. 환경운동만으로는 온실가스 감축을 위한 싸움에서 이길 수 없다. 누구를 무시해서 하는 소리가 아니다. 혼자 짊어지기에는 너무 버겁다는 이야기다. 과학자들이 우리에게 필요하다고 말하는 변혁을 이루기 위해서는 우리의 생활 방식과 일하는 방식 그리고 소비 습관을 근본적으로 바꿔야 한다.

이처럼 전면적인 변화를 이루기 위해서는 노동조합, 이주민의 권리, 선주민의 권리, 주거권, 교사, 간호사, 의사, 예술가 등 진보적 연합체의 모든 부문과 강력한 동맹을 구축해야 한다. 그리고 이런 동맹을 구축하려면, 우리 운동은 저렴한 주택, 깨끗한 물, 건강한 음식, 토지, 건강, 질 좋은 대중교통, 가족 및 사랑하는 사람들과 함께 지낼 수 있는 시간 등 너무나 자주 무시되는 긴급한 요구를 충족해 일상적인 삶을 향상시킬 수 있다는 약속을 제시해야 한다. 정의를 약속해야 한다. 구색 갖추기로 얹어주는 것이 아니라 활력과 열정을 불어넣는 원칙으로 제시해야 한다.

나는 정의로운 전환을 위해 에너지 민주주의, 최전선 우선, 돌봄 노동이 기후 노동이다, 어떤 노동자도 배제하지 않는다, 오염자 부담 원칙까지 다섯 가지 강령을 제시했다. 이것은 빙산의 일각일 뿐이다. 기후정의는 또한 갈수록 늘어가는 소비 수준을 다잡을 수 있는 새로운 종류의 무역 협상 구축, 기본소득 보장에 관한 공식적인 논의, 이주 노동자의 완전한 권리 보장, 기업의 정치 후원금 금지, 기후 협상에서 화석연료 기업들의 영향력 차단, 파손된 제품을 교체하는 대신 수리할 수 있는 권리 보장 등을 이뤄내야 한다.

기후위기에 대한 구체적인 대응은 지역마다 다르겠지만, 이 모든 대응 활동은 하나의 근본적인 인식으로 연결되어 있다. 우리는 화석연료에서 벗어나기 위해 경제와 사회를 변화시키는 과정에서 지금 우리 세계를 위협하고 있는 수많은 불공정과 불평등을 바로잡을 역사적인 기회를 맞고 있다. 정의로운 전환이라는 틀의 가장 큰 장점은 중요한 사회운동 간의 갈등을 조성하거나 지금 당장 불공정한 대우로 고통받는 사람들에게 나중에 차례가 올 테니 기다리라고 하지 않는다는 점이다. 그 대신 명확하고 설득력 있는 미래상에 기반을 둔 통합적이고 상호 교차적 해법을 제시한다. 우리가 원하는 미래는 건강한 생태계와 공정한 경제와 정의로운 사회다.

5.17
형평성의 의미

니키 베커

내가 처음으로 참여한 시위행진은 세계 여성의 날 행진이었다. 열네 살 때였는데, 여성은 남성과 동등한 권리를 갖지 못한다는 것을 깨달은 직후였다. 당시에는 내 나이가 어렸기 때문에 어머니에게 부탁해서 같이 참석했다. 그 후로 세계 여성의 날 행진에 한 번도 빠진 적이 없다.

2019년 3월 8일, 다섯 번째로 참여했던 행진 때, 군중 속에서 "땅도 여자도 정복의 대상이 아니다"라는 팻말을 보았다. 나는 그 팻말을 사진에 담은 뒤 행진을 계속했다. 일주일 뒤에 우리는 다른 청년 그룹과 함께 아르헨티나 최초의 기후파업을 조직했다. 5000여 명이 모였는데 그때 나는 사람들이 치켜든 팻말 속에서 일주일 전에 보았던 그 팻말을 다시 보았다.

내게 평등을 위한 투쟁은 바로 이런 의미다. 우리는 서로 다른 대의를 위해 싸우고 있는 게 아니다. 기후정의를 위해 싸우는 사람도, 사회 정의를 위해 싸우는 사람도, 성평등을 위해 싸우는 사람도 모두 정의를 위해 싸우고 있다.

나는 기후정의를 위해 활동하고 있다. 환경운동이 새로운 돌파구가 될 수 있다고 믿기 때문이다. 환경주의는 갈수록 불확실성이 커지는 세상에서 현 상황에 의문을 제기하고 더 나은 세상을 만들어가는 추진력 중 하나다. 기후정의는 기후 재앙을 막는 것뿐 아니라 공정하고 평등한 세상을 만드는 것을 목표로 한다. 이 세상을 지금 상태대로 '보존'하는 것은 우리의 목표가 아니다. 우리가 원하는 것은 더 공정한 세상을 만드는 것이다.

아르헨티나에서는 2020년에 기후위기 때문에 100만 헥타르의 땅이 불탔고, 같은 해에 코리엔테스 지방의 10퍼센트가 불에 탔다. 또 아르헨티나에서는 여성이 32시간마다 한 명씩 살해되고 어린이 열 명 중 여섯 명이 가난에 찌든 채 살아간다. 우리는 이런 곳에 살고 싶지 않다.

지금 이 세상에서는 도저히 이해할 수 없는 일들이 숱하게 일어나고 있다. 그렇기 때문에 우리는 모든 것을 근본적으로 새롭게 정의하고 새롭게 생각해야 한다. 형평성은 또 다른 세상이 가능하다고 믿는 신념이자, 새로운 세상을 만드는 일이다. 그 목표는 집단행동을 통해서만 달성할 수 있다.

디샤 A.라비

사이클론과 같은 기후 재해가 발생할 때마다 피해를 경제적으로 평가한 금액이 발표된다. 이를테면 이런 식이다. '사이클론 야스로 인해 인도 오디샤에서는 610크로어(8363만 달러)의 피해가 발생했다.' 이렇게 수치를 알려주면 이 재해로 인한 피해가 얼마나 심각한지 좀 더 쉽게 이해할 수 있다. 그러나 피해 규모가 화폐 가치로 환산되었다고 해도 이런 표현에는 그 폭풍이 사람들에게서 거의 모든 것을 빼앗아갔다는 언급이 쏙 빠져 있다. 간신히 목숨을 건졌다 해도 이들의 삶에 난 커다란 균열은 메울 길이 없다.

인류가 처음으로 소유권에 대한 의문을 품었을 때 이 의문은 땅을 돌보려는 우리의 의욕을 고취시킬 수 있었다. 그런데 이 의문은 그보다는 더 많은 의문으로 이어졌다. 이 땅의 주인은 누구지? 이 나무의 주인은 누구지? 이 바위의 주인은? 이 바위 밑에 있는 광물의 주인은? 바다의 주인은? 바다에 있는 물고기와 기름의 주인은? 우리는 땅과 그 땅이 제공하는 모든 것의 주인이 되었다. 우리는 땅을 파고 또 파서 쓸모 있는 것을 죄다 뽑아냈다. 더는 파낼 것이 없으면 바다로 눈을 돌렸다. 소수의 사람들이 지구 자원을 약탈하는 바람에 인류는 멸종 직전에 몰려 있다. 이 위기에서 벗어나는 유일한 방법은 지구를 파괴하는 행위를 멈추고 지구를 자원을 뽑아낼 대상으로 여기는 사고방식을 버리는 것이다.

우리는 지구를 존중하는 법을 처음부터 배워야 한다. 우리는 관심을 소유권에서 책임으로 돌려야 한다. 그리고 이렇게 물어야 한다. '이 땅은 누가 책임지지? 이 나무는 누가 책임지지? 이 바위는 누가 책임지지? 이 바위 밑에 있는 광물은 누가 책임지지? 바다는 누가 책임지지? 바다의 물고기와 기름은 누가 책임지지?' 사람들에게 지구를 돌볼 책임을 지우면 사람들은 지구를 자신의 연장선으로 보고 자신이 생태계의 일부라는 사실을 차츰 깨닫게 될 것이다. 지구와 기후를 대하는 법을 새롭게 정립하려면 먼저 기후위기가 우리에게 가까이 와 있음을 깨달아야 한다. 그리고 그 위기가 미래가 아니라 지금 바로 곁에 와 있다는 사실을 반영해 말하는 내용을 바꾸고 서둘러 행동에 나서는 일부터 시작해야 한다. 우리가 지구 그 자체이며, 우리는 다른 무엇이 아니라 자기 자신과 서로를 지키기 위해 애를 쓰고 있음을 깨달아야 한다. 기후위기를 해결하려면 지구와 인간의 관계, 그리고 인간과 인간의 관계를 변화시켜야 한다. 우리는 사랑의 정치가 필요하다. 서로를 존중하는 사람들이 필요하다. 우리가 먹는 쌀, 우리에게 산소를 공급하는 나무, 우리가 헤엄치는 바다, 우리가 순식간에 써버리는 한정된 양의 자원을 꾸준히 다시 채워주는 땅에 어느 누구도 가격표를 붙일 수 없는 세상을 만들어야 한다.

힐다 플라비아 나카부예

많은 아프리카 국가들이 그렇듯이, 우간다 역시 여러 가지 도전에 직면해 있다. 특히 노예제와 식민주의에서 비롯된 불공정과 사회적 불평등이 심각하다. 식민지 체제는 모든 사회에 다양한 소외 집단을 만들어냈고, 여성은 특히 극심한 배제에 시달리는 소외 집단이었다. 사회적 불평등을 낳은 이 체제는 제국주의 탄생의 밑거름이 되었으며, 지금도 여전히 가난한 나라와 부유한 나라를 계속 겨누고 있다. 게다가 놀랍게도 유색인은 21세기에도 여전히 자신이 인간임을 증명해야 한다! 이 시대에 인종차별이라니 말이 되는가?

기후위기는 의심할 여지없이 우리 모두에게 영향을 미치는 세계적인 문제다. 그러나 기후위기에 대응하는 능력은 나라마다 다르다. 가장 좋은 대응법은 먼저 문제의 근본 원인과 동인을 이해하고 스스로 어려운 질문을 제기하고 그 답을 찾아가는 것이다. 선진국들은 오래전부터 우리 지구를 오염시켜왔으니 그로 인해 발생한 피해에 대해 보상하는 게 당연한 일이 아닐까?

우간다에 형평성을 확립하려면 법적 구속력이 있는 정책을 마련해 사회

정의를 위한 강력하고 확고한 토대를 구축해야 한다. 현재 시스템은 행동은 하지 않고 말만 늘어놓으면서 정책을 미루기만 할 뿐, 모든 분야에서 오히려 불평등을 확대하고 있다. 우간다를 비롯한 다른 아프리카 국가들이 형평성이 보장되는 사회를 이루기 위해서는, 온실가스 대량 배출자들에게 책임을 묻는 일부터 시작해야 한다. 이들이 자신이 일으킨 피해에 대해 보상하고, 기후 충격에 적응하기 위해 노력하는 취약한 국가들을 지원하게 해야 한다. 이들이 아프리카에서 화석연료 개발 사업에 더 이상 투자하지 못하게 막아야 한다.

형평성이 보장되는 미래는 착취가 없는 미래여야 한다. 개발도상국이 원치 않는 제품과 폐기물의 투기장으로 이용되어서는 안 되며, 자연 자원은 보호되어야 한다. 아이들이 오염의 영향 때문에 목숨을 잃거나 기후위기에 대한 불안감 속에서 살아가지 않도록 해야 한다.

형평성과 지속가능성은 밀접한 관련이 있다. 형평성 없는 지속가능성은 있을 수 없고, 지속가능성 없는 형평성은 있을 수 없다. 기후정의는 모든 곳에서, 모두를 위해서 실현되어야 한다.

라우라 베로니카 무뇨스

나는 저항과 억압, 가난과 특권이 충돌하면서 빚어낸 존재다. 나는 선주민이자 스페인 사람이다. 나는 농사를 짓던 조상들이 키운 열매이고 더 나은 미래를 찾아 도시로 이주한 부모님이 심고 가꾼 씨앗이다.

나는 사랑이고 모순이다. 나는 스스로의 모습을 볼 때마다 내가 누구이고 나의 뿌리가 무엇인지 떠올리게 된다.

내게는 특권이 있다. 나는 영어를 할 줄 알고 교육도 받았다. 하지만 내가 가진 가장 소중한 특권은 나의 정체성이다. 나는 농사꾼 조상들이 물려준 유산 덕분에 피상적이고 유해한 요소들이 넘쳐나는 서구식 생활 속에서도 자연을 느끼고 알아볼 수 있다.

나는 지구와 여성의 힘을 이해하는 생태여성주의 기후활동가다. 이런 힘에 의지할 때에만 우리는 사회적, 생태적 위기를 빚어낸 인종차별적, 가부장

적, 자본주의적, 미디어 주도적인 착취 체제에 맞서 싸울 수 있다.

　나는 지구의 흙을 어루만지며 사는 사람들의 목소리가 깃든 라틴아메리카와 콜롬비아의 풀뿌리운동이 개인주의와 온라인 알고리즘에 기반한 운동보다 훨씬 더 강력하고 변혁적인 힘을 품고 있다고 믿는다. 나는 기후정의를 실현하기 위해서는 모두가 협력해 다양성을 기초로 탈식민화의 길을 걸어갈 수 있는 안전한 공간을 만들어야 한다고 확신한다.

　나는 식민주의와 착취의 산물이자, 저항이 들끓는 비옥한 땅이다. 내 조상들이 뿌린 탈식민화의 열매다.

이나 마리아 시콩고

나미비아는 10여 년째 계속되는 가뭄에 시달리고 있다. 가장 큰 타격을 입은 쿠네네 지역에서는 선주민인 힘바 공동체가 더 나은 삶을 찾아 도시로 이주해야 했다. 내 선조의 고향인 카방고 분지는 계속되는 가뭄뿐 아니라 또 다른 위협에 마주하고 있다. 캐나다의 석유 및 가스 기업인 리콘아프리카는 카방고 분지에서 1200억 배럴의 석유 채굴 계획을 세웠고, 이에 대해 한 석유산업 간행물은 "최근 10년간 가장 큰 석유 개발"이라는 기사를 냈다.

　나는 개인적으로 이 일을 생각할 때면 전에 비슷한 상황에서 느꼈던 것과 비슷한 감정을 느낀다. 나는 앙골라의 난민 캠프에서 태어나 전쟁에서 아버지와 네 형제자매를 잃었다. 나는 아버지의 죽음이 허망한 희생이 된 것이 너무나 가슴 아프다. 오래전에 식민주의와 아파르트헤이트 때문에 많은 사람들이 고향을 떠나야 했고, 이것 때문에 아버지는 무기를 들었다. 아버지는 나미비아 흑인이자 선주민인 우리의 삶을 소중히 여기지 않는 억압적인 체제에 항거하다가 살해되었고, 리콘아프리카의 석유 채굴 계획 역시 다른 사람들의 삶을 하찮게 여기는 태도에서 비롯한 것이다.

　나는 오늘날의 투자와 개발이 식민주의의 개념과 다르지 않다고 생각한다. 아프리카 사람들은 500년 동안 억압을 받으며 외국인들에게 땅을 빼앗겼다. 리콘아프리카가 이곳에 들어오면 우리의 물을 오염시키고 우리의 환경과 생태계를 파괴할 뿐 아니라, 이 땅에 의지해 농사를 짓고 수렵채집을 하며 생계를 이어가는 카방고 사람들과 산San 부족민의 삶을 파탄낼 것이다. 또한 카방고 분지가 있는 오카방고 삼각주는 멸종위기종인 아프리카코끼리가 가장 많이 서식하며, 멸종위기에 가까워진 수많은 종들이 살아가는 곳이다.

협박과 살해 위협이 끊이지 않지만, 나는 카방고 분지를 지키고 이 기업에 맞서 싸우는 것이 나의 소명이라고 생각한다. 그것이 카방고 사람들과 내 나라를 지키고, 하나뿐인 카방고 분지와 오카방고 삼각주를 지키는 길이기 때문이다. 카방고에서 일어나는 일은 카방고에만 머물지 않는다!

아이샤 시디카

나는 파키스탄 북부 지역에서 태어났고, 사람의 몸이 부모의 DNA로부터 빚어지듯이 사람의 영혼 역시 조상들의 영혼으로부터 빚어진다는 믿음 속에서 자랐다. 나의 조부모님은 내 곁에 계시지 않지만 내 안에 살아 계신다. 따라서 내게 기후정의를 위한 싸움은 곧 조상들의 사랑을 지키기 위한 싸움이다. 이 세상은 우리가 사랑하는 사람들의 기억으로 이루어져 있고, 나는 시간이 허락하는 한 그 기억을 보존하기 위해 노력하고 있다.

사랑뿐 아니라 고통도 똑같은 무게로 나를 일으켜 세워 활동하게 하는 원동력이다. 내가 태어난 서남아시아와 북아프리카 지역의 사람들은 지난 30년 동안 석유 때문에 피를 흘려야 했다. 석유는 북반구 사람들에게는 탄소 배출과 관련된 대화의 소재일 뿐이지만, 우리에게는 기아와 노숙자, 무력감, 그리고 형언할 수 없는 고통을 빚어내는 현실이다. 수많은 지정학적 행위자들(군대와 테러 조직, 대통령, 독재자 등)이 존재하는 이 지역에서 전쟁과 제국주의, 백인 우월주의 때문에 죽음의 위기를 겪었던 사람들이 지구가 겪는 고통과 화석연료의 위험성을 이해하는 것은 우연이 아니다. 말하기 쉽지 않지만, 완만한 감축과 단계적 퇴출, 허울뿐인 넷제로는 결국 우리를 죽일 것이다.

우리는 생각을 바꿔야 한다. 우리를 자멸의 길로 이끌어온 사회경제적 시스템이 새로운 세계의 주춧돌이 되게 놓아두어서는 안 된다. 우리는 권력과 탐욕의 거듭된 살해 시도를 겪고도 살아남은 사람들로부터 배워야 한다. 온화하고 조화로운 태도는 약점이 아니라는 것을 배워야 한다. 이것이 우리 어머니들의 특성이다. 이것이 우리의 생명을 지켜준 힘이다.

미치 조넬 탄

2017년 8월의 어느 흐린 오후, 나는 필리핀 선주민 공동체 중 하나인 루마드의 한 지도자에게서 인생의 전환점이 될 말을 들었다. 루마드 사람들이 땅을 지키려는 노력 때문에 얼마나 극심한 박해와 퇴거 조치와 살해의 위협에 시달리고 있는지 말한 뒤, 그분은 어깨를 으쓱하고는 씩 웃으며 "그래도 맞서 싸울 수밖에 없다"라고 말했다.

간단한 결론이었다. 내게는 활동가가 되는 길을 선택할 특권이 있었지만, 루마드족처럼 최전선에 있는 사람들은 살아남으려면 저항할 수밖에 없다. 그러나 이제는 필리핀 사람들 모두가 맞서 싸울 수밖에 없는 상황이 되었다.

필리핀은 이 세계적 위기를 빚어낸 책임이 거의 없는데도 기후위기로 인해 극심한 충격을 받고 있다. 게다가 이곳에서는 환경을 지키려는 사람들이 큰 위험을 감수해야 한다. 어릴 적부터 두려움을 안고 살아가야 한다는 것은 참으로 불공평하다. 우리는 언제 폭풍이 몰아닥쳐 집을 쓸어갈지 몰라 두렵다. 우리는 언제 경찰이 들이닥쳐 우리를 정든 집에서 쫓아낼지 몰라 두렵다.

태풍이 집을 부수고 홍수가 심해짐에 따라, 구조적 억압을 무너뜨리기 위해 사람들이 일어나고 있다. 필리핀에서는 소농과 어민, 선주민, 노동자들의 주도하에 억압에서 벗어나기 위한 운동이 나날이 성장하고 있다. 우리는 다 함께 힘을 합쳐 소농의 땅을 지키기 위해, 제국주의 지배하에서 겪은 부당한 피해를 배상받기 위해, 탄소 배출 없는 사회로의 정의로운 전환을 위해, 그리고 사랑과 협력으로 단단히 다져진 공동체가 있는 세상을 위해 싸운다.

이것이 우리가 원하는 형평성이다. 형평성은 정의다. 형평성은 해방이다. 형평성은 우리의 생명줄이다. 따라서 우리는 맞서 싸울 수밖에 없다.

5.18
여성과
기후위기

완지라 마타이

나의 나라 케냐를 비롯해서 아프리카의 대부분 지역에서는 여성이 지역 사회와 가족과 소기업과 농장의 중추다. 아프리카의 인구 밀집 지역과 크고 작은 마을에서는 매일 새벽 다섯 시에 비포장 차로와 메마른 도로의 가장자리에 바싹 붙어서 활기차게 걸어가는 여성들을 볼 수 있다. 그들은 누굴까? 이 중 많은 여성이 비공식 경제를 지탱하는 심장이다. 다시 말해 보이지 않는 힘이 가하는 충격 때문에 시달리고 있는 대륙의, 눈에 보이지 않는 핵심이다.

아프리카는 기후변화에 가장 취약한 대륙으로 손꼽는다. 대부분의 사람들이 농사를 지으며 살아가는데 이곳의 농업은 기후의 영향을 크게 받는다. 관개시설로 물이 공급되는 농지가 5퍼센트에 불과하고, 대부분의 농업이 빗물에 의지한다. 지금도 아프리카에서는 다른 지역에 비해 농업 수확률이 낮은 편인데, IPCC는 이번 세기에 기후로 인해 아프리카에서 가장 중요하고 가장 많이 재배되는 작물인 옥수수의 수확률이 감소할 가능성이 매우 높다고 추정한다.

개발도상국에서는 평균적으로 농업 노동력 중 여성이 차지하는 비율이 43퍼센트라고 하는데, 이 통계는 확실하지 않다. 개발도상국에서는 많은 여성이 비공식 노동에 종사하고 있기 때문에 여성의 노동과 관련한 통계를 내기가 어렵다. 자신의 소유가 아닌 땅에서 일을 하는 경우도 많고, 세금을 내지 않는 경우도 많다. 이들은 노동자의 권리를 보장받지 못하고, 건강보험 혜택도 받지 못하고, 정식 보육 서비스도 받지 못한다. 여성들은 아프리카 국가들의 경제에서 중요한 역할을 담당하고 있지만, 그 역할을 가시화할 수 있는 위상을 보유하고 있지 않다. 그러나 이들이 무급 노동과 저임금 노동, 계절노동, 시간제 노동에 압도적으로 많이 종사하고 있다는 것은 분명한 사실이다.

농촌 여성은 농장과 가정, 식량, 물을 관리하는 핵심 역할을 맡고 있기 때문에, 기후변화의 영향에 더욱 취약하다. 이들은 농촌에서 고용 기회가 감소할 때도 가장 큰 타격을 입는다. 교육 기회 제한, 전통적인 성역할 인식, 사회적 이동성 제한, 기타 여러 가지 사회문화적 요인이 여성들의 발목을 잡고 있기 때문이다. 그러나 이들은 한편으로 아프리카에서 기후 해법의 중요한 핵심이다. 이들은 기후변화 대응을 더 효과적이고 지속가능한 방향으로 이끌 수 있는 특별한 지식과 기술을 보유하고 있다.

사하라 이남 지역에서는 여성이 땅을 소유하는 경우가 드물고, 농사를 짓는 여성들은 대개 가족 중 남성 구성원의 동의를 얻어야만 땅을 이용할 수 있기 때문에 그 남성의 처지나 심경이 변하면 큰 타격을 입기 쉽다. 그러나 여성들이 농지와 종자, 농사 도구를 소유하게 되면 기후변화 적응에 필요한 잠재력을 충분히 발휘할 수 있다.

좋은 예가 여성들이 주도하는 그린벨트 운동이다. 왕가리 마타이[*]는 1977년에 케냐의 지역 사회, 특히 농촌 여성들의 역량을 강화하여 환경을 보호하고 안정적인 생계를 꾸려나갈 수 있게 하기 위해 비정부 조직 그린벨트 운동을 창설했다. 그린벨트 운동은 여성들에게 나무 심기를 장려하는 것을 넘어서 자신과 땅의 관계, 그리고 토양 황폐화 문제를 이해하도록 교육하는 활동에 주력하고 있다. 여성들은 그룹을 이루어 묘목장을 조성하고 묘목을 돌본다. 그룹 리더 중 한 명인 니나와 치루는 일주일에 한 번씩 망고나무 아래에서 그룹의 여성들과 함께 묘목장 상태가 어떤지, 정식으로 심어도 될 만큼 묘목이 충분히 자랐는지 의논한다. 그들은 번갈아가며 묘목에 물을 주는데, 함께 노래를 부르며 일을 하곤 한다. 묘목이 60센티미터 정도 자라면 나무를 심을 곳(자신이 농사 짓는 곳, 아이들 학교, 시장, 강가 등)을 정한다. 최근에 그린벨트 운동은 케냐 산림청과 협력관계를 맺고 인근 국유림에서도 조림 활동을 펼치고 있다.

40여 년 전 그린벨트 운동이 처음 시작되었을 때 이 활동에 참여한 여성들은 가장 먼저 자기 가족이 사는 땅에 과실수, 가축 먹이용 나무, 그늘용 나무, 땔감용 나무의 묘목을 심었다. 이들은 농장 주변에 나무를 심어 녹지가 형성되면 새들이 돌아오고 가족이 맛난 과일을 먹을 수 있고 나무 그늘 덕분에 한낮

---

[*]   그린벨트 운동의 창시자이자 2004년 노벨 평화상 수상자 / 원주.

에 집 안이 더 시원해진다는 것을 알게 되었다. 나무는 늘 좋은 것을 주는 원천이라는 믿음이 이들의 마음속에 자리잡았다.

이렇게 각자의 농장에 나무를 심은 뒤에는 공유지에 나무를 심기 시작했다. 다른 사람들에게도 나무 심는 법을 가르쳤다. 무엇보다 좋은 것은 나무 심기의 즐거움이었다. 이 여성들은 지역 사회에 묘목을 공급하는 역할을 담당했다. 모든 사람이 나무 심기에 참여하도록 도와 모든 농장에 녹음이 우거지게 했다. 지역 사회를 위해 토양을 보호하고 식량을 생산하는 이 여성들이야말로 우리 시대의 조경 전문가이자 기후활동가다.

이 지역 사회들은 나무 심기 작업을 계획하고 실행하는 일을 수십 명의 여성들에게 위탁하고 있다. 이 일을 할 수 있는 여성은 어디에나 있다. 가정에도 있고, 거리에도 있고, 논밭에도 있다. 우리는 이들에게 미래에 대비해 아프리카 대륙을 준비시킬 기회를 열어주어야 한다. 왕가리 마타이의 말은 지금 이 상황에 딱 들어맞는다. "역사의 어느 시기에 인류는 새로운 수준의 인식 전환을 이루고 도덕적 우위를 달성해야 하는 순간을 맞이한다. (…) 바로 지금이 두려움을 떨쳐내고 서로에게 희망을 주어야 하는 순간이다." 여성들은 가족의 생계를 부양하고 사업을 꾸리고 자녀에게 음식과 집과 교육을 제공하는 주역이므로 기후변화 따위에 가족의 안정적인 생계를 넘겨주진 않을 것이다. 이들은 준비할 것이다. 이들은 변화하고 적응할 것이다. 이들에게 필요한 것은 딱 한 가지, 적응하는 데 쓸 수단이다. 사회의 중추가 무너지면 사회 전체가 무너진다. 사회의 중추인 여성들을 최대한 지원하기 위해 정책과 법률을 마련하고 금융기관을 움직이는 일은 정부의 몫이다. /

여성들이 농지와 종자, 농사 도구를
소유하게 되면 기후변화 적응에 필요한
잠재력을 충분히 발휘할 수 있다.

탈탄소화를 위해서는
재분배가 필요하다

뤼카 샹셀, 토마 피케티

현실을 직시하자. 우리가 지구 온도 상승을 2도 이하로 억제할 가능성은 크지 않다. 전 세계가 현재 추세대로 탄소 배출을 계속하면 21세기 말 지구 온도는 최소 3도까지 상승할 것이다. 만약 이 추세대로 배출을 계속한다면, 온도 상승을 1.5도 이하로 억제하려고 할 때 우리에게 남은 탄소예산은 6년 안에 바닥날 것이다. 전 세계적으로 기후행동에 대한 대중의 지지가 그 어느 때보다 강력한데도 이런 상황이 이어지고 있으니 어딘가 앞뒤가 맞지 않는다. 최근 유엔이 실시한 여론조사에 따르면 전 세계 인구의 64퍼센트가 기후변화를 세계적인 비상사태로 보고 있다고 한다. 우리가 놓치고 있는 게 대체 무엇일까?

최근 기후정책 논의는 중요한 문제를 안고 있다. 불평등을 거의 인정하지 않는다는 점이다. 이산화탄소를 적게 배출하는 저소득 가구들은 기후정책이 실시되면 자신의 구매력이 제한될 것이라고 예상한다. 따라서 정책결정자들은 더 신속한 기후행동을 요구했을 때 부딪힐 수 있는 정치적 반발을 두려워한다. 이 악순환이 우리에게서 많은 시간을 앗아가고 있다. 희망을 위해 말해두자면, 우리는 이 악순환의 고리를 끊을 수 있다.

먼저 자료를 보자. 2021년에 평균적인 인간은 온실가스를 약 6.5톤 배출했다. 그러나 이 평균값 뒤에는 엄청난 불평등이 감춰져 있다. 세계 인구 중 소득 상위 10퍼센트에 속하는 사람은 평균적으로 1인당 연간 약 30톤을 배출하는데, 하위 50퍼센트에 속하는 사람은 1인당 연간 약 1.5톤을 배출한다. 달리 말하면 소득 상위 10퍼센트가 배출한 양은 전체 온실가스 배출량의 약 50퍼센트인데, 하위 50퍼센트가 배출한 양은 전체 배출량의 12퍼센트에 불과하다(그림 1과 그림 2).

최근 30년 사이에 세계 인구 중 상위 1퍼센트의 배출량 비율은 약 9.5퍼

2019년 소득 분위별 1인당 평균 배출량

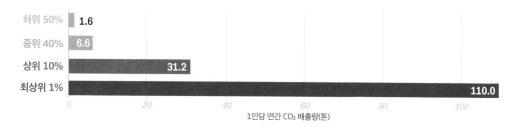

하위 50%	1.6
중위 40%	6.6
상위 10%	31.2
최상위 1%	110.0

1인당 연간 CO₂ 배출량(톤)

2019년 소득 분위별 세계 배출량 기여도

세계 배출량에서 차지하는 비중(%)

그림 1, 2(위) 및 그림 3(516쪽):
모든 수치는 이산화탄소와 기타 온실가스를 포함하며 이산화탄소 환산량으로 표시된 것이다. 개인 탄소발자국은 국내 소비, 공공 및 민간 투자, 그리고 세계 다른 지역과 거래되는 상품 및 서비스에 내재된 탄소의 수출입에서 나오는 배출량을 포함한다. 추정치는 세금 자료, 가구 조사 및 투입산출의 체계적인 조합을 기반으로 한다. 배출량은 가구 구성원 수에 따라 균등하게 나눈 것이다.

센트에서 12퍼센트로 증가했다. 다시 말하면 세계적으로 탄소 불평등이 심각할 뿐 아니라, 최상위층과 나머지 인구 사이의 배출량 격차가 점점 벌어지고 있다. 이것은 단순히 부유한 나라와 가난한 나라 사이의 격차만을 반영하는 게 아니다. 가난한 나라에도 온실가스를 엄청나게 많이 배출하는 사람이 있고, 부유한 나라에도 적게 배출하는 사람이 있다.

미국 인구 중 소득 하위 50퍼센트가 1인당 연간 약 10톤의 이산화탄소를 배출하는 반면, 소득 상위 10퍼센트는 1인당 약 75톤을 배출한다. 일곱 배 넘게 차이가 난다. 유럽 인구 중 소득 하위 50퍼센트가 1인당 약 5톤(세계 평균보다 적다)을 배출하는 반면, 소득 상위 10퍼센트는 약 30톤을 배출한다. 여섯 배 차이다. 동아시아, 특히 중국에서는 소득 상위 10퍼센트가 유럽의 소득 상위 10퍼센트보다 더 많은 탄소를 배출한다. 가난한 지역에서도 배출량의 차이가 크게 나타나지만, 이를 정확히 분석하려면 가난한 지역의 최상위 부유층(소득 상위 0.1퍼센트 이상)의 배출량을 구체적으로 조사해 부유한 나라의 부유층의 배출량에 상응하는 수준의 배출량이 어느 소득층에서 나오는지 확인해야 한다.

탄소 불평등의 상황을 정확하게 파악하기 위해서는 여러 가지가 충족되어야 함을 밝혀둔다. 각국 정부들은 매년 최신 배출량 자료를, 최소한 GDP와 경제성장률 통계를 발표하는 빈도만큼 자주 공개해야 한다. 우리는 세계 불평등 데이터베이스(wid.world)에 탄소 불평등과 관련한 최신 자료를 올리고 있다. 성공적인 기후 전환 경로를 설계하고 평가하기 위해서는 이런 정보가 필수적이다.

이처럼 큰 배출량의 차이는 정확히 어디에서 유래하는 걸까? 부유층은 직접적인 탄소 배출 활동(즉 자동차 연료)에서 저소득층보다 더 많은 탄소를 배출할 뿐 아니라, 상품과 서비스의 구매 활동과 투자 활동을 통해서도 더 많은 탄소를 배출한다. 저소득층은 자동차를 이용하거나 집에 난방을 할 때 주로 탄소를 배출하지만 간접 배출량, 즉 상품과 서비스의 구매 활동과 투자 활동을 통한 배출량은 부유층보다 훨씬 적다. 최근에 우리가 발표한 세계 불평등 보고서(2022)에 밝혔듯이, 전 세계 각국의 인구 중 가장 가난한 절반은 재산이 거의 없다. 따라서 이들에겐 투자 결정과 관련된 배출량에 대한 책임이 거의 또는 전혀 없다.

왜 이런 불평등 문제에 주목하느냐, 어차피 모두가 배출량을 줄여야 하지 않느냐는 반문이 나올 수 있다. 그렇다. 모두가 줄여야 한다. 하지만 일부 그룹은 다른 그룹보다 더 많은 노력을 기울여야 한다. 여기서 우리는 직관적으로 탄소 대량 배출자, 즉 부유한 사람들을 떠올린다. 정확하다. 게다가 가난한 사람들은 소비를 탈탄소화할 능력이 많지 않다. 따라서 부자들은 배출량을 줄이기 위해 최선의 노력을 기울여야 하고, 가난한 사람들에게는 1.5도 또는 2도 전환에 대처할 능력을 키워주는 지원이 이루어져야 한다. 그러나 현실은 그렇지 않다. 오히려 정반대의 일이 일어나고 있다.

2018년, 프랑스 정부가 탄소세를 인상했다. 그런데 이 정책은 부유한 사람들의 소비 습관과 투자 포트폴리오에는 큰 영향을 미치지 않으면서 대도시 교외 지역에 거주하는 저소득 가정에 큰 부담을 주는 결과를 낳았다. 많은 가구가 에너지 소비를 줄이려야 줄일 수 없는 상황이었다. 이들은 자동차를 이용하지 않고는 직장에 갈 방법이 없기 때문에 인상된 탄소세의 부담을 고스란히 떠안아야 했다. 그런데 부자들이 파리에서 프랑스령 리비에라로 개인 전용기를 타고 갈 때 사용하는 항공 연료는 세금 인상 대상에서 제외되었다. 이런 불평등한 처우에 대한 반발이 확산되면서 결국 탄소세 개혁은 실패로 끝났다. 부유층 입장에서는 그리 큰 노력이 필요하지 않지만 가난한 사람에게는 큰 피해를 주는, 이런 기후행동의 정치적 편향은 어느 한 국가에서만 나타나는 게 아니다. 자동차 산업, 화석연료 산업, 중금속 산업의 일자리 감소에 대한 두려움은 경영진 그룹들이 기후정책 시행을 늦춰야 하는 근거로 정기적으로 들먹이는 것이다.

여러 국가들은 2030년까지 배출량을 대대적으로 줄이겠다는 계획을 발표했고, 그중 대다수가 2050년경에 넷제로를 달성하겠다는 계획을 세웠다. 첫 번째 이정표인 2030년 배출량 감축 목표를 살펴보자. 최근 한 연구에 따르면, 미국과 대부분의 유럽 국가의 경우에는 소득 하위 50퍼센트가 이미 1인당 배출량 목표에 도달했거나 바싹 다가섰다. 중산층과 부유층은 전혀 그렇지 않다. 이들의 배출량은 목표에서 한참 뒤처져 있다.

탄소 불평등을 줄이는 한 가지 방법은 일부 국가들이 희소한 환경 자원을 관리하기 위해 사용하는 제도와 유사하게 개인별 탄소 배출권을 할당하는 것이다. 예를 들어 프랑스에서는 물 부족이 심각한 시기에는 꼭 필요한 물(식수용, 위생용, 요리용, 비상용) 이외의 물 사용을 금지할 수 있다. 이 방식은 모든 국민에게 동일한 양의 물 소비를 보장한다. 국가 기관이 정하는 개인별 탄소 배출권 할당은 필연적으로 여러 가지 기술적인 문제를 낳겠지만, 사회 정의 관점에서는 주목할 만한 전략이다. 한 국가의 배출량을 줄이는 방법은 여러 가지가 있을 수 있다. 여기서 놓치지 말아야 할 것은 엄격한 평등주의에 입각하지 않은 모든 방법은 필연적으로 이미 목표에 도달한 사람들에게는 기후 완화를 위해 더 많은 노력을, 목표에서 한참 뒤처져 있는 사람들에게는 더 적은 노력을 요구하게 된다는 점이다. 이것은 기초적인 산술로도 추정할 수 있는 결과다.

단언컨대, 개인별 탄소 배출권 할당과 같은 평등주의적 전략 이외의 다른 방법을 쓸 경우에는 부유층으로부터 가난한 계층으로의 강력한 재분배를 시행해야 마땅하다. 앞으로도 많은 국가들이 소비에 대한 탄소세와 에너지세 부과 정책을 계속 이어갈 것이다. 따라서 이전 경험에서 배우는 것이 중요하다. 앞에서 다룬 프랑스의 사례는 피해야 할 것이 무언지를 알려준다. 반면 2008년 캐나다 브리티시컬럼비아주의 탄소세 시행은 성공적이었다. 이 주는 석유와 가스에 크게 의존하는 곳인데, 탄소세 수입 중 상당한 몫을 저소득 및 중간 소득 소비자에게 현금 지급 방식으로 보상했다. 인도네시아는 몇 년 전에 화석연료에 대한 보조금 지급을 중단했는데, 이 조치는 정부 입장에서는 여유 재원을 의미했지만 저소득 가정에게는 에너지 가격 상승을 의미했다. 초기에 극심한 반발이 있었지만 정부가 이 여유 재원을 보편적 건강보험과 극빈층 지원에 사용하기로 결정하면서 결국 수용되었다.

에너지 전환을 가속화하려면 고정관념에서 벗어나야 한다. 예를 들어 누진제를 적용한 부유세와 오염 추가 부담금을 동시에 시행한다고 해보자. 이렇게 하면 화석연료 산업의 자본 비용이 높아져서 화석연료에서 벗어나는 전환을 가속화할 수 있다. 또한 정부는 이를 통해 조성되는 막대한 재원을 녹색산업과 혁신에 투자할 수 있을 것이다. 이런 세금은 인구 대다수가 아니라 극소수에게만 부과되기 때문에 과세 형평성 개선 효과를 낸다. 최근 연구에 따르면, 전 세계의 최상위 부유층에게 적정한 부유세와 오염 추가 부담금을 부과하면 전 세계 소득의 1.7퍼센트를 세금으로 거둬들일 수 있다. 이를 이용하면 기

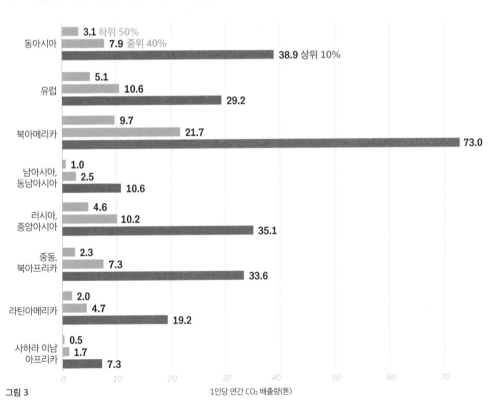

2019년 전 세계 1인당 이산화탄소 배출량

그림 3

1인당 연간 CO_2 배출량(톤)

후 완화 노력을 뒷받침하는 데 필요한 연간 추가 투자의 상당 부분을 충당할 수 있다.

전환을 가속화할 수 있는 다양한 잠재적 경로 가운데 어떤 길을 선택하더라도, 소득과 부의 강력한 재분배 없이는 신속한 탈탄소화가 불가능하다는 점을 절대로 간과해서는 안 된다. /

부자들은 배출량을 줄이기 위해
최선의 노력을 기울여야 하고,
가난한 사람들에게는
1.5도 또는 2도 전환에 대처할 능력을
키워주는 지원이 이루어져야 한다.

5.20

기후
배상

올루페미 O. 타이오

기후위기는 수백 년에 걸쳐서 에너지 시스템과 경제 네트워크, 정치구조에 녹아
든 인종적 불의가 빚어낸 결과다. 인종정의와 기후정의를 실현하려면 우리는
위기의 규모에 상응하는 대응을 펼쳐야 한다. 세상을 다시 세워야 한다.

이것은 단순한 은유가 아니다. 1960~1970년대 식민 정치 체제에 도전했
던 활동가들도 경험을 통해 깨달았겠지만, 정의를 이루기 위해서는 전 지구적
규모에서 정치 및 경제 체제를 재편성해야 한다. 아돔 게타처우는 이런 정신과
야망을 '세계 만들기worldmaking'라고 불렀다.

세계는 다양한 구성 요소들이 복잡하게 얽혀 이루어진 것인데, 그런 세계
를 다시 세우다니 어림도 없는 일처럼 보일 수 있다. 그러나 세계는 우리가 이
해하려고 시도할 수 있는, 또 이해하려고 노력해야 하는 현실적인 시스템이다.
현실 속 정치와 경제는 한시도 쉬지 않고 움직이고 있다. 따라서 이런 세계를
'청사진'이나 조직 체계도라는 정적 은유로 표현하는 것은 적절하지 않다. 우
리의 교역 및 정치 시스템을 전 세계를 가로지르는 수로망에 비유해보자.

이 수로망 시스템은 물을 흘려보내는 진짜 수로와는 달리 부와 빈곤, 완
제품과 오염, 의학 지식과 무지 등 사회적 혜택과 폐해를 생산하고 분배한다.
이런 혜택과 폐해의 분배는 단순히 어떤 지역이 본래 문명적 강점과 재능을
가지고 있어서 그곳으로 혜택이 모이고, 어떤 지역이 무가치하다고 해서 그곳
으로 폐해가 모이는 식으로 수동적으로 진행되는 게 아니다. 이 분배에는 수
세기에 걸친 인간의 노력과 의사결정 과정이 녹아 있다. 불공정한 사회구조를
만들려는 계획적인 시도와 정의로운 사회구조를 만들려는 실패한 시도, 그리
고 두 시도의 결과를 수습하려는 시도, 이 모든 시도가 오랜 세월 쌓이고 쌓여
지금의 사회구조, 현재 우리의 상황을 결정하고 미래 가능성을 제한하는 사회

구조를 만들어냈다. 우리는 이 역사적 수로망 시스템의 구조를 알기에 미래의 혜택과 폐해의 흐름이 어디로 흘러가고 어디로 흘러가지 않을지 예측할 수 있다. 물론 수로의 위치가 달라지면 상황이 달라질 것이다.

오늘날 우리의 세계를 빚어낸 토대는 세계적인 인종제국주의다. 이는 1400년대부터 시작된 역사적으로 유례가 없었던 식민지 정복과 인종주의 노예제를 말한다. 식민 정복시대 초기까지만 해도 유럽 열강은 세계 정치 서열의 상위에 있는 국가가 아니었다. 그저 아시아를 중심으로 하는 방대한 교역 및 정치 네트워크의 중개자에 불과했다. 그러나 정복시대 끝 무렵에 이들은 지구적 규모의 경제적 지배 시스템을 구축했다. 이들은 역사상 유례없이 많은 선주민을 지배하고 절멸시켜 차지한 땅에서 식민지를 건설해 운영하고, 역시 역사상 유례없이 많은 아프리카 사람들을 노예로 삼고 상품처럼 사고팔아 이들의 노동으로 생산성을 높여 이 시스템을 세웠다.

1700년대와 1800년대에 대영제국은 이렇게 확보한 식민지 네트워크와 노예노동에 새로운 석탄 기술 및 증기기관 기술을 결합해 생산량을 대폭 늘리고 작업을 기계화했으며, 이를 기반으로 산업혁명을 일으켰다. 과학자들은 산업혁명과 그에 따른 전 세계 에너지 사용량 및 탄소 배출량의 증가를 인간에 의한 기후변화 시대의 서막으로 꼽는다.

산업혁명과 기후위기를 낳은 세계적인 인종제국주의의 역사는 또한 오늘날 세계 각지의 다양한 사람들과 다양한 장소로 혜택 또는 폐해를 흘려보내는 네트워크와 수로를 만들어냈다. 수백 년 동안 구축된 계층 구조의 꼭대기를 차지했던 국가들로 구성된 북반구는 대부분의 부와 정치적 힘, 연구 능력, 기타 사회적 혜택을 차지한 반면, 수백 년 동안 식민 지배와 수탈에 시달렸던 국가들이 대다수를 차지하는 남반구는 대부분의 빈곤과 오염을 떠안았다. 이런 지리적 구분에 부합하는 경우든 그렇지 않은 경우든 흑인과 선주민은 대개 이웃보다 훨씬 적은 혜택을 받고 훨씬 큰 폐해를 떠안는다.

우리는 지금의 질서를 만들어낸 불공정을 반드시 바로잡아야 한다. 이건 사과만으로 또는 시인만으로 해결될 수 있는 일회성 사건이 아니다. 불공정은 지구상에서의 우리의 삶의 방식을 결정짓는 구조에 깊이 새겨져 있다. 과거의 불공정 때문에 입은 피해를 근본적으로 바로잡기를 원한다면 이 구조 자체를 바꿔야 한다.

이 관점은 노예제와 식민주의에 대한 배상을 '건설적인' 방식으로 풀어나가려는 접근법의 근간을 이룬다. 우리는 과거에 자주권을 빼앗겼던 사람들에게는 혜택을 전달하고, 과거의 불공정 덕분에 부와 권력을 얻은 사람들에게는 기후위기 대응과 인간 생명의 보호라는 세계적인 도전에서 마땅히 감당해야 할 책임을 다하게 만들 수로를 건설해야 한다.

그렇다면 어떤 구체적인 조치가 필요할까? 오랜 역사를 지닌 흑인 급진주의 배상 운동이 집중해왔던 목표부터 실현해야 한다. 즉 역사의 수로 시스템 때문에 가장 많은 것을 빼앗긴 사람들에게 현금을 지급하는 방식의 배상이 이루어져야 한다. 그것도 조건 없는 지급이어야 한다. 미국에서는 여러 가지 전략이 제시되고 있다. 윌리엄 대러티와 A. 커스틴 멀린은 노예제 피해자의 후손인 아프리카계 미국인에게 직접 배상을 하되, 국가배상위원회가 수령인들에게 배상금에 대해 조사하고 결정을 내릴 권한을 부여하는 방식을 지지한다. 이코노믹 시큐리티 프로젝트 소속 학자이자 이사인 도리언 워런은 전 국민에게 보편적 기본소득을 지급하고, 배상청구 원인을 소명하는 아프리카계 미국인에게는 추가금을 지급하는 방식을 제안했다. 미국 이외의 나라에서도 여러 사람들이 워런이 제안한 기준에 따라 가중치를 적용하는 방식의 전 세계 보편적 기본소득을 제안하고 있다.

조건 없는 현금 이전의 대상은 개인이나 가구에 한정되지 않는다. 자본의 역사적 흐름을 바꾸는 일은 국가와 다국적 기구 수준에서도 진행될 수 있고, 또 그렇게 되어야 한다. 부유한 국가들은 유엔녹색기후기금의 틀 안에서 조건 없는 현금 이전을 하겠다고 약속했지만, 이들이 약속한 액수도 충분하지 않고 실제로 내놓은 액수도 충분하지 않다. 녹색기후기금은 개발도상국에 매년 1000억 달러씩 지원한다는 목표를 잡았지만, 이 금액은 개발도상국이 기후위기에 대처하는 데 필요한 금액에서 '턱없이 모자라다'. 게다가 부유한 국가들은 빈약한 약속만 해놓고 한 푼도 내지 않고 있다. 개인 투자자들과 기업들이 부족한 금액을 자신들이 충당하겠다고 자청하고 있지만, 시장 의존은 애초에 우리를 이 위기로 몰아넣은 원인임을 잊지 말아야 한다.

세계를 다시 세우는 데 필요한 재정적 자원을 확보하려면, 민간 기구가 이끄는 대로 따라갈 게 아니라 그들이 자원을 내놓도록 직접 정치적 압력을 가하는 편이 훨씬 효과적이다. 이런 '투자 철회-재투자' 전략은 행동주의를 기반으로 삼아 화석연료 및 기타 오염 산업에 투자된 자금을 회수해 공공의 이익을 촉진하는 프로젝트로 흘러들게 할 수 있다. 그러면 흑인 및 선주민 가정과 지역 사회로, 공공 소유 재생에너지 발전 및 저장 설비, 교외 지역 광대역 서비스 및 도시 공동체 과수원 프로젝트로 현금이 흘러갈 것이다. 전 지구적 차원으로 시야를 넓혀서 이 전략을 실행에 옮기면서 동시에 세계 전역의 조세 피난처에 쌓여 있는 수조 달러어치의 자산을 압박하는 것도 좋은 방법이다.

그러나 기존의 정치 경제 시스템을 그대로 놓아두고 그 시스템 안에서 돈을 재분배하는 데에만 집중하는 실수를 저질러서는 안 된다. 제대로 된 '세상 만들기'를 하려면 자원의 불평등한 할당을 보상받으려는 노력에 머무르지 않고 시스템 자체를 다시 세워야 한다. 구체적으로 말하면, 애초에 정치적 결정을 내리는 방식 자체에 문제를 제기함으로써 권력의 재분배를 이뤄내야 한다.

현 시스템 내에서는 민간 기업이 노동조건, 에너지와 물 등의 필수 서비스 공급, 에너지 공급망(더러운 에너지뿐 아니라 청정에너지 공급망까지) 등 공공 생활의 전체 영역에 대해 일방적이고 권위적인 통제권을 행사한다. 화석연료 기업을 비롯한 민간 기업은 또한 합법과 불법을 총동원한 뇌물 공여를 통해 민주적 절차에 침투해 입법자와 규제 당국을 공범으로 포섭한다. 이런 불공정을 바로잡을 수 있는 중요한 대안은 '공동체 주도적 통제community control'다. 1960~1970년대에 블랙팬서당을 비롯한 급진적 조직들이 이 방식을 적극 지지했으며, 이들은 토지, 주택, 교육, 방범 활동과 관련한 의사결정에 공동체의 민주적 참여를 보장하는 활동을 조직했다.

이 개념은 꽤 오래전부터 실제 정치 시스템에서 채택되어왔다. 브라질 노동당은 1980년대에 포르투알레그레에서 주민들이 공공 예산의 사용을 민주적 절차에 따라 직접 통제하도록 하는 '주민 참여 예산제'를 처음으로 시행했다. 그 이후로 이 제도는 널리 확산되었다. 이 제도는 인도 케랄라주에서 모든 수준의 의사결정 과정에 적용되고 있고, 모잠비크의 마푸토, 돈도 등의 도시에서 공공 지출을 효과적으로 관리하는 데 이용되고 있다. 케냐에서는 '하람비Harambee 운동'의 영향으로 정부 공공자금이 수만 개의 '공동체 자조' 프로그램 재원으로 지정되었는데, 이런 구조 때문에 입법자들이 주민들의 요구를 충실히 반영할 수밖에 없다. 북반구에서도 많은 활동가들이 '에너지 민주주의'를 이루기 위해 활동하고 있다. 즉 에너지에 대한 공적 소유와 민주적 통제를 달성함으로써 사람들의 삶을 좌지우지하는 요소에 대한 통제권을 투자자가 독점하는 현실을 바로잡아야 한다.

우리는 목표를 더 원대하게 잡을 수 있다. 우리는 자유를 증진하는 물리적 구조와 관리 시스템, 즉 안전하고 의미 있고 자주적인 삶을 구축하는 데 사용할 수 있는 구조와 시스템을 만들어 공정하게 배분하는 것을 목표로 삼아야 한다. 돈과 추상적인 권력의 재분배는 이런 삶을 구축하는 데 필요한 중요한 요소이다. 그러나 우리 돈과 권력을 문자 그대로 재분배하여 공정하고 기후 회복탄력성이 있는 세계를 만드는 데 도움이 될 물리적 구조와 관리 시스템을 구축해야 한다. 우리는 홍수 방지를 위한 물리적 배수 시스템을 만들고 공정하게 재분배해야 한다. 에너지 효율이 높은 공공주택을 건설하고, 기존 주택의 에너지 효율을 개선하고, 안전하고 탄력적인 에너지 운송 및 저장 기반시설을 만들어야 한다.

기후정의와 인종정의를 실현하기 위해 '세상 만들기'가 필요하다면, 그렇다면 정의는 곧 디자인 프로젝트다. 우리의 목표는 불공정한 세상을 근본적으로 뜯어고치는 데 있다. 돈만으로는 나바호 자치국*이나 니제르의 우라늄 광산 오염 문제를 해결할 수 없고, 니제르 삼각주 화석연료 추출지대의 장기화된 오염 문제를 해결할 수 없다. 우리는 환경 문제를 구체적이고 직접적으로 해결하면서 동시에 문제를 일으킨 기득권층에 도전해야 한다.

정치뿐 아니라 다양한 영역에서 수많은 모범 사례를 찾을 수 있다. 방글라데시는 세계적으로 손꼽히는 기후위기 취약 국가이지만, 살리물 후크가 이 책의 다른 글에서 설명하듯이, 기후 적응의 선두주자이기도 하다. 방글라데시의 종합 재해 대비 시스템은 홍수 대비용 제방 등의 물리적 구조물과 사회적 조치를 포괄한다. 이 시스템은 비상식량 배급 프로그램과 함께 교육 분야와 관련한 통합 재해 대응 프로그램을 구축해 비상시에 노인들이 도움의 손길을 받

---

* Navajo Nation. 미국 애리조나, 유타, 뉴멕시코주에 걸쳐 있는 선주민 자치국. 부족 인구가 30만 명으로, 미국 내 선주민 부족 565개 가운데 가장 큰 부족이다.

을 수 있도록 비상 대피 지침을 마련하고 있다. 하노이와 콜카타의 농부들은 자연 폐기물 관리 시스템을 고안해 농업과 양식업에 쓰이는 영양분을 충당하고 있어서 산업용 비료에 의지할 필요가 없다. 미국과 캐나다의 여러 도시에서는 공동체 주도의 과수원 및 나무 심기 프로젝트가 진행되면서 식량을 민간 사업자의 통제에 얽매이지 않는 공공재의 위치에 올려놓고 식량 주권을 강화하는 한편, 갈수록 치솟는 도시의 고열을 완화하기 위한 미래의 오아시스를 구축하고 있다.

우리는 온갖 디자인을 다 검토해가며 세상을 다시 만들어야 한다. 소수가 아닌 다수를 위한 세상으로 만들어야 한다. 회계상의 눈속임이나 공허한 약속으로는 이 일을 이룰 수 없다. 손과 발과 삽을 동원해야만 이룰 수 있는 일이다. 우리는 더 이상 잃을 게 없다. 이제 우리에겐 공정한 세상을 얻는 일만 남았다. /

기후정의와 인종정의를 이루기 위해
'세상 만들기'가 필요하다면,
그렇다면 정의는 곧 디자인 프로젝트다.
우리의 목표는 불공정한 세상을
근본적으로 뜯어고치는 데 있다.

5.21

땅과의 관계를 바로잡자

로빈 월 키머러

왜 눈이 안 올까? 12월인데 평소보다 기온이 22도나 더 높다. 빙하는 녹아내리고 산불은 맹렬한 기세로 번져가고, 초대형 토네이도에 마을이 초토화되고, 온 세상에 슬픔이 고여 있다. 내가 지금 기댈 수 있는 것은 내 손 안에 있는 것뿐이다. 잎도 없는 겨울 가지에 매달려 있다 엉뚱한 계절에 찾아온 폭풍우에 휩쓸려 땅에 떨어진 오리올(아메리카꾀꼬리) 둥지다. 나무뿌리와 껍질을 얽어 만든 이 작은 바구니는 예전에는 새끼 새의 소리가 울려나오던 그릇이었는데 지금은 내 슬픔이 담긴 그릇이다.

가뭄과 홍수, 폭풍우와 기아를 피해 길을 떠난 기후 난민의 모습이 떠올라 가슴이 찢어진다. 세상이 온통 기후 이민자로 넘쳐난다. 2020년에는 기후변화로 빈도와 강도가 증가하고 있는 홍수와 가뭄, 산불, 폭염 때문에 삶의 터전을 잃어버린 사람들이 3000만 명에 이른다고 한다. 그런데 새 사람[*]과 숲의 생명체들은 어떻게 되었을까? 얼마나 많이 죽고 얼마나 큰 고통을 겪고 있을까?

나의 오리올들은 뉴욕 북부와 중앙아메리카 사이를 이동한다. 새들은 내가 사는 이곳에 있을 때는 안전하지만 겨울을 나기 위해 남쪽으로 이주할 때는 환경이 크게 훼손된 지역을 가로질러 날아간다. 내 생애 동안 노래를 잘하는 명금류의 60퍼센트가 사라졌다. 과연 이번 봄에 오리올들이 돌아올까?

떨어진 오리올 둥지는 오목한 그릇 모양이다. 다른 새 둥지도, 비버의 집도, 곰이 겨울을 나는 집도, 자궁도 모두 같은 모양이다. 신성한 모양, 생명을 키우는 모양이다. 나의 아니시나베 부족 사람들과 나의 이웃인 하우데노사우니족 사람들은 생명을 품어 키우고 우리의 필요를 채워주는 땅을 오목한 그릇

---

[*] 필자는 선주민이며, 새를 bird people이라고 표현한다. 인간 아닌 생명체 역시 인간과 마찬가지로 존엄과 가치를 가지고 있다고 보는 필자의 관점을 살리기 위해 이 표현을 '새 사람'이라고 옮겼다.

이라고 표현한다. 우리는 '한 그릇에서 한 숟가락씩One Bowl, One Spoon' 조약으로 알려진 합의를 존중한다. 우리는 땅을 어머니 지구가 우리가 필요로 하는 모든 것을 담아주는 그릇으로 여긴다. 그 그릇을 함께 사용하고 다시 가득 채우는 것은 우리의 책임이다. 우리는 그릇에 든 것을 가져가는 방식을 숟가락으로 표시한다. 인간과 '인간보다 많은 존재들'**이 똑같은 크기의 숟가락으로 딱 한 숟가락씩만 떠내야 한다. 누구는 조그만 숟가락으로 누구는 큰 삽으로 떠내는 건 허용되지 않는다. 이것은 지구상에서 가장 오래된 '보존 정책' 중 하나이며, 대지의 선물을 대할 때 공유와 정의와 호혜의 원칙을 지키겠다는 선언이다.

나는 긴 겨울이 끝난 뒤 돌아오는 모든 새들이 다 반갑다. 맨 먼저 날아오는 시끄러운 붉은어깨찌르레기도 반갑고, 작게 시작해서 점점 소리를 높여가는 워블러도 반갑지만, 오리올이 돌아오는 게 가장 반갑다. 오리올들이 도착 신호를 보내면 우리는 서로 반가움을 표시하며 인사한다. 오리올들은 햇빛처럼 찰랑대는 맑은 노랫소리로 인사하고, 나는 새들의 무사귀환이 반가워서 안도감과 애정을 듬뿍 담아 두 팔을 번쩍 들고 흔들며 인사한다. 오리올은 늘 늙은 단풍나무에 둥지를 튼다. 이곳에서 알을 까고 새끼를 키우고 먼 길을 날아갔다가 변함없이 이 단풍나무로 돌아온다. 오리올들은 새벽에 일어나 나와 함께 아침 감사 기도를 드리고 내가 도구를 챙겨 넣는 저물녘에도 내 곁을 지킨다. 여름에 옥수수 밭을 돌보거나 그늘에서 책을 읽을 때도 나의 공간에서는 오리올의 노래가 울리고 참나리꽃처럼 오렌지빛과 검은빛이 섞인 형체가 획 나타났다가 획 사라진다.

인간 정신건강에 관한 최근의 한 연구에 따르면, 인간의 심리적 행복감이 새소리를 듣는 것과 밀접한 상관관계가 있다고 한다.

내가 돌보는 3헥타르(3만 제곱미터)의 작은 땅은 노래하는 새들의 천국이다. 내가 애초에 의도한 것이기도 하고 무심하게 방치한 탓이기도 하지만, 땅과 나는 이 공간에 무성한 덤불과 작은 숲, 야생화, 습지를 키웠고, 이 공간은 하늘에서 새를 불러들인다. 이웃의 땅은 잔디밭과 목초지, 건초, 옥수수 밭이

** 여기서도 역시 필자는 인간 아닌 다른 생명체를 more-than-humans라고 표현한다. 이 표현 역시 인간은 거대한 생태계의 일부에 지나지 않으며 인간 아닌 다른 생명체들이 생태계에서 차지하는 비중이 더 높다는 관점을 담고 있다고 생각해서 '인간보다 많은 존재들'이라고 옮겼다.

깔끔하게 덮여 있어 초록이 넘치는 목가적 풍경이지만 모두 인간 경제를 위해 설계된 공간이다. 나와 울타리를 공유하는 이웃은 내가 무성한 덤불과 가시덤불을 방치해 땅을 망쳤다고 생각하지만, 이곳은 새소리, 두꺼비 소리, 개구리 소리, 벌레 소리의 대합창이 울리고 7월이면 반딧불이가 반짝이며 빛을 내뿜는 공간이다. 그 이웃과 나는 풍요를 다르게 정의한다.

땅은 그 땅을 돌보는 사람, 또는 돌보지 않는 사람의 세계관을 정확하게 반영한다. 나의 오리올들은 서구 세계관의 결과로 훼손된 땅 위로 수백 킬로미터를 날아다닌다. 끝없이 이어진 포장도로와 광산, 석유 굴착 장치, 메탄을 태우느라 화염을 내뿜는 프래킹 유정, 산업화의 희생지대, 무질서하게 뻗어나간 도시 외곽 지역을 지나간다. 녹색 공간은 대부분 단일 작물 농장인데 농지나 임업지에는 유독한 제초제가 살포되어 새들이 먹이를 구할 수 없다. 인간중심주의의 세계관은 땅을 주로 천연자원, 재산, 자본, 생태계 서비스로 이해한다. 이 세계관은 '한 그릇에서 한 숟가락씩' 세계관과는 달리 땅을 1차 상품을 모아놓은 창고로 여기며, 이 세계관에서는 오직 인간 종의 일부 구성원들만 숟가락을 쥐고 있다. 내가 아끼는 오리올들은 이 황무지를 돌아다니며 쉴 곳을 찾는다. 새들도 나만큼이나 들쑥날쑥이라도 남아 있는 공공 보호구역과 개인 보호구역, 조류 보호구역, 공원, 숲이 반가울 것이다. 훼손되지 않은 자연 공간은 다양한 종에게 서식지를 제공할 뿐 아니라 공기를 정화하고 탄소를 격리하며 비의 원천인 수증기를 만드는 대단히 중요한 공간이다.

상실의 바다에 성처럼 남아 있는 이 공간에서는 여전히 새소리가 울리고 곤충들이 땅의 속살에 수를 놓고 오래된 길에 야생동물의 발자국이 나 있고 물고기가 여전히 물을 지키고 있고 인간은 풍요로운 자연의 혜택과 자신의 책임을 잊지 않고 있다.

새의 눈으로 보면 이곳은 생명으로 가득찬 그릇이며, 안전한 곳이니 어서 오라고 신호를 보내는 숲의 섬이다. 지구상에서 생태계가 전혀 훼손되지 않아 생물다양성이 가장 풍부한 곳을 표시해놓은 '생물다양성 핵심지역' 지도를 보면 문화 다양성 핵심지역, 즉 선주민의 거주 터전과 상당히 많이 겹치는 것을 알 수 있다.

연구에 따르면, 지구상에 남아 있는 생물종의 80퍼센트가 선주민이 돌보는 땅에 서식하고 있다고 한다. 유엔이 2019년에 발표한 한 보고서는 전 세계적으로 생물다양성이 위험할 정도로 훼손되고 있지만 선주민이 관할하는 지역에서는 종의 감소율이 대단히 낮다고 밝혔다. 수 세기에 걸친 식민 지배와 토지 강탈, 대량학살, 강제동화, 선주민 세계관의 말소 시도 끝에, 이제야 주류 사회는 자신들이 말살하려 했던 것이 생존에 필수불가결한 것이라는 사실을 깨닫기 시작했다. 내 주변의 어른들은 종종 이런 날이 올 것이라고 말했다. 어려운 여건 속에서도 그들은 우리가 지닌 지식과 철학, 그리고 신성한 '한 그릇에서 한 숟가락씩' 세계관을 식민지의 맹공격으로부터 지켜냈다. 그들은 온 세상이 이것을 필요로 하는 날이 올 것이라고 명확하게 예언했다. 인간에게도, 물에게도, 오리올에게도 꼭 필요한 세계관이다.

많은 오리올이 멕시코 열대의 땅에서 겨울을 난다. 유카탄반도는 광대한 면적의 생물다양성 핵심지역으로 마야인들의 드넓은 숲을 품고 있다. 그중에서도 선주민이 돌보는 땅은 인간과 인간의 친척인 '인간보다 많은 존재들'의 건강한 삶을 부양하고 있다. 그곳에서도 오리올이 환영받는 존재라고 들었다. 사람들은 오리올을 맞으려고 정원에 오렌지를 쪼개어 놓아둔다. 마치 손님맞이용으로 정성껏 준비한 오렌지색 그릇 같다. 내가 포타와토미족의 방식으로 돌보는 작은 땅에서 날아오른 오리올들이 오랜 여행 끝에 유카탄반도의 마야인 가족이 돌보는 녹지로 들어가는 모습을 상상해본다. 전통을 지키는 마야인 공동체는 땅의 연속적인 과정, 즉 순환적인 발전과 조화를 이루는 정교한 나무 식재 방법을 사용해 숲을 꾸준히 재생시킨다. 우리는 가족을 위해 옥수수와 콩, 호박을 재배할 뿐 아니라 다른 종을 위해 숲과 덤불을 보살피고 열매가 많이 달리는 관목을 기른다. 세상이 인간의 전유물이 아니라는 것을 알고, 도롱뇽 사람과 나무 사람과 오리올 사람은 물론이고 지구상의 모든 생명체가 이 그릇에 든 것을 한 숟가락씩 나눠 먹는다는 것을 알기 때문이다. 우리 모두가 연결되어 있다. 서로 얽히고설켜 상호 연결의 그물을 이루고 있어서 한 사람에게 무슨 일이 일어나면 모두에게 그 영향이 미친다. 나는 오리올이 내 곁에 있을 때 하듯이, 마야인 가족의 아침 기도에도 오리올이 함께한다면 좋겠다. 그런데 땅을 자원 창고로 보는 사고방식과 인간중심주의의 세계관이 이들을 빙 둘러싼 채 이들의 땅을 위협하고 있다.

선주민이 사는 곳과 생물다양성 보존 핵심지역이 겹치는 까닭은 무엇일까? 현재 남아 있는 선주민의 땅은 종종 접근하기 힘든 곳이라는 지리적 요인 탓에 식민 세력의 개발 시도를 피할 수 있었다는 사실도 부인할 수 없다. 북극에서 열대우림까지 이런 땅과 사람들이 살아남을 수 있었던 것은 땅을 지키기 위한 선주민들의 격렬한 투쟁 덕분이다. 그러나 이곳의 종 다양성이 풍부하게 유지되는 이유는 지리와 지배구조보다 더 깊은 데 있다. 선주민의 땅에서 생물다양성이 풍부한 것은 토착 과학 또는 전통 생태 지식에 기반을 둔 토지 관리 관행에 땅이 반응하고 있기 때문이다. 이런 방식으로 우리는 한 숟가락을 가득 채워 떠낼 수 있는 그릇을 유지한다. 이곳에서는 서구권 용어로 표현하면 '토지 관리'라고 불리는 관행이 무수히 많이 시행되고 있다. 이런 관행은 지역 상황에 맞추어 생물다양성을 증진할 수 있도록 꾸준히 발전해온 적응 전략을 반영한다. 일부 관행(계획적으로 불을 놓아 땅을 기름지게 하는 방식이나, 탄소 격리 방법, 의도적인 서식지 조성, 혼농임업 등)은 생태 보전을 추구하는 주류 학계에도 잘 알려져 있다. 토착 과학에 기반한 이런 관행은 수백 년 동안 비과학적이고 파괴적인 관행으로 여겨져왔다. 나의 조상들 중에는 기름진 땅을 만들기 위해 불을 관리하는 지식을 사용했다가 투옥된 사람도 있었다. 서구권 과학은 이제야 식민주의의 편협한 관점에서 서서히 벗어나고 있으며, 토착 과학의 우수성에 대한 이해가 조금씩 넓어지고 있다. 서구의 과학은 세심하게 관리되는 선주민의 문화적 경관을 접하면서 사람과 땅이 어떻게 상호 번영의 관계를 맺을 수 있는지 미진하게나마 깨우쳐가고 있다. 이런 경관은 오랜 연륜을 지닌 지식의 도서관인데도 예외 없이 파괴의 위협에 직면해 있다.

우리가 해야 할 일은 분명하다. 선주민의 지혜를 존중하는 것만으로는 충분하지 않다. 우리는 선주민의 토지 권리를 적극적으로 지켜내야 한다. '받드는 거둠Honorable Harvest' 등의 가르침을 공정성과 지속가능성의 모범적 사례로 평가하는 것만으로는 충분하지 않다. 모두가 겸손한 자세로 배우는 학생이 되어야 한다. 자신이 선주민 땅의 토박이인 것처럼, 땅을 각자 한 숟가락씩 떠낼 수 있는 그릇인 것처럼 대하면서 사는 법을 익혀야 한다. 우리가 어떻게 행동하느냐에 따라 미래가 결정되는 것처럼 사는 법을 배워야 한다. 왜냐하면 이 모든 게 사실이기 때문이다.

선주민의 땅은 제방에 뚫린 구멍을 막아 멸종의 홍수가 들이닥치지 않게 하는 손가락이다. 그러나 선주민이 돌보는 땅의 10퍼센트만이 법적으로 그들의 소유로 보호받고 있다. 게다가 모든 선주민의 땅이 세계 전역의 기업과 개인, 정부의 이익 추구에 의해 훼손되고 있다. 이 위기에서 벗어나려면, 세계 각지의 통치기구와 국가와 지역 정부가 선주민의 땅의 추가적인 훼손을 막고 보호를 강화해야 한다. 힘들게 얻은 유엔 선주민권리선언의 조항을 지지하고, 기후변화 완화 관행이 새로운 녹색 식민주의가 되어 선주민을 그들의 땅에서 밀어내는 일이 없게 해야 한다. 선주민들은 기후위기를 경고하는 최전선에서 힘들게 싸워왔고, 아무 잘못이 없는데도 극심한 기후 충격에 시달리고 있다. 그러면서도 기후정의와 기후변화 완화 및 적응과 관련해 통찰력 있는 접근방식을 만들어내고 있다. 주류 사회는 기후정의를 위한 리더십에서 선주민의 발언권을 강화할 책임이 있다.

기후행동은 완화를 위한 자연 기반 기후 해법에 역점을 두고, 식물이 탄소 흡수 및 저장, 미기후微氣候 조절, 지구 기온 조절, 산소 생성, 토양 복원, 비를 만드는 증산 작용 등의 본래 기능을 충분히 발휘할 수 있도록 지원해야 한다. 지구 육지의 절반을 개발로부터 보호하자는 운동은 기후 영향을 줄이기 위해 긴요한 운동이다. 그러나 선주민의 땅은 우리에게 사람과 자연이 공존할 수 있으며 서로의 번성을 촉진한다는 것을 분명히 보여주고 있다. 보호는 어느 한곳에 '자연'을 가두어놓고 그곳을 제외한 다른 모든 곳에서는 자연을 파괴할 수 있는 권한을 보장하는 방식이어서는 안 된다. 토지 보호가 필요하다는 것은 선주민과 거주민을 땅에서 몰아내야 한다는 뜻이 아니라, 사람과 토지가 서로 조화를 이루게 하고 자연법칙에 맞추어 경제를 운용해야 한다는 뜻이다. 생태학ecology과 경제학economy, 이 두 단어는 '집'을 뜻하는 그리스어 오이코스oikos에서 나온 단어라는 점을 기억해주길 바란다.

우리가 할 일은 생물다양성이 더 이상 손실되지 않게 보호하는 것을 넘어서서 환경과학의 도구와 토착 지식의 철학과 축적된 경험을 결합해 생물다양성을 복원하는 것이다. 복원에는 땅과 인간이 서로 존중하는 관계를 복원하는 것도 포함되어야 하고, 리스토리에이션restoryation, 즉 사람과 장소의 관계에 대한 새로운 이야기를 만드는 것도 포함되어야 한다. 이를테면 '우리는 지구에서 무엇을 더 얻을 수 있을까?'라고 묻는 대신에 '지구가 우리에게 바라는 게 무엇일까?'라고 물어야 한다.

의미 있는 기후행동을 하려면 많은 것을 바꾸어야 한다. 세금 구조, 법률, 정책, 산업, 의사결정 구조, 기술, 윤리를 바꿔야 한다. 그러나 근본적으로 따져보면 우리가 바꿔야 할 가장 중요한 것은 우리 자신이다. '창고' 세계관에서 '그릇' 세계관으로 전환하는 것은 곧 영적인 변화를 뜻한다. 데이비드 스즈키는 이렇게 썼다. "영적 활동은 우리가 이룬 최고의 적응일 수 있다. 우리는 영적 활동을 통해 신성한 것과 만나고 분열을 넘어 하나가 된다. 지구상의 다양한 문화가 지닌 영적 신념과 의례의 형태와 다양성은 생명체의 존속을 위해 진화가 이루어낸 놀랍고도 엄청난 발명의 또 다른 사례일 수 있다."

오리올과 오리올의 깃털 달린 친족들의 노래를 들을 때면 나는 그 소리가 잠을 깨우는 소리처럼 느껴진다. 얼마나 많은 사람들이 잠에서 깨어나 새로운 의식으로 무장하고 우리가 필요로 하는 전환을 이루기 위해 마음과 영혼을 바치고 있는가를 생각하면 가슴이 벅차오른다. 선주민들과 이들을 지원하는 사람들은 토지와 물을 보호 및 복원하고 건강성을 회복하기 위한 활동, 그리고 오래된/새로운 아이디어를 기반으로 토착 원칙을 적용한 법률을 이끌어내는 활동을 진두지휘하며 몇 가지 획기적인 성과를 이뤄냈다. 유엔 선주민권리선언과 자연의 법률적 권리도 그 성과물이다. 축하할 일이다. 그러나 그것만으로는 기후 붕괴의 홍수를 막아내기에 충분하지 않다.

왜 충분하지 않을까? 사방에서 경보음이 울리는데도 여전히 잠들어 있는 사람이 너무나 많기 때문이다. 나는 이들이 물질적 부와 영적 가난이라는 강력한 중독성 마약에 취해 깨어나지 못하고 있다고 생각한다. 전적으로 이들 탓은 아니다. 잠에서 깨어보니 세상에는 '충실한 소비자가 되어라', '수동적인 방관자가 되어라'라는 이야기뿐이라면 여러분이라도 담요를 머리 위로 끌어올리지 않겠는가? 사람들이 깨어나지 못하게 하는 것은 두려움과 무력감이다. 이런 감정은 어머니 지구를 소비의 대상으로만 바라보는 세계관이 의도적으로 만들어낸 것이다. 이들은 다양한 생명체와 신성한 물, 살아 있는 산으로 충만한 세상이 아니라, 모든 게 빠른 속도로 줄어드는 세상에 살고 있다. 누군가를 깨워 똑바로 일으켜 세우고 일을 하게 만드는 것은 과연 무엇일까? 아주 오랫동안 그 일을 맡아온 것은 두려움이었다. 기후 시계의 초침 소리가 울리는 지금도 우리는 여전히 어찌할 바를 몰라 발을 동동거리고 있다. 우리에게 필요한 것은 두려움이 아니다.

이 어두운 시대에 무슨 희망이 있느냐는 질문을 종종 받는다. 그런데 희망이라는 말이 무슨 뜻인지 모르겠다. 낙관적인 생각을 불어넣는 원천? 이루고 싶은 꿈? 파멸로 치닫던 생각을 접고 활력을 되찾게 해주는 증거? 나는 희망이 무언지는 모르지만 사랑이 뭔지는 안다. 우리가 지구를 충분히 사랑하지 않았기 때문에 지금 이 위기를 맞게 된 거라고 나는 생각한다. 사랑이 우리를 안전으로 이끌어줄 거라고 생각한다. 나는 사람들이 앞으로 닥칠 끔찍한 위기가 두려워서 마지못해 행동하는 게 아니라 조화롭고 건강성을 회복한 세계라는 아름다운 미래를 이루고픈 사랑에 이끌려 행동하는 날이 오기를 손꼽아 기다린다. 토착 환경 철학의 위대한 선물 중 하나는 인간으로 살아가는 삶의 의미에 대해 더 넓은 시야를 갖게 해준다는 것이다. 오리올이 지구에게 감사를 표하는 노래를 부르듯이, 우리도 지구에게 감사하는 마음을 품을 때 우리는 지구를 보살피는 삶을 살 수 있고, 그 덕에 지구에게서 고맙다는 칭찬을 듣게 될 것이다.

나는 여러 곳을 여행하며 많은 사람의 이야기를 들었다. 그리고 사람들이 땅에 대한 사랑을 얼마나 다양한 방식으로 표현하는지, 호혜의 기쁨을 나누는 새로운 삶, 우리가 필요로 하는 모든 것을 내주는 지구에게 감사하며 보답하는 삶을 얼마나 열망하고 있는지 깨닫고 무척 가슴이 설렜다.

내가 자란 문화에서 전사는 두려움이나 강압 때문에 행동하는 사람이 아니라 사랑의 힘에 이끌려 행동하는 사람이다. 여기서 말하는 사랑은 감성적이고 핑크빛 하트 같은 사랑이 아니라 상대방의 행복을 위해 희생하는 사랑, 자기 자신보다 사랑하는 상대의 행복을 더 중요하게 여기는 사랑이다. 서로에게 물어보자. 무슨 일이 있어도 절대로 잃고 싶지 않을 만큼 깊이 사랑하는 게 무엇이냐고.

내가 땅을 사랑하는 방식은, 가르치고 글을 쓰고 연구하고 투표하고 아이들을 좋은 성품을 가진 사람으로 키우고 정원을 가꾸고 필요하다고 판단하면 문제를 제기하고 행동하는 것이다. 모두 사랑이 시켜서 하는 일이다. 나는 큰

일 작은 일 가리지 않고 할 것이다. 어느 게 큰일이고 작은 일인지 모르지만. 나는 시스템 변화를 위해 일하겠다. 나는 문화적 변화를 위해 글을 쓰겠다. 나는 산딸기가 잔뜩 열리는 내 작은 땅을 사랑과 과학으로 돌보겠다. 그렇게 내 손주들과 오리올의 손주들을 위해 그릇 하나를 가득 채우겠다.

자, 귀 기울여 들어보라. 사랑은 어떻게 당신을 부르는가?

의미 있는 기후행동을 하려면
많은 것을 바꾸어야 한다.
그러나 근본적으로 따져보면
우리가 바꿔야 할 가장 중요한 것은
우리 자신이다.

희망은 우리가
만들어야 하는 것이다

그레타 툰베리

지금 우리에게는 희망이 절실히 필요하다. 그러나 희망은 문제를 외면하고 모든 일이 다 잘 풀릴 것처럼 행동하는 게 아니다. 희망은 모래 속에 머리를 파묻고 외면하는 것도 아니고, 현실에 없는 기술적 해법에 대한 소설 같은 이야기에 기대를 거는 것도 아니다. 희망은 허점 속에 있지도 않고 꾀바른 회계술에 있지도 않다.

희망이란 우리 손에 쥐어져 있는 것이 아니라 열심히 노력해서 얻어내고 만들어내야 하는 것이다. 희망은 멀찌감치 물러선 채로 다른 사람이 무언가를 해주기를 기다리는 수동적인 태도로는 절대로 얻을 수 없다. 희망은 행동하는 것이다. 안전지대 밖으로 발을 내딛는 것이다. 별난 학생 몇 명이 수백만 명의 마음을 움직여 자신의 삶을 변화시키려는 노력을 이끌어낼 수 있었는데, 우리 모두가 진심을 다해 노력하면 어떤 일을 이루어낼 수 있을지 상상해보라.

지구 온난화를 1.5도 또는 최대한 2도 이하로 억제하기 위해 필요한 변혁을 이루는 것은 지금의 정치 상황에서는 불가능한 일일지도 모른다. 그러나 우리는 내일의 정치 상황을 결정할 수 있는 힘을 가지고 있다. 기술 덕분에 우리는 거의 모든 사람이 서로 연결되는 세상에 살고 있다. 일부 국가의 정치체제는 이런 연결을 허용하지 않는다. 그렇다고 해도 지구 어디에선가 큰 사건이 발생하면 그 소식은 순식간에 거의 모든 사람에게 퍼져 나갈 것이다. 바로 여기서 완전히 새로운 영역의 가능성이 열린다. 우리가 변화에 대응하자는 집단적인 결정을 내릴 때 어떤 성과를 이루어낼 수 있는지는 아무도 모른다. 나는 충분히 많은 사람이 행동에 나서기로 결정하는 순간 모든 일이 우리에게 유리한 방향으로 풀리기 시작하는 사회적 티핑 포인트가 존재한다고 확신한다. 그 티핑 포인트를 넘어서게 되면 그때부터는 무궁무진한 가능성이 열릴 것이다.

생물권이 붕괴하고 기후가 불안정해지고 우리 모두의 미래 삶의 조건이 파탄나는 것은 운명적으로 정해진 일도 피할 수 없는 일도 아니다. 인간의 본성 역시 운명적으로 정해진 것도 바꿀 수 없는 것도 아니다. 문제는 우리가 아니다. 이런 일이 벌어지는 것은 사람들이 우리가 처한 상황이나 앞으로 일어날 일의 결과를 제대로 모르기 때문이다. 우리는 거짓 정보에 속아넘어갔다. 우리는 민주시민으로서의 권리를 박탈당하고 정확한 정보를 제공받지 못했다. 이것은 우리가 안고 있는 심각한 문제 중 하나이지만, 희망의 원천이기도 하다. 이것은 인간이 천성적으로 악한 존재가 아니라는 것을 뜻하며, 일단 위기의 본질을 정확히 이해하게 되면 틀림없이 행동에 나설 것이라는 의미이기 때문이다. 적절한 상황이 제공되면 우리는 무슨 일이든 해낼 수 있다. 우리가 가진 가장 놀라운 능력은 마음을 바꾸고 발명하고 용서하는 능력이다. 근시안적인 경제적 이익에 도움이 되도록 꿰맞춘 이야기가 아니라 가감 없는 정확한 정보가 제공된다면, 우리가 해야 할 일이 무언지 분명히 알게 될 것이다. 다행히 아직은 실수를 되돌릴 시간이, 벼랑 끝에서 물러나 새로운 길, 지속가능한 길, 정의로운 길을 선택할 시간이 남아 있다. 우리는 생태계가 파괴되고 대량멸종이 일어나도 돈만 있으면 적응할 방법을 찾을 수 있다고 생각하는 사람들만을 위한 미래가 아니라, 모두를 위한 미래로 이어지는 길을 선택할 수 있다. 아무리 암울한 상황이 닥쳐도 포기해서는 안 된다. 지구 온난화를 0.01도라도 억제하고 이산화탄소를 단 1톤이라도 줄이는 것은 어떤 상황에서도 해야 하는 중요한 일이다. 이미 늦었다고 포기해서는 안 된다. 우리가 최선을 다할수록 더 많은 생명을 구해낼 수 있으니 말이다.

지금 기후운동에서 가장 강력한 목소리를 내는 사람들 중 일부는 몇 년 전에는 이 위기에 대해 거의 몰랐던 사람들이다. 그런 사람들이 지금은 인류의 운명을 바꾸는 핵심적인 역할을 하고 있다. 나는 앞으로도 이런 현상이 계속 퍼져 나갈 것이라고 믿는다. 이제 당신이 한몫을 할 차례다. 자, 이제 책을 마무리해야 할 때다. 보통은 내 생각을 요약하고 마지막 문장으로 어울리는, 마음이 확 끌리는 인상적인 말을 써야 하는 부분이다. 하지만 그렇게 하지 않을 생각이다. 대신 그 일을 당신에게 맡기려고 한다. 우리에게 필요한 변화를 촉발하는 가장 좋은 방법은 아직도 어딘가에 묻혀 있다. 최고의 아이디어와 전술과 방법이 누군가의 머릿속에 있다고 나는 믿는다. 일부 전술과 방법은 시도 중인 것도 있고, 대중의 인식 수준이 충분히 높지 않았던 때에 시도되었다가 실패한 것도 있다. 이런 것들은 다시 시도해볼 필요가 있다.

상황이 점점 더 빠르게 변하고 있다. 이 모든 변화를 이루어낸 것은 기후 환경운동에 앞장서온 사람들의 공이다. 과학자, 활동가, 언론인, 작가들의 공이다. 이들이 없으면 성공 가능성도 없다. 이번에는 모든 사람의 참여가 필요하다. 특히 가장 큰 영향을 받고 있는 지역에서 가장 큰 피해를 입고 있는 사람들의 참여가 반드시 필요하다. 이것은 도덕과 관련된 문제이고, 당신은 도덕적으로 우월한 입장에 있다. 그걸 활용하라.

모든 사람이 필요하다. 누구든 대환영이다. 사는 곳이나 국적이나 나이나 배경은 상관없다. 이제는 당신이 알아서 길을 찾아야 한다. 스스로 점들을 연결해나가야 한다. 그렇게 점들을 이어 선을 긋다보면 해답이, 다른 모든 사람들과 반드시 공유해야 할 해결책이 보일 것이다. 그리고 당신이 그걸 공유해야 할 순간이 되었을 때 당신에게 해주고 싶은 조언이 딱 한 가지 있다. 간단하다. 그냥 사실을 있는 그대로 말하라.

다음은?

가령 당신이 폴란드 바르샤바에 사는데 인근 식품점에서 가장 지속가능한 토마토를 사고 싶다면 어떤 것을 골라야 할까? 스페인산 유기농 토마토와 폴란드에서 재배된 비유기농 토마토 중 어느 것이 더 좋을까? 둘 중 어느 것도 지속가능하지 않다는 대답이 나올 수도 있다. 그러나 아마도 이게 더 나은 대답일 듯싶다. '그게 뭐가 중요해?'

물론 유기농법을 지원하고 개발하는 것은 중요하다. 우리가 이 위기를 해결하는 데 100년의 시간을 써도 된다면, 이런 선택이 정말 중요할 것이다. 그러나 개인 소비와 관련된 작고 개별적인 문제에만 초점을 맞추다보면 국제적으로 약속한 기후 목표의 달성은 불가능한 일이 될 것이다. 우리는 전구를 바꿔라, 투표해라, 음식물을 버리지 말라는 말을 계속 되풀이할 필요가 없다. 중요하지 않다는 말이 아니다. 기후위기에 관한 책을 읽거나 다큐멘터리를 보거나 세미나에 참석하는 사람이라면 이미 민주적 절차가 중요하다거나 북반구 사람들이 자원 소비를 줄여야 한다는 것쯤은 잘 알고 있을 테니 말이다.

오히려 이런 이야기는 약이 되기보다는 독이 되기 쉽다. 현재의 시스템 내에서 문제를 해결할 수 있다는 메시지를 보내기 때문이다. 우리는 현재의 시스템 내에서는 문제를 해결할 수 없다. 투표는 모든 민주시민의 필수적인 의무다. 그러나 꼭 필요한 정치인이 후보 명단에 없다면 누구에게 표를 주어야 할까? 그나마 가장 나은 후보에게 표를 주는 차선책으로도 가장 중요한 문제를 해결할 해법을 찾는 데는 전혀 도움이 되지 않는다면 민주시민으로서 우리는 무엇을 해야 할까?

2021년 컨테이너선 에버기븐호가 수에즈 운하에서 좌초했다. 이 사건은 소셜미디어 밈 제작자들에게 풍성한 소재가 되었다. 짙은 녹색의 거대한 선박이 사막 사이의 수로에 끼여 있는데, 선체에는 흰색 페인트로 커다랗게 '에버그린EVERGREEN'이라고 쓰여 있고, 굴삭기 한 대가 거대한 해안선을 깎아내고 있었다. 이 사진은 현대 세계를 압축적으로 표현한 완벽한 이미지였다. 세금을 피할 목적으로 파나마에 등록되어 있고 대만의 해운회사가 운영하던 400미터 길이의 선박 한 척이 단 한 번에 세계 공급망과 세계 무역의 상당 부분을 일주일 동안 마비시켰다. 이 선박은 중국과 말레이시아에서 전자제품, 가정용품, 신발, 패스트패션, 산악자전거, 아웃도어 가구, 바비큐 장비 등 별의별 물건이 다 든 컨테이너 1만 8000여 개를 싣고 네덜란드로 가는 길이었다. 날마다 에버기븐호 같은 선박 5000여 척이 전 세계 해양을 누비는데, 이 선박들은 주로 벙커유를 사용한다. 정유산업 부산물로 만들어진 이 연료는 엄청난 양의 오염물질을 대기로 배출하고, 값도 엄청나게 싸다. 너무 싸다보니 해운회사들은 거의 이 연료를 사용한다. 그러나 국제 운송에서 발생하는 배출량은 국가별 배출량 통계에서 제외되기 때문에 걱정할 필요가 없다. 제외된 이유는? 경제성장이라는 더 큰 이익을 위해서다. 앞서 살펴보았듯이, 국제 운송 배출량은 현실 세계에만 존재한다. 기후 통계의 세계에서는 종종 현실이 배제된다.

잠깐 소비의 순환을 떠올려보라. 어떤 플라스틱 장난감이 중국에서 제조되고 있다. 미국 장난감 회사가 더 값싼 노동력, 더 적은 규제와 더 느슨한 환경 법규의 혜택을 노리고 중국 회사에 위탁한 제품이다. 이 플라스틱 장난감은 완성 후 포장을 거쳐 에버기븐호 같은 선박에 실려 유럽으로 운송된다. 유럽의 항구에 도착하면 대형 화물차에 실려 유럽 곳곳으로 운송된 후 어느 상점 선반에 진열된다. 한 소비자가 그 장난감을 사서 비닐봉지에 넣은 뒤 휘발유 연료를 쓰는 차에 올라타 집으로 돌아간다. 그는 장난감의 포장을 벗겨낸 뒤 아마도 재활용 수거함에 넣을 것이다. 몇 년 뒤 장난감이 망가지거나 관심이 없어지면 소비자는 장난감을 재활용 수거함에 넣고 새 장난감을 들일 공간을 마련한다. 재활용 수거함에 들어간 포장재는 다양한 방향으로 이동한다. 이 재활용 쓰레기 중 새로운 플라스틱 장난감이나 음료수 용기, 포장재 재료로 다시 사용되는 부분의 비율은 아주 낮다. 스웨덴처럼 선진적인 재활용 국가에서도 실제로 재활용되는 부분의 플라스틱의 비율은 약 10퍼센트에 불과하다. 나머지는 대개 에너지를 얻기 위해 소각 처리된다. 우리가 버린 재활용 쓰레기는 또 다른 운명을 맞기도 한다. 로테르담 항구로 보내져 에버기븐호 같은 선박에 실려 동남아시아나 아프리카에 있는 수많은 매립지 중 한 곳에 도착한다. 우리가 버린 재활용 쓰레기 중 상당한 양이 이곳에 버려져 이곳 사회와 토양과 해안과 물을 오염시키거나, 매립지 근처에서 환경 영향을 전혀 고려하지 않은 방식으로 소각되어 더 많은 오염을 일으킨다.

이 거대한 컨테이너 선박들이 우리가 버린 재활용 플라스틱 폐기물을 전부 다 실어나른다는 것은 논란의 여지가 있고 충격적인 이야기다. 그러나 거대한 선박들이 화물을 내려놓은 뒤 텅 빈 채로 지구를 반 바퀴쯤 돌아 항구로 와서 우리가 쓸 물건들을 다시 실어간다는 사실은 그보다 더 충격적일 것이다. 이렇게 소비의 순환은 돌고 돌고 또 돌아간다.

- **매년** 약 800만 톤의 플라스틱 쓰레기가 바다에 버려진다.
- **매일** 우리는 약 1억 배럴의 석유를 소비한다.
- **1분마다** 우리는 석탄, 석유, 가스의 생산 및 연소에 보조금 1100만 달러를 준다.
- **1초마다** 축구장 하나 크기의 숲이 벌목되어 사라진다.

이건 개별적인 행동을 아무리 많이 해도 감당할 수 없는 규모다. 세상 자체가 지속 불가능한 구조로 돌아간다면 우리는 아무리 노력해도 지속가능한 삶을 살 수 없다. 사실 많은 사람이 개인적으로 세금을 내는 행위만으로도 지구위험한계선을 넘어선다. 우리의 집단 자산 중 상당 부분이 화석연료 보조금으로 들어가기 때문이다.

물론 지구 평균 기온 상승이 1.5도 또는 2도를 넘어선다고 세상이 끝나지는 않는다. 그러나 불안정한 기후변화의 초기 결과에 적응할 수 있을 만큼 특권을 가진 사람들이라면 몰라도 대다수 사람들에게 이것은 많은 것의 끝을 의미한다. 식량 안보와 안전, 안정, 교육, 생계수단이 사라질 것이고, 결국에는 목숨을 잃는 사람의 수가 점점 늘어날 것이다. 이미 1.2도가 상승한 세계에서 많은 사람들이 생명을 잃고 생계수단을 잃고 있다는 사실을 잊어서는 안 된다. 북반구 선진국의 일부 사람들은 이런 상황을 충분히 감당할 수 있겠지만, 도덕적인 관점에서 보면 결코 용인할 수 없는 상황이다. 이미 기후 비상사태의 최전선에 있는 수십억 명의 사람들은 애초에 기후위기를 초래할 만한 일을 전혀 하지 않았으니 말이다.

게다가 여러 가지 티핑 포인트도 문제다. 그중에는 이미 넘어선 것도 있고, 막 넘어서기 직전인 것도 있다. 1.5도를 티핑 포인트로 보는 데는 이유가 있다. 우리를 지탱하는 생명 부양 시스템에 돌이킬 수 없는 피해를 입힐 확률을 최소화할 수 있는 온도가 1.5도다.

우리의 행동방식을 바꾸지 않고 기후위기를 해결할 방법을 찾고 있다면 영원히 찾지 못할 것이다. 우리 지도자들이 미루는 바람에 그럴 수 있는 시기를 이미 놓쳐버렸다. 그렇다고 아무 해법이 없는 것은 아니다. 우리는 해법을 가지고 있다. 그것도 아주 많이 가지고 있다. 희망과 진보를 파괴의 동의어로 사용하는 시각에서 벗어나야 하듯이, 해법을 보는 시각을 바꾸기만 하면 된다. 더 이상 작동하지 않는 것을 교체하는 것만이 해법은 아니다. 하던 일을 중단하는 게 해법이 될 수도 있다.

당신이 누구이고 어디에 사느냐에 따라 선택할 수 있는 해법은 크게 달라질 수 있다. 만약 당신이 앙골라나 페루, 파키스탄에 살고 있다면 이미 기후위기의 충격에 시달리고 있을지 모른다. 그렇다면 당신이 할 수 있는 최선의 방법은 비행기를 타고 유럽이나 북아메리카에서 열리는 기후회의에 가서 당신의 입장을 알리고 상황을 변화시키려고 노력하는 것이다(그럴 기회를 잡는 게 우선이겠지만). 반면 당신이 미국이나 벨기에, 영국에 살고 있다면 비행기를 탈 수 있는 특권을 포기하는 것이 위기의 심각성을 알리는 가장 효과적인 방법 중하나일 것이다.

그러나 우리는 어떤 사람이 무얼 한다고 해서 또는 무얼 하지 않는다고 해서 그 사람을 비난해서는 안 된다. 인생은 그 자체로도 충분히 복잡하니까. 정부와 언론, 다국적 기업, 그리고 억만장자가 잘못한 일을 개인적인 행동으로 벌충하겠다는 생각은 금물이다. 그건 터무니없는 생각이다. 개인으로서 우리는 많은 일을 할 수 있다. 그러나 한 사람의 개별적인 행동으로는 이 위기를 해결할 수 없다.

변화를 이끌어내기 위해 우리에게 필요한 것은 다양한 영역에서 행동하는 것이다. 우리는 구조적 시스템의 변화와 개인적인 변화 모두를 이뤄내야 한다.

또한 규범과 담론에 관한 문화적 전환을 이뤄내야 한다. 우리는 이 모든 변화를 충분히 이뤄낼 수 있다. 변화에 뛰어들 준비가 되어 있다면 우리는 최악의 결과를 피할 수 있다. 아직 시간이 있다. 아직은 상황을 바로잡을 기회가 있다.

지속 불가능한 사회를 근본적으로 바꾸는 것이 고통스러운 일만은 아니다. 지속 불가능한 습관을 지속가능한 습관으로 바꿔가는 과정에서 우리는 더 충만한 삶의 목적과 의미를 발견할지도 모른다. 위기를 위기처럼 다루지 않고도, 사회를 근본적으로 바꾸지 않고도 이 위기를 넘길 수 있다는 듯 행동하는 것을 멈출 때, 진정한 행동이 시작된다. 그리고 새로운 희망이 태어난다. 더 나은 희망, 진정한 희망이 태어난다.

우리는 거의 잃을 것이 없다. 친구와 문화, 스포츠, 엔터테인먼트, 가족, 자연, 음식, 음료, 예술, 여행, 모험, 사람 등 인생에서 가장 좋은 것들은 여전히 남아 있을 테니 말이다. 우리는 이 중 단 하나도 잃을 일이 없다. 물론 그중 일부에 대해서는 접근하는 방식을 바꿔야 할지도 모르지만 말이다.

기후위기는 현재의 시스템 안에서는 해결할 수 없다. 그렇다고 지금 당장할 수 있는 모든 행동에서 발을 빼야 하는 것은 아니다. 행동의 변화는 꼭 필요하며, 이런 변화 자체가 양의 되먹임 고리와 티핑 포인트를 생성해 전 지구적인 파멸을 향해 치닫는 현재의 경로를 벗어나도록 우리를 이끌 것이다.

이 책에 실린 모든 글이 다루는 것이지만, 특히 이번 섹션에서는 기후위기와 관련한 '해법'에 대해 이야기한다. 다시 한번 강조하지만, 우리는 탄소 배출량을 줄이고 생물다양성을 보호하며 하늘에서 유독한 대기 오염물질을 제거할 해법을 마련할 수 있고, 반드시 그래야 한다. 그러나 그것이 모든 사람들을 위한 기후위기 '해결책'이 될 수 없다는 점을 잊지 말아야 한다.

유엔 사무총장 안토니우 구테흐스는 최근 IPCC 제6차 평가 보고서를 '고통의 아틀라스'라고 불렀다. 기후위기는 세계 곳곳의 사람들, 특히 가난한 나라에 살고 있는 사람들에게 파국적인 영향을 미치고 있다. 설사 오늘 당장 온실가스 배출을 중단한다고 하더라도, 우리가 이제껏 배출해온 온실가스 때문에 이미 지구는 돌이킬 수 없는 피해를 입고 있으며 많은 사람들이 홍수와 가뭄, 산불, 폭풍으로 생계수단과 목숨을 잃고 있다. 현재 이용할 수 있는 가장 신뢰할 만한 과학은 앞으로도 온도 상승이 계속될 것이며 그로 인한 기후 충격이 훨씬 더 악화될 것이라고 분명히 밝히고 있다.

우리 지도자들이 필요한 행동을 취하지 않은 탓에, 우리는 기후위기를 피할 수 없게 되었다. 지도자들은 이제껏 우리를 실망시켰지만, 우리는 여기서 포기할 수 없다. 결코 포기해선 안 된다.

구테흐스가 말했듯이 "지금은 분노를 행동으로 바꿀 때다. 0.1도, 0.01도라도 소홀히 해서는 안 된다. 한 사람 한 사람의 목소리가 중요하다. 그리고 1분 1초가 중요하다".

나는 여러분에게 이런 일을 하라, 저런 일을 하라고 말하진 않을 것이다. 다만, 과학자와 전문가들이 이 책에서 제공한 정보를 바탕으로 우리가 할 수 있는 행동에 대해서 정리해보고자 한다.

기후위기는 현재의 시스템
안에서는 해결할 수 없다.
그렇다고 지금 당장
할 수 있는 모든 행동에서
발을 빼야 하는 것은 아니다.

무엇을 해야 하나

위기를 위기로 다루기 시작하라

기후위기와 생태위기를 위기로 다루지 않고도 충분히 해결할 수 있을 것처럼 행동하는 시간이 길어질수록, 우리의 소중한 시간은 점점 더 줄어들 것이다. /

비상사태임을 직시하라

지도자들이 지속가능성과 관련된 여러 문제들에 대처해야 할 임무를 방기해온 탓에, 이제는 우리가 하고 싶은 일만 해서는 이 위기를 해결할 수 없는 지경에 이르렀다. 이제 우리는 반드시 해야만 하는 일을 시작해야 한다. 온실가스 배출량을 줄이거나 저탄소 사회를 이루는 것만으로는 충분하지 않다. 물리적으로 가능한 선에서 온실가스 배출량을 0에 가깝게 줄여야 한다. 이 위기와 관련해서는 올바른 방향으로 작은 변화를 쌓아가서 성과를 낼 수 있는 중간 지대란 없다. 우리는 당장 우선순위를 바로잡아야 한다. /

실패를 인정하라

지금 당장 자연 파괴 행위를 멈춘다 해도, 이미 우리의 생명 부양 시스템은 돌이킬 수 없는 손상을 입었다. 이것은 우리의 실패다. 정치적 이데올로기의 실패다. 경제 시스템의 실패다. 그럼에도 우리는 파괴 행위를 줄이려는 시도는커녕, 오히려 파괴 행위를 가속화하면서 여전히 실패에서 벗어나지 못하고 있다. 실패를 인정하지 않는 한 우리는 실수로부터 교훈을 얻을 수 없고 실수를 바로잡을 수 없다. /

모든 배출량을 빠짐없이 포함시키라

우리가 당장 해야 하는 일 중 하나가 실제 배출량을 빠짐없이 기후 관련 통계에 포함시키는 것이다. 실제 배출량을 알 수 없다면, 어떻게 전반적인 상황을 파악해 필요한 변화를 조직할 수 있겠는가? 실제 배출량이 통계에서 제외되어온 사실만 보아도 우리 사회가 이제껏 기울여온 노력의 실상이 어떤지 알 수 있다. 기후 관련 통계를 낼 때에는 수입품 소비, 국제 항공과 해운, 군사, 수출, 연기금 투자, 생물 기원 배출량 등을 빠짐없이 넣어야 한다. 그럴 때만 순수한 사실이 드러난다. 임금님이 벌거벗고 있다는 사실이 드러난다. /

여러 위기의 연관관계를 파악하라

삼림 벌채, 오염, 과도한 자원 추출 등으로 인해 생태계의 탄소 흡수 능력이 빠르게 줄어들고 있다. 산업형 농업으로 토양과 강, 해안이 파괴되고, 생물권의 지속적인 파괴 행위로 잠재적인 대량멸종의 위험과 전체 기후 시스템의 불안정화가 나타나고 있다. 우리는 지속적으로 자연을 파괴함으로써 새로운 팬데믹이 발생하기에 적합한 조건을 만들고 있다. 그러나 고통을 겪고 있는 것은 환경만이 아니다. 사회적 불평등이 심화되고 최고 부유층과 극빈층 사이의 소득 격차가 터무니없을 만큼 크게 벌어져 있다. 이런 위기들은 서로 연결되어 있다. 우리는 어느 위기 하나만을 따로 떼어놓고 해결할 수 없다. /

정의와 역사적 배상을 선택하라

기후위기와 생태위기는 불평등과 사회적 불공정의 위기이기도 하다. 이 위기를 빚어낸 책임이 거의 없는 사람들이 가장 큰 충격에 시달리고 있다. 따라서 이 위기는 사회적 불공정, 인종 불공정, 세대 간 불공정 문제, 즉 약 80억 명

과 연관된 도덕적 문제다. 다 함께 진전할 수 있는 길을 찾으려면 가능한 한 많은 사람들이 참여해야 한다. 우리는 이것을 기필코 이루어내야 한다. 다른 출구가 없기 때문이다. 이것이 장기적으로 이루어질 수 있으려면, 탄소예산의 90퍼센트를 이미 써버린 나라들이 자신들의 행동이 빚어낸 결과를 직시하고 그 피해를 보상해야 한다. 피해 보상은 그들이 해야 하는 최소한의 의무다. 사람의 목숨은 가격을 매길 수 없는 것이니 말이다. 과거의 상처를 치유하는 일을 외면하는 한, 우리는 더 나은 미래를 향해 진전할 수 없다. /

우리 사회가 할 수 있는 일

스스로를 교육한다

우리 사회 전체를 바꾸어놓았을 정보가 수십 년 넘게 일반 대중에게 전달되지 못했다. 민주주의와 기본적 인권을 짓밟는 이런 상황을 하루빨리 바로잡지 않으면, 우리는 반드시 필요한 변화 중 어떤 것도 이뤄낼 수 없다. 사회 전체를 완전히 변화시켜야 할 이유를 모른다면, 그런 일에 나설 리가 없지 않은가? /

어느 한 사람도 배제하지 않는다

모든 종류의 불평등을 완화하고 차별을 없애기 위해, 우리는 현재 시스템을 노동자를 보호하고 가장 취약한 사람들을 보호하는 시스템으로 변모시켜야 한다. /

구속력 있는 약속을 한다

현재 이용할 수 있고 신뢰할 수 있는 과학이 제공하는 정보와 IPCC가 최소 67퍼센트의 확률

로 지구 온도 상승을 1.5도 이하로 유지하기 위해 추산한 탄소예산을 근거로 구속력 있는 연간 탄소예산을 지금 당장 수립해야 한다. 탄소예산을 수립할 때는 국제적 형평성의 측면과 수입품 소비, 국제 운송 및 항공, 생물 기원 배출량을 반드시 포함시키되, 아직까지 대규모 시행 사례가 없는(아마 앞으로도 없을) 미래의 탄소 포집 기술에 의존해서는 안 된다.

자연이 본래 모습을 회복하도록 놓아둔다
이것은 우리가 쓸 수 있는 가장 효과적인 도구 중 하나다. 우리가 할 일은 가만히 물러나서 자연이 스스로 치유하도록 놓아두는 것이다.

자연을 복원한다
우리는 자연이 스스로 치유할 수 없을 만큼 심하게 훼손된 곳에서는 자연의 자생적 치유를 돕고 인간의 활동이나 극한 기상 현상 때문에 파괴된 것을 복원해야 한다. 맹그로브림, 숲, 습지, 이탄지대, 해저, 강, 초원은 현재의 어떤 기술적 대안보다 훨씬 더 막대한 탄소 격리 잠재력을 가지고 있다.

나무를 심는다
토양과 지역 생물다양성에 적합한 방식으로 진행된다면, 조림은 훌륭한 해법이다. 이런 조림을 수익성이 생기면 곧바로 베어내는 산업형 단일 수종 조림과 혼동해서는 안 된다.

탄소 흡수원을 최대한 늘린다
우리는 탄소 배출량을 전례 없는 규모로 감축해야 한다. 그러나 아직은 이를 실현할 기술적 해법이 없으니 이제껏 해오던 일을 완전히 중단하거나 대폭 줄이는 수밖에 없다. 또 모든 수단을 총동원해서 탄소를 흡수하고 저장해야 한다. 가장 효과적인 방법 중 하나는 현재 남아 있는 숲을 더 이상 훼손하지 않고 그대로 두는 것이다. 우리는 살아 있는 나무를 죽은 나무보다 더 소중히 여겨야 하며, 숲을 파괴할 때 수익이 나는 현재 시스템 대신에 탄소를 저장할 때 수익이 나는 시스템을 개발해야 한다. 단, 이런 시스템은 공정하고 공평한 관점에서, 선주민의 권리와 지식을 최우선에 두고 개발되어야 한다.

'탄소 상쇄', '기후 보상'이란 표현을 쓰지 않는다
우리가 현재 또는 미래의 온실가스 배출을 가까운 미래에 완전히 상쇄할 수 있을 것이라는 생각은 심각한 오해를 부를 수 있다. 앞서 말한 조림과 재자연화, 자연 복원을 탄소 상쇄와 혼동하지 않도록 주의해야 한다. 탄소 상쇄라는 표현은 아직 내뿜지 않은 온실가스 배출을 보상할 수 있다는 잘못된 생각을 심어주기 때문이다. 우리에겐 이미 보상해야 하는 과거 수십 년간 누적된 온실가스 배출량이 있으며, 우리의 현재 능력과 배출량 수준을 고려하면 우리는 역사적 배출량이라는 거대한 빙산에서 기껏해야 얇디얇은 얼음 한 조각을 떼어낼 수 있을 뿐이다.

화석연료에 대한 투자를 회수한다
은행, 개인 투자자, 주식형 펀드, 연기금, 정부 등은 현재 위기의 책임을 인정하고 화석연료(탐사 및 채굴 등)에 대한 일체의 투자를 완전히 중단해야 한다.

화석연료 보조금을 폐지한다

우리의 생명 부양 시스템을 파괴하는 일에 우리는 해마다 무려 5조 9000억 달러를 지출하고 있다. 그야말로 정신 나간 짓이다. 이런 보조금 지급을 즉시 중지해야 하며, 또 충분히 중지할 수 있다.

지역 대중교통을 무료화한다

나는 종종 특정 개별 해법에 대한 지지를 표명하기를 삼간다. 전면적인 시스템의 변화에 초점을 맞춰야 하는데 자칫 관심을 흩트려놓을 위험이 있기 때문이다. 나는 우리가 현재 시스템을 유지한 채 문제를 해결할 수 있다는 신호를 보내는 것을 원치 않는다. 그러나 우리가 온실가스 배출량을 줄이는 데 조금이라도 관심이 있다면, 각 지역의 대중교통을 개선하고 손보고 확장하고 무료로 이용할 수 있게 하는 것은 가장 손쉽게 성과를 낼 수 있는 해법이다.

교통수단에 대한 새로운 관점을 세운다

지속가능한 자동차는 이 세상에 존재하지 않는다. 자동차 열매가 열리는 나무를 개발하거나 마술 지팡이를 만들어내지 않는 이상, 이런 자동차는 앞으로도 존재하지 않을 것이다. 현재 전 세계에는 약 14억 대의 자동차가 있다. 최근 연구에 따르면 2035년 무렵에는 20억 대에 이를 것으로 추정된다. 지구위험한계선을 넘지 않고도 이 많은 자동차를 새로 생산한 전기차로 교체할 수 있다는 생각은 매우 비현실적이다. 우리는 민간 도로 운송이라는 개념 전체를 새롭게 정립해야 한다. 모든 차량을 개조하는 것은 불가능하겠지만, 기존의 내연기관 자동차를 전기차로 개조하는 것도 가능한 해법 중

하나다. 또 다른 해법은 차량 동승 또는 차량 공유다. 그러나 무엇보다도 대중교통에 대한 접근성을 더욱 높여 대중교통이 이동수단의 주역이 되게 해야 한다. 열차, 트램, 버스, 여객선 등의 저탄소 대중교통을 복원, 개발, 확장하는 것이 중요하다. 많은 지역들이 이미 거대한 대중교통 기반시설 네트워크를 갖추고 있다. 열차 이용이 어려운 곳에서는 장거리 운행 전기버스가 대안이 될 수 있다. 야간열차 운행을 다시 도입하고, 항공 여행 보조금 지급을 중단하고 대신 열차 여행에 보조금을 지급해야 한다. 배출량이 적은 운송 수단은 항상 가장 저렴한 가격으로 제공되어야 한다.

생태계 파괴 행위를 범죄로 규정한다

자연을 파괴한 주체에게 법적 책임을 물을 수 있도록 대규모 환경 파괴 행위를 국제 범죄로 규정해야 한다.

재생에너지로 도약한다

남반구 개발도상국들에 화석연료 에너지 기반시설을 구축할 필요 없이 바로 재생에너지로 도약할 수 있는 기회가 주어진다면 모든 사람이 혜택을 볼 것이다. 여기에 필요한 비용은 탄소예산의 대부분을 탕진할 만큼 대량의 탄소를 대기로 내뿜어 부를 쌓고 기반시설을 구축한 사람들이 부담해야 한다. 그러나 이런 비용 부담은 부자 나라들이 자국의 배출량 감축에 실패한 것을 '보상'하는 면죄부가 될 수 없다. 사회를 변화시켜야 할 책임을 돈을 지불하는 것으로 모면할 수 있다는 생각은 큰 착각이다. 이런 생각은 케빈 앤더슨의 말을 빌리면, "가난한 사람들에게 돈을 주고 다이어트를 대신해달라

고 하는 것과 마찬가지다".

사회적 규범을 뛰어넘는다

우리는 '올바른 방향으로 작은 변화를 쌓아가기' 같은 표현의 이면에 숨은 생각을 뛰어넘을 수 있도록 사회적 공론을 진전시켜야 한다. 우리가 이루어야 할 변화는 현재의 시스템 안에서는 실현할 수 없으며, '대중을 서서히 이끌어가려는' 지속적인 시도는 성과보다 더 큰 폐해를 낳을 수 있다.

가짜 해법을 피한다

바이오 연료와 에너지를 얻기 위한 바이오매스 연소가 지속가능한 해법이 되려면 무엇보다 지속가능한 임업과 농업이 확보되어야 한다. 그런데 이런 농업과 임업이 대규모로 시행되는 곳은 지구상 어디에도 없다. 북반구 나라들과 지역들이 늘 해오던 대로 살아가기 위해 바이오 연료 및 바이오매스 연소와 관련한 제도적 허점을 계속 이용하면서 자연과 생물다양성을 희생시키는 것을 더 이상 허용해서는 안 된다.

풍력과 태양광 발전에 투자한다

이미 다양한 상황에서 기적이 일어나고 있다. 환경에 전혀 영향을 미치지 않는 완벽한 해법은 아직 나오지 않았지만, 지역 환경을 고려해 적절한 장소에 설치되는 풍력 및 태양광 발전 기반시설은 전 세계적인 에너지 전환의 핵심 동력이다.

기계적 중립주의를 피한다

기계적 중립주의는 어떤 사안과 관련된 두 가지 측면 모두를 똑같은 비중으로 다루는 태도를 말한다. 조지 몽비오가 제5부에서 설명한 것처럼, 이 현상은 지난 수십 년 동안 중립을 지키겠다면서 기후변화 부정론자와 기후 대응 지연론자들에게 불필요한 관심을 기울였던 언론의 태도에서 뚜렷이 드러난다. 이런 태도는 실존적 위기와 대량멸종의 시작을 부채질해왔다. 이제 언론은 기계적 중립주의를 표방하며 최선의 경우에도 경제적 이익과 생태적 이익을 대등하게 다루고 있다. 이런 식으로 말이다. '이 광산은 전 지역의 음용수와 대기를 오염시킬 것이다. 한편 이 광산은 새로운 일자리 250개를 창출할 것이다.' 살아남느냐 마느냐는 기계적 중립주의로 다룰 수 있는 문제가 아니다. 멸종은 논쟁의 소재가 될 수 없다.

아! 갑자기 떠오른 생각인데, 우리도 기계적 중립주의를 써보자! 그게 상황을 공정하게 바로잡을 수 있는 기회다. 언론은 지난 70년 동안 경제와 경제 발전에 대해 보도할 때 자연에 미치는 영향을 전혀 언급하지 않았으니 앞으로 70년 동안 생태적 이익에 도움이 될 수 있는 보도를 계속한다면 균형을 맞출 수 있다. 그것만이 언론이 자신의 중립성을 입증하는 길이다. 자, 도전!

탄소 고배출 부문의 광고를 금지한다

우리가 현재와 미래에 살아갈 기후를 파괴하는 행위를 합법적으로 광고할 수 있게 방관하는 것은 말이 안 된다. 기후 목표를 달성할 가능성을 조금이라도 열어놓으려면 이런 광고를 전면 금지해야 한다. 그러나 우리는 더 이상 상호 연관성을 무시하고 단편적인 해법을 실행하는 사치를 누릴 수 없다. 따라서 광고 금지는 모든 탄소 고배출 부문에 대해 시행되어야 한다. 그렇지 않고 화석연료에 대한 광고 금지만 시행하는 것은 지속 불가능한 바이오 연료와 에너지를 얻기 위한 바이오매스 연소 등의 행위에 간접적인 면죄부를 주는 결과를 낳는다. /

과학, 연구, 기술에 투자한다

기술에만 의지해서는 기후위기에서 벗어날 수 없다. 그러기에는 너무 늦었다. 그럼에도 불구하고 기후위기를 완화할 수 있는 기술은 반드시 필요하다. 현재의 상황에 대한 과학적 이해는 우리 생활에 중요한 영향을 미친다. 예를 들어 농장 없는 식품 생산, 즉 실험실에서 재배한 재료로 만든 식품의 생산은 곧 우리의 식생활에 급격한 변화를 일으킬 것이다. 농장 없는 식품 생산은 다년생 작물 농법 및 무경운 농법과 함께 판도를 바꾸어놓을 긍정적인 되먹임 고리를 촉발시켜 막대한 양의 탄소를 토양과 숲으로 되돌릴 잠재력을 품고 있다. /

안전수칙을 지킨다

2021년 전 세계에서 발생한 산불로 약 64억 5000만 톤의 이산화탄소가 배출되었다. 이는 전 세계 이산화탄소 배출량의 약 15퍼센트에 해당한다. 만약 전혀 다른 상황에서 어떤 심각한 위기에 예기치 않은 15퍼센트의 위기가 추가되었다면, 대부분의 사람들이 비상사태임을 인지하고 즉각 행동에 나섰을 것이다. 하지만 기후위기와 관련해서는 이런 일이 중요한 뉴스가 되지 않는다. 이처럼 위기를 무시하는 태도에서 벗어나서, 우리 사회의 다른 모든 부문에 적용되는 안전수칙을 기후위기와 생태위기에도 적용해야 한다. /

탄소를 배출하는 정부와 기업을 상대로 법정 소송을 제기한다

탄소를 배출하는 정부와 기업을 상대로 법정 소송을 걸어야 한다. 이들이 손실과 피해를 보상하고 행동하게 만들어야 한다. 또한 우리는 지금 이 상황을 바로잡기 위한 법이 없다는 사실을 널리 알려야 한다. 팬데믹 이전에 우리는 날마다 약 1억 배럴의 석유를 사용했고, 2023년에는 이 수치를 훌쩍 뛰어넘을 것으로 예측된다. 우리에게는 석유 추출을 금지하는 법이 없다. 임업회사가 대규모 삼림을 베어내고 에너지를 얻기 위해 목재를 태우는 것을 금지하는 법도 없다. 생물권 파괴를 막아 장기적으로 우리를 보호하는 법도 없다. 지금은 우리 모두가 의존해 살아가는 나무를 잘라내는 것이 완벽하게 합법이다. 모든 수단을 동원해 이들을 상대로 법정 소송을 걸어야 한다. 또한 법정 소송만으로는 충분하지 않다는 것을 모든 사람에게 알려야 한다. 특히 법정에서 이길 가능성이 희박한 사건에서는 이런 활동이 더더욱 중요하다. /

새로운 법을 만든다

오염물질을 배출한 사람들은 그로 인해 발생한 피해를 보상할 의무가 있음을 법으로 명시해야 한다. 석유 기업들과 화석연료를 생산하는 나라들이 이제껏 일으킨 돌이킬 수 없는 피해를 책임지고 보상해야 함을 분명히 밝힌 법을 만들어야 한다. /

우리 개인이 할 수 있는 일

스스로를 교육한다

상황의 심각성을 충분히 이해한 사람이라면 이제 무슨 일을 해야 할지 분명히 알았을 것이다. 기후위기 공부 모임을 만들어 자신이 알게 된 지식을 친구 및 동료와 공유하자. 책, 기사, 영화를 활용하고 널리 공유하자. /

적극적인 행동에 나선다

기후 비상사태와 생태 비상사태에 대처할 수 있는 가장 효과적인 방법이 바로 이것이다. 변화를 지지하고, 민주적 절차의 속도를 높이고, 사회적 규범을 바꾸고, 정의와 평등에 빛을 비추고, 발언 기회가 필요한 사람들에게 마이크를 넘기자. 행동하자. 행진, 불매운동, 파업, 비폭력 시민 불복종운동을 전개하자. 우리에겐 수십억 명이 필요하다. 우리에겐 당신이 필요하다. /

민주주의를 수호한다

민주주의 없이는 우리 미래를 위한 기후 조건을 지켜낼 방법이 없다. 민주주의는 우리가 가진 가장 중요한 도구다. 민주주의를 수호하자. 민주주의를 위해 싸우자. 민주주의를 발전시키고 확장하자. 사람들이 투표에 참여하도록 독려하자. 권위주의와 외국인 혐오 등 모든 반민주적 세력과 인권과 표현의 자유에 대한 탄압에 맞서자. 민주주의는 계속 진화해야 한다. 주민총회 등 민주주의를 이용할 새로운 방법을 찾아야 한다. 투표를 하자. 또한 민주적인 세계를 꾸리는 것은 여론이며, 여론은 선거 당일에 만들어지는 것이 아니라 매일 매시간 만들어지는 것임을 잊지 말자. /

적극적으로 정치적 활동을 한다

이 위기는 지금의 정당정치에 의지해서는 해결할 수 없다. 그러나 정당 내부 구성원 가운데 충분히 많은 사람들이 이 위기를 정확히 이해하게 되면 정당정치 역시 바뀔 수 있다. /

기후위기에 대해 이야기한다

한시도 잊지 말고 이야기하자. 끈질기게 문제를 제기하자. 평온한 일상에 파문을 일으키자. 기후위기 및 지속가능성 위기와 관련해서는 온화하게 이야기하기가 쉽지 않다. 그러나 항상 노력해야 한다. 공통의 관심사를 찾자. 증오심, 특히 개인에 대한 증오심을 이용하는 것은 절대 피해야 한다.

최전선에 있는 사람들의 목소리를 증폭시킨다

가장 큰 영향을 받고 있는 지역에서 가장 큰 피해를 입고 있는 사람들은 기후위기의 최전선에 있다. 그러나 신문 1면에는 이들의 이야기가 실리지 않는다. 이들의 목소리를 널리 퍼뜨려야 하며, 우리는 이를 도울 수 있다. 이들의 이야기를 다른 사람들에게 전하고 이들의 이름을 널리 알리자.

문화전쟁을 피한다

우리가 기후위기가 진짜 위기라는 것을 인정하고 구속력 있는 연간 탄소예산을 실행에 옮기고 실제 배출량을 통계에 빠짐없이 포함시키고 기후 비상사태와 생태적 비상사태가 닥쳤음을 직시하게 된다면, 우리는 틀림없이 상호 연관성에 주목하면서 구체적이고 개별적인 모든 해법들에 대해 논의하는 일을 시작할 것이다. 그러나 그날이 올 때까지는 문화전쟁, 즉 대화를 중단시키고 분열을 일으키며 필요한 변화를 지연시키는 것이 주된 목적인 소모적인 논쟁에 말려들지 않도록 주의해야 한다. 배출량을 대폭 감축할 수 있는 단일 해법은 존재하지 않는다. 따라서 상호 연관성에 주목하면서 전체 그림을 보는 시각을 가져야 한다.

식물성 위주 식단으로 전환한다

마이클 클라크가 제4부에서 언급했듯이, 설사 다른 모든 배출량을 0으로 줄인다 해도 현재 식품 시스템에서 발생하는 배출량이 계속 유지된다면 결국 지구 온도는 1.5도 넘게 상승할 것이다. 식물성 식단으로 전환하면 매년 최대 80억 톤의 이산화탄소를 줄일 수 있다. 세계적으로 육류 및 유제품 생산에 필요한 토지 면적은 북아메리카와 남아메리카를 합친 면적에 맞먹는다. 지금과 같은 식품 생산 방식을 계속 유지하면 대부분의 야생식물과 동물의 서식지가 파괴되고 수많은 종이 멸종할 것이다. 이들이 사라지면 우리도 사라질 것이다. 식물성 위주 식단으로 전환하면 식량 생산에 소요되는 토지 면적을 76퍼센트 줄일 수 있다. 우리는 건강을 위해서라도 식단 전환을 이루어야 한다. 그게 아니라도 식단 전환은 도덕적으로도 필요한 행동이다. 지금 우리는 연간 700억 마리 이상의 동물을 죽이고 있다. 여기에는 물고기 수가 포함되지 않는다. 우리가 죽이는 물고기의 숫자는 도저히 헤아릴 수 없을 정도로 많고 이들의 생명은 무게로만 측정될 뿐이다. 동물성 식품을 전혀 섭취하지 않는 비거니즘은 주로 북반구 나라들의 부유한 시민이 누릴 수 있는 특권이라는 사실을 잊지 말아야 한다. 세계 곳곳의 많은 지역, 특히 선주민 공동체와 남반구 개발도상국들은 지속가능한 방식으로 식물, 어류, 육류, 유제품 등을 소규모로 생산하고 있다.

의심을 품는다

지구적 책임을 위한 과학자 모임Scientists for Global Responsibility에 따르면 전 세계적으로 군대와 군사장비 제조업에서 배출되는 이산화탄소는 전 세계 총량의 약 6퍼센트로 추정된다. 그러나 군사 부문의 배출량은 종종 계산에 포함되지 않거나 '아주 심각하게 축소보고'되고 있다. 실제 배출량 가운데 많은 양이 협상을 통해 기후정책의 기본 준거에서 제외된 결과, 각국의 배출량 통계에는 이 부문의 배출량이 포함되지 않기 때문이다.

따라서 누군가로부터 '우리의 배출량이 무려 몇 퍼센트나 감소했다'는 말을 듣는다면, 그 배출량에 수입 제품의 소비, 생물 기원 배출, 수출, 메탄 누출, 군사 활동, 국제 항공 및 해운과 관련한 배출량이 포함되었는지 물어야 한다.

항공 여행을 피한다

항공 여행은 여러 가지 측면에서 특권이다. 탄소예산이 빠르게 줄어들고 있고, 지구 온도 상승을 1.5도 또는 2도 이하로 억제하기 위해 행동할 수 있는 시간이 많지 않기 때문에 항공 여행의 배출량 문제를 해결할 해법은 존재하지 않는다. 항공 여행은 꾸준히 늘어나고 있다. 현재 항공 여행은 우리가 기후에 미치는 영향의 약 4퍼센트를 차지하는데, 앞으로는 이 비중이 빠르게 증가할 것으로 예상된다. 최근 연구에 따르면 관광산업의 배출량이 전 세계 배출량의 약 8퍼센트를 차지한다. 제4부에서 질리언 애너블과 크리스천 브랜드가 지적했듯이, 세계 인구의 약 80퍼센트는 항공 여행 경험이 전혀 없으며, 소득 상위 1퍼센트가 항공 운송 배출량의 50퍼센트를 배출하고 있다. 따라서 북반구 사람들이 항공 여행의 특권을 포기하는 행동은 이처럼 불평등한 상황을 효과적으로 부각시킬 수 있다. 개인의 이런 행동은 그 자체로는 기후위기를 해결하기에 충분하지 않지만, 시민들에게 기후위기를 함께 겪고 있는 우리가 하나라는 메시지를 분명히 전달할 수 있다. /

덜 사고 덜 쓴다

이 책에 실린 글들에서 알 수 있듯이, 우리는 지구 자원을 지구가 감당할 수 있는 한계를 넘어서는 수준으로 소비하고 있다. 물론 모두가 이렇게 살고 있다는 이야기는 아니다. 아직도 많은 사람들이 삶을 향상시키기 위해 더 많은 자원을 이용할 수 있어야 한다. 아직도 세계 각지에는 전기, 깨끗한 물, 오염물질 배출 없는 조리시설 등 기본적인 필수 서비스가 더 많이 보급되어야 하는 곳이 많다. 북반구 선진국에서도 소득 계층에 따라 자원 사용량이 엄청나게 차이가 난다. 그렇다 하더라도 우리가 자원 사용량을 엄청나게 많이 줄여야 한다는 것은 피할 수 없는 사실이다. 우리는 과도한 자원 사용과 관련해서 세 가지 중요한 문제를 안고 있다. 우리 경제는 성장에 의존하고 있으며, 정치인들이 문제를 무시하고 있고, 소수의 고소득층이 우리가 함께 써야 할 자원을 엄청나게 빠른 속도로 탕진하고 있다. 우리는 새 물건 구입을 멈추고, 물건을 덜 쓰고, 물건을 수리하고 교환하고 빌릴 수 있다. 그러나 우리는 이 모든 일을 기후행동의 일환으로, 또는 도덕적 결심에 따라, 또는 우리 목소리를 더 널리 전파할 수 있는 방식으로 해야 한다는 점을 잊지 말아야 한다. 우리는 소비자가 아닌 시민으로서 이 모든 일을 해야 한다. 이 문제는 개인의 힘으로는 해결할 수 없다. 시스템을 바꾸지 않고는 문제를 해결할 수 없다. /

남들보다 더 많은 일을
할 수 있는 사람들에게

정치인

역사상 이 중요한 시기에 시민들의 표를 얻어 선출직 공무원이 된 것만으로도 당신은 상상하기 어려울 정도로 막중한 책임과 기회를 안고 있다. 책임과 기회를 현명하게 사용하라. 대담하고 용감하게 행동하라. 솔선수범하라. 내러티브를 바꾸어라. 기회가 있을 때마다 인기에 연연하지 말고 과감하게 행동하라. 민주주의는 당신 손안에 있다. 우리가 필요로 하는 해법을 현재의 정치 상황에서 사용할 수 있는지 반드시 확인해야 한다. 우리에겐 새로운 정책, 새로운 경제, 새로운 제도, 새로운 법률, 새로운 노동자 보호 정책이 필요하다. 그러나 무엇보다 중요한 일은 사람들을 일깨워 우리가 얼마나 긴급한 상황에 처해 있는지 우리의 현재 상황을 알리는 것이다. 실존적 위기가 다가오고 있으며 이 위기가 빚어내는 최악의 결과를 피하기 위해 쓸 수 있는 시간이 빠르게 줄어들고 있음을 알리는 것이다. 이를 알리는 방법은 수없이 많다. 그중 하나가 자리에서 벌떡 일어나서 '이런 식으로는 아무 성과도 내지 못하니, 나는 앞으로 이 일에 관여하지 않겠다'고 말하는 것이다.

언론매체와 TV 프로그램 제작자

당신이 미디어 제작자로서 새로운 프로그램이나 새로운 형식, 새로운 이야기를 구상 중이라면, 새롭고 낙관적인 기후 관련 콘텐츠를 만들

어 사람들을 교육하면서 동시에 희망을 심어주자는 막연한 생각을 품고 있을지도 모른다. 그 생각을 실행에 옮기기 전에 먼저 당신이 만들고자 하는 희망이 누구를 위한 것인지 자문해보라. 문제를 빚어내는 사람들을 위한 희망인가, 아니면 이 문제 때문에 이미 영향을 받고 있는 사람들을 위한 희망인가? 기후위기 관련 통계에서 기후위기를 '걱정하는' 또는 '대단히 걱정하는' 사람들로 표현되는 청년들은 이미 기후위기에 대해 잘 알고 있다. 이들은 기후위기에 관한 뉴스 자체보다도 그 뉴스가 무시되고 있다는 사실을 훨씬 더 참담하게 느낀다. 이들에게 필요한 것은 유명인사들이 출연해 아보카도가 환경을 파괴한다고 말하는 게임 프로그램이 아니다. 일주일에 한 끼 채식을 하면 탄소 발자국을 줄일 수 있다는 이야기 따위는 이들에게 손톱만큼의 희망도 심어줄 수 없다. 당신이 과거에도 지금도 마땅히 해야 할 일을 방기하고 있다는 사실 때문에 종종 이들은 절망감에 빠진다. 그러니 살아 있는 지구를 파괴하는 행위를 은밀히 지원하려는 동기에서 그 직업을 선택한 게 아니라면, 당신은 이제라도 해야 할 일을 시작해야 한다.

언론인

이 위기의 실상을 알리고 기사를 쓰고 위기를 만들어낸 사람의 책임을 추궁하는 것은 궁극적

으로 언론이 해야 할 일이다. 당신이 일하는 매체의 편집인이 이 문제를 진지하게 대하지 않는다면, 그들의 마음을 돌리는 것은 기자로서 당신이 마땅히 감당해야 할 책무다. 이건 결코 복잡하지 않은 이야기다. 당신의 자녀도 이해할 수 있는 이야기다. 기자로서 이 의무를 다하지 못한 것을 자신의 무지나 인식 부족 탓으로 돌려도 되던 때는 이미 지나갔다. 언론이 제 역할을 다하지 않는 한, 우리는 절대로 국제사회가 약속한 기후 목표를 달성할 수 없다.

유명인사와 인플루언서

당신이 유명인 또는 인플루언서이거나 소셜미디어에서 많은 친구 및 팔로워와 소통하고 있으며 기후 문제를 걱정하는 사람이라면, 반가워할 소식이 있다. 당신 앞에는 역사적으로 중요한 이 시기에 결정적인 변화를 일구어낼 특별한 기회가 열려 있다. 인간은 사회적 동물이며 다른 사람의 행동을 모방하고 솔선하는 리더를 뒤따른다. 당신도 앞장서는 리더다. 사람들은 당신을 닮고 싶어 한다. 당신은 아마 코로나19 백신 접종을 마치고 나서 소셜미디어에 그 사실을 알렸을 것이다. 어쩌면 백신 접종 캠페인에 동참했을 수도 있다. 나도 그랬다. 우리는 왜 그런 행동을 한 걸까? 백신 접종이 효과가 있다는 것을 알기 때문이다. 백신 접종은 대다수 사람들에게 긍정적인 영향을 미친다. 기후도 다르지 않다. 우리가 하는 말보다 우리가 하는 행동이 훨씬 더 중요하다. 당신이 지구 반대편에 있는 호화로운 리조트에서 값비싼 옷을 입은 자신의 모습을 소셜미디어에 올리면 그걸 본 많은 팔로워와 친구들은 당신을 따라 하고 싶어 할 것이다. 그것이 우리 종의 특징이다. 반대로

당신이 지구위험한계선을 넘지 않는 생활방식을 영위하고 적극적으로 기후행동에 나서겠다고 결심한다면 당신의 선택은 주위 사람들에게 큰 파장을 일으킬 것이다. 이 파장이 많은 사람들에게 적극적인 기후행동에 나서게 하여 사회적 티핑 포인트를 넘어설 수도 있다.

실제로는 내일이 없는 것처럼 살아가면서 입으로만 기후위기에 대해 이야기하는 것은 득보다 실이 많을 수 있다. 이런 태도는 과도한 소비 생활을 변함없이 누리면서도 기후 파괴 행위를 끝내는 일에 관심을 보일 수 있다는 잘못된 신호를 주위 사람들에게 보내기 때문이다. '올바른 방향으로 내딛는 작은 한 걸음'이 효과를 낼 수 있는 시기는 이미 지나갔다. 우리는 위기에 처해 있고, 위기 상황에 맞추어 행동방식을 바꾸어야 한다. 이 상황을 해결하는 것은 우리 모두의 책임이다. 그러나 모든 사람이 다 같은 무게의 책임을 지는 것은 아니다. 많은 사람에게 영향을 미칠 기회를 가진 사람일수록 더 큰 책임을 져야 한다. 탄소발자국이 큰 사람일수록 더 큰 도덕적 의무를 감당해야 한다. 소셜미디어에 글을 쓰는 것만으로는 책임을 다할 수 없다. 자선단체나 탄소 상쇄 프로그램에 돈을 내는 것만으로는 책임을 다할 수 없다. 이건 돈을 써서 빠져나갈 수 있는 위기가 아니다. 실제 행동으로 헤쳐나가야 하는 위기다.

가장 큰 영향을 받고 있는 지역에서 가장 큰 피해를 입고 있는 사람들

지금 이 세계에서 가장 큰 목소리를 내는 건 이 세계를 파괴하고 있는 사람들이다. 고소득 국가, 세계 지도자, 기업, 석유 회사, 자동차 회사, 그리고 한 마을이나 한 도시의 탄소발자국과

맞먹는 탄소발자국을 가진 유명인사나 억만장자들이다. 세계는 주로 이들의 목소리에 귀를 기울이고, 이들이 우리 문제를 해결해줄 것이라고 기대한다. 세계는 현대 문명의 맹공격으로부터 자연을 지켜온 선주민들의 목소리를 외면하고, 과학자의 목소리를 무시하고, 자연 파괴의 영향을 받고 있는 사람들의 호소에 귀를 닫고, 훗날 목청 큰 사람들이 만들어놓은 쓰레기를 치우는 부담을 떠안게 될 아이들의 목소리에 귀를 기울이지 않는다. 이 모든 게 반대로 되어야 한다.

우리는 살아남으려면 희망이 있어야 한다고 말한다. 그러나 우리는 문제를 일으킨 사람들에게 희망을 주는 데만 집중할 뿐, 그 문제 때문에 고통받고 있는 사람들에게는 관심을 갖지 않는다.

'우리는 해낼 수 있다.' 북반구의 목청 큰 사람들은 이렇게 말한다. 사실 이들은 상상하기 어려울 만큼 결함이 많고 무용하며 붕괴할 수밖에 없는 시스템을 유지하기 위해 막대한 노력을 투입하고 있을 뿐이다. 이들은 '2050년까지 반드시 기후 중립을 이루겠다'라는 말로 모든 사람을 다시 잠재우려 한다. 이들이 진심으로 우리에게 희망을 주고자 한다면 이미 충격에 시달리고 있는 수십억 명의 사람들을 위해, 그리고 자신의 아이들을 위해 당장 배출량 감축에 나설 것이다. 그러나 그건 이들이 진심으로 바라는 게 아니다. 이들은 시급히 시행해야 할 모든 변화를 지연시키고 현재의 시스템을 계속 유지하기 위해 '희망'이라는 강력한 도구를 이용하고 있을 뿐이다.

북반구가 세상을 구한다는 백인 선민의식에서 비롯한 행동으로는 결코 기후정의를 이룰 수 없다. 이런 태도는 애초에 우리를 이 위기로 몰아넣은 식민주의 관점에서 나온 것이다. 잘난 사람과 못난 사람이 나뉘어 있고, 따라서 잘난 사람들이 세계 질서를 결정할 권리가 있다는 사고방식 말이다. 기후정의를 실현하려면 북반구 사람들이 과거와 현재의 잘못을 인정하고 손실과 피해를 보상하는 등의 잘못을 바로잡는 과정을 시작해야 한다. 과거의 역사는 오늘날에도 버젓이 살아 있다. 세계 경제 불평등, 백신 불평등, 오염, 그리고 자연 자원을 무서운 속도로 탕진하는 일부 사람들의 행태, 빠른 속도로 줄어드는 탄소예산 속에도 살아 있다.

기후위기는 인류 역사상 가장 큰 도전이다. 한편으로는 과거의 실수를 바로잡을 수 있는 중요한 기회다. 우리를 이 위기로 몰아넣은 방법과 사고방식을 그대로 유지하는 한 절대로 위기를 해결할 수 없다. 진실은 이 위기로 가장 큰 충격을 겪고 있는 당신 편이다. 도덕성도 당신 편이다. 정의도 당신 편이다. 부디 목소리를 더 크게 내기를, 당신이 당연히 받아야 할 것을 내놓으라고 요구하기를 간곡히 부탁한다.

기후위기 시대,
희망의 티핑 포인트를 향하여

기후 관련 도서들이 쏟아지는 외중에, 그레타 툰베리는 왜 이렇게 두툼한 '기후 책'을 내려고 했을까?

　　기후운동의 최전선에서 활동하던 그레타 툰베리는 코로나19로 모든 외부 활동이 중단되자 팬데믹 상황 속에서 기후행동을 어떻게 이어나갈 수 있을지 고민했다고 한다. 그녀는 우리의 현 상황을 있는 그대로 보여주는 과학적 사실들을 기록으로 남기고, 우리에게 아직 미래를 바꿀 기회가 열려 있다는 사실을 세상에 알리고 싶었다.《기후 책》이 나온 배경이다.

　　그레타 툰베리는 자신의 명성(?)을 한껏 이용해 전 세계 100여 명의 필진을 모았고, 기후 문제에 관한 주제 하나씩을 맡아 써달라고 요청했다. 기후변화에 관해 중요한 연구를 하고 있거나 환경 분야에서 뛰어난 업적을 남긴 과학자, 저명한 저술을 출간한 학자와 작가, 열악한 조건에서 기후위기와 싸우고 있는 활동가들이었다. 그녀가 아니었다면 불가능한 조합이었다. 이 점에서《기후 책》은 팬데믹 시기의 그레타 툰베리와 필자들의 공동 기후행동이라고 할 만하다.

　　한마디로 이 책을 정의하면, 기후 비상사태 속에서 희망의 길을 발견하는 기후행동 안내서라고 할 수 있다. 그레타 툰베리는 이처럼 분명한 기후재난의 시대에 사람들이 기후행동에 적극적이지 않은 이유가 기후위기의 진실을 제대로 못 보고 있기 때문이라고 생각했다. 그녀는 사람들이 기후위기의 단편적인 지식이 아니라 전체상에 대해 아는 것이 중요하다고 생각했다. 이 책이 이산화탄소의 역사에서부터 시작해 기후정의까지 기후변화와 관련된 거의 모든 주제를 망라하고 있는 이유이기도 하다. 실제로 이 책만큼 기후변화의 핵심 주제들에 대해 명쾌하게 다룬 책도 드물다.

서로 분야도 다르고 생각도 다를 수 있는 100여 명의 사람들이 참여했다고 해서 이 책을 여러 글을 단순히 묶어놓은 옴니버스 형식의 책으로 오해하지 않길 바란다. 그레타 툰베리는 여러 필자들의 글을 주제별로 묶어서 소개하는 방식으로 전체적인 일관성을 유지했다(툰베리의 글만 따로 모아놓아도 만만치 않은 한 권 분량의 책이 될 것이다). 독자들은 이 글을 통해서 기후행동의 최전선에 서 있는 툰베리의 사유와 행동의 지향을 이해하는 기회도 얻게 될 것이다. 그녀는 더 이상 기성세대에게 문제를 해결해달라고 호소하는 열여섯 살의 앳된 중학생이 아니다.

　　이 책의 전반부가 주로 기후과학을 다루고 있다면 후반부는 기후위기와 관련된 사회경제적 문제들을 다룬다. 기후과학에 대한 다양한 글들은 그레타 툰베리가 기후위기를 적당히 타협하거나 조정할 수 있는 사안이 아닌, 인류의 운명이 달린 흑백의 문제라고 단언하는 과학적 근거들을 담고 있다. 책의 후반부는 기후난민과 기후 분쟁, 기후정의와 기후 부정론, 그린워싱, 탈성장, 기후배상 등을 다룬다. 지금 우리 기후운동이 고민하고 있는 중요한 주제들을 해당 분야의 대표 연구자와 활동가의 글을 통해서 확인할 수 있다. 각 주제가 지닌 무게감에 비해 페이지 분량은 아쉽지만, 우리 사회가 무엇을 고민하고 어떤 방향으로 가야 할지에 대한 논점은 분명하게 전달된다.

　　그레타 툰베리가 밝혔듯이 이 책은 그의 생각대로 사람들을 이끌기 위해 기획된 것이 아니다. 사람들 스스로 학습하고 해결책을 찾아가도록 돕기 위해 만들어졌다. 필자들은 기후위기의 전체상을 그려보고 싶은 독자들에게 필요한 사실을 전달한다. 그 전체를 모아내는 것은 온전히 독자 몫이다. 그럼에도 이 책에는 툰베리의 자기 생각과 주장이 비교적 선명하게 드러난다. 치열한 고민과 행동 속에서 확신을 얻은 그녀의 생각은 풀뿌리 기후운동 쪽으로 기울고 있다. 5년 전 그녀는 국회의사당 앞에서 피켓을 들고 호소했지만, 이제는 기후문제를 정치인이나 학자들이 해결해주는 것이 아니라는 점을 분명히 하고 있다. 그녀는 이렇게 말한다. "통합적인 해결책을 찾는 일을 누구에게 맡겨야 하나? 대학들 중에서도 특히 우수한 대학? 정부? 세계 지도자들? 기업인들? 유엔? 어느 것도 답이 아니다. 그 일은 우리 모두가 맡아야 한다."

페이스북이나 인스타그램에서 '좋아요'를 누르는 것만으로는 충분하지 않다. 사람들이 기후위기의 현실에 대해서 제대로 알고, 사실을 있는 그대로 말할 수 있어야 한다. 그레타 툰베리는 사람들의 인식 변화에서 희망을 발견한다. "지금 기후운동에서 가장 강력한 목소리를 내는 사람들 중 일부는 몇 년 전에는 이 위기에 대해 거의 몰랐던 사람들이다. 그런 사람들이 지금은 인류의 운명을 바꾸는 핵심적인 역할을 하고 있다." 이것은 툰베리 자신의 이야기이기도 하다. 그녀는 자신의 기후행동 속에서 희망과 가능성을 찾을 수 있었다.

이 책이 기후위기에 깊은 관심을 갖고 전체상을 그려보고 싶은 사람들에게 텍스트북으로 이용되길 바란다. 이 책 한 권만으로 여기에 실린 모든 주제들을 완벽하게 이해하게 된다고 장담할 수는 없지만, 그 주제들에 관해 가장 정확하며 잘 소개하고 있는 정수들을 모아놓은 것임은 틀림없다. 툰베리가 말하는 '사회를 바꿀 수 있는 25퍼센트의 사람들'이 기후행동을 위해 함께하는 그날을 기대하며, 오늘도 절망을 희망으로 바꾸기 위해 고민 중인 우리나라의 많은 환경 모임에도 이 책이 좋은 안내서가 되었으면 하는 바람이다.

툰베리는 이렇게 말한다. "희망은 우리가 만들어야 한다. 지금 우리에게는 희망이 절실히 필요하다. 충분히 많은 사람들이 행동에 나서기로 결정하는 순간 모든 일이 우리에게 유리한 방향으로 풀리기 시작하는 사회적 티핑 포인트가 존재한다고 확신한다."

기후행동의 출발선에 선 모두에게 꼭 필요한 말이다.

이 책을 번역한 이순희 님은 기후변화행동연구소의 전문위원이기도 하다. 좋은 번역을 해주신 데 대해 감사드린다. 나와 함께 기꺼이 감수를 맡아주신 기후변화행동연구소 클리마 편집위원님들(김남수, 김재삼, 박훈)의 노고에 깊이 감사드린다.

감수자를 대표해서
기후변화행동연구소 소장 최동진

일러스트 크레디트

1 'Global Average Temperature 1850–2020' adapted for 2017–21 from 'Changes over time of the global sea surface temperature as well as air temperature over land' by Robert Rohde, Berkeley Earth Surface Temperature project, http://berkeleyearth.org/global-temperature-report -for-2020. Reproduced with permission

2 (위) 'Atmospheric CO2 Concentration' from Global average long-term atmospheric concentration of CO2. Measured in parts per million (ppm) by Hannah Ritchie and Max Roser, Our World in Data. Data source: EPICA Dome C CO2 record, 2015, and NOAA, 2018. Creative Commons license

2 (아래) 'Annual Global CO2 Emissions (1750–2021)' by Bartosz Brzezinski and Thorfinn Stainforth, The Institute for European Environmental Policy, 2020, https://ieep.eu/news/more-than-half-of-all-co2-emissions-since-1751-emitted-in-the-last-30-years. Data sources: Carbon Budget Project, 2017, Global Carbon Budget, 2019, Peter Frumoff, 2014. Reproduced with permission of IEEP; and 'The 10 largest contributors to cumulative CO2 emissions, by billions of tonnes, broken down into subtotals from fossil fuels and cement' by Hansis et al., 2015. Carbon Brief using Highcharts, Global Carbon Project, CDIAC, Our World in Data, Carbon Monitor, Houghton and Nassikas

3 'The Countries with the largest cumulative emissions 1850–2021' from 'The 10 largest contributors to cumulative CO2 emissions, by billions of tonnes, broken down into subtotals from fossil fuels and cement', Carbon Brief analysis of figures from the Global Carbon Project, CDIAC, Our World in Data, Carbon Monitor, Houghton & Nassikas, 2017, and Hansis et al., 2015. Reproduced with permission of Carbon Brief

16-17 © Streluk/istock/Getty Images

22 'Global income and associated lifestyle emissions' from Extreme Carbon Inequality, Oxfam Media Briefing, 2015, https://www-cdn.oxfam.org/s3fs-public/file_attachments/mb-extreme-carbon-inequality-021215-en.pdf, Figure 1, updated with data from 'Confronting carbon Inequality', Oxfam, 2020, https://www.oxfam.org/en/research/confronting-carbon-inequality and 'Carbon inequality in 2030', Oxfam, 2021, 3–4, https://www.oxfam.org/en/research/carbon-inequality-2030. Reproduced with permission of Oxfam

38-39 © Johnny Gaskell

52 Composite graph of 'Atmospheric CO2 at Mauna Loa Observatory', Dec 2021, Scripps Institution of Oceanography; NOAA Global Monitoring Laboratory; #ShowYourStripes – Graphis & lead Scientist: Ed Hawkins, National Centre for Atmospheric Science, University of Reading; Data: UK Met Office. Design by sustention [PG]. Creative Commons License

58-59 Adapted from 'Socio-economic trends' and 'Earth System Trends' from 'The trajectory of the Anthropocene: The Great Acceleration' by Will Steffen, Wendy Broadgate, Lisa Deutsch, et al., *The Anthropocene Review*, 01/04/2015, Vol 2(1), 81–98, SAGE Publications, copyright © 2015, SAGE Publication. Reprinted with permission of SAGE Publications

61 © Johan Rockström. Reproduced with permission

63 (위) Adapted from 'Tipping elements in the Earth's climate system' by T. M. Lenton et al., PNAS, 12/02/2008, Vol 105(6), 1786–1793, https://www.pnas.org/content/105/6/1786

63 (아래) Adapted from 'Climate tipping points – too risky to bet against' by T. M. Lenton et al., *Nature*, 27/11/2019, Vol 575, 592–595, https://www.nature.com/articles/d41586-019-03595-0

64 © Johan Rockström, with data from Global Warming of 1.5 ℃, IPCC, 2018, SPM.2; Climate Change 2014, IPCC, 2014, SPM10; and TAR Climate Change 2001, IPCC, 2001, copyright © IPCC, https://www.ipcc.ch/. Reproduced with permission

72-73 © Steffen Olsen, Danish Meteorological Institute

83 Adapted from Climate Change 2021: The Physical Science Basis. Contribution of Working Group I to the Sixth Assessment Report of the Intergovernmental Panel on Climate Change, Summary for Policymakers, IPCC, 2021, Figure SPM.2, copyright © IPCC, https://www.ipcc.ch/

93 (위) 'Near-surface air temperature change in the Arctic and the globe as a whole since 1995 for all months' ERA-5 reanalysis, NOAA, https://psl.noaa.gov/cgi-bin/data/testdap/timeseries.pl

93 (아래) Aerial Superhighway, NASA 07/02/2012: https://svs.gsfc.nasa.gov/10902. copyright © NASA. Reproduced with permission

94 'Comparison of conditions with a cold Arctic and relatively straight jet stream and conditions with a relatively warm Arctic and wavy jet stream', NOAA, https://www.climate.gov/news-features/event-tracker/wobbly-polar-vortex-triggers-extreme-cold-air-outbreak

and cement', Carbon Brief analysis of figures from the Global Carbon Project, CDIAC, Our World in Data, Carbon Monitor, Houghton & Nassikas, 2017, and Hansis et al., 2015. Reproduced with permission of Carbon Brief

230-231 © Ami Vitale

236 © Solomon M. Hsiang

237 Data from 'GDP per capita in 2019', World Bank, 2021; 'Valuing the Global Mortality Consequences of Climate Change Accounting for Adaptation Costs and Benefit' Working paper 27599, NBER July 2020, revised August 2021, https://www.nber.org/system/files/working_papers/w27599/w27599.pdf; and 'Global non-linear effect of temperature on economic production' by Marshall Burke, Solomon M. Hsiang & Edward Miguel, *Nature*, 2015, Vol 527, 235–239, https://www.nature.com/articles/nature15725

242 Data from Uppsala Conflict Data Program. Retrieved January 2022, UCDP Conflict Encyclopedia: https://www.pcr.uu.se/research/ucdp/, Uppsala University

244 'Quantifying the Influence of Climate on Human Conflict' by Solomon M. Hsiang, Marshall Burke & Edward Miguel, *Science*, 2013, 341, Figure 2

250-251 © Richard Carson/REUTERS

254-255 © Daniel Beltrá

259 Graph by Robbie M. Andrew based on mitigation curves from Raupach et. al. 2014, using data from Global Carbon Project, Creative Commons Attribution 4.0 International. Emissions budget from IPCC AR 6. curves

265 Graph by Kevin Anderson based on data from IPCC AR6, headline carbon budget for a 67% chance of staying below 1.5°C, 2020, updated to the start of 2022 based on data from Global Carbon Project, by Robbie M. Andrew and Glen Peters, et al. https://www.globalcarbonproject.org

271 'Utsläpp frän Sveriges ekonomi' by Maria Westholm, https://www.dn.se/sverige/sverige-ska-ga-fore-anda-ar-klimatmalen-langt-ifran-tillrackliga/, copyright © *Dagens Nyheter*. Translated and reproduced with permission

274-275 © Pierpaolo Mittica/INSTITUTE

287 Data from 'High Strain-rate Dynamic Compressive Behavior and Energy Absorption of Distiller's Dried Grains and Soluble Composites with Paulownia and Pine Wood Using a Split Hopkinson Pressure Bar Technique' by Stoddard et al., Bioresources, Dec 2020, 15(4), 9444–9461; and 'Global Carbon Budget 2021' by Friedlingstein et al., 2021 Creative Commons Attribution 4.0 License

312-313 © Wang Jiang/VCG via Getty Images

316 Data from 'Harmonization of global land use change and management for the period 1600–2015 (LUH2) for CMIP6' by G.C. Hurtt et al., Geoscientific Model Development, 2020, Vol 13(11), 5425–5464, copyright © Authors 2020. Creative Commons Attribution 4.0 License

320 'Multiple health and environmental impacts of foods' by Michael A. Clark et al., PNAS, 12/11/2019, Vol 116(46) 23357–23362, copyright © 2019 the Authors. Creative Commons Attribution License 4.0

321 'Comparative analysis of environmental impacts of agricultural production systems, agricultural input efficiency, and food choice' by Michael A. Clark & David Tilman, Environmental Research Letters, 2017, Vol 12(6), Creative Commons Attribution 3.0 license

322 'Global food system emissions could preclude achieving the 1.5° and 2°C climate change targets' by Michael A. Clark et al., Science, 06/11/2020, Vol 370(6517), 705–709, American Association for the Advancement of Science. Reproduced with permission

330 'Long-term model-based projections of energy use and CO2 emissions from the global steel and cement industries' by Van Ruijven et al., Resources, Conservation and Recycling, September 2016, Vol 112, 15–36, Figure 9, copyright © 2016 The Authors. Published by Elsevier B.V. Reproduced under Creative Commons CC-BY license

331 Data from The Global Carbon Project's fossil CO2 emissions dataset by Robbie M. Andrew and Glen P. Peters, Zenodo, 2021. Creative Commons Attribution 4.0 International license

332 Data from Net Zero by 2050, Data product, IEA, chapter 3, https://www.iea.org/data-and-statistics/data-product/net-zero-by-2050-scenario, Figure 3.15. Reproduced with permission of IEA

338 Graph by Ketan Joshi with data from 'Historical' and 'Planned 2020 report', Appendices 6.1 and 6.2, https://www.globalccsinstitute.com/wp-content/uploads/2021/03/Global-Status-of-CCS-Report-English.pdf; and 'planned 2021 report' from https://www.globalccsinstitute.com/wp-content/uploads/2021/11/Global-Status-of-CCS-2021-Global-CCS-Institute-1121.pdf; The Global Status of CCS, 2020; and 2021, copyright © Global CCS Institute, Australia. Reproduced with permission; and dataset from 'sum of all point-source capture excluding carbon removal technologies' free data set within Net Zero by 2050, IEA, May 2021, https://www.iea.org/data-and-statistics/data-product/net-zero-by-2050-scenario, Figure 2.21, copyright © IEA 2021. Repro-duced with permission

341 Adapted from Climate Change 2014: Mitigation of Climate Change. Contribution of Working Group III to the Fifth Assessment Report of the Intergovernmental Panel on Climate Change, IPCC, 2014, figure 8.3, copyright © IPCC, https://www.ipcc.ch/, using data from 'CO2 Emissions from Fuel Combustion', Beyond 2020 Online Database. 2012 Edition, www.iea.org, and adapted from Emission Database for Global Atmospheric Research (EDGAR), release version 4.2 FT2010. Joint Research Centre of the European Commission (JRC)/PBL Netherlands Environ-mental Assessment Agency

342 Adapted from Climate Change 2014: Mitigation of Climate Change. Contribution of Working Group III to the Fifth Assessment Report of the Intergovernmental Panel on Climate Change, IPCC, 2014, figure 8.4, copy-right © IPCC, https://www.ipcc.ch/, with data from 'A Policy Strategy for Carbon Capture and Storage', IEA/OECD, https://www.iea.org/reports/a-policy-strategy-for-carbon-capture-and-storage. Reproduced with permission of IEA

343 Data from 'Greenhouse gas reporting: conversion factors 2021' https://www.gov.uk/government/publications/greenhouse-gas-reporting-conversion-factors-2021, 2/06/2021, updated 24/01/2022, © Crown copyright, Open Government Licence v3.0

354-355 © Zhang Jingang/ VCG via Getty Images

374 Data from 'More Growth, Less Garbage' by Silpa Kaza, Shrikanth Siddarth and Chaudhary Sarur, Urban Development Series, 2021, World Bank. Creative Commons Attribution CC BY 3.0 IGO

375 Data from 'More Growth, Less Garbage' by Silpa Kaza, Shrikanth Siddarth and Chaudhary Sarur, Urban Development Series, 2021, World Bank. Creative Commons Attribution CC BY 3.0 IGO

383 © Alejandro Durán

388 'Net Zero targets' by Alexandra Otto and *Dagens Nyheter*, source: Zeke Hausfather based on IPCC SR1.5. diagram 2.2, 2018. Reproduced with permission

396 Data from 'Global Material Flows Database', UNEP IRP, https://www.resourcepanel.org/global-material-flows-database; and 'World Bank for GDP' https://data.worldbank.org/indicator/NY.GDP.MKTP.KD

404-405 © Alessandra Meniconzi

408-409 © Garth Lenz

433 (위) Data from 'Land, irrigation water, greenhouse gas and reactive nitrogen burdens of meat, eggs & dairy production in the United States' by Gidon Eshel et al., PNAS, 19/08/2014, Vol 111(33), 11996–12001, copyright © 2004 National Academy of Sciences

433 (아래) 'Partitioning United States' Feed Consumption Among Livestock Categories For Improved Environ-mental Cost Assessments' by G. Eshel, A. Shepon, T. Makov and R. Milo, Journal of Agricultural Science, 2014, Vol 153, 432–445

446-447 © Shane Gross/naturepl.com

473 (위) Adapted from 'Northern hemisphere tempera-tures during the past millennium inferences, uncertain-ties, and limitations' by Michael E. Mann, Raymond S. Bradley and Malcolm K. Hughes, 15/03/1999, Vol 26(6), 759–762, Figure 3A, © Michael E. Mann

473 (아래) 'The latest version of the "hockey stick" chart shows unprecedented warming in recent years" by Elijah Wolfson, adapted from '"Widespread and Severe": The Climate Crisis Is Here, But There's Still Time to Limit the Damage' by Michael E. Mann, *TIME*, 09/08/21. Reproduced with permission of *TIME*; including data from the Berkeley Earth time series http://berkeleyearth.lbl.gov/auto/Global/Land_and_Ocean_summary.txt

488-489 © Afriadi Hikmal/ Nur Photos/Getty Images

513 (위) 'Global carbon inequality 2019 Average per capita emissions by group (tonnes CO2 / year)' by Lucas Chancel and Thomas Piketty. Reproduced with permission

513 (아래) 'Global carbon inequality, 2019 Group contribution to world emissions (%)' by Lucas Chancel and Thomas Piketty. Reproduced with permission

516 'Per capita emissions across the world, 2019' by Lucas Chancel and Thomas Piketty. Reproduced with permission

찾아보기

피터 브래넌

베스 샤피로

엘리자베스 콜버트

마이클 오펜하이머

나오미 오레스케스

요한 록스트룀

'린 헤이호

'스파더

'넨

피터 H. 글릭

조엘 게르기스

카를루스 노브르

줄리아 아리에이라

나탈리아 나시멘투

베벌리 로

앤디 퍼비스

아드리아나 드 팔마

데이브 굴슨

키스 W. 라슨

제니퍼 L. 쑹

외르얀 구스타프손

탬진 에드워즈

테워드로스 아드하놈 거브러여수스

아나 M. 비체도카브레라

드루 신델

'페 J. 콜론곤살레스

존 브라운스틴

데릭 맥패든

세라 매고프

마우리시오 산티야나

새뮤얼 S. 마이어스

살리물 후크

재클린 패터슨

아브람 러스트가튼

마이클 테일러

힌두 우마루 이브라힘

엘린 안나 라바

소니아 과자자라

솔로몬 시앙

오키 다이칸

마셜 버크

유진 린든

케빈 앤더슨